Jakob Michael Reinhold Lenz, geboren am 12. Januar 1751 in Seßwegen in Livland, ist am 24. Mai 1792 in Moskau gestorben.
Er war schon zu Lebzeiten ein verkannter und ein vergessener Dichter. Von seinem Werk sind heute allenfalls noch die großen sozialen Dramen ›Der Hofmeister‹ und ›Die Soldaten‹ sowie die Literatursatire ›Pandaemonium Germanicum‹ einigermaßen bekannt. Und doch markiert Lenz mit Gotthold Ephraim Lessing und Goethes ›Götz‹ ›den Beginn des deutschen ‚shakespearisierenden' Dramas. Keiner der nachfolgenden realistischen Dramatiker (Grabbe, Büchner, der junge Hauptmann, Lasker-Schüler, Brecht, Fleisser...), der nicht diesen Reichtum zu nutzen sucht, ihn für sich produktiv macht‹ (Christoph Hein).
Sigrid Damms umfassend kommentierte und von einem biographischen Essay begleitete Leseausgabe macht das Lenzsche Erbe nahezu vollständig zugänglich. Die Ausgabe enthält alle Werke des Dichters und alle Briefe von und an Lenz. Die Bedeutung, die Lenz in seiner Zeit hätte haben können, und die Wirkung auf die moderne deutsche Literatur, die er trotz seines geringen Bekanntheitsgrades zweifelsohne hatte, werden anhand dieser Ausgabe genauer und gerechter beurteilt werden können. Wer ›die deutsche Literatur auf Goethe, Schiller und Heine‹ reduziert und ›nicht mehr über sie weiß, weiß nichts über sie‹, urteilte Bertolt Brecht. Denn: ›Man versteht nichts von der Literatur, wenn man nur die ganz Großen gelten läßt. Ein Himmel nur mit Sternen erster Größe ist kein Himmel. Man mag bei Lenz nicht finden, was man bei Goethe findet, aber man findet auch bei Goethe nicht was bei Lenz.‹

insel taschenbuch 3159
Jakob Michael Reinhold Lenz
Werke und Briefe 1

JAKOB MICHAEL REINHOLD
LENZ

WERKE UND BRIEFE
IN DREI BÄNDEN

Herausgegeben von Sigrid Damm
Erster Band

JAKOB MICHAEL REINHOLD
LENZ

DRAMEN

DRAMATISCHE
FRAGMENTE

ÜBERSETZUNGEN
SHAKESPEARES

Insel Verlag

Mit einem Essay von Sigrid Damm
im dritten Band der Ausgabe
Textredaktion: Tilo Meyer
Anmerkungen: Sigrid Damm

insel taschenbuch 3159
Erste Auflage 2005
Insel Verlag Frankfurt am Main und Leipzig
© 1987 Insel-Verlag Anton Kippenberg, Leipzig
Alle Rechte vorbehalten, insbesondere das der Übersetzung,
des öffentlichen Vortrags sowie der Übertragung
durch Rundfunk und Fernsehen, auch einzelner Teile.
Kein Teil des Werkes darf in irgendeiner Form
(durch Fotografie, Mikrofilm oder andere Verfahren)
ohne schriftliche Genehmigung des Verlages reproduziert
oder unter Verwendung elektronischer Systeme
verarbeitet, vervielfältigt oder verbreitet werden.
Hinweise zu dieser Ausgabe am Schluß des Bandes
Vertrieb durch den Suhrkamp Taschenbuch Verlag
Umschlag nach Entwürfen von Willy Fleckhaus
Druck: Nomos Verlagsgesellschaft, Baden-Baden
Printed in Germany
ISBN 3-458-34859-X

1 2 3 4 5 6 – 10 09 08 07 06 05

DRAMEN

DER VERWUNDETE BRÄUTIGAM

Ein Drama

PERSONEN

Freiherr von Schönwald
Herrmann, ein Freund von Schönwald
Lenchen, seine Geliebte
Anselmo, ihr Vater
Lalage
Lucinde
Tigras, Schönwalds Kammerdiener
Laura, dessen Geliebte
Gustav, ein Diener

ERSTER AKT

In Schönwalds Zimmer

ERSTE SZENE

Schönwald. Lenchen.

Lenchen: Sind Sie Ihres Besuchs los, Schönwald?
Schönwald: Ja, mein Lenchen, Herr P... war da.
Lenchen: P...? Und was wollte der?
Schönwald: Er reisete vorbei, und sprach auf einen Augenblick bei mir ein.
Lenchen: Sie müssen sich sehr über seinen Besuch gefreut haben. Man sieht es Ihnen an.
Schönwald: Sollte ich nicht vergnügt sein, da mir alles zu Ihrem Besitz Glück wünscht und mich glücklich schätzt, eine so gute Wahl getroffen zu haben. – *Er küßt ihr mit einer angenommenen Verwirrung die Hand.* Aber – mein Lenchen! –
Lenchen: Nun! –
Schönwald: Mein liebstes Lenchen!
Lenchen: Was bedeutet dieser geheimnisvolle Blick?
Schönwald: Was er bedeutet, mein angebetetes Lenchen!
Lenchen: Schon zum drittenmal ohne herauszubeichten! Sie machen meine Neubegierde immer ungeduldiger.
Schönwald: Man muß sich bei jedem Vergnügen auch auf unangenehme Vorfälle gefaßt machen.
Lenchen: Wozu diese Vorrede? Machen Sie mich nicht ohne Ursache bange! Sagen Sie bald, was Sie zu sagen haben. Es mag sein was es will, die ängstliche Vorbereitung ist allezeit quälender als das Unglück selbst.
Schönwald: Lieben Sie mich?
Lenchen: Ist das eine Frage? Sind Sie noch nicht genug überzeugt, wie sehr ich Ihnen ergeben bin? Sie hätten mich sehen sollen, als Sie so gefährlich krank waren. Blutige Träume waren's, die Nacht für Nacht den Schlaf aus meinen Augen jagten. Ich bin stolz darauf, daß ich es Ihnen schwören kann, keine Person auf der Welt liebe Sie so sehr, als ich Sie liebe.

SCHÖNWALD: Genug, mein schönstes Kind! Ich habe Ursache, auf mich recht unwillig zu sein. Man kann mit Ihnen nicht lange scherzen. Ich hatte mir vorgenommen, mir ein kleines schalkhaftes Vergnügen mit Ihnen zu machen, und sehen Sie: ich weine. Um Ihnen in Ihrem Ton zu antworten, ob es sich gleich für einen gewesenen Soldaten nicht schickt, zu weinen, so bin ich doch stolz auf die zärtlichen Tränen, die Sie mir herauslocken.

LENCHEN: Ich weiß fast nicht mehr, was ich von Ihren Reden für Scherz und was ich für Ernst halten soll. Sagen Sie mir doch nur bald was Sie zu sagen haben.

SCHÖNWALD: Bitten Sie mich!

LENCHEN: Mein bester Schönwald! Mein Engel! Mein Alles! mein geliebtester Schönwald!

SCHÖNWALD: Besser gebeten!

LENCHEN: Zehnmal will ich Sie küssen, mein Herz! Ja wohl zwanzigmal.

SCHÖNWALD: Der Preis ist zu hoch. *Er zieht einen Orden hervor, den er sich umhängt.* Das ist die fürchterliche Begebenheit.

LENCHEN *indem sie ein wenig bestürzt zurücktritt*: Was bedeutet das? –

SCHÖNWALD: Der große Friederich, das Wunder der Welt, hat Ihrem Schönwald einer Gnade gewürdigt, der ich mich nicht versehen hätte. Herr P... brachte mir diesen Orden und dies Handschreiben von ihm. Lesen Sie es selbst und nehmen Sie Teil an meiner Freude. *Er gibt ihr einen Brief.*

LENCHEN *nachdem sie ihn still durchgelesen*: Sehen Sie, wie bald Sie mich weich machen können! Dies sind Tränen der Freude, die ich weine. Der gute König von Preußen! Jetzt hege ich für ihn noch einmal so ehrerbietige Gesinnungen.

SCHÖNWALD: Liebenswürdigstes Kind! Sie siegen geschwinder als Friedrich. Diese unschuldige Tränen, dies zärtliche Herz zerschmelzt mich ganz.

LENCHEN: Wenn der König wüßte, daß der, von dessen Tapferkeit er ein Augenzeuge gewesen, so zärtlich gegen ein schwaches Frauenzimmer sei, was würde er dazu sagen?

SCHÖNWALD: Er würde meine Stärke bewundern.

LENCHEN: Und wie?

SCHÖNWALD: Daß ich Ihr Herz besiegt hätte, mich zu lieben.

LENCHEN: Und daß Sie sich selbst besiegt hätten, gegen mich zärtlich zu sein.

SCHÖNWALD: Der Sieg hat mich nicht Mühe gekostet, denn es ist nur ein Lenchen in der Welt.

LENCHEN: Auch nur ein Schönwald. Also hatten Sie an meinem Herzen auch nicht viel zu bestreiten.

SCHÖNWALD: Aber bewundern Sie nicht den großmütigen König von Preußen? Denken Sie, wie lange bin ich schon hier. Wie viel brave Offiziere hätten nicht vermutlich mein Andenken aus seinem Herzen verdrängen sollen und doch erinnert er sich meiner mit so vieler Gnade. – Das ist wahre Großmut!

LENCHEN: Und diese Großmut hätte keinen bessern Gegenstand finden können, als meinen Schönwald.

SCHÖNWALD: Für diese Schmeichelei muß ich Sie strafen. *Er küßt sie.*

LENCHEN: Da kommt der Papa. Erzählen Sie ihm doch die gute Nachricht. Sie haben eine so gute Art zu erzählen.

SCHÖNWALD: Wieder geschmeichelt! Ich muß Sie nur bei Anselmo verklagen.

ZWEITE SZENE

ANSELMO. SCHÖNWALD. LENCHEN.

ANSELMO *zu Schönwald*: Das dacht ich wohl, daß Sie bei Lenchen sein würden! Ich habe Sie auf dem ganzen Hofe, im Garten, und ich weiß nicht wo, schon gesucht.

LENCHEN: Schelten Sie ihn nur, Papa! Er wollte mir eben eine Grube graben und fiel selber drein.

ANSELMO: Wie so?

SCHÖNWALD: Ich wollte mein Lenchen bei Ihnen verklagen. Sie schmeichelt mir zu viel. Vorher sagte sie –

ANSELMO: Was ist denn das für ein Band, das Sie da hängen haben, Schönwald? Ist heut Ihr Namenstag, oder hat meine Tochter einen Orden gestiftet?

SCHÖNWALD: Nein. Höher geraten!

ANSELMO: Nun! So geheimnisvoll! Sie werden doch nicht einen Orden bekommen haben?

SCHÖNWALD: Lesen Sie diesen Brief!

ANSELMO *liest erst leiser, zuletzt laut*: ›Friedrich!‹ *Er umarmt ihn.* Ich schätze mich glücklich in dem Gemahl meiner Tochter einen so braven Offizier zu umarmen.

LENCHEN *bei Seite*: Der liebe Vater! Nun muß ich ihn bei seiner weichen Seite fassen. *Laut.* Wie freue ich mich, daß mein Vater meinen Geliebten fast nichts weniger liebt, als ich ihn liebe!

ANSELMO: Ja meine Tochter! und wenn ich dich nicht auch liebte, so würde ich dir nicht einen so verdienstvollen Gemahl geben.

LENCHEN: Das ist die größte Wohltat unter allen denen, die Sie mir erzeigt haben. *Sie küßt ihm die Hand.*

ANSELMO: Du bist wohl dem Herrn Baron recht gut, Lenchen?

LENCHEN: Ach mein Vater! Mehr als mir selbst. Nicht ein Königreich nähme ich für ihn.

ANSELMO: Das war eine feurige Liebeserklärung, meine Tochter! So gut bist du deinen Eltern kaum. Bald werde ich auf deinen Geliebten eifersüchtig.

LENCHEN: Mein Vater! Ich kann Ihnen mein Herz nicht so zeigen, als es ist. Die Hälfte davon gehört Ihnen und die Hälfte Schönwalden. Doch, wozu brauche ich es zu teilen? Sie und Schönwald sind eines Sinnes und es gehört Ihnen beiden ganz.

ANSELMO: Wie schön sie sich herauszuwickeln weiß! Nun, meine Tochter, ich erlaube dir dem Herrn Baron dein ganzes Herz zu geben und wenn eure beiden Herzen ein Herz sind so gebt mir dieses Herz!

SCHÖNWALD *seufzend*: Wenn die glückliche Zeit schon da wäre!

ANSELMO: Nun, mein Herr Baron! Geduld! Geduld! Man muß nie zu hitzig sein. Warten ist für alle junge Leute oft sehr heilsam. Lassen Sie die Anstalten erst fertig sein. *Zu Lenchen.* Du seufzest auch, mein Kind!

LENCHEN: Nein, gnädiger Herr Vater, ich seufze nicht.

ANSELMO: Ja, ja, leugne nur! Weil Schönwald seufzet, so seufzest du auch und mir käme selbst die Lust bald an, traurig zu werden, da ihr es seid. Pfui, wir müssen uns alle schämen.

LENCHEN: Aber ...

ANSELMO: Was soll das aber?

LENCHEN: Die Erhörung unserer Seufzer.

SCHÖNWALD: Sehen Sie, gnädiger Herr Vater! Lenchen bittet selbst um die Beschleunigung der Hochzeit. Das hat sie noch nie getan. Haben Sie die Gnade für mich – – – und für Ihre geliebte Tochter!

ANSELMO: Das haben die unartigen Kinder verabredet, als sie allein waren. *Zu Schönwald.* Nein, nein, nein lieber Sohn. Sie sind ja Soldat gewesen. Solche Leute müssen ihre Leidenschaften zu zähmen wissen. Ich weiß Sie sind viel zu vernünftig auf die Hochzeit zu dringen, ehe die Anstalten dazu völlig fertig sind. Das war nur ein kleiner Überfall.

SCHÖNWALD: Nein, mein Vater! ich müßte Lenchen nicht so heftig lieben, wenn ich bei Verzögerung der Hochzeit länger gleichgültig sein könnte. Hat meine Krankheit nicht schon eine fürchterliche Pause in unserer Liebe gemacht? Jetzt bin ich gesund: Lenchen ist gesund: Sie sind gesund. Wer weiß, was für neue Vorfälle dazwischen kommen können? Wie leicht könnten Verleumdungen und andre unangenehme Vorfälle mein ganzes Glück wo nicht zum Traume machen, doch verbittern!

LENCHEN *zu Anselmo*: Hören Sie, Papa! wie beweglich er redt? Erhören Sie seine Wünsche doch! Halten Sie mein Glück in den Armen meines Schönwalds nicht länger auf!

ANSELMO: Redet nicht weiter, Kinder! Ich weine sonst. .... In Gottes Namen! Haltet Hochzeit, wann und wie ihr wollt! Euch kann man nichts abschlagen. Eine solche Ehe muß gut geraten.

LENCHEN *küßt ihm die Hand*: Wie gütig sind Sie, gnädigster Papa!

SCHÖNWALD: Tausend Dank mein gnädigster Herr Vater für diese geschwinde, großmütige Entschließung. Sie entzückt mich ganz. Mein Herz wird diese Gnade ewig empfinden.

Anselmo: Ich fühle ebenso viel Vergnügen drüber, in Ihre Bitte gewilligt zu haben, als Sie fühlen können.

Lenchen *die aus dem Zimmer hüpft*: Nun wird mein Glück bald den höchsten Gipfel erreicht haben. Das muß ich der Lalage sagen.

DRITTE SZENE

Anselmo. Schönwald.

Anselmo: Das unartige Mädchen! Sehen Sie, Herr Sohn! die Wirkungen ihrer Zärtlichkeit! Gewiß, sie liebt Sie sehr. Als Sie krank waren, hatte ich alle Hände voll zu tun, sie zu trösten. Sie aß nicht, sie trank nicht, und wenn sie des Morgens aus ihrem Zimmer kam, so hatte sie sich die Augen rot geweint, daß ich keinen Morgen meinen Kaffee ohne Wehmut trinken konnte. Ich will meine Tochter nicht rühmen, allein sie hat gewiß ein gutes Herz. Wie sie redt, so denkt sie, und wie sie denkt, so redt sie. Und die Tränen stehen ihr nie leichter zu Gebot, als wenn sie ihren Schönwald gelten. Sie hat deren wohl schon Millionen um Sie vergossen.

Schönwald: Wie freue ich mich, daß Sie von Lenchen so vorteilhaft reden. Sie verdient es, daß ihr alle Menschen gut sind. Ich kann sie nie loben hören, wenn ich nicht für Begierde brenne, es selbst zu tun. Sie haben recht, mein Vater! sie hat das beste Herz von der Welt. Der Himmel gebe, daß ich es nach Würdigkeit belohnen und ihr meine Zärtlichkeit in ihrer ganzen Größe an den Tag legen könne.

VIERTE SZENE

Lenchen. Lalage. Anselmo. Schönwald.

Lenchen *die unvermerkt hereingekommen*: Davon bin ich überzeugt genug und ich werde mich unaufhörlich bemühen, Sie von der meinigen recht zu überzeugen.

Schönwald *der sich schnell umsieht*: Wir haben beide nicht nötig uns davon mehr zu überzeugen, als wir jetzt schon sind. *Er küßt ihr die Hand.*

LALAGE *zu Anselmo*: Nun mein Vaterchen, soll ich der Nachricht glauben die mir Ihre Fräulein Tochter gebracht hat? Sind Sie wirklich willig zur Hochzeit? Haben Sie die Anstalten dazu sobald zu Stande gebracht?

ANSELMO: Ja, Lalage! Es ist alles wahr, was Ihnen Lenchen gesagt hat. Die unartigen Kinder haben mich so lange, so flehentlich gebeten, daß ein Stein dabei hätte weich werden müssen.

LALAGE: Sie haben Recht getan, daß Sie sich diesem Verlangen nicht länger widersetzten. Jetzt können Sie gewiß sein, daß Sie das Glück Ihrer Tochter noch mit ansehen werden, allein, wenn es noch einmal so lang gedauert hätte, als es wirklich gedauert hat, so – – – Sie sind ein bejahrter Mann, und müssen sich alle Tage bei Ihrem schönen Alter ein Hindernis in Ihrem Vergnügen vorstellen.

ANSELMO: Sie haben recht, Lalage! Und die Hindernisse hätten nicht allein von meiner Seite, sondern auch von Seiten Schönwalds oder Lenchens vorfallen können. Schönwald hat nicht den stärksten Körper.

LALAGE *zu Schönwald*: Sie wissen mein Herr Baron! wie vielen Anteil ich an allen Ihren Umständen nehme. Der Himmel schenke Ihnen Vergnügen über Vergnügen, Glück über Glück, und lasse Ihre Freuden in den Armen Ihres Lenchens vollkommen werden.

SCHÖNWALD: Wollte der Himmel ich könnte alle Ihre Wünsche auf Sie und Ihre Kinder zurückfallen lassen.

LALAGE: Ach, meine Freuden sind gestorben, da mir meine Tochter starb. Alles Vergnügen das Anselmo empfindet, wenn er sein Kind glücklich sieht, zeigte sich mir auch: aber nur um desto schneller zu verschwinden. Warum mußte ich doch die überleben, von der ich hoffte, daß sie mir dereinst meine Augen zudrücken sollte?

SCHÖNWALD: Ihre Klagen sind gerecht, Lalage! Die Wunde ist zu frisch, als daß sie nicht noch schmerzen sollte. Zeit, Religion und Vernunft wird sie heilen.

LALAGE: Ich will es hoffen. – Sollen wir nicht ins Speise-Zimmer treten, meine angenehme Gesellschaft? das Essen möchte kalt werden.

ANSELMO: Ich habe fast vergessen, ob jetzt Mittag oder, Abend, oder Morgen ist.

LENCHEN: Und daß wir gleich nach Tisch reisen sollen. *Anselmo mit Lalagen und Schönwald mit Lenchen gehen ab.*

FÜNFTE SZENE

TIGRAS *allein, der von der andern Seite hereinkommt.*

Möchte er doch vergessen haben, wenn er mich abgeschickt hätte! – Doch er vergißt so leicht nicht was. – Wenn die Gäste werden weggefahren sein, wird seine erste Frage nach mir sein. – Soll ich ihm durch jemand sagen lassen, daß ich hier sei? Soll ich, wenn er herzueilt, ihn um Vergebung bitten? Nein – Ja – doch nein! Bin ich denn ein Hund, daß ich mich zu seinen Füßen krümmen soll? – Ich diene nicht bloß um Geld. Ich diene ehrenhalber. – Nimmt mir mein Herr meine Ehre, so nimmt er mir alles. – Drei Tage wegzubleiben! – Verbrechen genug, mir verächtlich zu begegnen! – Würde er mich nicht für seinen Sklaven ansehen, wenn ich so niederträchtig wäre, zu seinen Füßen zu liegen? – Ich bin ein freier Mensch. Sein Geld unterscheidet ihn bloß von mir. Und reich kann ich durch einen Glücksfall eben sobald werden, als er. – Und wie! – Drei Tage wegzubleiben ist ja keine Todsünde. Ein freier Mensch muß doch für einen Bauren, für einen Sklaven was voraushaben. – Herz gefaßt! Mich zu prostituieren, soll er sich nicht unterstehen. Das sollte ihm übel bekommen. – Und macht er mir scheele Gesichter, so mache ich sie ihm wieder. – Er braucht mich – besonders jetzt, da seine Hochzeit so nahe ist. – Doch es ist Mittag. Und ich zaudere noch hier und ängstige mich? Ei laß das gehen, wie es geht. – Die andern warten vielleicht mit dem Essen auf mich. *Er geht ab.*

SECHSTE SZENE

GUSTAV *im Durchgehen, als ob er an der Tür gehorcht hätte.*

Das kann nie gut gehn. – Der Mensch wird zu unbändig. – Wie er sich vornahm, dem Herrn ins Angesicht zu trotzen! – ›Macht er mir scheele Gesichter, so mache ich sie ihm wieder.‹ O mein guter Tigras, die scheelen Gesichter würden dir verhenkert schlecht bekommen. – Wie er auf seine Ehre pochte! Der Kerl wird zuletzt gar über die übrigen Bedienten herrschen wollen. – Gedemütigt muß er werden. – Sobald die Gäste weg sind, will ich's dem Herrn sagen. – Doch – bßt. – Man ruft mich. – Ich werde bei der Mahlzeit nötig sein. *Eilt ab.*

SIEBENTE SZENE

TIGRAS *der* LAUREN *an der Hand hält, und die von einer andern Seite hereinkommen.*

LAURA: Vor diesmal ist's nicht angegangen? Wie, Tigras! Wenn du mich aufrichtig liebtest, so mußte es immer angehen.

TIGRAS: Es war ein Unglück, daß ich mich ins Spiel einließ. Ich hatte mir ganz gewiß vorgenommen, das Geld, wovon ich dir dein Präsent kaufen wollte, nicht anzugreifen: allein da sich die übrige Gesellschaft über mich aufhielt, als ich nicht weiter spielen wollte, so mußte ich, um nicht für geizig gehalten zu werden.

LAURA: Geizig! – Ob man sagt, du seist geizig oder verschwenderisch, das ist einerlei. Genug, daß ich dich nicht dafür halte.

TIGRAS: Wie? Meine Ehre –

LAURA: Ehre, was Ehre! Du bist geehrt genug. Und über der lumpigten Ehre zwei Tage wegzubleiben und des Herrn Angelegenheiten und mein Präsent zu versäumen? das ist wunderlich!

TIGRAS: Ich will keine Hofmeisterin an dir haben, meine hochgeehrte Laura. Ich bin über sieben Jahr alt. Ich weiß, was ich tue, und darum haben sich andre nicht zu bekümmern.

LAURA *hitzig*: Was? Nun darf man dem gnädigen Herrn nicht einmal ein Wort sagen? Gleich empfindlich, gleich aufgebracht, wie Feuer und Flammen! – Nun wart, wart mein guter Tigras! dein Herr wird dir schon bessere Verweise geben als ich.

TIGRAS: Das will ich abwarten.

LAURA: Nicht zu großprahlerisch, Monsieur Tigras. Ich wette in einer Stunde wirst du aus einem ganz andern Ton pfeifen. Der Herr Baron –

TIGRAS: Was? Meine Ehre soll er nicht angreifen. Er fürchtet sich mehr für mich als ich mich für ihn.

LAURA: Sacht! das ist etwas schwer zu glauben.

TIGRAS: Schwer zu glauben? So sollst du's sehen, wenn er sich untersteht mich wegen meines Außenbleibens anzurühren.

LAURA: Und was wolltst du dann wohl tun?

TIGRAS: Ich – ich? Ich weiß nicht, ob ich meine Wut mäßigen könnte. Ich – er sollte an mich denken.

LAURA *die ihm die Hand auf den Mund legt*: Schäme dich. Er ist Herr –

TIGRAS: Was, Herr? Sein Sklave bin ich nicht. Du mußt wissen, daß ich ein freier Mensch bin.

LAURA: Schweig! So häßlich habe ich dich noch nie gesehen.

TIGRAS: Befehlen lasse ich mir nicht von dir, meine gute Laura! Und du magst es gern sehen oder nicht, so zerbreche ich meinem Herrn den Hals, wenn er mich anrührt.

LAURA: Auf die Art sind wir geschiedene Leute. – Man ruft mich. – Gewiß fährt meine Herrschaft schon weg. *Sie geht ab.*

TIGRAS: Wart Laura! Willst du mich ohne Abschied verlassen? *Er geht ihr nach.*

ACHTE SZENE

GUSTAV. LALAGE *die von der andern Seite hereinkommt.*

LALAGE: Wer mag da wieder Fremdes zu Schönwald gekommen sein?

GUSTAV: Herr Herrmann. Haben die gnädige Frau ihn nicht gesehen?

LALAGE: Nein! Ich war schon ins Zimmer gegangen, weil An-

selmo weggefahren war, und da hörte ich Schönwald mit einem andern im Vorhause reden. – Sage [...]
– – – – – auch mit dem ersten Schlage auf seinem Rücken zerbrach, darauf entfernte ich mich sobald als möglich, damit ich seine bösen Reden nicht weiter anhören dürfte.

LALAGE: Schaffen Sie den Menschen aus dem Hause, Herr Baron! Mit dem werden sie alle Hände voll zu tun haben. Besonders jetzt, da Sie ihn geschlagen haben –

HERRMANN: Mir ist recht sehr bange für ihn. Ich dachte selbst, daß Sie Lalagens Rat folgten.

SCHÖNWALD: Ich will ihn auch nicht länger behalten. Allein bis zur Hochzeit muß er doch noch wohl bei mir bleiben.

HERRMANN: Bis zur Hochzeit! Nehmen Sie sich für ihn in acht, mein teuerster Freund! Einen so boshaften Menschen –

LALAGE: Diese vermeinte Kränkung seiner Ehre wird ihm unerträglich sein. Sie wissen, daß er von jeher einen närrischen Stolz besitzt. Und ein Stolzer ist zu allem fähig. Wahrhaftig, ich habe in seinen Augen schon lange was Tückisches bemerkt. So was Tückisches, so was Boshaftes – mir graut recht für ihn.

HERRMANN: Kurz, bester Freund! hüten Sie sich für ihn! Ich sah ihm vorher nach, da Sie von ihm weggingen. Er drohte mit den Händen, winkte mit dem Kopf –

LALAGE: Sehen Sie liebster Baron! Das war so gut, als ob er Ihnen Rache zugeschworen hätte. Geben Sie nur acht, ob er sich nicht wird rächen wollen!

SCHÖNWALD: Rächen! Er sich an mir rächen! Das ist lächerlich.

LALAGE: Lassen Sie sich wenigstens nicht gegen ihn merken, daß Sie ihn abschaffen wollen, sonst treibt er Ihnen noch zu guter Letzt alles gebrannte Herzeleid zu.

SCHÖNWALD: Wofür denn? Wenn ich ihn noch von andern Bedienten hätte schlagen lassen. Ich würdige den Bösewicht, selbst meine Hand an ihn zu legen. Gewiß sein Zorn verdiente schärfer gestraft zu werden.

LALAGE: Nun, wir wollen an den schlechten Menschen nicht mehr denken. Belieben die Herren nicht ins Kaffee-Zimmer zu treten?

HERRMANN: Gehorsamer Diener! *Sie gehen alle ab.*

ZWEITER AKT

ERSTE SZENE

Schönwald *im Bette schlafend.* Tigras. *In der Morgenstunde.*

Tigras: Er schläft. – Das soll sein letzter Schlaf sein. – Das soll dein Todesschlaf sein, Barbar! Deine Augen sollen sich nicht mehr auftun. Du sollst das Tageslicht nicht mehr erblicken. – Oder wenn du's erblickst, so sollst du deinen Tod vor dir sehen, du sollst mit deinen Augen sehen, wie das Mordeisen in deinen Eingeweiden wühlt. – Doch was drohe ich lange? – Er hört meine Drohungen nicht. Fühlen, fühlen soll er sie. Nur getrost zum Werk geschritten! – Es ist meine Pflicht, meine Ehre zu retten – und sollte ich auch selbst darüber unglücklich werden. – Gewagt! – Wo ist die Garderobe? – Wo ist der Degen – der Dolch? – Betrügen mich meine Augen? – Ich kann die Türe nicht finden. – Ich gehe wie im Schwindel herum. – Gott, Teufel! zeige mir den Weg zu meinem Vorsatz! Laß meinen Feind zu Schanden werden! – Ich sehe noch nichts. – Ihr Teufel, ihr höllischen Geister, die ihr mich umgebt! – Gebt mir den Dolch in die Hand, der mich rächen soll! – Wo seid ihr? – Führt mich! – *Er geht in die Garderobe-Kammer, und kommt nach einiger Zeit mit dem Hirschfänger in der Hand heraus.* Das ist's. – Nicht gezaudert! – Bald soll sein Blut hier herabfließen. – welche Rache, welch ein Triumph! – *Er tritt vor Schönwalds Bette, reißt die Gardine los, weckt ihn auf und redt ihn an.* Sie haben mich prostituiert: Sie sollen sterben. *Er zieht den Hirschfänger aus der Scheide, wirft sie weg, greift Schönwald an den Arm und gibt ihm einen Stich ins Hemde.*

Schönwald *der plötzlich erwacht, ihm die Füße gegen den Leib wirft, in den Hirschfänger greift und ihn von einander bricht*: Hülfe! Mörder! *Er läuft nach der Tür zu.*

Tigras: Ha! Er rennt zum andernmal in die Garderobe.

Schönwald *der die Tür nicht aufmachen kann*: Hülfe! *Ängstlich.* Erbarmet euch! – Hülfe! *Indem er sich umsieht, rennt Tigras mit einem bloßen Degen auf ihn zu. Er pariert aus und der Stich geht in die Brust des Baron Schönwalds. Er fällt auf das Schloß an der Tür zurück, erholt sich endlich und ringt dem Mörder den Degen aus der Hand.*

TIGRAS *der sich umkehrt und von der andern Seite abgeht*: Den Stoß hat er weg. – Ich hoffe, er wird gut sein. Entkommen – könnte ich vielleicht, aber aus Großmut will ich nicht einmal. Was sind alle Strafen, die ich zu fürchten habe, gegen die Süßigkeiten meiner Rache? *Er geht ab.*

SCHÖNWALD *mit schwacher Stimme*: Nehmt! – Greift! – *Er öffnet endlich die Tür und geht blutig mit dem dem Mörder entrissenen triefenden Degen in der Hand ins Nebenzimmer.*

ZWEITE SZENE

LALAGE. GUSTAV. SCHÖNWALD *der von Gustav getragen wird, in Ohnmacht.*

LALAGE *ringt die Hände*: Mörder! Mörder im Hause! – Einen Toten vor mir. – Was soll ich tun? – Wer beschützt mich? – Wer hilft dem armen, blutigen Schönwald? – Laßt ihn greifen, laßt den verfluchten Mörder greifen! – *Indem sie Schönwald ansieht.* Ach mein Schönwald! Unglückseliger Schönwald! Wie sehen Sie aus? Wie blutig – wie blaß! – Reden Sie! – Wollen Sie uns verlassen? – Sind Sie tot? Leben Sie? *Indem sie Gustav traurig ansieht.* Es ist kein Leben mehr in ihm, Gustav!

GUSTAV *nachdem er ihn ins Bette gelegt hat*: Trösten Sie sich, gnädige Frau! Vielleicht ist es Ohnmacht. –

LALAGE: Nein! nein! Keine Ohnmacht! – Tot! – Schönwald! Sie können also nicht mehr mit mir sprechen? – Wie kläglich er daliegt! – Die erstarrten Lippen scheinen mir noch Freundschaft zuzusprechen. – Die gebrochenen Augen sehen zum Himmel. – Ja Schönwald! dort ist dein Rächer, dort ist mein Trost. – Wie rührend ist dieses Schauspiel! O könnte ich blutige Tränen weinen! – Eile doch, Gustav!

GUSTAV *hitzig*: Wohin soll ich, gnädige Frau? Sagen Sie, wohin soll ich? – Wache! greif den mehr als teuflischen Verbrecher, den verfluchten Mörder! – Ich weiß, was Sie sagen wollen. – Wo ist der Arzt? – Wo der Prediger? die Wache? – Ich eile sie zu rufen. *Er eilt ab.*

LALAGE *ruft ihm nach*: Geschwind, Gustav! *Vor sich.* Doch was hilft's? *Indem sie sich schüchtern dem Bette nähert.* Das ist der Tod! – Menschliche Hülfe – – – nein die kann nichts mehr. – Gott! o Allmacht! erwecke du ihn! Laß ihn diese gebrochenen Augen aufschlagen! – Schönwald! *Weinend.* Auch Tränen können dich nicht erwecken? – die bittersten Tränen nicht? – Ach du stirbst, du stirbst – und ich lebe noch? Erwache, mein Freund, mein bester Freund! Wo finde ich Hülfe für ihn? Hier – – – da? – Wo ist der Balsam? oder sonst was – – *Sie ergreift ein Glas Balsamus Mirabilis und gibt es ihm ein.*

SCHÖNWALD *erwacht, schwach, mit gebrochener Stimme*: Greift! – greift! – – – Lenchen! – Sind Sie da? – Höre ich – Ihre – bange Klagen nicht – Lenchen?

LALAGE: Und Sie leben? – O mein Schönwald! Schenkt Sie der Himmel uns wieder? Wie soll ich Ihnen meine Freude zu erkennen geben? – Gott! meine Tränen loben dich, die du erhört hast! –

SCHÖNWALD *indem seine Wunde stark zu bluten anfängt*: Schicken – schicken Sie doch – zum Arzt – zu Lenchen – zum Prediger. –

LALAGE: Alles ist geschehen. – Blut! o wie viel Blut! – Wie helfe ich mir! Soll ich ihn verbinden? – Was mache ich? *Sie verbindet die Wunde.*

SCHÖNWALD *ängstlich auffahrend*: Dort – greift – ist er's nicht? – Schützen Sie! –

LALAGE: Beruhigen Sie sich, bester Baron! der Bösewicht ist gegriffen. – Ach Gott! möchte er seine Absicht nur nicht erreicht haben! – Gott, du mußt ihn erhalten, du wirst ihn erhalten, unsern gemarterten Freund! – Wie befinden Sie sich denn, teuerster, bester Schönwald? *Sie faßt ihn an die Hand.* Ach wie kalt ist diese Hand – wie bleich sind Sie noch! –

SCHÖNWALD: Matt – sehr matt – die Brust – – ach – – Schmerzen! –

LALAGE: Reden Sie nicht zu viel, mein Schönwald! Lassen Sie mich allein Ihren Zufall beweinen! – O die schreckliche Wunde! Wie tief! Wie gefährlich! – Heile sie, Barmherzigster!

SCHÖNWALD: Schickt – zu An – Anselmo – laßt doch – laßt Lenchen – nicht zu bald – es erfahren –

LALAGE: Die Unglückselige! Wie wird sie jammern! – Ich will hinschicken – ich will an Anselmo schreiben. – Nein, ich kann die Feder ohne Zittern nicht halten. Ich will's mündlich sagen lassen. –

SCHÖNWALD: Schreiben Sie – lieber –

LALAGE: Befehlen Sie nur, mein sterbender Freund! Ich will schreiben, wenn's auch mit bebender Hand ist. – Doch, wer kommt da? – – O möchte er Trost mitbringen!

DRITTE SZENE

LUCINDE. LALAGE. SCHÖNWALD.

LUCINDE *die hereinstürzt*: Hat Gustav wahr gesprochen, Lalage? – Ist sie wahr, die fürchterliche Geschichte? – Sie weinen. – Er ist tot. – Wo ist die Leiche? – wo? –

LALAGE: Ach Lucinde! dort liegt das Marterbild, dort! – Auch ich habe ihn für tot gehalten. Ich beweinte ihn schon eine lange fürchterliche viertel Stunde hindurch – bis er mir zum Trost diese gebrochenen Augen aufhob, bis er – –

LUCINDE: Also lebt er? – Wie? – Wo ist er? –

SCHÖNWALD: Hier – bin ich – Lucinde! – ich un – glücklicher Bräutigam –

LUCINDE: Dort – *Sie fällt vor sein Bett hin.* Welches Wunder hat Ihnen das Leben gegeben? – Ach Schönwald! – aber die bleiche Leichengestalt – o mein bester Freund! Dieses verwirrte Auge, diese kalte, eiskalte Hand prophezeien nicht viel Gutes. Und dort – *Sie kehrt das Gesicht weg.* O ich kann sie nicht sehen. – Das ist die fürchterliche Wunde?

SCHÖNWALD: Ja –

LUCINDE: O wie schrecklich! An was für einem gefährlichen

Ort! – Also müssen wir Sie nur sehen, um Sie desto geschwinder, desto schmerzlicher zu verlieren? *Sie springt auf.* Sind denn keine Ärzte in der Stadt? Ist keine Hülfe für unsern unglückseligen Freund?

SCHÖNWALD *der sie an der Hand faßt*: Ich fühl's – ich fühl's – daß ich nicht – davon kommen kann. – Ach! – Welch ein Herzensstoß! – – Lucinde! – Wo ist – Schaffen Sie – Lenchen – – Lenchen – – – Abschied – – *Er sinkt erstarrt in ihre Arme.*

LUCINDE: Was? – *Indem sie sich plötzlich mit dem Antlitz zurückwendet.* Barmherziger Gott! – Er stirbt – Lalage! Lalage! – Sehen Sie! –

LALAGE: Ich zittere. – Schönwald! Reden Sie! Oder können Sie nicht mehr? *Sie schlägt die Hände zusammen.* Er stirbt. – Ich Unglückselige! – Hülfe! – Wo ist Gustav? – Wo ist der Arzt? – Er erstarrt schon. – Wohin soll ich? Wo Rat hernehmen? – Sind Sie da, Herr Arzt? – Sind Sie da Herr Pastor? – O Gott! wer eilt herzu, meinem sterbenden Freunde zu helfen?

LUCINDE *ängstlich*: Arzenei, Lalage! – Auf dem Tisch oder wo haben Sie – vielleicht ist's Ohnmacht!

LALAGE: Wo finde ich Hülfe? wo finde ich Arzenei? – Ach, es ist keine Ohnmacht – ach es ist der Tod, der Tod in seiner ganzen Schrecklichkeit. *Sie eilt ins Nebenzimmer.*

LUCINDE: Gott! – Er liegt erstarrt da. – Das ist mehr als Ohnmacht. – Unglückseliges Lenchen! – Er hat's mir auf meine Seele gebunden. – Abschied! – Und er konnte nicht Abschied von dir nehmen? Er konnte deine Hand nicht an seine sterbenden Lippen drücken? – Eile herzu, Lenchen! – Dein Bräutigam stirbt. – Ich muß nach ihr schicken. – Mit Flügeln muß sie kommen. – Vielleicht erwacht er um sie noch sterbend zu küssen. Vielleicht rufen ihre Tränen die Seele in den Körper zurück. – Doch das ist unmöglich. – Er ist tot. – Niederdonnernder Gedanke! – Wo bleibt Lalage? *Sie eilt der Lalage nach.*

DRITTER AKT

ERSTE SZENE

Der Schauplatz ist ein Saal in Anselmos Hause.

GUSTAV. LAURA.

LAURA: Warum soll denn Anselmo so geschwind dasein? Hast du so wichtige Sachen an ihn zu bestellen?
GUSTAV: Wichtige, recht sehr wichtige.
LAURA: Sage mir was es ist, so will ich Anselmo rufen. Kleinigkeiten halber werde ich ihn nicht aus seiner Mittagsruhe wecken.
GUSTAV: Es ist nichts weniger als eine Kleinigkeit.
LAURA: So sage mir's!
GUSTAV: Eben darum kann ich dir's nicht sagen.
LAURA: Nun, so kann der gnädige Herr Gustav warten.
GUSTAV: Das kann ich nicht.
LAURA: Du mußt.
GUSTAV: Mit der Sache ist nicht zu scherzen, die ich anzubringen habe.
LAURA: Den Herrn im Schlaf zu stören ist auch kein Scherz.
GUSTAV: Die Wohlfahrt des ganzen Hauses liegt daran.
LAURA: Und wie?
GUSTAV: Wecke Anselmo auf, Laura! Dein Eigensinn möchte dir übel bekommen.
LAURA: Sage mir vorher, was mein Tigras macht.
GUSTAV *hitzig*: Dein Tigras? Der eingefleischte Teufel. ....
LAURA: Wie, Gustav? Was steckt dahinter? Sollte – – – Hat dein Herr ihn – – –
GUSTAV: Ich sehe, du bringst mich zuletzt dahin, dir alles zu sagen.
LAURA: Was ist das? Gustav, o mein liebster Gustav! Das ist zu grausam. Tigras einen eingefleischten Teufel zu nennen und mir sein Verbrechen nicht zu sagen.
GUSTAV: Du wärst vermögend, mich ganz zu erweichen. Ich muß nur selbst zu Anselmo. Er wird's mir vergeben. Die Sache leidet keinen Verzug – *Er geht ab.*

ZWEITE SZENE

LAURA, *hernach* LENCHEN.

LAURA *vor sich*: Der eingefleischte Teufel – – – Welch ein Wort! So würde Gustav ihn nicht schimpfen, wenn er nicht Ursache dazu hätte. – O fürchterliches Geheimnis! Was ist das? Was kann ich mir vorstellen? Sein Herr wird ihn geschlagen haben, und – was wird Tigras getan haben? Er wird – er wird so rasend gewesen sein, widerzuschlagen. – Doch was geht das Schönwalds Hochzeit an? *Sie spaziert einige Zeit lang auf und nieder.* Er wird doch wohl nicht – – Ich zittere – Tigras, bist du ein Mordbrenner? – Wie schwer wird mir ums Herz! O du Ungeheuer, du Barbar! kannst du den beweglichen Bitten deiner Braut so entgegenhandeln? – Da kommt Lenchen. Himmel! auch sie ist blaß. *Zu Lenchen.* Warum zittern Sie, mein Fräulein?

LENCHEN: Gustav – ach Gott, Gustav brachte meinem Vater ein Billet. O wie traurig muß der Inhalt desselben sein! Anselmo ward blaß, wie eine Leiche: er zitterte: – ich fragte ihn – er sah mich traurig an: – eine Träne, o eine so bedeutungsvolle Träne, als ich ihn in etlichen Jahren nicht habe vergießen sehen, entfiel ihm. Meine Tochter! schluchzte er und umarmte mich: – hier verstummte er. Plötzlich riß er sich aus meinen Armen und verschloß sich in seine Kammer. – O Gott! was für ein grausames, fürchterliches Geheimnis muß das sein! Ich habe den Gustav gebeten, ich habe ihn beschworen: – umsonst! er stand und weinte, ohne ein Wort zu sagen. *Sie ringt die Hände.* Barmherziger Gott! was ist das? Warum ist das Herz meines Vaters so gar nicht zu erweichen, mir etwas zu sagen, woran meine ganze Ruhe liegt? – Schönwald! mein Schönwald! was ist dir widerfahren! O warum muß dein Schicksal allezeit so schwarz, so schrecklich fürchterlich sein! Warum muß mein empfindliches Herz so viel deinetwegen ausstehen?

LAURA: Welche Ahndungen! – Ich zittere, Fräulein! Ich errate es. – Ich fange an, den furchtbaren Knoten aufzulösen. Gustav muß mir völlig Licht geben. *Sie eilt ab.*

LENCHEN: Du gehst, Laura? Sage mir vorher deine Mutmaßung! – Du gehst fort? – Unerbittliches Mädchen! Habe Erbarmen mit mir, und komme wieder! Erzähle mir alles, es sei so schrecklich als es wolle. *Vor sich.* O Anselmo! O Gustav! Ihr bleibt stählern bei meiner Furcht. Warum wälzet ihr diese Berge nicht von meinem Herzen! *Sie geht etlichemal stumm auf und nieder, dann spricht sie.* O Gedanke! – Entflieh! – Dir muß ich unterliegen. – Gott! könntest du ein so zärtliches Paar von einander reißen? – Tod! warst du durch die stammelnden Klagen eines sterbenden Liebhabers, warst du durch seine letzten Tränen um nichts zu erweichen, ihn mir noch zu lassen? – Lalage! Du mußt ihn haben sterben sehen. Woran starb er? Nannte seine erstarrende Zunge meinen Namen nicht? – Und warum ließt ihr mich nicht holen? Ihr Grausamen, ihr Barbaren! die ihr um sein Totenbette standet, die ihr ihn nach mir röcheln hörtet: euch konnte seine letzte Angst nicht erweichen: ihr schicktet nicht zu mir: – ihr ließt mich nicht rufen, ihn in einer für mich süßen Verzweiflung zum letztenmal zu umarmen, ihm die gebrochenen Augen küssend zuzudrücken? – Wo bin ich? – Wer? Anselmo! – O mein Vater! kommst du mir endlich die schreckliche Zeitung zu eröffnen! Fängst du an, mitleidig gegen deine Tochter zu werden?

DRITTE SZENE

LENCHEN. ANSELMO.

LENCHEN *die Anselmos Kniee umfaßt*: Ach mein Vater! wenn Sie nicht aufhören wollen, Vater zu sein, so sagen Sie – – – *(schluchsend)* dieses zitternde Lenchen stirbt, wenn Sie sie nicht aus dieser quälenden Angst reißen, sie stirbt zu Ihren Füßen. –

ANSELMO *der die Augen in die Höhe hebt*: O Gott! – *Zu Lenchen, mit Bewegung.* Meine Tochter! –

LENCHEN: Und hier halten Sie inne? Und ich soll Ihre Tochter sein, und Sie sind so unerbittlich, mir meine Angst, meine tödliche Angst zu benehmen? – Womit habe ich Sie beleidigt, mein Vater? Rächen Sie sich nicht so empfindlich, nicht so grausam an Ihrer Tochter! – –

ANSELMO *der sich die Tränen abwischt*: Meine Tochter! Du machst dir zu schreckliche Vorstellungen. Schönwalden ist eine Unpäßlichkeit zugestoßen.

LENCHEN: Und alsdann würden Sie weinen, so bitterlich weinen, als Sie jetzt getan haben? – Nein, mein Vater! Es ist mehr vorgefallen. Sagen Sie mir alles!

ANSELMO: Nein, nichts mehr. Ich betrübte mich nur, daß eure Hochzeit eine neue Hinderung bekommen hätte.

LENCHEN: Ach Sie haben mir nicht alles gesagt. Ihre Augen, Ihre verlegene, traurige Miene sagen mir mehr als alle Ihre Worte. – – – Ich weiß, ich weiß mein Schicksal. Ich lese es aus Ihrem Gesichte. *Sie springt auf und wirft sich in einen Lehnstuhl.* Er ist tot. – – Ja, ja. – Ich muß ihm nachsterben. Warum verzögert mein Geist noch? – Ich unglückselige Braut! – Schönwald! warum liebte ich dich! Deine zärtlich schmachtenden Augen sind mir also auf ewig geschlossen. Deine feurigen Lippen werden mich also nie mehr küssen? – O wo bist du Tod? Befreie mich! Führe mich zu ihm! Warum zögerst du? Warum werden meine Augen noch nicht dunkel? Warum atme ich noch Verzweiflung ein? – Ach halten Sie mich, mein Vater! – Halten Sie mich, daß ich in Ihren Armen den letzten Seufzer aufgebe!

ANSELMO *der sich zitternd dem Lehnstuhl nähert*: Meine Tochter! Deine Leidenschaften erhitzen deine Einbildungskraft, daß du dir die schrecklichsten Bilder von der Welt machst. – Besinne dich! Erhole dich! Würde dein Vater fähig sein, dich zu trösten, wenn alle seine Hoffnungen mit Schönwald gestorben wären, wenn er selbst ganz trostlos wäre? Der Schmerz ist zu heftig, den du bezeugst. Schönwald kann ja wohl wieder gesund werden. Warum willst du ohne Ursache verzweifeln? Ist es recht, daß du dich bei einem mittelmäßigen Leiden sogleich der Wut deiner Affekten überläßt? Ist es billig, daß du durch übermäßigen Schmerz deiner Gesundheit schadest – deinem Vater Vorwürfe machst und –

LENCHEN *die sich ihm weinend zu Füßen wirft*: Vergeben Sie, mein

Vater! vergeben Sie! – Ach mein Schmerz ist zu groß als daß ich ihn mäßigen könnte. – Sagen Sie mir mehr, liebster Vater! alsdann will ich ruhig sein. Eine kleine Unpäßlichkeit von Schönwald kann so viel Eindruck auf Ihr Herz nicht haben. – Reden Sie, mein Vater! Ich bin bereit mein Urteil zu hören. Bedenken Sie, daß ich Ihre Tochter bin, daß Sie mein Vater sind –

ANSELMO *umarmt sie*: Lenchen! Du machst mir mein Herz ganz schwer. Beruhige dich doch! Ich will dir alles aufrichtig sagen, allein, setze keinen Zweifel in meine Worte! Stelle dir dein Unglück nicht größer vor, als es wirklich ist! – Schönwald ist ziemlich gefährlich krank. Er speit Blut. – Er – aber der Medikus gibt bei dem allen noch die beste Hoffnung. *Er reißt sich von ihr los und geht ab.*

LENCHEN *allein*: Ich soll keinen Zweifel in seine Worte setzen? – Nein, ich traue dir zu viel Redlichkeit zu, mein Vater! als daß ich länger an deiner Erzählung zweifeln sollte. – Aber ist diese nicht schon schrecklich genug für mich? Ich glaubte, Schönwald wäre gestorben – und mein Vater sagt, er ist so krank, daß er wahrscheinlicher Weise sterben muß. – Und warum verließ dieser zärtliche Vater mich so plötzlich? – Der Medikus gibt Hoffnung. Das ist vermutlich ein kleiner Anhang, den mein Vater zu meinem Trost erfunden hat. – Er wird sprachlos, er wird ohne Hoffnung sein. Das schickt sich besser zu den Tränen meines Vaters. – Und ich warte noch hier und zaudere? Ich Fühllose! ich Undankbare! – Warum eile ich nicht zu ihm, warum werfe ich mich nicht in seine kraftlosen erstarrten Arme? Warum küsse ich seine blassen Lippen nicht, die mir noch vielleicht den letzten Segen sprechen würden? – Könnte ich doch in einem Augenblick bei ihm sein! Der Boden zittert unter meinen Füßen. Ich kann eher nicht ruhig sein, als bis ich ihn sehe. *Sie geht auf die Tür des Theaters zu.*

VIERTE SZENE

Laura. Lenchen.

Laura *die auf Lenchen zustürzt*: Wo ist sie, die unglückselige Braut? Wo flucht sie mir? – Hier! *Sie fällt vor ihr nieder.* Vergebung, mein Fräulein! – Erbarmen!

Lenchen: Von mir? – Erbarmen?

Laura: Können Sie großmütig sein? können Sie – doch was flehst du Laura? – Warum stehen Sie noch an, mir zu fluchen, mich und meine Liebe zu verwünschen? Warum bricht noch kein Strom von gerechten Klagen aus Ihrem Munde? – Ich habe die schrecklichsten Ausbrüche Ihres Zorns verdient. – Bereiten Sie sich, die fürchterlichste Nachricht aus meinem Munde zu hören! Der furchtbare Knoten ist gelöst. Gustav hat mir alles erzählt –

Lenchen: Halt, Laura! halt! – Ich zittre. – Zu dieser Nachricht muß ich mich fassen. – Schwarze, schreckliche Ahndungen! Wie ein ungeheurer Abgrund liegt ihr vor mir, den mein Auge nicht zu durchdringen fähig ist.

Laura: Ich kann Sie nicht lange sich in Ungewißheit ängstigen sehen. Ich muß Ihnen Ihr Elend nur bald entdecken und dann Ihre Verwünschungen, Ihre Flüche mir zur Strafe hören. – Zittern Sie! Schönwald ist –

Lenchen *mit einer heftigen Bewegung*: Laura! – –

Laura: Ja diese elende Laura ist die Geliebte des Mörders Ihres –

Lenchen *die sie anfaßt, hitzig*: Genug, Laura! Genug mich zu töten! – Das ist zu viel für mein blutendes Herz! – Schönwald! Ermordt! – Schönwald! – Dort sehe ich ihn! – Dort dünkt mir daß ich sein letztes Röcheln höre. Dort sehe ich, wie er im Blut jammert. – – Ermorde mich auch, Laura! Mich auch –

Laura: Um diese Barmherzigkeit sollte ich Sie bitten. – Tigras! teuflisches Ungeheuer! Bist du wert, geliebt worden zu sein? Fluchen will ich dir, fluchen. Helfen Sie mir, ihn verfluchen, mein Fräulein! Sie kennen sein Verbrechen noch nicht ganz.

Er hat ihn auf die grausamste Art umgebracht. – Ach wie hat Ihr Geliebter gewinselt! ›Lenchen‹ ist sein letztes Wort gewesen.

LENCHEN *die sich auf einen Sofa niederwirft*: Schönwald! Ermordt! – Ach, nun bin ich zur tiefsten schrecklichsten Tiefe meines Elends niedergesunken. Alles ist aus. Auch der fernste Schimmer der Hoffnung ihn wiederzusehn ist verschwunden. *Sie fängt an zu weinen.* Fließt, fließt ihr trostlosen Tränen! Mein Schönwald ist mir auf ewig entrissen: eine verfluchte Faust hat ihn mir entrissen. – Gott! Gott! kannst du sein Blut ungerochen lassen? – – Edles, großmütiges Herz, dich hat ein blitzender Strahl durchbohrt! Vielleicht klopftest du eben Seufzer nach mir, als dich ein Unsinniger zerriß. Vielleicht flossen dir eben die letzten Tränen um mich, als dein schmachtendes Auge auf einmal dunkel ward. *Sie springt schnell auf.* Wohin soll ich? Wo finde ich ein Ende meines Jammers? – Was soll mir ein Leben, ohne meinen Schönwald? – Nein, Tod! wenn du grausam genug gewesen bist mir meinen Schönwald zu rauben, so reiß auch mich aus der Welt! Ich will meinem Geliebten nachsterben, ich muß ihm nachsterben. – Brecht, brecht ihr Augen! Ihr könet Schönwald hier doch nicht mehr wiedersehen. – Sinkt hin, ihr Arme! Ihr werdet ihn hier nicht mehr an dies klopfende Herz drücken. – Ja, er naht – er naht, der süße Tod. – Ich fühle wie meine Kräfte anfangen zu sinken. – Glückselige Stunde, wenn es mit mir aus sein wird. Ja, ja, ich fühle daß du nicht mehr fern bist. *Mit matterer Stimme.* Schönwald – bald bin ich bei dir – bald, bald will ich dich mit verklärten Armen umfangen. – Ach es schimmert mir schon alles vor den Augen – ich wollte gern jauchzen, aber meine Zunge fühlt Bande – ich werde schon kalt – – – – Gottlob! Gottlob! – ich sterbe schon. *Sie sinkt in Ohnmacht.*

LAURA *die sie von der Erde aufhebt*: Gott! – auch sie soll das Opfer einer verfluchten Wut sein! O das edelste, das beste Fräulein! – Doch sie ist glücklich – sie ist glückseliger als ich. –

FÜNFTE SZENE

Anselmo. Laura. Lenchen.

Anselmo: Was ist hier? – Lenchen! – Tot! – Barmherziger Gott! was ist das?
Laura: Sie ist ohnmächtig.
Anselmo: Rettet, rettet! – O meine liebste Tochter! *Er nimmt Lenchen aus den Händen der Laura und schließt sie in seine Arme.* O könnte ich für dich sterben, mein Kind! Soll ich denn nun alle meine Freuden verlieren? Soll ich Unglückseliger allein übrig bleiben? – Folgst du deinem Geliebten nach, Lenchen? Warum entdeckte ich dir doch dein Schicksal nicht ganz? Vielleicht hat ihre Angst, vielleicht haben ihre fürchterliche Vorstellungen sie getötet. O kann ich deinen Geist nicht zurückrufen, meine Tochter? – – Und du stehst betäubt da, Laura? Rette! rette unempfindliches Mädchen!
Laura: Ach Gott! warum wollen wir ihr ihre Ruhe mißgönnen? Sie ist jetzt glücklicher, als wenn sie zu ihrer Qual lebte.
Anselmo: Schweig, Mädchen! Du redest unmenschlich. Rette doch! Erfrische sie! – Ist nichts Erfrischendes da? – – O meine Tochter, meine Tochter! könnte ich für dich sterben!
Lenchen *die die Augen aufschlägt*: Wo bin ich? – – Mein Vater! – – – In Ihren Armen? – Warum ließen Sie mich nicht sterben? – Wo bleibst du angenehmes Gesicht? Erschalle mir wieder, liebliche Stimme meines Freundes! Erscheine mir wieder, teurer geliebter Schönwald! Drücke mich wieder an dein verwundtes blutiges Herz!
Anselmo: Laß dich trösten, meine liebste Tochter! – Schönwald lebt ja noch. Dein Tod hätte ihn aufs äußerste betrübt.
Lenchen *die ihn starr ansieht*: Unbarmherziger Vater! Noch können Sie mir ein Geheimnis verschweigen, das mich schon dem Tode Preis gab? – Ach ich weiß, ich weiß mein Urteil. Schönwald, der Geliebte meiner Seele, ist nicht mehr, ist ermordet. Eine verfluchte Faust hat sein Herz durchbohrt. – Ach Schönwald! warum konnte ich dir denn nicht nachster-

ben? – Oder, warum konnte ich dir nicht mit zitternden Händen deine brechenden Augen zudrücken und mich dann auf dich hinwerfen und in deinen erstarrenden Armen den Geist aufgeben! Wie sanft, wie entzückend würde mein Tod gewesen sein! – Ach wie unbarmherzig sind Sie, mein Vater! Daß Sie mich aus dieser Ohnmacht erweckt haben! Konnten Sie mich nicht sterben lassen?

ANSELMO *der sie wehmütig ansieht, indem ihm eine Träne entfällt*: Meine Tochter! – – –

LENCHEN: O mein Vater, mein liebster teuerster Vater! Sie fühlen mein Elend. Wie tröstet mich Ihre Träne! – Ach warum ließen Sie mich doch nicht sterben! – Und warum, warum zögern Sie noch? Lassen Sie mich meinen entseelten Schönwald zum letztenmal sehen! Ich muß ihn noch einmal umarmen, den werten Leichnam. Ich muß seine blassen Wangen küssen und sie mit meinen Tränen benetzen. O Gott! vielleicht bin ich so glücklich an seinem eiskalten Herzen zu sterben. – Wo ist das Fuhrwerk, wo ist der Wagen, mein letzter Trost, meine letzte angenehme Reise, meine letzte Pflicht? – Sie zögern! – – – – O mein Vater!

ANSELMO: Willst du dich denn auch aufopfern, meine Tochter? Kannst du deinen Vater mit einem verwundten Herzen in tödlicher Traurigkeit allein zurücklassen? – Und du wünschest zu sterben? Was soll mir ein Leben über dem Grabe meiner Kinder? Ach mein Lenchen! lebe mir zum Trost, diesem grauen Haupte zum Trost! Laß die Hoffnung nicht vergeblich sein, die mir jederzeit in meinem Herzen geschwebt hat, deine kindliche, zärtliche Hand solle mir noch einmal meine brechenden Augen zudrücken!

LENCHEN *weinend*: Mein Vater! was soll ich Ihnen hierauf antworten? – Kennten Sie mein Herz doch, und sähen, wie es von Ehrfurcht und Liebe gegen Sie brennt! – Aber: ich liebe – ach verzeihen Sie meinem zu zärtlichen Herzen, wenn es Ihrem Verlangen nicht nachfolgen kann! Ich muß meinen Schönwald noch einmal sehn, ich muß ihn bald sehn und sollte ich auch ein Opfer darüber werden. – Weinen Sie nicht, mein Vater! – Mein Herz zerspringt mir sonst. – Ach

Laura! Laura! die Zeit ist kostbar: sorge doch für Wagen und Pferde.

ANSELMO: Lenchen! – –

LENCHEN: Eile doch, Laura!

LAURA *zu Anselmo*: Soll ich? – Durch Schweigen bejaht man. *Sie geht ab.*

LENCHEN: Nun mein Vater! – Leben Sie wohl, leben Sie ewig wohl! Wenn ich der geheimen Ahndung meines Herzens trauen soll, so wird mich der Himmel noch so glücklich machen, bei dem Sarge meines Geliebten zu sterben. Ach und dann weinen Sie über meine Asche nicht! Beweinen Sie eine Tochter nicht, die durch den Tod glücklich wird! – Ach Gott, wie beweglich stehen Sie da! – Himmlischer Tröster, tröste ihn! – Den letzten Segen, mein Vater! Den letzten väterlichen Kuß! – Vergeben Sie den Affekt Ihrer Tochter! Vergeben Sie, wenn ich Sie in der Hitze meiner Leidenschaften sollte beleidigt haben! – Sie weinen, bester Vater! – Zürnen diese Tränen vielleicht über mich? *Sie fällt ihm zu Füßen.* Ich muß Vergebung von Ihnen erhalten, zu Ihren Füßen muß ich sie erhalten. – O lassen Sie Ihr Herz erweichen! Zürnen Sie nicht über eine Sterbende, über –

ANSELMO: Kann ein Schmerz größer sein, als der meinige? – Lenchen, deine Reden sind wie durchbohrende Pfeile in meiner Brust: ich kann sie nicht länger ertragen. *Er umarmt sie.* Und dies soll die letzte Umarmung sein, die du deinem Vater erlaubst? Ach meine Tochter! Ich kann vor Wehmut nicht sprechen. – Ich will mit dir, ich will mit dir, ich will dich sterben sehn, und über dir erblassen. *Er nimmt sie an der Hand und geht mit ihr ab.*

VIERTER AKT

Ein Zimmer des Schönwalds.

ERSTE SZENE

Anselmo. Lenchen. Schönwald. Lucinde.

Lucinde *vor Schönwalds Bette sitzend*: Nun! Wer kommt dort so plötzlich? *Sie sieht gegen die Tür des Theaters und springt auf.* Lenchen! – Himmel! Kommen Sie geflogen, meine Liebe?

Lenchen *hitzig*: Wo ist die Leiche? mein erblaßter Schönwald, wo liegt er? – – *Sie stürzt auf Schönwald zu und wirft sich auf ihn.* O mein entschlafener Freund! unschuldiges Opfer – – wenn du aus denen obern Sphären auf uns herabsehen kannst – so sieh wie deine unglückselige Braut bei deiner Leiche jammert – hilf ihr ihren Tod erflehen! – habe Mitleiden –

Schönwald *der sie zitternd an die Hand faßt*: O Entzücken! – Gott! welches Entzücken! diese zärtliche Hand noch einmal zu küssen. *Er drückt ihre Hand an seine Lippen.*

Lenchen *die zurückfährt, sich von ihm losreißt und auf Anselmo zueilt, furchtsam und verwundernd*: Er spricht – – das ist er nicht – – Bedeuten Sie mich mein Vater! – Träume ich? kann ich das Glück nicht wirklich haben? meinen entseelten Schönwald zu umarmen? Wecken Sie mich auf aus dem Traume! Ich will wachend zu ihm. – Wo ist er? Wo ist Lalage? Wo schallen die Klagen seiner Hausgenossen? Wo sind die gebrochenen Augen, die ich küssend zudrücken wollte?

Anselmo: Ich weiß selbst nicht wo ich bin. – Helft mir, Freunde! *Er sinkt in einen Lehnstuhl.*

Lenchen: Sie sind es doch? Schützen Sie mich mein Vater! – Gespenster, verwirrte Bilder um mich! – Bringen Sie mich zu Schönwald, Schönwald, – nicht zu einem Schattenbilde! Sehen Sie, wie ich zittere, sehen Sie – Retten Sie mich!

Anselmo: Fasse dich, meine Tochter! Hier sind lauter lebende Personen. Das Lucinde, und das ist – *(zu Schönwald)* Leben Sie wirklich, oder trügen mich meine Augen?

SCHÖNWALD: Ich lebe, ja ich lebe. – Und Lenchen will ihren Schönwald nicht wieder kennen? Ich Elender!

ANSELMO *der plötzlich aufspringt, Lenchen an die Hand nimmt, und dem Bette zueilt*: Fasse ein Herz, meine Tochter! Da ist er. Er lebt. Das ist kein Gespenst, es ist Schönwald selbst.

LENCHEN *die den Kranken schüchtern ansieht, allein plötzlich ihr Gesicht an der Brust des Vaters verbirgt*: Das ist er nicht. – Bringen Sie mich weg von hier! Schönwald sieht so fürchterlich bleich nicht aus. Nein, mein Geliebter ist tot. – Wo ist er? – Lassen Sie uns wegeilen!

SCHÖNWALD *der sie an die Hand nimmt, weinend*: Und Sie wollen mich nicht wiedererkennen? Und Sie wollen mich sterben lassen, ohne mir vorher den letzten Kuß zu geben? – Sie wollen fliehen, Lenchen! jetzt fliehen, da ich in Gefahr stehe, Sie auf ewig nicht mehr wiederzusehen?

LENCHEN *die ihn lange ansieht*: Was für eine Empfindung erwacht in meiner Brust? Was für eine Decke fällt mir von den Augen? Schönwald! – Sind Sie es? – Ja – – Nein – – Ach sind Sie es? – *Sie fällt ihm um den Hals und beide bleiben stumm und weinend in dieser Stellung.*

ANSELMO *schluchzend*: Das Herz will mir zerspringen.

LENCHEN *am Halse ihres Geliebten*: Sie sind es also, mein Engel? – Sie leben? – Leben Sie wirklich?

SCHÖNWALD: Für Sie, für Sie lebe ich allein – für Sie, mein Lenchen! – mein allerkostbarster Schatz! – Ohne Sie würde mir das Leben ein Tod sein.

LENCHEN: Ach unaussprechliche Wollust! – Ach ich kann nicht reden für Freude – weinen kann ich nur –

SCHÖNWALD: Ich bin gesund, ganz gesund – die Freude macht mich ganz gesund.

LUCINDE: Welche gütige Schickungen des Himmels!

LENCHEN *die sich von Schönwald losreißt und auf Anselmo zueilt*: Ach mein Vater! Sehen Sie mein Glück mit an! – Ich kann meine Freude gar nicht bergen.

ANSELMO *für Freude weinend*: Führt mich doch hin zu Schönwald! – Meine Füße zittern unter mir – führt mich zu seinem Bette! Ich muß ihn küssen – ich muß an seinem Halse weinen. *Er eilt zu Schönwald und fällt ihm um den Hals.* O wie glücklich machen Sie mich, daß Sie noch leben! Wie fließt mein Herz von Wollust über! – O mein Sohn! mein Sohn! Ihre Erhaltung ist mir lieber, als sie Ihnen selbst sein kann – lieber als mein eigen Leben.

SCHÖNWALD: Gott! wie viel Vergnügen schenkst du mir an dem heutigen Tage! Die feurigsten Empfindungen der Dankbarkeit überströmen mich –

LENCHEN: Mein Herz ist nicht weniger gerührt. Du, der du meine Tränen erhört hast, Lob sei dir! – Doch welch eine dunkle Schwermut verfinstert plötzlich alle meine Freuden! Mein Schönwald! Sie leben vielleicht nur, um uns desto plötzlicher, desto schmerzhafter zu verlassen. *Sie fällt auf ihn.* O mein Liebster! ich lasse Sie nicht sterben. Ich muß mit Ihnen den Geist aufgeben. – Ich verlasse dich nicht, mein gemarterter Freund! ich verlasse dich ewig nicht. Das Grab selbst, das fürchterliche Grab soll uns nicht trennen.

SCHÖNWALD *mit Tränen*: Gar zu zärtliche Braut! – Wie fesselt Ihre Furcht, Ihre edle Sorgfalt für mein Leben – wie fesselt sie mein Herz an das Ihrige!

LENCHEN *die Lucinden traurig ansieht*: Und Sie können mich nicht trösten, Lucinde! Sie können mir nicht sagen: Sorgen Sie nicht, Lenchen! Er ist außer Gefahr? *Zu Schönwald.* Also muß ich Sie doch noch vielleicht verlieren, mein bester Schatz? Also soll ich Sie sterben sehn? – Nein, das kann ich nicht. Tod! ich biete dir Trotz. Alle deine Schrecknisse sollen mich von meinem Schönwald nicht scheiden!

SCHÖNWALD: Welch ein Entzücken, daß ich mein Lenchen selbst trösten, daß ich ihr sagen kann: ich werde nicht sterben. Nein, meine Liebste, ich lebe, ich lebe für Sie, und wenn ich dem Ausspruch des Arztes und der geheimen Hoffnung meines Herzens trauen soll, so werde ich noch lange für Sie und in Ihrer Gesellschaft leben.

LENCHEN *schlägt in die Hände*: Gottlob! Gottlob! daß ich es aus seinem eigenen Munde höre. – Mein Schönwald, ist die quälende Gefahr vorbei? Ist es gewiß? Darf ich gewiß hoffen, daß wir noch glücklich sein können? – Ja ich kann hoffen, mein englischer Freund – ich kann hoffen, die Ihrige zu werden, auf ewig die Ihrige zu werden. Ich kann hoffen, Ihnen mein ganzes Leben hindurch meine Zärtlichkeit, meine empfindliche Liebe in ihrer ganzen Größe zu zeigen und unnennbare Freuden in Ihren Armen zu fühlen. O wie schmeichelhaft, wie entzückend süß ist diese Hoffnung! Tod, du fürchterlicher Tod, vernichte sie nicht! Höchste Vorsehung, erhöre die Tränen eines schwachen Frauenzimmers, einer bekümmerten Braut! Laß ihn nicht sterben, laß mir den teuren Geliebten nicht sterben!

SCHÖNWALD *der sie umarmt*: Wie hinreißend sind Sie, Lenchen! O Gott, du kannst ein so zärtliches Paar nicht trennen. Genug schwarze Schicksale! genug gestraft! Du wirst nicht ewig Gericht halten.

LUCINDE: Das waren Theosebs Worte. *Zu Anselmo*. Wären Sie hier gewesen, als dieser rechtschaffene Geistliche ihm auf seinem Krankenbette zuredete! –

ANSELMO: Aber, meine liebe Freundin! was sagte doch der Arzt von der Wunde?

LUCINDE: Er versichert, Schönwald sei außer Gefahr. Dem Himmel sei Dank, daß der Stich an den Rippen herabgeglitscht ist. Er war recht aufs Herz gemünzt.

ZWEITE SZENE

LALAGE. SCHÖNWALD. LENCHEN. ANSELMO. LUCINDE.

LALAGE: Soll ich der Nachricht wirklich glauben, die mir Gustav brachte? – Ja, Sie sind es Lenchen! Wieviel habe ich verloren, daß ich die rührende Szene nicht mit angesehen habe, wie Sie Ihren Schönwald empfingen.

LENCHEN *die sie umarmt*: Vergeben Sie meinem Affekt! Ich habe beständig geglaubt, Sie wären hier.

LALAGE: Nein, ich bin zu meinem Schaden nicht hier gewesen. – Nun, mein Allerliebstes! Dem Himmel sei Dank, daß ich Sie noch in die Arme Ihres zärtlichen Liebhabers liefern kann. Ich glaubte schon gewiß, ich würde eine Zeugin der Verzweiflung sein, mit der Sie Ihren Schönwald entseelt finden würden, und jetzt feire ich mit Ihnen ein Freudenfest, da Sie ihn lebendig wiedersehen.

LENCHEN: Meine Freude ist ganz außerordentlich. Ich weiß kaum, was ich rede, was ich tue, oder was andre reden. Ich bin in einem angenehmen Traum, in einer süßen Fühllosigkeit.

LALAGE *zu Anselmo*: Sie haben geweint, Anselmo. Ich sehe es an Ihren Augen. Wie süß sind diese Tränen! – Ach Gott! wie bitter waren die, die ich während des schrecklichen Zufalls mit dem Herrn Baron vergossen habe. Sie sollten dabei gewesen sein, als –

ANSELMO: Meine Tränen um ihn flossen nicht sparsamer, ach! und besonders, wenn ich die Verzweiflung meiner Tochter ansah –

LENCHEN *die zu Schönwald eilt und ihn umarmt*: Von Ihnen, mein Liebster! kann ich nicht lange entfernt sein. Wenn es auch ein Traum wäre, daß ich Sie in diesen brünstigen Arm eingeschlossen hielte, so wäre es doch ein süßer Traum, den ich nicht lange entbehren könnte. Aber, Gottlob! es ist keiner.

SCHÖNWALD: Nein, es ist kein Traum, mein Lenchen! Ich fühle die Wirkungen der heutigen Freude in meinem ganzen Körper. Ich bin ganz munter, ganz stark geworden.

LENCHEN: O Gott, stärke seine Kräfte! – Ich werde also bald Ihre Gattin sein, Schönwald? Entzückender Name für mich! Schmeichelnde Hoffnung für meine Zärtlichkeit! Nie werde ich aufhören, Ihnen diese aufs lebhafteste zu zeigen. Das Alter soll mein Herz nicht kalt gegen Sie machen. Der Tod soll's nicht. Nein, wenn diese Augen brechen werden, mein Schönwald! und Ihre werte Hand sie mir zudrückt, so werde ich noch beim letzten Hauch Freude darüber in mir fühlen.

SCHÖNWALD: Denken Sie an die fürchterliche Zeit nicht! Lassen Sie uns die Vorsicht um die einzige Wohltat anflehen, dermaleinst zugleich, oder wenigstens kurz auf einander zu sterben. Lassen Sie uns jetzt fröhlich sein!

ANSELMO: Ich möchte hüpfen für Freude.

LUCINDE: Ich möchte Sie alle soviel fragen und weiß nicht, wo ich anfangen soll. Sagen Sie mir, Anselmo! wie verhielt sich Lenchen bei dieser Nachricht? Sie erfuhr sie doch nicht gleich?

LALAGE *zu Anselmo*: Warten Sie mit der Erzählung! Schönwald hat sich vorgenommen, heut zum erstenmal aufzustehen. Wir wollen diesen Tag feierlich machen! Wir wollen in den Saal treten, uns um unsern Märtyrer herumsetzen und die ganze Erzählung seines Unglücks aus seinem Munde hören, und dann soll ein jeder umständlich sagen, was für Eindruck diese Begebenheit bei ihm gemacht habe. Gefällt Ihnen das?

LENCHEN: Ja, ja. Nur von Schönwald muß ich nicht getrennt werden. *Zu Schönwald*. Mein Allerliebster! wie werde ich mich freuen, wenn ich heut bei Tisch an Ihrer Seite sitzen kann! – O möchte diese Begebenheit jeden, der sie höret, rühren und ihn zum Dank gegen die Vorsicht bewegen, die keine Wunde schlägt, welche ewig blutet! – Kommen Sie, mein Schönwald! Noch muß ich Sie zum letztenmal auf ihrem traurigen Lager umarmen. *Sie umarmt ihn und der Vorhang fällt zu.*

DER HOFMEISTER ODER VORTEILE DER PRIVATERZIEHUNG

Eine Komödie

PERSONEN

HERR VON BERG, Geheimer Rat
DER MAJOR, sein Bruder
DIE MAJORIN
GUSTCHEN, ihre Tochter
FRITZ VON BERG
GRAF WERMUTH
LÄUFFER, ein Hofmeister
PÄTUS ⎱ Studenten
BOLLWERK ⎰
HERR VON SEIFFENBLASE
SEIN HOFMEISTER
FRAU HAMSTER, Rätin
JUNGFER HAMSTER
JUNGFER KNICKS
FRAU BLITZER
WENZESLAUS, ein Schulmeister
MARTHE, alte Frau
LISE
DER ALTE PÄTUS
DER ALTE LÄUFFER, Stadtprediger
LEOPOLD, Junker des Majors, ein Kind
HERR REHAAR, Lautenist
JUNGFER REHAAR, seine Tochter

ERSTER AKT

ERSTE SZENE

Zu Insterburg in Preussen

Läuffer: Mein Vater sagt: ich sei nicht tauglich zum Adjunkt. Ich glaube, der Fehler liegt in seinem Beutel; er will keinen bezahlen. Zum Pfaffen bin ich auch zu jung, zu gut gewachsen, habe zu viel Welt gesehn, und bei der Stadtschule hat mich der Geheime Rat nicht annehmen wollen. Mag's! er ist ein Pedant und dem ist freilich der Teufel selber nicht gelehrt genug. Im halben Jahr hätt ich doch wieder eingeholt, was ich von der Schule mitgebracht, und dann wär ich für einen Klassenpräzeptor noch immer viel zu gelehrt gewesen, aber der Herr Geheime Rat muß das Ding besser verstehen. Er nennt mich immer nur Monsieur Läuffer, und wenn wir von Leipzig sprechen, fragt er nach Händels Kuchengarten und Richters Kaffeehaus, ich weiß nicht: soll das Satire sein, oder – Ich hab ihn doch mit unserm Konrektor bisweilen tiefsinnig genug diskurieren hören; er sieht mich vermutlich nicht für voll an. – Da kommt er eben mit dem Major; ich weiß nicht, ich scheu ihn ärger als den Teufel. Der Kerl hat etwas in seinem Gesicht, das mir unerträglich ist. *Geht dem Geheimen Rat und dem Major mit viel freundlichen Scharrfüßen vorbei.*

ZWEITE SZENE

Geheimer Rat. Major.

Major: Was willst du denn? Ist das nicht ein ganz artiges Männichen?
Geheimer Rat: Artig genug, nur zu artig. Aber was soll er deinen Sohn lehren?
Major: Ich weiß nicht, Berg, du tust immer solche wunderliche Fragen.

GEHEIMER RAT: Nein aufrichtig! du mußt doch eine Absicht haben, wenn du einen Hofmeister nimmst und den Beutel mit einemmal so weit auftust, daß dreihundert Dukaten herausfallen. Sag mir, was meinst du mit dem Geld auszurichten; was foderst du dafür von deinem Hofmeister?

MAJOR: Daß er – was ich – daß er meinen Sohn in allen Wissenschaften und Artigkeiten und Weltmanieren – Ich weiß auch nicht, was du immer mit deinen Fragen willst; das wird sich schon finden; das werd ich ihm alles schon zu seiner Zeit sagen.

GEHEIMER RAT: Das heißt: du willst Hofmeister deines Hofmeisters sein; bedenkst du aber auch, was du da auf dich nimmst – Was soll dein Sohn werden, sag mir einmal?

MAJOR: Was er ... Soldat soll er werden; ein Kerl, wie ich gewesen bin.

GEHEIMER RAT: Das letzte laß nur weg, lieber Bruder; unsere Kinder sollen und müssen das nicht werden, was wir waren: die Zeiten ändern sich, Sitten, Umstände, alles, und wenn du nichts mehr und nichts weniger geworden wärst, als das leibhafte Kontrefei deines Eltervaters – –

MAJOR: Potz hundert! wenn er Major wird und ein braver Kerl wie ich und dem König so redlich dient als ich!

GEHEIMER RAT: Ganz gut, aber nach funfzig Jahren haben wir vielleicht einen andern König und eine andre Art ihm zu dienen. Aber ich seh schon, ich kann mich mit dir in die Sachen nicht einlassen, ich müßte zu weit ausholen und würde doch nichts ausrichten. Du siehst immer nur der graden Linie nach, die deine Frau dir mit Kreide über den Schnabel zieht.

MAJOR: Was willst du damit sagen, Berg? Ich bitt dich, misch dich nicht in meine Hausangelegenheiten, so wie ich mich nicht in die deinigen. – Aber sieh doch! da läuft ja eben dein gnädiger Junker mit zwei Hollunken aus der Schule heraus. – Vortreffliche Erziehung, Herr Philosophus! Das wird einmal was Rechts geben! Wer sollt es in aller Welt glauben, daß der Gassenbengel der einzige Sohn Sr. Excellenz des königlichen Geheimen Rats – –

GEHEIMER RAT: Laß ihn nur – Seine lustigen Spielgesellen werden ihn minder verderben als ein galonierter Müßiggänger, unterstützt von einer eiteln Patronin.

MAJOR: Du nimmst dir Freiheiten heraus. – Adieu.

GEHEIMER RAT: Ich bedaure dich.

DRITTE SZENE

Der Majorin Zimmer

Frau MAJORIN *auf einem Kanapee.* LÄUFFER *in sehr demütiger Stellung neben ihr sitzend.* LEOPOLD *steht.*

MAJORIN: Ich habe mit Ihrem Herrn Vater gesprochen und von den dreihundert Dukaten stehenden Gehalts sind wir bis auf hundert und funfzig einig worden. Dafür verlang ich aber auch Herr – Wie heißen Sie? – Herr Läuffer, daß Sie sich in Kleidern sauber halten und unserm Hause keine Schande machen. Ich weiß, daß Sie Geschmack haben; ich habe schon von Ihnen gehört, als Sie noch in Leipzig waren. Sie wissen, daß man heut zu Tage auf nichts in der Welt so sehr sieht, als ob ein Mensch sich zu führen wisse.

LÄUFFER: Ich hoff, Euer Gnaden werden mit mir zufrieden sein. Wenigstens hab ich in Leipzig keinen Ball ausgelassen und wohl über die funfzehn Tanzmeister in meinem Leben gehabt.

MAJORIN: So? lassen Sie doch sehen. *Läuffer steht auf.* Nicht furchtsam, Herr ... Läuffer! nicht furchtsam! Mein Sohn ist buschscheu genug; wenn der einen blöden Hofmeister bekommt, so ist's aus mit ihm. Versuchen Sie doch einmal, mir ein Kompliment aus der Menuet zu machen; zur Probe nur, damit ich doch sehe. – Nun, nun, das geht schon an! Mein Sohn braucht vor der Hand keinen Tanzmeister! Auch einen Pas, wenn's Ihnen beliebt. – Es wird schon gehen; das wird sich alles geben, wenn Sie einmal einer unsrer Assembleen werden beigewohnt haben ... Sind Sie musikalisch?

LÄUFFER: Ich spiele die Geige, und das Klavier zur Not.

MAJORIN: Desto besser: wenn wir aufs Land gehn und Fräulein

Milchzahn besuchen uns einmal; ich habe bisher ihnen immer was vorsingen müssen, wenn die guten Kinder Lust bekamen zu tanzen: aber besser ist besser.

Läuffer: Euer Gnaden setzen mich außer mich: wo wär ein Virtuos auf der Welt, der auf seinem Instrument Euer Gnaden Stimme zu erreichen hoffen dürfte.

Majorin: Ha ha ha, Sie haben mich ja noch nicht gehört ... Warten Sie; ist Ihnen die Menuet bekannt? *Singt.*

Läuffer: O ... o ... verzeihen Sie dem Entzücken, dem Enthusiasmus, der mich hinreißt. *Küßt ihr die Hand.*

Majorin: Und ich bin doch enrhumiert dazu; ich muß heut krähen wie ein Rabe. *Vous parlez français, sans doute?*

Läuffer: *Un peu, Madame.*

Majorin: *Avez-vous déjà fait votre tour de France?*

Läuffer: *Non Madame ... Oui Madame.*

Majorin: *Vous devez donc savoir, qu'en France on ne baise pas les mains, mon cher!* ...

Bedienter *tritt herein*: Der Graf Wermuth ...

Graf Wermuth tritt herein.

Graf *nach einigen stummen Komplimenten setzt sich zur Majorin aufs Kanapee. Läuffer bleibt verlegen stehen*: Haben Euer Gnaden den neuen Tanzmeister schon gesehn, der aus Dresden angekommen? Er ist ein Marchese aus Florenz und heißt ... Aufrichtig: ich habe nur zwei auf meinen Reisen angetroffen, die ihm vorzuziehen waren.

Majorin: Das gesteh ich, nur zwei! In der Tat, Sie machen mich neugierig; ich weiß, welchen verzärtelten Geschmack der Graf Wermuth hat.

Läuffer: Pintinello ... nicht wahr? ich hab ihn in Leipzig auf dem Theater tanzen sehen; er tanzt nicht sonderlich ...

Graf: Er tanzt – *on ne peut pas mieux.* – Wie ich Ihnen sage, gnädige Frau, in Petersburg hab ich einen Beluzzi gesehn, der ihm vorzuziehen war: aber dieser hat eine Leichtigkeit in seinen Füßen, so etwas Freies, Göttlichnachlässiges in seiner Stellung, in seinen Armen, in seinen Wendungen – –

Läuffer: Auf dem Kochischen Theater ward er ausgepfiffen, als er sich das letztemal sehen ließ.

MAJORIN: Merk Er sich, mein Freund! daß Domestiken in Gesellschaften von Standespersonen nicht mitreden. Geh Er auf Sein Zimmer. Wer hat Ihn gefragt?
Läuffer tritt einige Schritte zurück.
GRAF: Vermutlich der Hofmeister, den Sie dem jungen Herrn bestimmt? ...
MAJORIN: Er kommt ganz frisch von der hohen Schule. – Geh Er nur! Er hört ja, daß man von Ihm spricht; desto weniger schickt es sich, stehen zu bleiben. *Läuffer geht mit einem steifen Kompliment ab.* Es ist was Unerträgliches, daß man für sein Geld keinen rechtschaffenen Menschen mehr antreffen kann. Mein Mann hat wohl dreimal an einen dasigen Professor geschrieben, und dies soll doch noch der galanteste Mensch auf der ganzen Akademie gewesen sein. Sie sehen's auch wohl an seinem links bordierten Kleide. Stellen Sie sich vor, von Leipzig bis Insterburg zweihundert Dukaten Reisegeld und jährliches Gehalt fünfhundert Dukaten, ist das nicht erschröcklich?
GRAF: Ich glaube, sein Vater ist der Prediger hier aus dem Ort ...
MAJORIN: Ich weiß nicht – es kann sein – ich habe nicht darnach gefragt, ja doch, ich glaub es fast: er heißt ja auch Läuffer; nun denn ist er freilich noch artig genug. Denn das ist ein rechter Bär, wenigstens hat er mich ein für allemal aus der Kirche gebrüllt.
GRAF: Ist's ein Katholik?
MAJORIN: Nein doch, Sie wissen ja, daß in Insterburg keine katholische Kirche ist: er ist lutherisch, oder protestantisch wollt ich sagen; er ist protestantisch.
GRAF: Pintinello tanzt ... Es ist wahr, ich habe mir mein Tanzen einige dreißig tausend Gulden kosten lassen, aber noch einmal so viel gäb ich drum, wenn ...

VIERTE SZENE

Läuffers Zimmer

LÄUFFER. LEOPOLD. *Der* MAJOR. *Erstere sitzen an einem Tisch, ein Buch in der Hand, indem sie der letztere überfällt.*

MAJOR: So recht; so lieb ich's; hübsch fleißig – und wenn die Kanaille nicht behalten will, Herr Läuffer, so schlagen Sie ihm das Buch an den Kopf, daß er's Aufstehen vergißt, oder wollt ich sagen, so dürfen Sie mir's nur klagen. Ich will dir den Kopf zurecht setzen, Heiduck du! Seht da zieht er das Maul schon wieder. Bist empfindlich, wenn dir dein Vater was sagt? Wer soll dir's denn sagen? Du sollst mir anders werden, oder ich will dich peitschen, daß dir die Eingeweide krachen sollen, Tuckmäuser! Und Sie, Herr, sein Sie fleißig mit ihm, das bitt ich mir aus, und kein Feriieren und Pausieren und Rekreieren, das leid ich nicht. Zum Plunder, vom Arbeiten wird kein Mensch das *Malum hydropisiacum* kriegen. Das sind nur Ausreden von euch Herren Gelehrten. – Wie steht's, kann er seinen *Cornelio?* Lippel! ich bitt dich um tausend Gottes willen, den Kopf grad. Den Kopf in die Höhe, Junge! *Richtet ihn.* Tausend Sackerment den Kopf aus den Schultern! oder ich zerbrech dir dein Rückenbein in tausendmillionen Stücken.

LÄUFFER: Der Herr Major verzeihen: er kann kaum Lateinisch lesen.

MAJOR: Was? So hat der Racker vergessen – Der vorige Hofmeister hat mir doch gesagt, er sei perfekt im Lateinischen, perfekt ... Hat er's ausgeschwitzt – aber ich will dir – Ich will es nicht einmal vor Gottes Gericht zu verantworten haben, daß ich dir keinen Daumen aufs Auge gesetzt habe und daß ein Galgendieb aus dir geworden ist wie der junge Hufeise oder wie deines Onkels Friedrich, eh du mir so ein gassenläuferischer Taugenichts – Ich will dich zu Tode hauen – *Gibt ihm eine Ohrfeige.* Schon wieder wie ein Fragzeichen? Er läßt sich nicht sagen. – Fort mir aus den Augen. – Fort! Soll ich dir Beine machen? Fort, sag ich. *Stampft mit dem Fuß. Leopold geht ab. Major setzt sich auf seinen Stuhl. Zu Läuffern.* Bleiben Sie sitzen, Herr Läuffer; ich wollte mit Ihnen ein paar Worte allein sprechen, darum schickt ich den jungen Herrn fort. Sie können immer sitzen bleiben; ganz, ganz. Zum Henker Sie brechen mir ja den Stuhl entzwei, wenn Sie immer so auf einer Ecke ... Dafür steht ja der Stuhl da, daß man drauf sitzen soll. Sind Sie so weit gereist und wissen das noch nicht? – Hören Sie nur: ich seh Sie für einen hübschen artigen Mann an, der Gott fürchtet und folgsam ist, sonst würd ich das nimmer tun, was ich für Sie tue. Hundert und vierzig Dukaten jährlich hab ich Ihnen versprochen: das machen drei – Warte – Dreimal hundert und vierzig: wieviel machen das?

LÄUFFER: Vier hundert und zwanzig.

MAJOR: Ist's gewiß? Macht das soviel? Nun damit wir gerade Zahl haben, vierhundert Taler preußisch Courant hab ich zu Ihrem *Salarii* bestimmt. Sehen Sie, das ist mehr als das ganze Land gibt.

LÄUFFER: Aber mit Eurer Gnaden gnädigen Erlaubnis, die Frau Majorin haben mir von hundert funfzig Dukaten gesagt; das machte gerade vierhundert funfzig Taler, und auf diese Bedingungen hab ich mich eingelassen.

MAJOR: Ei was wissen die Weiber! – Vierhundert Taler, Monsieur; mehr kann Er mit gutem Gewissen nicht fodern. Der vorige hat zweihundert funfzig gehabt und ist zufrieden gewesen wie ein Gott. Er war doch, mein Seel! ein gelehrter Mann auch und ein Hofmann zugleich: die ganze Welt gab ihm das Zeugnis, und Herr, Er muß noch ganz anders werden, eh Er so wird. Ich tu es nur aus Freundschaft für Seinen Herrn Vater, was ich an Ihm tue, und um Seinetwillen auch, wenn Er hübsch folgsam ist, und werd auch schon einmal für Sein Glück zu sorgen wissen; das kann Er versichert sein. – Hör Er doch einmal: ich hab eine Tochter, das mein Ebenbild ist, und die ganze Welt gibt ihr das Zeugnis, daß ihres gleichen an Schönheit im ganzen Preußenlande nichts anzutreffen. Das Mädchen hat ein ganz anders Gemüt als mein Sohn, der Buschklepper. Mit dem muß ganz anders umgegangen werden! Es weiß sein Christentum aus dem Grunde und in dem

Grunde, aber es ist denn nun doch, weil sie bald zum Nachtmahl gehen soll und ich weiß wie die Pfaffen sind, so soll Er auch alle Morgen etwas aus dem Christentum mit ihr nehmen. Alle Tage morgens eine Stunde, und da geht Er auf ihr Zimmer; angezogen, das versteht sich: denn Gott behüte, daß Er so ein Schweinigel sein sollte wie ich einen gehabt habe, der durchaus im Schlafrock an Tisch kommen wollte. – Kann Er auch zeichnen?

LÄUFFER: Etwas, gnädiger Herr. – Ich kann Ihnen einige Proben weisen.

MAJOR *besieht sie*: Das ist ja scharmant! – Recht schön; gut das: Er soll meine Tochter auch zeichnen lehren. – Aber hören Sie, werter Herr Läuffer, um Gottes willen ihr nicht scharf begegnet; das Mädchen hat ein ganz ander Gemüt als der Junge. Weiß Gott! es ist als ob sie nicht Bruder und Schwester wären. Sie liegt Tag und Nacht über den Büchern und über den Trauerspielen da, und sobald man ihr nur ein Wort sagt, besonders ich, von mir kann sie nichts vertragen, gleich stehn ihr die Backen in Feuer und die Tränen laufen ihr wie Perlen drüber herab. Ich will's Ihm nur sagen: das Mädchen ist meines Herzens einziger Trost. Meine Frau macht mir bittre Tage genug: sie will alleweil herrschen, und weil sie mehr List und Verstand hat als ich. Und der Sohn, das ist ihr Liebling; den will sie nach ihrer Methode erziehen; fein säuberlich mit dem Knaben Absalom, und da wird denn einmal so ein Galgenstrick draus, der nicht Gott, nicht Menschen was nutz ist. – Das will ich nicht haben. – Sobald er was tut oder was versieht, oder hat seinen Lex nicht gelernt, sag Er's mir nur und der lebendige Teufel soll drein fahren. – Aber mit der Tochter nehm Er sich in Acht; die Frau wird Ihm schon zureden, daß Er ihr scharf begegnen soll. Sie kann sie nicht leiden, das weiß ich; aber wo ich das geringste merke. Ich bin Herr vom Hause, muß Er wissen, und wer meiner Tochter zu nahe kommt – Es ist mein einziges Kleinod, und wenn der König mir sein Königreich für sie geben wollt: ich schickt ihn fort. Alle Tage ist sie in meinem Abendgebet und Morgengebet und in meinem Tischgebet, und alles in allem, und wenn

Gott mir die Gnade tun wollte, daß ich sie noch vor meinem Ende mit einem General oder Staatsminister vom ersten Range versorgt sähe – denn keinen andern soll sie sein Lebtage bekommen – so wollt ich gern ein zehn Jahr eher sterben. – Merk Er sich das – und wer meiner Tochter zu nahe kommt oder ihr worin zu Leid lebt – die erste beste Kugel durch den Kopf. Merk Er sich das. – *Geht ab.*

FÜNFTE SZENE

Fritz von Berg. Augustchen.

Fritz: Sie werden nicht Wort halten Gustchen: Sie werden mir nicht schreiben, wenn Sie in Heidelbrunn sind, und dann werd ich mich zu Tode grämen.

Gustchen: Glaubst du denn, daß deine Juliette so unbeständig sein kann? O nein; ich bin ein Frauenzimmer; die Mannspersonen allein sind unbeständig.

Fritz: Nein, Gustchen, die Frauenzimmer allein sind's. Ja wenn alle Julietten wären! – Wissen Sie was? Wenn Sie an mich schreiben, nennen Sie mich Ihren Romeo; tun Sie mir den Gefallen: ich versichere Sie, ich werd in allen Stücken Romeo sein, und wenn ich erst einen Degen trage! O ich kann mich auch erstechen, wenn's dazu kommt.

Gustchen: Gehn Sie doch! Ja Sie werden's machen, wie im Gellert steht: Er besah die Spitz' und Schneide, und steckt' ihn langsam wieder ein.

Fritz: Sie sollen schon sehen. *Faßt sie an die Hand.* Gustchen – Gustchen! wenn ich Sie verlieren sollte oder der Onkel wollte Sie einem andern geben. – Der gottlose Graf Wermuth! Ich kann Ihnen den Gedanken nicht sagen Gustchen, aber Sie könnten ihn schon in meinen Augen lesen – Er wird ein Graf Paris für uns sein.

Gustchen: Fritzchen – – so mach ich's wie Juliette.

Fritz: Was denn? – Wie denn? – Das ist ja nur eine Erdichtung; es gibt keine solche Art Schlaftrunk.

Gustchen: Ja, aber es gibt Schlaftrünke zum ewigen Schlaf.

ERSTER AKT

FRITZ *fällt ihr um den Hals*: Grausame!

GUSTCHEN: Ich hör meinen Vater auf dem Gange – Laß uns in den Garten laufen! – Nein; er ist fort. – Gleich nach dem Kaffee Fritzchen reisen wir, und so wie der Wagen dir aus den Augen verschwindt, werd ich dir auch schon aus dem Gedächtnis sein.

FRITZ: So mag Gott sich meiner nie mehr erinnern, wenn ich dich vergesse. Aber nimm dich für den Grafen in Acht, er gilt soviel bei deiner Mutter, und du weißt, sie möchte dich gern aus den Augen haben, und eh ich meine Schulen gemacht habe und drei Jahr auf der Universität, das ist gar lange.

GUSTCHEN: Wie denn Fritzchen! Ich bin ja noch ein Kind: ich bin noch nicht zum Abendmahl gewesen, aber sag mir. – O wer weiß, ob ich dich sobald wieder spreche! – Wart, komm in den Garten.

FRITZ: Nein, nein, der Papa ist vorbei gegangen. – Siehst du, der Henker! er ist im Garten. – Was wolltest du mir sagen?

GUSTCHEN: Nichts ...

FRITZ: Liebes Gustchen ...

GUSTCHEN: Du solltest mir – Nein, ich darf das nicht von dir verlangen.

FRITZ: Verlange mein Leben, meinen letzten Tropfen Bluts.

GUSTCHEN: Wir wollten uns beide einen Eid schwören.

FRITZ: O komm! Vortrefflich! Hier laß uns niederknien, am Kanapee, und heb du so deinen Finger in die Höh und ich so meinen. – Nun sag, was soll ich schwören?

GUSTCHEN: Daß du in drei Jahren von der Universität zurückkommen willst und dein Gustchen zu deiner Frau machen; dein Vater mag dazu sagen, was er will.

FRITZ: Und was willst du mir dafür wieder schwören, mein englisches ... *Küßt sie.*

GUSTCHEN: Ich will schwören, daß ich in meinem Leben keines andern Menschen Frau werden will als deine, und wenn der Kaiser von Rußland selber käme.

FRITZ: Ich schwör dir hunderttausend Eide – *Der Geheime Rat tritt herein: beide springen mit lautem Geschrei auf.*

SECHSTE SZENE

Geheimer Rat. Fritz von Berg. Gustchen.

Geheimer Rat: Was habt ihr, närrische Kinder? Was zittert ihr? – Gleich, gesteht mir alles. Was habt ihr hier gemacht? Ihr seid beide auf den Knien gelegen. – Junker Fritz, ich bitte mir eine Antwort aus; unverzüglich: – Was habt ihr vorgehabt?

Fritz: Ich, gnädigster Papa?

Geheimer Rat: Ich? und das mit einem so verwundrungsvollen Ton? Siehst du: ich merk alles. Du möchtest mir itzt gern eine Lüge sagen, aber entweder bist du zu dumm dazu oder zu feig und willst dich mit deinem Ich? heraushelfen ... Und Sie Mühmchen? – Ich weiß, Gustchen verhehlt mir nichts.

Gustchen *fällt ihm um die Füße*: Ach, mein Vater – –

Geheimer Rat *hebt sie auf und küßt sie*: Wünschst du mich zu deinem Vater? Zu früh, mein Kind, zu früh Gustchen, mein Kind. Du hast noch nicht kommuniziert. – Denn warum soll ich euch verhehlen, daß ich euch zugehört habe. – Das war ein sehr einfältig Stückchen von euch beiden; besonders von dir, großer vernünftiger Junker Fritz, der bald einen Bart haben wird wie ich und eine Perücke aufsetzen und einen Degen anstecken. Pfui, ich glaubt einen vernünftigern Sohn zu haben. Das macht dich gleich ein Jahr jünger und macht, daß du länger auf der Schule bleiben mußt. Und Sie, Gustchen, auch Ihnen muß ich sagen, daß es sich für Ihr Alter gar nicht mehr schickt, so kindisch zu tun. Was sind das für Romane, die Sie da spielen? Was für Eide, die Sie sich da schwören, und die ihr doch alle beide so gewiß brechen werdet als ich itzt mit euch rede. Meint ihr, ihr seid in den Jahren, Eide zu tun, oder meint ihr, ein Eid sei ein Kinderspiel, wie es das Versteckspiel oder die blinde Kuh ist? Lernt erst einsehen, was ein Eid ist: lernt erst zittern dafür, und alsdenn wagt's, ihn zu schwören. Wißt, daß ein Meineidiger die schändlichste und unglücklichste Kreatur ist, die von der Sonne angeschienen wird. Ein solcher darf weder den Himmel ansehen, den er verleugnet hat, noch andere Menschen, die sich unaufhörlich vor ihm scheuen und seiner Gesellschaft mit mehr Sorgfalt ausweichen als einer Schlange oder einem tückischen Hunde.

FRITZ: Aber ich denke meinen Eid zu halten.

GEHEIMER RAT: In der Tat Romeo? Ha! du kannst dich auch erstechen, wenn's dazu kommt. Du hast geschworen, daß mir die Haare zu Berg standen. Also gedenkst du deinen Eid zu halten?

FRITZ: Ja Papa, bei Gott! ich denk ihn zu halten.

GEHEIMER RAT: Schwur mit Schwur bekräftigt! – Ich werd es deinem Rektor beibringen. Er soll Euch auf vierzehn Tage nach Sekunda herunter transportieren, Junker: inskünftige lernt behutsamer schwören. Und worauf? Steht das in deiner Gewalt, was du da versicherst? Du willst Gustchen heiraten! Denk doch! weißt du auch schon, was für ein Ding das ist, Heiraten? Geh doch, heirate sie: nimm sie mit auf die Akademie. Nicht? Ich habe nichts dawider, daß ihr euch gern seht, daß ihr euch lieb habt, daß ihr's euch sagt, wie lieb ihr euch habt; aber Narrheiten müßt ihr nicht machen; keine Affen von uns Alten sein, eh ihr so reif seid als wir; keine Romane spielen wollen, die nur in der ausschweifenden Einbildungskraft eines hungrigen Poeten ausgeheckt sind und von denen ihr in der heutigen Welt keinen Schatten der Wirklichkeit antrefft. Geht! ich werde keinem Menschen was davon sagen, damit ihr nicht nötig habt, rot zu werden, wenn ihr mich seht. – Aber von nun an sollt ihr einander nie mehr ohne Zeugen sehen. Versteht ihr mich? Und euch nie andere Briefe schreiben als offene, und das auch alle Monate oder höchstens alle drei Wochen einmal, und sobald ein heimliches Briefchen an Junker Fritz oder Fräulein Gustchen entdeckt wird – so steckt man den Junker unter die Soldaten und das Fräulein ins Kloster, bis sie vernünftiger werden. Versteht ihr mich? – Jetzt – nehmt Abschied, hier in meiner Gegenwart. – Die Kutsche ist angespannt, der Major treibt fort; die Schwägerin hat schon Kaffee getrunken. – Nehmt Abschied: ihr braucht euch vor mir nicht zu scheuen. Geschwind, umarmt euch. *Fritz und Gustchen umarmen sich zitternd.* Und nun mein Tochter Gustchen, weil du doch das Wort so gern hörst, *(hebt sie auf und küßt sie ab)* leb tausendmal wohl, und begegne deiner Mutter mit Ehrfurcht; sie mag dir sagen was sie will. – Jetzt geh, mach! – *Gustchen geht einige Schritte, sieht sich um; Fritz fliegt ihr weinend an den Hals.* Die beiden Narren brechen mir das Herz! Wenn doch der Major vernünftiger werden wollte, oder seine Frau weniger herrschsüchtig! –

ZWEITER AKT

ERSTE SZENE

Pastor Läuffer. Der Geheime Rat.

Geheimer Rat: Ich bedaure ihn – und Sie noch vielmehr, Herr Pastor, daß Sie solchen Sohn haben.

Pastor: Verzeihen Euer Gnaden, ich kann mich über meinen Sohn nicht beschweren; er ist ein sittsamer und geschickter Mensch, die ganze Welt und Dero Herr Bruder und Frau Schwägerin selbst werden ihm das eingestehen müssen.

Geheimer Rat: Ich sprech ihm das all nicht ab, aber er ist ein Tor und hat alle sein Mißvergnügen sich selber zu danken. Er sollte den Sternen danken, daß meinem Bruder das Geld, das er für den Hofmeister zahlt, einmal anfängt zu lieb zu werden.

Pastor: Aber bedenken Sie doch: nichts mehr als hundert Dukaten; hundert arme Dukätchen; und dreihundert hatt er ihm doch im ersten Jahr versprochen: aber beim Schluß desselben nur hundert und vierzig ausgezahlt, jetzt beim Beschluß des zweiten, da doch die Arbeit meines Sohnes immer zunimmt, zahlt' er ihm hundert, und nun beim Anfang des dritten wird ihm auch das zu viel. – Das ist wider alle Billigkeit! Verzeihn Sie mir.

Geheimer Rat: Laß es doch – Das hätt ich euch Leuten voraussagen wollen, und doch sollt Ihr Sohn Gott danken, wenn ihn nur der Major beim Kopf nähm und aus dem Hause würfe.

Was soll er da, sagen Sie mir Herr? Wollen Sie ein Vater für Ihr Kind sein und schließen so Augen, Mund und Ohren für seine ganze Glückseligkeit zu? Tagdieben und sich Geld dafür bezahlen lassen? Die edelsten Stunden des Tages bei einem jungen Herrn versitzen, der nichts lernen mag und mit dem er's doch nicht verderben darf, und die übrigen Stunden, die der Erhaltung seines Lebens, den Speisen und dem Schlaf geheiligt sind, an einer Sklavenkette verseufzen; an den Winken der gnädigen Frau hängen und sich in die Falten des gnädigen Herrn hineinstudieren; essen, wenn er satt ist, und fasten, wenn er hungrig ist, Punsch trinken, wenn er p-ss-n möchte, und Karten spielen, wenn er das Laufen hat. Ohne Freiheit geht das Leben bergab rückwärts, Freiheit ist das Element des Menschen wie das Wasser des Fisches, und ein Mensch der sich der Freiheit begibt, vergiftet die edelsten Geister seines Bluts, erstickt seine süßesten Freuden des Lebens in der Blüte und ermordet sich selbst.

Pastor: Aber – Oh! erlauben Sie mir; das muß sich ja jeder Hofmeister gefallen lassen; man kann nicht immer seinen Willen haben, und das läßt sich mein Sohn auch gern gefallen, nur –

Geheimer Rat: Desto schlimmer, wenn er sich's gefallen läßt, desto schlimmer; er hat den Vorrechten eines Menschen entsagt, der nach seinen Grundsätzen muß leben können, sonst bleibt er kein Mensch. Mögen die Elenden, die ihre Ideen nicht zu höherer Glückseligkeit zu erheben wissen, als zu essen und zu trinken, mögen die sich im Käfigt zu Tode füttern lassen, aber ein Gelehrter, ein Mensch, der den Adel seiner Seele fühlt, der den Tod nicht so scheuen sollt als eine Handlung, die wider seine Grundsätze läuft ...

Pastor: Aber was ist zu machen in der Welt? Was wollte mein Sohn anfangen, wenn Dero Herr Bruder ihm die Kondition aufsagten?

Geheimer Rat: Laßt den Burschen was lernen, daß er dem Staat nützen kann. Potz hundert Herr Pastor, Sie haben ihn doch nicht zum Bedienten aufgezogen, und was ist er anders als Bedienter, wenn er seine Freiheit einer Privatperson für einige Handvoll Dukaten verkauft? Sklav ist er, über den die Herrschaft unumschränkte Gewalt hat, nur daß er so viel auf der Akademie gelernt haben muß, ihren unbesonnenen Anmutungen von weitem zuvorzukommen und so einen Firnis über seine Dienstbarkeit zu streichen: das heißt denn ein feiner artiger Mensch, ein unvergleichlicher Mensch; ein unvergleichlicher Schurke, der, statt seine Kräfte und seinen Verstand dem allgemeinen Besten aufzuopfern, damit die Rasereien einer dampfigten Dame und eines abgedämpften Offiziers unterstützt, die denn täglich weiter um sich fressen wie ein Krebsschaden und zuletzt unheilbar werden. Und was ist der ganze Gewinst am Ende? Alle Mittag Braten und alle Abend Punsch, und eine große Portion Galle, die ihm Tags über ins Maul gestiegen, abends, wenn er zu Bett liegt, hinabgeschluckt wie Pillen; das macht gesundes Blut, auf meine Ehr! und muß auch ein vortreffliches Herz auf die Länge geben. Ihr beklagt euch so viel übern Adel und über seinen Stolz, die Leute sähn Hofmeister wie Domestiken an, Narren! was sind sie denn anders? Stehn sie nicht in Lohn und Brod bei ihnen wie jene? Aber wer heißt euch ihren Stolz nähren? Wer heißt euch Domestiken werden, wenn ihr was gelernt habt, und einem starrköpfischen Edelmann zinsbar werden, der sein Tage von seinen Hausgenossen nichts anders gewohnt war als sklavische Unterwürfigkeit?

PASTOR: Aber Herr Geheimer Rat – Gütiger Gott! es ist in der Welt nicht anders: man muß eine Warte haben, von der man sich nach einem öffentlichen Amt umsehen kann, wenn man von Universitäten kommt; wir müssen den göttlichen Ruf erst abwarten, und ein Patron ist sehr oft das Mittel zu unserer Beförderung: wenigstens ist es mir so gegangen.

GEHEIMER RAT: Schweigen Sie, Herr Pastor, ich bitte Sie, schweigen Sie. Das gereicht Ihnen nicht zur Ehr. Man weiß ja doch, daß Ihre selige Frau Ihr göttlicher Ruf war, sonst säßen Sie noch itzt beim Herrn von Tiesen und düngten ihm seinen Acker. Jemine! daß ihr Herrn uns doch immer einen so ehrwürdigen schwarzen Dunst vor Augen machen wollt. Noch nie hat ein Edelmann einen Hofmeister angenommen, wo er ihm nicht hinter einer Allee von acht neun Sklavenjahren ein schön Gemälde von Beförderung gestellt hat, und wenn ihr acht Jahr gegangen waret, so macht' er's wie Laban und rückte das Bild um noch einmal so weit vorwärts. Possen! lernt etwas und seid brave Leut. Der Staat wird euch nicht lang am Markt stehen lassen. Brave Leut sind allenthalben zu brauchen, aber Schurken, die den Namen vom Gelehrten nur auf den Zettel tragen und im Kopf ist leer Papier ...

PASTOR: Das ist sehr allgemein gesprochen, Herr Rat! – Es müssen doch, bei Gott! auch Hauslehrer in der Welt sein; nicht jedermann kann gleich Geheimer Rat werden, und wenn er gleich ein Hugo Grotius wär. Es gehören heutigs Tags andere Sachen dazu als Gelehrsamkeit.

GEHEIMER RAT: Sie werden warm, Herr Pastor! – Lieber, werter Herr Pastor, lassen Sie uns den Faden unsers Streits nicht verlieren. Ich behaupt: es müssen keine Hauslehrer in der Welt sein! das Geschmeiß taucht den Teufel zu nichts.

PASTOR: Ich bin nicht hergekommen mir Grobheiten sagen zu lassen: ich bin auch Hauslehrer gewesen. Ich habe die Ehre – –

GEHEIMER RAT: Warten Sie; bleiben Sie, lieber Herr Pastor! Behüte mich der Himmel! Ich habe Sie nicht beleidigen wollen, und wenn's wider meinen Willen geschehen ist, so bitt ich Sie tausendmal um Verzeihung. Es ist einmal meine üble Gewohnheit, daß ich gleich in Feuer gerate, wenn mir ein Gespräch interessant wird: alles übrige verschwindet mir denn aus dem Gesicht und ich sehe nur den Gegenstand, von dem ich spreche.

PASTOR: Sie schütten – verzeihen Sie mir, ich bin auch ein Cholerikus und rede gern von der Lunge ab – Sie schütten das Kind mit dem Bade aus. Hauslehrer taugen zu nichts – wie können Sie mir das beweisen? Wer soll euch jungen Herrn denn Verstand und gute Sitten beibringen! Was wär aus Ihnen geworden, mein werter Herr Geheimer Rat, wenn Sie keinen Hauslehrer gehabt hätten?

GEHEIMER RAT: Ich bin von meinem Vater zur öffentlichen Schul gehalten worden und segne seine Asche dafür, und so, hoff ich, wird mein Sohn Fritz auch dereinst tun.

Pastor: Ja – da ist aber noch viel drüber zu sagen Herr! Ich meinerseits bin Ihrer Meinung nicht; ja wenn die öffentlichen Schulen das wären, was sie sein sollten – Aber die nüchternen *Subjecta*, so oft den Klassen vorstehen; die pedantischen Methoden, die sie brauchen, die unter der Jugend eingerissenen verderbten Sitten –

Geheimer Rat: Wes ist die Schuld? Wer ist schuld dran, als ihr Schurken von Hauslehrern? Würde der Edelmann nicht von euch in der Grille gestärkt, einen kleinen Hof anzulegen, wo er als Monarch oben auf dem Thron sitzt und ihm Hofmeister und Mamsell und ein ganzer Wisch von Tagdieben huldigen, so würd er seine Jungen in die öffentliche Schule tun müssen; er würde das Geld, von dem er jetzt seinen Sohn zum hochadlichen Dummkopf aufzieht, zum Fonds der Schule schlagen: davon könnten denn gescheite Leute salariert werden und alles würde seinen guten Gang gehn; das Studentchen müßte was lernen, um bei einer solchen Anstalt brauchbar zu werden, und das junge Herrchen, anstatt seine Faulenzerei vor den Augen des Papas und der Tanten, die alle keine Argusse sind, künstlich und manierlich zu verstekken, würde seinen Kopf anstrengen müssen, um es den bürgerlichen Jungen zuvorzutun, wenn es sich doch von ihnen unterscheiden will. – Was die Sitten anbetrifft, das findet sich wahrhaftig – wenn er gleich nicht wie seine hochadliche Vettern die Nase von Kindesbeinen an höher tragen lernt als andere und in einem nachlässigen Ton von oben herab Unsinn sagen und Leuten ins Gesicht sehen, wenn sie den Hut vor ihm abziehen, um ihnen dadurch anzudeuten, daß sie auf kein Gegenkompliment warten sollen. Die feinen Sitten hol der Teufel! Man kann dem Jungen Tanzmeister auf der Stube halten und ihn in artige Gesellschaften führen, aber er muß durchaus nicht aus der Sphäre seiner Schulkamraden herausgehoben und in der Meinung gestärkt werden, er sei eine bessere Kreatur als andere.

Pastor: Ich habe nicht Zeit, *(zieht die Uhr heraus)* mich in den Disput weiter mit Ihnen einzulassen, gnädiger Herr; aber so viel weiß ich, daß der Adel überall nicht Ihrer Meinung sein wird.

GEHEIMER RAT: So sollten die Bürger meiner Meinung sein – Die Not würde den Adel schon auf andere Gedanken bringen, und wir könnten uns bessere Zeiten versprechen. Sapperment, was kann aus unserm Adel werden, wenn ein einziger Mensch das Faktotum bei dem Kinde sein soll, ich setz auch den unmöglichen Fall, daß er ein Polyhistor wäre, wo will der eine Mann Feuer und Mut und Tätigkeit hernehmen, wenn er alle seine Kräfte auf einen Schafskopf konzentrieren soll, besonders wenn Vater und Mutter sich kreuz und die Quer immer mit in die Erziehung mengen und dem Faß, in welches er füllt, den Boden immer wieder ausschlagen?

PASTOR: Ich bin um zehn Uhr zu einem Kranken bestellt. Sie werden mir verzeihen. – *Im Abgehen wendet er sich um.* Aber wär's nicht möglich, gnädiger Herr, daß Sie Ihren zweiten Sohn nur auf ein halb Jährchen zum Herrn Major in die Kost täten? Mein Sohn will gern mit achtzig Dukaten zufrieden sein, aber mit sechzigen, die ihm der Herr Bruder geben wollen, da kann er nicht von subsistieren.

GEHEIMER RAT: Laß ihn quittieren – Ich tu es nicht, Herr Pastor! Davon bin ich nicht abzubringen. Ich will Ihrem Herrn Sohn die dreißig Dukaten lieber schenken; aber meinen Sohn geb ich zu keinem Hofmeister. *Der Pastor hält ihm einen Brief hin.* Was soll ich damit? Es ist alles umsonst, sag ich Ihnen.

PASTOR: Lesen Sie – lesen Sie nur. –

GEHEIMER RAT: Je nun, Ihm ist nicht – *Liest.* ›– – wenden Sie doch alles an, den Herrn Geheimen Rat dahin zu vermögen – Sie können sich nicht vorstellen, wie elend es mir hier geht; nichts wird mir gehalten, was mir ist versprochen worden. Ich speise nur mit der Herrschaft, wenn keine Fremde da sind – – das ärgste ist, daß ich gar nicht von hier komme und in einem ganzen Jahr meinen Fuß nicht aus Heidelbrunn habe setzen – man hatte mir ein Pferd versprochen, alle viertel Jahr einmal nach Königsberg zu reisen, als ich es foderte, fragte mich die gnädige Frau, ob ich nicht lieber zum Karneval nach Venedig wollte –‹ *Wirft den Brief an die Erde.* Je nun, laß ihn quittieren; warum ist er ein Narr und bleibt da?

PASTOR: Ja das ist eben die Sache. *Hebt den Brief auf.* Belieben Sie doch nur auszulesen.
GEHEIMER RAT: Was ist da zu lesen? – *Liest.* ›Dem ohngeachtet kann ich dies Haus nicht verlassen, und sollt es mich Leben und Gesundheit kosten. So viel darf ich Ihnen sagen, daß die Aussichten in eine selige Zukunft mir alle die Mühseligkeiten meines gegenwärtigen Standes‹ – Ja, das sind vielleicht Aussichten in die selige Ewigkeit, sonst weiß ich keine Aussichten, die mein Bruder ihm eröffnen könnte. Er betrügt sich, glauben Sie mir's; schreiben Sie ihm zurück, daß er ein Tor ist. Dreißig Dukaten will ich ihm dies Jahr aus meinem Beutel Zulage geben, aber ihn auch zugleich gebeten haben, mich mit allen fernern Anwerbungen um meinen Karl zu verschonen: denn ihm zu Gefallen werd ich mein Kind nicht verwahrlosen.

ZWEITE SZENE

IN HEIDELBRUNN

GUSTCHEN. LÄUFFER.

GUSTCHEN: Was fehlt Ihnen denn?
LÄUFFER: Wie steht's mit meinem Porträt? Nicht wahr, Sie haben nicht dran gedacht? Wenn ich auch so saumselig gewesen wäre – Hätt ich das gewußt: ich hätt Ihren Brief so lang zurückgehalten, aber ich war ein Narr.
GUSTCHEN: Ha ha ha. Lieber Herr Hofmeister! ich habe wahrhaftig noch nicht Zeit gehabt.
LÄUFFER: Grausame!
GUSTCHEN: Aber was fehlt Ihnen denn? Sagen Sie mir doch! So tiefsinnig sind Sie ja noch nie gewesen. Die Augen stehn Ihnen ja immer voll Wasser: ich habe gemerkt, Sie essen nichts.
LÄUFFER: Haben Sie? In der Tat? Sie sind ein rechtes Muster des Mitleidens.
GUSTCHEN: O Herr Hofmeister – –
LÄUFFER: Wollen Sie heut nachmittag Zeichenstunde halten?

Gustchen *faßt ihn an die Hand*: Liebster Herr Hofmeister! verzeihen Sie, daß ich sie gestern aussetzte. Es war mir wahrhaftig unmöglich zu zeichnen; ich hatte den Schnuppen auf eine erstaunende Art.

Läuffer: So werden Sie ihn wohl heute noch haben. Ich denke, wir hören ganz auf zu zeichnen. Es macht Ihnen kein Vergnügen länger.

Gustchen *halbweinend*: Wie können Sie das sagen, Herr Läuffer? Es ist das einzige, was ich mit Lust tue.

Läuffer: Oder Sie versparen es bis auf den Winter in die Stadt und nehmen einen Zeichenmeister. Überhaupt werd ich Ihren Herrn Vater bitten, den Gegenstand Ihres Abscheues, Ihres Hasses, Ihrer ganzen Grausamkeit von Ihnen zu entfernen. Ich sehe doch, daß es Ihnen auf die Länge unausstehlich wird, von mir Unterricht anzunehmen.

Gustchen: Herr Läuffer –

Läuffer: Lassen Sie mich – Ich muß sehen, wie ich das elende Leben zu Ende bringe, weil mir doch der Tod verboten ist –

Gustchen: Herr Läuffer –

Läuffer: Sie foltern mich. – *Reißt sich los und geht ab.*

Gustchen: Wie dauert er mich!

DRITTE SZENE

Zu Halle in Sachsen
Pätus' Zimmer

Fritz von Berg. Pätus, *im Schlafrock an einem Tisch sitzend.*

Pätus: Ei was Berg! du bist ja kein Kind mehr, daß du nach Papa und Mama – Pfui Teufel! ich hab dich allezeit für einen braven Kerl gehalten, wenn du nicht mein Schulkamerad wärst: ich würde mich schämen, mit dir umzugehen.

Fritz: Pätus, auf meine Ehr, es ist nicht Heimweh, du machst mich bis über die Ohren rot mit dem dummen Verdacht. Ich möchte gern Nachricht von Hause haben, das gesteh ich, aber das hat seine Ursachen – –

PÄTUS: Gustchen – Nicht wahr? Denk doch, du arme Seele! Hundertachtzig Stunden von ihr entfernt – Was für Wälder und Ströme liegen nicht zwischen euch? Aber warte, wir haben hier auch Mädchen; wenn ich nur besser besponnen wäre, ich wollte dich heut in eine Gesellschaft führen – Ich weiß nicht, wie du auch bist; ein Jahr in Halle und noch mit keinem Mädchen gesprochen: das muß melancholisch machen; es kann nicht anders sein. Warte, du mußt mir hier einziehen, daß du lustig wirst. Was machst du da bei dem Pfarrer? Das ist keine Stube für dich –

FRITZ: Was zahlst du hier?

PÄTUS: Ich zahle – Wahrhaftig, Bruder, ich weiß es nicht. Es ist ein guter ehrlicher Philister, bei dem ich wohne; seine Frau ist freilich bisweilen ein bißchen wunderlich, aber mag's. Was geht's mich an? Wir zanken uns einmal herum und denn laß ich sie laufen: und die schreiben mir alles auf, Hausmiete, Kaffee, Tabak, alles was ich verlange, und denn zahl ich die Rechnung alle Jahre, wenn mein Wechsel kommt.

FRITZ: Bist du jetzt viel schuldig?

PÄTUS: Ich habe die vorige Woche bezahlt. Das ist wahr, diesmal haben sie mir's arg gemacht: mein ganzer Wechsel hat herhalten müssen bis auf den letzten Pfennig, und mein Rock, den ich Tags vorher versetzt hatte, weil ich in der äußersten Not war, steht noch zu Gevattern. Weiß der Himmel, wenn ich ihn wieder einlösen kann.

FRITZ: Und wie machst du's denn itzt?

PÄTUS: Ich? – Ich bin krank. Heut morgen hat mich die Frau Rätin Hamster invitieren lassen, gleich kroch ich ins Bett ...

FRITZ: Aber bei dem schönen Wetter immer zu Hause zu sitzen.

PÄTUS: Was macht das? des Abends geh ich im Schlafrock spazieren, es ist ohnedem in den Hundstagen am Tage nicht auszuhalten – Aber Potz Mordio! Wo bleibt denn mein Kaffee? *Pocht mit dem Fuß.* Frau Blitzer! – Nun sollst du sehn, wie ich meinen Leuten umspringe – Frau Blitzer! in aller Welt Frau Blitzer. *Klingelt und pocht.* – Ich habe sie kürzlich bezahlt: nun kann ich schon breiter tun – Frau ...

Frau Blitzer tritt herein mit einer Portion Kaffee.

PÄTUS: In aller Welt, Mutter! wo bleibst du denn? Das Wetter soll dich regieren. Ich warte hier schon über eine Stunde –
FRAU BLITZER: Was? Du nichtsnutziger Kerl, was lärmst du? Bist du schon wieder nichts nutz, abgeschabte Laus? Den Augenblick trag ich meinen Kaffee wieder herunter –
PÄTUS *gießt sich ein*: Nun, nun, nicht so böse Mutter! aber Zwieback – Wo ist denn Zwieback?
FRAU BLITZER: Ja, kleine Steine dir! Es ist kein Zwieback im Hause. Denk doch, ob so ein kahler lausigter Kerl nun alle Nachmittag Zwieback frißt oder nicht – –
PÄTUS: Was tausend alle Welt! *Stampft mit dem Fuß*. Sie weiß, daß ich keinen Kaffee ohne Zwieback ins Maul nehme – Wofür gebe ich denn mein Geld aus –
FRAU BLITZER *langt ihm Zwieback aus der Schürze, wobei sie ihn an den Haaren zupft*: Da siehst du, da ist Zwieback, Posaunenkerl! Er hat eine Stimme wie ein ganzes Regiment Soldaten. Nu, ist der Kaffee gut? Ist er nicht? Gleich sag mir's, oder ich reiß Ihm das letzte Haar aus Seinem kahlen Kopf heraus.
PÄTUS *trinkt*: Unvergleichlich – Aye! – Ich hab in meinem Leben keinen bessern getrunken.
FRAU BLITZER: Siehst du Hundejunge! Wenn du die Mutter nicht hättest, die sich deiner annähme und dir zu essen und zu trinken gäbe, du müßtest an der Straße verhungern. Sehen Sie ihn einmal an, Herr von Berg, wie er daher geht, keinen Rock auf dem Leibe und sein Schlafrock ist auch, als ob er darin wär aufgehenkt worden und wieder vom Galgen gefallen. Sie sind doch ein hübscher Herr, ich weiß nicht wie Sie mit dem Menschen umgehen können, nun freilich unter Landsleuten da ist immer so eine kleine Blutsverwandtschaft, drum sag ich immer, wenn doch der Herr von Berg zu uns einlogieren täte. Ich weiß, daß Sie viel Gewalt über ihn haben: da könnte doch noch was Ordentliches aus ihm werden, aber sonst wahrhaftig – *Geht ab*.
PÄTUS: Siehst du, ist das nicht ein gut fidel Weib. Ich seh ihr all etwas durch die Finger, aber potz, wenn ich auch einmal ernsthaft werde, kusch ist sie wie die Wand – Willst du nicht eine Tasse mit trinken? *Gießt ihm ein*. Siehst du, ich bin hier

wohl bedient; ich zahle was Rechts, das ist wahr, aber dafür hab ich auch was ...

FRITZ *trinkt*: Der Kaffee schmeckt nach Gerste.

PÄTUS: Was sagst du? – *Schmeckt gleichfalls.* Ja wahrhaftig, mit dem Zwieback hab ich's nicht so – *Sieht in die Kanne.* Nun so hol dich! *Wirft das Kaffeezeug zum Fenster hinaus.* Gerstenkaffee und fünfhundert Gulden jährlich! –

FRAU BLITZER *stürzt herein*: Wie? Was zum Teufel, was ist das? Herr, ist Er rasend oder plagt Ihn gar der Teufel? –

PÄTUS: Still Mutter!

FRAU BLITZER *mit gräßlichem Geschrei*: Aber wo ist mein Kaffeezeug? Ei! zum Henker! aus dem Fenster – Ich kratz Ihm die Augen aus dem Kopf heraus.

PÄTUS: Es war eine Spinne darin und ich warf's in der Angst – Was kann ich dafür, daß das Fenster offen stand?

FRAU BLITZER: Daß du verreckt wärst an der Spinne, wenn ich dich mit Haut und Haar verkaufe, so kannst du mir mein Kaffeezeug nicht bezahlen, nichtswürdiger Hund! Nichts als Schaden und Unglück kann Er machen. Ich will dich verklagen; ich will dich in Karzer werfen lassen. *Läuft heraus.*

PÄTUS *lachend*: Was ist zu machen, Bruder! man muß sie schon ausrasen lassen.

FRITZ: Aber für dein Geld?

PÄTUS: Ei was! – Wenn ich bis Weihnachten warten muß, wer wird mir sogleich bis dahin kreditieren? Und denn ist's ja nur ein Weib und ein närrisch Weib dazu, dem's nicht immer so von Herzen geht: wenn mir's der Mann gesagt hätte, das wär was anders, dem schlüg ich das Leder voll – Siehst du wohl!

FRITZ: Hast du Feder und Tinte?

PÄTUS: Dort auf dem Fenster –

FRITZ: Ich weiß nicht, das Herz ist mir so schwer – Ich habe nie was auf Ahndungen gehalten.

PÄTUS: Ja mir auch – Die Döbblinsche Gesellschaft ist angekommen. Ich möchte gern in die Komödie gehn und habe keinen Rock anzuziehen. Der Schurke mein Wirt leiht mir keinen, und ich bin eine so große dicke Bestie, daß mir keiner von all euren Röcken passen würde.

Fritz: Ich muß gleich nach Hause schreiben. *Setzt sich an ein Fenster nieder und schreibt.*
Pätus *setzt sich einem Wolfspelz gegenüber, der an der Wand hängt*: Hm! nichts als den Pelz gerettet von allen meinen Kleidern, die ich habe und die ich mir noch wollte machen lassen. Grade den Pelz, den ich im Sommer nicht tragen kann und den mir nicht einmal der Jude zum Versatz annimmt, weil sich der Wurm leicht hineinsetzt. Hanke, Hanke! das ist doch unverantwortlich, daß du mir keinen Rock auf Pump machen willst. *Steht auf und geht herum.* Was hab ich dir getan, Hanke, daß du just mir keinen Rock machen willst? Just mir, der ich ihn am nötigsten brauche, weil ich jetzo keinen habe, just mir! – Der Teufel muß dich besitzen, er macht Hunz und Kunz auf Kredit und just mir nicht! *Faßt sich an den Kopf und stampft mit dem Fuß.* Just mir nicht, just mir nicht! –
Bollwerk *der sich mittlerweile hineingeschlichen und ihm zugehört, faßt ihn an; er kehrt sich um und bleibt stumm vor Bollwerk stehen*: Ha ha ha ... Nun du armer Pätus – ha ha ha! Nicht wahr, es ist doch ein gottloser Hanke, daß er just dir nicht – Aber wo ist das rote Kleid mit Gold, das du bei ihm bestellt hast, und das blauseidne mit der silberstücknen Weste, und das rotsammetne mit schwarz Sammet gefüttert, das wär vortrefflich bei dieser Jahrszeit. Sage mir! antworte mir! Der verfluchte Hanke! Wollen wir gehn und ihm die Haut vollschlagen? Wo bleibt er so lang mit deiner Arbeit? Wollen wir?
Pätus *wirft sich auf einen Stuhl*: Laß mich zufrieden.
Bollwerk: Aber hör Pätus, Pätus, Pä Pä Pä Pätus *(setzt sich zu ihm)* Döbblin ist angekommen. Hör Pä Pä Pä Pä Pätus, wie wollen wir das machen? Ich denke, du ziehst deinen Wolfspelz an und gehst heut abend in die Komödie. Was schadt's, du bist doch fremd hier – und die ganze Welt weiß, daß du vier Paar Kleider bei Hanke bestellt hast. Ob er sie dir machen wird, ist gleich viel! – Der verfluchte Kerl! Wollen ihm die Fenster einschlagen, wenn er sie dir nicht macht!
Pätus *heftig*: Laß mich zufrieden, sag ich dir.
Bollwerk: Aber hör ... aber ... aber ... hör hör hör Pätus; nimm dich in Acht Pätus! daß du mir des Nachts nicht mehr

im Schlafrock auf der Gasse läufst. Ich weiß, daß du bange bist vor Hunden; es ist eben ausgetrummelt worden, daß zehn wütige Hunde in der Stadt herumlaufen sollen; sie haben schon einige Kinder gebissen: zwei sind noch davon kommen, aber vier sind auf der Stelle gestorben. Das machen die Hundstage! Nicht wahr Pätus? es ist gut, daß du jetzt nicht ausgehen kannst. Nicht wahr? du gehst itzt mit allem Fleiß nicht aus? Nicht wahr Pä Pä Pätus?

PÄTUS: Laß mich zufrieden ... oder wir verzürnen uns.

BOLLWERK: Du wirst doch kein Kind sein – Berg, kommen Sie mit in die Komödie?

FRITZ *zerstreut*: Was? – Was für Komödie?

BOLLWERK: Es ist eine Gesellschaft angekommen – Legen Sie die Schmieralien weg. Sie können ja auf den Abend schreiben. Man gibt heut Minna von Barnhelm.

FRITZ: O die muß ich sehen. – – *Steckt seine Briefe zu sich.* Armer Pätus, daß du keinen Rock hast. –

BOLLWERK: Ich lieh' ihm gern einen, aber es ist hol mich der Teufel mein einziger, den ich auf dem Leibe habe – *Gehn ab.*

PÄTUS *allein*: Geht zum Teufel mit eurem Mitleiden! Das ärgert mich mehr als wenn man mir ins Gesicht schlüge – – Ei was mach ich mir draus. *Zieht seinen Schlafrock aus.* Laß die Leute mich für wahnwitzig halten! Minna von Barnhelm muß ich sehen und wenn ich nackend hingehen sollte! *Zieht den Wolfspelz an.* Hanke, Hanke! es soll dir zu Hause kommen! *Stampft mit dem Fuß.* Es soll dir zu Hause kommen! *Geht.*

VIERTE SZENE

FRAU HAMSTER. JUNGFER HAMSTER. JUNGFER KNICKS.

JUNGFER KNICKS: Ich kann's Ihnen vor Lachen nicht erzählen, Frau Rätin, ich muß krank vor Lachen werden. Stellen Sie sich vor: wir gehen mit Jungfer Hamster im Gäßchen hier nah bei, so läuft uns ein Mensch im Wolfspelz vorbei, als ob er durch Spießruten gejagt würde; drei große Hunde hinter ihm drein. Jungfer Hamster bekam einen Schubb, daß sie mit dem Kopf an die Mauer schlug und überlaut schreien mußte.

FRAU HAMSTER: Wer war es denn?

JUNGFER KNICKS: Stellen Sie sich vor, als wir ihm nachsahen, war's Herr Pätus – Er muß rasend worden sein.

FRAU HAMSTER: Mit einem Wolfspelz in dieser Hitze!

JUNGFER HAMSTER *hält sich den Kopf*: Ich glaube noch immer, er ist aus dem hitzigen Fieber aufgesprungen. Er ließ uns heut morgen sagen, er sei krank.

JUNGFER KNICKS: Und die drei Hunde hinter ihm drein, das war das lustigste. Ich hatte mir vorgenommen heut in die Komödie zu gehen, aber nun mag ich nicht, ich würde doch da nicht soviel zu lachen kriegen. Das vergeß ich mein Lebtage nicht. Seine Haare flogen ihm nach wie der Schweif an einem Kometen, und je eifriger er lief, desto eifriger schlugen die Hunde an, und er hatte das Herz nicht, sich einmal umzusehen ... Das war unvergleichlich!

FRAU HAMSTER: Schrie er nicht? Er wird gemeint haben, die Hunde sein wütig.

JUNGFER KNICKS: Ich glaub, er hatte keine Zeit zum Schreien, aber rot war er wie ein Krebs und hielt das Maul offen wie die Hunde hinter ihm drein – O das war nicht mit Geld zu bezahlen! Ich gäbe nicht meine Schnur echter Perlen darum, daß ich das nicht gesehen.

FÜNFTE SZENE

IN HEIDELBRUNN
Augustchens Zimmer

GUSTCHEN *liegt auf dem Bette.* LÄUFFER *sitzt am Bette.*

LÄUFFER: Stell dir vor Gustchen, der Geheime Rat will nicht. Du siehst, daß dein Vater mir das Leben immer saurer macht: nun will er mir gar aufs folgende Jahr nur vierzig Dukaten geben. Wie kann ich das aushalten? Ich muß quittieren.

GUSTCHEN: Grausamer, und was werd ich denn anfangen? *Nach-*

dem beide eine Zeitlang sich schweigend angesehen. Du siehst: ich bin schwach und krank; hier in der Einsamkeit unter einer barbarischen Mutter – Niemand fragt nach mir, niemand bekümmert sich um mich: meine ganze Familie kann mich nicht mehr leiden; mein Vater selber nicht mehr: ich weiß nicht warum.

LÄUFFER: Mach, daß du zu meinem Vater in die Lehre kommst; nach Insterburg.

GUSTCHEN: Da kriegen wir uns nie zu sehen. Mein Onkel leidt es nimmer, daß mein Vater mich zu deinem Vater ins Haus gibt.

LÄUFFER: Mit dem verfluchten Adelstolz!

GUSTCHEN *nimmt seine Hand*: Wenn du auch böse wirst, Herrmannchen! *Küßt sie.* O Tod! Tod! warum erbarmst du dich nicht!

LÄUFFER: Rate mir selber – Dein Bruder ist der ungezogenste Junge den ich kenne: neulich hat er mir eine Ohrfeige gegeben und ich durft ihm nichts dafür tun, durft nicht einmal drüber klagen. Dein Vater hätt ihm gleich Arm und Bein gebrochen und die gnädige Mama alle Schuld zuletzt auf mich geschoben.

GUSTCHEN: Aber um meinetwillen – Ich dachte, du liebtest mich.

LÄUFFER *stützt sich mit der andern Hand auf ihrem Bett, indem sie fortfährt seine eine Hand von Zeit zu Zeit an die Lippen zu bringen*: Laß mich denken … *Bleibt nachsinnend sitzen.*

GUSTCHEN *in der beschriebenen Pantomime*: O Romeo! wenn dies deine Hand wäre – Aber so verlässest du mich, unedler Romeo! Siehst nicht, daß deine Julie für dich stirbt – von der ganzen Welt, von ihrer ganzen Familie gehaßt, verachtet, ausgespien. *Drückt seine Hand an ihre Augen.* O unmenschlicher Romeo!

LÄUFFER *sieht auf*: Was schwärmst du wieder?

GUSTCHEN: Es ist ein Monolog aus einem Trauerspiel, den ich gern rezitiere, wenn ich Sorgen habe. *Läuffer fällt wieder in Gedanken, nach einer Pause fängt sie wieder an.* Vielleicht bist du nicht ganz strafbar. Deines Vaters Verbot, Briefe mit mir zu wechseln; aber die Liebe setzt über Meere und Ströme, über

Verbot und Todesgefahr selbst – Du hast mich vergessen …
Vielleicht besorgtest du für mich – Ja, ja, dein zärtliches Herz
sah, was mir drohte, für schröcklicher an als das, was ich
leide. *Küßt Läuffers Hand inbrünstig.* O göttlicher Romeo!
LÄUFFER *küßt ihre Hand lange wieder und sieht sie eine Weile stumm an*: Es könnte mir gehen wie Abälard –
GUSTCHEN *richtet sich auf*: Du irrst dich – Meine Krankheit liegt im Gemüt – Niemand wird dich mutmaßen – *Fällt wieder hin.* Hast du die Neue Heloïse gelesen?
LÄUFFER: Ich höre was auf dem Gang nach der Schulstube. –
GUSTCHEN: Meines Vaters – Um Gotteswillen! – Du bist drei Viertelstund zu lang hiergeblieben. *Läuffer läuft fort.*

SECHSTE SZENE

DIE MAJORIN. GRAF WERMUTH.

GRAF: Aber gnädige Frau! kriegt man denn Fräulein Gustchen gar nicht mehr zu sehen? Wie befindt sie sich auf die vorgestrige Jagd?
MAJORIN: Zu Ihrem Befehl; sie hat die Nacht Zahnschmerzen gehabt, darum darf sie sich heut nicht sehen lassen. Was macht Ihr Magen, Graf! auf die Austern?
GRAF: O das bin ich gewohnt. Ich habe neulich mit meinem Bruder ganz allein auf unsre Hand sechshundert Stück aufgegessen und zwanzig Bouteillen Champagner dabei ausgetrunken.
MAJORIN: Rheinwein wollten Sie sagen.
GRAF: Champagner – Es war eine Idee und ist uns beiden recht gut bekommen. Denselben Abend war Ball in Königsberg, mein Bruder hat bis an den andern Mittag getanzt und ich Geld verloren.
MAJORIN: Wollen wir ein Piquet machen?
GRAF: Wenn Fräulein Gustchen käme, macht ich ein paar Touren im Garten mit ihr. Ihnen, gnädige Frau, darf ich's nicht zumuten; mit Ihrer Fontenelle am Fuß.
MAJORIN: Ich weiß auch nicht, wo der Major immer steckt. Er

ist in seinem Leben so rasend nicht auf die Ökonomie gewesen; den ganzen ausgeschlagenen Tag auf dem Felde, und wenn er nach Hause kommt, sitzt er stumm wie ein Stock. Glauben Sie, daß ich anfange mir Gedanken drüber zu machen.

GRAF: Er scheint melancholisch.

MAJORIN: Weiß es der Himmel – Neulich hatt er wieder einmal den Einfall bei mir zu schlafen, und da ist er mitten in der Nacht aus dem Bett aufgesprungen und hat sich – He he, ich sollt's Ihnen nicht erzählen, aber Sie kennen ja die lächerliche Seite von meinem Mann schon.

GRAF: Und hat sich ...

MAJORIN: Auf die Knie niedergeworfen und an die Brust geschlagen und geschluchst und geheult, daß mir zu grauen anfing. Ich hab ihn aber nicht fragen mögen, was gehen mich seine Narrheiten an? Mag er Pietist oder Quacker werden. Meinethalben! Er wird dadurch weder häßlicher noch liebenswürdiger in meinen Augen werden, als er ist. *Sieht den Grafen schalkhaft an.*

GRAF *faßt sie ans Kinn*: Boshafte Frau! – Aber wo ist Gustchen? Ich möchte gar zu gern mit ihr spazieren gehn.

MAJORIN: Still da kommt ja der Major ... Sie können mit ihm gehen, Graf.

GRAF: Denk doch – Ich will nun aber mit Ihrer Tochter gehn.

MAJORIN: Sie wird noch nicht angezogen sein: es ist was Unausstehliches, wie faul das Mädchen ist –

Major von Berg kommt im Nachtwämschen, einen Strohhut auf.

MAJORIN: Nun wie steht's, Mann? Wo treiben Sie sich denn wieder herum? Man kriegt Sie ja den ganzen Tag nicht zu sehen. Sehn Sie ihn nur an Herr Graf; sieht er doch wie der Heautontimorumenos in meiner großen Madame Dacier abgemalt – Ich glaube, du hast gepflügt, Herr Major? Wir sind itzt in den Hundstagen.

GRAF: In der Tat, Herr Major, Sie haben noch nie so übel ausgesehen, blaß, hager, Sie müssen etwas haben, das Ihnen auf dem Gemüt liegt, was bedeuten die Tränen in Ihren Augen, sobald man Sie aufmerksam ansieht? Ich kenne Sie doch zehn Jahr schon und habe Sie nie so gesehen, selbst da nicht, als Ihr Bruder starb.

MAJORIN: Geiz, nichts als der leidige Geiz, er meint, wir werden verhungern, wenn er nicht täglich wie ein Maulwurf auf dem Felde wühlt. Bald gräbt er, bald pflügt er, bald eggt er. Du willst doch nicht Bauer werden? Du mußt mir vorher einen andern Mann geben, der die Aufsicht über dich führt.

MAJOR: Ich muß wohl schaffen und scharren, meiner Tochter einen Platz im Hospital auszumachen.

MAJORIN: Was sind das nun wieder für Phantasien! – Ich muß wahrhaftig den Doktor Würz noch aus Königsberg holen lassen.

MAJOR: Du siehst nimmer nichts, vornehme Frau! daß dein Kind von Tag zu Tag abfällt, daß sie Schönheit, Gesundheit und den ganzen Plunder verliert und dahergeht, als ob sie, hol mich der Teufel – Gott verzeih mir meine schwere Sünde – als ob der arme Lazarus sie gemacht hätte – Es frißt mir die Leber ab –

MAJORIN: Hören Sie ihn nur! Wie er mich anfährt! Bin ich schuld daran? Bist du denn wahnwitzig?

MAJOR: Ja freilich bist du schuld daran, oder was ist sonst schuld daran? Ich kann's, zerschlag mich der Donner! nicht begreifen. Ich dacht immer, ihr eine der ersten Partien im Reich auszumachen; denn sie hat auf der ganzen Welt an Schönheit nicht ihres gleichen gehabt, und nun sieht sie aus wie eine Kühmagd – Ja freilich bist du schuld daran mit deiner Strenge und deinen Grausamkeiten und deinem Neid, das hat sie sich zu Gemüt gezogen und das ist ihr nun zum Gesicht herausgeschlagen, aber das ist deine Freude, gnädige Frau, denn du bist lang schalu über sie gewesen. Das kannst du doch nicht leugnen? Solltst dich in dein Herz schämen, wahrhaftig! *Geht ab.*

MAJORIN: Aber ... aber was sagen Sie dazu, Herr Graf! Haben Sie in Ihrem Leben eine ärgere Kollektion von Sottisen gesehen?

GRAF: Kommen Sie; wir wollen Piquet spielen, bis Fräulein Gustchen angezogen ist ...

SIEBENTE SZENE
In Halle

Fritz von Berg *im Gefängnis.* Bollwerk, von Seiffenblase *und sein* Hofmeister *stehn um ihn.*

Bollwerk: Wenn ich doch den Jungen hier hätte, das Fell zög ich ihm über die Ohren. Es ist mit alledem doch infam gehandelt, einen ehrlichen Jungen wie Berg ins Karzer zu bringen; da sich keiner sein hat annehmen wollen. Denn das ist ja wahr, kein einziger Landsmann hat den Fuß vor die Tür seinethalben gesetzt. Wenn Berg nicht gut für ihn gesagt hätte, wär er im Gefängnis verfault. Und in vierzehn Tagen soll das Geld hier sein, und wo er den Berg in Verlegenheit läßt, soll man ihn für einen ausgemachten Schurken halten. O du verdammter Pä Pä Pä Pä Pätus! Wart du verhenkerter Pätus, wart einmal! –

Hofmeister: Ich kann Ihnen nicht genug beschreiben, lieber Herr von Berg, wie leid es mir besonders um Ihres Herrn Vaters und der Familie willen tut, Sie in einem solchen Zustande zu sehen und noch dazu ohne Ihre Schuld, aus bloßer jugendlicher Unbesonnenheit. Es hat schon einer von den sieben Weisen Griechenlandes gesagt, für Bürgschaften sollst du dich in Acht nehmen, und in der Tat es ist nichts unverschämter, als daß ein junger Durchbringer, der sich durch seine lüderliche Wirtschaft ins Elend gestürzt hat, auch andere mit hineinziehen will, denn vermutlich hat er das gleich anfangs im Sinne gehabt, als er auf der Akademie Ihre Freundschaft suchte.

Herr von Seiffenblase: Ja, ja, lieber Bruder Berg! nimm mir nicht übel, da hast du einen großen Bock gemacht. Du bist selbst schuld daran; dem Kerl hättest du's doch gleich ansehen können, daß er dich betrügen würde. Er ist bei mir auch gewesen und hat mich angesprochen: er wär aufs Äußerste getrieben, seine Kreditores wollten ihn wegstecken lassen, wo ihn nicht Sonn noch Mond beschiene. Laß sie dich, dacht ich, es schadt dir nichts. Das ist dafür, daß du uns sonst kaum über die Achsel ansahst, aber wenn ihr in Not seid, da sind die Adelichen zu Kaventen gut genug. Er erzählte mir langes und breites; er hätte seine Pistolen schon geladen, im Fall die Kreditores ihn angriffen – Und nun läßt der lüderliche Hund dich an seiner Stelle prostituieren. Das ist wahr, wenn mir das geschehen wäre, ich könnte so ruhig nicht dabei sein: zwischen vier Mauren der Herr von Berg, und das um eines lüderlichen Studenten willen.

Fritz: Er war mein Schulkamerad – – Laßt ihn zufrieden. Wenn ich mich nicht über ihn beklage, was geht's euch an? Ich kenn ihn länger als ihr; ich weiß, daß er mich nicht mit seinem guten Willen hier sitzen läßt.

Hofmeister: Aber Herr von Berg, wir müssen in der Welt mit Vernunft handeln. Sein Schade ist es gewiß nicht, daß Sie hier für ihn sitzen, und seinethalben können Sie noch ein Säkulum so sitzen bleiben –

Fritz: Ich hab ihn von Jugend auf gekannt: wir haben uns noch niemals was abgeschlagen. Er hat mich wie seinen Bruder geliebt, ich ihn wie meinen. Als er nach Halle reiste, weint' er zum erstenmal in seinem Leben, weil er nicht mit mir reisen konnte. Ein ganzes Jahr früher hätt er schon auf die Akademie gehn können, aber um mit mir zusammen zu reisen, stellt' er sich gegen die Präceptores dummer als er war, und doch wollt es das Schicksal und unsre Väter so, daß wir nicht zusammen reisten, und das war sein Unglück. Er hat nie gewußt mit Geld umzugehen und gab jedem was er verlangte. Hätt ihm ein Bettler das letzte Hemd vom Leibe gezogen und dabei gesagt: mit Ihrer Erlaubnis, lieber Herr Pätus! er hätt's ihm gelassen. Seine Kreditores gingen mit ihm um wie Straßenräuber, und sein Vater verdiente nie, einen verlornen Sohn zu haben, der bei all seinem Elend ein so gutes Herz nach Hause brachte.

Hofmeister: O verzeihn Sie mir, Sie sind jung und sehen alles noch aus dem vorteilhaftesten Gesichtspunkt an: man muß erst eine Weile unter den Menschen gelebt haben um Charaktere beurteilen zu können. Der Herr Pätus, oder wie er da heißt, hat sich Ihnen bisher immer nur unter der Maske gezeigt; jetzt kommt sein wahres Gesicht erst ans Tageslicht: er muß einer der feinsten und abgefeimtesten Betrüger gewesen sein, denn die treuherzigen Spitzbuben ...

PÄTUS *in Reisekleidern, fällt Berg um den Hals*: Bruder Berg – –

FRITZ: Bruder Pätus – –

PÄTUS: Nein – laß – zu deinen Füßen muß ich liegen – Dich hier – um meinetwillen. *Rauft sich das Haar mit beiden Händen und stampft mit den Füßen.* O Schicksal! Schicksal! Schicksal!

FRITZ: Nun wie ist's? Hast du Geld mitgebracht? Ist dein Vater versöhnt? Was bedeutet dein Zurückkommen?

PÄTUS: Nichts, nichts – Er hat mich nicht vor sich gelassen – Hundert Meilen umsonst gereist! – Ihr Diener, ihr Herren. Bollwerk wein nicht, du erniedrigst mich zu tief, wenn du gut für mich denkst – O Himmel, Himmel!

FRITZ: So bist du der ärgste Narr, der auf dem Erdboden wandelt. Warum kommst du zurück? Bist du wahnwitzig? Haben alle deine Sinne dich verlassen? Willst du, daß die Kreditores dich gewahr werden – Fort! Bollwerk, führ ihn fort; sieh daß du ihn sicher aus der Stadt bringst – Ich höre den Pedell – Pätus, ewig mein Feind, wo du nicht im Augenblick –

PÄTUS *wirft sich ihm zu Füßen.*

FRITZ: Ich möchte rasend werden. –

BOLLWERK: So sei doch nun kein Narr, da Berg so großmütig ist und für dich sitzen bleiben will; sein Vater wird ihn schon auslösen: aber wenn du einmal sitzest, so ist keine Hoffnung mehr für dich; du mußt im Gefängnis verfaulen.

PÄTUS: Gebt mir einen Degen her ...

FRITZ: Fort! –

BOLLWERK: Fort! –

PÄTUS: Ihr tut mir eine Barmherzigkeit, wenn ihr mir einen Degen –

SEIFFENBLASE: Da haben Sie meinen ...

BOLLWERK *greift ihn in den Arm*: Herr – Schurke! Lassen Sie – Stecken Sie nicht ein! Sie sollen nicht umsonst gezogen haben. Erst will ich meinen Freund in Sicherheit und dann erwarten Sie mich hier – Draußen, wohl zu verstehen; also vor der Hand zur Tür hinaus! *Wirft ihn zur Tür hinaus.*

HOFMEISTER: Mein Herr Bollwerk –
BOLLWERK: Kein Wort, Sie – Gehen Sie Ihrem Jungen nach und lehren Sie ihn, kein schlechter Kerl sein – Sie können mich haben wo und wie Sie wollen. *Der Hofmeister geht ab.*
PÄTUS: Bollwerk! ich will dein Sekundant sein.
BOLLWERK: Narr auch! Du tust als – Willst du mir den Handschuh vielleicht halten, wenn ich vorher eins übern Daumen pisse? – Was braucht's da Sekundanten. Komm nur fort und sekundiere dich zur Stadt hinaus, Hasenfuß.
PÄTUS: Aber ihrer sind zwei.
BOLLWERK: Ich wünschte, daß ihrer zehn wären und keine Seifenblasen drunter – So komm doch und mach dich nicht selbst unglücklich, närrischer Kerl.
PÄTUS: Berg! – *Bollwerk reißt ihn mit sich fort.*

DRITTER AKT

ERSTE SZENE

IN HEIDELBRUNN

Der MAJOR im Nachtwämschen. Der GEHEIME RAT.

MAJOR: Bruder, ich bin der alte nicht mehr. Mein Herz sieht zehnmal toller aus als mein Gesicht – Es ist sehr gut, daß du mich besuchst; wer weiß, ob wir uns so lang mehr sehen.
GEHEIMER RAT: Du bist immer ausschweifend, in allen Stükken – Dir ein Nichts so zu Herzen gehen zu lassen! – Wenn deiner Tochter die Schönheit abgeht, so bleibt sie doch immer noch das gute Mädchen, das sie war; so kann sie hundert andre liebenswürdige Eigenschaften besitzen.
MAJOR: Ihre Schönheit – Hol mich der Teufel, es ist nicht das allein, was ihr abgeht; ich weiß nicht, ich werde noch den Verstand verlieren, wenn ich das Mädchen lang unter Augen behalte. Ihre Gesundheit ist hin, ihre Munterkeit, ihre Lieblichkeit, weiß der Teufel, wie man das Dings all nennen soll;

aber obschon ich's nicht nennen kann, so kann ich's doch sehen, so kann ich's doch fühlen und begreifen, und du weißt, daß ich aus dem Mädchen meinen Abgott gemacht habe. Und daß ich sie so sehn muß unter meinen Händen hinsterben, verwesen. – *Weint.* Bruder Geheimer Rat, du hast keine Tochter; du weißt nicht, wie einem Vater zu Mut sein muß, der eine Tochter hat. Ich hab dreizehn Bataillen beigewohnt und achtzehn Blessuren bekommen und hab den Tod vor Augen gesehen und bin – O laß mich zufrieden; pack dich zu meinem Haus hinaus; laß die ganze Welt sich fortpacken. Ich will es anstecken und die Schaufel in die Hand nehmen und Bauer werden.

Geheimer Rat: Und Frau und Kinder –

Major: Du beliebst zu scherzen: ich weiß von keiner Frau und Kindern, ich bin Major Berg gottseligen Andenkens und will den Pflug in die Hand nehmen und will Vater Berg werden, und wer mir zu nahe kommt, dem geb ich mit meiner Hack über die Ohren.

Geheimer Rat: So schwärmerisch-schwermütig hab ich ihn doch nie gesehen.

Die Majorin stürzt herein.

Majorin: Zu Hülfe Mann – Wir sind verloren – Unsere Familie! unsere Familie!

Geheimer Rat: Gott behüt Frau Schwester! Was stellen Sie an? Wollen Sie Ihren Mann rasend machen?

Majorin: Er soll rasend werden – Unsere Familie – Infamie! – – O ich kann nicht mehr – *Fällt auf einen Stuhl.*

Major *geht auf sie zu*: Willst du mit der Sprach heraus? – Oder ich dreh dir den Hals um.

Majorin: Deine Dochter – Der Hofmeister. – Lauf! *Fällt in Ohnmacht.*

Major: Hat er sie zur Hure gemacht? *Schüttelt sie.* Was fällst du da hin; jetzt ist's nicht Zeit zum Hinfallen. Heraus mit, oder das Wetter soll dich zerschlagen. Zur Hure gemacht? Ist's das? – Nun so werd denn die ganze Welt zur Hure, und du Berg nimm die Mistgabel in die Hand – *Will gehen.*

Geheimer Rat *hält ihn zurück*: Bruder, wenn du dein Leben lieb hast, so bleib hier – Ich will alles untersuchen – Deine Wut macht dich unmündig. *Geht ab und schließt die Tür zu.*

MAJOR *arbeitet vergebens sie aufzumachen*: Ich werd dich beunmündig – *Zu seiner Frau.* Komm, komm, Hure, du auch! sieh zu. *Reißt die Tür auf.* Ich will ein Exempel statuieren – Gott hat mich bis hieher erhalten, damit ich an Weib und Kindern Exempel statuieren kann – Verbrannt, verbrannt, verbrannt! *Schleppt seine Frau ohnmächtig vom Theater.*

ZWEITE SZENE

EINE SCHULE IM DORF
Es ist finstrer Abend.

WENZESLAUS. LÄUFFER.

WENZESLAUS *sitzt an einem Tisch, die Brill auf der Nase und lineiert*: Wer da? Was gibt's?

LÄUFFER: Schutz! Schutz! werter Herr Schulmeister! Man steht mir nach dem Leben.

WENZESLAUS: Wer ist Er denn?

LÄUFFER: Ich bin Hofmeister im benachbarten Schloß. Der Major Berg ist mit all seinen Bedienten hinter mir und wollen mich erschießen.

WENZESLAUS: Behüte – Setz Er sich hier nieder zu mir – Hier hat Er meine Hand: Er soll sicher bei mir sein – Und nun erzähl Er mir, derweil ich diese Vorschrift hier schreibe.

LÄUFFER: Lassen Sie mich erst zu mir selber kommen.

WENZESLAUS: Gut, verschnauf Er sich, und hernach will ich Ihm ein Glas Wein geben lassen und wollen eins zusammen trinken. Unterdessen sag Er mir doch – Hofmeister – *Legt das Lineal weg, nimmt die Brille ab und sieht ihn eine Weile an.* Nun ja, nach dem Rock zu urteilen. – Nun nun, ich glaub's Ihm, daß Er der Hofmeister ist. Er sieht ja so rot und weiß drein. Nun sag Er mir aber doch, mein lieber Freund, *(setzt die Brille wieder auf)* wie ist Er denn zu dem Unstern gekommen, daß

Sein Herr Patron so entrüstet auf Ihn ist? Ich kann mir's doch nimmermehr einbilden, daß ein Mann wie der Herr Major von Berg – Ich kenne ihn wohl; ich habe genug von ihm reden hören; er soll freilich von einem hastigen Temperament sein; viel Cholera, viel Cholera – Sehen Sie, daß muß ich meinen Buben selber die Linien ziehen, denn nichts lernen die Bursche so schwer als das Gradeschreiben, das Gleichschreiben – Nicht zierlich geschrieben, nicht geschwind geschrieben, sag ich immer, aber nur grad geschrieben, denn das hat seinen Einfluß in alles, auf die Sitten, auf die Wissenschaften, in alles, lieber Herr Hofmeister. Ein Mensch, der nicht grad schreiben kann, sag ich immer, der kann auch nicht grad handeln – Wo waren wir?

LÄUFFER: Dürft ich mir ein Glas Wasser ausbitten?

WENZESLAUS: Wasser? – Sie sollen haben. Aber – ja wovon redten wir? Vom Gradschreiben; nein vom Major – he he he – Aber wissen Sie auch Herr – Wie ist Ihr Name?

LÄUFFER: Mein – Ich heiße – Mandel.

WENZESLAUS: Herr Mandel – Und darauf mußten Sie sich noch besinnen? Nun ja, man hat bisweilen Abwesenheiten des Geistes; besonders die jungen Herren weiß und rot – Sie heißen unrecht Mandel; Sie sollten Mandelblüte heißen, denn Sie sind ja weiß und rot wie Mandelblüte – Nun ja freilich, der Hofmeisterstand ist einer von denen, *unus ex his*, die alleweile mit Rosen und Lilien überstreut sind und wo einen die Dornen des Lebens nur gar selten stechen. Denn was hat man zu tun? Man ißt, trinkt, schläft, hat für nichts zu sorgen; sein gut Glas Wein gewiß, seinen Braten täglich, alle Morgen seinen Kaffee, Tee, Schokolade, oder was man trinkt, und das geht denn immer so fort – Nun ja, ich wollt Ihnen sagen: wissen Sie auch, Herr Mandel, daß ein Glas Wasser der Gesundheit eben so schädlich auf eine heftige Gemütsbewegung als auf eine heftige Leibesbewegung; aber freilich, was fragt ihr jungen Herren Hofmeister nach der Gesundheit – Denn sagt mir doch *(legt Brille und Lineal weg und steht auf)*, wo in aller Welt kann das der Gesundheit gut tun, wenn alle Nerven und Adern gespannt sind und das Blut ist in der heftigsten Cirkulation und die Lebensgeister sind alle in einer – Hitze, in einer –

Läuffer: Um Gotteswillen der Graf Wermuth – *Springt in eine Kammer.*

Graf Wermuth mit ein paar Bedienten, die Pistolen tragen.

Graf: Ist hier ein gewisser Läuffer – Ein Student im blauen Rock mit Tressen?

Wenzeslaus: Herr, in unserm Dorf ist's die Mode, daß man den Hut abzieht, wenn man in die Stube tritt und mit dem Herrn vom Hause spricht.

Graf: Die Sache pressiert – Sagt mir, ist er hier oder nicht?

Wenzeslaus: Und was soll er denn verbrochen haben, daß Ihr ihn so mit gewaffneter Hand sucht? *Graf will in die Kammer, er stellt sich vor die Tür.* Halt Herr! Die Kammer ist mein, und wo Ihr nicht augenblicklich Euch aus meinem Hause packt, so zieh ich nur an meiner Schelle und ein halb Dutzend handfester Bauerkerle schlägt Euch zu morsch Pulver-Granatenstükken. Seid ihr Straßenräuber, so muß man euch als Straßenräubern begegnen. Und damit Ihr Euch nicht verirrt und den Weg zum Haus hinaus so gut findet als Ihr ihn hinein gefunden habt – *Faßt ihn an die Hand und führt ihn zur Tür hinaus; die Bedienten folgen ihm.*

Läuffer *springt aus der Kammer hervor*: Glücklicher Mann! Beneidenswerter Mann!

Wenzeslaus *in der obigen Attitude*: In – Die Lebensgeister sagt ich, sind in einer – Begeisterung, alle Passionen sind gleichsam in einer Empörung, in einem Aufruhr – Nun wenn Ihr da Wasser trinkt, so geht's, wie wenn man in eine mächtige Flamme Wasser schüttet. Die starke Bewegung der Luft und der Krieg zwischen den beiden entgegengesetzten Elementen macht eine Effervescenz, eine Gärung, eine Unruhe, ein tumultuarisches Wesen –

Läuffer: Ich bewundere Sie ...

Wenzeslaus: Gottlieb! – Jetzt können Sie schon allgemach trinken – Allgemach – und denn werden Sie auf den Abend mit einem Salat und Knackwurst vorlieb nehmen – Was war das für ein ungeschliffner Kerl, der nach Ihnen suchte?

LÄUFFER: Es ist der Graf Wermuth, der künftige Schwiegersohn des Majors; er ist eifersüchtig auf mich, weil das Fräulein ihn nicht leiden kann –

WENZESLAUS: Aber was soll denn das auch? Was will das Mädchen denn auch mit Ihm Monsieur Jungfernknecht? Sich ihr Glück zu verderben um eines solchen jungen Siegfrieds willen, der nirgends Haus oder Herd hat? Das laß Er sich aus dem Kopf und folg Er mir nach in die Küche. Ich seh, mein Bube ist fortgangen, mir Bratwürste zu holen. Ich will Ihm selber Wasser schöpfen, denn Magd hab ich nicht und an eine Frau hab ich mich noch nicht unterstanden zu denken, weil ich weiß, daß ich keine ernähren kann – geschweige denn eine drauf angesehen, wie ihr junge Herren weiß und rot – Aber man sagt wohl mit Recht, die Welt verändert sich.

DRITTE SZENE

IN HEIDELBRUNN

Der GEHEIME RAT. *Herr von* SEIFFENBLASE *und sein* HOFMEISTER.

HOFMEISTER: Wir haben uns in Halle nur ein Jahr aufgehalten, und als wir von Göttingen kamen, nahmen wir unsere Rückreise über alle berühmte Universitäten in Deutschland. Wir konnten also in Halle das zweitemal nicht lange verweilen; zudem saß Ihr Herr Sohn grade zu der Zeit in dem unglücklichen Arrest, wo ich ihn nur einigemal zu sprechen die Ehre haben konnte: also könnt ich Ihnen aufrichtig von der Führung Dero Herrn Sohns draußen keine umständliche Nachricht geben.

GEHEIMER RAT: Der Himmel verhängt Strafen über unsre ganze Familie. Mein Bruder – ich will's Ihnen nur nicht verhehlen, denn leider ist Stadt und Land voll davon – hat das Unglück gehabt, daß seine Tochter ihm verschwunden ist, ohne daß eine Spur von ihr anzutreffen – Ich höre itzt von meinem Sohn – Wenn er sich gut geführt hätte, wie wär's möglich gewesen, ihn ins Gefängnis zu bringen? Ich hab ihm außer seinem starken Wechsel noch alle halbe Jahr außerordentliche geschickt; auf allen Fall –

HOFMEISTER: Die bösen Gesellschaften; die erstaunenden Verführungen auf Akademien.

SEIFFENBLASE: Das seltsamste dabei ist, daß er für einen andern sitzt; ein Ausbund aller Lüderlichkeit, ein Mensch, für den ich keinen Groschen ausgäbe und [wenn] er auf meinem Misthaufen Hungers krepierte. Er ist hier gewesen, Sie werden von ihm gehört haben; er suchte Geld bei seinem Vater, unter dem Vorwand, Ihren Herrn Sohn auszulösen; vermutlich wär er damit auf eine andere Akademie gegangen und hätte von frischem angefangen zu wirtschaften. Ich weiß schon, wie's die lüderlichen Studenten machen, aber sein Vater hat den Braten gerochen und hat ihn nicht vor sich kommen lassen.

GEHEIMER RAT: Doch wohl nicht der junge Pätus, des Ratsherrn Sohn?

SEIFFENBLASE: Ich glaub, es ist derselbe.

GEHEIMER RAT: Jedermann hat dem Vater die Härte verdacht.

HOFMEISTER: Ja was ist da zu verdenken, mein gnädiger Herr Geheimer Rat; wenn ein Sohn die Güte des Vaters zu sehr mißbraucht, so muß sich das Vaterherz wohl ab von ihm wenden. Der Hohepriester Eli war nicht hart und brach den Hals.

GEHEIMER RAT: Gegen die Ausschweifungen seiner Kinder kann man nie zu hart sein, aber wohl gegen ihr Elend. Der junge Mensch soll hier haben betteln müssen. Und mein Sohn sitzt um seinetwillen?

SEIFFENBLASE: Was anders? Er war sein vertrautester Freund und fand niemand würdiger, mit ihm die Komödie von Damon und Pythias zu spielen. Noch mehr, Herr Pätus kam zurück und wollte seinen Platz wieder einnehmen, aber Ihr Sohn bestund drauf, er wollte sitzen bleiben: Sie würden ihn schon auslösen; und Pätus mit einem andern Erzrenommisten und Spieler wollten die Flucht nehmen und sich zu helfen suchen, so gut sie könnten. Vielleicht überfallen sie wieder so irgend einen armen Studenten mit Masken vor den Gesichtern auf der Stube und nehmen ihm die Uhr und Goldbörse, mit der

Pistol auf der Brust, weg, wie sie's in Halle schon einem gemacht haben.

Geheimer Rat: Und mein Sohn ist der dritte aus diesem Kleeblatt?

Seiffenblase: Ich weiß nicht, Herr Geheimer Rat.

Geheimer Rat: Kommen Sie zum Essen, meine Herren! Ich weiß schon zuviel. Es ist ein Gericht Gottes über gewisse Familien; bei einigen sind gewisse Krankheiten erblich, bei andern arten die Kinder aus, die Väter mögen tun was sie wollen. Essen Sie: ich will fasten und beten, vielleicht hab ich diesen Abend durch die Ausschweifungen meiner Jugend verdient.

VIERTE SZENE

Die Schule

Wenzeslaus *und* Läuffer *an einem ungedeckten Tisch speisend.*

Wenzeslaus: Schmeckt's? Nicht wahr, es ist ein Abstand von meinem Tisch und des Majors? Aber wenn der Schulmeister Wenzeslaus seine Wurst ißt, so hilft ihm das gute Gewissen verdauen, und wenn der Herr Mandel Kapaunenbraten mit der Schampignonsauce aß, so stieß ihm sein Gewissen jeden Bissen, den er hinabschluckte, mit der Moral wieder in Hals zurück: Du bist ein – Denn sagt mir einmal, lieber Herr Mandel; nehmt mir nicht übel, daß ich Euch die Wahrheit sage, das würzt das Gespräch wie Pfeffer den Gurkensalat; sagt mir einmal, ist das nicht hundsföttisch, wenn ich davon überzeugt bin, daß ich ein Ignorant bin und meine Untergebenen nichts lehren kann und also müßig bei ihnen gehe und sie müßig gehen lasse und dem lieben Gott ihren Tag stehlen, und doch hundert Dukaten – war's nicht soviel? Gott verzeih mir, ich hab in meinem Leben nicht so viel Geld auf einem Haufen beisammen gesehen! – hundertfunfzig Dukaten, sag ich, in Sack stecke, für nichts und wieder nichts!

Läuffer: O! und Sie haben noch nicht alles gesagt, Sie kennen Ihren Vorzug nicht ganz, oder fühlen ihn, ohn ihn zu kennen.

Haben Sie nie einen Sklaven im betreßten Rock gesehen? O Freiheit, güldene Freiheit!

WENZESLAUS: Ei was Freiheit! Ich bin auch so frei nicht; ich bin an meine Schule gebunden und muß Gott und meinem Gewissen Rechenschaft von geben.

LÄUFFER: Eben das – Aber wie, wenn Sie den Grillen eines wunderlichen Kopfs davon Rechenschaft ablegen müßten, der mit Ihnen umginge hundertmal ärger als Sie mit Ihren Schulknaben?

WENZESLAUS: Ja nun – dann müßt er aber auch an Verstand so weit über mich erhaben sein wie ich über meine Schulknaben, und das trifft man selten, glaub ich wohl; besonders bei unsern Edelleuten; da mögt Ihr wohl recht haben: wenigstens der Flegel da, der mir vorhin in meine Kammer wollte, ohne mich vorher um Erlaubnis zu bitten. Wenn ich zum Herrn Grafen käme und wollt ihm mir nichts, dir nichts die Zimmer visitieren – Aber potz Millius, so eßt doch; Ihr macht ja ein Gesicht, als ob Ihr zu laxieren einnähmt. Nicht wahr, Ihr hättet gern ein Glas Wein dazu? Ich hab Euch zwar vorhin eins versprochen, aber ich habe keinen im Hause. Morgen werd ich wieder bekommen, und da trinken wir Sonntags und Donnerstags, und wenn der Organist Franz zu uns kommt extra. Wasser, Wasser, mein Freund, ἄριστον μὲν τὸ ὕδωρ, das hab ich noch von der Schule mitgebracht, und da eine Pfeife dazu geraucht nach dem Essen im Mondenscnein und einen Gang ums Feld gemacht; da läßt sich drauf schlafen, vergnügter als der große Mogul – Ihr raucht doch eins mit heut?

LÄUFFER: Ich will's versuchen; ich hab in meinem Leben nicht geraucht.

WENZESLAUS: Ja freilich, ihr Herren weiß und rot, das verderbt euch die Zähne. Nicht wahr? und verderbt euch die Farbe; nicht wahr? Ich habe geraucht, als ich kaum von meiner Mutter Brust entwöhnt war; die Warze mit dem Pfeifenmundstück verwechselt. He he he! Das ist gut wider die böse Luft und wider die bösen Begierden ebenfalls. Das ist so meine Diät: des Morgens kalt Wasser und eine Pfeife, dann Schul gehalten bis eilfe, dann wieder eine Pfeife bis die Suppe fertig ist: die kocht mir mein Gottlieb so gut als eure französische Köche, und da ein Stück Gebratenes und Zugemüse und dann wieder eine Pfeife, dann wieder Schul gehalten, dann Vorschriften geschrieben bis zum Abendessen; da eß ich denn gemeiniglich kalt etwas, eine Wurst mit Salat, ein Stück Käs oder was der liebe Gott gegeben hat, und dann wieder eine Pfeife vor Schlafengehen.

LÄUFFER: Gott behüte, ich bin in eine Tabagie gekommen –

WENZESLAUS: Und da werd ich dick und fett bei und lebe vergnügt und denke noch ans Sterben nicht.

LÄUFFER: Es ist aber doch unverantwortlich, daß die Obrigkeit nicht dafür sorgt, Ihnen das Leben angenehmer zu machen.

WENZESLAUS: Ei was, es ist nun einmal so; und damit muß man zufrieden sein: bin ich doch auch mein eigner Herr und hat kein Mensch mich zu schikanieren, da ich alle Tage weiß, daß ich mehr tu als ich soll. Ich soll meinen Buben lesen und schreiben lehren; ich lehre sie rechnen dazu und Lateinisch dazu und mit Vernunft lesen dazu und gute Sachen schreiben dazu.

LÄUFFER: Und was für Lohn haben Sie dafür?

WENZESLAUS: Was für Lohn? – Will Er denn das kleine Stückchen Wurst da nicht aufessen? Er kriegt nichts Bessers; wart Er auf nichts Bessers, oder Er muß das erstemal seines Lebens hungrig zu Bette gehn – Was für Lohn? Das war dumm gefragt, Herr Mandel. Verzeih Er mir; was für Lohn? Gottes Lohn hab ich dafür, ein gutes Gewissen, und wenn ich da vielen Lohn von der Obrigkeit begehren wollte, so hätt ich ja meinen Lohn dahin. Will Er denn den Gurkensalat durchaus verderben lassen? So eß Er doch; so sei Er doch nicht blöde: bei einer schmalen Mahlzeit muß man zum Kuckuck nicht blöde sein. Wart Er, ich will Ihm noch ein Stück Brot abschneiden.

LÄUFFER: Ich bin satt überhörig.

WENZESLAUS: Nun so laß Er's stehen; aber es ist Seine eigne Schuld wenn's nicht wahr ist. Und wenn es wahr ist, so hat Er unrecht, daß Er sich überhörig satt ißt, denn das macht böse Begierden und schläfert den Geist ein. Ihr Herren weiß und rot mögt's glauben oder nicht. Man sagt zwar auch vom Toback, daß er ein narkotisches, schläfrigmachendes, dummachendes Öl habe, und ich hab's bisweilen auch wohl so wahrgefunden und bin versucht worden, Pfeife und allen Henker ins Kamin zu werfen, aber unsere Nebel hier herum beständig und die feuchte Winter- und Herbstluft alleweile und denn die vortreffliche Wirkung, die ich davon verspüre, daß es zugleich die bösen Begierden mit einschläfert – Holla, wo seid Ihr denn, lieber Mann? Eben da ich vom Einschläfern rede, nickt Ihr schon; so geht's, wenn der Kopf leer ist und faul dabei und niemals ist angestrengt worden. Allons! frisch, eine Pfeife mit mir geraucht! *Stopft sich und ihm.* Laßt uns noch eins mit einander plaudern! *Raucht.* Ich hab Euch schon vorhin in der Küche sagen wollen: ich sehe, daß Ihr schwach in der Latinität seid, aber da Ihr doch eine gute Hand schreibt, wie Ihr sagt, so könntet Ihr mir doch so abends an die Hand gehen, weil ich meiner Augen muß anfangen zu schonen, und meinen Buben die Vorschriften schreiben. Ich will Euch dabei *Corderii Colloquia* geben und *Gürtleri Lexicon*; wenn Ihr fleißig sein wollt. Ihr habt ja den ganzen Tag für Euch, so könnt Ihr Euch in der lateinischen Sprache was umtun, und wer weiß wenn es Gott gefällt mich heute oder morgen von der Welt zu nehmen – Aber Ihr müßt fleißig sein, das sag ich Euch, denn so seid Ihr ja noch kaum zum Kollaborator tüchtig, geschweige denn – *Trinkt.*

LÄUFFER *legt die Pfeife weg*: Welche Demütigung!

WENZESLAUS: Aber ... aber ... aber *(reißt ihm den Zahnstocher aus dem Munde)* was ist denn das da? Habt Ihr denn noch nicht einmal so viel gelernt, großer Mensch, daß Ihr für Euren eignen Körper Sorge tragen könnt. Das Zähnestochern ist ein Selbstmord; ja ein Selbstmord, eine mutwillige Zerstörung Jerusalems, die man mit seinen Zähnen vornimmt. Da, wenn Euch was im Zahn sitzen bleibt: *(nimmt Wasser und schwängt den Mund aus)* So müßt Ihr's machen, wenn Ihr gesunde Zähne behalten wollt, Gott und Eurem Nebenmenschen zu Ehren, und nicht einmal im Alter herumlaufen wie ein alter Kettenhund, dem die Zähne in der Jugend ausgebrochen worden und der die Kinnbacken nicht zusammenhalten kann. Das wird einen schönen Schulmeister abgeben, will's Gott, wenn ihm aufs Alter die Worte ungeboren zum Munde herausfallen und er zwischen Nase und Oberlippen da was herausschnarcht, das kein Hund oder Hahn versteht.

LÄUFFER: Der wird mich noch zu Tode meistern – Das unerträglichste ist, daß er recht hat –

WENZESLAUS: Nun wie geht's? Schmeckt Euch der Toback nicht? Ich wette, nur ein paar Tage noch mit dem alten Wenzeslaus zusammen, so werdt Ihr rauchen wie ein Bootsknecht. Ich will Euch nach meiner Hand ziehen, daß Ihr Euch selber nicht mehr wieder kennen sollt.

VIERTER AKT

ERSTE SZENE

ZU INSTERBURG

GEHEIMER RAT. MAJOR.

MAJOR: Hier Bruder – Ich schweife wie Kain herum, unstät und flüchtig – Weißt du was? Die Russen sollen Krieg mit den Türken haben; ich will nach Königsberg gehn, um nähere Nachrichten einzuziehen: ich will mein Weib verlassen und in der Türkei sterben.

GEHEIMER RAT: Deine Ausschweifungen schlagen mich vollends zu Boden. – O Himmel, muß es denn von allen Seiten stürmen? – Da lies den Brief vom Professor M–r.

MAJOR: Ich kann nicht mehr lesen; ich hab meine Augen fast blind geweint.

GEHEIMER RAT: So will ich dir vorlesen, damit du siehst, daß du nicht der einzige Vater seist, der sich zu beklagen hat: ›Ihr Sohn ist vor einiger Zeit wegen Bürgschaft gefänglich eingezogen worden: er hat, wie er mir vorgestern mit Tränen gestanden, nach fünf vergeblich geschriebenen Briefen keine Hoffnung mehr, von Eurer Excellenz Verzeihung zu erhalten.

Ich redte ihm zu, sich zu beruhigen, bis ich gleichfalls in dieser Sache mich vermittelt hätte: er versprach es mir, ist aber ungeachtet dieses Versprechens noch in derselben Nacht heimlich aus dem Gefängnis entwischt. Die Schuldner haben ihm Steckbriefe nachsenden und seinen Namen in allen Zeitungen bekannt machen wollen; ich habe sie aber dran verhindert und für die Summe gutgesagt, weil ich viel zu sehr überzeugt bin, daß Eure Excellenz diesen Schimpf nicht werden auf Dero Familie kommen lassen. Übrigens habe die Ehre, in Erwartung Dero Entschlusses mich mit vollkommenster ...‹

MAJOR: Schreib ihm zurück: sie sollen ihn hängen.

GEHEIMER RAT: Und die Familie –

MAJOR: Lächerlich! Es gibt keine Familie; wir haben keine Familie. Narrenspossen! Die Russen sind meine Familie: ich will Griechisch werden.

GEHEIMER RAT: Und noch keine Spur von deiner Tochter?

MAJOR: Was sagst du?

GEHEIMER RAT: Hast nicht die geringste Nachricht von deiner Tochter?

MAJOR: Laß mich zufrieden.

GEHEIMER RAT: Es ist doch dein Ernst nicht, nach Königsberg zu reisen?

MAJOR: Wenn mag doch die Post abgehn von Königsberg nach Warschau?

GEHEIMER RAT: Ich werde dich nicht fortlassen; es ist nur umsonst. Meinst du, vernünftige Leute werden sich von deinen Phantasien übertölpeln lassen? Ich kündige dir hiermit Hausarrest an. Gegen Leute, wie du bist, muß man Ernst gebrauchen, sonst verwandelt sich ihr Gram in Narrheit.

MAJOR *weint*: Ein ganzes Jahr – Bruder Geheimer Rat – Ein ganzes Jahr – und niemand weiß, wohin sie gestoben oder geflogen ist.

GEHEIMER RAT: Vielleicht tot –

MAJOR: Vielleicht? – Gewiß tot – und wenn ich nur den Trost haben könnte, sie noch zu begraben – aber sie muß sich selbst umgebracht haben, weil mir niemand Anzeige von ihr geben kann. – Eine Kugel durch den Kopf, Berg, oder einen Türkenpallasch; das wär eine Victorie.

Geheimer Rat: Es ist ja eben so wohl möglich, daß sie den Läuffer irgendwo angetroffen und mit dem aus dem Lande gegangen. Gestern hat mich Graf Wermuth besucht und hat mir gesagt, er sei denselben Abend noch in eine Schule gekommen, wo ihn der Schulmeister nicht hab in die Kammer lassen wollen: er vermutet immer noch, der Hofmeister habe drin gesteckt, vielleicht deine Tochter bei ihm.

Major: Wo ist der Schulmeister? Wo ist das Dorf? Und der Schurke von Grafen ist nicht mit Gewalt in die Kammer eingedrungen? Komm: wo ist der Graf?

Geheimer Rat: Er wird wohl wieder im Hecht abgestiegen sein, wie gewöhnlich.

Major: O wenn ich sie auffände – Wenn ich nur hoffen könnte, sie noch einmal wieder zu sehen – Hol mich der Kuckuck, so alt wie ich bin und abgegrämt und wahnwitzig; ja hol mich der Teufel, dann wollt ich doch noch in meinem Leben wieder einmal lachen, das letztemal laut lachen und meinen Kopf in ihren entehrten Schoß legen und denn wieder einmal heulen und denn – Adieu Berg! Das wäre mir gestorben, das hieß' mir sanft und selig im Herrn entschlafen. – Komm Bruder, dein Junge ist nur ein Spitzbube geworden: das ist nur Kleinigkeit; an allen Höfen gibt's Spitzbuben; aber meine Tochter ist eine Gassenhure, das heiß ich einem Vater Freud machen: vielleicht hat sie schon drei Lilien auf dem Rükken. – Vivat die Hofmeister und daß der Teufel sie holt! Amen. *Gehn ab.*

ZWEITE SZENE

Eine Bettlerhütte im Walde

Augustchen *im groben Kittel.* Marthe, *ein alt blindes Weib.*

Gustchen: Liebe Marthe, bleibt zu Hause und seht wohl nach dem Kinde: es ist das erstemal, daß ich Euch allein lasse in einem ganzen Jahr; also könnt Ihr mich nun wohl auch einmal einen Gang für mich tun lassen. Ihr habt Proviant für heut und morgen; Ihr braucht also heute nicht auf der Landstraß auszustehn.

MARTHE: Aber wo wollt Ihr denn hin, Grete, daß Gott erbarm! da Ihr noch so krank und so schwach seid; laßt Euch doch sagen: ich hab auch Kinder bekommen und ohne viele Schmerzen so wie Ihr, Gott sei Dank! aber einmal hab ich's versucht, den zweiten Tag nach der Niederkunft auszugehen, und nimmermehr wieder; ich hatte schon meinen Geist aufgegeben, wahrlich ich könnt Euch sagen, wie einem Toten zu Mute ist – Laßt Euch doch lehren; wenn Ihr was im nächsten Dorf zu bestellen habt, obschon ich blind bin, ich will schon hinfinden; bleibt nur zu Hause und macht daß Ihr zu Kräften kommt: ich will alles für Euch ausrichten, was es auch sei.

GUSTCHEN: Laßt mich nur, Mutter; ich hab Kräfte wie eine junge Bärin – und seht nach meinem Kinde.

MARTHE: Aber wie soll ich denn darnach sehen, heilige Mutter Gottes! da ich blind bin? Wenn es wird saugen wollen, soll ich's an meine schwarze verwelkte Zitzen legen? und es mit zu nehmen, habt Ihr keine Kräfte, bleibt zu Hause, liebes Gretel, bleibt zu Hause.

GUSTCHEN: Ich darf nicht, liebe Mutter, mein Gewissen treibt mich fort von hier. Ich hab einen Vater, der mich mehr liebt als sein Leben und seine Seele. Ich habe die vorige Nacht im Traum gesehen, daß er sich die weißen Haare ausriß und Blut in den Augen hatte: er wird meinen, ich sei tot. Ich muß ins Dorf und jemand bitten, daß er ihm Nachricht von mir gibt.

MARTHE: Aber, hilf lieber Gott, wer treibt Euch denn? Wenn Ihr nun unterwegens liegen bleibt? Ihr könnt nicht fort …

GUSTCHEN: Ich muß – Mein Vater stand wankend; auf einmal warf er sich auf die Erde und blieb tot liegen – Er bringt sich um, wenn er keine Nachricht von mir bekommt.

MARTHE: Wißt Ihr denn nicht, daß Träume grade das Gegenteil bedeuten?

GUSTCHEN: Bei mir nicht – Laßt mich – Gott wird mit mir sein. *Geht ab.*

DRITTE SZENE
Die Schule

Wenzeslaus, Läuffer, *an einem Tisch sitzend. Der* Major, *der* Geheime Rat *und* Graf Wermuth *treten herein mit Bedienten.*

Wenzeslaus *läßt die Brille fallen*: Wer da?
Major *mit gezogenem Pistol*: Daß dich das Wetter! da sitzt der Has im Kohl. *Schießt und trifft Läuffern in Arm, der vom Stuhl fällt.*
Geheimer Rat *der vergeblich versucht hat ihn zurückzuhalten*: Bruder – *Stößt ihn unwillig.* So hab's denn darnach, Tollhäusler!
Major: Was? ist er tot? *Schlägt sich vors Gesicht.* Was hab ich getan? Kann Er mir keine Nachricht mehr von meiner Tochter geben?
Wenzeslaus: Ihr Herren! Ist das Jüngste Gericht nahe, oder sonst etwas? Was ist das? *Zieht an seiner Schelle.* Ich will Euch lehren, einen ehrlichen Mann in seinem Hause überfallen.
Läuffer: Ich beschwör Euch: schellt nicht! – Es ist der Major; ich hab's an seiner Tochter verdient.
Geheimer Rat: Ist kein Chirurgus im Dorf, ehrlicher Schulmeister! Er ist nur am Arm verwundet, ich will ihn kurieren lassen.
Wenzeslaus: Ei was kurieren lassen! Straßenräuber! schießt man Leute übern Haufen, weil man so viel hat, daß man sie kurieren lassen kann? Er ist mein Kollaborator; er ist eben ein Jahr in meinem Hause: ein stiller, friedfertiger, fleißiger Mensch, und sein Tage hat man nichts von ihm gehört, und Ihr kommt und erschießt mir meinen Kollaborator in meinem eignen Hause! – Das soll gerochen werden, oder ich will nicht selig sterben. Seht Ihr das!
Geheimer Rat *bemüht Läuffern zu verbinden*: Wozu das Geschwätz, lieber Mann? Es tut uns leid genug – Aber die Wunde könnte sich verbluten, schafft uns nur einen Chirurgus.
Wenzeslaus: Ei was! Wenn Ihr Wunden macht, so mögt Ihr sie auch heilen, Straßenräuber! Ich muß doch nur zum Gevatter Schöpsen gehen. *Geht ab.*
Major *zu Läuffern*: Wo ist meine Tochter?

LÄUFFER: Ich weiß es nicht.

MAJOR: Du weißt nicht? *Zieht noch eine Pistol hervor.*

GEHEIMER RAT *entreißt sie ihm und schießt sie aus dem Fenster ab*: Sollen wir dich mit Ketten binden lassen, du –

LÄUFFER: Ich habe sie nicht gesehen, seit ich aus Ihrem Hause geflüchtet bin; das bezeug ich vor Gott, vor dessen Gericht ich vielleicht bald erscheinen werde.

MAJOR: Also ist sie nicht mit dir gelaufen?

LÄUFFER: Nein.

MAJOR: Nun denn; so wieder eine Ladung Pulver umsonst verschossen! Ich wollt, sie wäre dir durch den Kopf gefahren, da du kein gescheutes Wort zu reden weißt, Lumpenhund! Laßt ihn liegen und kommt bis ans Ende der Welt. Ich muß meine Tochter wieder haben, und wenn nicht in diesem Leben, doch in jener Welt, und da soll mein hochweiser Bruder und mein hochweiseres Weib mich wahrhaftig nicht von abhalten. *Läuft fort.*

GEHEIMER RAT: Ich darf ihn nicht aus den Augen lassen. *Wirft Läuffern einen Beutel zu.* Lassen Sie sich davon kurieren, und bedenken Sie, daß Sie meinen Bruder weit gefährlicher verwundet haben als er Sie. Es ist ein Bankozettel drin, geben Sie Acht drauf und machen ihn sich zu Nutz so gut Sie können. *Gehn alle ab. Wenzeslaus kömmt mit dem Barbier Schöpsen und einigen Bauerkerlen.*

WENZESLAUS: Wo ist das Otterngezüchte? Redet!

LÄUFFER: Ich bitt Euch, seid ruhig. Ich habe weit weniger bekommen, als meine Taten wert waren. Meister Schöpsen, ist meine Wunde gefährlich? *Schöpsen besieht sie.*

WENZESLAUS: Was denn? Wo sind sie? Das leid ich nicht; nein, das leid ich nicht, und sollt es mich Schul und Amt und Haar und Bart kosten. Ich will sie zu Morsch schlagen, die Hunde – Stellen Sie sich vor, Herr Gevatter; wo ist das in aller Welt in *iure naturae* und in *iure civili* und im *iure canonico* und im *iure gentium* und wo Sie wollen, wo ist das erhört, daß man einem ehrlichen Mann in sein Haus fällt und in eine Schule dazu; an heiliger Stätte. – Gefährlich, nicht wahr? Haben Sie sondiert? Ist's?

SCHÖPSEN: Es ließe sich viel drüber sagen – nun doch wir wollen sehen – am Ende wollen wir schon sehen.
WENZESLAUS: Ja Herr, he he, *in fine videbitur cuius toni*; daß heißt, wenn er wird tot sein, oder wenn er völlig gesund sein wird, da wollen Sie uns erst sagen, ob die Wunde gefährlich war oder nicht: das ist aber nicht medizinisch gesprochen; verzeih Er mir. Ein tüchtiger Arzt muß das Dings vorher wissen, sonst sag ich ihm ins Gesicht: er hat seine Pathologie oder Chirurgie nur so halbwege studiert und ist mehr in die Bordells gangen als in die Kollegia: denn *in amore omnia insunt vitia*, und wenn ich einen Ignoranten sehe, er mag sein aus was für einer Fakultät er wolle, so sag ich immer: er ist ein Jungfernknecht gewesen; ein Hurenhengst; das laß ich mir nicht ausreden.
SCHÖPSEN *nachdem er die Wunde noch einmal besichtigt*: Ja die Wunde ist, nachdem man sie nimmt – Wir wollen sehen, wir wollen sehen.
LÄUFFER: Hier, Herr Schulmeister! hat mir des Majors Bruder einen Beutel gelassen, der ganz schwer von Dukaten ist und obenein ist ein Bankozettel drin – Da sind wir auf viel Jahre geholfen.
WENZESLAUS *hebt den Beutel*: Nun das ist etwas – Aber Hausgewalt bleibt doch Hausgewalt und Kirchenraub Kirchenraub – Ich will ihm einen Brief schreiben, dem Herrn Major, den er nicht ins Fenster stecken soll.
SCHÖPSEN *der sich die Weil über vergessen und eifrig nach dem Beutel gesehen, fällt wieder über die Wunde her*: Sie wird sich endlich schon kurieren lassen, aber sehr schwer, hoff ich, sehr schwer –
WENZESLAUS: Das hoff ich nicht, Herr Gevatter Schöpsen; das fürcht ich, das fürcht ich – aber ich will Ihm nur zum voraus sagen, daß wenn Er die Wunde langsam kuriert, so kriegt Er auch langsame Bezahlung; wenn Er ihn aber in zwei Tagen wieder auf frischen Fuß stellt, so soll Er auch frisch bezahlt werden; darnach kann Er sich richten.
SCHÖPSEN: Wir wollen sehen.

VIERTE SZENE

GUSTCHEN *liegend, an einem Teich mit Gesträuch umgeben*: Soll ich denn hier sterben? – Mein Vater! Mein Vater! gib mir die Schuld nicht, daß du nicht Nachricht von mir bekömmst. Ich hab meine letzten Kräfte angewandt – sie sind erschöpft – Sein Bild, o sein Bild steht mir immer vor den Augen! Er ist tot, ja tot – und für Gram um mich – Sein Geist ist mir diese Nacht erschienen, mir Nachricht davon zu geben – mich zur Rechenschaft dafür zu fodern – Ich komme, ja ich komme. *Rafft sich auf und wirft sich in Teich.*
Major von weitem. Geheimer Rat und Graf Wermuth folgen ihm.
MAJOR: Hei! hoh! da ging's in Teich – Ein Weibsbild war's, und wenn gleich nicht meine Tochter, doch auch ein unglücklich Weibsbild – Nach, Berg! Das ist der Weg zu Gustchen oder zur Hölle! *Springt ihr nach.*
GEHEIMER RAT *kommt*: Gott im Himmel! Was sollen wir anfangen?
GRAF WERMUTH: Ich kann nicht schwimmen.
GEHEIMER RAT: Auf die andere Seite! – Mich deucht, er haschte das Mädchen ... Dort – dort hinten im Gebüsch. – Sehen Sie nicht? Nun treibt er den Teich mit ihr hinunter – Nach!

FÜNFTE SZENE

Eine andere Seite des Teichs

Hinter der Szene Geschrei: Hülfe! 's meine Tochter! Sackerment und all das Wetter! Graf! reicht mir doch die Stange: daß Euch die schwere Not.
Major Berg trägt Gustchen aufs Theater. Geheimer Rat und Graf folgen.
MAJOR: Da! – *Setzt sie nieder. Geheimer Rat und Graf suchen sie zu ermuntern.* Verfluchtes Kind! habe ich das an dir erziehen müssen! *Kniet nieder bei ihr.* Gustel! was fehlt dir? Hast Wasser eingeschluckt? Bist noch mein Gustel? – Gottlose Kanaille!

Hättst du mir nur ein Wort vorher davon gesagt; ich hätte dem Lausejungen einen Adelbrief gekauft, da hättet ihr können zusammen kriechen. – Gott behüt! so helft ihr doch; sie ist ja ohnmächtig. *Springt auf, ringt die Hände; umhergehend.* Wenn ich nur wüßt, wo der maledeite Chirurgus vom Dorf anzutreffen wäre. – Ist sie noch nicht wach?

Gustchen *mit schwacher Stimme*: Mein Vater!

Major: Was verlangst du?

Gustchen: Verzeihung.

Major *geht auf sie zu*: Ja verzeih dir's der Teufel, ungeratenes Kind. – Nein *(kniet wieder bei ihr)*, fall nur nicht hin, mein Gustel – mein Gustel! Ich verzeih dir; ist alles vergeben und vergessen – Gott weiß es: ich verzeih dir – Verzeih du mir nur! Ja aber nun ist's nicht mehr zu ändern. Ich hab dem Hundsfott eine Kugel durch den Kopf geknallt.

Geheimer Rat: Ich denke, wir tragen sie fort.

Major: Laßt stehen! Was geht sie Euch an? Ist sie doch Eure Tochter nicht. Bekümmert Euch um Euer Fleisch und Bein daheime. *Er nimmt sie auf die Arme.* Da Mädchen – Ich sollte wohl wieder nach dem Teich mit dir *(schwenkt sie gegen den Teich zu)* – aber wir wollen nicht eher schwimmen als bis wir's Schwimmen gelernt haben, mein ich. – *Drückt sie an sein Herz.* O du mein einzig teurester Schatz! Daß ich dich wieder in meinen Armen tragen kann, gottlose Kanaille! *Trägt sie fort.*

SECHSTE SZENE

In Leipzig

Fritz von Berg. Pätus.

Fritz: Das einzige, was ich an dir auszusetzen habe, Pätus. Ich habe dir's schon lang sagen wollen: untersuche dich nur selbst; was ist die Ursach zu all deinem Unglück gewesen? Ich tadle es nicht, wenn man sich verliebt. Wir sind in den Jahren; wir sind auf der See, der Wind treibt uns, aber die Vernunft muß immer am Steuerruder bleiben, sonst jagen wir auf die erste beste Klippe und scheitern. Die Hamstern war eine Kokette, die aus dir machte, was sie wollte; sie hat dich um deinen letzten Rock, um deinen guten Namen und um den guten Namen deiner Freunde dazu gebracht: ich dächte, da hättest du klug werden können. Die Rehaarin ist ein unverführtes unschuldiges jugendliches Lamm: wenn man gegen ein Herz, das sich nicht verteidigen will noch verteidigen kann, alle mögliche Batterien spielen läßt, um es – was soll ich sagen? zu zerstören, einzuäschern, das ist unrecht, Bruder Pätus, das ist unrecht. Nimm mir's nicht übel, wir können so nicht gute Freunde zusammen bleiben. Ein Mann, der gegen ein Frauenzimmer es so weit treibt, als er nur immer kann, ist entweder ein Teekessel oder ein Bösewicht; ein Teekessel, wenn er sich selbst nicht beherrschen kann, die Ehrfurcht, die er der Unschuld und Tugend schuldig ist, aus den Augen zu setzen: oder ein Bösewicht, wenn er sich selbst nicht beherrschen will und wie der Teufel im Paradiese sein einzig Glück darin setzt, ein Weib ins Verderben zu stürzen.

PÄTUS: Predige nur nicht, Bruder! Du hast recht; es reuet mich, aber ich schwöre dir, ich kann drauf fluchen, daß ich das Mädchen nicht angerührt habe.

FRITZ: So bist du doch zum Fenster hineingestiegen und die Nachbarn haben's gesehen, meinst du, ihre Zunge wird so verschämt sein, wie deine Hand vielleicht gewesen ist? Ich kenne dich, ich weiß, so dreust du scheinst, bist du doch blöde gegen's Frauenzimmer, und darum lieb ich dich: aber wenn's auch nichts mehr wäre, als daß das Mädchen ihren guten Namen verliert, und eine Musikantentochter dazu, ein Mädchen, das alles von der Natur empfing, vom Glück nichts; der ihre einzige Aussteuer, ihren guten Namen, zu rauben – du hast sie unglücklich gemacht, Pätus. –

Herr Rehaar kommt, eine Laute unterm Arm.

REHAAR: Ergebener Diener von Ihnen; ergebener Diener, Herr von Berg, wünsche schönen guten Morgen. Wie haben Sie geschlafen und wie steht's Konzertchen? *Setzt sich und stimmt.* Haben Sie's durchgespielt? *Stimmt.* Ich habe die Nacht einen häßlichen Schrecken gehabt, aber ich will's dem eingedenk sein – Sie kennen ihn wohl, es ist einer von Ihren Landsleuten. Twing, twing. Das ist eine verdammte Quinte! Will sie doch mein Tage nicht recht tönen; ich will Ihnen nachmittag eine andere bringen.

FRITZ *setzt sich mit seiner Laute*: Ich hab das Konzert noch nicht angesehen.

REHAAR: Ei ei, faules Herr von Bergchen, noch nicht angesehen? Twing! nachmittag bring ich Ihnen eine andre. *Legt die Laute weg und nimmt eine Prise.* Man sagt: die Türken sind über die Donau gegangen und haben die Russen brav zurückgepeitscht, bis – Wie heißt doch nun der Ort! Bis Otschakof, glaub ich; was weiß ich? So viel sag ich Ihnen, wenn Rehaar unter ihnen gewesen wäre, was meinen Sie? er wäre noch weiter gelaufen. Ha ha ha! *Nimmt die Laute wieder.* Ich sag Ihnen, Herr von Berg, ich hab keine größere Freude, als wenn ich wieder einmal in der Zeitung lese, daß eine Armee gelaufen ist. Die Russen sind brave Leute, daß sie gelaufen sind; Rehaar wär auch gelaufen und alle gescheute Leute, denn wozu nützt das Stehen und sich totschlagen Lassen, ha ha ha.

FRITZ: Nicht wahr, das ist der erste Griff?

REHAAR: Ganz recht; den zweiten Finger etwas mehr übergelegt und mit dem kleinen abgerissen, so – Rund, rund den Triller, rund Herr von Bergchen – Mein seliger Vater pflegt' immer zu sagen, ein Musikus muß keine Courage haben und ein Musikus der Herz hat, ist ein Hundsfut. Wenn er sein Konzertchen spielen kann und seinen Marsch gut bläst – Das hab ich auch dem Herzog von Kurland gesagt, als ich nach Petersburg ging, das erstemal in der Suite vom Prinzen Czartorinsky, und vor ihm spielen mußte. Ich muß noch lachen; als ich in den Saal kam und wollt ihm mein tief tief Kompliment machen, sah ich nicht, daß der Fußboden von Spiegel war und die Wände auch von Spiegel, und fiel herunter wie ein Stück Holz und schlug mir ein gewaltig Loch in Kopf: da kamen die Hofkavaliere und wollten mich drüber necken. Leidt das nicht, Rehaar, sagte der Herzog, Ihr habt ja einen Degen an der Seite; leidt das nicht. Ja, sagt ich, Ew. Herzoglichen Majestät, mein Degen ist seit Anno dreißig nicht aus der

Scheide gekommen, und ein Musikus braucht den Degen nicht zu ziehen, denn ein Musikus, der Herz hat und den Degen zieht, ist ein Hundsfut und kann sein Tag auf keinem Instrument was vor sich bringen. – Nein, nein, das dritte Chor war's, *k*, *k*, so – Rein, rein, den Triller rund und den Daumen unten nicht bewegt, so –

PÄTUS *der sich die Zeit über seitwärts gehalten, tritt hervor und bietet Rehaar die Hand*: Ihr Diener, Herr Rehaar; wie geht's?

REHAAR *hebt sich mit der Laute*: Ergebener Die – Wie soll's gehen, Herr Pätus? *Toujours content, jamais d'argent*: das ist des alten Rehaars Sprichwort, wissen Sie, und die Herren Studenten wissen's alle; aber darum geben sie mir doch nichts – Der Herr Pätus ist mir auch noch schuldig, von der letzten Serenade, aber er denkt nicht dran …

PÄTUS: Sie sollen haben, liebster Rehaar; in acht Tagen erwart ich unfehlbar meinen Wechsel.

REHAAR: Ja, Sie haben schon lang gewartet, Herr Pätus, und Wechselchen ist doch nicht kommen. Was ist zu tun, man muß Geduld haben, ich sag immer, ich begegne keinem Menschen mit so viel Ehrfurcht als einem Studenten: denn ein Student ist nichts, das ist wahr, aber es kann doch alles aus ihm werden. *Er legt die Laute auf den Tisch und nimmt eine Prise*. Aber was haben Sie mir denn gemacht, Herr Pätus? Ist das recht; ist das auch honett gehandelt? Sind mir gestern zum Fenster hineingestiegen, in meiner Tochter Schlafkammer.

PÄTUS: Was denn, Vaterchen? ich? …

REHAAR *läßt die Dose fallen*: Ja ich will dich bevaterchen und ich werd es gehörigen Orts zu melden wissen, Herr, das sein Sie versichert. Meiner Tochter Ehr ist mir lieb und es ist ein honettes Mädchen, hol's der Henker! und wenn ich's nur gestern gemerkt hätte oder wär aufgewacht, ich hätt Euch zum Fenster hinausgehänselt, daß Ihr das unterste zu oberst – Ist das honett, ist das ehrlich? Pfui Teufel, wenn ich Student bin, muß ich mich auch als Student aufführen, nicht als ein Schlingel – Da haben mir's die Nachbarn heut gesagt: ich dacht ich sollte den Schlag drüber kriegen, augenblicks hat mir das Mädchen auf den Postwagen müssen und das nach

Kurland zu ihrer Tante; ja nach Kurland, Herr, denn hier ist ihre Ehr hin und wer zahlt mir nun die Reisekosten? Ich habe wahrhaftig den ganzen Tag keine Laut anrühren können und über die funfzehn Quinten sind mir heut gesprungen. Ja Herr, ich zittere noch am ganzen Leibe, und Herr Pätus, ich will ein Hühnchen mit Ihnen pflücken. Es soll nicht so bleiben; ich will euch Schlingeln lehren ehrlicher Leute Kinder verführen.

PÄTUS: Herr, schimpf Er nicht, oder –

REHAAR: Sehen Sie nur an, Herr von Berg! sehn Sie einmal an – wenn ich nun Herz hätte, ich fodert ihn augenblicklich vor die Klinge – Sehen Sie, da steht er und lacht mir noch in die Zähne obenein. Sind wir denn unter Türken und Heiden, daß ein Vater nicht mehr mit seiner Tochter sicher ist? Herr Pätus, Sie sollen mir's nicht umsonst getan haben, ich sag's Ihnen, und sollt's bis an den Kurfürsten selber kommen. Unter die Soldaten mit solchen lüderlichen Hunden! Dem Kalbsfell folgen, das ist gescheiter! Schlingel seid ihr und keine Studenten!

PÄTUS *gibt ihm eine Ohrfeige*: Schimpf Er nicht; ich hab's Ihm fünfmal gesagt!

REHAAR *springt auf, das Schnupftuch vorm Gesicht*: So? Wart – Wenn ich doch nur den roten Fleck behalten könnte, bis ich vorn Magnifikus komme – Wenn ich ihn doch nur acht Tage behalten könnte, daß ich nach Dresden reise und ihn dem Kurfürsten zeige – Wart, es soll Dir zu Hause kommen, wart, wart – Ist das erlaubt? *Weint.* Einen Lautenisten zu schlagen? weil er dir seine Tochter nicht geben will, daß du Lautchen auf ihr spielen kannst? – Wart, ich will's seiner Kurfürstlichen Majestät sagen, daß du mich ins Gesicht geschlagen hast. Die Hand soll dir abgehauen werden – Schlingel! *Läuft ab, Pätus will ihm nach; Fritz hält ihn zurück.*

FRITZ: Pätus! du hast schlecht gehandelt. Er war beleidigter Vater, du hättest ihn schonen sollen.

PÄTUS: Was schimpfte der Schurke?

FRITZ: Schimpfliche Handlungen verdienen Schimpf. Er konnte

die Ehre seiner Tochter auf keine andere Weise rächen, aber es möchten sich Leute finden –
PÄTUS: Was? Was für Leute?
FRITZ: Du hast sie entehrt, du hast ihren Vater entehrt. Ein schlechter Kerl, der sich an Weiber und Musikanten wagt, die noch weniger als Weiber sind.
PÄTUS: Ein schlechter Kerl?
FRITZ: Du sollst ihm öffentlich abbitten.
PÄTUS: Mit meinem Stock.
FRITZ: So werd ich dir in seinem Namen antworten.
PÄTUS *schreit*: Was willst du von mir?
FRITZ: Genugtuung für Rehaarn.
PÄTUS: Du wirst mich doch nicht zwingen wollen, einfältiger Mensch –
FRITZ: Ja, ich will dich zwingen, kein Schurke zu sein.
PÄTUS: Du bist einer – du mußt dich mit mir schlagen.
FRITZ: Herzlich gern – wenn du Rehaarn nicht Satisfaktion gibst.
PÄTUS: Nimmermehr.
FRITZ: Es wird sich zeigen.

FÜNFTER AKT

ERSTE SZENE

DIE SCHULE

LÄUFFER. MARTHE, *ein Kind auf dem Arm.*

MARTHE: Um Gotteswillen! helft einer armen blinden Frau und einem unschuldigen Kinde, das seine Mutter verloren hat.
LÄUFFER *gibt ihr was*: Wie seid Ihr denn hergekommen, da Ihr nicht sehen könnt?
MARTHE: Mühselig genug. Die Mutter dieses Kindes war meine Leiterin; sie ging eines Tags aus dem Hause, zwei Tage nach ihrer Niederkunft, mittags ging sie fort und wollt auf den Abend wiederkommen, sie soll noch wiederkommen. Gott schenk ihr die ewige Freud und Herrlichkeit!

LÄUFFER: Warum tut Ihr den Wunsch?

MARTHE: Weil sie tot ist, das gute Weib; sonst hätte sie ihr Wort nicht gebrochen. Ein Arbeitsmann vom Hügel ist mir begegnet, der hat sie sich in Teich stürzen sehen. Ein alter Mann ist hinter ihr drein gewesen und hat sich nachgestürzt; das muß wohl ihr Vater gewest sein.

LÄUFFER: O Himmel! Welch ein Zittern – Ist das ihr Kind?

MARTHE: Das ist es; sehen Sie nur, wie rund es ist, von lauter Kohl und Rüben aufgefüttert. Was sollt ich Arme machen; ich konnt es nicht stillen, und da mein Vorrat auf war, macht ich's wie Hagar, nahm das Kind auf die Schulter und ging auf Gottes Barmherzigkeit.

LÄUFFER: Gebt es mir auf den Arm – O mein Herz! – Daß ich's an mein Herz drücken kann – Du gehst mir auf, furchtbares Rätsel! *Nimmt das Kind auf den Arm und tritt damit vor den Spiegel.* Wie? dies wären nicht meine Züge? *Fällt in Ohnmacht; das Kind fängt an zu schreien.*

MARTHE: Fallt Ihr hin? *Hebt das Kind vom Boden auf.* Suschen, mein liebes Suschen! *Das Kind beruhigt sich.* Hört! was habt Ihr gemacht? Er antwortet nicht: ich muß doch um Hülfe rufen; ich glaube, ihm ist weh worden. *Geht hinaus.*

ZWEITE SZENE

EIN WÄLDCHEN VOR LEIPZIG

FRITZ VON BERG *und* PÄTUS *stehn mit gezogenem Degen.* REHAAR.

FRITZ: Wird es bald?

PÄTUS: Willst du anfangen?

FRITZ: Stoß du zuerst.

PÄTUS *wirft den Degen weg*: Ich kann mich mit dir nicht schlagen.

FRITZ: Warum nicht? Nimm ihn auf. Hab ich dich beleidigt, so muß ich dir Genugtuung geben.

PÄTUS: Du magst mich beleidigen wie du willst, ich brauch keine Genugtuung von dir.

FRITZ: Du beleidigst mich.

PÄTUS *rennt auf ihn zu und umarmt ihn*: Liebster Berg! Nimm es für keine Beleidigung, wenn ich dir sage, du bist nicht im Stande mich zu beleidigen. Ich kenne dein Gemüt – und ein Gedanke daran macht mich zur feigsten Memme auf dem Erdboden. Laß uns gute Freunde bleiben, ich will mich gegen den Teufel selber schlagen, aber nicht gegen dich.

FRITZ: So gib Rehaarn Satisfaktion, eh zieh ich nicht ab von hier.

PÄTUS: Das will ich herzlich gern, wenn er's verlangt.

FRITZ: Er ist immatrikuliert wie du; du hast ihn ins Gesicht geschlagen – Frisch Rehaar, zieht!

REHAAR *zieht*: Ja, aber er muß seinen Degen da nicht aufheben.

FRITZ: Sie sind nicht gescheit. Wollen Sie gegen einen Menschen ziehen, der sich nicht wehren kann?

REHAAR: Ei laß die gegen bewehrte Leute ziehen, die Courage haben. Ein Musikus muß keine Courage haben, und Herr Pätus, Er soll mir Satisfaktion geben. *Stößt auf ihn zu. Pätus weicht zurück.* – Satisfaktion geben. *Stößt Pätus in den Arm. Fritz legiert ihm den Degen.*

FRITZ: Jetzt seh ich, daß Sie Ohrfeigen verdienen, Rehaar. Pfui!

REHAAR: Ja was soll ich denn machen, wenn ich kein Herz habe?

FRITZ: Ohrfeigen einstecken und das Maul halten.

PÄTUS: Still Berg! ich bin nur geschrammt. Herr Rehaar, ich bitt Sie um Verzeihung. Ich hätte Sie nicht schlagen sollen, da ich wußte, daß Sie nicht im Stande waren, Genugtuung zu fodern; vielweniger hätt ich Ihnen Ursache geben sollen, mich zu schimpfen. Ich gesteh's, diese Rache ist noch viel zu gering für die Beleidigungen, die ich Ihrem Hause angetan: ich will sehen, sie auf eine bessere Weise gut zu machen, wenn das Schicksal meinen guten Vorsätzen beisteht. Ich will Ihrer Tochter nachreisen; ich will sie heiraten. In meinem Vaterlande wird sich schon eine Stelle für mich finden, und wenn auch mein Vater bei seinen Lebzeiten sich nicht besänftigen ließe, so ist mir doch eine Erbschaft von funfzehntausend Gulden gewiß. *Umarmt ihn.* Wollen Sie mir Ihre Tochter bewilligen?

REHAAR: Ei was! Ich hab nichts dawider, wenn Ihr ordentlich und ehrlich um sie anhaltet und im Stand seid, sie zu versorgen – Ha ha ha, hab ich's doch mein Tag gesagt: mit den Studenten ist gut auskommen. Die haben doch noch Honettetät im Leibe, aber mit den Offiziers – Die machen einem Mädchen ein Kind und kräht nicht Hund oder Hahn nach: das macht, weil sie alle kuraschöse Leute sein und sich müssen totschlagen lassen. Denn wer Courage hat, der ist zu allen Lastern fähig.

FRITZ: Sie sind ja auch Student. Kommen Sie; wir haben lange keinen Punsch zusammen gemacht; wir wollen auf die Gesundheit Ihrer Tochter trinken.

REHAAR: Ja und Ihr Lautenkonzertchen dazu, Herr von Bergchen. Ich hab Ihnen jetzt drei Stund nach einander geschwänzt, und weil ich auch honett denke, so will ich dafür drei Stunden nach einander auf Ihrem Zimmerchen bleiben und wollen Lautchen spielen, bis dunkel wird.

PÄTUS: Und ich will die Violin dazu streichen.

DRITTE SZENE

DIE SCHULE

LÄUFFER *liegt zu Bette.* WENZESLAUS.

WENZESLAUS: Daß Gott! was gibt's schon wieder, daß Ihr mich von der Arbeit abrufen laßt? Seid Ihr schon wieder schwach? Ich glaube, das alte Weib war eine Hexe – Seit der Zeit habt Ihr keine gesunde Stunde mehr.

LÄUFFER: Ich werd es wohl nicht lange mehr machen.

WENZESLAUS: Soll ich Gevatter Schöpsen rufen lassen?

LÄUFFER: Nein.

WENZESLAUS: Liegt Euch was auf dem Gewissen? Sagt mir's, entdeckt mir's, unverhohlen. – Ihr blickt so scheu umher, daß es einem ein Grauen einjagt; *frigidus per ossa* – Sagt mir, was ist's? – Als ob er jemand tot geschlagen hätte – Was verzerrt Ihr denn die Lineamenten so – Behüt Gott, ich muß doch nur zu Schöpsen –

LÄUFFER: Bleibt – Ich weiß nicht, ob ich recht getan – Ich habe mich kastriert …

WENZESLAUS: Wa – Kastrier – Da mach ich Euch meinen herzlichen Glückwunsch drüber, vortrefflich, junger Mann, zweiter Origenes! Laß dich umarmen, teures, auserwähltes Rüstzeug! Ich kann's Euch nicht verhehlen, fast – fast kann ich dem Heldenvorsatz nicht widerstehen, Euch nachzuahmen. So recht, werter Freund! Das ist die Bahn, auf der Ihr eine Leuchte der Kirche, ein Stern erster Größe, ein Kirchenvater selber werden könnt. Ich glückwünsche Euch, ich ruf Euch ein *Jubilate* und *Evoë* zu, mein geistlicher Sohn – Wär ich nicht über die Jahre hinaus, wo der Teufel unsern ersten und besten Kräften sein arglistiges Netz ausstellt, gewiß ich würde mich keinen Augenblick bedenken. –

LÄUFFER: Bei alle dem, Herr Schulmeister, gereut es mich.

WENZESLAUS: Wie, es gereut Ihn? Das sei ferne, werter Herr Mitbruder! Er wird eine so edle Tat doch nicht mit törichter Reue verdunkeln und mit sündlichen Tränen besudeln? Ich seh schon welche über Sein Augenlid hervorquellen. Schluck Er sie wieder hinunter und sing Er mit Freudigkeit: Ich bin der Nichtigkeit entbunden, nun Flügel, Flügel, Flügel her. Er wird es doch nicht machen wie Lots Weib und sich wieder nach Sodom umsehen, nachdem Er einmal das friedfertige stille Zoar erreicht hat? Nein, Herr Kollega; ich muß Ihm auch nur sagen, daß Er nicht der einzige ist, der den Gedanken gehabt hat. Schon unter den blinden Juden war eine Sekte, zu der ich mich gern öffentlich bekannt hätte, wenn ich nicht befürchtet, meine Nachbarn und meine armen Lämmer in der Schule damit zu ärgern; auch hatten sie freilich einige Schlacken und Torheiten dabei, die ich nun eben nicht mitmachen möchte. Zum Exempel, daß sie des Sonntags nicht einmal ihre Notdurft verrichteten, welches doch wider alle Regeln einer vernünftigen Diät ist, und halt ich's da lieber mit unserm seligen Doktor Luther: Was hinaufsteigt, das ist für meinen lieben Gott, aber was hinunter geht, Teufel, das ist für dich – Ja wo war ich?

LÄUFFER: Ich fürchte, meine Bewegungsgründe waren von andrer Art ... Reue, Verzweiflung –

WENZESLAUS: Ja, nun hab ich's – Die Essäer, sag ich, haben auch nie Weiber genommen; es war eins von ihren Grundgesetzen, und dabei sind sie zu hohem Alter kommen, wie solches im Josephus zu lesen. Wie die es nun angefangen, ihr Fleisch so zu bezähmen; ob sie es gemacht wie ich, nüchtern und mäßig gelebt und brav Toback geraucht, oder ob sie Euren Weg eingeschlagen – so viel ist gewiß, *in amore, in amore omnia insunt vitia,* und ein Jüngling, der diese Klippe vorbeischifft, Heil, Heil ihm, ich will ihm Lorbeern zuwerfen; *lauro tempora cingam et sublimi fronte sidera pulsabit.*

LÄUFFER: Ich fürcht, ich werd an dem Schnitt sterben müssen.

WENZESLAUS: Mit nichten, da sei Gott für. Ich will gleich zu Gevatter Schöpsen. Der Fall wird ihm freilich noch nie vorgekommen sein, aber hat er Euch Euren Arm kuriert, welches doch eine Wunde war, die nicht zu Eurer Wohlfahrt diente, so wird ja Gott auch ihm Gnade zu einer Kur geben, die Euer ewiges Seelenheil befördern wird. *Geht ab.*

LÄUFFER: Sein Frohlocken verwundet mich mehr als mein Messer. O Unschuld, welch eine Perle bist du! Seit ich dich verloren, tat ich Schritt auf Schritt in der Leidenschaft und endigte mit Verzweiflung. Möchte dieser letzte mich nicht zum Tode führen, vielleicht könnt ich itzt wieder anfangen zu leben und zum Wenzeslaus wiedergeboren werden.

VIERTE SZENE

IN LEIPZIG

FRITZ VON BERG *und* REHAAR *begegnen sich auf der Straße.*

REHAAR: Herr von Bergchen, ein Briefchen, unter meinem Kuvert gekommen. Herr von Seiffenblase hat an mich geschrieben; hat auch Lautchen bei mir gelernt vormals. Er bittet mich, ich soll doch diesen Brief einem gewissen Herrn von Berg in Leipzig abgeben, wenn er anders noch da wäre – O wie bin ich gesprungen!

FRITZ: Wo hält er sich denn itzt auf, Seiffenblase?

Rehaar: Soll es dem Herrn von Berg abgeben, schreibt er, wenn Sie anders diesen würdigen Mann kennen. O wie bin ich gesprungen – Er ist in Königsberg, der Herr von Seiffenblase. Was meinen Sie, und meine Tochter ist auch da und logiert ihm grad gegenüber. Sie schreibt mir, die Kathrinchen, daß sie nicht genug rühmen kann, was er ihr für Höflichkeit erzeigt, alles um meinetwillen; hat sieben Monat bei mir gelernt.

Fritz *zieht die Uhr aus*: Liebster Rehaar, ich muß ins Kollegium – Sagen Sie Pätus nichts davon, ich bitte Sie – *Geht ab.*

Rehaar *ruft ihm nach*: Auf den Nachmittag – Konzertchen! –

FÜNFTE SZENE

Zu Königsberg in Preussen

Geheimer Rat, Gustchen, Major *stehn in ihrem Hause am Fenster.*

Geheimer Rat: Ist er's?

Gustchen: Ja, er ist's.

Geheimer Rat: Ich sehe doch, die Tante muß ein lüderliches Mensch sein, oder sie hat einen Haß auf ihre Nichte geworfen und will sie mit Fleiß ins Verderben stürzen.

Gustchen: Aber Onkel, sie kann ihm doch das Haus nicht verbieten.

Geheimer Rat: Auf das, was ich ihr gesagt? – Wer will's ihr übel nehmen, wenn sie zu ihm sagte: Herr von Seiffenblase, Sie haben sich auf einem Kaffeehause verlauten lassen, Sie wollten meine Nichte zu Ihrer Mätresse machen, suchen Sie sich andre Bekanntschaften in der Stadt; bei mir kommen Sie unrecht: meine Nichte ist eine Ausländerin, die meiner Aufsicht anvertraut ist; die sonst keine Stütze hat; wenn sie verführt würde, fiel' alle Rechenschaft auf mich. Gott und Menschen müßten mich verdammen.

Major: Still Bruder! Er kommt heraus und läßt die Nase erbärmlich hängen. Ho, ho, ho, daß du die Krepanz! Wie blaß er ist.

Geheimer Rat: Ich will doch gleich hinüber und sehn was es gegeben hat.

SECHSTE SZENE

IN LEIPZIG

PÄTUS *an einem Tisch und schreibt.* BERG *tritt herein einen Brief in der Hand.*

PÄTUS *sieht auf und schreibt fort.*
FRITZ: Pätus! – Hast zu tun?
PÄTUS: Gleich – *Fritz spaziert auf und ab.* Jetzt – *Legt das Schreibzeug weg.*
FRITZ: Pätus! ich hab einen Brief bekommen – und hab nicht das Herz, ihn aufzumachen.
PÄTUS: Von wo kommt er? Ist's deines Vaters Hand?
FRITZ: Nein, von Seiffenblase – aber die Hand zittert mir, so bald ich erbrechen will. Brich doch auf, Bruder, und lies mir vor. *Wirft sich auf einen Lehnstuhl.*
PÄTUS *liest:* ›Die Erinnerung so mancher angenehmen Stunden, deren ich mich noch mit Ihnen genossen zu haben erinnere, verpflichtet mich, Ihnen zu schreiben und Sie an diese angenehmen Stunden zu erinnern‹ – Was der Junge für eine rasende Orthographie hat.
FRITZ: Lies doch nur –
PÄTUS: ›Und weil ich mich verpflichtet hielt, Ihnen Nachrichten von meiner Ankunft und den Neuigkeiten, die allhier vorgefallen, als melde Ihnen von Dero wertesten Familie, welche leider sehr viele Unglücksfälle in diesem Jahre erlebt hat, und wegen der Freundschaft, welche ich in Dero Eltern ihrem Hause genossen, sehe mich verpflichtet, weil ich weiß, daß Sie mit Ihrem Herrn Vater in Mißverständnis und er Ihnen lange wohl nicht wird geschrieben haben, so werden Sie auch wohl den Unglücksfall nicht wissen mit dem Hofmeister, welcher aus Ihres gnädigen Onkels Hause ist gejagt worden, weil er Ihre Kusine genotzüchtigt, worüber sie sich so zu Gemüt gezogen, daß sie in einen Teich gesprungen, durch welchen Trauerfall Ihre ganze Familie in den höchsten Schröcken‹ – Berg! was ist dir – *Begießt ihn mit Lavendel.* Wie nun Berg? Rede, wird dir weh – Hätt ich dir doch den

verdammten Brief nicht – Ganz gewiß ist's eine Erdichtung –
Berg! Berg!

FRITZ: Laß mich – Es wird schon übergehn.

PÄTUS: Soll ich jemand holen, der dir die Ader schlägt.

FRITZ: O pfui doch – tu doch so französisch nicht – Lies mir's noch einmal vor.

PÄTUS: Ja, ich werde dir – Ich will den hundsföttischen maliziösen Brief den Augenblick – *Zerreißt ihn.*

FRITZ: Genotzüchtigt – ersäuft. *Schlägt sich an die Stirn.* Meine Schuld! *(steht auf)* meine Schuld einzig und allein –

PÄTUS: Du bist wohl nicht klug – Willst dir die Schuld geben, daß sie sich vom Hofmeister verführen läßt –

FRITZ: Pätus, ich schwur ihr, zurückzukommen, ich schwur ihr – Die drei Jahr sind verflossen, ich bin nicht gekommen, ich bin aus Halle fortgegangen, mein Vater hat keine Nachrichten von mir gehabt. Mein Vater hat mich aufgeben, sie hat es erfahren, Gram – du kennst ihren Hang zur Melancholei –, die Strenge ihrer Mutter obenein, Einsamkeit auf dem Lande, betrogne Liebe – Siehst du das nicht ein, Pätus; siehst du das nicht ein? Ich bin ein Bösewicht: ich bin schuld an ihrem Tode. *Wirft sich wieder in den Stuhl und verhüllt sein Gesicht.*

PÄTUS: Einbildungen! – Es ist nicht wahr, es ist so nicht gegangen. *Stampft mit dem Fuß.* Tausend Sapperment, daß du so dumm bist und alles glaubst, der Spitzbube, der Hundsfut, der Bärenhäuter, der Seiffenblase will dir einen Streich spielen – Laß mich ihn einmal zu sehen kriegen. – Es ist nicht wahr, daß sie tot ist, und wenn sie tot ist, so hat sie sich nicht selbst umgebracht ...

FRITZ: Er kann doch das nicht aus der Luft saugen – Selbst umgebracht – *Springt auf.* O das ist entsetzlich!

PÄTUS *stampft abermal mit dem Fuß*: Nein, sie hat sich selbst nicht umgebracht. Seiffenblase lügt; wir müssen mehr Bestätigung haben. Du weißt, daß du ihm einmal im Rausch erzählt hast, daß du in deine Kusine verliebt wärst; siehst du, das hat die maliziöse Kanaille aufgefangen – aber weißt du was; weißt du, was du tust? Hust ihm was; pfeif ihm was, pfui ihm was, schreib ihm, Ew. Edlen danke dienstfreundlichst für Dero

Neuigkeiten, und bitte, Sie wollen mich im – Das ist der beste Rat, schreib ihm zurück: Ihr seid ein Hundsfut. Das ist das Vernünftigste, was du bei der Sache tun kannst.

FRITZ: Ich will nach Hause reisen.

PÄTUS: So reis ich mit dir – Berg, ich laß dich keinen Augenblick allein.

FRITZ: Aber wovon? Reisen ist bald ausgesprochen – Wenn ich keine abschlägige Antwort befürchtete, so wollt ich es bei Leichtfuß *et Compagnie* versuchen, aber ich bin ihnen schon hundertfunfzig Dukaten schuldig –

PÄTUS: Wir wollen beide zusammen hingehn – Wart, wir müssen die Lotterie vorbei. Heut ist die Post aus Hamburg angekommen, ich will doch unterwegs nachfragen; zum Spaß nur –

SIEBENTE SZENE

IN KÖNIGSBERG

GEHEIMER RAT *führt* JUNGFER REHAAR *an der Hand.* AUGUSTCHEN. MAJOR.

GEHEIMER RAT: Hier, Gustchen, bring ich dir eine Gespielin. Ihr seid in e i n e m Alter, e i n e m Verhältnisse – Gebt euch die Hand und seid Freundinnen.

GUSTCHEN: Das bin ich lange gewesen, liebe Mamsell! Ich weiß nicht, was es war, das in meinem Busen auf- und abstieg, wenn ich Sie aus dem Fenster sah; aber Sie waren in so viel Zerstreuungen verwickelt, so mit Kutschenbesuchen und Serenaden belästigt, daß ich mit meinem Besuch zu unrechter Zeit zu kommen fürchtete.

JUNGFER REHAAR: Ich wäre Ihnen zuvorgekommen, gnädiges Fräulein, wenn ich das Herz gehabt. Allein in ein so vornehmes Haus mich einzudrängen, hielt ich für unbesonnen und mußte dem Zug meines Herzens, das mich schon oft bis vor die Tür geführt hat, allemal mit Gewalt widerstehen.

GEHEIMER RAT: Stell dir vor, Major: der Seiffenblase hat auf die Warnung, die ich der Frau Dutzend tat und die sie ihm wieder erzählt hat, und zwar, wie ich's verlangt, unter meinem Namen, geantwortet: er werde sich schon an mir zu rächen wissen. Er hat alles das so gut von sich abzulehnen gewußt und ist gleich Tags drauf mit dem Minister Deichsel hingefahren kommen, daß die arme Frau das Herz nicht gehabt, sich seine Besuche zu verbitten. Gestern nacht hat er zwei Wagen in diese Straße bestellt und einen am Brandenburger Tor, das wegen des Feuerwerks offen blieb; das erfährt die Madam gestern vormittag schon. Den Nachmittag will er für Henkers Gewalt die Mamsell überreden, mit ihm zum Minister auf die Assemblee zu fahren, aber Madam Dutzend traute dem Frieden nicht und hat's ihm rund abgeschlagen. Zweimal ist er vor die Tür gefahren, aber hat wieder umkehren müssen; da seine Karte also verzettelt war, wollt er's heut probieren. Madam Dutzend hat ihm nicht allein das Haus verboten, sondern zugleich angedeutet: sie sehe sich genötigt, sich vom Gouverneur Wache vor ihrem Hause auszubitten. Da hat er Flammen gespien, hat mit dem Minister gedroht – Um die Madam völlig zu beruhigen, hab ich ihr angetragen, die Mamsell in unser Haus zu nehmen. Wir wollen sie auf ein halb Jahr nach Insterburg mitnehmen, bis Seiffenblase sie vergessen hat, oder so lang als es ihr selber nur da gefallen kann –

MAJOR: Ich hab schon anspannen lassen. Wenn wir nach Heidelbrunn fahren, Mamsell, so laß ich Sie nicht los. Sie müssen mit, oder meine Tochter bleibt mit Ihnen in Insterburg.

GEHEIMER RAT: Das wär wohl am besten. Ohnehin taugt das Land für Gustchen nicht, und Mamsell Rehaar laß ich nicht von mir.

MAJOR: Gut, daß deine Frau dich nicht hört – oder hast du Absichten auf deinen Sohn?

GEHEIMER RAT: Mach das gute Kind nicht rot. Sie werden ihn in Leipzig oft genug müssen gesehen haben, den bösen Buben. Gustchen, du wirst zur Gesellschaft mit rot? Er verdient's nicht.

GUSTCHEN: Da mein Vater mir vergeben hat, sollte Ihr Sohn ein minder gütiges Herz bei Ihnen finden?

GEHEIMER RAT: Er ist auch noch in keinen Teich gesprungen.
MAJOR: Wenn wir nur das blinde Weib mit dem Kinde ausfündig gemacht hätten, von dem mir der Schulmeister schreibt; eh kann ich nicht ruhig werden – Kommt! ich muß noch heut auf mein Gut.
GEHEIMER RAT: Daraus wird nichts. Du mußt die Nacht in Insterburg schlafen.

ACHTE SZENE

Leipzig
Bergs Zimmer

FRITZ VON BERG *sitzt, die Hand untern Kopf gestützt.* PÄTUS *stürzt herein.*

PÄTUS: Triumph Berg! Was kalmäuserst du? – Gott! Gott! *Greift sich an den Kopf und fällt auf die Knie.* Schicksal! Schicksal! – Nicht wahr, Leichtfuß hat dir nicht vorschießen wollen? Laß ihn dich – Ich hab Geld, ich hab alles – Dreihundert achtzig Friedrichsd'or gewonnen auf einem Zug! *Springt auf und schreit.* Heidideldum, nach Insterburg! Pack ein!
FRITZ: Bist du närrisch worden?
PÄTUS *zieht einen Beutel mit Gold hervor und wirft alles auf die Erde*: Da ist meine Narrheit. Du bist ein Narr mit deinem Unglauben – Nun hilf auflesen; buck dich etwas – und heut noch nach Insterburg, juchhe! *Lesen auf.* Ich will meinem Vater die achtzig Friedrichsd'or schenken, so viel betrug grad mein letzter Wechsel, und zu ihm sagen: Nun Herr Papa, wie gefall ich Ihnen itzt? All deine Schulden können wir bezahlen, und meine obenein, und denn reisen wir wie die Prinzen. Juchhe!

NEUNTE SZENE
DIE SCHULE

WENZESLAUS. LÄUFFER. *Beide in schwarzen Kleidern.*

WENZESLAUS: Wie hat Ihm die Predigt gefallen, Kollege! Wie hat Er sich erbaut?

LÄUFFER: Gut, recht gut. *Seufzt.*

WENZESLAUS *nimmt seine Perücke ab und setzt eine Nachtmütze auf*: Damit ist's nicht ausgemacht. Er soll mir sagen, welche Stelle aus der Predigt vorzüglich gesegnet an Seinem Herzen gewesen. Hör Er – setz Er sich. Ich muß Ihm was sagen; ich hab eine Anmerkung in der Kirche gemacht, die mich gebeugt hat. Er hat mir da so wetterwendisch gesessen, daß ich mich Seiner, die Wahrheit zu sagen, vor der ganzen Gemeine geschämt habe und dadurch oft fast aus meinem Konzept kommen bin. Wie, dacht ich, dieser junge Kämpfer, der so ritterlich durchgebrochen und den schwersten Strauß schon gewissermaßen überwunden hat – Ich muß es Ihm bekennen: Er hat mich geärgert, σκάνδαλον ἐδίδους, ἑταῖρε! Ich hab's wohl gemerkt, wohin es ging, ich hab's wohl gemerkt; immer nach der mittlern Tür zu, da nach der Orgel hinunter.

LÄUFFER: Ich muß bekennen, es hing ein Gemälde dort, das mich ganz zerstreut hat. Der Evangelist Markus mit einem Gesicht, das um kein Haar menschlicher aussah als der Löwe, der bei ihm saß, und der Engel beim Evangelisten Matthäus eher einer geflügelten Schlange ähnlich.

WENZESLAUS: Es war nicht das, mein Freund! bild Er mir's nicht ein; es war nicht das. Sag Er mir doch, ein Bild sieht man an und sieht wieder weg, und dann ist's alles. Hat Er denn gehört, was ich gesagt habe! Weiß Er mir Ein Wort aus meiner Predigt wieder anzuführen? Und sie war doch ganz für Ihn gehalten; ganz kasuistisch – O! o! o!

LÄUFFER: Der Gedanke gefiel mir vorzüglich, daß zwischen unsrer Seele und ihrer Wiedergeburt und zwischen dem Flachs- und Hanfbau eine große Ähnlichkeit herrsche, und so wie der Hanf im Schneidebrett durch heftige Stöße und Klopfen von seiner alten Hülse befreit werden müsse, so müsse unser Geist auch durch allerlei Kreuz und Leiden und Ertötung der Sinnlichkeit für den Himmel zubereitet werden.

WENZESLAUS: Er war kasuistisch, mein Freund –

LÄUFFER: Doch kann ich Ihnen auch nicht bergen, daß Ihre Liste von Teufeln, die aus dem Himmel gejagt worden, und die Geschichte der ganzen Revolution da, daß Luzifer sich für den schönsten gehalten – Die heutige Welt ist über den Aberglauben längst hinweg; warum will man ihn wieder aufwärmen. In der ganzen heutigen vernünftigen Welt wird kein Teufel mehr statuiert –

WENZESLAUS: Darum wird auch die ganze heutige vernünftige Welt zum Teufel fahren. Ich mag nicht verdammen, lieber Herr Mandel; aber das ist wahr, wir leben in seelenverderblichen Zeiten: es ist die letzte böse Zeit. Ich mag mich drüber weiter nicht auslassen: ich seh wohl, Er ist ein Zweifler auch, und auch solche Leute muß man tragen. Es wird schon kommen; Er ist noch jung – aber gesetzt auch, *posito* auch, aber nicht zugestanden, unsere Glaubenslehren wären all Aberglauben über Geister, über Höll, über Teufel da – was tut's euch, was beißt's euch, daß Ihr euch so mit Händen und Füßen dagegen wehrt? Tut nichts Böses, tut recht, und denn so braucht ihr die Teufel nicht zu scheuen, und wenn ihrer mehr wären wie Ziegel auf dem Dach, wie der selige Lutherus sagt. Und Aberglauben – O schweigt still, schweigt still, lieben Leut. Erwägt erst mit reifem Nachdenken, was der Aberglaube bisher für Nutzen gestiftet hat, und denn habt mir noch das Herz, mit euren nüchternen Spötteleien gegen mich anzuziehen. Reutet mir den Aberglauben aus; ja wahrhaftig der rechte Glaub wird mit drauf gehn und ein nacktes Feld da bleiben. Aber ich weiß jemand, der gesagt hat, man soll beides wachsen lassen, es wird schon die Zeit kommen, da Kraut sich von dem Unkraut scheiden wird. Aberglauben – nehmt dem Pöbel seinen Aberglauben, er wird freigeistern wie ihr und euch vor den Kopf schlagen. Nehmt dem Bauer seinen Teufel, und er wird ein Teufel gegen seine Herrschaft werden und ihr beweisen, daß es welche gibt. Aber wir wollen das bei Seite setzen – Wovon redt' ich doch? – Recht, sag Er mir, wen hat Er angesehen in der ganzen Predigt? Verhehl Er mir nichts. Ich war es nicht, denn sonst müßt Er schielen, daß es eine Schande wäre.

LÄUFFER: Das Bild.

WENZESLAUS: Es war nicht das Bild – Dort unten, wo die Mädchen sitzen, die bei ihm in die Kinderlehre gehen – Lieber Freund! es wird doch nichts vom alten Sauerteig in Seinem Herzen geblieben sein – Ei, ei! wer einmal geschmeckt hat die Kräfte der zukünftigen Welt – Ich bitt Ihn, mir stehn die Haare zu Berge – Nicht wahr, die eine da mit dem gelben Haar so nachlässig unter das rote Häubchen gesteckt und mit den lichtbraunen Augen, die allemal unter den schwarzen Augbrauen so schalkhaft hervorblinzen wie die Sterne hinter Regenwolken – Es ist wahr, das Mädchen ist gefährlich; ich hab's nur einmal von der Kanzel angesehn und mußte hernach allemal die Augen platt zudrücken, wenn sie auf sie fielen, sonst wär mir's gegangen wie den weisen Männern im Areopagus, die Recht und Gerechtigkeit vergaßen um einer schnöden Phryne willen. – Aber sag Er mir doch, wo will Er hin, daß Er sich noch bösen Begierden überläßt, da's Ihm sogar an Mitteln fehlt, sie zu befriedigen? Will Er sich dem Teufel ohne Sold dahingeben? Ist das das Gelübd, das Er dem Herrn getan – ich rede als Sein geistlicher Vater mit Ihm –, Er, der itzt mit so wenig Mühe über alle Sinnlichkeit triumphieren, über die Erde sich hinausschwingen und bessern Revieren zufliegen könnte. *Umarmt ihn.* Ach mein lieber Sohn, bei diesen Tränen, die ich aus wahrer herzlicher Sorgfalt für Ihn vergieße: kehr Er nicht zu den Fleischtöpfen Ägyptens zurück, da Er Kanaan so nahe war! Eile, eile! rette deine unsterbliche Seele! Du hast auf der Welt nichts, das dich mehr zurückhalten könnte. Die Welt hat nichts mehr für dich, womit sie deine Untreu dir einmal belohnen könnte; nicht einmal eine sinnliche Freude, geschweige denn Ruhe der Seelen – Ich geh und überlasse dich deinen Entschließungen. *Geht ab. Läuffer bleibt in tiefen Gedanken sitzen.*

ZEHNTE SZENE

LISE *tritt herein, ein Gesangbuch in der Hand, ohne daß er sie gewahr wird. Sie sieht ihm lang stillschweigend zu. Er springt auf, will knien; wird sie gewahr und sieht sie eine Weile verwirrt an.*

LÄUFFER *nähert sich ihr*: Du hast eine Seele dem Himmel gestohlen. *Faßt sie an die Hand.* Was führt dich hieher, Lise?
LISE: Ich komme, Herr Mandel – Ich komme, weil Sie gesagt haben, es würd morgen kein Kinderlehr – weil Sie – so komm ich – gesagt haben – Ich komme, zu fragen, ob morgen Kinderlehre sein wird.
LÄUFFER: Ach! – – Seht diese Wangen, ihr Engel! wie sie in unschuldigem Feuer brennen, und denn verdammt mich, wenn ihr könnt – – Lise, warum zittert deine Hand? Warum sind dir die Lippen so bleich und die Wangen so rot? Was willst du?
LISE: Ob morgen Kinderlehr sein wird?
LÄUFFER: Setz dich zu mir nieder – Leg dein Gesangbuch weg – Wer steckt dir das Haar auf, wenn du nach der Kirche gehst? *Setzt sie auf einen Stuhl neben seinem.*
LISE *will aufstehn*: Verzeih Er mir; die Haube wird wohl nicht recht gesteckt sein; es macht' einen so erschrecklichen Wind, als ich zur Kirche kam.
LÄUFFER *nimmt ihre beiden Hände in seine Hand*: O du bist – Wie alt bist du, Lise? – Hast du niemals – Was wollt ich doch fragen – Hast du nie Freier gehabt?
LISE *munter*: O ja einen, noch die vorige Woche; und des Schafwirts Grete war so neidisch auf mich und hat immer gesagt: ich weiß nicht, was er sich um das einfältige Mädchen so viel Mühe macht; und denn hab ich auch noch einen Offizier gehabt; es ist noch kein Vierteljahr.
LÄUFFER: Einen Offizier?
LISE: Ja doch, und einer von den recht vornehmen. Ich sag Ihnen, er hat drei Tressen auf dem Arm gehabt: aber ich war noch zu jung und mein Vater wollt mich ihm nicht geben, wegen des soldatischen Wesens und Ziehens.

Läuffer: Würdest du – O ich weiß nicht, was ich rede – Würdest du wohl – Ich Elender!

Lise: O ja, von ganzem Herzen.

Läuffer: Bezaubernde! – *Will ihr die Hand küssen.* Du weißt ja noch nicht, was ich fragen wollte.

Lise *zieht sie weg*: O lassen Sie, meine Hand ist ja so schwarz – O pfui doch! Was machen Sie? Sehen Sie, einen geistlichen Herrn hätt ich allewege gern: von meiner ersten Jugend an hab ich die studierte Herren immer gern gehabt; sie sind alleweil so artig, so manierlich, nicht so puff paff wie die Soldaten, obschon ich einewege die auch gern habe, das leugn ich nicht, wegen ihrer bunten Röcke; ganz gewiß, wenn die geistlichen Herren in so bunten Röcken gingen wie die Soldaten, das wäre zum Sterben.

Läuffer: Laß mich deinen mutwilligen Mund mit meinen Lippen zuschließen! *Küßt sie.* O Lise! Wenn du wüßtest, wie unglücklich ich bin.

Lise: O pfui, Herr, was machen Sie?

Läuffer: Noch einmal und denn ewig nicht wieder! *Küßt sie. Wenzeslaus tritt herein.*

Wenzeslaus: Was ist das? *Pro deum atque hominum fidem!* Wie nun, falscher, falscher Prophet! Reißender Wolf in Schafskleidern! Ist das die Sorgfalt, die du deiner Herde schuldig bist? Die Unschuld selber verführen, die du vor Verführung bewahren sollst? Es muß ja Ärgernis kommen, doch wehe dem Menschen, durch welchen Ärgernis kommt!

Läuffer: Herr Wenzeslaus!

Wenzeslaus: Nichts mehr! Kein Wort mehr! Ihr habt Euch in Eurer wahren Gestalt gezeigt. Aus meinem Hause, Verführer!

Lise *kniet vor Wenzeslaus*: Lieber Herr Schulmeister, er hat mir nichts Böses getan.

Wenzeslaus: Er hat dir mehr Böses getan, als dir dein ärgster Feind tun könnte. Er hat dein unschuldiges Herz verführt.

Läuffer: Ich bekenne mich schuldig – Aber kann man so vielen Reizungen widerstehen? Wenn man mir dies Herz aus dem Leibe risse und mich Glied vor Glied verstümmelte und ich behielt' nur eine Ader von Blut noch übrig, so würde diese verräterische Ader doch für Lisen schlagen.

LISE: Er hat mir nichts Leides getan.

WENZESLAUS: Dir nichts Leides getan – Himmlischer Vater!

LÄUFFER: Ich hab ihr gesagt, daß sie die liebenswürdigste Kreatur sei, die jemals die Schöpfung beglückt hat; ich hab ihr das auf ihre Lippen gedrückt; ich hab diesen unschuldigen Mund mit meinen Küssen versiegelt, welcher mich sonst durch seine Zaubersprache zu noch weit größeren Verbrechen würde hingerissen haben.

WENZESLAUS: Ist das kein Verbrechen? Was nennt Ihr jungen Herrn heut zu Tage Verbrechen? *O tempora, o mores!* Habt Ihr den Valerius Maximus gelesen? Habt Ihr den Artikel gelesen *de pudicitia*? Da führt er einen Mänius an, der seinen Freigelassenen totgeschlagen hat, weil er seine Tochter einmal küßte, und die Raison: *ut etiam oscula ad maritum sincera perferret*. Riecht Ihr das? Schmeckt Ihr das? *Etiam oscula, non solum virginitatem, etiam oscula*. Und Mänius war doch nur ein Heide: was soll ein Christ tun, der weiß, daß der Ehstand von Gott eingesetzt ist und daß die Glückseligkeit eines solchen Standes an der Wurzel vergiften, einem künftigen Gatten in seiner Gattin seine Freud und Trost verderben, seinen Himmel profanieren – Fort, aus meinen Augen, Ihr Bösewicht! Ich mag mit Euch nichts zu tun haben! Geht zu einem Sultan und laßt Euch zum Aufseher über ein Serail dingen, aber nicht zum Hirten meiner Schafe. Ihr Mietling! Ihr reißender Wolf in Schafskleidern!

LÄUFFER: Ich will Lisen heiraten.

WENZESLAUS: Heiraten – Ei ja doch – als ob sie mit einem Eunuch zufrieden?

LISE: O ja, ich bin's herzlich wohl zufrieden, Herr Schulmeister.

LÄUFFER: Ich Unglücklicher!

LISE: Glauben Sie mir, lieber Herr Schulmeister, ich laß einmal nicht von ihm ab. Nehmen Sie mir das Leben; ich lasse nicht ab von ihm. Ich hab ihn gern und mein Herz sagt mir, daß ich niemand auf der Welt so gern haben kann als ihn.

WENZESLAUS: So – daß doch – Lise, du verstehst das Ding

nicht – Lise, es läßt sich dir so nicht sagen, aber du kannst ihn nicht heiraten; es ist unmöglich.

LISE: Warum soll es denn unmöglich sein, Herr Schulmeister? Wie kann's unmöglich sein, wenn ich will und wenn er will, und mein Vater auch es will? Denn mein Vater hat mir immer gesagt, wenn ich einmal einen geistlichen Herrn bekommen könnte –

WENZESLAUS: Aber daß dich der Kuckuck, er kann ja nichts – Gott verzeih mir meine Sünde, so laß dir doch sagen.

LÄUFFER: Vielleicht fodert sie das nicht – Lise, ich kann bei dir nicht schlafen.

LISE: So kann Er doch wachen bei mir, wenn wir nur den Tag über beisammen sind und uns so anlachen und uns einsweilen die Hände küssen – Denn bei Gott! ich hab ihn gern. Gott weiß es, ich hab Ihn gern.

LÄUFFER: Sehn Sie, Herr Wenzeslaus! Sie verlangt nur Liebe von mir. Und ist's denn notwendig zum Glück der Ehe, daß man tierische Triebe stillt?

WENZESLAUS: Ei was – *Connubium sine prole, est quasi dies sine sole* ... Seid fruchtbar und mehret euch, steht in Gottes Wort. Wo Eh ist, müssen auch Kinder sein.

LISE: Nein Herr Schulmeister, ich schwör's Ihm, in meinem Leben möcht ich keine Kinder haben. Ei ja doch, Kinder! Was Sie nicht meinen! Damit wär mir auch wohl groß gedient, wenn ich noch Kinder dazu bekäme. Mein Vater hat Enten und Hühner genug, die ich alle Tage füttern muß; wenn ich noch Kinder obenein füttern müßte.

LÄUFFER *küßt sie*: Göttliche Lise!

WENZESLAUS *reißt sie von einander*: Ei was denn! Was denn! Vor meinen Augen? – So kriecht denn zusammen; meinetwegen; weil doch Heiraten besser ist als Brunst leiden – Aber mit uns, Herr Mandel, ist es aus: alle große Hoffnungen, die ich mir von Ihm gemacht, alle große Erwartungen, die mir Sein Heldenmut einflößte – Gütiger Himmel! wie weit ist doch noch die Kluft, die zwischen einem Kirchenvater und zwischen einem Kapaun befestigt ist. Ich dacht, er sollte Origenes der Zweite – *O homuncio, homuncio!* Das müßt ein ganz andrer Mann sein, der aus Absicht und Grundsätzen den Weg einschlüge, um ein Pfeiler unsrer sinkenden Kirche zu werden. Ein ganz anderer Mann! Wer weiß, was noch einmal geschicht! *Geht ab.*

LÄUFFER: Komm zu deinem Vater, Lise! Seine Einwilligung noch und ich bin der glücklichste Mensch auf dem Erdboden!

EILFTE SZENE

ZU INSTERBURG

GEHEIMER RAT. FRITZ VON BERG. PÄTUS. GUSTCHEN. JUNGFER REHAAR. GUSTCHEN *und* JUNGFER REHAAR *verstecken sich bei der Ankunft der erstern in die Kammer.* GEHEIMER RAT *und* FRITZ *laufen sich entgegen.*

FRITZ *fällt vor ihm auf die Knie*: Mein Vater!
GEHEIMER RAT *hebt ihn auf und umarmt ihn*: Mein Sohn!
FRITZ: Haben Sie mir vergeben?
GEHEIMER RAT: Mein Sohn!
FRITZ: Ich bin nicht wert, daß ich Ihr Sohn heiße.
GEHEIMER RAT: Setz dich; denk mir nicht mehr dran. Aber wie hast du dich in Leipzig erhalten? Wieder Schulden auf meine Rechnung gemacht? Nicht? und wie bist du fortkommen?
FRITZ: Dieser großmütige Junge hat alles für mich bezahlt.
GEHEIMER RAT: Wie denn?
PÄTUS: Dieser noch großmütigere – O ich kann nicht reden.
GEHEIMER RAT: Setzt euch Kinder; sprecht deutlicher. Hat Ihr Vater sich mit Ihnen ausgesöhnt, Herr Pätus?
PÄTUS: Keine Zeile von ihm gesehen.
GEHEIMER RAT: Und wie habt ihr's denn beide gemacht?
PÄTUS: In der Lotterie gewonnen, eine Kleinigkeit – aber es kam uns zu statten, da wir herreisen wollten.
GEHEIMER RAT: Ich sehe, ihr wilde Bursche denkt besser als eure Väter. Was hast du wohl von mir gedacht, Fritz? Aber man hat dich auch bei mir verleumdet.
PÄTUS: Seiffenblase gewiß?

GEHEIMER RAT: Ich mag ihn nicht nennen; das gäbe Katzbalgereien, die hier am unrechten Ort wären.
PÄTUS: Seiffenblase! Ich laß mich hängen.
GEHEIMER RAT: Aber was führt dich denn nach Haus zurück, eben jetzt da –?
FRITZ: Fahren Sie fort – O das eben jetzt, mein Vater! das eben jetzt ist's, was ich wissen wollte.
GEHEIMER RAT: Was denn? was denn?
FRITZ: Ist Gustchen tot?
GEHEIMER RAT: Holla, der Liebhaber! – Was veranlaßt dich, so zu fragen?
FRITZ: Ein Brief von Seiffenblase.
GEHEIMER RAT: Er hat dir geschrieben: sie wäre tot?
FRITZ: Und entehrt dazu.
PÄTUS: Es ist ein verleumderscher Schurke!
GEHEIMER RAT: Kennst du eine Jungfer Rehaar in Leipzig?
FRITZ: O ja, ihr Vater war mein Lautenmeister.
GEHEIMER RAT: Die hat er entehren wollen; ich hab sie von seinen Nachstellungen errettet: das hat ihn uns feind gemacht.
PÄTUS *steht auf*: Jungfer Rehaar – Der Teufel soll ihn holen.
GEHEIMER RAT: Wo wollen Sie hin?
PÄTUS: Ist er in Insterburg?
GEHEIMER RAT: Nein doch – Nehmen Sie sich der Prinzessinnen nicht zu eifrig an, Herr Ritter von der runden Tafel! Oder haben Sie Jungfer Rehaar auch gekannt?
PÄTUS: Ich? Nein, ich habe sie nicht gekannt – Ja, ich habe sie gekannt.
GEHEIMER RAT: Ich merke – – Wollen Sie nicht auf einen Augenblick in die Kammer spazieren? *Führt ihn an die Tür.*
PÄTUS *macht auf und fährt zurück, sich mit beiden Händen an den Kopf greifend*: Jungfer Rehaar – Zu Ihren Füßen – *Hinter der Szene.* Bin ich so glücklich? oder ist's nur ein Traum? ein Rausch? – eine Bezauberung? – –
GEHEIMER RAT: Lassen wir ihn! – *Kehrt zu Fritz.* Und du denkst noch an Gustchen?
FRITZ: Sie haben mir das furchtbare Rätsel noch nicht aufgelöst. Hat Seiffenblase gelogen?

Geheimer Rat: Ich denke, wir reden hernach davon: wir wollen uns die Freud itzt nicht verderben.

Fritz *kniend*: O mein Vater, wenn Sie noch Zärtlichkeit für mich haben, lassen Sie mich nicht zwischen Himmel und Erde, zwischen Hoffnung und Verzweiflung schweben. Darum bin ich gereist; ich konnte die qualvolle Ungewißheit nicht länger aushalten. Lebt Gustchen? Ist's wahr, daß sie entehrt ist?

Geheimer Rat: Es ist leider nur eine zu traurige Wahrheit.

Fritz: Und hat sich in einen Teich gestürzt?

Geheimer Rat: Und ihr Vater hat sich ihr nachgestürzt.

Fritz: So falle denn Henkers Beil – Ich bin der Unglücklichste unter den Menschen!

Geheimer Rat: Steh auf! Du bist unschuldig dran.

Fritz: Nie will ich aufstehn. *Schlägt sich an die Brust.* Schuldig war ich; einzig und allein schuldig. Gustchen, seliger Geist, verzeihe mir!

Geheimer Rat: Und was hast du dir vorzuwerfen?

Fritz: Ich habe geschworen, falsch geschworen – Gustchen! wär es erlaubt, dir nachzuspringen! *Steht hastig auf.* Wo ist der Teich?

Geheimer Rat: Hier! *Führt ihn in die Kammer.*

Fritz *hinter der Szene mit lautem Geschrei*: Gustchen! – Seh ich ein Schattenbild? – Himmel! Himmel welche Freude! – Laß mich sterben! laß mich an deinem Halse sterben.

Geheimer Rat *wischt sich die Augen*: Eine zärtliche Gruppe! – Wenn doch der Major hier wäre! *Geht hinein.*

LETZTE SZENE

Der Major, *ein Kind auf dem Arm.* Der alte Pätus.

Major: Kommen Sie, Herr Pätus. Sie haben mir das Leben wiedergegeben. Das war der einzige Wurm, der mir noch dran nagte. Ich muß Sie meinem Bruder präsentieren, und Ihre alte blinde Großmutter will ich in Gold einfassen lassen.

Der alte Pätus: O meine Mutter hat mich durch ihren unvermuteten Besuch weit glücklicher gemacht als Sie. Sie haben nur einen Enkel wiedererhalten, der Sie an traurige Geschichten erinnert; ich aber eine Mutter, die mich an die angenehmsten Szenen meines Lebens erinnert, und deren mütterliche Zärtlichkeit ich leider noch durch nichts habe erwidern können als Haß und Undankbarkeit. Ich habe sie aus dem Hause gestoßen, nachdem sie mir den ganzen Nachlaß meines Vaters und ihr Vermögen mit übergeben hatte; ich habe ärger gegen sie gehandelt als ein Tiger – Welche Gnade von Gott ist es, daß sie noch lebt, daß sie mir noch verzeihen kann, die großmütige Heilige! daß es noch in meine Gewalt gestellt ist, meine verfluchte Verbrechen wieder gut zu machen.

MAJOR: Bruder Berg! wo bist du? He! *Geheimer Rat kömmt.* Hier ist mein Kind, mein Großsohn. Wo ist Gustchen? Mein allerliebstes Großsöhnchen! *(schmeichelt ihm)* meine allerliebste närrische Puppe!

GEHEIMER RAT: Das ist vortrefflich! – und Sie, Herr Pätus?

MAJOR: Sie Herr Pätus hat's mir verschafft – – Seine Mutter war das alte blinde Weib, die Bettlerin, von der uns Gustchen so viel erzählt hat.

DER ALTE PÄTUS: Und durch mich Bettlerin – – O die Scham bindet mir die Zunge. Aber ich will's der ganzen Welt erzählen, was ich für ein Ungeheuer war –

GEHEIMER RAT: Weißt du was Neues, Major? Es finden sich Freier für deine Tochter – aber dring nicht in mich, dir den Namen zu sagen.

MAJOR: Freier für meine Tochter! – *Wirft das Kind ins Kanapee.* Wo ist sie?

GEHEIMER RAT: Sacht! ihr Freier ist bei ihr – Willst du deine Einwilligung geben?

MAJOR: Ist's ein Mensch von gutem Hause? Ist er von Adel?

GEHEIMER RAT: Ich zweifle.

MAJOR: Doch keiner zu weit unter ihrem Stande? O sie sollte die erste Partie im Königreich werden. Das ist ein vermaledeiter Gedanke! wenn ich doch den erst fort hätte; er wird mich noch ins Irrhaus bringen.

GEHEIMER RAT *öffnet die Kammer; auf seinen Wink tritt Fritz mit Gustchen heraus.*
MAJOR *fällt ihm um den Hals*: Fritz! *Zum Geheimen Rat.* Ist's dein Fritz? Willst du meine Tochter heiraten? – Gott segne dich. Weißt du noch nichts, oder weißt du alles? Siehst du, wie mein Haar grau geworden ist vor der Zeit! *Führt ihn ans Kanapee.* Siehst du, dort ist das Kind. Bist ein Philosoph? Kannst alles vergessen? Ist Gustchen dir noch schön genug? O sie hat bereut. Jung, ich schwöre dir, sie hat bereut wie keine Nonne und kein Heiliger. Aber was ist zu machen? Sind doch die Engel aus dem Himmel gefallen – Aber Gustchen ist wieder aufgestanden.
FRITZ: Lassen Sie mich zum Wort kommen.
MAJOR *drückt ihn immer an die Brust*: Nein Junge – Ich möchte dich tot drücken – Daß du so großmütig bist, daß du so edel denkst – daß du – – mein Junge bist –
FRITZ: In Gustchens Armen beneid ich keinen König.
MAJOR: So recht; das ist recht. – Sie wird dir schon gestanden haben; sie wird dir alles erzählt haben –
FRITZ: Dieser Fehltritt macht sie mir nur noch teurer – macht ihr Herz nur noch englischer – Sie darf nur in den Spiegel sehn, um überzeugt zu sein, daß sie mein ganzes Glück machen werde, und doch zittert sie immer vor dem, wie sie sagt, ihr unerträglichen Gedanken: sie werde mich unglücklich machen. O was hab ich von einer solchen Frau anders zu gewarten als einen Himmel?
MAJOR: Ja wohl einen Himmel; wenn's wahr ist, daß die Gerechten nicht allein hineinkommen, sondern auch die Sünder, die Buße tun. Meine Tochter hat Buße getan, und ich hab für meine Torheiten und daß ich einem Bruder nicht folgen wollte, der das Ding besser verstund, auch Buße getan; ihr zur Gesellschaft: und darum macht mich der liebe Gott auch ihr zur Gesellschaft mit glücklich.
GEHEIMER RAT *ruft zur Kammer hinein*: Herr Pätus, kommen Sie doch hervor. Ihr Vater ist hier.
DER ALTE PÄTUS: Was hör ich – Mein Sohn?
PÄTUS *fällt ihm um den Hals*: Ihr unglücklicher verstoßener Sohn.

Aber Gott hat sich meiner als eines armen Waisen angenommen. Hier, Papa, ist das Geld, das Sie zu meiner Erziehung in der Fremde angewandt; hier ist's zurück und mein Dank dazu: es hat doppelte Zinsen getragen, das Kapital hat sich vermehrt und Ihr Sohn ist ein rechtschaffener Kerl worden.

Der alte Pätus: Muß denn alles heute wetteifern, mich durch Großmut zu beschämen. Mein Sohn, erkenne deinen Vater wieder, der eine Weile seine menschliche Natur ausgezogen und in ein wildes Tier ausgeartet war. Es ging deiner Großmutter wie dir: sie ist auch wiedergekommen und hat mir verziehen und hat mich wieder zum Sohn gemacht, so wie du mich wieder zum Vater machst. Nimm mein ganzes Vermögen, Gustav! schalte damit nach deinem Gefallen, nur laß mich die Undankbarkeit nicht entgelten, die ich bei einem ähnlichen Geschenk gegen deine Großmutter äußerte.

Pätus: Erlauben Sie mir, das tugendhafteste süßeste Mädchen glücklich damit zu machen –

Der alte Pätus: Was denn? Du auch verliebt? Mit Freuden erlaub ich dir alles. Ich bin alt und möchte vor meinem Tode gern Enkel sehen, denen ich meine Treue beweisen könnte, die eure Großmutter für euch bewiesen hat.

Fritz *umarmt das Kind auf dem Kanapee, küßt's und trägt's zu Gustchen*: Dies Kind ist jetzt auch das meinige; ein trauriges Pfand der Schwachheit deines Geschlechts und der Torheiten des unsrigen: am meisten aber der vorteilhaften Erziehung junger Frauenzimmer durch Hofmeister.

Major: Ja mein lieber Sohn, wie sollen sie denn erzogen werden?

Geheimer Rat: Gibt's für sie keine Anstalten, keine Nähschulen, keine Klöster, keine Erziehungshäuser? – – Doch davon wollen wir ein andermal sprechen.

Fritz *küßt's abermal*: Und dennoch mir unendlich schätzbar, weil's das Bild seiner Mutter trägt. Wenigstens, mein süßer Junge! werd ich dich nie durch Hofmeister erziehen lassen.

DER NEUE MENOZA
ODER
GESCHICHTE DES
CUMBANISCHEN PRINZEN TANDI

Eine Komödie

PERSONEN

HERR V. BIEDERLING, wohnhaft in Naumburg
FRAU V. BIEDERLING
WILHELMINE, Tochter
DER PRINZ TANDI
DER GRAF CAMÄLEON
DONNA DIANA, eine spanische Gräfin
BABET, ihre Amme
HERR V. ZOPF, ein Edelmann aus Tirol
HERR ZIERAU, Baccalaureus
DER BURGERMEISTER, sein Vater
DER MAGISTER BEZA, an der Pforte
Bediente usw.

Der Schauplatz ist hie und da.

ERSTER AKT

ERSTE SZENE

Zu Naumburg

HERR V. BIEDERLING *tritt auf mit dem* PRINZEN *zur* FRAU V. BIEDERLING *und* WILHELMINEN.

HERR V. BIEDERLING: Hier Frau! bring ich dir einen Gast. Wir haben in Dresden in einem Hause gewohnt, und da er die Reise nach Frankreich über Naumburg zu machen hatte, schlug ich ihm vor, bei mir einzukehren und meine Gärten ein wenig in Augenschein zu nehmen.

FRAU V. BIEDERLING: Ich bin sehr erfreut –

HERR V. BIEDERLING: Es ist keiner von den Alltagspassagieren, Frau! es ist ein Prinz aus einer andern Welt, der unsere europäische Welt will kennen lernen und sehen, ob sie des Rühmens auch wohl wert sei. Also müssen wir an unserm Teil unser Bestes tun, ihm eine gute Meinung von uns beizubringen. Denk einmal, bis in Cumba hinein bekannt zu werden, ein Land, das nicht einmal auf unserer Landkarte steht.

FRAU V. BIEDERLING: Es ist ein unerwartetes Glück für unser Haus, daß ein Reisender von so hoher Geburt –

PRINZ: Nun genug, meine Freunde, *(setzt sich)* ich bin von keiner hohen Geburt. Wenn Sie mir den Aufenthalt angenehm machen wollen, so gehen Sie mit mir um wie mit Ihrem Sohne.

HERR V. BIEDERLING: Das wollen wir auch. *Setzt sich zu ihm.* Sitz nieder, Frau! Mine! kannst zu uns sitzen. Was wollt ich doch sagen, weil Sie denn haben wollen, daß wir geradzu mit Ihnen umgehen – Peter! ist das Gepäck eingebracht? –, so erzählen Sie mir doch einmal so was von Ihrer Reise, Prinz, von Ihren Abenteuern, Sie haben doch zum Element ein gut Stück Weges gemacht, da läßt sich schon was davon erzählen. Und wie sind Sie auf den Einfall gekommen, zu reisen, wenn ich fragen darf?

PRINZ: Land und Leute regieren, und nicht Menschen kennen, dünkt mich wie ein Rechenmeister, der Pferde bereiten will.

HERR V. BIEDERLING: Oder wie unser Herr Magister Beza an der Pforte, ha ha ha. Aber sagen Sie mir doch, wer hat Ihnen dann was von Europa gesagt, da wir kluge Europäer doch kein Wort von dem Königreiche Cumba wissen, potz Sapperment.

PRINZ: Ich bin in Europa geboren. Eine Mission Jesuiten nahm mich nach Asien mit.

HERR V. BIEDERLING: Aber, ei! ei! ... wie sind Sie denn Prinz geworden, daß ich fragen darf?

PRINZ: Wie's in der Welt geht, daß Glück wälzt Berg auf, Berg ab, bin Page worden, dann Leibpage, dann adoptiert, dann zum Thronfolger erklärt, dann wieder gestürzt, berguntergerollt bis an die Hölle! ha ha ha!

HERR V. BIEDERLING: Gott behüt! wie das? wie das?

PRINZ: Die Geschichte ist langweilig und schändlich. Ein Weib, die Königin –

HERR V. BIEDERLING: Und was denn mit den Weibern, das sag ich immer, die Weiber sind an allem Unglück in der Welt schuld. O ich bitte Sie, erzählen Sie doch fort.

PRINZ: Ich sollt ihres Gemahls Ehebett beflecken, eines Mannes, der mich mehr liebte als sich selbst, und sein Weib mehr als uns alle beide. Als ich nicht wollte, kam ich auf den Pyramidenturm, auf dem alle die langsam sterben, die sich an der Person des Königs oder der Königin vergreifen. Die Furcht, ich würde die Wahrheit verraten, machte sie mit jedem Tage grausamer. Alle Tage ward ich einen Stock höher in ein engeres Gefängnis geführt, bis ich am dreißigsten Tage mich in einer schwindelnden Höhe befand, zwischen vier Mauren, die so eng waren, daß sie kaum Fußgestell einer Statue gaben. Und doch, nachdem ich eine Nacht in diesem abscheulichen Aufenthalte zugebracht, faßt ich den Entschluß, mich hinabzustürzen –

FRAU V. BIEDERLING: Hinabzustürzen – – o weh mir!

PRINZ: Stellen Sie sich eine Tiefe vor, die feucht und nebligt alle Kreaturen aus meinem Gesichte entzog. Ich sah in dieser fürchterlich-blauen Ferne nichts als mich selbst und die Bewegung die ich machte, zu springen. Ich sprang –

FRAU V. BIEDERLING: Meine Tochter –

HERR V. BIEDERLING *springt auf*: Was ist, Narre! Mine! was ist? *Sie suchen Wilhelminen zu ermuntern, die in Ohnmacht liegt.*

PRINZ: Ich bin vielleicht mit Ursache – o meine einfältige Erzählung zur Unzeit!

HERR V. BIEDERLING: Zu Bett, zu Bett mit ihr. O Jemir, was sind doch die Weibsen für Geschöpfe! O ihr Papiergeschöpfe ihr!

ZWEITE SZENE

IN DRESDEN

GRAF CAMÄLEON. *Sein* VERWALTER.

GRAF: Ihr müßt die Gebäude innerhalb vier Monaten fix und fertig liefern, mag's kosten was es wolle, daß der Hauptmann Biederling noch vor der Saatzeit seine Pacht antreten kann.

VERWALTER: Und ist's nicht erlaubt zu fragen, was er Sie zahlt?

GRAF: Darum bekümmert Euch nicht, wir sind eins worden, die Sache ist nicht mehr rückgängig zu machen.

VERWALTER: Wenn ich Ihnen aber einen stelle, der mehr zahlen tut, als der Hauptmann zahlen wird; verzeihen Sie mir, gnädiger Herr! ich rede aufrichtig, ich weiß, was aus dem Gute zu machen ist, wer's versteht, darnach hab ich eine Schenke in Naumburg und der Weinbau und das Dings alles – es kann Ihnen keiner so viel zahlen als ich, Herr Graf. Das ist nur nichts.

GRAF: Ein für allemal.

VERWALTER: Wenn ich Sie aber noch einmal so viel biete.

GRAF: Er bietet mir gar nichts, daß Ihr's wißt und mich zufrieden laßt. Er ist mein guter Freund, und ich hab ihn unter meinen Pachtgütern eins aussuchen lassen, das zu seinen ökonomischen Projekten am gelegensten ist.

VERWALTER: Was ökonomische Projekte, er bringt sich um Hab und Gut, der gute Herr Hauptmann, dazu muß man einen ganz andern Beutel haben als er –

GRAF: Schweigt und gehorcht.

VERWALTER: O Himmel! die Gräfin kommt.

Donna Diana mit zerstreutem Haar tritt herein. Der Graf springt auf.

GRAF: Was gibt's, Donna?

DONNA: Meines Lebens nicht sicher.

GRAF: Was denn? wo kommen Sie her?

DONNA *wirft sich in einen Stuhl*: Gustav – verfluchter Graf! was hast du für Bediente?

GRAF: Gustav – Ihnen nach dem Leben?

DONNA: Hätt ich nicht Gegengift bei mir gehabt, so wär's aus jetzt.

GRAF: Wo ist er?

DONNA: In der Welt. Mit Kutsch und Pferden fort. Wir waren zwei Stund von Dresden, er machte mir Schokolate, und als ich nicht geschwind genug sterben wollte, griff er mir an Hals und –

GRAF: Gift –

DONNA: Auf mein Geschrei der Wirt. Er sagt, er hätte mich wollen zum Erbrechen bringen. Und derweil der Wirt mir Hülf schaffte, springt er auf den Bock und fort –

GRAF: Nachgesetzt Leute, augenblicks – *Mit dem Verwalter ab.*

DONNA: Wenn ich dem Kerl nur in meinem Leben was zu Leide getan hätte! Es ärgert mich nichts mehr, als daß er mich unschuldiger Weise umbringen will. Hätt ich das gewußt, ich hätt ihm die Augen im Schlafe ausgestochen, oder Sukzessionspulver eingegeben, so hätt er doch Ursache an mir gehabt. Aber unschuldiger Weise – – ich möchte rasend werden.

DRITTE SZENE

IN NAUMBURG

HERR V. BIEDERLING. FRAU V. BIEDERLING.

FRAU V. BIEDERLING: Was denn? wenn du dein Pachtgut beziehst? Bist du nicht gescheit im Kopf? was sollen wir mit einer fremden Mannsperson anfangen?

HERR V. BIEDERLING: Es ist ja aber ein verheirateter Mann, was willst du denn? Und krank dazu, will den Brunnen hier trinken; kann man ihm die kleine Gefälligkeit nicht gestatten, da er mir Haus und Hof eingibt auf achtzehn Jahr?

FRAU V. BIEDERLING: Da er dir einen Strick gibt, dich aufzuhängen. Das letzte wird aufgehn, was wir noch aus dem Schiffbruche des Kriegs und deiner Projekten gerettet haben, wir werden zu Grunde gehen, ich seh es zum voraus.

HERR V. BIEDERLING: Du siehst immer, siehst – den Himmel für eine Geige an. Mit euren Einsichten solltet ihr doch zu Hause bleiben, Madam Weiber. Sorg, daß du uns was zu essen auf den Tisch schaffst, mir und meinem lieben Kalmuckenprinzen, fürs übrige laß du den lieben Gott sorgen und deinen Mann. Hör noch, über einige Wochen krieg ich noch einen Gast, auf den du dich wohl nicht versiehst – dem du mir ordentlich begegnen mußt, rüste dich nur drauf – aus Triest.

FRAU V. BIEDERLING: Herr von Zopf?

HERR V. BIEDERLING: Den Nagel auf dem Kopf getroffen. – Nun was soll das Erstaunen und die starren Augen da? Er ist ein ehrlicher Mann, ich hab mit ihm ausgeredet. –

FRAU V. BIEDERLING: Rabenvater!

HERR V. BIEDERLING: Er wartet nur noch in Dresden auf die Seidenwürmereier, die er mir bringen soll, so – –

FRAU V. BIEDERLING: Ja wenn's Seidenwürmer wären, aber so sind's nur deine Kinder. O Himmel! strafst du mich so hoch, daß ich so spät erst einsehen muß, was ich an meinem Manne habe.

HERR V. BIEDERLING: So schweige Sie still, Komödiantin! Kein Wort von der Affäre mehr, ich bitte mir's aus. Es ist alles abgetan, das sind keine Weibersachen.

FRAU V. BIEDERLING: Ich mich um meinen Sohn nicht bekümmern?

HERR V. BIEDERLING: Je nun, deinen Sohn, kannst du ihn mit deinem Bekümmern lebendig machen? Wenn es dem lieben Gott gefallen hat, das Unglück über uns zu verhängen –

FRAU V. BIEDERLING: Dem Herrn von Biederling hat's gefallen. Kindermörder! Was hab ich gesagt, als du ihn dem Zopf anvertrautest, was hab ich gesagt? Aber du wolltest ihn ins Wasser werfen, du wolltest seiner los sein – Geh mir aus den Augen, Böswicht! Du bist mein Mann nicht mehr –

HERR V. BIEDERLING: Was denn? Tratarat, daß das Donner Hagel tausend Wetter, was willst du denn von mir? bist toll geworden? Ja da war wohl groß Frage, wem unsern Sohn anvertrauen? wenn ein Zigeuner kommen wäre, ich hätt ihm Dank gesagt. Wenn man ins Feld soll und nichts zu beißen und zu brechen, hast wohl viel Ehr zu räsonnieren, und hat denselben Tag sich die Augen bald blind geweint für Hunger – ja da plärrt Sie, wenn man Ihr auf den Zeh tritt; weil Sie jetzt im Überfluß sitzt, so möcht Sie gern vergessen, wo Ihr der Schuh gedrückt hat.

FRAU V. BIEDERLING: Ist eine unglücklichere Frau unter der Sonnen als ich? *Geht fort.*

HERR V. BIEDERLING: Ja warum nicht unter dem Mond lieber? *Ab.*

VIERTE SZENE

WILHELMINE *sitzt auf einem Sofa in tiefen Gedanken. Der* PRINZ *tritt herein, sie wird ihn erst spät gewahr und steht etwas erschrocken auf.*

PRINZ *nachdem er sie ehrerbietig gegrüßt*: Verzeihen Sie – Ich glaubt Ihre Eltern bei Ihnen. *Entfernt sich.*
Wilhelmine, nachdem sie ihm einen tiefen Knicks gemacht, fällt wieder in ihre vorige Stellung.

FÜNFTE SZENE

GRAF CAMÄLEON. HERR V. BIEDERLING. FRAU V. BIEDERLING.

HERR V. BIEDERLING: Warum bringen Sie uns denn die Frau Gemahlin nicht mit?

GRAF: Meine Frau? – Wer hat Ihnen gesagt, daß ich verheiratet sei?

HERR V. BIEDERLING: In Dresden, die ganze Stadt – Verzeihen Sie, die spanische Gräfin, die Sie mitgebracht haben –

GRAF: Ist meine Brudersfrau.

HERR V. BIEDERLING: Des Herrn Bruders, der noch in Spanien ... o! o! o! Denk doch, denk doch! und ich habe ganz gewiß geglaubt – nehmen Sie's aber nicht übel –

GRAF: Er wird ehestens auch ins Land kommen –

FRAU V. BIEDERLING: Wie kommt es, daß wir so unvermutet das Glück haben –

GRAF: Ich hab meinen Entschluß ändern müssen, gnädige Frau! ich komme nicht her, Kur zu trinken, ein unvorgesehner Unglücksfall zwingt mich, diesen Zufluchtsort zu suchen.

HERR V. BIEDERLING: Doch wohl kein Duell – da sei Gott vor.

GRAF: So ist es, die Gerechtigkeit verfolgt mich, und meine schwächliche Gesundheit hindert mich, aus dem Land zu gehen. Ich habe den Grafen Erzleben erschossen.

FRAU V. BIEDERLING: Gott!

HERR V. BIEDERLING: So muß es kein Mensch erfahren, daß er hier ist, hörst du! unsere Tochter selber nicht, keine menschliche Seele, ich denke, wir logieren ihn ins Gartenhäuschen, ist ja ein Kamin drin, sich des Abends ein klein Feuer anzumachen, weil doch die Nächte noch kalt sind, ich will ihm das Essen allezeit selber – oder nein, nein zum Geier, da merkt man's, ich will im Gartenhaus immer mit ihm essen, als tät ich's vor mein Pläsier, und du mußt mir immer das Essen hintragen, liebes Suschen! willt du?

GRAF: Was haben Sie für Hausgenossen?

HERR V. BIEDERLING: Niemand als einen indianischen Prinzen, das der scharmanteste artigste Mann von der Welt ist, er denkt diesen Sommer noch in Paris zu sein.

GRAF: Der würde mich wohl nicht verraten.

HERR V. BIEDERLING: Nein, gewiß nicht. Soll ich's ihm erzählen? Aber ich erwarte da noch einen guten Freund, das freilich mein guter Freund auch ist, aber doch möcht ich ihm so was – sehen Sie, er ist ein großer Verehrer von den Jesuiten, weiß es der Henker, was er immer mit ihnen hat – – nein, nein, wie ich gesagt habe, Sie bleiben im Gartenhäuschen und so wollen wir das machen, sonst könnte uns der Zopf überfallen.

GRAF: Ihr Pachtgut soll Ihnen aufs eheste eingeräumet werden, ich hab Briefe von meinem Verwalter, die Gebäude werden bald unter Dach sein. Es sind einige Koppel auch schon zu Baumschulen eingehegt, wenn Sie's mit Ihren Maulbeerbäumen versuchen wollen.

HERR V. BIEDERLING: O gehorsamer Diener, gehorsamer Diener! Zopf wird mir einige hundert mitbringen. Aber so mach denn, Frau, daß das Gartenhäuschen aufgeputzt – wollen wir's besehen? sehen Sie, unsere Schlafkammer führt gerad in den Garten und da ist's nur fünf Schritt. – Sie können in Abrahams Schoß nicht sicherer sein.

SECHSTE SZENE

Garten

Der PRINZ *schneidet einen Namen im Baum.*

PRINZ: Wachs itzt – *(küßt ihn)* wachs itzt – – nun genug, *(geht, sieht sich um)* er dankt mir, der Baum. Du hast's Ursach. *Ab.*

SIEBENTE SZENE

Des Prinzen Zimmer

Er sitzt an einem Tisch voll Büchern, eine Landkarte vor sich. ZIERAU, *ein Baccalaureus, tritt auf.*

ZIERAU: Ihr untertänigster Diener, mein Prinz!
PRINZ: Der Ihrige. Wer sind Sie?
ZIERAU: Ein Baccalaureus aus Wittenberg, doch hab ich schon über drei Jahr in Leipzig den Musen und Grazien geopfert.
PRINZ: Was führt Sie zu mir?
ZIERAU: Neugier und Hochachtung zugleich. Ich habe die edle Absicht vernommen, aus welcher Sie Ihre Reise angetreten, die Sitten der aufgeklärtesten Nationen Europens kennen zu lernen und in Ihren väterlichen Boden zu verpflanzen.
PRINZ: Das ist meine Absicht nicht. Ja, wenn die Sitten gut sind – – setzen Sie sich – –

ZIERAU *setzt sich*: Verzeihen Sie! Die Verbesserung aller Künste, aller Disziplinen und Stände ist seit einigen tausend Jahren die vereinigte Bemühung unserer besten Köpfe gewesen, es scheint, wir sind dem Zeitpunkte nah, da wir von diesen herkulischen Bestrebungen endlich einmal die Früchte einsammlen, und es wäre zu wünschen, die entferntesten Nationen der Welt kämen, an unsrer Ernte Teil zu nehmen.

PRINZ: So?

ZIERAU: Besonders da itzt in Deutschland das Licht der schönen Wissenschaften aufgegangen, das den gründlichen und tiefsinnigen Wissenschaften, in denen unsere Vorfahren Entdeckkungen gemacht, die Fackel vorhält und uns gleichsam jetzt erst mit unsern Reichtümern bekannt macht, daß wir die herrlichen Minen und Gänge bewundern, die jene aufgehauen, und ihr hervorgegrabenes Gold vermünzen.

PRINZ: So?

ZIERAU: Wir haben itzt schon seit einem Jahrhunderte fast Namen aufzuweisen, die wir kühnlich den größten Genies unserer Nachbarn an die Seite setzen können, die alle zur Verbesserung und Verfeinerung unsrer Nation geschrieben haben, einen Besser, Gellert, Rabner, Dusch, Schlegel, Uz, Weiße, Jacobi, worunter aber vorzüglich der unsterbliche Wieland über sie alle gleichsam hervorragt, *ut inter ignes luna minores*, besonders durch den letzten Traktat, den er geschrieben und wodurch er allen seinen Werken die Krone scheint aufgesetzt zu haben, den Goldenen Spiegel, ich weiß nicht, ob Sie schon davon gehört haben, meiner Einsicht nach sollte er's den Diamantenen Spiegel heißen.

PRINZ: Wovon handelt das Buch?

ZIERAU: Wovon? ja es ist sehr weitläuftig, von Staatsverbesserungen, von Einrichtung eines vollkommnen Staats, dessen Bürger, wenn ich so sagen darf, alle unsre kühnsten Fiktionen von Engeln an Grazie übertreffen.

PRINZ: So? und wo findet man diese Menschen?

ZIERAU: Wo? he, he, in dem Buche des Herrn Hofrat Wieland. Wenn's Ihnen gefällt, will ich gleich ein Exemplar herbringen.

PRINZ: Geben Sie sich keine Mühe, ich nehme die Menschen lieber wie sie sind, ohne Grazie, als wie sie aus einem spitzigen Federkiel hervorgehen. – Haben Sie sonst noch etwas?

ZIERAU: Ich wollte Eurer Hoheit in tiefster Untertänigkeit – – Herr Wieland hat seinen Goldenen Spiegel dem Kaiser von Scheschinschina zugeeignet und ich, durch ein so großes Beispiel kühn gemacht *(zieht ein Manuskript hervor)*, ich hab ein Werk unter Händen, das, wie ich hoffe, zum Wohl des Ganzen nicht weniger beitragen wird, der Titel ist ganz bescheiden, aber ich denke die Erwartung meiner Leser zu überraschen: ›Die wahre Goldmacherei; oder, unvorgreifliche Ratschläge, das Goldene Zeitalter wieder einzuführen; oder, ein Versuch, das Goldene Zeitalter …‹ – ich bin mit mir selbst noch nicht einig. *Überreicht ihm lächelnd das Manuskript.*

PRINZ: Und worin bestehn Ihre Ratschläge, wenn ich bitten darf? geben Sie mir einen Blick in Ihre Geheimnisse!

ZIERAU: Worin? – – Das will ich Ihnen sagen. Es soll Ihnen doch dediziert werden, also *(sieht sich um; etwas leise)*: Wenn vors erste die Erziehung auf einen andern Fuß gestellt, würdige und gelehrte Männer an den Schulen, auf den Akademien, wenn die Geistlichkeit aus lauter verdienstvollen, einsichtsvollen Leuten ausgewählt, weder Mucker noch Fanatiker, noch auch bloße Bauchdiener und Faulenzer, wenn die Gerichte aus lauter erfahrenen, rechtsgeübten, alten, ehrwürdigen, wenn der Unterschied der Stände, wenn nicht Geburt oder Geld, sondern bloß Verdienst, wenn der Landesherr, wenn seine Räte – –

PRINZ: Genug, genug, mit all Euren Wenns wird die Welt kein Haar besser oder schlimmer, mein lieber ehrwürdiger Herr Autor. Vergebt mir, daß ich Euch an den Papst erinnere, der auch einem aus Euren Mitteln sein Goldmacherbuch *(gibt ihm das Manuskript zurück)* – Und hiemit Gott befohlen.

ZIERAU: Entweder fehlt es ihm an aller Kultur, oder der gute Prinz ist überspannt und gehört *aux petites maisons. Ab.*

ZWEITER AKT

ERSTE SZENE

Nacht und Mondschein im Garten

WILHELMINE *mit einem Federmesser in den Baum schneidend.*

WILHELMINE: Es ist gewagt. Wer es auch war, der meinen Namen herschnitt. – – *Steht eine Zeitlang und sieht ihn an.* Ich möchte alles wieder ausmachen, aber des Prinzen Hand – – ja es ist seine, wahrhaftig es ist seine, so kühne, mutige Züge konnte keine andere Hand tun. *Sie windet Efeu um den Baum.* So! grünt itzt zusammen: wenn er selber wieder nachsehen sollte – – – o ich vergehe. Ich muß – *Fällt auf den Baum her und will ihn abschälen.* O Himmel! wer kommt da! *Läuft fort.*
Prinz tritt auf.
PRINZ: Ihr Sterne! die ihr fröhlich über meinem Schmerz daher tanzt! du allein, mitleidiger Mond – – bedaure mich nicht. Ich leide willig. Ich war nie so glücklich als auf dieser Folter. Du unendliches Gewölbe des Himmels! du sollst meine Decke diese Nacht sein. Noch zu eng für mein banges Herz. *Wirft sich nieder in ein Gesträuch.*
Graf Camäleon tritt auf mit Wilhelminen, die sich sträubt.
GRAF: Wo wollen Sie hin? – – Sie wissen itzt meine ganze Geschichte. So kommen Sie doch nur ins Gartenhaus, wenn Sie mir nicht glauben wollen.
WILHELMINE: Ich glaube Ihnen.
GRAF: So lassen Sie uns doch den Abend im Garten genießen, mein englisches Fräulein! er ist gar zu einladend.
WILHELMINE: Ich muß fort – –
GRAF: Reizende Blödigkeit! halten Sie's für so gefährlich, mit einem kranken Manne im Garten zu spazieren? ich will nichts als gesund werden, Sie können mich gesund machen, ein Wort, ein Atem von Ihnen.
WILHELMINE: Meine Mutter –
GRAF: Laß sie Sie hier aufsuchen, sehen Sie, ich trotze Ihrem Mißtrauen.

WILHELMINE: Wollen Sie mich loslassen?

GRAF: Nein, ich laß dich nicht, meine Göttin, bevor du mir erlaubt hast, dich anzubeten. *Kniend.*

WILHELMINE: Hülfe!

GRAF: Grausame! willst du mir auch diese Glückseligkeit nicht – – *Umfaßt ihre Knie und drückt sein Gesicht an dieselben.* Um diesen Augenblick nähm ich keine Königreiche, ich bin glücklich, ich bin ein Gott. –
Prinz mit bloßem Degen.

PRINZ: Schurke! *Graf läuft davon.* Fräulein! ich darf Sie nicht verlassen, sonst würd ich diesem Buben nach und ihm sein zündbares Blut abzapfen. Ich will Sie aber vorher bis an Ihre Tür begleiten. *Beide gehen stillschweigend ab.*

ZWEITE SZENE

Das Gartenhaus

PRINZ. GRAF *sitzt am Kamin.*

PRINZ: Hier – – ich kenne Euch – – aber seid wer Ihr seid, ich fordere Rechenschaft von Euch – – wenn Euch Euer Gewissen verfolgt, so dürft Ihr den Tod nicht scheuen. Wo ist Euer Degen?

GRAF *steht auf*: Was wollen Sie von mir?

PRINZ: Rechenschaft, Rechenschaft, blutige Rechenschaft. Nehmt Euren Degen. Vielleicht seid Ihr damit so glücklich wie mit Pistolen.

GRAF: Was hab ich getan?

PRINZ: Euch der Glorie der Schönheit unheilig genähert, die Drachen und Ungeheuer in ehrerbietiger Entfernung würde erhalten haben. Ihr seid mehr als ein Raubtier, will sehen, ob Ihr auch seinen Mut habt, Euren Raub zu verteidigen.

GRAF: Ich soll mich mit Ihnen schlagen, ich kenne Sie nicht.

PRINZ: Brauchst du zu kennen, um zu schlagen? *Bricht eine Rute ab.* So sei denn hiemit zum Schurken geschlagen. Kot! Du verdienst nicht, daß ich meinen Degen an dir verunehre.

DRITTE SZENE

In Immenhof

Donna Diana. Babet, *ihre Amme, einen Brief in der Hand.*

Donna: Lies vor, sag ich dir.

Babet: Auf meinen Knien bitt ich Sie, erlauben Sie mir, ihn unvorgelesen zu verbrennen.

Donna: Eben jetzt will ich ihn hören, und müßt ich davon auf der Stelle sterben.

Babet: Wenn Sie ein Frauenzimmer wären wie andere, aber bei Ihrem großen Herzen, bei Ihrem edlen Blut, edler als Ihr Ursprung.

Donna: Was edler als mein Ursprung – – Hexe! wo du mir meines Vaters auf eine unehrerbietige Art erwähnst.

Babet: Er ist tot.

Donna: Tot – – schweig stille! – – ist er tot? – halt's Maul, sag mir nichts weiter. *Nach einer Pause.* Woran ist er gestorben?

Babet: Darf ich?

Donna: Sag mir woran.

Babet: Weh mir!

Donna *schlägt sie*: Woran? oder ich bohr dir das Herz durch! woran? *Sieht sich nach einem Gewehr um.*

Babet: An Gift.

Donna: An Gift? Das ist betrübt – das ist arg – abscheulich. Ja an Gift – – also – – lies mir den Brief vor.

Babet: O wie mißhandeln Sie mich. Wenn ich ihn aber lese, so ist's um mich geschehen.

Donna: Närrin! verdammte Hexe!

Babet: Sie werden mich umbringen.

Donna: Was ist's mehr, wenn ein solcher Balg umkommt? Ob ein Blasebalg mehr oder weniger in der Welt – was sind wir denn anders, Amme? ich halt mich nichts besser als meinen Hund, so lang ich ein Weib bin. Laß uns Hosen anziehn und die Männer bei ihren Haaren im Blute herumschleppen.

Babet: O Gott! was macht Ihre Lebensgeister so scharf? Ich hab Sie doch auch sanftmütiger gesehen.

Donna: Wir wollen's den Männern überlassen, den Hunden, die uns die Hände lecken und im Schlaf an die Gurgel packen. Ein Weib muß nicht sanftmütig sein, oder sie ist eine Hure, die über die Trommel gespannt werden mag. Lies Hexe! oder ich zieh dir dein Fell ab, das einzige Gut, das du noch übrig hast, und verkauf es einem Paukenschläger.

Babet *liest*: ›Wenn Dein Herz, niederträchtige Seele, noch des Schröckens fähig ist, denn alle andere Empfindungen haben es längt verlassen – Dein Vater starb an Gift. Wenn Dein Gemahl noch bei Dir ist, so sag ihm, ich werd ihm durch die Gerechtigkeit meinen Schmuck abfordern lassen, den ihr mir gestohlen habt. Dir aber will ich hiemit den Schleier abreißen und Dir zeigen wer Du bist. Nicht meine Tochter, ich konnte keine Vatermörderin gebären – Du bist – – vertauscht –‹

Donna: Nicht weiter – – nicht weiter. – Gütiger Gott und alle Heiligen! Laß einen doch zu Atem kommen. *Wirft sich auf einen Stuhl. Babet will fortschleichen, sie springt auf und reißt sie zur Erde.* Verdammter Kobold! willst du lesen?

Babet *liest*: ›Deine Mutter ist …‹

Donna: Lies.

Babet: Weh mir.

Donna: Wo du ohnmächtig wirst, so durchstoß ich, zerreiß ich dich und mich.

Babet: Weh mir.

Donna: Wer ist es?

Babet: Ich.

Donna: So stirb! damit ich auch Muttermörderin werde. Nein. *Hebt sie auf.* Komm! *Fällt ihr um den Hals und fängt laut an zu weinen.* Nein Mutter! Mutter! *Küßt ihr die Hand.* Verzeih mir Gott, wie ich dir verzeihe, daß du meine Mutter bist. *Fällt auf die Knie vor ihr.* Hier knie ich und huldige dir, ja ich bin deine Tochter, und wenn du mich mit Ruten hauen willst, sag mir's, ich will dir Dornen dazu abschneiden. Geißele mich, ich hab meinen Vater vergiftet, ich will Buße tun.

Babet: Die Zukunft wird alles aufklären. Lassen Sie mich zu Bett legen, ich halt's nicht aus.

VIERTE SZENE

[IN NAUMBURG]
Des Prinzen Zimmer

HERR V. BIEDERLING. PRINZ TANDI.

PRINZ: Ich reise, aber nicht vorwärts, zurück! ich habe genug gesehn und gehört, es wird mir zum Ekel.
HERR V. BIEDERLING: Nach Cumba?
PRINZ: Nach Cumba, einmal wieder Atem zu schöpfen. Ich glaubt in einer Welt zu sein, wo ich edlere Leute anträfe als bei mir, große, vielumfassende, vieltätige – – ich ersticke –
HERR V. BIEDERLING: Wollen Sie zur Ader lassen?
PRINZ: Spottet Ihr?
HERR V. BIEDERLING: Nein in der Tat – Sie sind so blutreich, ich glaubte im hastigen Reden wär Ihnen was zugestoßen –
PRINZ: In eurem Morast ersticke ich – treib's nicht länger – mein Seel nicht! Das der aufgeklärte Weltteil! Allenthalben wo man hinriecht Lässigkeit, faule ohnmächtige Begier, lallender Tod für Feuer und Leben, Geschwätz für Handlung – Das der berühmte Weltteil! o pfui doch!
HERR V. BIEDERLING: O erlauben Sie – Sie sind noch jung, und denn sind Sie ein Fremder und wissen sich viel in unsere Sitten zu rücken und zu schicken. Das ist nur nichts geredt.
PRINZ *faßt ihn an die Hand*: Ohne Vorurteil, mein Freund! ganz mit kaltem Blut – ich fürchte mich, weiter zu gehen, wenn mein Mißvergnügen immer so zunimmt wie bisher – Aber wißt Ihr, was die Ursache ist, daß eure Sitten nur Fremden so auffallen? – O ich mag nicht reden, ich müßt entsetzlich weit ausholen, ich will euch zufrieden lassen und nach Hause reisen, in Unschuld meine väterlichen Besitztümer zu genießen, mein Land regieren und Mauren herumziehn, daß jeder, der aus Europa kommt, erst Quarantäne hält, eh er seine Pestbeulen unter meinen Untertanen vervielfältigt.
HERR V. BIEDERLING *zieht die Schultern zusammen*: Das ist erstaunend hart, allerliebster Herr Prinz! Ich wünschte gern, daß Sie eine gute Meinung von uns nach Hause nähmen. Sie ha-

ben sich noch nicht um unsern Land- und Gartenbau bekümmert. Aber was, Sie sind noch jung, Sie müßten sich ein zehn, zwanzig Jahr wenigstens bei uns aufhalten, bis daß Sie lernten, wo wir es allen andern Nationen in der ganzen Welt zuvorgetan.

PRINZ: Im Betrügen, in der Spitzbüberei.

HERR V. BIEDERLING *ärgerlich*: Ei was? was? ich redte vom Feldbau und Sie –

PRINZ *faßt ihn an die Hand*: Alles zugestanden – ich baue zuerst mein Herz, denn um mich herum – alles zugestanden, ihr wißt erstaunlich viel, aber ihr tut nichts – ich rede nicht von Ihnen, Sie sind der wackerste Europäer, den ich kenne.

HERR V. BIEDERLING: Das bitt ich mir aus, ich schaffe den ganzen Tag.

PRINZ: Ich wollte sagen, ihr wißt nichts; alles, was ihr zusammengestoppelt, bleibt auf der Oberfläche eures Verstandes, wird zu List, nicht zu Empfindung, ihr kennt das Wort nicht einmal; was ihr Empfindung nennt, ist verkleisterte Wollust, was ihr Tugend nennt, ist Schminke, womit ihr Brutalität bestreicht. Ihr seid wunderschöne Masken mit Lastern und Niederträchtigkeiten ausgestopft wie ein Fuchsbalg mit Heu, Herz und Eingeweide sucht man vergeblich, die sind schon im zwölften Jahre zu allen Teufeln gegangen.

HERR V. BIEDERLING *ganz hastig*: Leben Sie wohl – *Kommt zurück.* Wenn Sie Lust haben, mit mir einen Spaziergang haußen vorm Tor auf mein Gut – – aber wenn Sie was zu tun haben, so schenieren Sie sich meinentwillen nicht – –

PRINZ: Ich will heut abend reisen.

HERR V. BIEDERLING: Ei so behüt und bewahr – – was haben wir Ihnen denn zu Leid getan?

PRINZ: Wollen Sie mir Ihre Tochter mitgeben? Ich geh nach Cumba zurück.

HERR V. BIEDERLING: Mitgeben? meine Tochter? was wollen Sie damit sagen?

PRINZ: Ich will Ihre Tochter zu meiner Frau machen.

HERR V. BIEDERLING: Ta ta ta, ein, zwei, drei und damit fertig. Nein, das geht so geschwind bei uns nicht, Herr!

PRINZ: Biet ihr das Königreich Cumba zur Morgengabe, die Königin meine Mutter ist tot, hier ist der Brief, und mein Vater, der meine Unschuld von Alkaln, meinem Freunde, erfahren, räumt mir Reich und Thron ein, sobald ich wieder komme.

HERR V. BIEDERLING: Ich will es alles herzlich gern glauben, aber – –

PRINZ: Will den Eid beim Allmächtigen schwören.

HERR V. BIEDERLING: Ja Eid – – was Eid – –

PRINZ: Europäer!

HERR V. BIEDERLING: Und wenn dem allen so wär auch – – meine Tochter einen so weiten Weg machen zu lassen?

PRINZ: Ist's der Vater, was aus dir spricht?

HERR V. BIEDERLING: Ei Herr! es ist – nennen Sie's, wie Sie wollen.

PRINZ: So will ich, des Vaters zu schonen, fünf Jahr in Europa bleiben. Ihre Tochter darf mich begleiten, wohin sie Lust hat, weit herum werd ich nicht mehr reisen, nur einige Standpunkte noch nehmen, aus denen ich durchs Fernglas der Vernunft die Nationen beschaue.

HERR V. BIEDERLING: Freilich! was, in Naumburg ist nichts zu machen. Es müßte denn sein, daß Sie hier auf dem Land herum die Landwirtschaft ein wenig erkundigten; wollen Sie mich morgen nach Rosenheim begleiten, das ist das Pachtgut, das der Herr Graf mir geschenkt hat, so gut als geschenkt wenigstens – –

PRINZ: Der Graf soll Ihnen nichts schenken, ich kauf es Ihnen zum Eigentum.

HERR V. BIEDERLING: Kaufen – lieber Herr Prinz –

PRINZ: So sei das vor der Hand meine Morgengabe.

HERR V. BIEDERLING: Ich werd ihn aber beleidigen, wenn ich ihm was anbiete.

PRINZ: Sie sollen ihn beleidigen, er hat Sie beleidigt, das Gastrecht verletzt, das uns heiliger sein sollte als Gottesdienst.

HERR V. BIEDERLING: Wie so? wie so? das scheint Ihnen nur so, er hat mit meiner Tochter nichts Böses im Sinn gehabt.

PRINZ: Ihr seid nicht Väter, Europäer! wenn ihr euch unmündig macht. Wer eines Mannes Kind verlüderlicht, der hat ihn an seinem Leben angetastet.

Herr v. Biederling: Der Teufel soll ihn holen, wenn ich ihm zu Dach steige.

Prinz: Nehmen Sie den Vorschlag mit Ihrer Tochter in Überlegung und sagen Sie mir wieder, ob Sie sich stark genug fühlen, nach fünf Jahren Ihr Kind auf ewig aus den Armen zu lassen. Wenn nicht, so wickle ich mich in meinen Schmerz ein und reis ohne Klage heim.

FÜNFTE SZENE

Graf Camäleon. Frau v. Biederling.

Graf: Sie sehen, gnädige Frau! wie die Sachen stehen. Meine ganze Ruhe, meine ganze Glückseligkeit in Ihren Händen. – – O Schicksal, warum mußte meines Gegners Kugel mich fehlen!

Frau v. Biederling: Ja, ich leugne nicht, Herr Graf! daß ich nicht noch unendlich viel Schwürigkeiten dabei voraussehe, nicht bloß auf meiner Seite, ich versichere Sie, denn was ich bei der Sache tun kann –

Graf: O meine gnädige *(küßt ihr die Hand)* gnädige Frau! nicht halb so viel, als Sie sich einbilden, verzeihen Sie mir meine Dreistigkeit. Alles, alles beruht bloß auf Ihre Einwilligung. Ihre Fräulein Tochter ist Ihr Conterfait, alles was ich von Ihnen erhalten kann, ist mir auch von ihr gewiß. Ein Kuß auf Ihre schönen Wangen, auf denen die Sonne in ihrem Mittage erscheint *(küßt sie)*, gilt mir eben das, was ein Kuß auf die Morgenröte von Wilhelminens –

Frau v. Biederling: Sie sind sehr galant, Sie werden nicht erwarten, daß ich Ihnen das beantworte. In Naumburg ist der Umgang auf keinen so hohen Ton gestimmt.

Graf: Aber gnädige Frau! was geben Sie mir denn für Antwort? soll ich leben oder sterben, verzweifeln oder hoffen?

Frau v. Biederling: Die Antwort müßten Sie von meiner Tochter, meinem Mann –

GRAF: Sie sind Ihre Tochter, Sie sind Ihr Mann. Ich hab Vermögen, gnädige Frau! aber es ist mir zur Last, wenn ich's nicht mit einer Person teilen kann, in deren Gesellschaft ich erst anfangen werde zu leben. Bisher bin ich nur eine Maschine gewesen, Sie haben die Welt in Wilhelminen mit einer Gottheit beschenkt, die allein im Stande ist mich zu beseelen. *Kniet.* O sehen Sie mich zu Ihren Füßen, sehen Sie mich flehen, schmachten, weinen, verzweifeln.

FRAU V. BIEDERLING: Sie sind gar zu schmeichelhaft – – aber bedenken Sie doch, was Sie verlangen! eine Heirat in der Stille, ohne Zeugen, ohne Proklamation, verzeihen Sie, ich weiß, was Sie mir einwenden werden, das ist kleinstädtisch gesprochen, nicht nach der großen Welt – – aber wer einmal so unglücklich gewesen ist, sich die Finger zu verbrennen, mein Mann und ich haben uns genug vorzuwerfen, daß wir so leichtsinnig mit unsern Kindern – mein ältester Sohn ist das Opfer davon geworden – verzeihen Sie bei der Erinnerung – ich kann's nicht unterdrücken *(weint)*, er ist nicht mehr.

GRAF *küßt ihr das Knie*: Sie werden doch kein Mißtrauen in mich setzen *(nochmals)* meine englische gnädige Frau! Wenn Sie das tun, so bin ich das unglücklichste Geschöpf unter der Sonnen, so ist kein Rat für mich übrig als die erste beste Kugel durch den Kopf. Ich müßte ja der schwärzeste Bösewicht, der nichtswürdigste verworfenste elendeste Betrüger –

FRAU V. BIEDERLING: O Herr Graf! ich beschwöre Sie, legen Sie mir's nicht dahin aus, ich habe nichts weniger als Mißtrauen in die Rechtschaffenheit Ihrer Absichten. Aber da Sie selbst flüchtig sind, da Sie verborgen bleiben müssen und hernach aus dem Lande zu gehen – ach es ist mir mit meinem Sohne eben so gegangen, wir konnten ihn keinen sicherern Händen anvertrauen.

GRAF: Madam! Sie erleben ein Unglück, wenn Sie mich nicht erhören. Ich bin zu allem fähig, ein elendes Leben kann nur für Schurken einen Reiz haben.

FRAU V. BIEDERLING: O Himmel, was werd ich noch mit Ihnen anfangen? Ich will's meinem Mann sagen, ich will's meiner Tochter vortragen.

GRAF: Ich hab alle Ursache zu glauben, daß sie mich liebt.
FRAU V. BIEDERLING: Sie könnten sich auch irren.
GRAF: Irren – – Sie töten mich.
FRAU V. BIEDERLING: Ich kann Ihnen nichts voraus versprechen, ich muß erst mit beiden geredt haben.
GRAF: Mein ganzes Vermögen ist ihre.
FRAU V. BIEDERLING: Das verlang ich nicht – können Sie auch nicht weggeben. Sie haben einen Vater, Sie haben Geschwister.
GRAF: Ich habe keinen Vater als Ihren Gemahl, keine Geschwister als Sie. Alles mach ich zu Gelde, und wenn ich nach Holland komme in die Bank damit, so vermach ich es, wenn ich will.
FRAU V. BIEDERLING: Das wär eine Ungerechtigkeit, in die ich niemals willigen würde, die ich nur Ihrer Leidenschaft zu gut halten kann.
GRAF: O wenn Sie mein Herz sehen könnten *(küßt ihr Hand und Mund)* o meine englische Mutter! haben Sie Mitleiden mit mir! Wenn Sie mein Herz sehen könnten! Wilhelminen – oder ich werde rasend.

SECHSTE SZENE

Des Prinzen Zimmer

Der BACCALAUREUS. *Der* MAGISTER BEZA. PRINZ TANDI.

ZIERAU: Hier hab ich die Ehre, Eurer Hoheit einen Gelehrten zu präsentieren, mit dem Sie vermutlich besser zufrieden sein werden, Herr Magister Beza, der den Thomas a Kempis ins Arabische übersetzt hat, und in der Philosophie und Sprachen der Morgenländer so bewandert, als ob er für Cumba geboren wäre, nicht für Sachsen.
PRINZ *nötigt sie aufs Kanapee*: So werden wir sympathisieren.
MAGISTER BEZA *steht auf*: O ergebener Diener!
ZIERAU: Der Magister ist wenigstens mit unsern Sitten noch weniger zufrieden als Eure Hoheit. Er behauptet, es könne mit

uns nicht lange währen, wir müßten im Feuer und Schwefel untergehen wie Sodom.

PRINZ: Spotten Sie nicht; dazu gehört wenig Witz.

BEZA: Ach!

PRINZ: Worüber seufzten Sie?

BEZA: Über nichts.

ZIERAU: Sie dürfen sich nicht verhehlen, Herr Magister, der Prinz ist gewiß Ihrer Meinung.

BEZA: Die Welt liegt im Argen – ist ihrem Untergange nahe.

PRINZ: Das wäre betrübt. Der Herr wollt es vorhin anders wissen. Ich denke, die Welt ist um nichts schlimmer, als sie zu allen Zeiten gewesen.

BEZA: Um nichts schlimmer? wie? um nichts schlimmer? Wo hat man vormals von dergleichen Abscheu gehört, das nicht allein jetzt zur Mode geworden ist, sondern zur Notwendigkeit. Das ist wohl *dura necessitas, durissima necessitas*. Das Saufen, Tanzen, Springen und alle Wollüste des Lebens haben so überhand genommen, daß, wer nicht mitmacht und Gott fürchtet, in Gefahr steht, alle Tage zu verhungern.

PRINZ: Warum führen Sie gerad das an?

ZIERAU: Ich muß Ihnen nur das Verständnis öffnen, der Magister ist ein erklärter Feind aller Freuden des Lebens.

PRINZ: Vielleicht nicht ganz unrecht. Das bloß Genießen scheint mir recht die Krankheit, an der die Europäer arbeiten.

ZIERAU: Was ist Leben ohne Glückseligkeit?

PRINZ: Handeln macht glücklicher als Genießen. Das Tier genießt auch.

ZIERAU: Wir handeln auch, uns Genuß zu erwerben, zu sichern.

PRINZ: Brav! wenn das geschicht! – und wir dabei auch für andere sorgen.

BEZA: Ja das ist die Freigeisterphilosophie, die Weltphilosophie, aber zu der schüttelt jeder den Kopf, dem es ein Ernst mit seiner Seele ist. Es ist alles eitel. O Eitelkeit, Eitelkeit, wie doch das die armen Menschen so fesseln kann, darüber den Himmel zu vergessen, und ist doch alles Kot, Staub, Nichts!

PRINZ: Aber wir haben einen Geist, der aus diesem Nichts etwas machen kann.

ZIERAU: Sie werden ihn nicht auf andere Gedanken bringen, ich kenne ihn, er hat den Fehler aller Deutschen, er baut sich ein System, und was dahinein nicht paßt, gehört in die Hölle.

BEZA: Und ihr Herren Kleinmeister und ihr Herren Franzosen lebt immerfort ohne System, ohne Ziel und Zweck, bis euch, mit Respekt zu sagen, der Teufel holt, und dann seid ihr verloren, hier zeitlich und dort ewig.

PRINZ: Weniger Strenge, Herr! Eins ist freilich so schlimm als das andere; wer ohne Zweck lebt, wird sich bald zu Tode leben, und wer auf der Studierstube ein System zimmert, ohne es der Welt anzupassen, der lebt entweder seinem System all Augenblick schnurstracks zuwider, oder er lebt gar nicht.

ZIERAU: Mich deucht, vernünftig leben ist das beste System.

BEZA: Ja, das ist die rechte Höhe.

PRINZ: Wohl die rechte – wird aber nie ganz erreicht. Vernunft ohne Glauben ist kurzsichtig und ohnmächtig, und ich kenne vernünftige Tiere so gut als unvernünftige. Der echten Vernunft ist der Glaube das einzige Gewicht, das ihre Triebräder in Bewegung setzen kann, sonst stehen sie still und rosten ein, und wehe denn der Maschine!

ZIERAU: Die echte Vernunft lehrt uns glücklich sein, unsern Pfad mit Blumen bestreuen.

PRINZ: Aber die Blumen welken und sterben.

BEZA: Ja wohl, ja wohl.

ZIERAU: So pflückt man neue.

PRINZ: Wenn aber der Boden keine mehr hervortreibt. Es wird doch wohl alles auf den ankommen.

ZIERAU: Wir verlieren uns in Allegorien.

PRINZ: Die leicht zu entziffern sind. Geist und Herz zu erweitern, Herr –

ZIERAU: Also nicht lieben, nicht genießen.

PRINZ: Genuß und Liebe sind das einzige Glück der Welt, nur unser innerer Zustand muß ihm den Ton geben.

BEZA: Ei was Liebe, Liebe, das ist eine saubere Religion, die uns die Bordelle noch voller stopft.

ZIERAU: Ich wünschte, wir könnten die Jugend erst lieben lehren, die Bordelle würden bald leer werden.

PRINZ: Aber es würde vielleicht um desto schlimmer mit der Welt stehn. Liebe ist Feuer, und besser ist's, man legt es zu Stroh als an ein Ährenfeld. Solang da nicht andere Anstalten vorgekehrt werden –

ZIERAU: Wenn die goldenen Zeiten wiederkommen.

PRINZ: Die stecken nur im Hirn der Dichter, und Gott sei Dank. Ich kann nicht sagen, wie mir dabei zu Mute sein würde. Wir säßen da wie Midas vielleicht, würden alles anstarren und nichts genießen können. Solang wir selbst nicht Gold sind, nützen uns die goldenen Zeiten zu nichts, und wenn wir das sind, können wir uns auch mit ehernen und bleiernen Zeiten aussöhnen.

SIEBENTE SZENE

HERR V. BIEDERLING. FRAU V. BIEDERLING.

HERR V. BIEDERLING: Ich finde nichts Unräsonnables drin, Frau, setz den Fall, daß das Mädchen ihn will, und ich habe sie schon oft ertappt, daß sie furchtsame Blicke auf ihn warf, und denn haben ihr seine Augen geantwortet, daß ich dacht, er würd sie in Brand stecken, also wenn der Himmel es so beschlossen hat, und wer weiß, was in fünf Jahren sich noch ändern kann.

FRAU V. BIEDERLING: Du hast immer einen Glauben, Berge zu versetzen, es ist die nämliche Historie wie mit deinem Sohn, die nämliche Historie.

HERR V. BIEDERLING: Red mir nicht davon, ich bitte dich. Wir werden noch Ehr und Freude an unserm Sohne erleben, wenn er nicht schon tot ist. Wenn nur der Zopf bald kommen wollte, du solltest mir andere Saiten aufziehn.

FRAU V. BIEDERLING: Wenn ich ihn wieder sehe den infamen Kerl – ich kratz ihm die Augen aus, ich sag es dir.

HERR V. BIEDERLING: Zopf ist ein ehrlicher Kerl, was willt du? Unsertwegen eine Reise nach Rom getan, wer tut ihm das nach? Und ich bin versichert, er bleibt nur deswegen so lang aus, weil er die Antwort vom Pater General erwartet, der an den Pater Mons nach Smyrna schrieben hat, was willst du denn? Wofür Teufel gibt sich der Mann all die Mühe, all die Sorgen und Reisen, du solltest dich schämen, daß du sogleich Fickel Fackel mit Ihrem bösen Leumund fertig, und der Mann tut mehr für Ihr Kind als Sie selber.

Frau v. Biederling: Du hast recht, hast immer recht, mach mit Tochter und Sohn, was dir gefällt, verkauf sie auf die Galeeren, ich will deine Strümpfe flicken und Bußlieder singen, wie's einer Frau vom Hause zukommt.

Herr v. Biederling: Nu nu, wenn Sie spürt, daß Sie unrecht hat, wird Sie böse. Wer kann dir helfen?

Frau v. Biederling: Der Tod. Ich will die Tochter zu dir schikken, mach mit ihr was dir gefällt, gnädiger Herr, ich will ganz geruhig das Ende absehen.

Prinz Tandi kommt dazu.

Prinz: Was haben Sie? ich würde untröstlich sein, wenn ich Gelegenheit zu Ihrem Mißverständnis –

Frau v. Biederling geht ab.

Herr v. Biederling: Nichts, nichts, Prinz, es ist nur ein klein bißchen Zank, eine kleine Bedenklichkeit, wollt ich sagen, eine gar zu große Bedenklichkeit von meiner Frau – sie meint nur, unser Kind einem fremden Herrn in die andere Welt mitzugeben – das ist, als ob sie eine Reise in die selige Ewigkeit –

Prinz: Sagt Wilhelmine auch so?

Herr v. Biederling: Je nun, Sie wissen, wie die Weibsen sind, wir wollen sie hören, die Mutter wird sie herbringen. Und je länger ich dem Ding nachdenke, je enger wird mir's um das Herz auch, Vater und Mutter und allen auf ewig so den Rükken zu kehren, als ob es ein Traum gewesen wäre, und gute Nacht auf ewig.

Er weint.

Prinz: Sie soll alles in mir wieder finden.

Herr v. Biederling: Aber wir nicht, Prinz, wir nicht. O du weißt nicht, was du uns all mit ihr raubst, Kalmucke! Ich willige von ganzem Herzen drein, aber was ich dabei ausstehe, das weiß Gott im Himmel allein.

PRINZ *umarmt ihn*: Mein Vater – ich will sieben Jahr in Europa bleiben.

HERR V. BIEDERLING: So recht – vielleicht bin ich tot in der Zeit, vielleicht sind wir alle beide tot. – Junge! alles kommt auf mein Mädchen an. Wenn sie sich entschließen kann – und sollt es mir das Leben kosten.

PRINZ: Wenn Sie ein Kirschenreis einem Schlehstamm einimpfen wollen, müssen Sie ihn da nicht vom alten Stamm abschneiden? Er hätte dort keine einzige Kirsche vielleicht hervorgetrieben, gebt ihm einen neuen Stamm, den er befruchten und beseligen kann, auf dem vorigen war er tot und unfruchtbar.

HERR V. BIEDERLING *springt auf*: Scharmant, scharmant – eh! sagen Sie mir das noch einmal, sagen Sie das meiner Frau und Tochter auch. Je es ist ja auch wahr, laß ich doch Maulbeerbäume aus Smyrna kommen und setz sie hier ein und bespinne hier das ganze Land mit, so wird meine Tochter ganz Cumba glücklich machen. – Sie müssen ihr das sagen.

PRINZ: Ich werb jetzt bei Ihnen um Ihr Kind. – – Hernach muß Wilhelminens Herz alleine sprechen, frei, unabhängig, wie die Gottheit, die Leben oder Tod austeilt. Kein Zureden, keine väterliche Autorität, kein Rat, oder ich spring auf der Stell in den Wagen und fort. *Frau v. Biederling mit Wilhelminen kommen.*

WILHELMINE: Was befehlen Sie von mir?

HERR V. BIEDERLING: Mädchen! – *Hustet und wischt sich die Augen. Es herrscht eine minutenlange Stille.*

PRINZ: Fräulein! es ist Zeit, ein Stillschweigen – ein Geständnis, das meine Zunge nicht machen kann – sehen Sie in meinem Aug, in dieser Träne, die ich nicht mehr hemmen kann, all meine Wünsche, all meine schimmernden Entwürfe für die Zukunft. – Wollen Sie mich glücklich machen? – Wenn dieses schnelle Erblassen und Erröten, dieses wundervolle Spiel Ihrer sanften Gesichtswellen, dieses Weinen und Lachen Ihrer Augen mir Erhörung weissagt – o mein Herz macht den untreuen Dolmetscher stumm *(drückt ihr die Hand an sein Herz)*, hier müssen Sie es sprechen hören – Dies Entzücken tötet mich.

HERR V. BIEDERLING: Antworte! was sagt dein Herz?

FRAU V. BIEDERLING: Wir haben dem Prinzen unser Wort gegeben, dir weder zuzureden noch abzuraten, das mußt du aber doch vorher wissen, daß der Herr Graf hier förmlich um dich angehalten hat und dich zur Erbin aller seiner Güter machen will.

HERR V. BIEDERLING: Und das sollst du auch vorher wissen, daß der Prinz dir ein ganzes Königreich anbietet und mir zu Gefallen noch sieben Jahr mit dir bei uns im Lande bleiben will.

WILHELMINE: Befehlen Sie über mich.

HERR V. BIEDERLING: Na das ist hier der Fall nicht, mein Kind! Still doch Frau! hast du was gesagt? Ich sage: hier mein Tochter! schlagen wir dich los von allem Gehorsam gegen uns, hier bist du selbst Vater und Mutter; was sagt dein Herz? Das ist die Frage. Beide Herren sind reich, beide haben sich schönerös gegen mich aufgeführt, beide können dein Glück machen, es kommt hier einienig auf dich an.

FRAU V. BIEDERLING: Frag dein Herz! Du weißt itzt die Bedingungen auf beiden Seiten.

HERR V. BIEDERLING: Aber das mußt du auch noch wissen, daß der Graf nicht beständig bei uns in Naumburg nisten kann, er muß eben sowohl fort und dich von uns trennen.

FRAU V. BIEDERLING: Aber er führt dich nicht weiter als Amsterdam und kommt alle Jahre herüber, uns zu besuchen.

HERR V. BIEDERLING: Ja so entschließ dich kurz, es kommt alles auf dich an. – Prinz! was sehen Sie denn so trostlos aus? Wenn's der Himmel nun so beschlossen hat, und ihr ihr Herz nichts für Sie sagt – es ist mit dem allen doch keine Kleinigkeit, bedenken Sie selber, wenn Sie billig sein wollen, ein junges unerzogenes Kind über die zweitausend Meilen – o meine Tochter, ich kann nicht – das Herz bricht mir. *Fällt ihr um den Hals.*

WILHELMINE *an seinem Halse*: Ich will ledig bleiben.

HERR V. BIEDERLING *reißt sich los*: Sackerment nein *(stampft mit dem Fuß)* das will ich nicht. Wenn ich in der Welt zu nichts nutz bin, als dein Glück zu hindern – lieber herunter mit dem alten unfruchtbaren Baume! nicht wahr, Prinz! was sagen Sie dazu?

PRINZ: Sie sind grausam, daß Sie mich zum Reden zwingen. Ein solcher Schmerz kann durch nichts gelindert werden, als Schweigen *(mit schwacher Stimme)*, Schweigen, Verstummen auf ewig. *Will gehen.*

WILHELMINE *hält ihn hastig zurück*: Ich liebe Sie.

PRINZ: Sie lieben mich. *Ihr ohnmächtig zu Füßen.*

WILHELMINE *fällt auf ihn*: O ich fühl's, daß ich ohne ihn nicht leben kann.

HERR V. BIEDERLING: Holla! Gib ihm eins auf den Mund, daß er wach wird. *Man trägt den Prinzen aufs Kanapee, wo Wilhelmine sich neben ihn setzt und ihn mit Schlagwasser bestreicht.*

PRINZ *die Augen aufschlagend*: O von einer solchen Hand ...

HERR V. BIEDERLING: Nicht wahr, das ist's. Ja, Mine! dieser Blick, den du ihm gabst. Nicht wahr, er hat's Jawort? Nun so segne euch der allmächtige Gott. *Legt seine Hände beiden auf die Stirn.* Prinz! es geht mir wie Ihnen, der Henker holt mir die Sprache und es wird nicht lang währen, so kommt die verzweifelte Ohnmacht auch ... *Mit schwacher Stimme.* Frau wirst du mich wecken? *Fällt hin.*

FRAU V. BIEDERLING: Gott, was ist ... *Hinzu.*

HERR V. BIEDERLING *springt auf*: Nichts, ich wollte nur Spaß machen. Ha ha ha, euch Weibern kann man doch umspringen wie man will. Sei nun auch hübsch lustig, mein Frauchen *(ihr unters Kinn greifend)* und schlag dir deinen Grafen aus dem Sinne, ich will ihn schon aus dem Hause schaffen, laß mich nur machen, ich hab ihn mit alledem doch nie recht leiden können.

PRINZ *zu Wilhelminen*: So bin ich denn – – *(stammelnd)* kann ich hoffen, daß ich –

WILHELMINE: Hat's Ihnen der Baum nicht schon gesagt?

PRINZ: Das einzige, was mir Mut machte, um Sie zu werben. O als der Mond mir die Züge Ihrer Hand versilberte, als ich las, was mein Herz in seinen kühnsten Ausschweifungen nicht so kühn gewesen war zu hoffen ... ach ich dachte, der Himmel sei auf die Erde herabgeleitet und ergieße sich in wonnevollen Träumen um mich herum.

HERR V. BIEDERLING: Nun Frau! was stehst? ist dir's nicht lieb, die jungen Leute so schwätzeln und mienelen und liebäugeln ... was ziehst du denn die Stirn wie ein altes Handschuhleder, geschwind, gib ihnen deinen Segen, wünsch ihnen alles, was wir genossen haben, so wird ihnen wohl sein, nicht wahr, Prinz?

FRAU V. BIEDERLING: Das Ende muß es ausweisen. *Geht ab.*

HERR V. BIEDERLING *sieht ihr nach*: Närrin! – – ist verliebt in den Grafen, das ist die ganze Sache – aber laß mich nur mit ihm reden ... wart du nur.

DRITTER AKT

ERSTE SZENE

Im Gartenhäuschen

Der GRAF *im Schlafrock trinkt Tee.* HERR V. BIEDERLING *einen großen Beutel unterm Arm.*

HERR V. BIEDERLING: Herr Graf, Sie nehmen mir nicht übel, daß ich Sie so früh überfalle. Ich habe nachgedacht, Ihr Pachtgut ist mir gar zu gut gelegen, Sie haben meiner Frau gesagt, Sie wollen Ihre Güter verkaufen und nach Amsterdam gehen, wie viel wollen Sie davor?

GRAF: Ich – von Ihnen? nichts – ich schenke Ihnen das Gut, aber unter einer Bedingung.

HERR V. BIEDERLING: Nein, nein, da wird nichts von, so können wir sein Tag nicht zusammenkommen. Ich will's Ihn nach Kronstaxe bezahlen.

GRAF: Ich nehm aber nichts.

HERR V. BIEDERLING: Sie sollen nehmen, Herr Graf, ich sag's Ihnen einmal für allemal, ich bin kein Bettler.

GRAF: So zahlen Sie, was Sie wollen.

HERR V. BIEDERLING: Nein, ich will bezahlen, was Sie wollen. Das ist nun wieder nichts. Wofür sehen Sie mich an zum Kukkuck?

GRAF: Zehntausend Taler.

HERR v. BIEDERLING: So hier sind *(zieht einen Beutel heraus)* zehn tausend Taler in Bankzeddeln und hier sind *(stellt einige Säcke im Winkel)* fünftausend Taler an Golde und Albertusgeld ... und nun profitiere ich doch dabei. Habe die Ehre mich zu empfehlen.

GRAF: Noch ein Wort. *Ihn an der Hand fassend.*

HERR v. BIEDERLING: Es ist doch so richtig? ist's nicht?

GRAF: Sie können mich zum glücklichsten Sterblichen machen.

HERR v. BIEDERLING: Wie so?

GRAF: Sie haben eine Tochter.

HERR v. BIEDERLING: Was wollen Sie damit sagen?

GRAF: Ich heirate sie.

HERR v. BIEDERLING: Da sei Gott vor. Sie ist schon seit drei Tagen Frau.

GRAF: Frau!

HERR v. BIEDERLING: Wissen Sie nichts davon? He he he, nun 's is wahr, wir haben unsere Sachen in der Stille gemacht. Der Prinz Tandi, mein ehrlicher Reisekamerad, hat sie geheiratet, es ist komisch genug das, keine Mutterseele hat's gemerkt, und doch sind sie von unserm Herrn Pfarrer Straube priesterlich getraut worden und gestern ist noch obenein groß Festin gewesen. – Wie ist Ihnen, Graf! Sie wälzen ja die Augen im Kopfe herum, daß –

GRAF: Scherzen Sie mich?

HERR v. BIEDERLING: Nein gewiß, Herr – es ist mir indessen gleichviel, wofür Sie es nehmen wollen. Und so leben Sie denn wohl.

GRAF *faßt ihm die Gurgel*: Stirb Elender, bevor –

HERR v. BIEDERLING *ringt mit ihm*: Sackerment ... ich will dich ... *(wirft ihn zu Boden und tritt ihn mit Füßen)* du Racker!

GRAF *bleibt liegen*: Besser! besser, Herr von Biederling.

HERR v. BIEDERLING *hebt ihn wieder auf*: Was wollst du denn mit mir?

GRAF *sein Knie umarmend*: Können Sie mir verzeihen?

HERR v. BIEDERLING: Nun so steht nur wieder auf! Der Teufel leide das, wenn man einem die Gurgel zudrückt – und Herr, itzt reis Er mir aus dem Hause je eher je lieber, ich leid Ihn nicht länger.

GRAF: Sagen Sie mir's noch einmal, sind sie verheiratet? wie? wo? wenn?

HERR V. BIEDERLING: Wie? Das kann ich Ihm nicht sagen, aber sie sind in Rosenheim getraut worden und gestern hat der Prinz ein Banket gegeben, wo alles, was fressen konnte, Teil daran nahm; die Tafel war von morgens bis in die sinkende Nacht gedeckt, die Türen offen, und wer wollte, kam herein, ließ sich traktieren und war lustig. Ich hab so was in meinem Leben noch nicht gesehen, die Leut waren alle wie im Himmel, und das Zeugs durcheinander, Bettler und Studenten und alte Weiber und Juden und ehrliche Bürgersleut auch genug, ich habe gelacht zuweilen, daß ich aufspringen wollte. Sehen Sie, das ist der Gebrauch in Cumba, von all den übrigen Alfanzereien bei unsern Hochzeiten wissen sie nichts, sie sagen, es braucht niemand Zeuge von unsrer Hochzeit zu sein, als unsre nächsten Anverwandte und ein Priester, der Gott um seinen Segen bittet.

GRAF: Keine Proklamation! ich sehe schon, Ihr wollt mir Flor über die Augen werfen, aber ich sehe durch. Ich sollte diese Vermählung nicht hindern? Wie aber, wenn der Prinz schon eine Gemahlin hätte?

HERR V. BIEDERLING: Ja Herr Graf! so müssen Sie mir nicht kommen. Das Mißtrauen findet nur bei uns Europäern statt. Ich habe darüber mit dem Prinzen lang ausgeredt.

GRAF: Haben die Cumbaner keine Leidenschaften?

HERR V. BIEDERLING: Nein.

GRAF: Das sagen Sie.

HERR V. BIEDERLING: Nein, sag ich Ihnen. Das macht, was weiß ich, die Erziehung macht's, die Cumbaner haben Gottesfurcht, das macht es, sie finden ihr Vergnügen an der Arbeit, mit Kopf oder Faust, das ist all eins, und nach der Arbeit kommen sie zu einander, sich zu erlustigen, Alt und Jung, Vornehm und Gering, alles durcheinander, und wer den andern das meiste Gaudium machen kann, der wird am höchsten gehalten, das macht es, sehen Sie, dabei haben sie nicht nötig den Phantaseien nachzuhängen, denn die Phantasei, sehen Sie, das ist so ein Ding ... warten Sie, wie hat er mir doch gesagt? ... in Gesellschaft ist es ganz vortrefflich, aber zu Hause taugt's ganz und gar nicht, es ist wie so ein glänzender Nebel, ein Firnis, den wir über alle Dinge streichen, die uns in Weg kommen, und wodurch wir sie reizend und angenehm machen.

GRAF *schlägt sich an die Stirn*: Oh!

HERR V. BIEDERLING: Warten Sie doch, hören Sie mich doch aus! Aber wenn wir diesen Firnis nach Haus mitnehmen, sehen Sie, da kleben wir dran und da wird denn des Teufels seine Schmiralie draus.

GRAF: Lassen Sie sich nur vorschwatzen ... geht's denn bei uns nicht eben so? müssen wir nicht arbeiten? kommen wir nicht zusammen, uns zu amüsieren?

HERR V. BIEDERLING: Ja aber nein, wir wollen nichts als uns immer amüsieren, und da schmeckt uns am Ende kein einzig Vergnügen mehr, und unser Vergnügen selber wird uns zur Pein, das ist der Unterschied. Und weil wir nicht mit Verstand arbeiten, so arbeiten wir mit der Phantasei und was weiß ich, er hat mir das alles expliziert, reden Sie selber mit ihm, Sie werden Ihre Freud an ihm haben.

GRAF: Machen Sie, daß wir gute Freunde werden, Herr von Biederling. Ich bin in der Tat begierig, ihn näher zu kennen.

HERR V. BIEDERLING: Ja, aber vor der Hand, dächt ich, Sie reisten doch immer nur in Gottes Namen nach Amsterdam. – Sie können doch bei mir lange so recht sicher nicht sein.

GRAF: Und wo soll ich hin? Alle meine Güter dem Fiskus zufallen lassen?

HERR V. BIEDERLING: Ja so ... aber hören Sie, wenn mir nur der Kurfürst nicht hernach Ansprüche gar auf mein Rosenheim macht? Was haben Sie für Nachricht von Ihrem Advokaten?

GRAF: Eben darum, nehmen Sie Ihr Geld nur wieder zurück, bis ich sichere Nachricht von meinem Advokaten habe, wie die Sache am Hofe geht. Mittlerweile können Sie die Pacht immer antreten.

Herr v. Biederling: Ja, aber so muß ich Ihnen doch den Pachtzins zahlen.

Graf: Wenn Sie mich auf meiner empfindlichsten Seite angreifen wollen.

Herr v. Biederling: Je nun – so hab ich die Ehre, mich recht schön zu bedanken, wenn Sie's denn durchaus so haben wollen. Ich will auch sehen, daß ich Sie mit dem Prinzen näher bekannt mache, es ist ein gar galanter Mann, ohne Ruhm zu melden, weil er itzt mein Schwiegersohn ist, und das, was vor acht Tagen zwischen Ihnen beiden vorgefallen, hat er längst vergessen, versichert! Es war auch so ein klein etwas cumbanisch das, denn sehen Sie, es passiert dort in der Tat für ein Laster, wenn man einem jungen Mädchen in Abwesenheit seiner Eltern was von Liebe und was weiß ich vorsagt, das wird dort eben so für Hurerei bestraft, als wenn ich einem die Gurgel zudrücke und er bleibt glücklicherweise am Leben. Habe die Ehre mich zu empfehlen.

Graf: O vorher – – – verzeihen Sie mir?

Herr v. Biederling: Nu nu, *il n'y a pas du mal*, sagt der Franzos. – Speisen Sie heut zu Mittag mit uns? mit meinem neuen Schwiegersohne, da sollen Sie ihn kennenlernen.

ZWEITE SZENE

In Immenhof

Donna Diana. Babet.

Babet *einen Brief in der Hand*: Ihre Eltern sind beide noch am Leben. Meine gute Freundin schreibt mir's, sie hat's itzt erfahren, ein gewisser Edelmann aus Triest hat sich mit ihr eingelassen, der soll mit Ihrem Vater in Briefwechsel stehen.

Donna: Die Polonaise?

Babet: Eben die.

Donna: Ei was kümmern mich meine Eltern? Schreibt sie nichts vom Grafen? besucht er sie noch?

Babet: Er ist unvermutet aus Dresden verschwunden.

Donna: Mich in Immenhof sitzen zu lassen! Hast du Geld?

BABET: Das Restchen, das Sie mir aufzuheben gaben, eh wir zum Karneval herabreisten.

DONNA: Gib's her, wir wollen ihm nachreisen und wenn er in den innersten Höhlen der Erde steckte. Ich hol ihn heraus, und wehe der Io, die ich bei ihm betreffe!

BABET: Wohin aber zuerst?

DONNA: Laß mich nur machen, ich kann dir's nicht sagen, bis wir unterwegens sind. Mein Herz wird mich schon führen, es ist wie ein Kompaß, es fehlt nicht.

BABET: In Dresden erfahren wir's gewiß, wo er steckt.

DONNA: Ich will ihn – red mir nichts! komm! Die Stelle brennt unter mir – ich wünscht, ich hätte nie Mannspersonen gesehen, oder ich könnt ihnen allen die Hälse umdrehen.

DRITTE SZENE

IN NAUMBURG

PRINZ TANDI, WILHELMINE, *sitzend bei einander auf dem Kanapee.*

PRINZ: Wollen Sie mir's denn nicht sagen, für wen Sie sich heut so geputzt haben?

WILHELMINE: Ich sag Ihnen ja, für meinen Vater.

PRINZ: Schelm! Du weißt ja, dein Vater wirft kein Auge drauf. Ja wenn du ein Seidenwürmchen wärst.

WILHELMINE: Denk doch! halten Sie's der Mühe nicht wert, ein Auge auf mich zu werfen?

PRINZ: Nein.

WILHELMINE: Ich bedanke mich.

PRINZ: Man muß sein ganzes Ich auf dich werfen.

WILHELMINE *hält ihm den Mund*: Wo du mir noch einmal so redst, so sag ich – Du bist verliebt in mich, und du hast mir so oft gesagt, die Verliebten sein nicht gescheit.

PRINZ: Ich bin aber gescheit. Ich hab's Ihnen doch noch nie gesagt, daß ich verliebt in Sie bin.

WILHELMINE: Nie gesagt? – – – Ha ha ha! armer unglücklicher Mann! nie gesagt? als nur ein halb wenig gestorben überm Sagen? o du gewaltiger Ritter.

PRINZ: Nie gesagt, mein klein Minchen! es müßte denn heute nacht gewesen sein.

WILHELMINE *hastig*: Wenn Sie mir noch einmal so reden – so werd ich böse.

PRINZ: Und was denn? haben die Müh, wieder gut zu werden.

WILHELMINE: Lasse mich scheiden.

PRINZ: Warum nicht? Du dich scheiden – kleine Närrin! da wärst du tot.

WILHELMINE: Was Sie doch nicht für eine wundergroße Meinung von sich haben? Und Sie hingen sich auf, wenn ich's täte.

PRINZ: O pfui pfui! nichts mehr von solchen Sachen. Lieber will ich doch gestehen, daß ich verliebt in dich bin.

WILHELMINE: Närrchen, der kleine glänzende Tropfen da an deinem Augenlid hat mir's lang gestanden.

PRINZ: So sei es denn gesagt. *Drückt ihre Hand an seine Augen.*

WILHELMINE: So sei es denn beantwortet. *Küßt ihn.*

Herr v. Zopf tritt herein. Sie stehen auf.

HERR V. ZOPF *im Reisekleid*: Gehorsamer Diener, Fräulein Minchen! ei wie so hübsch groß geworden sint der Zeit ich Sie zum letztenmal gesehen. Sie kennen mich gewiß nicht, ich heiße Zopf.

WILHELMINE *macht einen tiefen Knicks*: Es ist uns sehr angenehm – meine Eltern haben mir oft gesagt –

HERR V. ZOPF: Der Herr Vater nicht zu Hause? Ihre Eltern werden nicht sehr zufrieden mit mir sein, aber sie haben's nicht mehr Ursache. Ich bring Ihnen und Ihren Eltern eine angenehme Nachricht. *Zu Tandi.* Nicht wahr, Sie sind der Prinz Tandi aus Cumba? man hat mir's wenigstens in Dresden gesagt, daß Sie mit Herr von Biederling die Reise hieher gemacht. Es hätte sich nicht wunderlicher fügen können, freuen Sie sich mit uns allen, Sie sind in Ihres Vaters Hause.

PRINZ: Was?

WILHELMINE: Was?

HERR V. ZOPF: Umarmen Sie sich. Sie sind Bruder und Schwester.

Wilhelmine fällt auf den Sofa zurück. Tandi bleibt bleich mit niederhangendem Haupte stehen.

HERR V. ZOPF: Nun wie ist's? haben Sie mir keinen Dank? macht's Ihnen keine Freude? Sie können sich drauf verlassen, ich sag Ihnen, ich hab eben den Brief vom General der Jesuiten erhalten und mich gleich aufgesetzt, Ihnen die fröhliche Zeitung zu bringen. Sie sind Geschwister, das ist sicher.

Tandi will gehen. Wilhelmine springt auf und ihm um den Hals.

WILHELMINE: Wo willst du hin?

PRINZ: Laß mich!

WILHELMINE: Nein, nimmer, bis in den Tod. *Tandi macht sich los von ihr. Sie fällt in Ohnmacht.*

HERR V. ZOPF *nachdem er sie ermuntert hat*: Ich sehe wohl, Fräulein! hier muß etwas vorgefallen sein –

WILHELMINE *erwacht*: Wo ist er, ich will mit ihm sterben –

HERR V. ZOPF: Haben Sie sich etwa liebgewonnen? Es ist ja nur ein Tausch. Lieben Sie ihn jetzt als Ihren Bruder.

WILHELMINE *stößt ihn mit dem Fuß*: Fort Scheusal! fort! Wir sind Mann und Frau miteinander. Du sollst mir den Tod geben oder ihn.

HERR V. ZOPF: Gott im Himmel, was höre ich!

WILHELMINE *reißt ihm den Dolch von der Seite und setzt ihn ihm auf die Brust*: Schaff mir meinen Mann wieder. *Schmeißt den Dolch weg.* Behalt deinen verfluchten Tausch für dich – *Nimmt ihn wieder auf.* Ach oder durchstoße mich! Du hast mir das Herz schon durchbohrt, unmenschlicher Mann! es wird dir nicht schwer werden.

HERR V. ZOPF: Unter welchem unglücklichen Planeten muß ich geboren sein, daß alle meine Dienstleistungen zu nichts als Jammer ausschlagen! Ich möcht es verreden und verwünschen, meinem Nächsten zu dienen; noch in meinem ganzen Leben ist mir's nicht gelungen, einem guten Freunde was zu gut zu tun, allemal wenn mir etwas einschlug und ich glaubte ihn glücklich zu machen, so ward mir der Ausgang vergiftet und ich hatte ihn unglücklich gemacht. Es tut mir von Herzen leid, Gott weiß es –

DRITTER AKT

VIERTE SZENE

IN DRESDEN

DONNA DIANA. BABET.

DONNA: Hast du's gehört? Gustav mit ihm nach Naumburg gefahren.
BABET: Ich kann noch nicht zu mir selber kommen.
DONNA: Was ist da zu erstaunen, Närrin! was kannst du Bessers von Mannspersonen erwarten? Giftmischer Meuchelmörder alle –
BABET: Er Sie vergiften lassen? Gütiger Gott! warum?
DONNA: Warum? närrisch gefragt! darum, daß ich ihn liebte, ist's nicht Ursach genug? – – – Ach halt mir den Kopf! schnüre mich auf! es wird mir bunt vor den Augen – so – wart – keinen Spiritus *(schreit)*, keinen Spiritus!
BABET: Gott im Himmel! Sie werden ja ohnmächtig.
DONNA *mit schwacher Stimme*: Was geht's dich an, wenn ich ohnmächtig werde. *Richtet sich auf.* So! nun ist's vorbei. *Geht herum.* Nun bin ich wieder Diana. *Schlägt in die Hände.* Wir wollen dich wieder kriegen, wart nur! wart nur! Das, liebe Babet! das kannst du dir nimmer einbilden, was er angewandt hat, mich zu verführen. Da waren Schwüre, daß der Himmel sich drüber bewegte, da waren Seufzer, Heulen, Verzweiflung. *Fällt ihr um den Hals.* Babet, ich halt es nicht aus! hab Mitleiden mit mir. Wenn der Teufel in Menschengestalt umherginge, er könnte nichts Listigers ausdenken, ein Mädchenherz einzunehmen. Und nun will er mich vergiften lassen, weil ich meinen Vater ihm zu Gefallen vergiftet, meine Mutter bestohlen, entehrt bin, geflüchtet bin, von der Gerechtigkeit verfolgt, o! – vielleicht hat meine Mutter schon an Hof geschrieben, mich als eine Delinquentin aufheben zu lassen.
BABET: Beruhigen Sie sich, teure gnädige Frau! das hat sie nicht getan, nein gewiß, das wird sie nicht tun, sie weiß wohl, daß sie selber mit schuld an diesem Unglück ist, sie hat Sie Ihren Eltern gestohlen.
DONNA *steht auf*: Still davon! ich hab dir's ein für allemal verbo-

ten. Lieber meinen Vater umgebracht haben, als die Tochter eines alten angedankten Offiziers heißen, der Pachter von meinem Gemahl ist. Wie sieht sie aus, die Wilhelmine? Der Himmel hat sich versehn, wenn er sie zu einer Velas machte, ich verdient es zu sein, und du tatst recht, daß du das Ding in Ordnung brachtest.

BABET: O mein Gewissen!

DONNA: Wie sieht sie aus, geschwind! ein schön Pachtermädchen –?

BABET: Schön genug, ein Herz zu fesseln, ein paar Augen, als ob der Himmel sich auftät.

DONNA: Das ist recht: wenn er mich für einen häßlichen Affen tauschte, wär's ihm gar nicht zu vergeben. Aber hat sie Adel im Gesicht, hat sie Donna Velas in den Augen?

BABET: Würden die Eltern sie dann vertauscht haben? Eine Stumpfnase – der selige Herr rührte drei Tage keinen Bissen an. Aber als ich Sie von meiner Freundin bekam, das ist ein Velas-Gesicht, schrie er, die Adlernase soll mir den Weg zu einem Thron bahnen und mit den zwei Augen erschlag ich den König von Portugal.

DONNA: Nur still, daß ich adoptiert bin, oder es kostet dein Leben. Das Herz will ich dir mit der Zunge zum Mund herausziehn, wo du redst. Ich muß den Grafen zurückbringen und dann nach Madrid zurück. Ich will deine Prophezeiung wahr machen, armer vergifteter Papa! so hast du doch Freud im Grab über mich. Meiner Mutter die Juwelen zurück, damit sie still schweigt und denn – – ist hier noch Feuer genug? *Sieht sie an.*

BABET: Die Welt in Brand zu stecken. Aber werden Sie den Grafen zurückbringen?

DONNA: Den Grafen? Elende! O pfui doch! zurückwinken will ich ihn, den Schmetterling, und will er nicht, so hasch ich und zerdrück ihn in meiner Hand. Seine Güter sind doch mein, er ist mir rechtmäßig angetraut, ich kann Kontrakt und Siegel aufweisen.

BABET: Schonen Sie die arme Wilhelmine.

DONNA: Ei was *(schlägt sie)* Hexe! was träumst du? werd ich meine Gewalt an Pachtermädchen auslassen? Kot von Weib! wofür hältst du mich?

BABET: Aber wenn der Graf –

DONNA: Was? wenn der Graf – red aus, wenn der Graf – wenn er sie liebt, wenn er sie heiratet – ich will ihn verwirren, verzweifeln, zerscheitern durch meine Gegenwart. Wie ein Gott will ich erscheinen, meine Blicke sollen Blitz sein, mein Othem Donner – laß uns unterwegs davon reden, es ist mir Wonne, wenn ich davon reden kann. Er soll in seinem Leben vor keinem Menschen, vor Gott dem Allmächtigen nicht so gezittert haben – die verächtliche Bestie! Wenn ich nur in Madrid wäre, ich ließ' ihn in meinem Tiergarten anschließen!

FÜNFTE SZENE

IN ROSENHEIM
Ein Garten

HERR V. BIEDERLING *im leinen Kittel, eine Schaufel in der Hand.* HERR V. ZOPF.

HERR V. BIEDERLING *sieht auf*: Bist du's, Zopf? – Hier setz ich eben einen von deinen Bäumen. Nun wie steht's Leben? *(reicht ihm die Hand)* du kommst von Dresden?

HERR V. ZOPF: Ich komme – ja ich komme von Dresden. Es ist mir lieb, daß ich dich hier allein treffe. Der Freudendahl, du weißt wohl, ist mit mir, ich hab ihn in Naumburg gelassen.

HERR V. BIEDERLING: Was hat der Laffe sich in unsere Händel zu mischen? Weißt du was, ich hab hier Pulver und Blei, wir können hier unsere Sachen ausmachen.

HERR V. ZOPF: Verzeih mir! er ist Zeuge davon gewesen, daß du mir meine Ehre nahmst.

HERR V. BIEDERLING: Denk doch, und du kannst dem Fickelfakkel Leipziger Studentchen nur wiedersagen, daß ich sie dir wiedergeben habe, und wenn er's nicht glauben will, so heiß ihn einen Schurken von meinetwegen. Denk doch, ich werde um des Narren willen wohl zurückreiten? warum kam der Flegel nicht mit? – Wie gefällt dir meine Baumschule?

HERR V. ZOPF: Recht gut, Gott geb dir Gedeihen. – Aber was käm's dir denn auch darauf an, mir in Gegenwart Freudendahls eine Ehrenerklärung – mit ein paar Worten ist die ganze Sache getan.

HERR V. BIEDERLING: Dir abbitten? – Nein, Bruder! das geschieht nicht *(fährt fort zu graben)*, ich zieh mein Wort nicht zurück, tu was du willt.

HERR V. ZOPF: Hast du mich denn nicht beleidigt? In einem öffentlichen Gasthofe beim ersten Kompliment gleich mit Schimpf und Stockschlägen –

HERR V. BIEDERLING: Du hattst mich auch beleidigt.

HERR V. ZOPF: Wenn ich alles in der Welt tue, dir Dienste zu leisten? Das ist himmelschreiend.

HERR V. BIEDERLING: Wenn ich nüchternen Muts gewesen, wär's vielleicht nicht so weit kommen, aber – wärm mir den alten Kohl nicht wieder auf, kurz und gut. Und deine Dienste, was Sackerment helfen mir die Dienste, mein Kind verwahrlost, da ich mich auf dich verließ.

HERR V. ZOPF: Das einzige, was ich mir vorzuwerfen habe, daß ich ihn nach Smyrna mitnahm.

HERR V. BIEDERLING: Nicht das, Bruder Monsieur! wo du warst, mußte mein Sohn immer auch gut aufgehoben sein, aber daß du ihn den Jesuiten mitgabst, um seiner loszuwerden, eh! du Jesuit selber, da steckt's *(wirft die Schaufel weg)* komm, komm heraus itzt, ich bin jetzt eben in der rechten Laune, ein paar Kugeln mit dir zu wechseln.

HERR V. ZOPF: Hier hab ich Seidenwürmereier mitgebracht.

HERR V. BIEDERLING: Zeig *(wischt sich die Hand an den Hosen)*, zeig her! *Macht sie auf.* Das ist gut Dings, das ist ganz artig, jetzt soll's mit meinem Seidenbau losgehn daß es wettert; allein – aber wo tausend noch einmal sie sind doch nicht feucht geworden? a propos! hast du denn – weißt du nicht, hör einmal! mit dem Ofen, der dazu muß gebauet werden, wie macht man das? ich denk, ich muß nach Leipzig an einen Gelehrten schreiben.

HERR V. ZOPF: Ich dächte, du tätest lieber eine Reise hin.

HERR V. BIEDERLING: Oder ich will den jungen Zierau in Naumburg, das will doch auch ein Ökonom sonst sein – was es doch für wunderbare Geschöpfe Gottes in der Welt gibt, so ein klein schwarz Eichen! wer sollte das meinen, daß da ein Ding herauskommt, das so erstaunende Gewebe spinnt? A propos! hast du keine Nachricht von Rom?

Herr v. Zopf: Ja freilich und recht erwünschte.

Herr v. Biederling: O mein allerliebster Zopf *(ihm um den Hals fallend)* bald hätt ich Ei und alles verschüttet – was ist's, was gibt's? ist er noch am Leben? ist eine Spur von Hoffnung da?

Herr v. Zopf: Er lebt nicht allein, er ist wiederfunden worden, du wirst ihn sehen.

Herr v. Biederling: O du bist ein Engel, so schießen wir uns nicht, so ist alles vergeben und vergessen. Verzeih du mir nur, ich will dich in Dresden auf dem öffentlichen Rathaus um Verzeihung bitten.

Herr v. Zopf: Komm nur mit zurück nach Naumburg, da will ich dir meinen Brief vorlesen, aber nicht eher, als bis du mich in Gegenwart Freudendahls um Verzeihung bittest. Hernach wollen wir zusammen in dein Haus gehn, da werden dir die Deinigen das übrige erzählen.

SECHSTE SZENE

In Naumburg

Wilhelmine *auf einem Bette liegend.* Frau v. Biederling *und* Graf Camäleon *stehen vor ihr.*

Wilhelmine: Ich will von keinem Troste wissen, laßt mich, laßt mich, ich will sterben.

Frau v. Biederling: Deiner Mutter zu lieb, deinem Vater – nur ein klein klein Schälchen warme Suppe – – Du tötest uns mit deinem verzweifelten Gram.

Wilhelmine: Wie soll ich essen, er ist nicht mehr da, wie kann ich essen? Ohne Abschied von mir zu nehmen. Er ist erschossen; er ist ertrunken! o liebe Mama! warum wollen Sie grausamer gegen Ihr Kind sein als alles, was grausam ist? warum wollen Sie mich nicht sterben lassen?

FRAU V. BIEDERLING: Der Unmensch! ohne seine Mutter zu sehen.
GRAF: Wenn man nur erraten könnte, wo er wäre. Und sollt ich bis an den Hof reisen.
FRAU V. BIEDERLING: O Herr Graf! womit haben wir die Güte verdient, die Sie für unser Haus haben?
GRAF: Ich will gleich meinen Gustav nach Dresden abfertigen, vielleicht frägt er ihn dort aus. Ich weiß schon, zu wem ich ihn schicke.
FRAU V. BIEDERLING: Ich möchte den Schlag kriegen, wenn ich der Sache nachdenke. Mein einziger Sohn – ich hab ihn vor den Augen und – fort –
WILHELMINE: O weh! o weh!
FRAU V. BIEDERLING: Soll man den Doktor holen? Unbarmherziges Kind!
WILHELMINE: Ja wenn er töten kann, holen Sie ihn.
GRAF: Um Ihrer unschätzbaren Gesundheit willen –
FRAU V. BIEDERLING: Da hilft kein Zureden, Herr Graf! Der liebe Gott hat beschlossen, es aus mit uns zu machen. O ich unglücklich Weib! *Weint.*
Herr v. Biederling kommt.
HERR V. BIEDERLING: Hopsa, Viktoria, Vivat! Was gibt's, Weib! Mädchen! wo steckt ihr? wo ist unser Sohn? geschwind heraus mit ihm, wo ist er? – Na was soll das bedeuten?
FRAU V. BIEDERLING: Nach wem fragst du?
HERR V. BIEDERLING: Ist das Freud oder Leid? – – Ha ha, ich merk, ihr wollt mich überrumpeln. Nur heraus mit ihm, ich weil alles, Zopf hat mir alles gesagt – –
FRAU V. BIEDERLING: Du weißt alles und kannst lustig sein? Nun so sei doch die Stunde verflucht – –
HERR V. BIEDERLING: Nun was ist's, Gott und Herr! fängst du schon wieder an zu weissagen? – wo ist er?
FRAU V. BIEDERLING: Reis ihm nach, Unmensch! es ist dein Ebenbild.
GRAF: Der Prinz ist verschwunden.
HERR V. BIEDERLING: Tausend Sackerment, was geht mich der Prinz an? nach meinem Sohn frage ich.
FRAU V. BIEDERLING: Ist der Mann rasend worden?

HERR v. BIEDERLING: Meinen Sohn! heraus damit, oder ich werd rasend werden, was sollen die Narrenspossen, ich will ihn sehen. Mine, wo ist dein Bruder, ich befehle dir, daß du mir's sagen sollt.

WILHELMINE *schluchsend*: Der Prinz?

HERR v. BIEDERLING: Der Prinz dein – *Sinkt auf einen Stuhl*. Gott allmächtiger Vater –

FRAU v. BIEDERLING: Hat's dir Zopf nicht gesagt?

HERR v. BIEDERLING *starr an die Erde sehend*: Nichts – nichts –

GRAF: Er ist verschwunden, kein Mensch kann ihn erfragen, ich will aber sogleich – *Geht ab*.

FRAU v. BIEDERLING: Er hat ein englisches Gemüt, der Graf.

HERR v. BIEDERLING: Das – das – *Steht auf und geht herum*. Gott du Allmächtiger! womit hab ich deinen Zorn verdient?

Magister Beza kommt.

MAGISTER BEZA: Ich komme, Ihnen meinen herzlichen Glückwunsch und zugleich meine aufrichtige Kondolenz –

HERR v. BIEDERLING: Hier, Herr Magister! reden Sie mit meiner Frau, ich kann Ihnen nicht antworten. Hier ist lauter Jammer im Hause. *Setzt sich aufs Bett*. Mine! Mine! was werden wir anfangen?

MAGISTER: Erlauben Sie mir, Ihnen zu sagen – mir ist alles bekannt, es hat sich das Gerücht von dieser wunderseltsamen Begebenheit schon in ganz Naumburg ausgebreitet, aber erlauben Sie mir, Ihnen zu Ihrem Trost aus Gottes Wort zu zeigen, daß bei der ganzen Sache Gott Lob und Dank nicht die geringste Gefahr ist.

HERR v. BIEDERLING: Wie das? Herr Magister! wie das?

MAGISTER: Ja das ist zu weitläufig Ihnen hier zu explizieren, aber soviel kann ich Ihnen sagen, daß die größten Gottesgelehrten schon über diesen Punkt einig –

HERR v. BIEDERLING: So will ich eine Reise nach Leipzig, vielleicht können sie mir die Heirat gültig machen. Herr Magister, Sie begleiten mich – Mine, beruhige dich.

WILHELMINE: Nimmer und in Ewigkeit.

MAGISTER: Ja, wenn ich nur von meiner Schule mich losmachen – ich wollte Ihnen sonst aus den arabischen Sitten und Gebräuchen klar und deutlich beweisen –

HERR V. BIEDERLING: Ei was, mit der Schule, das will ich verantworten, kommen Sie nur mit mir, Sie können vielleicht den Leipziger Gelehrten noch manches Licht über die Sachen geben, das bin ich versichert, Herr Magister, Sie sind ein gelehrter Mann, das ist der ganzen Welt bekannt.

MAGISTER: O! – ach! –

HERR V. BIEDERLING: Mine! liebe Mine, so beruhige dich doch! Wir wollen gleich einsteigen, Herr! er wird noch nicht abgespannt haben, und vor allen Dingen zuerst den Prinzen aufsuchen. – Mine, gutes Muts, ich bitt dich um Gotteswillen. *Ab.*

SIEBENTE SZENE

AUF DER LANDSTRASSE VON DRESDEN

DONNA DIANA, BABET, *fahren in der Kutsche.* GUSTAV *begegnet ihnen reitend.*

DONNA *aus der Kutsche*: Halt, wo willt du hin?

GUSTAV *fällt vom Pferde*: Gnädige Frau!

DONNA: Nun bin ich gerochen. Der Junge hat Gewissen. *Springt aus dem Wagen.* Wohin? *(faßt ihn an)* den Augenblick gesteh mir's.

GUSTAV *zitternd*: Nach Dresden.

DONNA: Hinein in die Kutsch mit dir, und dein Pferd mag nach Dresden laufen. Was hast du dort zu bestellen gehabt?

GUSTAV: Ich weiß nicht mehr.

DONNA: Gesteh!

GUSTAV: Zusehen, ob der Prinz Tandi dort sei.

DONNA: Mag dein Pferd zusehn. *Faßt ihn untern Arm.* In die Kutsche mit dir! sei getrost Junge! es soll dir nichts Leids widerfahren. Du bist mir zu elend, Kreatur! als daß ich mich an dir rächen könnte. Aber hier gesteh mir nur, hat dein Herr Anteil an meiner Ermordung gehabt?

GUSTAV: Gnädige Frau!

Donna: Wurm, krümme dich nicht, oder ich zertret dich, hat dein Herr Anteil an meiner Ermordung gehabt?

Gustav: Ich will Ihnen alles erzählen.

Donna: So auf denn, in die Kutsche, du sollst das Vergnügen haben mit mir zu fahren. Sei ohne Furcht, wir wollen die besten Freunde von der Welt werden, denn was der Graf dir gibt, kann ich dir auch geben. *Steigen in die Kutsche.* Fahrt zu!

ACHTE SZENE

NAUMBURG

Frau v. Biederling, Wilhelmine, *jede einen Brief in der Hand.*

Frau v. Biederling: Doch in Leipzig – *Liest.*

Wilhelmine: Erst nach fünf Jahren – Unmenschlicher! *Liest.*

Frau v. Biederling: Ich bin fertig.

Wilhelmine *küßt ihren Brief*: Doch! *Reicht ihn der Mutter.* Mein Todesurteil. – Er will, ich soll ihn erst hassen lernen, bevor ich ihn sehen darf.

Frau v. Biederling: Da kannst du sehn, wie er gegen dich gedacht hat. Ich wünschte nicht, daß der Vater ihn zurückbrächte, er hat kein Gemüt für dich, er hat dich nie geliebt.

Wilhelmine: Wenn Sie ihn kennten.

Frau v. Biederling: Ist das Zärtlichkeit? So müßt es wunderlich zugehn in einem zärtlichen Herzen. Der Graf ist ein Fremder und fühlt mehr dabei. Ich bin versichert, er hat gestern Nachts kein Auge zugemacht, er fällt ja ganz ab, der arme Mensch.

Wilhelmine: Mama – Sie tun ihm unrecht, Gott weiß, Sie tun ihm unrecht.

Frau v. Biederling: Ich verbiete dir, mir jemals wieder von ihm zu reden.

Wilhelmine: Er ist aber Ihr Sohn.

Frau v. Biederling: Mit drei Worten bittet er mich ganz kalt, nach Leipzig zu kommen, dir aber nichts davon zu sagen. – Du mußt ihn vergessen.

Wilhelmine: Vergessen?

Frau v. Biederling: Was denn? dich zu Tod um ihn grämen? – Um ihn zu vergessen, mußt du dich zerstreuen, dein Herz an andere Gegenstände gewöhnen, bis du Meister drüber bist. Du warst ja wie blind, so lang er um dich war. Ich werd nicht nach Leipzig reisen, du liegst mir zu sehr am Herzen.

Wilhelmine: Ach meine gütige Mutter!

Frau v. Biederling: Wenn du ihr nur folgen wolltest.

Wilhelmine: Erst nach fünf Jahren?

Frau v. Biederling: Vergiß ihn.

Wilhelmine: Er hält es für Sünde, mich eher zu sehen?

Frau v. Biederling: Er hat dich nie geliebt. Vergiß ihn.

Wilhelmine: Wenn ich nur könnte.

Frau v. Biederling: Du mußt – oder du machst uns alle unglücklich.

Wilhelmine: Ja ich will ihn hassen, damit ich ihn vergessen kann.

NEUNTE SZENE

Ein Kaffeehaus in Leipzig

Herr v. Biederling *und* Magister *rauchen Tabak, der* Kaffeewirt *steht vor ihnen, schenkt ihnen ein.*

Kaffeewirt: Ja es ist ein eigener Hecht, wir haben hier viel gehabt, aber von der Espèce nicht. Da war einer, der hundert tausend Gulden hier jährlich verzehrt hat und lag den ganzen Tag bei Keinerts, aber er machte nichts, behüte Gott! er hatte sein Buch in der Hand und studierte dort, der selige Professor Gellert selber hat ihm das Zeugnis gegeben, er sei der geschickteste Mann unter allen seinen Zuhörern gewesen.

Herr v. Biederling: Und wissen nicht, wo er itzt logiert?

Kaffeewirt: Der Prinz aus Arabien? ei nun, das wollen wir bald wissen. Sie dürften nur im Vorbeigehn im Blauen Engel nachfragen, da werden Sie Wunderdinge von ihm hören. Alle Tage, sag ich Ihnen, ist Assemblee bei ihm von Buckligten, Lahmen, Blinden, fressen und saufen auf seine Rechnung, als ob sie in einem Feenschloß wären, denn ihn kriegt man nie zu sehen. Ich sagte neulich zum Herrn Gevatter im Engel: Weiß er denn nicht, daß in Arabien viel Brahminen, oder wie heißen die Mönche da, die tun oft dergleichen Gelübde und ziehn in der Welt herum.

MAGISTER: O der Einfalt!

KAFFEEWIRT: He he he, Herr Magister! Sie müssen mich derhalben nicht auslachen, ich rede von den Sachen, wie ich's verstehe. Andere wollen sagen, er hab ein Duell gehabt, und um sich das Gewissen etwas leichter zu machen – das ist wahr, daß er was auf dem Herzen haben muß, denn ich hab ihn einmal gesehen, da sah er aus, Gott verzeih mir, wie ein Eccehomo.

HERR V. BIEDERLING *eben im Trinken begriffen, läßt die Tasse aus der Hand fallen*: Herr! warum erzählt Er mir das?

KAFFEEWIRT: Ja so – ich wußte nicht, daß Sie den Herrn kennten, ich bitt um Verzeihung. – Marqueur, lauft gleich in Engel, fragt nach, wo der fremde Prinz logiert, der vorige Woche ankommen ist.

ZEHNTE SZENE

Ein Saal. Gedeckte Tafel

Bediente. Eine Gesellschaft Bettler und Pöbel um den Tisch herum schmausend.

EIN BUCKLIGTER: Des Prinzen Gesundheit, ihr Herren!

LAHMER: Ein braver Herr! Gott tröst ihn!

BLINDER: Wenn mir Gott nur die Gnade verleihen wollt, ihn von Angesicht zu sehen.

EIN ANDERER BLINDER: Ich wünscht ihn nicht zu sehen, er soll ja immer so traurig aussehn und das würd mir das Herz brechen.

LAHMER: Er soll ein wunderschön Weib verloren haben. Ja ja, der Tod will auch was Saubers haben, die lahmen Hunde läßt er leben. *Schenkt sich ein.* Ihre Gesundheit Leut, trinkt ihre Gesundheit. *Stoßen an.*

BLINDER: Wo seid ihr, ich will auch anstoßen!

LAHMER: Ihr nicht, sonst begießt Ihr uns die Hosen.

PRINZ TANDI *kommt herein*: Was macht ihr? wen gilt's?

LAHMER *steht auf*: Herr, Ihr kommt zu rechter Zeit *(schenkt sich ein)*, ich muß Euch was ins Ohr sagen, gnädiger Herr. *Hinkt auf der Krücke zu ihm.*

PRINZ *geht ihm entgegen*: So bleibt doch, ich kann ja zu Euch kommen. *Beide bleiben mitten in der Stube stehen.*

LAHMER *hebt das Glas in die Höhe*: Herr Prinz! Gott wird mich erhören, ich trink eine Gesundheit, die sich nicht sagen läßt, aber sie geht mir von Herzen, Gott weiß!

PRINZ: Wessen denn? heraus damit.

LAHMER: Ja verstellt Euch nur, Ihr wißt wohl, wen ich meine. Es lebe – haben Sie die werten Eltern noch am Leben? nun so gehen die voran *(trinkt das Glas aus)*, aber das war noch nicht das rechte. *Wieder zum Tisch und schenkt sich ein.*

PRINZ: Ich wollt, ich könnte dir die Füße wiedergeben.

LAHMER: Braucht sie nicht – *Hinkt aber zum Prinzen, das Glas hoch.* Es lebe – es lebe – es lebe *(bei ihm)* Euer allerdurchlauchtigster Schatz. *Trinkt. Prinz schleunig ab.*

ALLE: Des Prinzen Schatz! *Werfen die Gläser aus dem Fenster.*

Herr v. Biederling und der Magister treten herein.

HERR V. BIEDERLING: Ei der Hagel! was ist das? bald möcht ich lachen.

MAGISTER: Orientalisch! orientalisch!

LAHMER: Kommt ihr müßt mit uns trinken. *Bringt Biederling ein Glas.* Geschwind, kein Cerimoniums! und Ihr Herr Schwarzrock, du Buckel! hol' Glas her, hurtig.

HERR V. BIEDERLING: Aber Ihr seid mir ein schlechter Kredenzer, Ihr habt mir das Glas halb ausgeschüttet.

LAHMER: Und Ihr jagt das Glas so in Hals, ohn einmal dabei zu sagen: auf des Prinzen Wohlsein? Wollt Ihr den Augenblick sagen oder – *Hebt den Stock und fällt überlang.*

HERR V. BIEDERLING: Ha ha ha, auf des Prinzen Wohlsein. *Zum Magister.* Hören Sie, das Ding geht mir durchs Herz, ich könnte weinen darüber.

MAGISTER *trinkt*: Auf des Prinzen Wohlsein.

HERR V. BIEDERLING *zu einem Bedienten*: Geht sagt meinem Sohne, ich möcht ihn sprechen.

LAHMER: Was denn? Euer Sohn? nu so *(wirft die Krücke in die Höh und fällt wieder zu Boden)*, nu so – Ist's wahr, daß Ihr sein Papa seid? Das wird ihm Freude machen, das wird ihm Freude machen, ich hab Eure Gesundheit trunken, Gott hat mein Gebet erhört. – Sauft Brüder, sauft! wenn mir einer hundert Taler geschenkt hätte, so vergnügt hätte es mich nicht gemacht.

EILFTE SZENE

Ein Gärtchen am Gasthofe

PRINZ TANDI. MAGISTER BEZA. BEDIENTER.

PRINZ: Ich kann ihn nicht sehen, ich kann noch nicht. Fühlt Ihr das nicht, warum? Und wollt trösten, mit solch einem Herzen trösten? Leidige Tröster, laßt mich!

BEZA: Aber womit hab ich denn verdient, daß Sie mir Ungerechtigkeiten sagen? Da ich in der besten Absicht und so zu sagen von Amts und Gewissens wegen –

PRINZ: Ich hasse die Freunde in der Not, sie sind grausamer als die ärgsten Feinde, weit grausamer. Ihr kommt, Höllenstein in meine offne Wunde zu streuen, fort von mir.

BEZA: Ich kann und darf Sie nicht verlassen. Die christliche Liebe –

PRINZ: Ha die christliche Liebe! entehrt das Wort nicht! wenn Ihr mit mir fühltet, so würdet Ihr begreifen, daß das, was Ihr dem Unglücklichen nehmen wollt, sein Schmerz, sein einziges höchstes Gut ist; das letzte, das ihm übrig bleibt, entreißt ihr ihm, Barbaren!

BEZA: Was das nun wieder geredt ist.

PRINZ: Es ist wahr geredt! Ihr habt noch nie alles verloren, alles, alles, was Ruhe der Seelen und Wonne nach der Arbeit geben kann; jetzt muß ich meine Wonne in Tränen und Seufzern suchen, und wenn Ihr mir die nehmt, was bleibt mir übrig, als kalte Verzweiflung.

BEZA: Wenn ich Ihnen nun aber begreiflich mache, daß all Ihre

Bedenklichkeiten nichts sind, daß Gott die nahen Heiraten nicht verboten hat –

PRINZ: Nicht verboten?

BEZA: Daß das in der besondern Staatsverfassung der Juden seinen Grund gehabt, in den Sitten, in den Gebräuchen, daß weil sie ihre nächsten Anverwandte ohne Schleier sehen durften, um der frühzeitigen Hurerei vorzubeugen –

PRINZ: Wer erzählt Euch das? Weil die Ehen mit Verwandten verboten waren, durften sie sie ohne Schleier sehen, wie die Römer sie küssen durften. Wenn Gott keine andere Ursach zu dem Verbot gehabt, dürfte er nur das Entschleiern verboten haben.

BEZA: Sie sollten nur den Michaelis lesen. Es war eine bloß politische Einrichtung Gottes, die uns nichts anging, wenn's ein allgemein Naturgesetz gewesen wäre, würde Gott die Ursache des Verbots dazu gesetzt haben.

PRINZ: Steht sie nicht da? steht sie nicht mit großen Buchstaben da? soll ich Euch den Star stechen?

BEZA: Ja was? was? du sollt deine Schwester nicht heiraten, denn sie ist deine Schwester.

PRINZ: Versteht Ihr das nicht? Weh Euch, daß Ihr's nicht versteht. Auf Eurem Antlitz danken solltet Ihr, daß der Gesetzgeber anders sah als durch Eure Brille. Er hat die ewigen Verhältnisse geordnet, die euch allein Freud und Glückseligkeit im Leben geben können, und ihr wollt sie zerstören? O ihr Giganten, hütet euch, daß nicht der Berg über euch kommt, wenn ihr gegen den Donnerer stürmen wollt. Was macht das Glück der Welt, wenn es nicht das harmonische, gottgefällige Spiel der Empfindungen, die von der elendesten Kreatur bis zu Gott hinauf in ewigem Verhältnis zu einander stimmen? Wollt ihr den Unterschied aufheben, der zwischen den Namen Vater, Sohn, Schwester, Braut, Mutter, Blutsfreundin obwaltet? wollt ihr bei einem nichts anders denken, keine andere Regung fühlen als beim andern? nun wohl, so hebt euch denn nicht übers Vieh, das neben euch ohne Unterschied und Ordnung bespringt was ihm zu nahe kommt, und laßt die ganze weite Welt meinethalben zum Schweinstall werden.

BEZA: Das ist betrübt. Sie sind hartnäckig darauf, Ihr Gewissen unnötiger Weise zu beschweren, sich und Ihre Schwester unglücklich zu machen –

PRINZ: Das war ein Folterstoß. Solltest du dies Gemälde nicht lieber aus meiner Phantasei weggewischt haben? Ich sehe sie da liegen, mit sich selbst uneins, voll Haß und Liebe den edlen Kampf kämpfen, die Götter anklagen und vor Gott sich stumm hinwinden – *Fällt auf eine Grasbank.* Ach Grausamer!

BEZA *nähert sich ihm*: Alles das können Sie ihr ersparen.

PRINZ: Und das Gewissen vergiften? Fort, Verräter! das Bewußtsein, recht getan zu haben, kann nie unglücklich machen. Gram und Schmerz ist noch kein Unglück, sie gelten ein zweideutig Glück, dessen unterste Grundlage Gewissensangst ist. Wilhelmine wird nicht ewig elend sein: unverwahrloste Schönheit hat Beistand im Himmel und braucht keines verräterischen Trostes.

BEZA: Soll ich Ihren Vater rufen?

PRINZ: Um ihr Bild mir zu erneuern? – Hinter mich, Satan! *Stoßt ihn zum Garten naus.*

ZWÖLFTE SZENE

Eine Straße in Leipzig

HERR V. BIEDERLING. MAGISTER BEZA.

HERR V. BIEDERLING: Nichts. Ich will an Hof reisen, und wenn das Konsistorium die Heirat gut heißt, soll er mir sein Weib wiedernehmen und sollt ich ihn mit Wasser und Brot dazu zwingen. Wenn der Bengel nicht mit gutem will – meinethalben, er soll mich nicht zu sehen kriegen, aber er soll mich fühlen. Und Sie bleiben hier incognito, Herr Magister! und wenden kein Auge von ihm, ich denke, er wird sobald nicht aus Leipzig, und im Fall der Not dürfen Sie nur von meinetwegen Arrest auf seine Sachen legen, er kann nicht fortreisen, wenn er eine Sache hat, die noch anhängig beim Gerichte des Landes ist.

DREIZEHNTE SZENE

In Naumburg

Graf Camäleon. Zierau.

Graf: Ich möchte das artige junge Weib gern aus ihrer Melancholei heraustanzen. Ihr Vater soll ein artiges Landhaus hier in der Nähe haben, könnten wir wohl da Platz für ein zwanzig, dreißig Personen –

Zierau: Lassen Sie mich nur dafür sorgen. Obschon mein Vater nicht zu Hause ist – ich werd es bei ihm zu verantworten wissen.

Graf: Was könnte der Spaß kosten?

Zierau: Geben Sie mir vor der Hand ein zwanzig, dreißig Dukaten in die Hand, ich will sehen, wie weit ich mit komme. Es kommt oft viel darauf an, wie man die erste Einrichtung macht –

Graf: Es kommt hier hauptsächlich auf Geschmack an, und ich weiß, den haben Sie. An den Kosten brauchen Sie mir nichts zu sparen. Wie weit ist's von hier?

Zierau: Eine gute Stunde.

Graf: Desto besser, ich säh gern, daß wir einige Tage drauß blieben. Hätten Sie Betten im Notfall?

Zierau: Ich kann schon welche bereit halten lassen.

Graf: Ich möcht überhaupt die Gelegenheit besehen. Wollen wir eine Spazierfahrt hinaustun? Gustav! – Johann! wollt ich sagen, ist Gustav noch nicht zurück? Spannt mir das Cabriolet an, ich will ausfahren mit dem Herrn da.

Zierau: Ich will gleich vorher gehn und Anstalten machen, daß die gehörige Provisionen an feinen Weinen und an Punsch, Arrak, Zitronen – die Dames lieben das, wenn sie getanzt haben.

Graf: Können Sie guten Punsch machen? und stark, sonst lohnt's nicht.

Zierau: Ich weiß nichts Reizenders als eine Dame mit einem kleinen Räuschchen. Sollen auch Masken ausgeteilt werden?

Graf: O ja, wer will – das war ein guter Einfall – ich will selbst en Masque erscheinen – recht so, es soll niemand ohne Maske heraufgelassen werden – und ein bequem Zimmer zum Umkleiden haben Sie doch? wir wollen alles besehen.

VIERTER AKT

ERSTE SZENE

In Naumburg

Frau v. Biederling *legt zwei Domino übern Stuhl.* Wilhelmine *am Rahmen nähend.*

Wilhelmine: Aufrichtig zu sein –
Frau v. Biederling: Na was ist?
Wilhelmine: Wenn ich Ihnen die Wahrheit sagen soll, Mama –
Frau v. Biederling: Sag ich nicht? So oft Sie am Rahmen sitzt, ist's, als ob ein böser Geist in Sie – weißt du denn nicht, daß es Sünde ist, an ihn zu denken? wozu soll die Narrenteiding, wahrhaftig eh du dich versiehst, schneid ich's heraus und ins Feuer damit.
Wilhelmine: Sie würden damit nur übel ärger machen.
Frau v. Biederling: Willst du dich anziehn oder nicht? Ganz gewiß wird die Gesellschaft schon einige Stunden auf uns gewartet haben.
Wilhelmine *seufzt*: Sie werden böse werden.
Frau v. Biederling: Was denn? Hast du schon wieder deinen Kopf geändert? Alberne Kreatur. Nein, Gott weiß, das ist nicht auszustehen. Gestern verspricht Sie dem Grafen feierlich –
Wilhelmine: Ihnen zu Gefallen.
Frau v. Biederling: Mir? willst du ewig zu Hause hucken und dir den Narren weinen? was soll da herauskommen? Geschwind tu dich an, es soll dich nicht gereuen, du bist ja unter der Maske, kannst tanzen oder zusehn, wie dir's gefällt, wenn du dich nur zerstreust.

WILHELMINE: Ach in solcher Gesellschaft! Lustige Gesellschaft ist eine Folterbank für Unglückliche.
FRAU V. BIEDERLING: Was denn? zu Hause sitzen und Verse machen? – Da kommt wahrhaftig schon Botschaft nach uns.
ZIERAU *ganz geputzt*: Verzeihen Sie, gnädige Frau! ... gnädige! daß ich Sie vielleicht zu früh überfalle. Ich bin mit der Kutsche hereingefahren, Sie abzuholen. *Zu Wilhelminen.* Es ist ein klein Divertissement, so Sie Ihrem Schmerz geben.
WILHELMINE: Hier ist mein Divertissement.
ZIERAU: Wie? was? Ach Sie machen's wie Penelope, um die Anbeter Ihrer Reizungen aufzuhalten – nicht wahr, bis Sie die Stickerei fertig haben, dann – Was ist das Dessin, mit Ihrer gnädigen Erlaubnis *(stellt sich vor den Rahmen)*, wie, das ist ja vortrefflich, vortrefflich – aber zu betrübt, gnädige Frau, viel zu ernsthaft, zu schwarz – bei allen Liebesgöttern und Grazien! das ist ja wohl gar Hymen, der seine Fackel auslöscht. Aus welchem alten Leichensermon haben Sie denn die Idee entlehnt? Vortrefflich gezeichnet, das ist wahr, die Stickerei ist bewundernswürdig! wie sein trostloses Auge durch die Hand blickt, mit der er die Stirn hält! das bringt all mein Blut in Bewegung.
WILHELMINE: Es ist aus einer Vignette über Hallers Ode auf seine Mariane.
ZIERAU: Ei so lassen Sie Haller Haller sein, hat er doch auch wieder geheiratet.
WILHELMINE: Ich wünscht, ich hätt eine Leiche zu beweinen. Aber itzt, da Hymen unsere Fackel auslöscht, eh sie ausgebrannt ist, itzt – *Weint.* Sprechen Sie mich los, Herr Baccalaureus, der Graf wird mir's nicht übel nehmen.
ZIERAU: Aber mir. Das ganze Fest verliert seinen Glanz, wenn Sie nicht drauf erscheinen. Sie dürfen sich nur zeigen, Sie dürfen nicht tanzen: Bedenken Sie, daß Sie den Himmel von Grazie der Welt schuldig sind.
WILHELMINE: Ich kann Ihre Schmeicheleien jetzt mit nichts beantworten als Verachtung. Nehmen Sie mir's nicht übel. Was würde dort geschehen, wenn ein Fremder mir anfinge mit seinen Schellen unter die Ohren zu klingen.

Frau v. Biederling: Sie ist auf dem Wege, sag ich Ihnen, den Verstand zu verlieren.

Donna Diana tritt mit Babet herein.

Donna: Ich komme unangemeldet, gnädige Frau! Der Graf Camäleon, der in Ihrem Hause logieren soll, gibt, wie ich höre, ein Festin. Ich bin eine gute Bekannte von ihm, die er wiederzusehn sich nicht vermuten wird.

Frau v. Biederling: Doch wohl nicht die spanische Gräfin, seine Brudersfrau.

Donna: Seine Brudersfrau? Ja seine Brudersfrau. Ich möcht ihm gern bei dieser Gelegenheit eine unvermutete Freude machen.

Frau v. Biederling: Der Herr Gemahl vielleicht angekommen? Es ist mir ein unerwartetes Glück –

Donna: Keine Komplimenten, Frau Hauptmann! Hab ich Raum in Ihrer Kutsche? Meine würd er wieder erkennen.

Wilhelmine: O wenn Euer Gnaden meinen Platz einnehmen wollten –

Donna: Ihren Platz, mein Kind? O Sie sind sehr gütig. Ha ha ha, verzeihen Sie, es zog mir ein wunderlicher Gedanke durch den Kopf! Es würde mir aber leid tun, mein artiges Kind! wenn ich Sie um Ihren Platz bringen sollte.

Zierau *zu Wilhelminen, leise*: Was wird aber der Graf sagen, gnädige Frau, wenn Sie –

Wilhelmine: Euer Gnaden erzeigen mir einen unschätzbarn Gefallen. Ich habe fast dem dringenden Anhalten des Herrn Grafen und seines Abgesandten nicht widerstehen können.

Donna: In der Tat? ist der Abgesandte so dringend? ich kenne meinen Schwager, er ist sehr galant, aber nicht sehr dringend, vermutlich wird sein Abgeordneter seinen Fehler haben ersetzen wollen. Sie bleiben also gern zu Hause, Fräulein? und leihen mir Ihre Maske, das ist vortrefflich, ha ha ha, der Einfall kommt wie gerufen, ich hätt ihn nicht schöner ausdenken können *(legt das Domino an)*, und damit sind wir fertig, kommen Sie, Frau Hauptmann, wir haben hier keine Zeit zu verlieren. Und Sie, mein Herr, sehn aus wie ein Schachkönig, dem die Königin genommen wird. Geben Sie sich nur zufrieden, wir spielen nicht auf Sie. – Ihre Hand, wenn ich bitten darf. Adieu, Fräulein, wenn ich Ihnen wieder einen Gefallen tun kann – meine Dame d'honneur bleibt bei Ihnen.

ZWEITE SZENE

Vor dem Landhause des Baccalaureus
Eine Allee von Bäumen. Es ist Dämmerung

Der Graf *in der Maske spaziert auf und ab.*

Graf: Der verdammte Kerl, wo er bleibt! wo er bleibt, wo er bleibt! Gleich wollt er zurück sein, wollt fliegen wie Phaëthon mit den Sonnenpferden – poetischer Schurke! Wenn ich sie nur zum Tanzen bringe! Die Musik, die schwärmende Freude überall, der Tumult ihrer Lebensgeister, der Punsch, mein Pülverchen – o verdammt! *(sich an die Stirn schlagend)* wie tut es mir im Kopf so weh! Wenn er nur käme, wenn er nur käme, aller Welt Teufel! wenn er nur käme! *Stampft mit dem Fuß.* Wo bleibt er denn? Ich werde noch rasend werden, eh alles vorbei ist, und denn ist mein ganzes Spiel verdorben. Vielleicht amüsiert er sich selbst mit ihr – höllischer Satan! ich habe nie was von der Hölle geglaubt und alle dem Kram *(schlägt sich an den Kopf und an die Brust)*, aber hier – und hier – ich muß selbst nach der Stadt laufen – sie wird ihre Meinung geändert haben, sie kommt nicht – vielleicht ist der Prinz zurückgekommen – vielleicht – ich muß selbst nach der Stadt laufen, und wenn der Teufel mich zu ihren Füßen holen sollte. –

DRITTE SZENE

In Naumburg

Wilhelmine *und* Babet *spazieren im Garten.*

Wilhelmine: O gehn Sie noch nicht weg, meine liebe, liebe Frau Wändeln! Wenn Sie wüßten, wie viel Trost Ihre Gegenwart über mich ausbreitet! ich weiß nicht, ich fühl einen unbekannten Zug – ich kann's Ihnen nicht bergen, die unbekannten Mächte der Sympathie spielen bisweilen so wunderbar, so wunderbar. *Küßt sie.*

Babet *fällt ihr weinend um den Hals*: Ach mein unvergleichliches Minchen.

Wilhelmine: Was haben Sie?

Babet: Ich kann es nicht länger zurückhalten, und sollte die Donna mit gezücktem Dolche hinter mir stehen. Es ist Lebensgefahr dabei, Minchen! aber Sie länger leiden zu sehen, das ist mir unmöglich, Sie sind des Prinzen Tandi Schwester nicht.

Wilhelmine: Wie das? meine Teure! wie das? Ich umfasse dein Knie!

Babet: Die Donna ist seine Schwester, ich war Ihre Amme, ich habe Sie vertauscht.

Wilhelmine: O meine Amme! *(sie umhalsend)* o du mehr als meine Mutter! o du gibst mir tausend Leben. Komm, komm, sag mir, erzähl mir, ich kann die Wunder nicht begreifen, ich kann sie nur glauben und selig dabei sein. Nimm mir den letzten Zweifel, wenn diese Freude vergeblich wäre, das wäre mehr als grausam.

Babet *schluchzend*: Freuen Sie sich – sie ist nicht vergeblich. Ihr Vater ist der spanische Graf Aranda Velas, der zu eben der Zeit am Dresdner Hofe stand, als der Hauptmann in den schlesischen Krieg mußte. Seine Frau folgte ihm und ließ ihr neugebornes Kind einer Polin, bis sie wiederkäme, welcher ich Sie gleichfalls auf einige Tage anvertrauen mußte, weil mir die Milch ausgegangen war. Da besuchte Sie Ihre Mutter einst, und weil Sie obenein einen Ansatz von der englischen

Krankheit zu bekommen schienen, so beredete ich Ihre Eltern selber mit zu diesem gottlosen Tausch. Ich habe dafür genug von dieser Donna ausstehen müssen, aber Sie, meine Teure *(kniend)*, Sie, die Sie Ihr ganzes Unglück mir allein zuzuschreiben haben, Sie haben mich noch nicht dafür gestraft.

WILHELMINE: Mit tausend Küssen will ich dich strafen. Unaussprechlich glücklich machst du mich jetzt. Auf, meine Teure, in den Wagen laß uns werfen und ihn aufsuchen, ihn, der mir alles war, ihn, der mir jetzt wieder alles sein darf, meinen einzigen ihn. O! o! was liegt doch in Worten für Kraft, was für ein Himmel! mit drei Worten hast du mich aus der Hölle in den Himmel erhoben. Fort nun! fliegen laß uns wie ein paar Seraphims, bis wir ihn finden, bis wir – fort! fort! *Läuft mit ausgebreiteten Armen ab.*

VIERTE SZENE

Vor dem LANDHAUSE DES BACCALAUREUS, welches mit vielen Lichtern illuminiert erscheint. Es ist stockdunkel.

GUSTAV *tritt auf.*

GUSTAV: Das ist wie der höllische Schwefelpfuhl. Sie ist da, ja sie ist da, ich habe sie ganz deutlich in der Kutsche erkannt. Weiß, daß er sie hat vergiften lassen, und wenn er der Teufel selber wäre und mit lebendigem Leibe sie holte, sie liebt ihn. *Schlägt sich an den Kopf.* Du allmächtiger Gott und alle Elemente! Ach du vom Himmel gestiegene Großmut, du lebendiger Engel. *Fällt.* Ich kann nicht mehr auf den Füßen stehn, das ist ärger als ein Rausch, ärger als Gift – Ich will herein und sehen, ob er sie für Wilhelminen hält, und rührt er sie an – sein Eingeweid will ich ihm aus dem Leibe reißen, dem seelenmörderischen Hunde –

FÜNFTE SZENE

Gustav *kommt wieder heraus unter der Larve.*

Gustav: Das ist die Hölle – tanzen herum drin wie die Furien. Er hat ihr Punsch angeboten, ich glaub, es war ein Liebesträchnkchen. Das Glas stand fertig eingeschenkt, sie wollt die Larve nicht abziehn. Wenn du gewußt hättest, wer sie wär, dummer Satan, läßt sie die Larve vorbehalten. Ich will hinein und ihm mein Taschenmesser durch den Leib stoßen, daß er lernt klüger sein. – Ach Donna! Donna! Donna! wenn ich mit dir verdammt werden könnte, die Hölle würde mir süß sein. *Geht hinein.*

SECHSTE SZENE

Der Tanzsaal

Große Gesellschaft. Da der Tanz pausiert, führt Zierau *Frau v. Biederling an den Punschtisch.*

Frau v. Biederling: Sie ist verschwunden mit ihm.
Zierau: Befehlen Euer Gnaden nicht Biscuit dazu? – Er hat sie vermutlich erkannt – ich versichere Sie, er hat sie erkannt, sobald sie in die Stube trat.
Frau v. Biederling: So hätt er nicht so verliebt in sie getan. Glauben Sie mir, es war mir ärgerlich. Die Gesellschaft steht doch in der Meinung, es sei meine Tochter, sie hat vollkommen ihren Gang, ihre Taille – und er hat sich recht albern aufgeführt.
Zierau: Er hat sie wahrhaftig erkannt. Mit Ihrer Tochter hätt er sich die Freiheiten nimmer erlaubt.
Frau v. Biederling: Ich hätte nicht gewünscht, daß sein Bruder dazu gekommen wäre. Herr Baccalaureus, wenn das so fort geht –
Zierau: Es tut mir nur leid, daß ich meine Absicht nicht habe erreichen können, Ihrer Fräulein Tochter eine kleine unschuldige Zerstreuung zu geben. Sie wird jetzt zu Hause über

ihrem Schmerz brüten, und um einen so krausen kauderwelschen Ritter von Don Quischotte lohnt es doch wahrhaftig der Mühe nicht.

Es wird Lärmen. Die ganze Gesellschaft springt auf.

EINE DAME: In der Kammer hier bei.

EIN CHAPEAU: Die Tür ist verschlossen.

DONNA DIANA *schreit hinter der Szene*: Zu Hülfe! er erwürgt mich.

EINE DAME: Man muß den Schlösser kommen lassen.

EIN DICKER KERL: Ich will sie ufrennen.

ZIERAU: Was ist's, was gibt's?

EINE MASKE: Ein erschröcklich Getös hier in der Kammer.

EINE ANDERE MASKE: Hört, welch ein Gekreisch!

ZIERAU: Tausend ist denn da kein Mittel? – Axt her, Bediente.

Der dicke Mann rennt die Tür ein. Ein stockdunkles Zimmer erscheint.

Licht her! Licht her! sie liegen beide auf der Erde.

Es werden Lichter gebracht. Donna Diana rafft sich auf.

GRAF *zieht sich ein Messer aus der Wunde*: Ich bin ermordet. *Man verbindet ihn.*

DONNA *mit zerstreutem Haar, das sie in Ordnung zu bringen sucht*: Der Hund hat mich erwürgen wollen. – Was steht ihr? was gafft ihr, was seid ihr erstaunt? Daß ich einen Hund übern Haufen steche, der mich an die Gurgel packt, und das, weil er mich notzüchtigen will und merkt, daß ich nicht die Rechte bin.

ZIERAU: Ums Himmels willen.

DONNA: Was, du Kuppler – wo ist mein Federmesser blieben. *Faßt ihn an Schopf und wirft ihn zum Grafen auf den Boden.* Laß dir deinen Lohn vom Grafen geben. Er ist ein Hurenwirt, daß ihr's wißt, daß ihr's an allen Ecken der Stadt anschlagen laßt, daß ihr's in alle europäische Zeitungen setzt. Ich will gleich gehn und das Drachennest hier zerstören, wart nur, es wird hier doch irgendwo ein Häscher in der Nähe sein. *Ab.*

ZIERAU: Das ist eine Furie.

GRAF: Sie hat mir ins Herz gestoßen – Helft mir zu Bette. *Wendt den Kopf voll Schmerz auf die Seite.* O! – *(starrt)* ihr Götter, was seh ich? löscht die Lichter aus! der Anblick ist zu schröcklich.

Einer aus der Gesellschaft hebt das Licht empor. Gustav erscheint in einem Winkel hat sich erhenkt. Mein Bedienter oh! *Fällt in Ohnmacht.*

FÜNFTER AKT

ERSTE SZENE

Auf der Landstrasse von Leipzig nach Dresden ein Posthaus

Herr v. Biederling, Prinz Tandi, *beide auf einander zueilend, sich umhalsend.*

Herr v. Biederling: Mein Sohn!
Prinz: Mein Vater!
Herr v. Biederling: Woher kommst du? wohin gehst du? Hat dich der verdammte Schulkollege doch laufen lassen? Sag ich nicht? ob man eine Null dahin stellt oder einen Mann mit dem schwarzen Rock, die Leute sind doch, Gott weiß, als ob sie keinen Kopf auf den Schultern hätten.
Prinz: Ich gehe nach Dresden.
Herr v. Biederling: Ja ich will dir – du sollst mir schnurstracks nach Naumburg zurück, deine arme Schwester wird ja fast den Tod haben über deinem Außenbleiben. Es ist alles gültig und richtig, das Konsistorium hat kein Wort wider die Heiraten einzuwenden.
Prinz *die Augen gen Himmel kehrend*: O nun unterstütze mich!
Herr v. Biederling: Geschwind umgekehrt! für wen ist das Pferd gesattelt? ha ha, deine Equipage wirst du wohl in Leipzig haben lassen müssen? Nun, nun, ich hab ihm doch unrecht getan, dem Magister Beza. – Hurtig, ich befehl's dir! den Reiserock angezogen. Warum hast du mich denn nicht sehen wollen, Monsieur! da ich deinetwegen acht Stunden gefahren war? Du hast Grillen im Kopf wie die Alchymisten, und darüber muß Vater und Schwester und Mutter und alles zu Grunde gehn.

PRINZ *umarmt seine Knie*: Mein Vater! Diese Grillen sind mir heilig, heiliger als alles.

HERR V. BIEDERLING: Sie stirbt, hol mich der Teufel, sie muß des Todes sein für Chagrin, das Mädchen läßt sich nicht trösten. Hast du denn deinen Verstand verloren, oder willst du klüger sein als die ganze theologische Fakultät? Ich befehle dir als Vater, daß du dich anziehst und zurück mit mir, oder es geht nimmermehr gut.

PRINZ: Ich will Ihnen gehorchen.

HERR V. BIEDERLING: So? das ist brav. So komm, daß ich dich noch einmal umarme und an mein Herz drücke *(ihn umarmend)* verlorner Sohn! Das hab ich gleich gedacht, wenn man ihm nur vernünftig zuredt, du bist hier nicht in Cumba, mein Sohn, wir sind hier in Sachsen, und was andern Leuten gilt, das muß uns auch gelten. Geh, mach dich fertig, du gibst deiner Schwester das Leben wieder – ich will derweil ein Frühstück essen, ich bin hol mich Gott noch nüchtern von heut morgen um viere. *Ab.*

PRINZ: Das war der Augenblick, den ich fürchtete. Ich hab ihn gesehen, Wilhelmine, deinen Vater gesehen, ich bin zu schwach zu widerstehen. Wenn du Engel des Himmels mich noch liebst – o daß du mich hassetest! o daß du mich hassetest! – Wie, wenn ich itzt mich aufs Pferd schwünge und heimlich fortjagte – Aber sie ist mein Fleisch! Gott! sie ist mein Fleisch. Laß los, teures Weib, heiliger Schatten! der Himmel fordert es, deine Ruhe fordert es – Triumph – *Will aus der Tür. Wilhelmine und Babet stürzen ihm entgegen.*

WILHELMINE: Hier!

PRINZ *ihr zu Füßen*: Deinen elenden Mann!

WILHELMINE: Ist es ein Traum? *Umarmt ihn.* Hab ich dich wirklich?

PRINZ: Schone meiner! Schone deiner! O Sünde! wer kann dir widerstehen, wenn du Wilhelminens Gestalt annimmst?

WILHELMINE: Ich bin deine Schwester nicht.

BABET: Ich beteur es Ihnen mit dem heiligsten Eide, sie ist Ihre Schwester nicht. Ich war Ihre Amme, ich habe sie vertauscht.

PRINZ: O mehr Balsam! mehr Balsam! göttliche Linderung!

WILHELMINE *wirft sich nochmals in seine Arme*: Ich bin deine Schwester nicht.
PRINZ: Das hat mein Schmerz nie gehoffet, nie gewünscht! Vom Tode bin ich erweckt. Wiederholt es mir hundertmal.
WILHELMINE: Ich wünscht in deinen Armen zu zerfließen, mein Mann! nicht mehr Bruder! mein Mann! Ich bin ganz Entzükken, ich bin ganz dein.
PRINZ: Mein auf ewig. Mein wiedergefundenes Leben.
WILHELMINE: Meine wiedergefundene Seele!
Herr v. Biederling mit der Serviette.
HERR V. BIEDERLING: Was gibt's hier? – Nu Gotts Wunder! wo kommst du her? Sag ich doch, wenn man ihm vernünftig zuredt, da sind sie wie Mann und Frau mit einander und den Augenblick vor einer halben Stunde wollt er sich noch kastrieren um deinetwillen.
BABET: O wir haben Ihnen Wunderdinge zu erzählen, gnädiger Herr.
HERR V. BIEDERLING: So kommt herein, kommt herein, schämt euch doch, vor den Augen der ganzen Welt mit seinem Weibe Rebekka zu scherzen, das geht in Cumba wohl an, lieber Mann! aber in Sachsen nicht, in Sachsen nicht. *Gehen hinein.*

ZWEITE SZENE

IN NAUMBURG

ZIERAU *sitzt und streicht die Geige. Sein Vater, der* BÜRGERMEISTER, *tritt herein im Roquelaure, den Hut auf.*

BÜRGERMEISTER: Schöne Historien! schöne Historien! ich will dich lehren Bäll' anstellen – – He! Komm mit mir, es ist so schlecht Wetter, ich brauch heut abend eine Rekreation.
ZIERAU: Wo wollen Sie denn hin, Papa? Ich bin schon halb ausgezogen.
BÜRGERMEISTER: Die Fiddel weg! Ins Püppelspiel. Ich hab mich heut lahm und blind geschrieben, ich muß eins wieder lachen.

ZIERAU: O pfui doch, Papa! Abend für Abend! Sie prostituieren sich.

BÜRGERMEISTER: Sieh doch, was gibt's da wieder, was hast du wider das Püppelspiel? Ist's nicht so gut als eure da in Leipzig, wie heißen sie? Wenn ich nur von Herzen auslachen kann dabei, ich hab den Kerl den Hannswurst so lieb, ich will ihn wahrhaftig diesen Neujahr beschicken.

ZIERAU: Vergnügen ohne Geschmack ist kein Vergnügen.

BÜRGERMEISTER: Ich kann doch wahrhaftig nicht begreifen, was Er immer mit seinem Geschmack will. Bist du närrisch im Kopf? Bube! warum soll denn das Püppelspiel kein Vergnügen für den Geschmack sein?

ZIERAU: Was die schöne Natur nicht nachahmt, Papa! das kann unmöglich gefallen.

BÜRGERMEISTER: Aber das Püppelspiel gefällt mir, Kerl! was geht mich deine schöne Natur an? Ist dir's nicht gut genug wie's da ist, Hannshasenfuß? willst unsern Herrngott lehren besser machen? Ich weiß nicht, es tut mir immer weh in den Ohren, wenn ich den Fratzen so räsonnieren höre.

ZIERAU: Aber in aller Welt, was für Vergnügen können Sie an einer Vorstellung finden, in der nicht die geringste Illusion ist.

BÜRGERMEISTER: Illusion? was ist das wieder für ein Ding?

ZIERAU: Es ist die Täuschung.

BÜRGERMEISTER: Tausch willst du sagen.

ZIERAU: Ei Papa! Sie sehen das Ding immer als Kaufmann an, darum mag ich mich mit Ihnen darüber nicht einlassen. Es gibt gewisse Regeln für die Täuschung, das ist, für den sinnlichen Betrug, da ich glaube das wirklich zu sehen, was mir doch nur vorgestellt wird.

BÜRGERMEISTER: So? und was sind denn das für Regeln? Das ist wahr, ich denke immer dabei, das wird nur so vorgestellt.

ZIERAU: Ja, aber das müssen Sie nicht mehr denken, wenn das Stück nur mittelmäßig sein soll. Zu dem Ende sind gewisse Regeln festgesetzt worden, außer welchen dieser sinnliche Betrug nicht statt findet, dahin gehören vornehmlich die so sehr bestrittenen drei Einheiten, wenn nämlich die ganze Handlung nicht in Zeit von vier und zwanzig Stunden aufs höchste an einem bestimmten Orte geschieht, so kann ich sie mir nicht wohl denken und da geht denn das ganze Vergnügen des Stücks verloren.

BÜRGERMEISTER: Wart! hm! das will ich doch heut examinieren, ich begreif, ich fang an zu begreifen, drei Einheiten, das ist so viel als dreimal eins. Und zweimal vier und zwanzig Stunden darf das ganze Ding nur währen? wie aber, was? es hat ja sein Tag noch nicht so lang gewährt.

ZIERAU: Ja Vater! das ist nun wieder ein ganz ander Ding, ich muß mir einbilden, daß es nur vier und zwanzig Stunden gewährt hat.

BÜRGERMEISTER: Na gut, gut, so will ich mir's einbilden – willst du nicht mitkommen? ich will doch das Ding heut einmal untersuchen, und verstehn sie mir ihre Sachen nicht, so sollen die Kerls gleich aus der Stadt. *Ab.*

DRITTE SZENE

ZIERAU im Schlafrock, wirft die Violine auf den Tisch.

ZIERAU: Langeweile! Langeweile! – O Naumburg, was für ein Ort bist du? Kann man sich doch auf keine gescheite Art amüsieren, es ist unmöglich, purplatt unmöglich. Wenn ich Toback rauchen könnte und Bier trinken – pfui Teufel! und bei den Mädchens find ich auch nichts mehr – ich habe zu viel gelebt – was hab ich? ich habe zu wenig – ich bin nichts mehr. Wenn ich nur mein Buch zu Ende hätte, meine Goldwelt, wahrhaftig, ich macht's wie der Engeländer und schöß mich vorn Kopf. Das hieß' doch auf eine eklatante Art beschlossen – und würd auch meinem Buche mehr Ansehn geben – Hm! wenn ich nur – ich habe noch nie eine losgeschossen – und wenn ich zitterte und verfehlte wie der junge Brandrecht – O wenn's lange währt, Desperation! so hast du mich. *Wirft sich aufs Bette.*

Der Bürgermeister tritt herein mit aufgehobenem Stock.

BÜRGERMEISTER: Luderst du noch hier? Wart, ich will dir die drei

Einheiten und die vier und dreißig Stunden zurückgeben *(schlägt ihn)*, den Teufel auf deinen Kopf. Ich glaube, du ennuyierst dich, ich will dir die Zeit vertreiben. *Tanzt mit ihm um die Stube herum.*

ZIERAU: Papa, was fehlt Ihnen, Papa?

BÜRGERMEISTER: Du Hund! willst du ehrlichen Leuten ihr Pläsier verderben? Meinen ganzen Abend mir zu Gift gemacht, und ich hatte mich krumm geschrieben im Comptoir, da kommt so ein h-föttischer Tagdieb und sagt mir von dreimaleins und schöne Natur, daß ich den ganzen Abend da gesessen bin wie ein Narr, der nicht weiß, wozu ihn Gott geschaffen hat. Gezählt und gerechnet und nach der Uhr gesehen *(schlägt ihn)*, ich will dich lehren mir Regeln vorschreiben, wie ich mich amüsieren soll.

ZIERAU: Papa, was kann ich denn dafür?

BÜRGERMEISTER: Ja freilich kannst du dafür, räsonniere nicht. Ich seh, der Junge wird faul, daß er stinkt, sonst las er doch noch, sonst tat er, aber itzt – die Stell an der Pforte wollt er auch nicht annehmen, da war der Herr zu kommod zu, oder zu vornehm, was weiß ich? oder vielleicht, weil da die dreimal drei nicht beobachtet, wart, ich will dich bedreimaldreien. Du sollst mir in mein Comptoir hinein, Geschmackshöker! dich krumm und lahm schreiben, da soll dir das Püppelspiel schon drauf schmecken. Hab ich in meinem Leben das gehört, ich glaube, die junge Welt stellt sich noch zuletzt auf den Kopf für lauter schöner Natur. Ich will euch kuranzen, ich will euch's Collegia über die schöne Natur lesen, wart nur!

DIE SOLDATEN

Eine Komödie

PERSONEN

WESENER, ein Galanteriehändler in Lille
FRAU WESENER, seine Frau
MARIANE ⎱ ihre Töchter
CHARLOTTE ⎰
STOLZIUS, Tuchhändler in Armentières
SEINE MUTTER
JUNGFER ZIPFERSAAT
DESPORTES, ein Edelmann aus dem französischen
　Hennegau, in französischen Diensten
DER GRAF VON SPANNHEIM, sein Obrister
PIRZEL, ein Hauptmann
EISENHARDT, Feldprediger
HAUDY ⎱
RAMMLER ⎬ Offiziers
MARY ⎰
DIE GRÄFIN DE LA ROCHE
IHR SOHN
FRAU BISCHOF
IHRE COUSINE und andere

Der Schauplatz ist im französischen Flandern.

ERSTER AKT

ERSTE SZENE

In Lille

Mariane. Charlotte.

Mariane *mit untergestütztem Kopf einen Brief schreibend*: Schwester weißt du nicht, wie schreibt man Madam, *Ma, ma, tamm, tamm, me, me.*

Charlotte *sitzt und spinnt*: So 'st recht.

Mariane: Hör ich will dir vorlesen, ob's so angeht wie ich schreibe: ›Meine liebe Matamm! Wir sein gottlob glücklich in Lille arriviert‹, ist's so recht: arriviert, *ar ar, riew wiert?*

Charlotte: So 'st recht.

Mariane: ›Wir wissen nicht, womit die Gütigkeit nur verdient haben, womit uns überschüttet, wünschte nur im Stand zu sein‹ – ist so recht?

Charlotte: So lies doch bis der Verstand aus ist.

Mariane: ›Ihro alle die Politessen und Höflichkeit wieder zu erstatten. Weil aber es noch nicht in unsern Kräften steht, als bitten um fernere Condinuation.‹

Charlotte: Bitten wir um fernere.

Mariane: Laß doch sein, was fällst du mir in die Rede.

Charlotte: Wir bitten um fernere Condinuation.

Mariane: Ei was redst du doch, der Papa schreibt ja auch so. *Macht alles geschwind wieder zu und will den Brief versiegeln.*

Charlotte: Nu, so les Sie doch aus.

Mariane: Das übrige geht dich nichts an. Sie will allesfort klüger sein als der Papa, letzthin sagte der Papa auch es wäre nicht höflich wenn man immer ›wir‹ schriebe und ›ich‹ und so dergleichen. *Siegelt zu.* Da Steffen *(gibt ihm Geld)* tragt den Brief auf die Post.

Charlotte: Sie wollt mir den Schluß nicht vorlesen, gewiß hat Sie da was Schönes vor den Herrn Stolzius.

Mariane: Das geht dich nichts an.

Charlotte: Nu seht doch, bin ich denn schon schalu darüber

gewesen? Ich hätt ja eben so gut schreiben können als du, aber ich hab dir das Vergnügen nicht berauben wollen, deine Hand zur Schau zu stellen.

MARIANE: Hör Lotte laß mich zufrieden mit dem Stolzius ich sag dir's, oder ich geh gleich herunter und klag's dem Papa.

CHARLOTTE: Denk doch, was mach ich mir daraus, er weiß ja doch daß du verliebt in ihn bist und daß du's nur nicht leiden kannst, wenn ein andrer ihn nur mit Namen nennt.

MARIANE: Lotte! *Fängt an zu weinen und läuft herunter.*

ZWEITE SZENE

IN ARMENTIÈRES

STOLZIUS *und seine* MUTTER.

STOLZIUS *mit verbundenem Kopf*: Mir ist nicht wohl Mutter.

MUTTER *steht eine Weile und sieht ihn an*: Nu, ich glaube Ihm steckt das verzweifelte Mädel im Kopf, darum tut er Ihm so weh. Seit sie weggereist ist hat Er keine vergnügte Stunde mehr.

STOLZIUS: Aus Ernst Mutter, mir ist nicht recht.

MUTTER: Nu, wenn du mir gute Worte gibst, so will ich dir das Herz wohl leichter machen. *Zieht einen Brief heraus.*

STOLZIUS *springt auf*: Sie hat Euch geschrieben –

MUTTER: Da, kannst du's lesen. *Stolzius reißt ihn ihr aus der Hand und verschlingt den Brief mit den Augen.* Aber hör, der Obrist will das Tuch ausgemessen haben für die Regimenter.

STOLZIUS: Laßt mich den Brief beantworten Mutter.

MUTTER: Hanns Narr ich rede vom Tuch, das der Obrist bestellt hat für die Regimenter. Kommt denn –

DRITTE SZENE

In Lille

MARIANE. DESPORTES.

DESPORTES: Was machen Sie denn da meine göttliche Mademoiselle?

MARIANE *die ein Buch weiß Papier vor sich liegen hat, auf dem sie krützelte, steckt schnell die Feder hinters Ohr*: O nichts, nichts, gnädiger Herr – *Lächelnd.* Ich schreib gar zu gern.

DESPORTES: Wenn ich nur so glücklich wäre, einen von Ihren Briefen, nur eine Zeile von Ihrer schönen Hand zu sehen.

MARIANE: O verzeihen Sie mir, ich schreibe gar nicht schön, ich schäme mich von meiner Schrift zu weisen.

DESPORTES: Alles was von einer solchen Hand kommt muß schön sein.

MARIANE: O Herr Baron hören Sie auf, ich weiß doch daß das alles nur Komplimenten sein.

DESPORTES *kniend*: Ich schwöre Ihnen daß ich noch in meinem Leben nichts Vollkommeneres gesehen habe als Sie sind.

MARIANE *strickt, die Augen auf ihre Arbeit niedergeschlagen*: Meine Mutter hat mir doch gesagt – sehen Sie, wie falsch Sie sind.

DESPORTES: Ich falsch? Können Sie das von mir glauben, göttliche Mademoiselle? Ist das falsch wenn ich mich vom Regiment wegstehle, da ich mein Semestre doch verkauft habe und jetzt riskiere daß wenn man erfährt, daß ich nicht bei meinen Eltern bin wie ich vorgab, man mich in Prison wirft wenn ich wiederkomme, ist das falsch, nur um das Glück zu haben Sie zu sehen, Vollkommenste?

MARIANE *wieder auf ihre Arbeit sehend*: Meine Mutter hat mir doch oft gesagt, ich sei noch nicht vollkommen ausgewachsen, ich sei in den Jahren wo man weder schön noch häßlich ist.
Wesener tritt herein.

WESENER: Ei sieh doch, gehorsamer Diener Herr Baron, wie kommt's denn daß wir wieder einmal die Ehre haben. *Umarmt ihn.*

DESPORTES: Ich bin nur auf einige Wochen hier, einen meiner Verwandten zu besuchen, der von Brüssel angekommen ist.

WESENER: Ich bin nicht zu Hause gewesen, werden verzeihen, mein Marianel wird Sie ennuyiert haben, wie befinden sich denn die werten Eltern, werden die Tabatieren doch erhalten haben –

DESPORTES: Ohnezweifel, ich bin nicht bei ihnen gewesen, wir werden auch noch eine Rechnung mit einander haben Vaterchen.

WESENER: O das hat gute Wege, es ist ja nicht das erstemal. Die gnädige Frau sind letzten Winter nicht zu unserm Carnaval herabgekommen.

DESPORTES: Sie befindet sich etwas unpaß – waren viel Bälle?

WESENER: So so es ließ sich noch halten – Sie wissen, ich komme auf keinen und meine Töchter noch weniger.

DESPORTES: Aber ist denn das auch erlaubt, Herr Wesener daß Sie Ihren Töchtern alles Vergnügen so versagen, wie können sie dabei gesund bleiben.

WESENER: O wenn sie arbeiten werden sie schon gesund bleiben. Meinem Marianel fehlt doch Gott sei Dank nichts und sie hat immer rote Backen.

MARIANE: Ja das läßt sich der Papa nicht ausreden und ich krieg doch so bisweilen so eng um das Herz, daß ich nicht weiß wo ich vor Angst in der Stube bleiben soll.

DESPORTES: Sehn Sie, Sie gönnen Ihr Mademoiselle Tochter kein Vergnügen und das wird noch einmal Ursache sein daß sie melancholisch werden wird.

WESENER: Ei was sie hat Vergnügen genug mit ihren Kamerädinnen, wenn sie zusammen sind hört man sein eigen Wort nicht.

DESPORTES: Erlauben Sie mir daß ich die Ehre haben kann, Ihre Mademoiselle Tochter einmal in die Komödie zu führen. Man gibt heut ein ganz neues Stück.

MARIANE: Ach Papa!

WESENER: Nein – Nein durchaus nicht Herr Baron! Nehmen Sie mir's nicht ungnädig, davon kein Wort mehr. Meine Tochter ist nicht gewohnt in die Komödie zu gehen, das würde nur

Gerede bei den Nachbarn geben, und mit einem jungen Herrn von den Milizen dazu.

DESPORTES: Sie sehen ich bin im Bürgerskleide, wer kennt mich.

WESENER: *Tant pis!* ein für allemal es schickt sich mit keinem jungen Herren und denn ist es auch noch nicht einmal zum Tisch des Herrn gewesen und soll schon in die Komödie und die Staatsdame machen, kurz und gut, ich erlaube es nicht Herr Baron.

MARIANE: Aber Papa, wenn den Herrn Baron doch nun niemand kennt.

WESENER *etwas leise*: Willstu's Maul halten? niemand kennt, *tant pis* wenn ihn niemand kennt. Werden *pardonnieren* Herr Baron! so gern als Ihnen den Gefallen tun wollte, in allen andern Stücken haben zu befehlen.

DESPORTES: A propos lieber Wesener! wollten Sie mir doch nicht einige von Ihren Zitternadeln weisen.

WESENER: Sogleich. *Geht heraus.*

DESPORTES: Wissen Sie was mein englisches mein göttliches Marianel, wir wollen Ihrem Vater einen Streich spielen. Heut geht es nicht mehr an, aber übermorgen geben sie ein fürtreffliches Stück, *La chercheuse d'esprit,* und die erste Piece ist der Deserteur – haben Sie hier nicht eine gute Bekannte?

MARIANE: Frau Weyher.

DESPORTES: Wo wohnt sie?

MARIANE: Gleich hier an der Ecke beim Brunnen.

DESPORTES: Da komm ich hin und da kommen Sie auch hin, so gehn wir mit einander in die Komödie.

Wesener kommt wieder mit einer großen Schachtel Zitternadeln. Mariane winkt Desportes lächelnd zu.

WESENER: Sehen Sie da sind zu allen Preisen – diese zu hundert Taler, diese zu funfzig, diese zu hundertfunfzig wie es befehlen.

DESPORTES *besieht eine nach der andern und weist die Schachtel Marianen*: Zu welcher rieten Sie mir? *Mariane lächelt und sobald der Vater beschäftigt ist eine herauszunehmen, winkt sie ihm zu.*

WESENER: Sehen Sie die spielt gut, auf meine Ehr.

DESPORTES: Das ist wahr. *Hält sie Marianen an den Kopf.* Sehen Sie auf so schönem Braun, was das für eine Wirkung tut. O hören Sie, Herr Wesener, sie steht Ihrer Tochter gar zu schön, wollen Sie mir die Gnade tun und sie behalten.

WESENER *gibt sie ihm lächelnd zurück*: Ich bitte Sie Herr Baron – das geht nicht an – meine Tochter hat noch in ihrem Leben keine Präsente von den Herren angenommen.

MARIANE *die Augen fest auf ihre Arbeit geheftet*: Ich würde sie auch zu dem nicht haben tragen können, sie ist zu groß für meine Frisur.

DESPORTES: So will ich sie meiner Mutter schicken. *Wickelt sie sorgfältig ein.*

WESENER *indem er die andern einschachtelt brummt etwas heimlich zu Marianen*: Zitternadel du selber, sollst in deinem Leben keine auf den Kopf bekommen, das ist kein Tragen für dich. *Sie schweigt still und arbeitet fort.*

DESPORTES: So empfehle ich mich denn Herr Wesener! Eh ich wegreise, machen wir richtig.

WESENER: Das hat gute Wege Herr Baron, das hat gute Wege, sein Sie so gütig und tun uns einmal wieder die Ehre an.

DESPORTES: Wenn Sie mir's erlauben wollen – Adieu Jungfer Mariane! *Ab.*

MARIANE: Aber sag Er mir doch Papa wie ist Er denn auch.

WESENER: Na hab ich dir schon wieder nicht recht gemacht. Was verstehst du doch von der Welt, dummes Keuchel.

MARIANE: Er hat doch gewiß ein gutes Gemüt der Herr Baron.

WESENER: Weil er dir ein paar Schmeicheleien und so und so – Einer ist so gut wie der andere, lehr du mich die jungen Milizen nit kennen. Da laufen sie in alle Aubergen und in alle Kaffeehäuser und erzählen sich und eh man sich's versieht, wips ist ein armes Maidel in der Leute Mäuler. Ja und mit der und der Jungfer ist's auch nicht zum besten bestellt und die und die kenn ich auch und die hätt ihn auch gern drin –

MARIANE: Papa *(fängt an zu weinen)* Er ist auch immer so grob.

WESENER *klopft sie auf die Backen*: Du mußt mir das so übel nicht nehmen, du bist meine einzige Freude, Narr, darum trag ich auch Sorge für dich.

MARIANE: Wenn Er mich doch nur wollte für mich selber sorgen lassen. Ich bin doch kein klein Kind mehr.

VIERTE SZENE

In Armentières

Der Obriste Graf Spannheim *am Tisch mit seinem Feldprediger* Eisenhardt, *einem* jungen Grafen *seinem Vetter und dessen* Hofmeister, Haudy *Untermajor,* Mary *und andern Offiziers.*

Der junge Graf: Ob wir nicht bald wieder eine gute Truppe werden herbekommen?

Haudy: Das wäre zu wünschen, besonders für unsere junge Herren. Man sagt Godeau hat herkommen wollen.

Hofmeister: Es ist doch in der Tat nicht zu leugnen, daß die Schaubühne eine fast unentbehrliche Sache für eine Garnison ist, *c'est à dire* eine Schaubühne wo Geschmack herrscht, wie zum Exempel auf der französischen.

Eisenhardt: Ich sehe nicht ab, wo der Nutzen stecken sollte.

Obrister: Das sagen Sie wohl nur so Herr Pastor, weil Sie die beiden kleinen weißen Läppchen unterm Kinn haben, ich weiß im Herzen denken Sie anders.

Eisenhardt: Verzeihen Sie Herr Obriste! ich bin nie Heuchler gewesen und wenn das ein notwendiges Laster für unsern Stand wäre, so dächt ich wären doch die Feldprediger davon wohl ausgenommen, da sie mit vernünftigeren Leuten zu tun haben. Ich liebe das Theater selber und gehe gern hinein ein gutes Stück zu sehen, aber deswegen glaube ich noch nicht, daß es ein so heilsames Institut für das Corps Offiziers sei.

Haudy: Aber um Gotteswillen Herr Pfaff oder Herr Pfarr wie Sie da heißen, sagen Sie mir einmal, was für Unordnungen werden nicht vorgebeugt oder abgehalten durch die Komödie. Die Offizier[s] müssen doch einen Zeitvertreib haben.

Eisenhardt: Mit aller Mäßigung Herr Major! sagen Sie lieber, was für Unordnungen werden nicht eingeführt unter den Offiziers durch die Komödie.

Haudy: Das ist nun wieder so in den Tag hinein räsonniert. Kurz und gut Herr *(lehnt sich mit den beiden Ellenbogen auf den Tisch)* ich behaupte Ihnen hier, daß eine einzige Komödie und wenn's die ärgste Farce wäre, zehnmal mehr Nutzen ich sage nicht unter den Offiziers allein sondern im ganzen Staat angerichtet hat als alle Predigten zusammengenommen, die Sie und Ihresgleichen in Ihrem ganzen Leben gehalten haben und halten werden.

OBRISTER *winkt Haudy unwillig*: Major!

EISENHARDT: Wenn ich mit Vorurteilen für mein Amt eingenommen wäre Herr Major, so würde ich böse werden. So aber wollen wir alles das bei Seite setzen, weil ich weder Sie noch viele von den Herren für fähig halte, den eigentlichen Nutzen unsers Amts in Ihrem ganzen Leben beurteilen zu können, und wollen nur bei der Komödie bleiben und de[m] erstaunenden Nutzen den sie für die Herren vom Corps haben soll. Ich bitte Sie, beantworten Sie mir eine einzige Frage, was lernen die Herren dort?

MARY: Ei was, muß man denn immer lernen, wir amüsieren uns ist das nicht genug.

EISENHARDT: Wollte Gott daß Sie sich bloß amüsierten, daß Sie nicht lernten! So aber ahmen Sie nach was Ihnen dort vorgestellt wird und bringen Unglück und Fluch in die Familien.

OBRISTER: Lieber Herr Pastor, Ihr Enthusiasmus ist löblich, aber er schmeckt nach dem schwarzen Rock, nehmen Sie mir nicht übel. Welche Familie ist noch je durch einen Offizier unglücklich geworden? Daß ein Mädel einmal ein Kind kriegt, das es nicht besser haben will.

HAUDY: Eine Hure wird immer eine Hure, gerate sie unter welche Hände sie will, wird's keine Soldatenhure so wird's eine Pfaffenhure.

EISENHARDT: Herr Major es verdrießt mich daß Sie immer die Pfaffen mit ins Spiel mengen, weil Sie mich dadurch verhindern, Ihnen freimütig zu antworten. Sie könnten denken es mische sich persönliche Bitterkeit in meine Reden, und wenn ich in Feuer gerate so schwöre ich Ihnen doch, daß es bloß die Sache ist von der wir sprechen, nicht Ihre Spöttereien und Anzüglichkeiten über mein Amt. Das kann durch alle dergleichen witzige Einfälle weder verlieren noch gewinnen.

HAUDY: Na so reden Sie, reden Sie, schwatzen Sie, dafür sind wir ja da, wer verbietet es Ihnen?

EISENHARDT: Was Sie vorhin gesagt haben war ein Gedanke der eines Nero oder Oglei Oglu Seele würdig gewesen wäre und auch da bei seiner ersten Erscheinung vielleicht Grausen würde verursacht haben. Eine Hure wird immer eine Hure, kennen Sie das andere Geschlecht so genau?

HAUDY: Herr Sie werden es mich nicht kennen lehren.

EISENHARDT: Sie kennen es von den Meisterstücken Ihrer Kunst vielleicht, aber erlauben Sie mir Ihnen zu sagen, eine Hure wird niemals eine Hure, wenn sie nicht dazu gemacht wird. Der Trieb ist in allen Menschen, aber jedes Frauenzimmer weiß, daß sie dem Triebe ihre ganze künftige Glückseligkeit zu danken hat, und wird sie die aufopfern, wenn man sie nicht drum betrügt?

HAUDY: Red ich denn von honetten Mädchen?

EISENHARDT: Eben die honetten Mädchen müssen zittern vor Ihren Komödien, da lernen Sie die Kunst sie malhonett zu machen.

MARY: Wer wird so schlecht denken.

HAUDY: Der Herr hat auch ein verfluchtes Maul über die Offiziers. Sackerment wenn mir ein anderer das sagte. Meint Er Herr denn, wir hören auf, *honnêtehommes* zu sein, sobald wir in Dienste treten.

EISENHARDT: Ich wünsche Ihnen viel Glück zu diesen Gesinnungen. Solang ich aber noch entreteniert Mätressen und unglückliche Bürgerstöchter sehen werde, kann ich meine Meinung nicht zurücknehmen.

HAUDY: Das verdiente einen Nasenstüber.

EISENHARDT *steht auf*: Herr, ich trag einen Degen.

OBRISTER: Major ich bitt Euch – Herr Eisenhardt hat nicht unrecht, was wollt Ihr von ihm. Und der erste der ihm zu nahe kommt – setzen Sie sich Herr Pastor, er soll Ihnen Genugtuung geben. *Haudy geht hinaus.* Aber Sie gehn auch zu weit, Herr Eisenhardt, mit alledem. Es ist kein Offizier der nicht wissen sollte was die Ehre von ihm fodert.

EISENHARDT: Wenn er Zeit genug hat, dran zu denken. Aber werden ihm nicht in den neuesten Komödien die gröbsten Verbrechen gegen die heiligsten Rechte der Väter und Familien unter so reizenden Farben vorgestellt, den giftigsten Handlungen so der Stachel genommen, daß ein Bösewicht dasteht als ob er ganz neulich vom Himmel gefallen wäre. Sollte das nicht aufmuntern, sollte das nicht alles ersticken was das Gewissen aus der Eltern Hause mitgebracht haben kann. Einen wachsamen Vater zu betriegen oder ein unschuldig Mädchen in Lastern zu unterrichten, das sind die Preisaufgaben, die dort aufgelöst werden.

HAUDY *im Vorhause mit andern Offiziers, da die Tür aufgeht*: Der verfluchte Schwarzrock –

OBRISTER: Laßt uns ins Kaffeehaus gehn Pfarrer, Sie sind mir die Revange im Schach schuldig – und Adjutant! wollten Sie doch dem Major Haudy für heut bitten, nicht aus seiner Stube zu gehen. Sagen Sie ihm, ich werde ihm morgen früh seinen Degen selber wiederbringen.

FÜNFTE SZENE

IN LILLE

WESENER *sitzt und speist zu Nacht mit seiner Frau und ältesten Tochter.* MARIANE *tritt ganz geputzt herein.*

MARIANE *fällt ihm um den Hals*: Ach Pappa, Pappa!
WESENER *mit vollem Munde*: Was ist, was fehlt dir.
MARIANE: Ich kann's Ihm nicht verhehlen, ich bin in der Komödie gewesen. Was das für Dings ist.
Wesener rückt seinen Stuhl vom Tisch weg und kehrt das Gesicht ab.
MARIANE: Wenn Er gesehen hätte was ich gesehen habe, Er würde wahrhaftig nicht böse sein Papa. *Setzt sich ihm auf den Schoß.* Lieber Papa, was das für Dings alles durcheinander ist, ich werde die Nacht nicht schlafen können für lauter Vergnügen. Der gute Herr Baron.
WESENER: Was, der Baron hat dich in die Komödie geführt?
MARIANE *etwas furchtsam*: Ja Papa – lieber Pappa!
WESENER *stößt sie von seinem Schoß*: Fort von mir, du Luder – willst die Mätresse vom Baron werden?

MARIANE *mit dem Gesicht halb abgekehrt, halb weinend*: Ich war bei der Weyhern – und da stunden wir an der Tür – *(stotternd)* und da redt' er uns an.

WESENER: Ja lüg nur, lüg nur dem Teufel ein Ohr ab – geh mir aus den Augen du gottlose Seele.

CHARLOTTE: Das hätt ich dem Papa wollen voraussagen daß es so gehen würde. Sie haben immer Geheimlichkeiten miteinander gehabt, sie und der Baron.

MARIANE *weinend*: Willst du das Maul halten.

CHARLOTTE: Denk doch, vor dir gewiß nicht. Will noch kommandieren dazu und führt sich so auf.

MARIANE: Nimm dich nur man selber in Acht mit deinem jungen Herrn Heidevogel. Wenn ich mich so schlecht aufführte als du –

WESENER: Wollt ihr schweigen? *Zu Marianel.* Fort in deine Kammer den Augenblick, du sollst heut nicht zu Nacht essen – schlechte Seele! *Mariane geht fort.* Und schweig du auch nur, du wirst auch nicht engelrein sein. Meinst du kein Mensch sieht warum der Herr Heidevogel so oft ins Haus kommt.

CHARLOTTE: Das ist alles des Marianel Schuld. *Weint.* Die gottsvergeßne Allerweltshure will honette Mädels in Blame bringen weil sie so denkt.

WESENER *sehr laut*: Halt's Maul! Mariane hat ein viel zu edles Gemüt als daß sie von dir reden sollte, aber du schalusierst auf deine eigene Schwester; weil du nicht so schön bist als sie, sollst du zum wenigsten besser denken. Schäm dich – *Zur Magd.* Nehmt ab, ich esse nichts mehr. *Schiebt Teller und Serviette fort, wirft sich in einen Lehnstuhl und bleibt in tiefen Gedanken sitzen.*

SECHSTE SZENE

Marianens Zimmer

Sie sitzt auf ihrem Bett, hat die Zitternadel in der Hand und spiegelt damit, in den tiefsten Träumereien. Der Vater tritt herein, sie fährt auf und sucht die Zitternadel zu verbergen.

MARIANE: Ach Herr Jesus – –
WESENER: Na so mach Sie doch das Kind nicht. *Geht einigemal auf und ab, dann setzt er sich zu ihr.* Hör Marianel! du weißt ich bin dir gut, sei du nur recht aufrichtig gegen mich, es wird dein Schade nicht sein. Sag mir hat der Baron was von der Lieb vorgesagt?
MARIANE *sehr geheimnisvoll*: Pappa! – er ist verliebt in mich, das ist wahr. Sieht Er einmal, diese Zitternadel hat er mir auch geschenkt.
WESENER: Was tausend Hagelwetter – Potz Mord noch einmal *(nimmt ihr die Zitternadel weg)* hab ich dir nicht verboten –
MARIANE: Aber Papa ich kann doch so grob nicht sein und es ihm abschlagen. Ich sag Ihm er hat getan wie wütig, als ich's nicht annehmen wollte *(läuft nach dem Schrank)*, hier sind auch Verse die er auf mich gemacht hat. *Reicht ihm ein Papier.*
WESENER *liest laut*:
›Du höchster Gegenstand von meinen reinen Trieben
Ich bet dich an, ich will dich ewig lieben.
Weil die Versicherung von meiner Lieb und Treu
Du allerschönstes Licht mit jedem Morgen neu.‹
Du allerschönstes Licht, ha ha ha.
MARIANE: Wart Er, ich will Ihm noch was weisen, er hat mir auch ein Herzchen geschenkt mit kleinen Steinen besetzt in einem Ring. *Wieder zum Schrank. Der Vater besieht es gleichgültig.*
WESENER *liest noch einmal*: ›Du höchster Gegenstand von meinen reinen Trieben.‹ *Steckt die Verse in die Tasche.* Er denkt doch honett seh ich. Hör aber Marianel, was ich dir sage, du mußt kein Präsent mehr von ihm annehmen. Das gefällt mir nicht daß er dir soviele Präsente macht.

Mariane: Das ist sein gutes Herz Pappa.

Wesener: Und die Zitternadel gib mir her, die will ich ihm zurückgeben. Laß mich nur machen, ich weiß schon was zu deinem Glück dient, ich hab länger in der Welt gelebt als du mein' Tochter und du kannst nur immer allesfort mit ihm in die Komödien gehn, nur nimm jedesmal die Madam Weyher mit, und laß dir nur immer nichts davon merken, als ob ich davon wüßte sondern sag nur, daß er's recht geheim hält und daß ich sehr böse werden würde wenn ich's erführe. Nur keine Präsente von ihm angenommen Mädel, um Gotteswillen.

Mariane: Ich weiß wohl daß der Pappa mir nicht übel raten wird. *Küßt ihm die Hand.* Er soll sehen, daß ich Seinem Rat in allen Stücken folgen werde. Und ich werde Ihm alles wiedererzählen darauf kann Er sich verlassen.

Wesener: Na so denn. *Küßt sie.* Kannst noch einmal gnädige Frau werden närrisches Kind. Man kann nicht wissen was einem manchmal für ein Glück aufgehoben ist.

Mariane: Aber Papa. *Etwas leise.* Was wird der arme Stolzius sagen?

Wesener: Du mußt darum den Stolzius nicht so gleich abschröcken, hör einmal. – Nu ich will dir schon sagen, wie du den Brief an ihm einzurichten hast. Unterdessen schlaf Sie gesund Meerkatze.

Mariane *küßt ihm die Hand*: Gute Nacht Pappuschka! – *Da er fort ist, tut sie einen tiefen Seufzer und tritt ans Fenster indem sie sich aufschnürt.* Das Herz ist mir so schwer. Ich glaub es wird gewittern die Nacht. Wenn es einschlüge – *Sieht in die Höhe, die Hände über ihre offene Brust schlagend.* Gott was hab ich denn Böses getan? – – Stolzius – ich lieb dich ja noch – aber wenn ich nun mein Glück besser machen kann – und Pappa selber mir den Rat gibt. *Zieht die Gardine vor.* Trifft mich's so trifft mich's, ich sterb nicht anders als gerne. *Löscht ihr Licht aus.*

ZWEITER AKT

ERSTE SZENE

In Armentières

H*audy und* Stolzius *spazieren an der Lys.*

Haudy: Er muß sich dadurch nicht gleich ins Bockshorn jagen lassen, guter Freund! ich kenne den Desportes, er ist ein Spitzbube, der nichts sucht als sich zu amüsieren, er wird Ihm darum Seine Braut nicht gleich abspenstig machen wollen.

Stolzius: Aber das Gerede Herr Major! Stadt und Land ist voll davon. Ich könnte mich den Augenblick ins Wasser stürzen wenn ich dem Ding nachdenke.

Haudy *faßt ihn untern Arm*: Er muß sich das nicht so zu Herzen gehen lassen zum Teufel! Man muß viel über sich reden lassen in der Welt. Ich bin Sein bester Freund, das kann Er versichert sein, und ich würd es Ihm gewiß sagen, wenn Gefahr dabei wäre. Aber es ist nichts, Er bildt sich das nur so ein, mach Er nur daß die Hochzeit noch diesen Winter sein kann, solang wir noch hier in Garnison liegen, und macht Ihm der Desportes alsdenn die geringste Unruhe so bin ich Sein Mann, es soll Blut kosten das versichere ich Ihm. Unterdessen kehr Er sich ans Gerede nicht, Er weiß wohl, die Jungfern die am bravsten sind, von denen wird das meiste dumme Zeug räsonniert, das ist ganz natürlich, daß sich die jungen Fats zu rächen suchen, die nicht haben ankommen können.

ZWEITE SZENE

Das Kaffeehaus

Eisenhardt *und* Pirzel *im Vordergrunde, auf einem Sofa und trinken Kaffee. Im Hintergrunde eine Gruppe Offiziers schwatzend und lachend.*

Eisenhardt *zu Pirzel*: Es ist lächerlich wie die Leute alle um den armen Stolzius herschwärmen, wie Fliegen um einen Honigkuchen. Der zupft ihn da, der stößt ihn hier, der geht mit ihm spazieren, der nimmt ihn ins Cabriolet, der spielt Billard mit ihm, wie Jagdhunde die Witterung haben. Und wie augenscheinlich sein Tuchhandel zugenommen hat, seitdem man weiß daß er die schöne Jungfer heuraten wird, die neulich hier durchgegangen.

PIRZEL *faßt ihn an die Hand, mit viel Energie*: Woher kommt's Herr Pfarrer? Daß die Leute nicht denken. *Steht auf in einer sehr malerischen Stellung, halb nach der Gruppe zugekehrt*. Es ist ein vollkommenstes Wesen. Dieses vollkommenste Wesen kann ich entweder beleidigen oder nicht beleidigen.

EINER AUS DER GESELLSCHAFT *kehrt sich um*: Nun fängt er schon wieder an?

PIRZEL *sehr eifrig*: Kann ich es beleidigen *(kehrt sich ganz gegen die Gesellschaft)* so würde es aufhören das Vollkommenste zu sein.

EIN ANDERER AUS DER GESELLSCHAFT: Ja, ja Pirzel, du hast recht, du hast ganz recht.

PIRZEL *kehrt sich geschwind zum Feldprediger*: Kann ich es nicht beleidigen – *Faßt ihn an die Hand und bleibt stockstill in tiefen Gedanken.*

ZWEI, DREI AUS DEM HAUFEN: Pirzel zum Teufel! redst du mit uns?

PIRZEL *kehrt sich sehr ernsthaft zu ihnen*: Meine lieben Kameraden, ihr seid verehrungswürdige Geschöpfe Gottes, also kann ich euch nicht anders als respektieren und hochachten, ich bin auch ein Geschöpf Gottes, also müßt ihr mich gleichfalls in Ehren halten.

EINER: Das wollten wir dir auch raten.

PIRZEL *kehrt sich wieder zum Pfarrer*: Nun –

EISENHARDT: Herr Hauptmann, ich bin in allen Stücken Ihrer Meinung. Nur war die Frage, wie es den Leuten in den Kopf gebracht werden könnte, vom armen Stolzius abzulassen und nicht Eifersucht und Argwohn in zwei Herzen zu werfen, die vielleicht auf ewig einander glücklich gemacht haben würden.

PIRZEL *der sich mittlerweile gesetzt hatte, steht wieder hastig auf*: Wie ich Ihnen die Ehre und das Vergnügen hatte zu sagen Herr Pfarrer! das macht weil die Leute nicht denken. Denken, denken, was der Mensch ist, das ist ja meine Rede. *Faßt ihn an die*

Hand. Sehen Sie, das ist Ihre Hand, aber was ist das, Haut, Knochen, Erde, *(klopft ihm auf den Puls)* da, da steckt es, das ist nur die Scheide, da steckt der Degen drein, im Blut, im Blut – *Sieht sich plötzlich herum, weil Lärm wird.*
Haudy tritt herein mit großem Geschrei.
HAUDY: Leute, nun hab ich ihn, es ist der frömmste Herrgott von der Welt. *Brüllt entsetzlich.* Madam Roux! gleich lassen Sie Gläser schwenken und machen uns guten Punsch zurecht. Er wird gleich hier sein, ich bitte euch, geht mir artig mit dem Menschen um.
EISENHARDT *bückt sich vor*: Wer Herr Major, wenn's erlaubt ist –
HAUDY *ohne ihn anzusehen*: Nichts, ein guter Freund von mir.
Die ganze Gesellschaft drängt sich um Haudy.
EINER: Hast du ihn ausgefragt, wird die Hochzeit bald sein?
HAUDY: Leute, ihr müßt mich schaffen lassen, sonst verderbt ihr mir den ganzen Handel. Er hat ein Zutrauen zu mir sag ich euch, wie zum Propheten Daniel, und wenn einer von euch sich darein mengt, so ist alles verschissen. Er ist ohnedem eifersüchtig genug das arme Herz, der Desportes macht ihm grausam zu schaffen und ich hab ihn mit genauer Not gehalten, daß er nicht ins Wasser sprang. Mein Pfiff ist, ihm Zutrauen zu seinem Weibe beizubringen, er muß sie wohl kennen, daß sie keine von den sturmfesten ist. Das sei euch also zur Nachricht, daß ihr mir den Menschen nicht verderbt.
RAMMLER: Was willst du doch reden, ich kenn ihn besser als du, er hat eine feine Nase das glaub du mir nur.
HAUDY: Und du eine noch feinere merk ich.
RAMMLER: Du meinst das sei das Mittel sich bei ihm einzuschmeicheln, wenn man ihm Gutes von seiner Braut sagt. Du irrst dich, ich kenn ihn besser, grad das Gegenteil. Er stellt sich als ob er dir's glaubte und schreibt es sich hinter die Ohren. Aber wenn man ihm seine Frau verdächtig macht, so glaubt er daß wir's aufrichtig mit ihm meinen –
HAUDY: Mit deiner erhabenen Politik Rotnase! Willst du dem Kerl den Kopf toll machen, meinst du, er hat nicht Grillen genug drin. Und wenn er sie sitzen läßt, oder sich aufhängt –

so hast du's darnach. Nicht wahr Herr Pfarrer, eines Menschen Leben ist doch kein Pfifferling.

EISENHARDT: Ich menge mich in Ihren Kriegsrat nicht.

HAUDY: Sie müssen mir aber doch recht geben.

PIRZEL: Meine werten Brüder und Kameraden, tut niemand Unrecht. Eines Menschen Leben ist ein Gut, das er sich nicht selber gegeben hat. Nun aber hat niemand ein Recht auf ein Gut, das ihm von einem andern ist gegeben worden. Unser Leben ist ein solches Gut –

HAUDY *faßt ihn an die Hand*: Ja Pirzel du bist der bravste Mann den ich kenne *(setzt sich zwischen ihn und den Pfarrer)*, aber der Jesuit *(den Pfarr umarmend)* der gern selber möchte Hahn im Korbe sein –

RAMMLER *setzt sich auf die andere Seite zum Pfarrer und zischelt ihm in die Ohren*: Herr Pfarrer, Sie sollen nur sehen was ich dem Haudy für einen Streich spielen werde.

Stolzius tritt herein. Haudy springt auf.

HAUDY: Ah mein Bester kommen Sie, ich habe ein gut Glas Punsch für uns bestellen lassen. Der Wind hat uns vorhin so durchgeweht. *Führt ihn an einen Tisch.*

STOLZIUS *den Hut abziehend zu den übrigen*: Meine Herren Sie werden mir vergeben daß ich so dreist bin auf Ihr Kaffeehaus zu kommen, es ist auf Befehl des Herrn Majors geschehen.

Alle ziehen die Hüte ab, sehr höflich, und schneiden Komplimenten. Rammler steht auf und geht näher.

RAMMLER: O gehorsamer Diener, es ist uns eine besondere Ehre.

STOLZIUS *rückt noch einmal den Hut, etwas kaltsinnig, und setzt sich zu Haudy*: Es geht ein so scharfer Wind draußen, ich meine wir werden Schnee bekommen.

HAUDY *eine Pfeife stopfend*: Ich glaub es auch. – Sie rauchen doch Herr Stolzius.

STOLZIUS: Ein wenig.

RAMMLER: Ich weiß nicht wo denn unser Punsch bleibt Haudy *(steht auf)*, was die verdammte Roux solange macht.

HAUDY: Bekümmere dich um deine Sachen. *Brüllt mit einer erschröcklichen Stimme.* Madam Roux! Licht her – und unser Punsch, wo bleibt er.

STOLZIUS: O mein Herr Major, als ich Ihnen Ungelegenheit machen sollte, würd es mir sehr von Herzen leid tun.

HAUDY: Ganz und gar nicht lieber Freund. *Präsentiert ihm die Pfeife.* Die Lysluft kann doch wahrhaftig der Gesundheit nicht gar zu zuträglich sein.

RAMMLER *setzt sich zu ihnen an den Tisch*: Haben Sie neulich Nachrichten aus Lille gehabt? Wie befindet sich Ihre Jungfer Braut? *Haudy macht ihm ein Paar fürchterliche Augen, er bleibt lächelnd sitzen.*

STOLZIUS *verlegen*: Zu Ihren Diensten mein Herr – aber ich bitt gehorsamst um Verzeihung, ich weiß noch von keiner Braut, ich habe keine.

RAMMLER: Die Jungfer Wesener aus Lille, ist sie nicht Ihre Braut? Der Desportes hat es mir doch geschrieben, daß Sie verlobt wären.

STOLZIUS: Der Herr Desportes müßte es dann besser wissen als ich.

HAUDY *rauchend*: Der Rammler schwatzt immer in die Welt hinein, ohne zu wissen was er redt und was er will.

EINER AUS DEM HAUFEN: Ich versichere Ihnen Herr Stolzius, Desportes ist ein ehrlicher Mann.

STOLZIUS: Daran habe ich ja gar nicht gezweifelt.

HAUDY: Ihr Leute wißt viel vom Desportes. Wenn ihn ein Mensch kennen kann, so muß ich es doch wohl sein, er ist mir von seiner Mutter rekommandiert worden als er ans Regiment kam und hat nichts getan ohne mich zu Rat zu ziehen. Aber ich versichere Ihnen Herr Stolzius, daß Desportes ein Mensch ist der Sentiment und Religion hat.

RAMMLER: Und wir sind Schulkameraden mit einander gewesen. Keinen blödern Menschen mit dem Frauenzimmer habe ich noch in meinem Leben gesehen.

HAUDY: Das ist wahr, darin hat er recht. Er ist nicht im Stande ein Wort hervorzubringen, sobald ihn ein Frauenzimmer freundlich ansieht.

RAMMLER *mit einer pedantisch plumpen Verstellung*: Ich glaube in der Tat – wo mir recht ist – ja es ist wahr, er korrespondiert noch mit ihr, ich habe den Tag seiner Abreise einen Brief gelesen, den er an eine Mademoiselle in Brüssel schrieb, in die er ganz zum Erstaunen verliebt war. Er wird sie wohl nun bald heiraten denke ich.

EINER AUS DER GESELLSCHAFT: Ich kann nur nicht begreifen, was er solang in Lille macht.

HAUDY: Wetter Element, wo bleibt unser Punsch denn – Madam Roux!!!

RAMMLER: In Lille! O das kann euch niemand erklären als ich, denn ich weiß um alle seine Geheimnisse. Aber es läßt sich nicht öffentlich sagen.

HAUDY *verdrüßlich*: So sag heraus Narre! was hältst du hinter dem Berge.

RAMMLER *lächelnd*: Ich kann euch nur soviel sagen, daß er eine Person dort erwartet, mit der er in der Stille fortreisen will.

STOLZIUS *steht auf und legt die Pfeife weg*: Meine Herren, ich habe die Ehre mich Ihnen zu empfehlen.

HAUDY *erschrocken*: Was ist – wohin liebster Freund – wir werden den Augenblick bekommen.

STOLZIUS: Sie nehmen mir's nicht übel – mir ist den Moment etwas zugestoßen.

HAUDY: Was denn? – Der Punsch wird Ihnen gut tun, ich versichere Sie.

STOLZIUS: Daß ich mich nicht wohl befinde lieber Herr Major. Sie werden mir verzeihen – erlauben Sie – aber ich kann keinen Augenblick länger hier bleiben, oder ich falle um –

HAUDY: Das ist die Rheinluft – oder war der Tabak zu stark?

STOLZIUS: Leben Sie wohl. *Geht wankend ab.*

HAUDY: Da haben wir's. Mit euch verfluchten Arschgesichtern.

RAMMLER: Ha ha ha ha – *Besinnt sich eine Weile, herumgehend.* Ihr dummen Teufels, seht ihr denn nicht, daß ich das alles mit Fleiß angestellt habe – Herr Pfarrer hab ich's Ihnen nicht gesagt.

EISENHARDT: Lassen Sie mich aus dem Spiel, ich bitte Sie.

HAUDY: Du bist eine politische Gans, ich werde dir das Genick umdrehen.

RAMMLER: Und ich brech dir Arm und Bein entzwei und werf sie zum Fenster hinaus. *Spaziert thrasonisch umher.* Ihr kennt meine Finten noch nicht.

HAUDY: Ja du steckst voll Finten wie ein alter Pelz voll Läuse. Du bist ein Kerl zum Speien mit deiner Politik.

RAMMLER: Und ich pariere, daß ich dich und all euch Leute hier beim Stolzius in Sack stecke, wenn ich's darauf ansetze.

HAUDY: Hör Rammler! es ist nur schade, daß du ein bißchen zuviel Verstand bekommen hast, denn er macht sich selber zu nicht, es geht dir wie einer allzuvollen Bouteille, die man umkehrt und doch kein Tropfen herausläuft, weil einer dem andern im Wege steht. Geh geh, wenn ich eine Frau habe, geb ich dir die Erlaubnis bei ihr zu schlafen, wenn du sie dahin bringen kannst.

RAMMLER *sehr schnell auf- und abgehend*: Ihr sollt nur sehen, was ich aus dem Stolzius noch machen will. *Ab.*

HAUDY: Der Kerl macht einem das Gallenfieber mit seiner Dummheit. Er kann nichts als andern Leuten das Konzept verderben.

EINER: Das ist wahr er mischt sich in alles.

MARY: Er hat den Kopf immer voll Intrigen und Ränken, und meint andere Leute können ebenso wenig darohne leben als er. Letzt sagt ich den Reitz ins Ohr, er möcht mir doch auf morgen seine Sporen leihen; ist er mir nicht den ganzen Tag nachgegangen und hat mich um Gotteswillen gebeten, ich möcht ihm sagen, was wir vorhätten. Ich glaub es ist ein Staatsmann an ihm verdorben.

EIN ANDERER: Neulich stellt ich mich an ein Haus, einen Brief im Schatten zu lesen, er meinte gleich es wär ein Liebesbrief, der mir aus dem Hause wär herabgeworfen worden, und ist die ganze Nacht bis um zwölf Uhr um das Haus herumgeschlichen. Ich dachte ich sollte aufbersten für Lachen, es wohnt ein alter Jude von sechzig Jahren in dem Hause, und er hatte überall in der Straße Schildwachten ausgestellt, die mir auflauren sollten und ihm ein Zeichen geben wenn ich hereingeinge. Ich habe einem von den Kerls mit drei Livres das ganze Geheimnis abgekauft; ich dacht, ich sollte rasend werden.

ALLE: Ha, ha, ha, und er meint es sei ein hübsch Mädchen drin.

MARY: Hört einmal, wollt ihr einen Spaß haben der echt ist, so wollen wir den Juden avertieren, es sei einer da der Absichten auf sein Geld habe.

HAUDY: Recht recht, daß euch die schwere Not, wollen wir gleich zu ihm gehen. Das soll uns eine Komödie geben die ihres gleichen nicht hat. Und du Mary bring ihn nur immer mehr auf die Gedanken, daß da die schönste Frau in ganz Armentières wohnt, und daß Gilbert dir anvertraut hat, er werde diese Nacht zu ihr gehn.

DRITTE SZENE

IN LILLE

MARIANE *weinend auf einem Lehnstuhl, einen Brief in der Hand*. DESPORTES *tritt herein.*

DESPORTES: Was fehlt Ihnen mein goldenes Marianel, was haben Sie.

MARIANE *will den Brief in die Tasche stecken*: Ach –

DESPORTES: Ums Himmels willen, was ist das für ein Brief der Ihnen Tränen verursachen kann.

MARIANE *etwas leiser*: Sehen Sie nur, was mir der Mensch der Stolzius schreibt, recht als ob er ein Recht hätte mich auszuschelten. *Weint wieder.*

DESPORTES *liest leise*: Das ist ein impertinenter Esel. Aber sagen Sie mir, warum wechseln Sie Briefe mit solch einem Hundejungen.

MARIANE *trocknet sich die Augen*: Ich will Ihnen nur sagen Herr Baron, es ist weil er angehalten hat um mich und ich ihm schon so gut als halb versprochen bin.

DESPORTES: Er um Sie angehalten? Wie darf sich der Esel das unterstehen? Warten Sie ich will ihm den Brief beantworten.

MARIANE: Ja mein lieber Herr Baron! Und Sie können nicht glauben was ich mit meinem Vater auszustehen habe, er liegt mir immer in den Ohren, ich soll mir mein Glück nicht verderben.

DESPORTES: Ihr Glück – mit solch einem Lümmel. Was denken

Sie doch, liebstes Marianel, und was denkt Ihr Vater? ich kenne ja des Menschen seine Umstände. Und kurz und gut, Sie sind für keinen Bürger gemacht.

MARIANE: Nein Herr Baron, davon wird nichts, das sind nur leere Hoffnungen mit denen Sie mich hintergehen. Ihre Familie wird das nimmermehr zugeben.

DESPORTES: Das ist meine Sorge. Haben Sie Feder und Dinte, ich will dem Lumpenhund seinen Brief beantworten, warten Sie einmal.

MARIANE: Nein ich will selber schreiben. *Setzt sich an den Tisch und macht das Schreibzeug zurecht, er stellt sich ihr hinter die Schulter.*

DESPORTES: So will ich Ihnen diktieren.

MARIANE: Das sollen Sie auch nicht. *Schreibt.*

DESPORTES *liest ihr über die Schulter*: ›Monsieur‹ – Flegel setzen sie dazu. *Tunkt eine Feder ein und will dazu schreiben.*

MARIANE *beide Arme über den Brief ausbreitend*: Herr Baron –
Sie fangen an zu schöckern; sobald sie den Arm rückt, macht er Miene zu schreiben, nach vielem Lachen gibt sie ihm mit der nassen Feder eine große Schmarre übers Gesicht. Er läuft zum Spiegel sich abzuwischen, sie schreibt fort.

DESPORTES: Ich belaure Sie doch.
Er kommt näher, sie droht ihm mit der Feder, endlich steckt sie das Blatt in die Tasche; er will sie daran verhindern, sie ringen zusammen; Marie kützelt ihn, er macht ein erbärmliches Geschrei, bis er endlich halb atemlos auf den Lehnstuhl fällt.

WESENER *tritt herein*: Na was gibt's – die Leute von der Straße werden bald hereinkommen.

MARIANE *erholt sich*: Pappa denkt doch was der grobe Flegel der Stolzius mir für einen Brief schreibt, er nennt mich Ungetreue! Denk doch, als ob ich die Säue mit ihm gehütet hätte, aber ich will ihm antworten darauf das er sich nicht vermuten soll, der Grobian.

WESENER: Zeig mir her den Brief – ei sieh doch die Jungfer Zipfersaat – ich will ihn unten im Laden lesen. *Ab.*

Jungfer Zipfersaat tritt herein.

MARIANE *hier und da launigt herumknicksend*: Jungfer Zipfersaat hier hab ich die Ehre dir einen Baron zu präsentieren der sterblich verliebt in dich ist. Hier Herr Baron ist die Jungfer von der wir soviel gesprochen haben und in die Sie sich neulich in der Komödie so sterblich verschameriert haben.

JUNGFER ZIPFERSAAT *beschämt*: Ich weiß nicht wie du bist Marianel.
MARIANE *einen tiefen Knicks*: Jetzt können Sie Ihre Liebeskeklaration machen.

Läuft ab, die Kammertür hinter sich zuschlagend. Jungfer Zipfersaat ganz verlegen tritt ans Fenster. Desportes der sie verächtlich angesehen, paßt auf Marianen, die von Zeit zu Zeit die Kammertür ein wenig eröffnet. Endlich steckt sie den Kopf heraus; höhnisch:
Na seid ihr bald fertig?

Desportes sucht sich zwischen die Tür einzuklemmen, Mariane sticht ihn mit einer großen Stecknadel fort; er schreit und läuft plötzlich heraus, um durch eine andere Tür in jenes Zimmer zu kommen. Jungfer Zipfersaat geht ganz verdrüßlich fort, derweil das Geschrei und Gejauchz im Nebenzimmer fortwährt.

WESENERS ALTE MUTTER *kriecht durch die Stube, die Brille auf der Nase, setzt sich in eine Ecke des Fensters und strickt und singt, oder krächzt vielmehr mit ihrer alten rauhen Stimme:*

> Ein Mädele jung ein Würfel ist
> Wohl auf den Tisch gelegen:
> Das kleine Rösel aus Hennegau
> Wird bald zu Gottes Tisch gehen.

Zählt die Maschen ab.

> Was lächelst so froh mein liebes Kind
> Dein Kreuz wird dir'n schon kommen
> Wenn's heißt das Rösel aus Hennegau
> Hab nun einen Mann genommen.

> O Kindlein mein, wie tut's mir so weh
> Wie dir dein Äugelein lachen
> Und wenn ich die tausend Tränelein seh
> Die werden dein Bäckelein waschen.

Indessen dauert das Geschöcker im Nebenzimmer fort. Die alte Frau geht hinein, sie zu berufen.

DRITTER AKT

ERSTE SZENE

In Armentières
Des Juden Haus

Rammler *mit einigen verkleideten Leuten die er stellt.*

Rammler *zum letzten:* Wenn jemand hineingeht, so huste – ich will mich unter die Treppe verstecken, daß ich ihm gleich nachschleichen kann. *Verkriecht sich unter die Treppe.*

Aaron *sieht aus dem Fenster:* Gad was ein gewaltiger Kamplat ist das unter meinem eignen Hause.

Mary im Rocklor eingewickelt kommt die Gasse heran, bleibt unter des Juden Fenster stehen und läßt ein subtiles Pfeifchen hören.

Aaron *leise herab:* Sein Sie's gnädiger Herr? *Jener winkt.* Ich werde soglach aufmachen.

Mary geht die Treppe hinauf. Einer hustet leise. Rammler schleicht ihm auf den Zehen nach, ohne daß der sich umsieht. Der Jude macht die Tür auf, beide gehen hinein.

Der Schauplatz verwandelt sich in das Zimmer des Juden. Es ist stockdunkel. Mary und Aaron flüstern sich in die Ohren. Rammler schleicht immer von weitem herum, weicht aber gleich zurück sobald jene eine Bewegung machen.

Mary: Er ist hier drinne.

Aaron: O wai mer.

Mary: Still nur, er soll Euch kein Leides tun, laßt mit Euch machen was er will und wenn er Euch auch knebelte, in einer Minute bin ich wieder bei Euch mit der Wache, es soll ihm übel genug bekommen. Legt Euch nur zu Bette.

Aaron: Wenn er mich aber ams Leben bringt, he?

Mary: Seid nur ohne Sorgen, ich bin im Augenblick wieder da. Er kann sonst nicht überführt werden. Die Wache steht hier unten schon parat, ich will sie nur hereinrufen. Legt Euch – *Geht hinaus. Der Jude legt sich zu Bette. Rammler schleicht näher hin an.*

AARON *klappert mit den Zähnen:* Adonai! Adonai!
RAMMLER *vor sich:* Ich glaube gar es ist eine Jüdin. *Laut, indem er Marys Stimme nachzuahmen sucht.* Ach mein Schätzchen wie kalt ist es draußen.
AARON *immer leiser:* Adonai!
RAMMLER: Du kennst mich doch, ich bin dein Mann nicht, ich bin Mary. *Zieht sich Stiefel und Rock aus.* Ich glaube wir werden noch Schnee bekommen, so kalt ist es.
Mary mit einem großen Gefolge Offizieren mit Laternen stürzen herein und schlagen ein abscheulich Gelächter auf. Der Jude richtet sich erschrocken auf.
HAUDY: Bist du toll geworden Rammler, willst du mit dem Juden Unzucht treiben?
RAMMLER *steht wie versteinert da. Endlich zieht er seinen Degen:* Ich will euch in Kreuz Millionen Stücken zerhauen alle mit einander. *Läuft verwirrt heraus. Die andern lachen nur noch rasender.*
AARON: Ich bin wäs Gad halb tot gewesen. *Steht auf.*
Die andern laufen alle Rammlern nach, der Jude folgt ihnen.

ZWEITE SZENE

Stolzius' Wohnung

Er sitzt mit verbundenem Kopf an einem Tisch auf dem eine Lampe brennt, einen Brief in der Hand, seine Mutter neben ihm.

MUTTER *die auf einmal sich ereifert:* Willst du denn nicht schlafen gehen du gottloser Mensch! So red doch, so sag was dir fehlt. Das Luder ist deiner nicht wert gewesen. Was grämst du dich, was wimmerst du um eine solche – Soldatenhure.
STOLZIUS *mit dem äußersten Unwillen vom Tisch sich aufrichtend:* Mutter –
MUTTER: Was ist sie denn anders – du – und du auch, daß du dich an solche Menscher hängst.
STOLZIUS *faßt ihr beide Hände:* Liebe Mutter, schimpft nicht auf sie, sie ist unschuldig, der Offizier hat ihr den Kopf verrückt. Seht einmal wie sie mir sonst geschrieben hat. Ich muß den Verstand verlieren darüber. Solch ein gutes Herz.

MUTTER *steht auf und stampft mit dem Fuß*: Solch ein Luder – Gleich zu Bett mit dir, ich befehl es dir. Was soll daraus werden, was soll da herauskommen. Ich will dir weisen, junger Herr, daß ich deine Mutter bin.

STOLZIUS *an seine Brust schlagend*: Marianel – nein sie ist es nicht mehr, sie ist nicht dieselbige mehr – *Springt auf*. Laßt mich –

MUTTER *weint*: Wohin du Gottvergessener.

STOLZIUS: Ich will dem Teufel der sie verkehrt hat – *Fällt kraftlos auf die Bank, beide Hände in die Höhe*. Oh du sollst mir's bezahlen, du sollst mir's bezahlen. *Kalt*. Ein Tag ist wie der andere, was nicht heut kommt, kommt morgen, und was langsam kommt, kommt gut. Wie heißt's in dem Liede Mutter, wenn ein Vögelein von einem Berge alle Jahre ein Körnlein wegtrüge, endlich würde es ihm doch gelingen.

MUTTER: Ich glaube du phantasierst schon *(greift ihm an den Puls)*, leg dich zu Bett Karl, ich bitte dich um Gotteswillen. Ich will dich warm zudecken, was wird da herauskommen du großer Gott das ist ein hitziges Fieber – um solch eine Metze –

STOLZIUS: Endlich – endlich – – alle Tage ein Sandkorn, ein Jahr hat zehn zwanzig dreißig hundert – *Die Mutter will ihn fortleiten*. Laßt mich Mutter, ich bin gesund.

MUTTER: Komm nur komm *(ihn mit Gewalt fortschleppend)* Narre! – Ich werd dich nicht loslassen, das glaub mir nur. *Ab*.

DRITTE SZENE

IN LILLE

JUNGFER ZIPFERSAAT. *Eine* MAGD *aus Weseners Hause*.

JUNGFER ZIPFERSAAT: Sie ist zu Hause, aber sie läßt sich nicht sprechen? Denk doch, ist sie so vornehm geworden?

MAGD: Sie sagt sie hat zu tun, sie liest in einem Buch.

JUNGFER ZIPFERSAAT: Sag Sie ihr nur, ich hätt ihr etwas zu sagen, woran ihr alles in der Welt gelegen ist.

Mariane kommt, ein Buch in der Hand. Mit nachlässigem Ton.

MARIANE: Guten Morgen Jungfer Zipfersaat. Warum hat Sie sich nicht gesetzt?

JUNGFER ZIPFERSAAT: Ich kam Ihr nur zu sagen, daß der Baron Desportes diesen Morgen weggelaufen ist.

MARIANE: Was redst du da? *Ganz außer sich.*

JUNGFER ZIPFERSAAT: Sie kann es mir glauben, er ist meinem Vetter über die siebenhundert Taler schuldig geblieben, und als sie auf sein Zimmer kamen, fanden sie alles ausgeräumt und einen Zettel auf dem Tisch, wo er Ihnen schrieb, sie sollten sich keine vergebliche Mühe geben ihm nachzusetzen, er hab seinen Abschied genommen und wolle in österreichische Dienste gehen.

MARIANE *schluchsend läuft heraus und ruft*: Pappa! Pappa!

WESENER *hinter der Szene*: Na was ist?

MARIANE: Komm Er doch geschwind herauf, lieber Pappa!

JUNGFER ZIPFERSAAT: Da sieht Sie wie die Herren Offiziers sind. Das hätt ich Ihr wollen zum voraus sagen.

WESENER *kommt herein*: Na was ist – Ihr Diener Jungfer Zipfersaat.

MARIANE: Pappa was sollen wir anfangen? Der Desportes ist weggelaufen.

WESENER: Ei sieh doch, wer erzählt dir denn so artige Histörchen.

MARIANE: Er ist dem jungen Herrn Seidenhändler Zipfersaat siebenhundert Taler schuldig geblieben und hat einen Zettel auf dem Tisch gelassen, daß er in seinem Leben nicht nach Flandern wiederkommen will.

WESENER *sehr böse*: Was das ein gottloses verdammtes Gered – *Sich auf die Brust schlagend.* Ich sag gut für die siebenhundert Taler, versteht Sie mich Jungfer Zipfersaat? Und für noch einmal soviel wenn Sie's haben will. Ich hab mit dem Hause über die dreißig Jahr verkehrt, aber das sind die gottvergessenen Neider –

JUNGFER ZIPFERSAAT: Das wird meinem Vetter eine große Freude machen Herr Wesener, wenn Sie es auf sich nehmen wollen den guten Namen vom Herrn Baron zu retten.

WESENER: Ich geh mit Ihr, den Augenblick. *Sucht seinen Hut.* Ich will den Leuten das Maul stopfen, die sich unterstehen wollen, mir das Haus in üblen Ruf zu bringen, versteht Sie mich.

MARIANE: Aber Papa – *Ungeduldig.* O ich wünschte daß ich ihn nie gesehen hätte.

Wesener und Jungfer Zipfersaat gehen ab.

MARIANE *wirft sich in den Sorgstuhl und nachdem sie eine Weile in tiefen Gedanken gesessen, ruft sie ängstlich*: Lotte! – – Lotte!

Charlotte kommt.

CHARLOTTE: Na was willst du denn, daß du mich so rufst.

MARIANE *geht ihr entgegen*: Lottchen – mein liebes Lottchen. *Ihr unter dem Kinn streichelnd.*

CHARLOTTE: Na Gott behüt, wo kommt das Wunder?

MARIANE: Du bist auch mein allerbestes Scharlottel, du.

CHARLOTTE: Gewiß will Sie wieder Geld von mir leihen.

MARIANE: Ich will dir auch alles zu Gefallen tun.

CHARLOTTE: Ei was ich habe nicht Zeit. *Will gehen.*

MARIANE *hält sie*: So hör doch – nur für einen Augenblick – kannst du mir nicht helfen einen Brief schreiben?

CHARLOTTE: Ich habe nicht Zeit.

MARIANE: Nur ein paar Zeilen – ich laß dir auch die Perlen vor sechs Livres.

CHARLOTTE: An wen denn?

MARIANE *beschämt*: An den Stolzius.

CHARLOTTE *fängt an zu lachen*: Schlägt Ihr das Gewissen?

MARIANNE *halb weinend*: So laß doch –

CHARLOTTE *setzt sich an den Tisch*: Na was willst du ihm denn schreiben – Sie weiß wie ungern ich schreib.

MARIANE: Ich hab so ein Zittern in den Händen – schreib so oben oder in einer Reihe wie du willst: ›Mein liebwertester Freund.‹

CHARLOTTE: Mein liebwertester Freund.

MARIANE: ›Dero haben in Ihren letzten Schreiben mir billige Gelegenheit gegeben, da meine Ehre angegriffen.‹

CHARLOTTE: Angegriffen.

MARIANE: ›Indessen müssen nicht alle Ausdrücke auf der Waagschale legen, sondern auf das Herz ansehen, das Ihnen‹ – wart wie soll ich nun schreiben.

CHARLOTTE: Was weiß ich?

MARIANE: So sag doch wie heißt das Wort nun.

CHARLOTTE: Weiß ich denn was du ihm schreiben willst.

MARIANE: ›Daß mein Herz und –‹ *Fängt an zu weinen und wirft sich in den Lehnstuhl.*

CHARLOTTE *sieht sie an und lacht*: Na was soll ich ihm denn schreiben?

MARIANE *schluchsend*: Schreib was du willst.

CHARLOTTE *schreibt und liest*: ›Daß mein Herz nicht so wankelmütig ist als Sie es sich vorstellen‹ – ist so recht?

MARIANE *springt auf und sieht ihr über die Schulter*: Ja so ist recht, so ist recht. *Sie umhalsend.* Mein altes Scharlottel du.

CHARLOTTE: Na so laß Sie mich doch ausschreiben.

Mariane spaziert ein paarmal auf und ab, dann springt sie plötzlich zu ihr, reißt ihr das Papier unter dem Arm weg und zerreißt's in tausend Stücken.

CHARLOTTE *in Wut*: Na seht doch – ist das nicht ein Luder – eben da ich den besten Gedanken hatte – aber so eine Canaille ist Sie.

MARIANE: *Canaille vous même.*

CHARLOTTE *droht ihr mit dem Dintenfaß*: Du –

MARIANE: Sie sucht einen noch mehr zu kränken, wenn man schon im Unglück ist.

CHARLOTTE: Luder! warum zerreißt du denn, da ich eben im besten Schreiben bin.

MARIANE *ganz hitzig*: Schimpf nicht!

CHARLOTTE *auch halb weinend*: Warum zerreißt du denn?

MARIANE: Soll ich ihm denn vorlügen? *Fängt äußerst heftig an zu weinen und wirft sich mit dem Gesicht auf einen Stuhl.*
Wesener tritt herein. Mariane sieht auf und fliegt ihm an den Hals.

MARIANE *zitternd*: Pappa, lieber Pappa, wie steht's – um Gotteswillen, red Er doch.

WESENER: So sei doch nicht so närrisch, er ist ja nicht aus der Welt, Sie tut ja wie abgeschmackt –

MARIANE: Wenn er aber fort ist –

WESENER: Wenn er fort ist so muß er wiederkommen, ich glaube Sie hat den Verstand verloren und will mich auch wunderlich machen. Ich kenne das Haus seit länger als gestern, sie werden doch das nicht wollen auf sich sitzen lassen. Kurz und gut, schick herauf zu unserm Notarius droben, ob er zu Hause ist, ich will den Wechsel, den ich für ihn unterschrieben habe, fidimieren lassen, zugleich die Kopei von dem *Promesse de Mariage*, und alles den Eltern zuschicken.

MARIANE: Ach Papa, lieber Pappa! ich will gleich selber laufen und ihn holen. *Läuft über Hals und Kopf ab.*

WESENER: Das Mädel kann Gott verzeih mir einem *Louis quatorze* selber das Herz machen in die Hosen fallen. Aber schlecht ist das auch von *Monsieur le Baron*, ich will es bei seinem Herrn Vatter schon für ihn kochen, wart du nur. – Wo bleibt sie denn? *Geht Marianen nach.*

VIERTE SZENE

IN ARMENTIÈRES
Ein Spaziergang auf dem eingegangenen Stadtgraben

EISENHARDT *und* PIRZEL *spazieren.*

EISENHARDT: Herr von Mary will das Semester in Lille zubringen, was mag das zu bedeuten haben? Er hat doch dort keine Verwandte, soviel ich weiß.

PIRZEL: Er ist auch keiner von denen, die es weghaben. Flüchtig, flüchtig – Aber der Obristlieutenant, das ist ein Mann.

EISENHARDT *bei Seite*: Weh mir, wie bring ich den Menschen aus seiner Metaphysik zurück – *Laut.* Um den Menschen zu kennen müßte man meines Erachtens bei dem Frauenzimmer anfangen.

PIRZEL *schüttelt den Kopf.*

EISENHARDT *bei Seite*: Was die andern zuviel sind ist der zu wenig. O Soldatenstand, furchtbare Ehlosigkeit, was für Karikaturen machst du aus den Menschen.

PIRZEL: Sie meinen beim Frauenzimmer – das wär grad als ob man bei den Schafen anfinge. Nein, was der Mensch ist – *Den Finger an der Nase.*

EISENHARDT *bei Seite*: Der philosophiert mich zu Tode. *Laut*. Ich habe die Anmerkung gemacht, daß man in diesem Monat keinen Schritt vors Tor tun kann, wo man nicht einen Soldaten mit einem Mädchen karessieren sieht.

PIRZEL: Das macht weil die Leute nicht denken.

EISENHARDT: Aber hindert Sie das Denken nicht zuweilen im Exerzieren?

PIRZEL: Ganz und gar nicht, das geht so mechanisch. Haben doch die andern auch nicht die Gedanken beisammen, sondern schweben ihnen alleweile die schönen Mädchens vor den Augen.

EISENHARDT: Das muß seltsame Bataillen geben. Ein ganzes Regiment mit verrückten Köpfen muß Wundertaten tun.

PIRZEL: Das geht alles mechanisch.

EISENHARDT: Ja aber Sie laufen auch mechanisch. Die preußischen Kugeln müssen Sie bisweilen sehr unsanft aus Ihren süßen Träumen geweckt haben. *Gehen weiter*.

FÜNFTE SZENE

IN LILLE
Marys Wohnung

MARY. STOLZIUS *als Soldat*.

MARY *zeichnet, sieht auf*: Wer da? *Sieht ihn lang an und steht auf*. Stolzius?

STOLZIUS: Ja Herr.

MARY: Wo zum Sackerment kommt Ihr denn her? und in diesem Rock? *Kehrt ihn um*. Wie verändert, wie abgefallen, wie blaß? Ihr könntet mir's hundertmal sagen, Ihr wärt Stolzius, ich glaubt es Euch nicht.

STOLZIUS: Das macht der Schnurrbart gnädiger Herr. Ich hörte daß Ew. Gnaden einen Bedienten brauchten, und weil ich dem Herrn Obristen sicher bin, so hat er mir die Erlaubnis gegeben hieherzukommen, um allenfalls Ihnen einige Rekruten anwerben zu helfen und Sie zu bedienen.

MARY: Bravo! Ihr seid ein braver Kerl! und das gefällt mir daß Ihr dem König dient. Was kommt auch heraus bei dem Philisterleben. Und Ihr habt was zuzusetzen, Ihr könnt honett leben und es noch einmal weit bringen, ich will für Euch sorgen, das könnt Ihr versichert sein. Kommt nur, ich will gleich ein Zimmer für Euch besprechen, Ihr sollt diesen ganzen Winter bei mir bleiben, ich will es schon gut machen beim Obristen.
STOLZIUS: Solang ich meine Schildwachten bezahle, kann mir niemand was anhaben. *Gehen ab.*

SECHSTE SZENE

Frau Wesenern. Mariane. Charlotte.

FRAU WESENERN: Es ist eine Schande wie Sie mit ihm umgeht. Ich seh keinen Unterschied, wie du dem Desportes begegnet bist, so begegnest du ihm auch.
MARIANE: Was soll ich denn machen Mamma? Wenn er nun sein bester Freund ist und er uns allein noch Nachrichten von ihm verschaffen kann.
CHARLOTTE: Wenn er dir nicht soviele Präsente machte, würdest du auch anders mit ihm sein.
MARIANE: Soll ich ihm denn die Präsente ins Gesicht zurückwerfen? Ich muß doch wohl höflich mit ihm sein da er noch der einzige ist der mit ihm korrespondiert. Wenn ich ihn abschrecke, da wird schön Dings herauskommen, er fängt ja alle Briefe auf die der Pappa an seinen Vater schreibt, das hört Sie ja.
FRAU WESENERN: Kurz und gut, du sollst nun nicht ausfahren mit diesem, ich leid es nicht.
MARIANE: So komm Sie denn mit Mama! er hat Pferd und Cabriolet bestellt, sollen die wieder zurückfahren?
FRAU WESENER: Was geht's mich an?
MARIANE: So komm du denn mit Lotte – Was fang ich nun an? Mamma Sie weiß nicht was ich alles aussteh um Ihrentwillen.
CHARLOTTE: Sie ist frech obenein.

MARIANE: Schweig du nur still.

LOTTE *etwas leise für sich*: Soldatenmensch.

MARIANE *tut als ob sie's nicht hörte und fährt fort sich vor dem Spiegel zu putzen*: Wenn wir den Mary beleidigen, so haben wir alles uns selber vorzuwerfen.

LOTTE *laut, indem sie schnell zur Stube hinausgeht*: Soldatenmensch!

MARIANE *kehrt sich um*: Seh Sie nur Mamma! *Die Hände faltend.*

FRAU WESENER: Wer kann dir helfen, du machst es darnach.
Mary tritt herein.

MARIANE *heitert schnell ihr Gesicht auf. Mit der größten Munterkeit und Freundlichkeit ihm entgegen gehend*: Ihre Dienerin Herr von Mary! haben Sie wohl geschlafen?

MARY: Unvergleichlich meine gnädige Mademoiselle! ich habe das ganze gestrige Feuerwerk im Traum zum andernmal gesehen.

MARIANE: Es war doch recht schön.

MARY: Es muß wohl schön gewesen sein, weil es Ihre Approbation hat.

MARIANE: O ich bin keine *Connoisseuse* von den Sachen, ich sage nur wieder, wie ich es von Ihnen gehört habe. *Er küßt ihr die Hand, sie macht einen tiefen Knicks.* Sie sehen uns hier noch ganz in Rumor, meine Mutter wird gleich fertig sein.

MARY: Madam Wesener kommen also mit?

FRAU WESENER *trocken*: Wie so? ist kein Platz für mich da?

MARY: O ja, ich steh hinten auf und mein Caspar kann zu Fuß vorangehn.

MARIANE: Hören Sie, Ihr Soldat gleicht sehr viel einem gewissen Menschen den ich ehemals gekannt habe und der auch um mich angehalten hat.

MARY: Und Sie gaben ihm ein Körbchen. Daran ist auch der Desportes wohl schuld gewesen.

MARIANE: Er hat mir's eingetränkt.

MARY: Wollen wir? *Er bietet ihr die Hand, sie macht ihm einen Knicks und winkt auf ihre Mutter, er gibt Frau Wesenern die Hand und sie folgt ihnen.*

SIEBENTE SZENE

In Philippeville

DESPORTES *allein, ausgezogen, in einem grünen Zimmer, einen Brief schreibend, ein brennend Licht vor ihm.*

DESPORTES *brummt indem er schreibt:* Ich muß ihr doch das Maul schmieren ein wenig, sonst nimmt das Briefschreiben kein Ende, und mein Vater fängt noch wohl gar einmal einen auf. *Liest den Brief.* ›Ihr bester Vater ist böse auf mich, daß ich ihn solange aufs Geld warten lasse, ich bitte Sie, besänftigen Sie ihn, bis ich eine bequeme Gelegenheit finde, meinem Vater alles zu entdecken und ihn zu der Einwilligung zu bewegen, Sie, meine Geliebte, auf ewig zu besitzen. Denken Sie ich bin in der größten Angst, daß er nicht schon einige von Ihren Briefen aufgefangen hat, denn ich sehe aus Ihrem letzten, daß Sie viele an mich müssen geschrieben haben, die ich nicht erhalten habe. Und das könnte uns alles verderben. Darf ich bitten, so schreiben Sie nicht eher an mich, als bis ich Ihnen eine neue Adresse geschickt habe unter der ich die Briefe sicher erhalten kann.‹ *Siegelt zu.* Wenn ich den Mary recht verliebt in sie machen könnte, daß sie mich vielleicht vergißt. Ich will ihm schreiben, er soll nicht von meiner Seite kommen, wenn ich meine anbetungswürdige Mariane werde glücklich gemacht haben, er soll ihr Cicisbeo sein, wart nur. *Spaziert einigemal tiefsinnig auf und nieder, dann geht er heraus.*

ACHTE SZENE

In Lille
Der Gräfin La Roche Wohnung

Die GRÄFIN. *Ein* BEDIENTER.

GRÄFIN *sieht nach ihrer Uhr:* Ist der junge Herr noch nicht zurückgekommen?

BEDIENTER: Nein gnädige Frau.

GRÄFIN: Gebt mir den Hauptschlüssel und legt Euch schlafen. Ich werde dem jungen Herrn selber aufmachen. Was macht Jungfer Cathrinchen?

BEDIENTER: Sie hat den Abend große Hitze gehabt.

GRÄFIN: Geht nur noch einmal hinein und seht ob die Mademoiselle auch noch munter ist. Sagt ihr nur, ich gehe nicht zu Bett, um ein Uhr werde ich kommen und sie ablösen. *Bedienter ab.*

GRÄFIN *allein*: Muß denn ein Kind seiner Mutter bis ins Grab Schmerzen schaffen? Wenn du nicht mein Einziger wärst und ich dir kein so empfindliches Herz gegeben hätte – *Man pocht. Sie geht heraus und kommt wieder herein mit ihm.*

JUNGER GRAF: Aber gnädige Mutter, wo ist denn der Bediente, die verfluchten Leute, wenn es nicht so spät wäre ich ließ den Augenblick nach der Wache gehen und ihm alle Knochen im Leibe entzweischlagen.

GRÄFIN: Sachte, sachte mein Sohn. Wie wenn ich mich nun gegen dich so übereilte, wie du gegen den unschuldigen Menschen.

JUNGER GRAF: Aber es ist doch nicht auszuhalten.

GRÄFIN: Ich selbst habe ihn zu Bett geschickt. Ist's nicht genug daß der Kerl den ganzen Tag auf dich passen muß, soll er sich auch die Nachtruhe entziehen um deinetwillen. Ich glaube du willst mich lehren die Bedienten anzusehen wie die Bestien.

JUNGER GRAF *küßt ihr die Hand*: Gnädige Mutter.

GRÄFIN: Ich muß ernsthaft mit dir reden, junger Mensch! Du fängst an, mir trübe Tage zu machen. Du weißt ich habe dich nie eingeschränkt, mich in alle deine Sachen gemischt als deine Freundin, nie als Mutter. Warum fängst du mir denn jetzt an, ein Geheimnis aus deinen Herzensangelegenheiten zu machen, da du doch sonst keine deiner jugendlichen Torheiten vor mir geheim hieltest und ich, weil ich selbst ein Frauenzimmer bin, dir allezeit den besten Rat zu geben wußte. *Sieht ihn steif an.* Du fängst an lüderlich zu werden mein Sohn.

JUNGER GRAF *ihr die Hand mit Tränen küssend*: Gnädige Mutter, ich schwöre Ihnen, ich habe kein Geheimnis für Sie. Sie haben mich nach dem Nachtessen mit Jungfer Wesenern begegnet, Sie haben aus der Zeit und aus der Art mit der wir sprachen Schlüsse gemacht – es ist ein artig Mädchen und das ist alles.

GRÄFIN: Ich will nichts mehr wissen. Sobald du Ursache zu haben glaubst mir was zu verhehlen – aber bedenk auch daß du hernach die Folgen deiner Handlungen nur dir selber zuzuschreiben hast. Fräulein Anklam hat hier Verwandte, und ich weiß daß Jungfer Wesenern nicht in dem besten Ruf steht, ich glaube, nicht aus ihrer Schuld, das arme Kind soll hintergangen worden sein.

JUNGER GRAF *kniend*: Eben das gnädige Mutter! eben ihr Unglück – Wenn Sie die Umstände wüßten, ja ich muß Ihnen alles sagen, ich fühle daß ich einen Anteil an dem Schicksal des Mädchens nehme – Und doch – wie leicht ist sie zu hintergehen gewesen, ein so leichtes offenes unschuldiges Herz – es quält mich Mama! daß sie nicht in bessere Hände gefallen ist.

GRÄFIN: Mein Sohn, überlaß das Mitleiden mir. Glaube mir *(umarmt ihn)*, glaube mir, ich habe kein härteres Herz als du. Aber mir kann das Mitleiden nicht so gefährlich werden. Höre meinen Rat, folge mir. Um deiner Ruhe willen, geh nicht mehr hin, reis aus der Stadt, reis zu Fräulein Anklam – und sei versichert daß es Jungfer Wesenern hier nicht übel werden soll. Du hast ihr in mir ihre zärtlichste Freundin zurückgelassen – Versprichst du mir das?

JUNGER GRAF *sieht sie lang zärtlich an*: Gut Mamma, ich verspreche Ihnen alles – Nur noch ein Wort eh ich reise. Es ist ein unglückliches Mädchen, das ist gewiß.

GRÄFIN: Beruhige dich nur. *Ihm auf die Backen klopfend.* Ich glaube dir's mehr als du mir es sagen kannst.

JUNGER GRAF *steht auf und küßt ihr die Hand*: Ich kenne Sie – *Beide gehen ab.*

NEUNTE SZENE

Frau Wesenern. Mariane.

Mariane: Laß Sie nur sein Mama! ich will ihn recht quälen.
Frau Wesener: Ach geh doch, was? er hat dich vergessen, er ist in drei Tagen nicht hier gewesen und die ganze Welt sagt, er hab sich verliebt in die kleine Madam Düval, da in der Brüßlerstraße.
Mariane: Sie kann nicht glauben wie kompläsant der Graf gegen mich ist.
Frau Wesener: Ei was der soll ja auch schon versprochen sein.
Mariane: So quäl ich doch den Mary damit. Er kommt den Abend nach dem Nachtessen wieder her. Wenn uns doch der Mary nur einmal begegnen wollte mit seiner Madam Düval. *Ein Bedienter tritt herein.*
Bedienter: Die Gräfin La Roche läßt fragen, ob Sie zu Hause sind.
Mariane *in der äußersten Verwirrung*: Ach Himmel, die Mutter vom Herrn Grafen – Sag Er nur – Mamma so sag Sie doch, was soll er sagen.
Frau Wesener will gehen.
Mariane: Sag Er nur, es wird uns eine hohe Ehre – Mamma! Mamma! so red Sie doch.
Frau Wesener: Kannst du denn das Maul nicht auftun? Sag Er, es wird uns eine hohe Ehre sein – wir sind zwar in der größten Unordnung hier.
Mariane: Nein, nein, wart Er nur, ich will selber an den Wagen herabkommen. *Geht herunter mit dem Bedienten. Die alte Wesenern geht fort.*

ZEHNTE SZENE

Die Gräfin La Roche *und* Mariane, *die wieder hereinkommen.*

Mariane: Sie werden verzeihen gnädige Frau, es ist hier alles in der größten Rappuse.
Gräfin: Mein liebes Kind, Sie brauchen mit mir nicht die aller-

geringsten Umstände zu machen. *Faßt sie an die Hand und setzt sich mit ihr aufs Kanapee.* Sehen Sie mich als Ihre beste Freundin an *(sie küssend)*, ich versichere Sie, daß ich den aufrichtigsten Anteil nehme an allem was Ihnen begegnen kann.

MARIANE *sich die Augen wischend*: Ich weiß nicht womit ich die besondere Gnade verdient habe, die Sie für mich tragen.

GRÄFIN: Nichts von Gnade, ich bitte Sie. Es ist mir lieb, daß wir allein sind, ich habe Ihnen viel vieles zu sagen, das mir auf dem Herzen liegt, und Sie auch manches zu fragen. *Mariane sehr aufmerksam, die Freude in ihrem Gesicht.* Ich liebe Sie mein Engel! ich kann mich nicht enthalten, es Ihnen zu zeigen. *Mariane küßt ihr inbrunstvoll die Hand.* Ihr ganzes Betragen hat so etwas Offenes, so etwas Einnehmendes, daß mir Ihr Unglück dadurch doppelt schmerzhaft wird. Wissen Sie denn auch meine neue liebe Freundin daß man viel viel in der Stadt von Ihnen spricht.

MARIANE: Ich weiß wohl, daß es allenthalben böse Zungen gibt.

GRÄFIN: Nicht lauter böse, auch gute sprechen von Ihnen. Sie sind unglücklich, aber Sie können sich damit trösten daß Sie sich Ihr Unglück durch kein Laster zugezogen. Ihr einziger Fehler war, daß Sie die Welt nicht kannten, daß Sie den Unterschied nicht kannten, der unter den verschiedenen Ständen herrscht, daß Sie die Pamela gelesen haben, das gefährlichste Buch das eine Person aus Ihrem Stande lesen kann.

MARIANE: Ich kenne das Buch ganz und gar nicht.

GRÄFIN: So haben Sie den Reden der jungen Leute zuviel getraut.

MARIANE: Ich habe nur einem zuviel getraut und es ist noch nicht ausgemacht, ob er falsch gegen mich denkt.

GRÄFIN: Gut liebe Freundin! aber sagen Sie mir, ich bitte Sie, wie kamen Sie doch dazu, über Ihren Stand heraus sich nach einem Mann umzusehen. Ihre Gestalt, dachten Sie, könnte Sie schon weiter führen als Ihre Gespielinnen; ach liebe Freundin, eben das hätte Sie sollen vorsichtiger machen. Schönheit ist niemals ein Mittel, eine gute Heurat zu stiften, und niemand hat mehr Ursache zu zittern als ein schön Gesicht. Tausend Gefahren mit Blumen überstreut, tausend

Anbeter und keinen Freund, tausend unbarmherzige Verräter.

MARIANE: Ach gnädige Frau, ich weiß wohl daß ich häßlich bin.

GRÄFIN: Keine falsche Bescheidenheit. Sie sind schön, der Himmel hat Sie damit gestraft. Es fanden sich Leute über Ihren Stand die Ihnen Versprechungen taten. Sie sahen gar keine Schwürigkeit eine Stufe höher zu rücken, Sie verachteten Ihre Gespielinnen, Sie glaubten nicht nötig zu haben, sich andere liebenswürdige Eigenschaften zu erwerben, Sie scheuten die Arbeit, Sie begegneten jungen Mannsleuten Ihres Standes verächtlich, Sie wurden gehaßt. Armes Kind! wie glücklich hätten Sie einen rechtschaffenen Bürger machen können, wenn Sie diese fürtreffliche Gesichtszüge, dieses einnehmende bezaubernde Wesen mit einem demütigen menschenfreundlichen Geist beseelt hätten, wie wären Sie von allen Ihres gleichen angebetet, von allen Vornehmen nachgeahmt und bewundert worden. Aber Sie wollten von Ihresgleichen beneidet werden. Armes Kind, wo dachten Sie hin und gegen welch ein elendes Glück wollten Sie alle diese Vorzüge eintauschen? Die Frau eines Mannes zu werden, der um Ihrentwillen von seiner ganzen Familie gehaßt und verachtet würde. Und einem so unglücklichen Hasardspiel zu Gefallen Ihr ganzes Glück, Ihre ganze Ehre, Ihr Leben selber auf die Karte zu setzen. Wo dachten Sie hinaus? wo dachten Ihre Eltern hinaus? Armes betrogenes durch die Eitelkeit gemißhandeltes Kind. *Drückt sie an ihre Brust.* Ich wollte mein Blut hergeben, daß das nicht geschehen wäre.

MARIANE *weint auf ihre Hand*: Er liebte mich aber.

GRÄFIN: Die Liebe eines Offiziers Mariane – eines Menschen, der an jede Art von Ausschweifung, von Veränderung gewöhnt ist, der ein braver Soldat zu sein aufhört, sobald er ein treuer Liebhaber wird, der dem König schwört es nicht zu sein und sich dafür von ihm bezahlen läßt. Und Sie glaubten die einzige Person auf der Welt zu sein, die ihn trotz des Zorns seiner Eltern, trotz des Hochmuts seiner Familie, trotz seines Schwurs, trotz seines Charakters, trotz der ganzen Welt treu erhalten wollten? Das heißt, Sie wollten die Welt umkehren. – – Und da Sie nun sehen daß es fehlgeschlagen hat, so glauben Sie bei andern Ihren Platz auszuführen und sehen nicht, daß das was Sie für Liebe bei den Leuten halten, nichts als Mitleiden mit Ihrer Geschichte, oder gar was Schlimmers ist. *Mariane fällt vor ihr auf die Knie, verbirgt ihr Gesicht in ihren Schoß und schluchst.* Entschließ dich bestes Kind! unglückliches Mädchen, noch ist es Zeit, noch ist der Abgrund zu vermeiden, ich will sterben, wenn ich dich nicht herausziehe. Lassen Sie sich alle Anschläge auf meinen Sohn vergehen, er ist versprochen, die Fräulein Anklam hat seine Hand und sein Herz. Aber kommen Sie mit in mein Haus, Ihre Ehre hat einen großen Stoß gelitten, das ist der einzige Weg, sie wieder herzustellen. Werden Sie meine Gesellschafterin und machen Sie sich gefaßt in einem Jahr keine Mannsperson zu sehen. Sie sollen mir meine Tochter erziehen helfen – kommen Sie wir wollen gleich zu Ihrer Mutter gehen und sie um Erlaubnis bitten, daß Sie mit mir fahren dürfen.

MARIANE *hebt den Kopf rührend aus ihrem Schoß auf*: Gnädige Frau – es ist zu spät.

GRÄFIN *hastig*: Es ist nie zu spät vernünftig zu werden. Ich setze Ihnen tausend Taler zur Aussteuer aus, ich weiß daß Ihre Eltern Schulden haben.

MARIANE *noch immer auf den Knien, halb rückwärts fallend, mit gefalteten Händen*: Ach gnädige Frau, erlauben Sie mir daß ich mich drüber bedenke – daß ich alles das meiner Mutter vorstelle.

GRÄFIN: Gut liebes Kind, tun Sie Ihr Bestes – Sie sollen Zeitvertreib genug bei mir haben, ich will Sie im Zeichnen, Tanzen und Singen unterrichten lassen.

MARIANE *fällt auf ihr Gesicht*: O gar zu, gar zu gnädige Frau.

GRÄFIN: Ich muß fort – Ihre Mutter würde mich in einem wunderlichen Zustand antreffen. *Geht schnell ab, sieht noch durch die Tür hinein nach Marianen, die noch immer wie im Gebet liegt.* Adieu Kind! *Ab.*

VIERTER AKT

ERSTE SZENE

Mary. Stolzius.

Mary: Soll ich dir aufrichtig sagen Stolzius, wenn der Desportes das Mädchen nicht heuratet, so heurate ich's. Ich bin zum Rasendwerden verliebt in sie. Ich habe schon versucht mir die Gedanken zu zerstreuen, du weißt wohl mit der Duval, und denn gefällt mir die Wirtschaft mit dem Grafen gar nicht und daß die Gräfin sie nun gar ins Haus genommen hat, aber alles das – verschlägt doch nichts, ich kann mir die Narrheit nicht aus dem Kopf bringen.

Stolzius: Schreibt denn der Desportes gar nicht mehr.

Mary: Ei freilich schreibt er. Sein Vater hat ihn neulich wollen zu einer Heurat zwingen und ihn vierzehn Tage bei Wasser und Brot eingesperrt – – *Sich an den Kopf schlagend.* Und wenn ich noch so denke, wie sie neulich im Mondschein mit mir spazieren ging und mir ihre Not klagte, wie sie manchmal mitten in der Nacht aufspränge, wenn ihr die schwermütigen Gedanken einkämen, und nach einem Messer suchte.

Stolzius *zittert.*

Mary: Ich fragte, ob sie mich auch liebte. Sie sagte, sie liebte mich zärtlicher als alle ihre Freunde und Verwandten, und drückte meine Hand gegen ihre Brust.

Stolzius *wendet sein Gesicht gegen die Wand.*

Mary: Und als ich sie um ein Schmätzchen bat, so sagte sie, wenn es in ihrer Gewalt stünde mich glücklich zu machen, so täte sie es gewiß. So aber müßte ich erst die Erlaubnis vom Desportes haben. – *Faßt Stolzius hastig an.* Kerl der Teufel soll mich holen, wenn ich sie nicht heurate, wenn der Desportes sie sitzen läßt.

Stolzius *sehr kalt*: Sie soll doch recht gut mit der Gräfin sein.

Mary: Wenn ich nur wüßte, wie man sie zu sprechen bekommen könnte. Erkundige dich doch.

ZWEITE SZENE

IN ARMENTIÈRES

DESPORTES *in der Prison.* HAUDY *bei ihm.*

DESPORTES: Es ist mir recht lieb, daß ich in Prison itzt bin, so erfährt kein Mensch, daß ich hier sei.
HAUDY: Ich will den Kameraden allen verbieten es zu sagen.
DESPORTES: Vor allen Dingen daß es nur der Mary nicht erfährt.
HAUDY: Und der Rammler. Der ohnedem so ein großer Freund von dir sein will, und sagt er ist mit Fleiß darum ein paar Wochen später zum Regiment gekommen, um dir die Anciennität zu lassen.
DESPORTES: Der Narr.
HAUDY: O hör, neulich ist wieder ein Streich mit ihm gewesen, der zum Fressen ist. Du weißt der Gilbert logiert bei einer alten krummen schielenden Witwe, bloß um ihrer schönen Cousine willen, nun gibt er alle Woche der zu Gefallen ein Konzert im Hause, einmal besäuft sich mein Rammler und weil er meint die Cousine schläft dort, so schleicht er sich vom Nachtessen weg und nach seiner gewöhnlichen Politik obenauf in der Witwe Schlafzimmer, zieht sich aus und legt sich zu Bette. Die Witwe die sich auch den Kopf etwas warm gemacht hat, bringt noch erst ihre Cousine, die auf der Nachbarschaft wohnt, mit der Laterne nach Hause; wir meinen unser Rammler ist nach Hause gegangen, sie steigt hernach in ihr Zimmer herauf, will sich zu Bett legen und findet meinen Monsieur da, der in der äußersten Konfusion ist. Er entschuldigt sich er habe die Gelegenheit vom Hause nicht gewußt, sie transportiert ihn ohne viele Mühe wieder herunter und wir lachen uns über den Mißverstand die Bäuche fast entzwei. Er bittet sie und uns alle um Gotteswillen doch keinem Menschen was von der Historie zu sagen. Du weißt nun aber wie der Gilbert ist, der hat's nun alles dem Mädel wiedererzählt und die hat dem alten Weibe steif und fest in den Kopf gesetzt, Rammler wäre verliebt in sie. In der Tat hat er auch ein Zimmer in dem Hause gemietet, vielleicht um sie zu bewegen

nicht Lärm davon zu machen. Nun solltest du aber dein Himmelsgaudium haben, ihn und das alte Mensch in Gesellschaft zusammen zu sehen. Sie minaudiert und liebäugelt und verzerrt ihr schiefes runzligtes Gesicht gegen ihn, daß man sterben möchte, und er mit seiner roten Habichtsnase und den stieren erschrocknen Augen – siehst du es ist ein Anblick, an den man nicht denken kann ohne zu zerspringen.

DESPORTES: Wenn ich wieder frei werde soll doch mein erster Gang zu Gilbert sein. Meine Mutter wird nächstens an den Obristen schreiben, das Regiment soll für meine Schulden gut sagen.

DRITTE SZENE

IN LILLE
Ein Gärtchen an der Gräfin La Roche Hause

Die GRÄFIN *in einer Allee.*

GRÄFIN: Was das Mädchen haben mag, daß es so spät in den Garten hinausgegangen ist. Ich fürchte, ich fürchte es ist etwas Abgeredtes. Sie zeichnet zerstreut, spielt die Harfe zerstreut, ist immer abwesend wenn ihr der Sprachmeister was vorsagt – still hör ich nicht jemand – ja sie ist oben im Lusthause und von der Straße antwortet ihr jemand. *Lehnt ihr Ohr an die grüne Wand des Gartens.*

Hinter der Szene:

MARYS STIMME: Ist das erlaubt, alle Freunde, alles was Ihnen lieb war so zu vergessen?

MARIANENS STIMME: Ach lieber Herr Mary, es tut mir leid genug, aber es muß schon so sein. Ich versichere Ihnen die Frau Gräfin ist die scharmanteste Frau die auf Gottes Erdboden ist.

MARY: Sie sind ja aber wie in einem Kloster da, wollen Sie denn gar nicht mehr in die Welt? Wissen Sie daß Desportes geschrieben hat, er ist untröstlich, er will wissen wo Sie sind und warum Sie ihm nicht antworten?

MARIANE: So? – Ach ich muß ihn vergessen, sagen Sie ihm das, er soll mich nur auch vergessen.

MARY: Warum denn? – Grausame Mademoiselle! ist das erlaubt, Freunden so zu begegnen.
MARIANE: Es kann nun schon nicht anders sein – Ach Herr Gott, ich höre jemand im Garten unten. Adieu, adieu – Flattieren Sie sich nur nicht – *Kommt herunter.*
GRÄFIN: So Mariane! ihr gebt euch Rendezvous.
MARIANE *äußerst erschrocken*: Ach gnädige Frau – es war ein Verwandter von mir – mein Vetter und der hat nun erst erfahren wo ich bin –
GRÄFIN *sehr ernsthaft*: Ich habe alles gehört.
MARIANE *halb auf Knien*: Ach Gott so verzeihen Sie mir nur diesmal.
GRÄFIN: Mädchen du bist wie das Bäumchen hier im Abendwinde, jeder Hauch verändert dich. Was denkst du denn, daß du hier unter meinen Augen den Faden mit dem Desportes wieder anzuspinnen denkst, dir Rendezvous mit seinen guten Freunden gibst. Hätt ich das gewußt, ich hätte mich deiner nicht angenommen.
MARIANE: Verzeihen Sie mir nur diesmal.
GRÄFIN: Ich verzeih es dir niemals wenn du wider dein eigen Glück handelst. Geh! *Mariane geht ganz verzweiflungsvoll ab.*
GRÄFIN *allein*: Ich weiß nicht ob ich dem Mädchen ihren Roman fast mit gutem Gewissen nehmen darf. Was behält das Leben für Reiz übrig, wenn unsere Imagination nicht welchen hineinträgt; Essen, Trinken, Beschäftigungen ohne Aussicht, ohne sich selbst gebildetem Vergnügen sind nur ein gefristeter Tod. Das fühlt sie auch wohl und stellt sich nur vergnügt. Wenn ich etwas ausfündig machen könnte, ihre Phantasei mit meiner Klugheit zu vereinigen, ihr Herz, nicht ihren Verstand zu zwingen mir zu folgen.

VIERTE SZENE

In Armentières

Desportes *im Prison, hastig auf- und abgehend, einen Brief in der Hand.*

Desportes: Wenn sie mir hieher kommt, ist mein ganzes Glück verdorben – zu Schand und Spott bei allen Kameraden. *Setzt sich und schreibt.* – – Mein Vater darf sie auch nicht sehen –

FÜNFTE SZENE

In Lille
Weseners Haus

Der alte Wesener. *Ein* Bedienter *der Gräfin.*

Wesener: Mariane fortgelaufen –! Ich bin des Todes. *Läuft heraus. Der Bediente folgt ihm.*

SECHSTE SZENE

Marys Wohnung

Mary. Stolzius, *der ganz bleich und verwildert dasteht.*

Mary: So laßt uns ihr nachsetzen, zum tausend Sackerment. Ich bin schuld an allem. Gleich lauf hin und bring Pferde her.
Stolzius: Wenn man nur wissen könnte, wohin –
Mary: Nach Armentières. Wo kann sie anders hinsein.
Beide ab.

SIEBENTE SZENE

Weseners Haus

Frau Wesener *und* Charlotte *in Kappen.* Wesener *kommt wieder.*

Wesener: Es ist alles umsonst. Sie ist nirgends ausfindig zu machen. *Schlägt in die Hände.* Gott! – wer weiß wo sie sich ertränkt hat.
Charlotte: Wer weiß aber noch Papa –
Wesener: Nichts. Die Boten der Frau Gräfin sind wiedergekommen und es ist noch keine halbe Stunde daß man sie vermißt hat. Zu jedem Tor ist einer herausgeritten und sie kann doch nicht aus der Welt sein in so kurzer Zeit.

ACHTE SZENE

In Philippeville

Desportes' Jäger *einen Brief von seinem Herrn in der Hand.*

Jäger: O! da kommt mir ja ein schönes Stück Wildpret recht ins Garn hereingelaufen. Sie hat meinem Herrn geschrieben, sie würde grad nach Philippeville zu ihm kommen *(sieht in den Brief),* zu Fuß – o das arme Kind – ich will dich erfrischen.

NEUNTE SZENE

In Armentières
Ein Konzert im Hause der Frau Bischof

Verschiedene Damen im Kreise um das Orchester, unter denen auch Frau Bischof *und ihre Cousine. Verschiedene Offiziere, unter denen auch* Haudy, Rammler, Mary, Desportes, Gilbert, *stehen vor ihnen und unterhalten die Damen.*

Mademoiselle Bischof *zu Rammler*: Und Sie sind auch hier eingezogen, Herr Baron?
Rammler *verbeugt sich stillschweigend und wird rot über und über.*

HAUDY: Er hat sein Logis im zweiten Stock genommen grad gegenüber Ihrer Frau Base Schlafkammer.
MADEMOISELLE BISCHOF: Das hab ich gehört. Ich wünsche meiner Base viel Glück.
MADAME BISCHOF *schielt und lächelt auf eine kokette Art*: He he he, der Herr Baron wäre wohl nicht eingezogen, wenn ihm nicht der Herr von Gilbert mein Haus so rekummandiert hätte. Und zum andern begegne ich allen meinen Herren auf eine solche Art, daß sie sich nicht über mich werden zu beklagen haben.
MADEMOISELLE BISCHOF: Das glaub ich, Sie werden sich gut miteinander vertragen.
GILBERT: Es ist mit alledem so ein kleiner Haken unter den beiden, sonst wäre Rammler nicht hier eingezogen.
MADAME BISCHOF: So? *Hält den Fächer vorm Gesicht.* He he he, seiter wenn denn, meinten Sie, Herr von Gilbert, seiter wenn denn?
HAUDY: Seit dem letzten Konzert-Abend, wissen Sie wohl Madame.
RAMMLER *zupft Haudy*: Haudy.
MADAME BISCHOF *schlägt ihn mit dem Fächer*: Unartiger Herr Major! müssen Sie denn auch alles gleich herausplappern.
RAMMLER: Madame! ich weiß gar nicht, wie wir so familiär miteinander sollten geworden sein, ich bitte mir's aus –
MADAME BISCHOF *sehr böse*: So Herr? und Sie wollen sich noch mausig machen, und zum andern müßten Sie sich das noch für eine große Ehre halten wenn eine Frau von meinem Alter und von meinem Charaktère sich familiär mit Ihnen gemacht hätte, und denk doch einmal was Er sich nicht einbildt der junge Herr.
ALLE OFFIZIERS: Ach Rammler – Pfui Rammler – das ist doch nicht recht wie du der Madam begegnest.
RAMMLER: Madame halten Sie das Maul oder ich brech Ihnen Arm und Bein entzwei und werf Sie zum Fenster hinaus.
MADAME BISCHOF *steht wütend auf*: Herr komm Er *(faßt ihn an Arm)* – den Augenblick komm Er, probier Er mir was Leids zu tun.

ALLE: In die Schlafkammer Rammler, sie fodert dich heraus.
MADAME BISCHOF: Wenn Er sich noch breit macht, so werf ich ihn aus dem Hause heraus weiß Er das. Und der Weg zum Kommendanten ist nicht weit. *Fängt an zu weinen.* Denk doch mir in meinem eigenen Hause Impertinenzien zu sagen, der impertinente Flegel –
MADEMOISELLE BISCHOF: Nun still doch Bäslein, der Herr Baron hat es ja so übel nicht gemeint. Er hat ja nur gespaßt, so sei Sie doch ruhig.
GILBERT: Rammler sei vernünftig, ich bitte dich. Was für Ehre hast du davon ein alt Weib zu beleidigen.
RAMMLER: Ihr könnt mir alle – *Läuft heraus.*
MARY: Ist das nicht lustig Desportes? Was fehlt dir? Du lachst ja nicht.
DESPORTES: Ich hab erstaunende Stiche auf der Brust. Der Katarrh wird mich noch umbringen.
MARY: Ist das aber nicht zum Zerspringen mit dem Original? Sahst du wie er braun und blau um die Nase ward für Ärgernis. Ein andrer würde sich lustig gemacht haben mit der alten Vettel.
Stolzius kommt herein und zupft Mary.
MARY: Was ist?
STOLZIUS: Nehmen Sie doch nicht ungnädig Herr Lieutenant! wollten Sie nicht auf einen Augenblick in die Kammer kommen.
MARY: Was gibt's denn? Habt Ihr wo was erfahren.
STOLZIUS *schüttelt mit dem Kopf.*
MARY: Nun denn *(geht etwas weiter vorwärts)* – so sagt nur hier.
STOLZIUS: Die Ratten haben die vorige Nacht ihr bestes Antolagenhemd zerfressen; eben als ich den Wäscheschrank aufmachte, sprangen mir zwei drei entgegen.
MARY: Was ist daran gelegen? – Laßt Gift aussetzen.
STOLZIUS: Da muß ich ein versiegeltes Zettelchen von Ihnen haben.
MARY *unwillig*: Warum kommt Ihr mir denn just jetzt.
STOLZIUS: Auf den Abend hab ich nicht Zeit, Herr Lieutenant –

ich muß heute noch bei der Lieferung von den Mundierungsstücken sein.
MARY: Da habt Ihr meine Uhr, Ihr könnt ja mit meinem Petschaft zusiegeln. *Stolzius geht ab – Mary tritt wieder zur Gesellschaft.*
Eine Symphonie hebt an.
DESPORTES *der sich in einen Winkel gestellt hat, für sich*: Ihr Bild steht unaufhörlich vor mir – Pfui Teufel! fort mit den Gedanken. Kann ich dafür daß sie so eine wird. Sie hat's ja nicht besser haben wollen. *Tritt wieder zur andern Gesellschaft und hustet erbärmlich.*
Mary steckt ihm ein Stück Lakritz in den Mund. Er erschrickt. Mary lacht.

ZEHNTE SZENE

IN LILLE
Weseners Haus

FRAU WESENER. *Ein* BEDIENTER *der Gräfin.*

FRAU WESENER: Wie die Frau Gräfin haben sich zu Bett gelegt vor Alteration? Vermeld Er unsern untertänigsten Respekt der Frau Gräfin und der Fräulein, mein Mann ist nach Armentières gereist, weil ihm die Leute alles im Hause haben versiegeln wollen wegen der Kaution und er gehört hat, daß der Herr von Desportes beim Regiment sein soll. Und es tut uns herzlich leid, daß die Frau Gräfin sich unser Unglück so zu Herzen nimmt.

EILFTE SZENE

IN ARMENTIÈRES

STOLZIUS *geht vor einer Apothek herum. Es regnet.*

STOLZIUS: Was zitterst du? – Meine Zunge ist so schwach, daß ich fürchte ich werde kein einziges Wort hervorbringen können. Er wird mir's ansehen – Und müssen denn die zittern, die Unrecht leiden und die allein fröhlich sein, die Unrecht tun! – – Wer weiß zwischen welchem Zaun sie jetzt verhungert. Herein Stolzius! wenn's nicht für ihn ist, so ist's doch für dich. Und das ist ja alles was du wünschest – – *Geht hinein.*

FÜNFTER AKT

ERSTE SZENE

Auf dem Wege nach Armentières

Wesener, *der ausruht.*

Wesener: Nein keine Post nehm ich nicht und sollt ich hier liegen bleiben. Mein armes Kind hat mich genug gekostet eh sie zu der Gräfin kam, das mußte immer die Staatsdame gemacht sein, und Bruder und Schwester sollen's ihr nicht vorzuwerfen haben. Mein Handel hat auch nun schon zwei Jahr gelegen – wer weiß was Desportes mit ihr tut, was er mit uns allen tut – denn bei ihm ist sie doch gewiß. Man muß Gott vertrauen – *Bleibt in tiefen Gedanken.*

ZWEITE SZENE

Mariane *auf einem andern Wege nach Armentières unter einem Baum ruhend, zieht ein Stück trocknes Brot aus der Tasche.*

Mariane: Ich habe immer geglaubt, daß man von Brot und Wasser allein leben könnte. *Nagt daran.* O hätt ich nur einen Tropfen von dem Wein, den ich so oft aus dem Fenster geworfen – womit ich mir in der Hitze die Hände wusch – *Kontorsionen.* O das quält – – nun ein Bettelmensch – *Sieht das Stück Brot an.* Ich kann's nicht essen Gott weiß es. Besser verhungern. *Wirft das Stück Brot hin und rafft sich auf.* Ich will kriechen, so weit ich komme, und fall ich um, desto besser.

DRITTE SZENE

In Armentières
Marys Wohnung

MARY *und* DESPORTES *sitzen beide ausgekleidet an einem kleinen gedeckten Tisch.* STOLZIUS *nimmt Servietten aus.*

DESPORTES: Wie ich dir sage, es ist eine Hure vom Anfang an gewesen und sie ist mir nur darum gut gewesen, weil ich ihr Präsenten machte. Ich bin ja durch sie in Schulden gekommen, daß es erstaunend war, sie hätte mich um Haus und Hof gebracht, hätt ich das Spiel länger getrieben. Kurz um Herr Bruder, eh ich mich's versehe, krieg ich einen Brief von dem Mädel, sie will zu mir kommen nach Philippeville. Nun stell dir das Spektakel vor, wenn mein Vater die hätte zu sehen gekriegt. *Stolzius wechselt einmal ums andere die Servietten um, um Gelegenheit zu haben, länger im Zimmer zu bleiben.* Was zu tun, ich schreib meinem Jäger er soll sie empfangen und ihr solange Stubenarrest auf meinem Zimmer ankündigen, bis ich selber wieder nach Philippeville zurückkäme und sie heimlich zum Regiment abholte. Denn sobald mein Vater sie zu sehen kriegte, wäre sie des Todes. Nun mein Jäger ist ein starker robuster Kerl, die Zeit wird ihnen schon lang werden auf einer Stube allein. Was der nun aus ihr macht will ich abwarten *(lacht höhnisch)*, ich hab ihm unter der Hand zu verstehen gegeben daß es mir nicht zuwider sein würde.

MARY: Hör Desportes, das ist doch malhonett.

DESPORTES: Was malhonett, was willst du – Ist sie nicht versorgt genug wenn mein Jäger sie heuratet? Und für so eine –

MARY: Sie war doch sehr gut angeschrieben bei der Gräfin. Und hol mich der Teufel Bruder ich hätte sie geheuratet, wenn mir nicht der junge Graf in die Quer gekommen wäre, denn der war auch verflucht gut bei ihr angeschrieben.

DESPORTES: Da hättest du ein schön Sauleder an den Hals bekommen. *Stolzius geht heraus.*

MARY *ruft ihm nach*: Macht daß der Herr seine Weinsuppe bald bekommt – Ich weiß nicht wie es kam, daß der Mensch mit ihr bekannt ward, ich glaube gar sie wollte mich eifersüchtig machen, denn ich hatte eben ein paar Tage her mit ihr gemault. Das hätt alles noch nichts zu sagen gehabt, aber einmal kam ich hin, es war in den heißesten Hundstagen, und sie hatte eben wegen der Hitze nur ein dünnes dünnes Röckchen von Nesseltuch an, durch das ihre schönen Beine durchschienen. Sooft sie durchs Zimmer ging und das Röckchen ihr so nachflatterte – hör ich hätte die Seligkeit drum geben mögen, die Nacht bei ihr zu schlafen. Nun stell dir vor, zu allem Unglück muß den Tag der Graf hinkommen, nun kennst du des Mädels Eitelkeit. Sie tat wie unsinnig mit ihm, ob nun mich zu schagrinieren, oder weil solche Mädchens gleich nicht wissen, woran sie sind wenn ein Herr von hohem Stande sich herabläßt, ihnen ein freundlich Gesicht zu weisen. *Stolzius kommt herein, trägt vor Desportes auf und stellt sich totenbleich hinter seinen Stuhl.* Mir ging's wie dem überglühten Eisen, das auf einmal kalt wie Eis wird. *Desportes schlingt die Suppe begierig in sich.* Aller Appetit zu ihr verging mir. Von der Zeit an hab ich ihr nie wieder recht gut werden können. Zwar wie ich hörte daß sie von der Gräfin weggelaufen sei –

DESPORTES *im Essen*: Was reden wir weiter von dem Knochen? Ich will dir sagen Herr Bruder, du tust mir einen Gefallen, wenn du mir ihrer nicht mehr erwähnst. Es ennuyiert mich wenn ich an sie denken soll. *Schiebt die Schale weg.*

STOLZIUS *hinter dem Stuhl, mit verzerrtem Gesicht*: Würklich?
Beide sehen ihn an voll Verwunderung.

DESPORTES *hält sich die Brust*: Ich kriege Stiche – Aye! –

MARY *steif den Blick auf Stolzius geheftet ohne ein Wort zu sagen.*

DESPORTES *wirft sich in einen Lehnstuhl*: – Aye! – *Mit Kontorsionen.* Mary! –

STOLZIUS *springt hinzu, faßt ihn an die Ohren und heftet sein Gesicht auf das seinige. Mit fürchterlicher Stimme*: Mariane! – Mariane! – Mariane!

MARY *zieht den Degen und will ihn durchbohren.*

STOLZIUS *kehrt sich kaltblütig um und faßt ihm in den Degen*: Geben Sie sich keine Mühe, es ist schon geschehen. Ich sterbe vergnügt da ich den mitnehmen kann.

MARY *läßt ihm den Degen in der Hand und läuft heraus*: Hülfe! – Hülfe –
DESPORTES: Ich bin vergiftet.
STOLZIUS: Ja Verräter das bist du – und ich bin Stolzius, dessen Braut du zur Hure machtest. Sie war meine Braut. Wenn ihr nicht leben könnt, ohne Frauenzimmer unglücklich zu machen, warum wendt ihr euch an die, die euch nicht widerstehen können, die euch aufs erste Wort glauben. – Du bist gerochen meine Mariane! Gott kann mich nicht verdammen. *Sinkt nieder.*
DESPORTES: Hülfe! *Nach einigen Verzuckungen stirbt er gleichfalls.*

VIERTE SZENE

WESENER *spaziert an der Lys in tiefen Gedanken. Es ist Dämmerung. Eine verhüllte* WEIBSPERSON *zupft ihn am Rock.*

WESENER: Laß Sie mich – ich bin kein Liebhaber von solchen Sachen.
DIE WEIBSPERSON *mit halb unvernehmlicher Stimme*: Um Gottes willen, ein klein Almosen, gnädiger Herr.
WESENER: Ins Arbeitshaus mit Euch. Es sind hier der lüderlichen Bälge die Menge, wenn man allen Almosen geben sollte hätte man viel zu tun.
WEIBSPERSON: Gnädiger Herr ich bin drei Tage gewesen, ohne einen Bissen Brot in Mund zu stecken, haben Sie doch die Gnade und führen mich in ein Wirtshaus, wo ich einen Schluck Wein tun kann.
WESENER: Ihr lüderliche Seele! schämt Ihr Euch nicht, einem honetten Mann das zuzumuten? Geht, lauft Euren Soldaten nach. *Weibsperson geht fort ohne zu antworten.*
WESENER: Mich deucht, sie seufzte so tief. Das Herz wird mir so schwer. *Zieht den Beutel hervor.* Wer weiß wo meine Tochter itzt Almosen heischt. *Läuft ihr nach und reicht ihr zitternd ein Stück Geld.* Da hat Sie einen Gulden – aber bessere Sie sich.
WEIBSPERSON *fängt an zu weinen*: O Gott! *Nimmt das Geld und fällt halb ohnmächtig nieder.* Was kann mir das helfen?

WESENER *kehrt sich ab und wischt sich die Augen. Zu ihr ganz außer sich*: Wo ist Sie her?
WEIBSPERSON: Das darf ich nicht sagen. Aber ich bin eines honetten Mannes Tochter.
WESENER: War Ihr Vater ein Galanteriehändler?
WEIBSPERSON *schweigt stille.*
WESENER: Ihr Vater war ein honetter Mann? – Steh Sie auf, ich will Sie in mein Haus führen. *Sucht ihr aufzuhelfen.* Wohnt Ihr Vater nicht etwan in Lille –
Beim letzten Wort fällt sie ihm um den Hals.
WESENER *schreit laut*: Ach meine Tochter.
MARIANE: Mein Vater!
Beide wälzen sich halb tot auf der Erde. Eine Menge Leute versammlen sich um sie und tragen sie fort.

FÜNFTE UND LETZTE SZENE

Des Obristen Wohnung

Der OBRISTE GRAF VON SPANNHEIM. *Die* GRÄFIN LA ROCHE.

GRÄFIN: Haben Sie die beiden Unglücklichen gesehen? Ich habe das Herz noch nicht. Der Anblick würde mich töten.
OBRISTE: Er hat mich zehn Jahre älter gemacht. Und daß das bei meinem Corps soll geschehen sein. – Aber gnädige Frau! was kann man da machen. Es ist das Schicksal des Himmels über gewisse Personen – Ich will dem Mann alle seine Schulden bezahlen und noch tausend Taler zur Schadloshaltung obenein. Hernach will ich sehen, was ich bei dem Vater des Bösewichts für diese durch ihn verwüstete und verheerte Familie auswirken kann.
GRÄFIN: Würdiger Mann! nehmen Sie meinen heißesten Dank in diesen Tränen. Ich habe alles getan das unglückliche Schlachtopfer zu retten – sie wollte nicht.
OBRISTE: Ich wüßt ihr keinen andern Rat, als daß sie Beguine würde. Ihre Ehre ist hin, kein Mensch darf sich ohne zu erröten ihrer annehmen. Obschon sie versichert, sie sei den Ge-

walttätigkeiten des verwünschten Jägers noch entkommen. O gnädige Frau, wenn ich Gouverneur wäre, der Mensch müßte mir hängen –

GRÄFIN: Das beste liebenswürdigste Geschöpf – ich versichere Ihnen, daß ich anfing die größte Hoffnungen von ihr zu schöpfen. *Sie weint.*

OBRIST: Diese Tränen machen Ihnen Ehre gnädige Frau! Sie erweichen auch mich. Und warum sollte ich nicht weinen, ich der ich fürs Vaterland streiten und sterben soll, einen Bürger desselben durch einen meiner Untergebenen mit seinem ganzen Hause in den unvermeidlichsten Untergang gestürzt zu sehen.

GRÄFIN: Das sind die Folgen des ehlosen Standes der Herren Soldaten.

OBRIST *zuckt die Schultern*: Wie ist dem abzuhelfen? Wissen Sie denn nicht gnädige Frau, daß schon Homer gesagt hat, ein guter Ehmann sei immer auch ein schlechter Soldat.

GRÄFIN: Ich habe allezeit eine besondere Idee gehabt, wenn ich die Geschichte der Andromeda gelesen. Ich sehe die Soldaten an wie das Ungeheuer, dem schon von Zeit zu Zeit ein unglückliches Frauenzimmer freiwillig aufgeopfert werden muß, damit die übrigen Gattinnen und Töchter verschont bleiben.

OBRIST: Ihre Idee ist lange die meinige gewesen, nur habe ich sie nicht so schön gedacht. Der König müßte dergleichen Personen besolden, die sich auf die Art dem äußersten Bedürfnis seiner Diener aufopferten, denn kurz um, den Trieb haben doch alle Menschen; dieses wären keine Weiber die die Herzen der Soldaten feig machen könnten, es wären Konkubinen die allenthalben in den Krieg mitzögen und allenfalls wie jene medischen Weiber unter dem Cyrus die Soldaten zur Tapferkeit aufmuntern würden.

GRÄFIN: O daß sich einer fände diese Gedanken bei Hofe durchzutreiben. Dem ganzen Staat würde geholfen sein.

OBRIST: Und Millionen Unglückliche weniger. Die durch unsere Unordnungen zerrüttete Gesellschaft würde wieder aufblühen und Fried und Wohlfahrt aller und Ruhe und Freude sich untereinander küssen.

PANDÄMONIUM GERMANICUM

Eine Skizze

Difficile est satiram non scribere

Der deutschen Wändekritzler Heer
Unzählbar wie der Sand am Meer
Ist, meiner Seel, beim Lichten besehn
Nicht einmal wert, am Pranger zu stehn.
Ein Dunsiadisch Spottgedicht
Lohnt da, Gott weiß, der Mühe nicht
Und ihre Namen nur aufzuschreiben,
Das ließ' der Teufel selbst fein bleiben.

ERSTER AKT

ERSTE SZENE
Der steil' Berg

Goethe. Lenz *im Reis'kleid.*

Goethe: Was ist das für ein steil Gebirg mit sovielen Zugängen?
Lenz: Ich weiß nicht, Goethe, ich komm erst hier an.
Goethe: Ist's doch herrlich, dort von oben zuzusehn, wie die Leutlein ansetzen und immer wieder zurückrutschen. Ich will hinauf.
Lenz: Wart doch, wo willt du hin, ich hab dir noch so manches zu erzählen.
Goethe: Ein andermal. *Goethe geht um den Berg herum und verschwindt.*
Lenz: Wenn er hinaufkommt, werd ich ihn schon zu sehen kriegen. Hätt ihn gern kennen lernen, er war mir wie eine Erscheinung. Ich denk er wird mir winken wenn er auf jenen Felsen kommt. Unterdessen will ich den Regen von meinem Reiserock schütteln.
Erscheint eine andere Seite des Berges, ganz mit Busch überwachsen. Lenz kriecht auf allen Vieren.
Lenz *sich umkehrend und ausruhend*: Das ist böse Arbeit. Seh ich doch niemand hier mit dem ich reden könnte. Goethe, Goethe! wenn wir zusammenblieben wären. Ich fühl's mit dir wär ich gesprungen wo ich itzt klettern muß. Es sollte mich einer der stolzen Kritiker sehn, wie würd er die Nase rümpfen! Was gehn sie mich an, kommen sie mir hier doch nicht nach und sieht mich hier keiner. Aber weh! es fängt wieder an zu regnen. Himmel! bist du so erbost über einen handhohen Sterblichen, der nichts als sich umsehen will. Fort! das Nachdenken macht Kopfweh. *Klettert von neuem.*
Wieder eine andere Seite des Berges aus der ein kahler Fels hervorsticht. Goethe springt 'nauf.
Goethe *sich umsehend*: Lenz! Lenz! daß er da wäre – Welch herrliche Aussicht! – Da – o da steht Klopstock. Wie daß ich ihn

von unten nicht wahrnahm? Ich will zu ihm. Er deucht mich auszuruhen auf dem Ellbogen gestützt. Edler Mann! wie wird's dich freuen jemand Lebendiges hier zu sehn.
Wieder eine andere Seite des Berges. Lenz versucht zu stehen.
LENZ: Gottlob daß ich einmal wieder auf meine Füße kommen darf. Mir ist vom Klettern das Blut in den Kopf geschossen. O so allein. Daß ich stürbe! Ich sehe hier wohl Fußtapfen, aber alle hinunter, keinen herauf. Gütiger Gott so allein.
In einiger Entfernung Goethe auf einem Felsen der ihn gewahr wird. Mit einem Sprung ist er bei ihm.
GOETHE: Lenz was Teutscher machst du denn hier.
LENZ *ihm entgegen*: Bruder Goethe. *Drückt ihn ans Herz.*
GOETHE: Wo zum Henker bist du mir nachkommen?
LENZ: Ich weiß nicht wo du gegangen bist, aber ich hab einen beschwerlichen Weg gemacht.
GOETHE: Ruh hier aus – und dann weiter.
LENZ: An deiner Brust. Goethe, es ist mir, als ob ich meine ganze Reise gemacht um dich zu finden.
GOETHE: Wo kommst du denn her?
LENZ: Aus dem hintersten Norden. Ist mir's doch als ob ich mit dir geboren und erzogen wäre. Wer bist du denn?
GOETHE: Ich bin hier geboren. Weiß ich wo ich her bin. Was wissen wir alle wo wir herstammen?
LENZ: Du edler Junge! Ich fühl kein Haar mehr von all meinen Mühseligkeiten.
GOETHE: Tatst du die Reise für deinen Kopf?
LENZ: Wohl für meinen. Alle kluge und erfahrne Leute widerrieten's mir. Sie sagten, ich suche zu sehr, was zum Gutsein gehöre und versäume darüber das Sein. Ich dachte: seid! und ich will gut sein.
GOETHE: Bis mir willkommen Bübchen! Es ist mir als ob ich mich in dir bespiegelte.
LENZ: O mach mich nicht rot.
GOETHE: Weiter!
LENZ: Weiß es der Henker, wie mir mein Schwindel vergangen ist, seitdem ich dich unter den Armen habe.
Gehn beide einer Anhöhe zu.

ZWEITE SZENE

Die Nachahmer

Goethe *steht auf einem Felsen und ruft herunter zu einem ganzen Haufen Gaffer.*

Goethe: Meine werte Herrn! wollt ihr's auch so gut haben, dürft nur da herumkommen – denn daherum – und denn daherum, 's ist gar nicht hoch ich versichere euch und die Aussicht ist herrlich. – Lenz nun sollst du deinen Spaß haben.
Geht ein jämmerlich Gepurzel an. Bleiben ihrer etliche am Fuß des Berges auf Feldsteinen stehen und rufen den andern zu: Meine Herren wollt ihr's auch so gut haben, dürft nur daherum kommen.

Andere von dem Haufen: Sollst gleich herunter sein, Hanns Pikkelhäring, bist ja nur um eine Hand hoch höher als wir. *Stoßen einander herunter, jene wehren sich mit den Steinen, auf welchen sie stunden.*

Goethe *schlägt in die Hände. Zu Lenz*: Ist das nicht ein Gaudium?

Die so jene vorher heruntergestossen sagen: Wollen doch sehen ob wir die von oben nicht auch hinabbekommen können, ist's uns doch mit diesen gelungen.

Einer: Hör, hast du nicht eine Lorgnette bei dir, ich kann sie nicht recht unterscheiden dort oben, ich möchte dem einen zu Leibe der uns herabgerufen hat.

Der andere: Mensch wo denkst du hin, wie willst du an ihn kommen?

Erster: Kam doch David mit der Schleuder bis an Goliath herauf und ich bin doch auch so niedrig nicht. Ich will mich auf jenen Stein stellen dort gegen mich über.

Der andere: Probier's.
Goethe stößt Lenzen an, der lauert gleichfalls hinunter.

Erster *schwingt einen Stein*: Hör du dort, halt mir ein wenig den Arm fest, er ist mir aus dem Gelenk gegangen.

Zweiter *durch die Lorgnette guckend*: Da da oben, gerade wo ich mit dem Finger hindeute, da steht der Goethe, ich kenn ihn eigentlich mit seinen großen schwarzen Augen, er paßt auf, er wird sich wohl bücken wenn der Stein kommt, und der andere hat sich hinter ihm verkrochen.

ERSTER *schleudert aus aller seiner Macht*: Da mag er's denn darnach haben. *Der Stein fällt wieder zurück und ihm auf den Fuß. Hinkt herum.* Aye! Aye! was hab ich doch gemacht?

ZWEITER: O du alte Hure! hat grade soviel Kraft in seiner Hand als meine alte Großmutter. *Wirft die Lorgnette weg, faßt den Stein ganz wütend und wirft blindlings über die Schulter seinem Nachbar ins Gesicht, daß der tot zur Erde fällt.* Der Teufel! ich dacht ihn doch recht gezielt zu haben. So hat mich die Lorgnette betrogen. Es wird heutzutage doch kein vernünftig Glas mehr geschliffen.

GOETHE: Wollen uns doch die Lust machen und was herunterwerfen! Hast du ein Bogen Papier bei dir?

LENZ: Da ist.

GOETHE: Sie werden meinen es sei ein Felsstück. Du sollst dich zu Tode lachen. *Läßt den Bogen herabfallen.*
Sie laufen alle mit erbärmlichem Geschrei: O weh! er zermalmt uns die Eingeweide, er wird einen zweiten Ätna auf uns werfen. *Einige springen ins Wasser, andere kehren alle Vier in die Höhe, als ob der Berg schon auf ihnen läge.*

EIN PAAR PEDANTEN: Wir wollen sehen, ob wir uns nicht Schilde flechten können, *testudines* nach Art der Alten. Es werden solcher mehr kommen. *Verlieren sich in ein Weidengebüsch.*

EIN GANZER HAUFEN *auf Knien, die Hände in die Höhe*: O schone, schone! weitwerfender Apoll!

GOETHE *kehrt sich lachend um, zu Lenz*: Die Narren!

LENZ: Ich möchte fast herunter zu ihnen und sie bedeuten.

GOETHE: Laß sie doch. Wenn keine Narren auf der Welt wären, was wär die Welt!
Der ganze Haufe kommt den Berg herangekrochen wie Ameisen, rutschen alle Augenblick zurück und machen die possierlichsten Capriolen.

UNTEN: Das ist ein Berg!
Der Henker hol den Berg!
Ist ein Schwerenotsberg.

Ei was ist dran zu steigen, wollen gehen und sagen wir sind droben gewesen.

ALLE: Das wird das gescheutste sein.

Kommt ein Haufen Fremde zu ihnen, sie komplimentieren sich: Kennen Sie den Herrn Goethe? Und seinen Nachahmer den Lenz? Wir sind eben bei ihnen gewesen, die Narren wollten nicht mit herunterkommen, sie sagten es gefiel ihnen so wohl da in der dünnen Luft.

EIN FREMDER: Wo geht man hinauf meine Herren, ich möchte sie gern besuchen.

EINER: Ich rat es Ihnen nicht. Wenn Sie zum Schwindel geneigt sind –

FREMDER: Ich bin nicht schwindligt.

ERSTER: Schadt nichts, Sie werden's schon werden. Unter uns gesagt, die Wege sind auch verflucht verworren durcheinander, wir müßten Sie bis oben hinauf begleiten. Der Lenz selber soll sich einmal verirrt haben ganzer drei Tage lang.

FREMDER: Wer ist denn der Lenz, den kenn ich ja gar nicht.

ERSTER: Ein junges aufkeimendes Genie aus Kurland, der bald wieder nach Hause zurückreisen wird. Er ist von meinen vertrautesten Freunden und schreibt kein Blatt, das er nicht vorher mir weist.

FREMDER: Und der ist so hoch heraufkommen?

ERSTER: Der Goethe hat ihn mitgenommen, er hat mir's auch angetragen, aber ich wollte nicht, meine Lunge ist mir zu lieb. Doch hab ich ihn besucht oben.

FREMDER: Ich möchte doch die beiden Leute gern kennen lernen, es müssen sonderbare Menschen sein.

ERSTER: Ach sie werden gleich herunterkommen, wenn wir ihnen winken werden. *Winken mit Schnupftüchern, jene kehren sich um und gehen fort.*

ERSTER: Sehn Sie? Warten Sie nur einen Augenblick, sie werden gleich da sein.

ZWEITER: Wart du bis morgen früh. Da sind sie schon auf einem andern Hügel.

FREMDER: Das ist impertinent. Wenn man bei uns *Auteur* ruft und er kommt nicht, wird er ausgepfiffen.

ERSTER: Wollen wir auch pfeifen?
ZWEITER: Was hilft's, sie hören's doch nicht.
ERSTER: Desto besser.

DRITTE SZENE

Die Philister

LENZ *sitzt an einem einsamen Ort ins Tal hinabsehend, seinen Hofmeister im Arm. Einige Bürger aus dem Tal reden mit ihm.*

EINER: Es freut uns daß wir Sie näher kennen lernen.
ZWEITER: Es verdrießt mich aber doch in der Tat, daß Ihre Stücke meist unter einem andern Namen herumlaufen.
LENZ: Und mich freut's. Wenn sie so geschwinder ihr Glück machen, soll ich's meinen Kindern mißgönnen? Würd ein Vater sich grämen wenn sein Sohn seinen Namen veränderte, um desto leichter emporzukommen?
DRITTER: Wenn man nun aber zu zweifeln anfinge, ob Sie allein im Stande gewesen wären –
LENZ: Laß sie zweifeln. Was würd ich durch ihren Glauben gewinnen? Das Gefühl, an diesem Herzen ist er warm geworden, hier hat er sein Feuer und alle gutartige Mienen bekommen, die andern Leuten an seinem Gesicht Vergnügen machen, ist stärker und göttlicher als alles Schnettern der Trompete der Fama eins aufschütteln kann. Dies Gefühl ist mein Preis und der angenehme Taumel in den mich der Anblick eines solchen Sohnes bisweilen zurücksetzt und der fast der Entzückung gleicht mit der er geboren ward.
Goethe, über ein Tal herabhängend, in welchem eine Menge Bürger emporgucken und die Hände in die Höhe strecken.
EINER: Traut ihm nicht.
ZWEITER: Da bewegt er sich. Gewiß in der andern Hand, die er auf dem Rücken hat, hält er nichts Guts.
EIN GELEHRTER UNTER IHNEN: Es scheint der Mann will gar nicht rezensiert sein.

EIN PHILISTER: Ihr Narren, wenn er euch auch freien Willen ließe, er würde bald unter die Füße kommen. Und er streitet nicht für sich allein, sondern auch für seine Freunde.

VIERTE SZENE

Die Journalisten

EINER: Es fängt da oben an bald zu wölken bald zu tagen. Hört Kinder, es ist euch kein andrer Rat, wir müssen hinauf und sehen wie die Leute das machen.

ZWEITER: Ganz gut, wie kommen wir aber hinauf.

ERSTER: Wollen wir ein Luftschiff machen wie die bösen Geister im Noah das uns in die Höhe hebt.

ZWEITER: Ein fürtrefflicher Einfall. Es kommt auch so ein Wind von oben herab, der uns schon heben wird.

ERSTER: Ich hab auch eben nichts Bessers zu tun und es wäre doch kurios den Leuten auf die Finger zu sehen.

DRITTER: Mir wird die Zeit auch so verflucht lang hier unten, ich weiß wahrhaftig nicht mehr was ich angreifen soll.

VIERTER: So können wir uns auch mit leichter Mühe berühmt machen.

FÜNFTER: Und ich will meine Akten und all ins Feuer werfen, was Henkers nützen einem auch die Brotstudia. Es soll uns so an Geld nicht fehlen.

SECHSTER *zum Siebenten*: Wenn die droben sind, wollen wir einen Geist der Journale schreiben. Das geneigte Publikum wird doch gescheut sein und pränumerieren, wie dem Klopstock da.

SIEBENTER: Wenn aber ein Achter käm und schrieb einen Geist des Geists?

SECHSTER: Es ist der Geist der Zeit. Laß uns keine Zeit verlieren, wer zuerst kommt der mahlt erst.

Heben sich auf ihrem Luftschiff mit Goethens Wind und machen ihm Komplimente.

GOETHE: Landt an, landt an! *Zu Lenz*. Wollen den Spaß mit den Kerlen haben. *Wirft ihnen ein Seil zu, die Journalisten verwan-*

deln sich alle in Schmeißfliegen und besetzen ihn von oben bis unten.
Nun zum Sackerment. *Schüttelt sie ab.*
Sie bekommen die Gestalt kleiner Jungen und laufen auf dem Berg herum, Hügelein auf, Hügelein ab. Goethe steigt eine neue Erhöhung hinan, eine Menge von ihnen umklammert ihm die Füße: Nimm mich mit, nimm mich mit.
GOETHE: Liebe Jungens laßt mich los, ich kann ja sonst nicht weiter kommen.
EINER: Womit soll ich dich vergleichen? Alexander, Cäsar, Friedrich: o das waren alles kleine Leute gegen dich.
ZWEITER: Wo sind die großen Genieen der Nachbarn, die Shakespear, die Voltaire, die Rousseau.
DRITTER: Was sind die so sehr gerühmten Alten selber? der Schwätzer Ovid, der elende Virgil und dein so sehr erhabner Homer selbst. Du du bist der Dichter der Deutschen und soviel Vorzüge unsere Nation vor den alten Griechen –
LENZ *sein Haupt verhüllend*: O weh sie verderben mir meinen Goethe.
GOETHE: Daß euch die schwere Not. *Schüttelt sie von den Beinen und wirft sie alle kopflängs den Berg hinunter.* Ihr Schurken, daß ihr euch immer mit fremder Größe beschäftigt und nie eure eigene ausstudiert. Wie seid ihr im Stande zu fühlen was Alexander war, oder was Cäsar war, wie seid ihr im Stande zu fühlen was ich bin. Wie unendlich anders die Größe eines Helden, eines Staatsmannes eines Gelehrten und eines Künstlers! Ich bin Künstler dumme Bestien und verlangte nie mehr zu sein. Sagt mir ob's mir in meiner Kunst geglückt ist, ob ich wo einen Strich wider die Natur gemacht habe, und denn sollt ihr mir willkommen sein. Übrigens aber haltet's Maul mit euren wahnwitzigen Ausrufungen von Groß Göttlich und merkt euch die Antwort die der König von Preußen einem gab, der ihn zum Halbgott machen wollte. Und der König von Preußen ist doch ein ganz andrer Mann als ich.
DIE JOURNALISTEN: Wir wollen alle Künstler werden.
GOETHE: In Gottes Namen, ich will euch dazu behülflich sein.
EINER: Wir brauchen Eurer Hülfe nicht. Ich bin schon ein zehnmal größrer Mann als du bist.

LENZ *sieht wieder hervor*: Also auch als alle die, die er unter dich gestellt hat.

GOETHE *lacht*: So aber gefällt mir der Kerl.

LENZ: Lieber Goethe, ich möchte mein Dasein verwünschen, wenn's lauter Leute so da unten gäbe.

GOETHE: Haben sie's andern Nationen besser gemacht? Woher denn der Verfall der Künste, wenn sie zu einer gewissen Höhe gestiegen waren.

LENZ: Ich wünschte denn lieber mit Rousseau wir hätten gar keine und kröchen auf allen Vieren herum.

GOETHE: Wer kann davor?

LENZ: Ach ich nahm mir vor hinabzugehen und ein Maler der menschlichen Gesellschaft zu werden: aber wer mag da malen wenn lauter solche Fratzengesichter unten anzutreffen. Glücklicher Aristophanes, glücklicher Plautus, der noch Leser und Zuschauer fand. Wir finden, weh uns, nichts als Rezensenten und könnten eben so gut in die Tollhäuser gehen um menschliche Natur zu malen.

ZWEITER AKT

DER TEMPEL DES RUHMS

ERSTE SZENE

HAGEDORN *spaziert einsam herum und pfeift zum Zeitvertreib Liederchen.*

HAGEDORN: Wie wird mir die Zeit so lang, Gesellschaft zu finden. *Setzt sich an eine schwarze Tafel und malt einige Tiere hin.*

LAFONTAINE *der mit einigen andern Franzosen hinter einem Gitter auf dem Chor sitzt, bückt sich über dasselbe hervor und ruft indem er in die Hände patscht*: Bon! bon! cela passe!
Tritt herein ein schmächtiger PHILOSOPH, *ducknackigt, mit hagerem Gesicht, großer Nase, eingefallenen hellblauen Augen, die Hände auf die Brust gefaltet. Bleibt verwundernd Hagedorn gegenüber ste-*

hen ohn aus seiner Stellung zu kommen. Auf einmal erblickt er Lafontainen, kehrt sich weg und tritt in den Winkel um nicht gesehen zu werden. Nach einer Weile kommt er mit einigen Papieren voll Zeichnungen hervor, die er sich vor die Stirne hält. Hagedorn läßt die Kreide fallen, eine Menge Menschen umringen und bewundern ihn, der Haufe wird immer größer, er verzieht seine sauertöpfische Miene und sagt mit hohler Stimme und hypochondrischem Lachen: Was seht ihr da? – Wenn ihr mir gute Worte gebt, mal ich euch Menschen.
Gleich drängen sich verschiedene die sein frommes Aussehen dreist macht zu ihm, unter denen ein großer Haufe alter Weiber und zutätiger Mütterchen. Er wendet sich um – und flugs steht eine von ihnen auf dem Papier da, die er darnach vorzeigt. Da geht ein überlautes Gelächter von einer und ein Geschimpf von der andern Seite an.

ALTES WEIB: Der Gotteslästerer! Er hat keinen Glauben, er hat keine Religion, sonst würd er das ehrwürdige Alter nicht spotten. Es ist ein Atheist.
Bei diesen Worten fällt Gellert auf die Knie und bittet um Gotteswillen man soll ihm das Bild zurückgeben, das man ihm schon aus den Händen gewunden hat, er wolle es verbrennen.

EINIGE FRANZOSEN *hinterm Gitter:* Oh l'original!

MOLIÈRE *sich den Stutzbart streichend:* Je ne puis pas concevoir ces Allemands là. Il se fait un crime d'avoir si bien réussi. Il n'aurait qu'à venir à Paris, il se corrigerait bien de cette maudite timidité.
Herr Weiße, einer aus dem Haufen, sehr weiß gepudert, mit Steinschnallen in den Schuhen, läuft schnell heraus und nimmt sich ein Billet auf die Landkutsche nach Paris.
Gellert unterdessen dringt durch den Haufen zu seinem Winkel, wo er sich auf die Knie wirft und die bittersten Tränen weint. Auf einmal fängt er an geistliche Lieder zu singen, worauf er am Ende in ein gänzlich trübsinniges Stillschweigen verfällt, als ob er ein schwer Verbrechen auf dem Gewissen hätte. Ein Engel fliegt vorbei und küßt ihm die Augen zu.

EINE STIMME: Redliche Seele! selbst in deinen Ausschweifungen ein Beweis, daß eine deutsche Seele keiner unedlen Narrheit fähig sei.

Als er stirbt DIE FRANZOSEN: *Il est fou.*
Am äußersten Ende des Gitters ROUSSEAU *auf beide Ellbogen gestützt: C'est un ange.*

ZWEITE SZENE

RABENER *tritt herein, den Haufen um Gellert zerstreuend.*

RABENER: Platz, Platz für meinen Bauch *(mit der Hand)* und nun noch mehr für meinen Satyr, daß er gemächlich auslachen kann. Was in aller Welt sind das Gesichter hier.
Zieht einen zylindrischen Spiegel hervor. Sie halten sich alle die Köpfe und entlaufen mit großem Geschrei wie eine Herde gescheuchter Schafe. Einige ermannen sich und treten sehr gravitätisch näher. Als sie nah kommen, können sie sich doch nicht enthalten, mit den Köpfen zurückzufahren. Als vernünftige Leute lachen sie aber selbst über die Grimassen die sie machen.
RABENER: Seid ihr's bald müde?
Gibt einem nach dem andern den Spiegel in die Hand, sie erschrökken sich mit ihren eigenen Gesichtern.
ALLE: So gefällt's uns doch besser als nach dem Leben.
RABELAIS und SCARRON *von oben: Au lieu du miroir, s'il s'était ôté la culotte, il aurait mieux fait.*
Liscow horcht herauf, und da eben ein paar Waisenhäuserstudenten neben ihm stehen, zieht er sich die Hosen ab, die schlagen ein Kreuz, er jägt sie so rücklings zum Tempel hinaus. Ein ganzer Wisch junger Rezensenten bereden sich, bei erster Gelegenheit ein gleiches zu tun. Klotz bittet sie, nur solang zu warten bis er sich zu jenen drei Stufen hervorgedrängt, auf die er steigen und sodann zu allgemeiner Niederlassung der Hosen das Signal geben will.
KLOTZ: Das wird einen Teufels-Jokus geben. Es bleibt keine einzige Dame in der Kirche.
EINER: Die Komödiantinnen bleiben doch.
ZWEITER: Und die H*ren. Wir wollen Oden auf sie machen.
Anakreons Leier wird hervorgesucht und gestimmt. Die honetten Damen die was merken entfernen sich in eine Ecke der Kirche. Die andern treten näher. Rost spielt auf. Zu gleicher Zeit zieht Klotz die

Hosen ab. Eine Menge folgen ihm. Das Gelächter, Gekreisch und Geschimpf wird allgemein. Die honetten Damen und die Herren von gutem Ton machen einen Zirkel um Rabener und lassen sich mit ihm in tiefsinnige Diskurse ein.

EINE STIMME: *Flor der deutschen Literatur.*

EINE ANDERE: *Saeculum Augusti.*

DIE FRANZOSEN *von oben*: *Voilà ce qui me plaît. Ils commencent à avoir de l'esprit, ces gueux d'Allemands là.*

CHAULIEU *und* CHAPELLE: *En voilà un qui ne dit pas le mot, mais il semble bon enfant, voyez comme il se plaît à tout cela, comme il sourit secouant la tête.*

Stoßen ihn mit dem Stock an, winken ihm heraufzukommen, er geht hinauf.

Gleim tritt herein, mit Lorbeern ums Haupt, ganz erhitzt in Waffen. Als er den neckischen tollen Haufen sieht, wirft er Rüstung und Lorbeer weg, setzt sich zu der Leier und spielt, jedermann klatscht. Der ernsthafte Zirkel wird auch aufmerksam, Uz tritt daraus hervor; wie Gleim aufgehört hat, setzt er sich gleichfalls an die Leier.

EIN JUNGER MENSCH *tritt aus dem ernsthaften Haufen hervor, mit verdrehten Augen, die Hände über dem Haupt zusammengeschlagen sagt*: Ω ποποι! was für ein Unterfangen, was für eine zahmlose und schamlose Frechheit ist das? Habt ihr so wenig Achtung, so wenig Entsehen für diese würdige Personen, ihre Ohren und Augen mit solchen Unflätereien zu verwunden? Schämt euch, verkriecht euch, ihr sollt diese Stelle nicht länger schänden die ihr usurpiert habt, heraus mit euch Bänkelsängern, Wollustsängern, Bordellsängern, heraus aus dem Tempel des Ruhms.

Ein paar Priester folgen dicht hinter ihm drein, trommeln mit den Fäusten auf die Bänke, zerschlagen die Leier und jagen sie alle zum Tempel hinaus. Wieland bleibt stehen, die Herren und Damen umringen ihn und erweisen ihm viel Höflichkeiten für die Achtung so er ihnen bewiesen.

WIELAND: Womit kann ich den Damen itzt aufwarten, ich weiß in der Geschwindigkeit wahrhaftig nicht – sind Ihnen Sympathien gefällig – Briefe der Verstorbnen an die Lebendigen, oder befehlen Sie ein Heldengedicht, eine Tragödie.

DIE GESELLSCHAFT: Was von Ihnen kommt muß alles vortrefflich sein. *Er kramt seine Taschen aus.*
Die Herrn und Dames besehen die Bücher und loben sie höchlich. Endlich weht sich die eine mit dem Fächer, die andere gähnend: Haben Sie nicht noch mehr Sympathien?

WIELAND: Nein wahrhaftig gnädige Frau – o lassen Sie sich doch die Zeit nur nicht lang werden – Warten Sie nur noch einen Augenblick, wir wollen sehen ob wir nicht etwas finden können. *Geht herum und sucht, findt die zerbrochne Leier die er zu reparieren anfängt.* Sogleich, sogleich – nur einen Augenblick – ich will sehen ob ich noch was herausbringe. *Spielt.*
Alle Damen halten die Fächer vor den Gesichtern, man hört hin und wieder ein Gekreisch: Um Gottes willen hören Sie doch auf.
Er läßt sich nicht stören, sondern spielt nur immer rasender.

DIE FRANZOSEN: *Ah le gaillard! Les autres s'amusaient avec des grisettes, cela débauche les honnêtes femmes. Il a pourtant bien pris son parti.*

EINER: *Je ne crois pas que ce soit un Allemand, c'est un Italien.*

CHAPELLE und CHAULIEU: *Ah ça – pour rire – descendons notre petit (lassen Jacobi auf einer Wolke von Nesseltuch nieder, wie einen Amor gekleidet), cela changera bien la machine.*

JEDERMANN: Ach sehen Sie doch um Himmelswillen.
Jacobi spielt in der Wolke auf einer kleinen Sackvioline. Einige aus der Gesellschaft fangen an zu tanzen. Er läßt eine erschröckliche Menge Papillons fliegen.

DIE DAMES *haschen nach ihnen und rufen:* Liebesgötterchen! Liebesgötterchen!

JACOBI *springt aus der Wolke und schlägt die Arme kreuzweis übereinander, schmachtend zusehend:* O mit welcher Grazie!

WIELAND: Von Grazie hab ich auch noch ein Wort zu sagen.
Spielt. Die Damen minaudieren erschröcklich, die Herren setzen sich einer nach dem andern in des Jacobi Wolke und schaukeln damit herum. Andere lassen gleichfalls Papillons fliegen. Die Alten tun sie unter das Vergrößerungsglas und einige Philosophen legen den Finger an die Nase um die Unsterblichkeit der Seele aus ihnen zu beweisen. Eine Menge Offiziers machen sich Kokarden von Papillonsflügeln,

andere kratzen mit dem Degen an der Leier sobald Wieland zu spielen aufhört. Endlich gähnen sie alle.
Eine Dame die, um nicht gesehen zu werden, hinter Wielands Rükken unaufmerksam auf alles was vorging gezeichnet hatte, gibt ihm das Bild zum Sehen, er zuckt die Schultern, lächelt, macht ihr ein halbes Kompliment und reicht es großmütig herum. Jedermann macht ihm Komplimente darüber, er bedankt sich schönstens, steckt es wie halbzerstreut in die Tasche und fängt wieder zu spielen an. Die Dame errötet. Die Palatinen der andern Damen die Wieland zuhören kommen in Unordnung, weil die Herrchen zu ungezogen werden. Wieland winkt ihnen lächelnd zu und Jacobi hüpft wie unsinnig von einer zur andern herum.
Indessen klatscht DIE GANZE GESELLSCHAFT *und ruft gähnend:*
Bravo! bravo! bravo! le moyen d'ouïr quelque chose de plus ravissant.
Goethe stürzt herein in Tempel, glühend, einen Knochen in der Hand.
GOETHE: Ihr Deutsche? – – Hier ist eine Reliquie eurer Vorfahren. Zu Boden mit euch und angebetet, was ihr nicht werden könnt.
Wieland macht ein höhnisch Gesicht und spielt fort. Jacobi bleibt mit offenem Mund und niederhangenden Händen stehen.
GOETHE *auf Wieland zu*: Ha daß du Hektor wärst und ich dich so um die Mauren von Troja schleppen könnte. *Zieht ihn an den Haaren herum.*
DIE DAMEN: Um Gotteswillen Herr Goethe, was machen Sie?
GOETHE: Ich will euch spielen, obschon's ein verstimmtes Instrument ist. *Setzt sich hin, stimmt ein wenig und spielt. Jedermann weint.*
WIELAND *auf den Knien*: Das ist göttlich.
JACOBI *hinter Wieland gleichfalls auf Knien*: Das ist eine Grazie, eine Wonneglut.
EINE GANZE MENGE DAMEN *stehn auf und umarmen Goethe*: O Herr Göthe!
Die Chapeaux werden alle ernsthaft. Eine Menge laufen heraus, andere setzen sich Pistolen an die Köpfe, setzen aber gleich wieder ab. Der Küster, der das sieht, läuft und stolpert aus der Kirche.

DRITTE SZENE

Küster. Pfarrer.

Küster: O Herr Pfarrer um Gotteswillen, es geschieht Mord und Totschlag in der Kirche wenn Sie nicht zu Hülfe kommen. Da ist der Antichrist plötzlich hereingetreten, der ihnen allen die Köpfe umgedreht hat, daß sie sich das Leben nehmen wollen. Sie haben alle Schießgewehr bei sich, meine arme Frau, meine arme Kinder sind auch drunter, wer weiß wie leicht ein Fehlschuß sie treffen kann.

Pfarrer *zitternd und bebend*: Meine Frau ist auch da, Gott steh mir bei. Kann Er sie nicht herausrufen.

Küster: Nein Herr Pfarrer Sie müssen selber kommen, das ganze Ministerium muß kommen, es ist als ob der Teufel in sie alle gefahren wäre, ich glaube Gott verzeih mir, der Jüngste Tag ist nahe.

Pfarrer *einmal über das andere sich trostlos umsehend*: Wenn meine Frau nur kommen wollte! Konnt Er ihr nicht zurufen? *Die Hände ringend*. Hab ich das in meinem Leben gehört, sie wollen sich erschießen und warum denn?

Küster: Um unsrer Weiber willen allerliebster Herr Pfarrer! Das ist Gott zu klagen, ich glaube es ist ein Hexenmeister der unter sie gekommen ist. Vorhin saßen sie da in aller Eintracht und hatten ihren Spaß mit den Papillons, da führt ihn der böse Feind hinein, und sagt, wenn's doch gespielt sein soll, so spielt mit Pistolen.

Pfarrer: Ob sie aber auch geladen sind?

Küster: Das weiß ich nun freilich nicht. Aber auch mit ungeladenen ist's doch sündlich. Man weiß wie leicht der Böse sein Spiel haben kann.

Pfarrer *sehr wichtig und nachdenklich*: Wir wollen ein Mandat vom Consistorio auswirken.

Küster: Das wär meine Meinung auch Herr Pfarrer so. Und daß sie den Prometheus verbrennen sollen, oder den höllischen Proteus wie er da heißt. Andern zur Warnung mein ich.

Pfarrer: Wenn meine Frau nur kommen wollte.

Küster: Sie wird sich noch in ihn verlieben und meine Frau auf den Kauf mit ein, die Weiber sind all wie bestürzt auf das Ding, sie sagen sie haben sowas in ihrem Leben noch nicht gehört. Denn sehn Sie es ist kein einzig Weib das nicht glaubt, heimlich in der Stille haben sich schon ein zehn zwölf arme Buben um sie zu Tode gegrämt, und dieser erschießt sich gar, das ist ihnen nun ein gar zu gefundenes Fressen das. In Böhmen ist neuerdings wieder ein Baurenkrieg angebrochen, gebt acht Herr Pfarrer, dieser Mensch gibt uns einen Weiberkrieg wo am Ende keine Mannsseele mehr am Leben bleibt als ich und der Herr Pfarrer. Wir wollten endlich das menschliche Geschlecht auch nicht ausgehen lassen.

Pfarrer: Seid unbesorgt. Wenn ich mich nur durch die Hintertür in die Kirche schleichen und dem Unwesen zusehen könnte. Ich wollte sodann ganz in der Stille die Kanzel heraufkriechen und auf einmal zu donnern anfangen. Das tut seine gewisse Wirkung, glaubt es mir.

Küster: Sicher Herr Pfarrer, ich mein es auch so, und ich will den Glauben zu gleicher Zeit anstimmen, daß der Teufel aus der Kirche fährt.

Pfarrer: Ihr könnt das *Te Deum laudamus* hernach singen, wenn ich fertig bin. *Gehn ab.*

VIERTE SZENE

Goethe *zieht* Wieland *das Blatt Zeichnung aus der Tasche das er vorhin von der Dame eingesteckt.*

Goethe *hält's hoch*: Seht dieses Blatt – und hier ist die Hand die es gezeichnet hat. *Die Verfasserin der Sternheim ehrerbietig an die Hand fassend.*

Eine Prüde *weht sich mit dem Fächer*: O das wäre sie nimmer im Stande gewesen allein zu machen.

Eine Kokette: Wenn man ein so groß Genie zum Beistand hat, wird es nicht schwer einen Roman zu schreiben.

Goethe: Errötest du nicht Wieland? verstummst du nicht? Kannst du ein Lob ruhig anhören, das soviel Schande über dich zusammenhäuft? Wie daß du nicht deine Leier in den Winkel warfst, als die Dame dir das Bild gab, demütig vor ihr hinknietest und gestandst du seist ein Pfuscher? Das allein hätte dir Gnade beim Publikum erworben das deinem Wert nur zu viel zugestand. Seht dieses Bild an. *Stellt es auf eine Höhe.*

ALLE MÄNNER *fallen auf ihr Angesicht, rufen*: Sternheim wenn du einen Werther hättest, tausend Leben müßten ihm nicht zu kostbar sein.

PFARRER *von der Kanzel herunter mit Händen und Füßen schlagend*: Bösewichter! Unholde! Ungeheuer! Von wem habt ihr das Leben? Ist es euer? Habt ihr das Recht, drüber zu schalten?

EINER AUS DER GESELLSCHAFT: Herr Pfarrer halten Sie das Maul.

KÜSTER *mischt sich unter sie*: Ja erlauben Sie meine großgünstige Herren, es ist aber auch ein Unterschied zwischen einer schönen Liebe und einer solchen gottsvergessenen, und denn so mit Ihrer großgünstigen Erlaubnis, der Herr Pfarrer hat auch so unrecht nicht, denn sehn Sie einmal, meine arme Frau steht auch in Gefahr, eines Menschen Leben auf ihr Gewissen zu laden, und da ich mit den Gespenstern nichts gern zu teilen habe –

EIN BUCHBINDER: Ei freilich, ich bin auch von des Herrn Küsters Partei, meine Nachtruhe ist mir lieb auch.

KÜSTER: Also mit Ihrer gnädigen Erlaubnis meine Herren, wäre mein Rat wohl, wir gingen fein alle nach Hause und schlössen die Kirchtür zu. Wer Lust hat den Werther zu machen kann immer drin bleiben, he he he ich denk er wird doch in der Einsamkeit schon zu Verstand kommen, wir andere ehrliche Bürgersleut aber gehen heim nach dem Sprüchlein Lutheri:
>Ein jedes lern sein Lektion,
>So wird es wohl im Hause stohn.

GOETHE: Geht in Gottes Namen. Ich bleib allein hier.

Es bleiben einige bei ihm im Tempel. Die meisten gehn heraus und der Küster schließt die Kirchtür zu.

KÜSTER: So. Du sollst mir nicht mehr herauskommen.

PFARR: Nur die Schlüssel der Frau nicht gegeben.

FRAU PFARR: Mannchen! der arme Werther.

Pfarr und Küster: Da haben wir's, da wirkt das höllische Gift. Ich wollt er läg auf unserm Kirchhof, oder der verachtungswürdige Proteus an seiner Stelle. Wir wollten die Knochen ausgraben lassen, verbrennen und die Asche aufs Meer streuen.

Küster: Ich wollt einen Mühlstein an die Asche hängen und sie ersäufen lassen. Er hat mich in die Seele hinein geärgert. Mein armes Weibchen was machst du denn? Du wirst doch nicht toll sein und dir auch deinen Werther schon angelegt haben, ich wollte dich – Es ist wohl gut, daß in Teutschland keine Inquisition ist, aber es ist doch nicht gar zu gut. Ich wollte mein Leben dran setzen einen solchen Rebellen, einen solchen –

Küsters Frau: Er ein Rebell?

Küster: Red mir nicht. Was für schnöde Worte er im Munde führt. Wenn man das alles auseinandersetzte was der Werther sagt.

Küsters Frau: Er sagt es ja aber in der Raserei, da er nicht recht bei sich war.

Küster: Er soll aber bei sich bleiben der Hund. Wart nur ich will ein Buch schreiben, da will ich dich lehren und alle die den Werther mir so gelobt haben – kurz und gut Weib, lieber doch einen Schwager als einen Werther, kurz von der Sache zu reden. Und damit so weißt du meine Meinung und laß mich mit Frieden.

FÜNFTE SZENE

Die Dramenschreiber

Weisse und Küsters Frau vor der Kirchentür.

Weisse: Liebe Frau, ich bin eben aus Welschland zurückgekommen, mach Sie mir nur auf, Ihr Mann wird nichts dawider haben. Ich hab die Taschen voll, ich muß hinein. Ich werd dort gewiß keinen Unfug anrichten, das sei Sie versichert. *Sie macht auf. Er tritt herein in einem französischen Sammetkleide mit einer kurzen englischen Perücke, macht im Zirkel herum viel Scharrfüße und fängt folgendergestalten an:* Meine werte Gesellschaft, ist es Ihnen gefälliger zu lachen oder zu weinen. Beides sollen Sie in kurzer Zeit auf eine wunderbare Art an sich erfahren. *Kehrt sich weg, zieht einige Papiere heraus und murmelt die Expressionen, als ob er sie repetierte.* ›Hell! destruction! damnation!‹ *Darauf tritt er hervor und deklamiert in einem unleidlich hohlen Ton mit erstaunenden Kontorsionen.*

HERR SCHMIDT *ein Kunstrichter, steht vor ihm beide Finger auf den Mund gelegt:* Es ist mir als ob ich die Engländer selber hörte.

MICHAELIS: Es ist unser deutsche Shakespear.

SCHMIDT: Sehen Sie nur was für eine wunderbare Vereinigung aller Vollkommenheiten, die das englische sowohl als das französische Theater auszeichnen. Das griechische mit eingeschlossen. Ich wünschte Garricken hier.

WEISSE *mit vielen Kratzfüßen sehr freundlich:* So sehr es meiner Bescheidenheit kostet, mich mit in diesen Streit zu mengen, so muß ich doch gestehn daß ich glaube, Herr Schmidt habe mich am richtigsten beurteilt.

MICHAELIS: Herr Schmidt ist unser deutsche Aristarch, er hört nicht auf das was andere sagen sondern fällt sein Urteil mit einer Festigkeit und Gründlichkeit die eines Scaliger würdig ist.

SCHMIDT: O ich bitte um Vergebung, ich richte mich mit meinem Urteil immer nach der allgemeinen Stimme von Deutschland. Zu dem Ende korrespondiere ich mit den Pedellen von fast allen deutschen Akademien und bleibt mir nicht viel Zeit übrig im Scaliger zu lesen und seine Manier anzunehmen. Ich bin ein Original.

WEISSE: Belieben Sie, nun noch ein Pröbchen von einer andern Art zu sehen. *Nimmt den Hut untern Arm und trippt auf den Zehen herum:* Mais mon Dieu! hi, hi, hi! *Im Soubrettenton:* Vous êtes un sot animal. *Trillert und singt:* Monseigneur voyez mes larmes.

EINE STIMME AUS DEM WINKEL: Das sollen Deutsche sein?

SCHMIDT: Sehen Sie doch, es ist mir als ob ich in Paris wäre. Es ist wahr, alle die Züge sind nachgeahmt, aber mit solcher Delikatesse als man die blaue Haut einer Pflaume anfaßt, ohne sie abzustreifen.

Michaelis: O wunderbarer Ausspruch eines wahren kritischen Genies. – – Ich habe solche Kopfschmerzen. Herr Schmidt, wollen Sie mich denn nicht auch kritisieren vor meinem Tode.

Schmidt: Mir sind die letzten Briefe ausgeblieben.

Michaelis: Ei Sie sind ja wohl Manns genug selber ein Urteil zu fällen. Sehen Sie hier hab ich auch eine Operette.

Schmidt: Nein nein erlauben Sie mir das wag ich nicht. Seit der selige Klotz vor mir die Hosen abgezogen hat bin ich ein wenig geschröckt worden. Herr Lessing hat mir auch einmal einen Faustschlag unter die Rippen gegeben, von dem ich zehn Tag lang engen Atem behielt. Ich habe hernach alles anwenden müssen, die beiden Herren zu besänftigen: besonders Herrn Lessing zu gefallen hab ich wohl zehn Nächte nach einander aufgesessen um nach seiner Idee zehn englische Stücke in eines zu bringen, und der fürchterliche Plan hat mir eine solche Migräne verursacht, daß ich fürchte, Herr Lessing hat sich auf die Art schlimmer an mir gerochen als auf die erstere.

Michaelis: So muß ich denn wohl unbeurteilt sterben. Deinen Segen deutscher Shakespear.

Weisse *mit feiner Stimme, wie unter der Maske*: *Bon voyage mon cher Monsieur! je vous suis bien obligé de toutes vos politesses.*

Schmidt *aus den deutschen Literaturbriefen*: Der Mann hat eine wunderbare Gabe sich in alle Formen zu passen.

Lessing, Klopstock, Herder treten herein umarmt, Klopstock in der Mitte, in sehr tiefsinnigen Gesprächen, ohne Weißen gewahr zu werden.

Lessing: Was ist das, was haben die Leute? *Weiße macht seine Kunststücke fort.* Soll das Nachahmung der Franzosen sein oder der Griechen?

Weisse *scharrfüßelnd*: Beides.

Lessing: Wißt ihr was die Franzosen für Leute sind? Laßt uns einmal ihre Bilderchen besehen. *Tritt vor eine Galerie und ex-*

aminiert. Da zu hoch, da zu breit, da zu schmal, nirgends Zusammenhang, nirgends Ordnung, nirgends Wahrheit. Und das sind eure Muster?

HERDER: Ich hörte da was von Shakespear raunen. Kennt ihr den Mann? – Tritt unter uns Shakespear, seliger Geist! steig herab von deinen Himmelshöhen.

SHAKESPEAR *einen Arm um Herder geschlungen*: Da bin ich.

Weiße schleicht zum Tempel heraus. Sein ganzer Anhang folgt ihm. Jedermann drängt zu, Shakespearn zu sehen, einige fallen vor ihm nieder. Aus einer Reihe französischer Dramendichter, die auf einer langen Bank sitzen und alle kritzeln oder zeichnen, hebt sich einer nach dem andern wechselsweise hervor und guckt nach Shakespear, setzt sich aber gleich wieder mit einer verachtungsvollen Miene und zeichnet fort nach griechischen Mustern.

KLOPSTOCK *vor Shakespearn, sieht ihm lange ins Gesicht*: Ich kenne dies Gesicht.

SHAKESPEAR *schlägt den andern Arm um Klopstock*: Wir wollen Freunde sein.

KLOPSTOCK *umarmt ihn brünstig, zuckt auf einmal und sieht sich umher*: Wo sind meine Griechen? Verlaßt mich nicht.

Shakespear verschwindet wieder. Herder wischt sich die Augen.

HERDER *in sanfter Melancholei vorwärts gehend*: Was der Junge dort haben mag, der so im Winkel sitzt und Gesichter über Gesichter schneidt. Ich glaub es gilt den Franzosen. Bübchen was machst du da? *Lenz steht auf und antwortet nicht.* Was ist dir?

LENZ: Es macht mich zu lachen und zu ärgern, beides zusammen.

HERDER: Was denn?

LENZ: Die Primaner dort, die uns weismachen wollen sie wären was, und der große hagere Primus in ihrer Mitte, und sind Schulknaben wie ich und andere. Zeichnen da ängstlich und emsig nach Bildern die vor ihnen liegen, und sagen das soll unsern Leuten ähnlich sehen. Und die Leut sind solche Narren und glauben's ihnen.

HERDER: Was verlangst du denn.

LENZ: Ich will nicht hinterherzeichnen – oder gar nichts. Wenn

Ihr wollt Herr, stell ich Euch gleich ein paar Menschen hin, wie Ihr sie da so vor Euch seht. Was den Alten galt mit ihren Leuten, soll uns doch auch gelten mit unseren.
HERDER *gütig*: Probiert's einmal.
LENZ *kratzt sich in den Kopf*: Ja da müßt ich einen Augenblick allein sein.
HERDER: So geh in deinen Winkel, und wenn du fertig bist, bring mir's.
Lenz kommt und bringt einen Menschen nach dem andern keichend und stellt sie vor sie hin.
HERDER: Mensch, die sind viel zu groß für unsre Zeit.
LENZ: So sind sie für die kommende. Sie sehn doch wenigstens ähnlich. Und Herr! die Welt sollte doch auch itzt anfangen, größere Leute zu haben als ehemals. Ist doch solang gelebt worden.
LESSING: Eure Leute sind für ein Trauerspiel.
LENZ: Herr was ehmals auf dem Kothurn ging sollte doch heutzutag mit unsern im Soccus reichen. Soviel Trauerspiele sind doch nicht umsonst gespielt worden, was ehmals grausen machte, das soll uns lächeln machen.
LESSING: Und unser heutiges Trauerspiel?
LENZ: O da darf ich mal nicht nach heraufsehn. Das hohe Tragische von heut, ahndet ihr's nicht? Geht in die Geschichte, seht einen emporsteigenden Halbgott auf der letzten Staffel seiner Größe gleiten oder einen wohltätigen Gott schimpflich sterben. Die Leiden griechischer Helden sind für uns bürgerlich, die Leiden unserer sollten sich einer verkannten und duldenden Gottheit nähern. Oder führtet ihr Leiden der Alten auf, so wären es biblische, wie dieser tat *(Klopstock ansehend)*, Leiden wie der Götter, wenn eine höhere Macht ihnen entgegenwirkt. Gebt ihnen alle tiefe, voraussehende, Raum und Zeit durchdringende Weisheit der Bibel, gebt ihnen alle Wirksamkeit, Feuer und Leidenschaften von Homers Halbgöttern, und mit Geist und Leib stehn eure Helden da. Möcht ich die Zeiten erleben!
KLOPSTOCK: Gott segne dich.
GOETHE *springt von hinten zu und umarmt ihn*: Mein Bruder.

Lenz: Wär' ich alles dessen würdig! Laßt mich in meinen Winkel. *Auf dem halben Wege steht er still und betet.* Zeit! du große Vollenderin aller geheimen Ratschlüsse des Himmels, Zeit, ewig wie Gott, allmächtig wie er, immer fortwirkend immer verzehrend, immer umschaffend erhöhend vollendend – laß mich – laß mich's erleben. *Ab.*

Klopstock, Herder und Lessing: Der brave Junge. Leistet er nichts, so hat er doch groß geahndet.

Goethe: Ich will's leisten. –

Eine Menge junger Leute stürmen herein mit verstörten Haaren: Wir wollen's auch leisten. *Bringen mit Ungestüm Papier her, Farben her, schmieren Figuren zusammen, heben die Papiere hoch empor.* Sind sie das nicht?

Goethe: Hört lieben Kinder! ich will euch eine Fabel erzählen. Als Gott der Herr Adam erschuf, macht' er ihn aus Erde und Wasser sehr sorgfältig, bildete all seine Gliedmaßen, seine Eingeweide, seine Adern, seine Nerven, blies ihm einen lebendigen Odem in die Nase, da ging der Mensch herum und wandelte und freute sich und alle Tiere hatten Respekt vor ihm. Kam der Teufel, sagte: Ei was eine große Kunst ist denn das, solche Figuren zu machen, darf ich nur ein bissel Mörtel zusammenkneten und darauf blosen, wird's gleich herumgehn und leben und die Tiere in Respekt erhalten. Tät er dem auch also, pappte eine Menge Leim zusammen, rollt's in seinen Händen, behaucht' und begeiferte es, blies sich fast den Othem aus, fu fi fi fu – aber geskizzen wor nit gemolen.

LETZTER AKT

Gericht

Nacht. Geister. Stimmen.

Erste Stimme: Ist Tugend der Müh wert?
Zweite Stimme: Machen Künst und Wissenschaften besser?
Eine Menge Geister *rufen*: Tugend ist der Müh nicht wert.

EINE MENGE GEISTER *rufen*: Künst und Wissenschaften machen schlechter.
WELTGEIST: Eßt, liebt und streitet! euer Lohn ist sicher.
EWIGER GEIST: Euer Lohn ist klein. – Schaut an Klopstock, der auf jene steinigten Pfade Rosen warf. Der muß tugendhaft gewesen sein, der von gegenwärtigem Genuß auf seine Brust hinverweisen kann, auf sein Auge gen Himmel gewandt. Schaut an Herdern, der jene Labyrinthe mit einem ebnen Wege durchschnitt die nur immer um Künste herum, nie zur Kunst selber führten. Tausend Unglücklichen Verirrten ein Retter, die sonst nicht wußten wo sie hinaus wollten und in dieser tödlichen Ungewißheit an Felsenwänden kratzten. – Wer von euch schweigt, bekennt, er sei nicht fähig euch zu loben. Schweig, Säkulum!

LENZ *aus dem Traum erwachend, ganz erhitzt*: Soll ich dem kommenden rufen?

DIE FREUNDE MACHEN
DEN PHILOSOPHEN

Eine Komödie

PERSONEN

STREPHON, ein junger Deutscher, reisend aus philosophischen Absichten
ARIST, sein Vetter, hamburgischer Agent zu Algier, auf dem Heimwege begriffen
DORANTINO
STROMBOLO Spanier, Strephons Freunde
MEZZOTINTO
DORIA, auch ein junger Deutscher auf Reisen und Strephons Freund
DON ALVAREZ, ein Grand d'Espagne, ursprünglich aus Granada, der nicht lesen und schreiben kann
DONNA SERAPHINA, seine Schwester
DON PRADO, in Seraphinen verliebt
Einige französische Damen und Marquis, als stumme Personen
Einige Komödianten
Bediente und andere Statisten

Der Schauplatz ist in Cadiz.

ERSTER AKT

ERSTE SZENE

In Cadiz

Strephon. Arist.

Strephon: Ich bin allen alles geworden – und bin am Ende nichts. Sie haben mich abgeritten wie ein Kurierpferd: ich bringe den Meinigen ein Skelett nach Hause, dem nicht einmal die Kraft übrig gelassen ist, sich über seine erstandenen Mühseligkeiten zu beklagen.

Arist: Das Herz möchte mir brechen. Wie ich Euch zu Hause 'kannt habe! Wo ist Eure Munterkeit, Witz, Galle, alle das nun? All unsre fröhlichen Zirkel erstarben, als Ihr uns verließet: Ihr werdet sie nicht wieder beleben.

Strephon: Ins Kloster, oder in eine Wüstenei, das sind so meine Gedanken. Jeder Mensch, den ich ansehe, jagt mir einen Schrecken ein, ich denke, er verlangt wieder etwas von mir, und ich habe nichts mehr ihm zu geben.

Arist *ihn steif ansehend*: Das der Ausschlag Eurer philosophischen Träume? – Eurer Erforschung der Menschen? Eurer Entwürfe zu ihrer Verbesserung? –

Strephon: Ich will auch nicht gut mehr sein, wenn ich noch so viel Kraft übrig habe, böse zu scheinen. Aber meine Fasern sind durch die lange Übung so biegsam geworden, meine Geister so willfahrend, daß ich vor dem Gedanken, jemand etwas abzuschlagen, wie vor einem Verbrechen zusammenfahre. Es geht mir wie angefressenen Früchten, die immer noch ihre Röte behalten, ich kann die Gestalt der Liebe nicht ablegen, obschon das Herz mir zerfressen und bitter ist.

Arist: Was haben sie Euch denn zu Leide getan?

Strephon: Sie haben mir nichts getan, weder Liebes noch Leides, aber sie verlangten, daß ich ihnen tun sollte. Wirkung ohne Gegenwirkung erstirbt endlich, all meine Liebe war wie ein Mairegen, der auf einen kalten Felsen gießt und dem nicht ein einziges belohnendes Veilchen nachkeimt.

ARIST: Bedenkt, daß es der Gottheit selbst nicht besser geht.
STREPHON: Aber ich bin kein Gott. Und verlangte keinen Dank als Liebe und Vergnügen um mich her. Darum suchte ich in ihrem Augenstern auf, was sie etwa wünschen, was sie sich etwa von mir versprechen könnten, und die mehrestenmale überraschte ich sie, eh sie ausgewünscht hatten. Alles umsonst, ihre Wünsche sind Fässer der Danaiden – die nie voll werden.
ARIST: Kommt nach Hause, wir wollen Euch danken.
STREPHON: Meine Kräfte sind verbraucht, das Öl ist verzehrt, was wollt ihr mit der stinkenden verlöschenden Lampe? Alle meine Kenntnisse, alle meine Vorzüge sind in fremden Händen, es ist nichts mein geblieben als der Gram über ihren Verlust. Ihr seht hier einen von den Menschen aus dem Evangelio vor Euch, denen auch das genommen ist, was sie hatten.
ARIST: Ihr erschrecket mich. Ich seid in der Wahl Eurer Freunde zu unvorsichtig gewesen. Euer Herz hat Euch verführt.
STREPHON: Es ist all eins. Ich habe brave Leute gekannt, sobald sie meine Freunde waren, mußt ich vor ihnen auf der Hut sein. Ich übergab mich ihnen mit aller Offenheit eines gerührten Herzens, sobald ich eine schöne Seite an ihnen wahrnahm; und dafür mißhandelten sie mich. Ihr Hochmut blähte sich so weit über mich hinaus, daß sie mich als einen weggeworfenen Lumpen im Kot liegen sahen, blind dafür, daß ich mich ihnen weggeworfen. Sie vernachlässigten mich dafür, daß ich ihnen zuvorkam, ich stellte sie auf ihre Füße, daß sie stehen konnten, und sie traten mich mit Füßen.

ZWEITE SZENE

Man pocht stark an. DORANTINO *tritt herein, den Hut in die Stirn gedrückt.*

STREPHON *leise zu Arist*: Da ist einer zum Anbiß.
DORANTINO *bleibt mitten in der Stube stehen und winkt Strephon, ohne zu grüßen*: Bßt! – Strephon! *Gebieterisch.* Strephon!

STREPHON *geht ihm entgegen, etwas leise*: Hast du mir was zu sagen? Du kannst es laut tun, der Herr ist kein Fremder.

DORANTINO *komplimentiert Aristen übertrieben höflich*: Vermutlich ein Landsmann von Herrn Strephon?

ARIST: Das bin ich, komm aber itzt von Algier und habe einen Umweg genommen, als ich hörte, daß er hier sei.

DORANTINO: Reisen also itzt nach Hamburg?

ARIST: Ja, und wünschte ihn mitzunehmen, wenn's möglich wäre.

DORANTINO: Das sollte mir herzlich lieb sein – so ungern ich ihn hier verlöre.

STREPHON: Was hattst du mir zu sagen, Dorantino? Du brauchst dich nicht zu gewahrsamen, mein Vetter weiß um all meine Geheimnisse.

DORANTINO *kalt*: Ich wollte nur – wegen Rosalinden – du weißt wohl – sie hat mir die Verse zurückgegeben *(lächelt)*, sie verstünde sie nicht, sagte sie.

STREPHON *etwas betreten*: Ich will dir andere machen.

DORANTINO: Darum hab ich dich bitten wollen. Du weißt wohl, ich kann mich mit solchen Sachen nicht abgeben, sonst schmier ich in der Geschwindigkeit selbst was – denn, wie gesagt, es braucht gar keine Gelehrsamkeit oder allzuviel Witz drin zu sein, wenn du ihr nur auf eine ziemlich handgreifliche Art ein paar Schmeicheleien – doch du wirst schon selber wissen, wie du das einzurichten hast. *Strephon, der mittlerweil ans Fenster getreten ist, nachgehend.* Hör noch was, die Clelia, was meinst du, hat sich gestern bei meinem Vater beschwert – daß ich's nicht vergesse, diese Nacht gehen wir doch und bringen ihr eine Katzenmusik?

STREPHON *aus dem Fenster sehend*: Es ist naß und kalt, und der Spaß lohnt der Mühe nicht.

DORANTINO: Ja, wenn du nicht mitgehst, geh ich auch nicht hin. Es ist alles darauf eingerichtet, Bruder! die Musikanten sind bestellt, wir wollen ein wenig lachen, es soll dir nichts kosten, wenn's hoch kommt, gehen wir hernach zu Longchamps herauf und leeren etwa eine Bowle Punsch mit einander. Ja so, wie steht's mit deinen Finanzen, hast du Nachrichten von deinem Vater?

STREPHON: Es wird Regen geben auf die Nacht.
DORANTINO: Ja du bist zu gut, liebes Kind. *Zu Arist.* Sagen Sie selbst, mein Herr, in sieben Jahren ihm kein Geld zu schikken, bloß weil er seine Talente nicht zu Hause im Schweißtuch hat vergraben wollen. Sie müssen ihm das vorstellen – Hör, komm morgen doch zum Strombolo, er ist recht böse auf dich, morgen um neune, genau, ich habe dir was Wichtiges zu sagen, aber um neune, verstehst du mich? *Heimlich.* Und da bringst du mir auch die Schrift mit an den Corregidor – du weißt wohl – ich muß itzt aufs Rathaus, ein Pinsel hat mich verklagt, daß ich ihm eine Schuld zweimal abgefodert, du weißt die Historie mit Bromio, mit dem Bolognoserhündchen. Also morgen beim Strombolo. *Geht ab.*
STREPHON: Solltest du nicht aus dieses Menschen Benehmen schließen, er sei einer meiner ersten Wohltäter in Cadiz? Und alle seine Liebesdienste erstrecken sich auf zehn Realen, die er mir einmal im Notfalle vorschoß und ich ihm zu acht Prozent wieder bezahlte. Seit der Zeit sind wir in dem Klienten- und Patron-Tone verblieben, er hat Aufträge ohne Ende an mich, beleidigt meinen Geschmack und Gefühlszärtlichkeit so unaufhörlich, daß ich kein ander Mittel vor mir sehe, mich seiner einmal zu entledigen, als daß ich Händel mit ihm anfange.
ARIST: Wer ist denn der Strombolo? und warum ist der böse auf dich?
STREPHON: Auch einer von meinen Folterern. Ich ging sonst täglich nach dem Essen zu ihm und half ihm durch meine Gespräche verdauen. Er ist ein Mann, der die Welt kennt, und von dem ich immer lernen konnte, mittlerweil ich ihm die Zeit vertrieb. Das hat nun seit einigen Tagen nicht geschehen können, weil mich meine Gläubiger ins Gefängnis stecken wollten und ich, dem äußersten Elend zuvorzukommen, meinem einzigen Patron allhier, dem Don Alvarez, für funfzehn Realen dreißig geheime Briefe abschrieb.
ARIST: Das ist der granadische Edelmann, der nicht lesen noch schreiben kann.
STREPHON: Der beste unter allen meinen Freunden, der einzige,

der es einsieht, daß ich ihm nützlich bin, und mich dafür belohnt. Mit der Hälfte dieser funfzehn Realen bewirtete ich meinen vornehmsten Gläubiger und machte ihm durch tausend Maschinereien meines Witzes begreiflich, daß es wohl sein Vorteil sein könnte, wenn er mir seine zwanzig Realen noch auf einen Monat stehen ließe.

Arist: Und warum kehrst du nicht nach Hause zurück, Unglücklicher? – Ist's deinem Vater zu verdenken, daß er dich im Elende untersinken läßt, wenn dein Eigensinn – *Da Strephon auf einen Stuhl niedersinkt, hält er inne.*

Strephon: Mehr – mehr Vetter – ich verdiene mehr –

Arist: Was hält dich – deine Freunde? die dich verderben lassen? denen du das Herz nicht einmal hast, dich zu entdecken?

Strephon: Freilich – mein Stolz – meine Freiheit – *Springt auf.* Gott da kommt Strombolo.

DRITTE SZENE

Strombolo. *Die* Vorigen.

Strombolo: Ich muß wohl zu Ihnen kommen, wenn Sie nicht zu mir kommen. *Ganz böse sich stellend.* Was zum Kuckuck stellen Sie denn an? Man sieht Sie ja den ganzen langen lieben Tag nicht.

Strephon *ganz schüchtern*: Herr Strombolo! ein naher Blutsfreund, der von Ceuta angekommen ist *(auf Aristen deutend)*.

Strombolo *Aristen gleichgültig ansehend*: Den Herren hätten Sie ja zu mir bringen können. Wissen Sie was, es ist ein so schöner Tag heut, wir wollen einen Spaziergang um die Wälle der Stadt machen.

Strephon: Ich weiß nicht, ob mein Vetter – er reist heut abend noch fort.

Strombolo: Desto besser, so nimmt er eine Idee von unserer Stadt mit.

Arist: Mein Herr, ich reise in sein Vaterland und möchte ihn selbst gern mitnehmen, wenn es möglich wäre. Er ist aber hier so verschuldet, daß, da mir selbst das Reisegeld schmal zugeschnitten – Sie sind einer seiner besten Freunde, wie ich höre.

STROMBOLO: Es würde mir leid tun, ihn hier zu verlieren. Ich weiß auch nicht, warum er so nach Hause eilen sollte, wenn er etwa nicht selbst einen Beruf dazu spürt. Sollte ihm unsere Stadt so übel gefallen? Einem Philosophen wie ihm muß jeder Ort gleich sein –

ARIST: Davon ist hier die Frage nicht. Nur die Mittel, sich zu erhalten.

STROMBOLO: Es fehlt Ihnen ja hier an Freunden nicht, Herr Strephon. Es kostet Ihnen nur ein Wort an Don Alvarez, so macht er Ihnen eine Bedienung aus –

ARIST: Wenn aber seine Empfindlichkeit, seine Unabhängigkeit, die Muße selber, die er zu seinem Studieren braucht –

STROMBOLO: Ja man muß bisweilen in die saure Schale beißen, um auf den Kern zu kommen. Wissen Sie was, es ist gar zu schönes Wetter, Sie gehen so weit mit mir, als Sie kommen können.

ARIST: Ich wenigstens muß packen.

STROMBOLO: Nun so wünsch ich Ihnen denn recht viel Vergnügen. *Ab.*

STREPHON: Du siehst, wohinter er sich verschanzt. Sobald ich ihm nur von weitem her etwas von meiner Not merken lasse, schlägt er mich mit einer Sentenz zu Boden, die er von mir selbst gehört hat. Er ist nur zuwohl von meinen Verbindungen mit Alvarez unterrichtet, und wie hart es den ankommt, etwas übriges zu tun. Übrigens weiß er, daß er gar keinen Einfluß in die öffentlichen Geschäfte allhier hat, und daß, sobald ich ihm die geringste Verbindlichkeit hätte, die Gleichheit, die unsere ganze Freundschaft unterhält, wegfallen und ich in einem Nu ihm unter den Füßen sein würde –

ARIST: Vetter – Vetter, kommt weg von hier – und solltet Ihr heimlich davon gehen. Wenn wir in Hamburg sind, will ich alles schon wieder gut machen. Ich laß Euch nun nicht mehr, ich schwöre es zu –

STREPHON *ihn schnell an die Hand fassend*: Halt inne – Vetter, muß denn nicht jeder bittere Erfahrungen in der Welt machen, um die Welt kennen zu lernen? Alle diese Leute – sind dennoch meine Freunde.

Arist: Eúre Freunde? – Ihr bringt mich außer mich – die über Euer artiges Benehmen lächeln, wenn Ihr auf der Folter liegt. Ich sah da eine große Rolle Papier aus seiner Tasche gucken, es war gewiß wieder ein nichtswürdiges Geschäfte für Euch, er hatte nur nicht das Herz, es wie jener junge Gelbschnabel Euch in meiner Gegenwart aufzutragen. Ist das freundschaftlich, einem Menschen, der von seinen Talenten leben [muß], seine Zeit und folglich sein letztes Hülfsmittel stehlen? und das – wofür?

Strephon: Ach nehmen wir, was wir bekommen können, oder wählen uns die Bären zu Gesellschaftern! Ich bin ein Fremder, ich habe keinen Umgang, keine andere Mittel, dieses Land und seine Sitten kennen zu lernen, und jeder dieser Leute vermehrt meine innere Konsistenz durch das, was er mir entzieht. Ich suche denn nach in mir, ob ich nicht noch etwas habe, das sie mir nicht entziehen können, und das gibt mir einen gewissen Stolz, der mich über sie hinaussetzt und mein Herz wieder ruhig macht.

Arist: Wo will das aber hinaus, Mensch? – da läuft jemand die Treppe herauf, vielleicht bringt er dir irgendeine angenehme Nachricht.

Strephon *der aus dem Fenster gesehen*: Es ist dieselbige Seele unter einer andern Haut. Da sollst du sehen, wie sinnreich die Natur in Hervorbringung der verschiedenen Wesen ist, die uns zu peinigen bestimmt sind.

VIERTE SZENE

Doria tritt ungestüm herein, den Hut auf dem Kopf.

Strephon: Wie befinden Sie sich, Herr Doria?

Doria: Wie Sie sehen, *vir illustrissime et doctissime*. *Tritt zu Strephons kleinem Bücherschrank, in dem er herum wühlt.*

Arist *heimlich zu Strephon*: Wer ist das?

Strephon: Laß nur – es ist der junge Deutsche, von dem ich dir vorhin erzählte.

DORIA: Ich suche hier – ich suche hier – die Buchhändler werden Ihnen die ewige Seligkeit wünschen, Sie lassen sich von ihnen bezahlen und nehmen ihnen nichts ab.
STREPHON: Was suchen Sie?
DORIA: Ich sehe schon, Sie haben's nicht, Sie haben da lauter alte Tröster – *Über die Schulter herab.* Was haben Sie denn neulich wieder herausgegeben, das so vielen Lärm in der gelehrten Welt macht?
STREPHON: Sie sind zu gütig, Herr Doria! Ich wüßte nichts als den kleinen Bogen vom Wasserbau, den der hiesige Baudirektor aus dem Französischen ins Spanische hat übersetzen lassen. Sie wissen aber, daß das schon seit zwei Jahren ist.
DORIA: Sie tun auch verflucht geheimnisvoll. Alle gelehrte Zeitungen in Spanien sind voll davon. Das ist wahr, es wird heut zu Tage in die Welt hineingeschmiert, daß einem angst und bange dabei wird. Junge Leute, die noch kaum angefangen haben, zu denken –
ARIST: Haben Sie sein Buch gelesen, Herr?
STREPHON: Still doch, Vetter, Sie verstehen Herrn Doria nicht –
DORIA: Ich wünschte, daß allen unnützen Schmierern von Obrigkeit wegen die rechte Hand abgehauen würde.
ARIST: Ich will den Kerl zum Fenster herauswerfen.
STREPHON: Wollen Sie sich nicht setzen, Herr Doria?
DORIA: Ich denke, Sie kennen mich zu gut, liebster Strephon! als daß ich nicht den lebhaftesten Anteil an Ihrem Ruhm nehmen sollte. Ich bin zum voraus überzeugt, daß in Ihren acht Blättern mehr Wahres sein wird, als vielleicht jemals in allen Zeitungen Spaniens von der Arche Noah an ist gesagt worden! he he –
STREPHON: Sagen Sie mir doch, Herr Dorìa, haben Sie mit Don Alvarez wegen der Sekretärstelle gesprochen? Sie können dreist zu ihm gehen, er kennt Sie aus meinem Munde.
DORIA: O gehorsamer Diener, gehorsamster Diener, davon reden wir ein andermal. Also heut abend, mein allerliebster Herr Strephon, ich spreche Sie doch heut abend in Ihrer Pension. Ich will Sie nicht weiter aufhalten. Sie werden vermutlich mit dem Herrn was zu reden haben. *Geht ab.*

ARIST: Was ein Ochse ist denn das da? Und den willst du bei Alvarez unterbringen? Tor! und bei deiner eigenen Ratlosigkeit!

STREPHON: Alvarez braucht einen Sekretär, besonders da er itzt eine Reise nach Frankreich vor hat, der in seiner Abwesenheit seine Briefe von der Westindischen Compagnie, bei der er mit interessiert ist, empfängt und beantwortet.

ARIST: Und du selber, du selber?

STREPHON: Ich schicke mich nicht dazu, auch braucht er mich zu andern Sachen, ich bin sein Freund, kurzum, daß du es weißt, und da er freundschaftliche und zärtliche Briefe zu beantworten hat und doch nicht will merken lassen, daß er das nicht könne – du verstehst mich, ich darf dir nichts weiter sagen, um meine Empfindlichkeit für ihn nicht zu beleidigen.

ARIST: Und warum grad diesem den Bissen vorwerfen, den du dir vor dem Munde abschneidest? diesem Grobian, diesem –

STREPHON: Siehst du denn nicht, daß er mir nicht so begegnen würde, wenn er nicht etwas von mir verlangte? Das Rauhe seiner Situation hat mich zuerst sympathetisch für ihn gemacht, und das Rauhe in seinem Betragen noch mehr –

ARIST: Wenn er's noch mit Manier täte, so aber –

STREPHON: Lieber Gott, er schmeichelt und trotzt, beides zusammen; es muß weit mit einem Menschen gekommen sein, wenn er dazu gezwungen ist.

ARIST: Und in deinen eigenen verzweifelten Umständen – Wollen wir gehn und ein Billet auf die Landkutsche für Euch ausnehmen, ich seh, Ihr seid nichts nutz hier, Eure Freunde haben Euch angefressen, Ihr geht drauf, wenn's so fortwährt.

STREPHON *ganz in Gedanken*: Was ist dran gelegen?

ARIST: Nicht diesen finstern tauben Blick der Mutlosigkeit! Kommt mit mir, Eurem Vater, Eurer Mutter in die Arme, die noch immer nach Euch ausgestreckt sind.

STREPHON *fällt ihm an die Brust*: O Grausamer!

ARIST: Kommt! Euer vaterländischer Himmel wird Euch neues Leben in die Gebeine strömen.

STREPHON: Ich kann nicht.

ARIST: Ihr sollt *(faßt ihn an den Arm)*. Fort –

STREPHON *setzt sich*: Tötet mich lieber. Ich kann keinen Nagelbreit fort von hier.
ARIST: Was ist Euch? Was soll ich aus Euch machen? – Soll ich Euch mit Gewalt zu Eurem Glück zwingen? – *Tritt vor ihn.* Ich glaube, Ihr seid nicht recht bei Euch – Strephon – ermuntere dich Reinhold Strephon!
STREPHON: So drauf zu gehen, Ihr glaubt nicht, welche Wollust darin steckt.
ARIST: Wahnwitziger –
STREPHON: Spart Eure Ausrufungen! Mein Vorsatz ist unerschütterlich –
ARIST *geht ganz erhitzt und legt sich ins Fenster. Nach einer Pause*: Da kommt wieder jemand: ich glaub, es ist ein Gläubiger.
STREPHON *springt auf*: Ein Gläubiger – wie sieht er aus?
ARIST: Es war eins der verwischten Gesichter, das den Stempel der Natur verloren hat. Man sollte ihn für einen Peruckenstock halten, dem man Hut und Degen angetan.

FÜNFTE SZENE

MEZZOTINTO *tritt herein.*

MEZZOTINTO: Ei, Ihr Diener, Ihr Diener, lieber Herr Strephon. *Schüttelt ihm die Hand.* Wie geht's denn, was leben Sie, man sieht Sie ja gar nicht? Sie sind immer der Mann von Geschäften.
STREPHON: Ach Gott, ich habe gar keine.
MEZZOTINTO: Ja, gehn Sie nur, gehn Sie nur, man weiß doch, was man weiß. Ich komme eben vom Hafen, es kam ein Schiff an für einen meiner guten Freunde, dem Don Alvarez und seine Schwester zusahen. Er sagte mir, er ginge ins Bad, wir haben auch von Ihnen gesprochen und Sie rechtschaffen ausgemacht. Donna Seraphina gleichfalls. *Vertraulich winkend.*
STREPHON *über und über rot*: Und wie kam das Gespräch auf mich, daß ich fragen darf?
MEZZOTINTO: Wie es zu kommen pflegt. Sie wissen, wie die Donna ist, sie lag dem Bruder immer in den Ohren, Sie mit-

zunehmen. Er schien sich nur zum Schein zu wehren, aber Seraphina sagte, er muß mit mir, er mag wollen oder nicht. Und in der Tat Herr, Sie wären ein Tor, eine Gelegenheit wie die vorbeigehen zu lassen.

Arist: Ich hoffe, mein Vetter wird ein solcher Tor sein und, um das Maß voll zu machen, mit mir in sein Vaterland zurückkehren.

Mezzotinto: Also ein Landsmann von Herrn Strephon? Ei was, er geht nun nicht mehr heim. Die Ideen sind einmal alle ausgelöscht, ich weiß, wie das ist – Aber Strephon! wissen Sie auch, was man in der Stadt sagt? Seraphina soll meinem Patron den Ring zurückgeschickt haben, Sie wissen doch, daß sie so gut als verlobt waren, und will mit ihrem Bruder nach Frankreich gehen, weil sie keine Lust zum Heiraten hat. Prado ist untröstlich darüber und möchte seinen Nebenbuhler kennen.

Strephon: Was für Märchen plaudern Sie mir denn da?

Mezzotinto *ihm die Hand schüttelnd*: Ja ja, mein lieber Herr Strephon, ich weiß mehr Neuigkeiten, als Sie wünschen, nicht wahr? Sie wissen, Prado hat nach Seraphinen schon acht Jahr gefreit, als sie noch im Flügelkleide ging, er hat sie aufknospen sehen, er hat sie gewartet, he, und eine solche Blume läßt man sich nicht gern unter den Fingern wegbrechen. Sie können denken, wie er zu Kehr geht.

Strephon *ganz verwirrt*: Was geht mich denn alles das an? ich bitte Sie.

Mezzotinto: Ich sage nur, Sie sollen die Gelegenheit nicht vorbeilassen, mitzugehen. Ich habe mit Alvarez drüber gesprochen, er schien etwas empfindlich über Ihre Widerspenstigkeit. Ich sagte, es wäre einmal Ihr Charakter, und denn könnten Sie noch andere kleine Ursachen haben; o die Bären sollen ihn nicht beißen, die er etwa hier angebunden hat, antwortete er mir.

Ein Bedienter tritt herein. Strephon winkt ihm und geht heraus mit ihm.

Mezzotinto *zu Arist*: Ja, mein werter Herr, so geht's Ihrem armen Vetter hier. Wenn er nicht noch Freunde hätte, die sich

für ihn beflissen, so wäre es längst getan um ihn gewesen. Denn allgemein genommen ist der Charakter der Nation hier der allerunerträglichste am ganzen Mittelländischen Meer. Hier ist der Hefen von Spanien.
ARIST: Ich glaube es wohl. Darum sollte er mit mir.
MEZZOTINTO: Ja, das geht nun einmal nicht. Wenn man über die Jahre hinaus ist, es geht einem damit wie mit dem Heiraten. Man schiebt es von einer Zeit zur andern auf, bis einem die Lust vergeht. Auch wäre es schade um ihn, er würde sein Glück verscherzen. Er steht ungefähr mit Don Alvarez auf demselben Fuß, als ich mit Prado stehe. Ich kann mich rühmen, daß ich sein vertrautester Freund bin, den er wohl in seinem Leben gehabt, ich war auch der erste, der ihn in dem Hause bekannt machte, Alvarez hat ihn sogleich wegen seiner Gelehrsamkeit und Talente geschätzt und ihn zum Vertrauten aller seiner Geheimnisse gemacht. Unter uns, er schreibt ihm, glaub ich, Liebesbriefe, weil ich weiß, daß der Alvarez ein schlechter Franzos ist und dennoch mit einer gewissen Marquisin Chateauneuf, die jetzt seit zwei Jahren in Marseille wohnt, ein geheimes Verständnis unterhalten soll. Er hat mir alles anvertraut, aber – *(die Finger auf den Mund legend)* ich weiß wohl, daß ein plauderhafter Freund oft eben so gefährlich ist als ein verschwiegener Feind. *Winkt.* Die Donna Seraphina ist ihm auch sehr gewogen.
ARIST: Wem?
MEZZOTINTO: Ihrem Vetter – je von wem reden wir denn?
Strephon tritt wieder herein, etwas verlegen.
STREPHON: Sie haben mir doch Wind vorgemacht, Mezzotinto! Donna Seraphina denkt nicht an die Reise. Eben krieg ich ein Billet vom Don Alvarez, wo er meinen letzten Entschluß verlangt.
MEZZOTINTO: Wie? sie reist nicht mit? – So muß ich mich verhört haben.
STREPHON: Oder sie hat Sie zum besten gehabt. *Wickelt das Papier auf.* ›Ich reise mit einem Bedienten und einem Coffre morgen vor Tage. Ich hoffe, die Wintertage werden so anhalten, entschließen Sie sich kurz, ich lasse für Ihre Schulden

eine Anweisung zurück. Um fünf Uhr auf den Schlag kommen Sie zu mir, so reden wir weiter. Meine Schwester geht so eben mit ihrer Kammerfrau nach Sevilla ab, wo eine meiner Tanten auf den Tod liegt.‹

MEZZOTINTO: Weisen Sie mir doch das Billet, es ist nicht möglich.

STREPHON: Es ist möglich *(das Billet einsteckend)* weil es so ist.

ARIST *bei Seite*: Das gefällt mir nicht.

STREPHON *zu Arist*: Also lieber Vetter! was soll ich tun? –

MEZZOTINTO: Ei, Sie werden doch das nicht ausschlagen, oder Sie wären der größte Tor, der auf dem Erdboden –

ARIST: Ich rate Euch Vetter, kommt mit mir. Warum wollt Ihr Euch in den Sturm wagen, da Ihr in den Hafen einlaufen könnt. Die Gelegenheit kommt nicht wieder, und Euer Vater ist sehr aufgebracht –

STREPHON *die Hand vor den Augen*: Ach –

ARIST: Was wird er sagen, wenn er weiß, daß Ihr mit mir hättet mitkommen können und nicht gewollt habt?

STREPHON: Schonet meiner!

ARIST: Ich darf Eurer nicht schonen. Es sind acht Jahr, daß Ihr ihn nicht gesehen habt, daß Ihr so herumirrt und Euren nichtswürdigen Grillen folgt –

STREPHON *aufgebracht*: Vetter, das stille Land der Toten ist mir so fürchterlich und öde nicht als mein Vaterland. Sogar im Traum, wenn Wallungen des Bluts mir recht angsthafte Bilder vors Gesicht bringen wollen, so deucht mich's, ich sehe mein Vaterland.

ARIST: Schande genug für Euch – rühmt Euch nicht, mein Vetter zu sein – Ihr? ein Philosoph? –

STREPHON *schlägt an die Brust*: Was soll ich tun dabei? –

MEZZOTINTO *geht in der Stube herum trallernd*: *Grazie agl' inganni tuoi.*

STREPHON: Kann ich dafür, daß dem so ist? Daß dies allgewaltige, unerklärbare, unerklärbarste aller Gefühle mich zu Boden drückt?

MEZZOTINTO: Ja wenn Sie gehen wollen, so haben Sie Zeit, *(die Uhr hervorziehend)* es ist gleich –

ARIST *auf einmal hastig und gerührt auf Strephon zugehend und ihn an die Hand fassend*: Noch ist es Zeit – *Die Stadtuhr schlägt fünfe.*
STREPHON: Wie zum Schaffot klingt mir das. – Meine Eltern – *Aristen heftig umarmend.* Wirst du es gut machen?
ARIST: Wie kann ich – *Auch gerührt.* Unglückseliger Starrkopf – Vielleicht sehen wir uns niemals wieder.
STREPHON: Niemals? – Lebt wohl! Grüßt meine Eltern! *Reißt sich von ihm los und eilt halb ohnmächtig ab.*
ARIST *wischt sich die Augen, ohne ein Wort zu sprechen.*
MEZZOTINTO *zu Arist*: Hab ich's nicht gesagt, daß er mitreist, und ich weiß auch, wohin sie gehen, ich will Ihnen alles zum voraus sagen.
ARIST: Ach mein Herr, lassen Sie mich – ich muß packen, und denn gleich auf die Post – Ich wünscht, ich wäre nie nach Cadiz kommen.
MEZZOTINTO: Gehorsamer Diener. Und ich will gehn und meinem Prado von alle dem Nachricht geben. Ich weiß, er wundert sich nicht wenig darüber –

SECHSTE SZENE

DER SCHAUPLATZ VERWANDELT SICH IN EINE STRASSE VOR ALVAREZ' HAUSE

STREPHON *tritt wankend auf.*

STREPHON: Mögen sie aus mir machen, was sie wollen, ich gehe mit Seraphinen. Gott, wie kann es mir so dunkel in der Seele sein, der ich an der Schwelle des Himmels stehe! Seraphine. *Zieht das Billet aus der Tasche, wickelt es auf, küßt es und fällt auf die Knie.* Sie will nicht heiraten – sie will nach Frankreich – in das angenehme, freie, gefährliche – nein ich will so wenig von ihr weichen als ihr Schatten, und sollt es mir Tugend und Leben kosten. *Geht hinein.*

ZWEITER AKT

ERSTE SZENE

DER HAFEN VON MARSEILLE

STREPHON, *der* SERAPHINEN *aus dem Schiff hebt.*

STREPHON: Willkommen!
SERAPHINE: Willkommen. *Reicht Strephon die Hand und läuft mit ihm das Ufer hinauf.* Hier, Strephon, sind wir gleich.
STREPHON *wirft sich auf die Erde, die er küßt*: Glücklicher Boden, wo die Freiheit atmet. Hier Ihnen einen Tempel hinzusetzen, Seraphine –
SERAPHINE: Ich sähe lieber eine Schäferhütte und Schäfchen so herum.
STREPHON *sich über ihre Hand bückend, die er mit seinen Lippen berührt*: Göttliche Seele, die alles verachtet, womit die armselige Welt sie zu belohnen suchte.
SERAPHINE: So ein Gärtchen neben an, da wollt ich selber drin arbeiten.
STREPHON *ihre Hand emporhebend*: Mit dieser Hand? –
SERAPHINE: Wir beide zusammen. Ich wünschte, ich könnte einmal recht arm werden, um mich selber kennen zu lernen.
STREPHON: O wünschen Sie das nicht. Der fürchterlichste aller Wünsche, die Sie tun könnten. Wenn das Schicksal die vernachlässigte, die seine vorzügliche Sorgfalt verdienen – so wär es das grausamste, das ungerechteste, das widersinnigste und unleidlichste unter allen Spielen des Ohngefährs, die sich nur jemals ein menschlicher Verstand –
SERAPHINE *ihm ihr Kästchen Juwelen unter dem Arm wegreißend*: Ob Sie mich noch so reizend finden werden – *Läuft damit nach dem Ufer zurück und wirft es ins Meer.*
STREPHON *ihr vergeblich nacheilend*: Um alles – um Ihrer selbst willen – *(zieht den Dolch)* halten Sie inne –
SERAPHINE *kehrt lachend um*: Nun? *In den Dolch fassend.*
STREPHON: Aus Mutwillen – und ich die Veranlassung –
Don Alvarez sehr feierlich aus der Kajüte hervortretend, mit verschiedenen Bedienten.

ALVAREZ: Was gibt's?

SERAPHINE: Nichts Bruder! eine Kleinigkeit, um die Strephon so viel Lärmen macht. Als er mir aus dem Schiff half, ließ ich mein Kästchen Juwelen ins Wasser fallen – und nun glaubt er, er sei schuld daran, und will sich umbringen deswegen.

ALVAREZ: *Bon.* Wir müssen den französischen Fischen wissen lassen, daß Spanier angekommen sind.

STREPHON: Aber –

ALVAREZ: Ich hab Euch nicht mitgenommen, für mein Hauswesen zu sorgen. Schämt Euch, daß Ihr Euch umbringen wollt um solch einer Kleinigkeit. Wenn Ihr Mohrenblut unter Euren Ahnen hättet, so wollt ich's verzeihen: aber zu sterben geziemt nur einem Edelmann. Man muß auch in seinem Schmerz Grenzen zu halten wissen. – Kommt, sagt mir einen witzigen Einfall, den ich der Marquisin über unsre Ankunft sagen kann.

SERAPHINE: Wie sie erschrecken wird, Bruder, wenn sie uns sieht!

ALVAREZ: Da seh ich unsern Pietro schon mit einer Kutsche kommen. Laßt uns hineinsitzen. *Gehen ab.*

ZWEITE SZENE

DER SCHAUPLATZ VERWANDELT SICH IN EINEN GASTHOF IN CADIZ

DORANTINO, STROMBOLO, DORIA, MEZZOTINTO *und andere Gäste an einer Table d'hôte.*

STROMBOLO *in der Zeitung lesend*: Er ist dem Hofe nach Ildefonse gefolgt, aber nur zwei Tage da geblieben.

DORIA: Ein schlechter Kerl! Das ein Philosoph? Wenn zu einem Genie nichts mehr gehört, als Spitzbubenstreiche zu machen.

STROMBOLO *läßt das Blatt fallen*: Mit Ihrer Erlaubnis, von wem reden Sie?

DORIA: Von wem Sie auch reden –

STROMBOLO: Vom Minister?

DORIA: Vom Strephon, zum Teufel, vom Strephon, von wem anders? Ich dachte, Sie redten auch vom Strephon. Ein Spitzbube in *optima forma*. Er schickt mich zum Don Alvarez, der einen Gesellschafter sucht und mich hundertmal drüber angeredt hat, und als ich mich endlich entschließe und eben hinkommen will, ihm meine Einwilligung zu geben –

Strombolo: Ich dachte, er brauchte einen Sekretär, haben Sie mir gesagt –

Doria: Nun ja, so hat er sich davon gemacht, ist mit Herrn Strephon zu Schiff gegangen.

Mezzotinto: Zu Schiff, sagen Sie? – Mit Ihrer Erlaubnis, Herr Doria, das muß ich besser wissen. Er ist nach Orensee ins Bad gereist mit seiner Schwester, von da werden sie –

Doria: Sie sind schlecht berichtet, Herr Mezzotinto. Ich muß es doch zum Teufel aus guter Hand haben, da ich mit dem Castellan selber gesprochen, der ihnen in ihrem Jagdschiff das Geleit gegeben.

Mezzotinto: Sie wollen nach Hofe gehn, um Strephon eine Stelle dort auszumachen?

Doria: Nach Frankreich sind sie gegangen, mein Herr, nach Frankreich, und schweigen Sie still, wenn Sie es nicht wissen, und reden nicht so in den Tag hinein. Nach Frankreich, das können Sie Ihrem Neuigkeitskrämer wieder erzählen.

Mezzotinto: Muß man denn alles sagen, was man weiß? Sehen Sie denn nicht, daß es nötig war, die wahre Absicht ihrer Reise zu maskieren? da Strephon – ich darf nichts weiter sagen, aber Sie sind doch alle einig mit mir, meine Herren, daß Strephon ein kluger Kopf ist. Ein wenig zu geheimnisvoll war er sonst, aber gegen mich nicht. *Lacht und trinkt.*

Strombolo *mit einem vielbedeutenden Kopfschütteln, indem er Doria langsam auf die Schulter schlägt*: Ja, mein lieber Herr Doria, Herr Strephon war ein Mensch, wie alle andern Menschen auch sind.

Doria: Er war ein Spitzbube, ein Mensch ohne Ehre, ohne Treu und Glauben.

Strombolo: Das möcht ich nun eben nicht sagen. *Lächelnd.* Verstand genug dazu hatte er –

Doria: Und auch den Willen. Das beweist die Tat.

Strombolo: Er kann vielleicht in der Übereilung weggereist

sein, ohne vorher an sein Versprechen zu denken, wiewohl das nun auch nicht artig ist –

MEZZOTINTO *schmatzend*: Ja meine lieben Herren, Sie können von alle dem gar kein Urteil fällen, sehen Sie einmal, weil Sie von den Umständen nicht unterrichtet sind. Ich weiß es vielleicht allein, warum Strephon nicht anders hat handeln können, als er gehandelt hat. *Kehrt sich zu Dorantino, der ihm zur Linken sitzt, indem er sich auf den Tisch lehnt.* Der Gemahl einer schönen und reichen Donna zu werden, Herr! das ist keine Narrenposse – da kann man die Philosophie schon scheitern lassen.

DORIA: Was sagen Sie, mein Herr?

MEZZOTINTO *sieht ihn an, ohne ihm zu antworten.*

STROMBOLO *der gehorcht hat*: Ja so – nun begreif ich's auch –

DORANTINO *sehr freundschaftlich zu Mezzotinto*: Aber hört einmal, lieber Mann, das ist doch nicht schön vom Herrn Strephon, daß er mir nichts davon gesagt hat. Ich bin sein ander Ich gewesen, er hat nichts vor mir geheim gehalten, ich bin der einzige gewesen, der ihn hier unterstützt hat, hätt ich ihm nicht auf die Beine geholfen, er läge itzt vielleicht am Zaun verreckt – *Trinkt.* Ich kann mir doch nicht einbilden, daß er so undankbar gegen mich sein würde und mir ein Geheimnis aus seinem Glück gemacht habe.

MEZZOTINTO: Wenn ein gewisser Herr seinen Trauring von einer gewissen Person zurückgeschickt bekommt, so muß das doch seinen zureichenden Grund haben und den Grund weiß ich. *Trinkt.*

STROMBOLO: Das ist wahr, daß Herr Strephon immer für sich selbst zuerst zu sorgen pflegte. Er wußte sich aber doch bisweilen einen sehr großmütigen Anstrich zu geben.

DORIA: Und war doch nichts als Judas dahinter. Da haben Sie nun ein wahres Wort gesagt, mein allerliebster Herr Strombolo.

STROMBOLO: Alle Leute von Verstand und Genie handeln so. Und das muß auch sein. Es muß ein Unterschied sein.

DORIA: Darum wollt ich eben kein Mann von Verstand und Genie sein. – Ihr Herren, es hat zwei geschlagen, wer kommt mit mir aufs Kaffeehaus?

DRITTE SZENE

In Marseille

Strephon *allein im Saal auf- und abgehend.*

Strephon: Tod oder Liebe! Strephon! Strephon! wie lang hast du gezaudert? Wie unerträglich ist's alle Tage! Blick auf Blick geheftet, Auge in Auge gewurzelt mit brennenden Lippen vor ihr da zu stehn und immer die Unmöglichkeit zu wissen, ihr Verlangen mein Verlangen – Ist denn kein Krieg da – es gibt keinen – überall Friede, schändlicher Friede – daß ich ein Teufel wäre, welchen anzuspinnen – Und wo soll ich hin von ihr – von ihr, die so jung, so reizbar, so wankelhaft – sie vielleicht zur Beute eines andern – eines Franzosen, der durch nachgemachte Empfindungen, verstellte Lebhaftigkeit sie hintergeht – ich weiß nicht, was der La Fare immer um sie hat, das gepuderte Totengeripp – er schwatzt in einem Atem mehr als ich in zehn Wochen, und sie hört aufmerksam zu, wenn er schwatzt – O ich sehe wohl, Seraphine war das höchste Gut, das ich mir wünschen konnte, aber ich bin unterwegens am Angel hängen geblieben und muß mich verbluten – Was soll sie auch, wenn kein Mittel abzusehen ist, wie wir vereinigt – O verwünschte Philosophie, wie hast du mich zurückgesetzt? wo wär ich? auf dem Gipfel des Glücks, der Ehre, trüge itzt vielleicht Seraphinen eine Hand an, auf die sie stolz sein könnte – wenn du mich nicht mit deinen elenden Täuschungen in meiner beobachtenden Untätigkeit – Ha ein kühner Entschluß ist besser als tausend Beobachtungen – ich bin verfehlt – die Seufzer meiner Eltern haften auf mir – Seraphine, wenn ich nicht noch Hoffnung – *Zieht mit konvulsivischen Bewegungen den Dolch. Seraphine tritt herein, im Domino.*

VIERTE SZENE

SERAPHINE: Was gibt's Strephon? ich glaube, Sie überhören Ihre Rolle schon.

STREPHON *steckt ein*: Nein Donna, ich spiele nicht mit – ich habe zu lange zugesehen – ja doch ich spiele mit. Meine Rolle soll Ihnen Vergnügen machen. Ich mache den Sohn der Lenclos.

SERAPHINE: Ich bin so begierig auf das Stück als auf die Aufführung. Die Marquisin Chateauneuf gleichfalls, ich versichere Sie. Und der Marquis La Fare, Sie können sich nicht vorstellen, wie er sich auf Ihr Schauspiel freut.

STREPHON *halb die Zähne knirschend*: Er gibt Ihnen den Arm zum Ball heut.

SERAPHINE: Er wird gleich kommen und mich abholen. Bin ich Ihnen so recht geputzt, Strephon? *Auf und nieder gehend.*

STREPHON *halb abgewandt*: Diese zuvorkommende Güte stopft mir den Mund. Und doch hab ich nicht weniger Ursache zu klagen.

SERAPHINE: Was murren Sie da für sich? – *Auf ihn zugehend.* Geschwind Strephon! Sie haben was – Sagen Sie's, eh die Kutsche kommt –

STREPHON *mit gebogenem Knie*: Ach so viel Güte wohnt nicht in sterblichen Körpern – Ich fühle jetzt, Fräulein! das ganze Gewicht meiner unglückseligen Bestimmung. Leidenschaft genug in der Brust, das Höchste zu wünschen, und doch zu wenig Mut und Kraft, was anders als Ihr Sklave zu sein.

SERAPHINE *ein wenig nachdenkend und lächelnd*: Ich errate – Wessen Schuld ist es? liegt es nicht an Ihnen allein? –

STREPHON *heftig*: An mir – ja an mir – ich Elender!

SERAPHINE: Sie waren nicht zum Fidalgo geboren – Sie könnten, wenn Sie wollten –

STREPHON: Reden Sie aus, ich beschwöre Sie –

SERAPHINE: Sie sind in Frankreich, wo man Ihren Ursprung nicht weiß – mein Beutel, meines Bruders Beutel steht Ihnen zu Diensten – Ha der Wagen hält, ich will den Marquis nicht bemühen, heraufzusteigen. Leben Sie wohl Strephon – *Läuft ab.*

STREPHON *außer sich*: Kein Krieg da – keine Gefahr da, der ich um Seraphinens willen trotzen könnte. Nicht einen, tausend Tode zu sterben, wäre mir Wollust, nicht den körperlichen Tod allein, Tod der Ehre, der Freundschaft, der Freude, des Genusses, alles dessen, was Menschen wert sein kann. Wenn ein Abgrund offen stünde vor mir, ich stürzte mich hinab – Und La Fare, La Fare – La Fare, der den Freier macht – der durch mich, durch seine verstellte Freundschaft für mich ihr Herz zu erobern sucht – was ich empfinde, was ich verschweige, ihr vorplaudert, und auf Kosten meiner innern Qualen genießen will – o wie elend – elend bin ich. Und sie selbst, die Furcht, sie zu verlieren, verhindert mich, sie zu gewinnen, mich von ihr zu entfernen und in der schrecklichen Einöde des Hofes mein Glück zu versuchen. – Ha, wenn ich mich ihres Herzens erst versichert habe – und das muß durch meine Ninon geschehen – so will ich die Gewalt sehen, die meine Bemühungen sie zu erhalten aufhalten soll.

FÜNFTE SZENE

ALVAREZ *tritt herein, einen Brief in der Hand.*

ALVAREZ: Da ein Brief, Strephon, vom Don Prado – seht doch einmal, was dran ist und beantwortet ihn – wenn Ihr vorher mit meiner Schwester geredt habt.
STREPHON *nimmt den Brief zitternd*: Vom Don Prado? – *Bei Seite.* Welch ein kalter Schauder überfällt mich! *Etwas bebend im Ton der Stimme.* Don Prado, wo mag er unsern Aufenthalt erfahren haben?
ALVAREZ: Weiß ich es? die Schwester, glaube ich, könnte nach Polen gehen, er würde sie doch immer mit Briefen dahin verfolgen. Ich wünschte, der Mensch könnte sie vergessen, denn es tut mir doch leid um ihn.
STREPHON *mit schwacher Stimme*: Mir auch –
ALVAREZ: Na, wie steht's mit unserm kleinen Theater? Seid Ihr bald fertig mit Euren Schauspielern. Ihr könntet Euer Stück auch immer nachher auf dem großen Theater spielen lassen,

wenn die Marquisin von Chateauneuf es billigt, denn sie ist eine Kennerin.

STREPHON: Das bin ich versichert. Ich will den Brief nicht aufbrechen, bis alles vorbei ist. Er könnte mich sonst in meiner Aktion stören.

ALVAREZ: Gut, gut, wer treibt Euch denn? Mir zu Gefallen könnt Ihr ihn auch übers Jahr aufmachen. Nur daß unser kleines Spektakel was Guts werde, denn die Marquisin, hört einmal, hat einen sehr verwöhnten Geschmack. Ihr dürft ihr nichts Mittelmäßiges bringen, ich rat es Euch. Es muß nicht zu – tragisch sein, auch nicht zu – komisch, nicht zu heftig – auch nicht zu kalt, nicht zu hoch – auch nicht zu gemein – kurzum, Ihr wißt schon, was ich sagen will.

STREPHON: Ich hoffe, daß Sie alle sollen befriedigt werden.

ALVAREZ: Na ich glaube, Ihr habt Euch eben vorbereitet, ich will Euch nicht stören. Lebt wohl und haltet Euch gut. *Geht ab.*

STREPHON: Vom Don Prado. *Den Brief auf der Hand schlagend.* Nimmer, nimmer will ich ihn erbrechen. – Don Prado, der alles das ist, was ich sein könnte – zu sein hoffe – nie sein werde – – – Und bin ich schuld daran? hab ich sie dir entzogen? hab ich den mindesten Schritt die geringste Bewegung gemacht, sie zu dem Bruch zu vermögen? Hab ich ein Haar dir im Weg gelegt? – Don Prado, Don Prado, du erdrückest mich – du verdienst sie, du verdienst sie – aber ich kann sie dir nicht abtreten, nimmer, nimmer, so lange noch Muskelkraft in diesem Herzen ist. – Wenn Doria – Mezzotinto – ach wie werden meine Freunde meinen Namen vierteilen – Doria – ach ich habe vergessen, von ihm mit Alvarez – Ich Unglücklicher, er hat einen andern – Guter Gott, was ist der Mensch? Mögen sie mich schwarz machen wie den Teufel, wenn ich Seraphinen erhalte, bin ich engelrein.

DRITTER AKT

ERSTE SZENE

EIN KLEINES THEATER IN ALVAREZ' WOHNUNG

Der Vorhang ist niedergelassen. Vorn steht eine Reihe Stühle. Vor ihnen spaziert STREPHON *herum, eine kleine Brieftasche in der Hand.*

STREPHON: Das erstemal meines Lebens, daß ich so dreist bin, etwas anzurühren, das ihr gehört. Aber es muß sein, es muß sein, mein ganzes Leben hängt ab davon, das Schicksal hat es nicht umsonst in meine Hände fallen lassen. Sie, die sonst alles verschließt, dies im Speisesaal verloren – ha, wenn alles vorherbestimmt ist, was wir tun – er könnte mir nicht gelegener kommen, der Zufall, als in Augenblicken, die so entscheidend für mich sind. *Durchsucht die Brieftasche.* Vom Don Prado – vom Don Prado – die hat sie noch? hm! Das beste der weiblichen Herzen ist doch nicht von Eitelkeit ausgenommen – La Fare – ha! ich bin verloren, La Fare – an der Spitze aller meiner Entwürfe, meiner Laufbahn – La Fare – – Wenn ich nur das Herz erst hätte, zu lesen – sollte sie es mit Fleiß haben liegen lassen, mich zu warnen – mich zu überzeugen, wie wenig sie sich aus Briefen der Art mache – Ha ich will nur lesen, eh sie kommen – mag darin enthalten sein, was da wolle. *Steckt die Brieftasche ein und liest das Billet.* Ich denke, da sie weiß, daß ich eben im Begriff stehe, nach Paris zu gehen und alle unsere großen Hoffnungen auszuführen, wird sie doch so grausam nicht sein und mich – mich – *(greift sich an den Kopf)* nein, nein, lesen wir nur, lesen wir nur –
›Wie Donna! der Fidalgo mit dem abstudierten bleichen Gesicht und weiter nichts sollte mir im Wege stehen.‹ Weiter nichts – – *Liest weiter.* ›Hüten Sie sich, so ein Lächerliches zu geben. Es wäre das erstemal Ihres Lebens. Er bildet sich ein, ein außerordentlicher Mensch zu sein. Ich schätze seine Gelehrsamkeit‹ – Gelehrsamkeit? – Sie ist eine Verräterin – ›noch mehr die Dienste, die er Ihrem Herrn Bruder erwiesen

haben soll. Auch soll er mir im mindesten nicht beschwerlich, so wenig als gefährlich sein. Bleiben Sie immerhin seine Freundin, so wie ich um Ihrent willen sein Freund sein will. Mag er allenfalls, wenn er von seinen frostigen Beschäftigungen Atem holen will, vor den Kamin Ihrer Augen treten und sich, wie es solchen Sylphen zukommt, mit einem Blick auf einige Monate abspeisen, ich bin ein Franzose, Donna, das einige Wort schließt mehr in sich, als Ihnen hundert Briefe erklären könnten.‹

Holla! Marquis La Fare, nicht so gemeint – Ich merke – ich merke die ganze Absicht, warum sie ihn hat liegen lassen. Hier muß eingelenkt werden. Die Liebe leidet keine Teilung, mein luftiger Marquis, und wenn sie mir geraubt werden soll, müssen andere Leute als du mir sie streitig machen. – Also mich nach Paris zu entfernen, und mittlerweile ich Leben und Ehre in die Schanze schlage – – schöner Plan – sie kommen. Itzt den Komödianten gemacht, Strephon, oder den Narren auf ewig –

Alvarez mit der Marquisin, La Fare mit Donna Seraphina kommen und nehmen ihre Plätze ein. Strephon komplimentiert sie und entfernt sich nachher. Der Vorhang wird aufgezogen. Ein Zimmer der Ninon Lenclos erscheint.

ZWEITE SZENE

Das kleine Theater. Vorn als Zuschauer ALVAREZ, *die* MARQUISIN VON CHATEAUNEUF, SERAPHINA *und der* MARQUIS LA FARE.

NINON *tritt auf in einem reizenden Negligé und sieht einem Maler zu, der auf die Decke ihres Zimmers die Geburt der Venus malt. Ninon brummt folgendes Liedchen für sich*:

Gute Laune, Lieb und Lachen
Soll mich hier
Unaufhörlich glücklich machen,
Und die ganze Welt mit mir.
Auf dem Samt der Rosen wiegen
Sich die Weisen nur allein,

Liebe? ist sie nicht Vergnügen?
Nur die Treue macht die Pein. *Von Anfang.*

MALER: Mademoiselle *(sich die Augen wischend)* ich habe die Venus malen wollen, und habe Sie getroffen. Glücklicher Mann, der das alles einmal sein nennen kann.

NINON: Den Wunsch nehm Er zurück, es wäre der unglücklichste Mann auf dem Erdboden, wenn ich gewissenlos genug sein könnte, mich einem zu ergeben. Liebe ist ein Augenblick, und nur die unbändigste Eitelkeit der Mannspersonen kann sich überreden, diesen Augenblick dauren zu machen. Ich bitt Ihn, sag Er doch allen Mannspersonen, daß dem nicht so ist.

MALER: So ein schönes Herz bei so schlimmen Grundsätzen, O Mademoiselle, warum sind Sie doch keine Deutsche? denen es die Väter so oft vorsagen, daß sie ihrer los sein möchten, daß sie beim ersten freundlichen Blick, den ein Mann ihnen zuwirft, gleich fragen: Mein Herr, werden Sie mich auch heiraten?

Strephon tritt auf, als der junge Lenclos, unter dem Namen des Ritter von Villiers.

NINON: Sehen Sie hier unsere künftige Stoa. Und die Göttin der Weisheit oben.

VILLIERS *wirft einen unbedeutenden Blick drauf*: Ich höre, Ninon, Sie wollen den Marquis Riparo heiraten.

NINON: Wer hat Ihnen das gesagt? *Zum Maler.* Lassen Sie es nur für heute gut sein. *Maler geht langsam ab.*

VILLIERS: Es gibt viele unbeständige Dinge in der Welt, aber das unbeständigste ist ein Frauenzimmer.

NINON: Ich bin Ihre Freundin, und als die beständig.

VILLIERS: Den Marquis Riparo, den kalten Narziß? Wenn Sie mich wenigstens einem jüngern feurigern Liebhaber aufopferten, aber – he, Sie haben drauf gesonnen, mich durch eine unerhörte Handlung zu einer ganz neuen Art von Verzweiflung zu treiben. Und das mit dieser Gleichgültigkeit, mit dieser heitern Miene –

NINON *faßt ihn an die Hand*: Ritter Villiers, ich bin nicht gleichgültig.

VILLIERS: Gehen Sie, Sie sind weder freundschaftlich noch mitleidig, was auch diese Träne mir weis machen will, die Ihnen keine Mühe kostet. Soll ich Ihnen den wahren Inhalt Ihrer Miene sagen? Sie freuen sich, daß mich diese Heirat rasend macht, Sie sind nicht bloß gleichgültig gegen mich, Sie hassen mich.

NINON: Ja ich hasse Sie, junger Mensch, wenn Sie mir Liebe abzwingen wollen. Unbesonnener, weißt du auch, was du verlangst? hört Liebe nicht auf, Liebe zu sein, sobald sie Gefälligkeit wird, liegt nicht ihr ganzer Zauber in ihrem Eigensinn?

VILLIERS: Ach hätten Sie mir das das erstemal gesagt, als meine von Wollust schwimmenden Augen sich zu den Ihrigen erhoben und Blick auf Blick unsere Seelen verschwisterte. Hätten Sie mir's gesagt, als ich zum erstenmal zitternd Ihre Hand an diese Brust legte *(Seraphine unten wischt sich die Augen)* und Sie leise riefen: Strephon, Strephon, was will aus uns werden?
Es wird ein Geräusch unten. Alvarez klatscht.

ALVAREZ: Ha ha ha, Strephon, du hast dich versprochen, du Ochsenkopf.

VILLIERS *fährt fort*: Und jetzt diese Verwandlung – oder tatst du das nur, um mir deinen Verlust desto empfindlicher zu machen, wenn du mich anfangs mit der süßesten aller Hoffnungen geschmeichelt hättest? Ninon – *(ihr die Hand vom Gesicht nehmend)* du weinst? – Ninon – es ist das unnatürlichste Schauspiel, das ich mir je einbilden konnte – ein Weib in Tränen über einen Menschen, den sie zu verderben sucht. Entehre dein Geschlecht nicht, dessen Zierde du sonst warst. Ninon, Wohnplatz aller Freuden, aller Reize, aller Seligkeiten in der Natur – Und kann ich dich zu Tränen bringen und nicht zum Mitleid? Lache lieber, lache über meine Verzweiflung – *Ninon eilt ab.*

VILLIERS: Sie geht, lächelt, gleitet so hin über meine Qualen, ihr Leichtsinn wirft so ein falsches Licht darauf. O das ist der menschlichen Leiden höchstes, für einen Komödianten angesehen zu werden, derweil wir doch fühlen, daß unsere Pein es so ernstlich meint. – Sterben – Sterben – das einzige, was mir übrig bleibt – ha sterben, und ausgelacht zu werden –

Pocht an ihr Kabinet. Ninon! Ninon! – Sie werden glauben, ich töte mich aus Verdruß, aus Rache – nein Ninon! ich sterbe aus Liebe. *Er zieht den Degen. Ein Bedienter öffnet die Kammertür und gibt ihm ein Billet. Er bricht es auf und liest. Bedienter ab.* ›Gehen Sie sogleich nach meinem Gartenhause in der Vorstadt des heiligen Antons. Ich werde Ihnen in einer Viertelstunde dahin folgen und Neuigkeiten von der äußersten Wichtigkeit entdecken‹ – Sagt Eurer Frau, ich fliege – er ist fort – *Küßt und drückt das Billet und eilt ab.*

Grammont und der Marquis Riparo treten auf, Freunde der Ninon.

RIPARO: Sagen Sie mir doch Grammont, was fehlt unserer Lenclos, sie ist seit einiger Zeit ungewöhnlich bleich und nachsinnend. Nicht wahr, seit ihrer Mutter Tod hat sie noch nie diese Farbe gehabt? Sollte man die Ursache nicht erraten können?

GRAMMONT: Ihr Rosenbett muß doch auch seine Dornen haben. Das Andenken ihrer Mutter vielleicht –

RIPARO: Sollte man nicht vielmehr vermuten, daß sich ihr Herz an einen glücklichen Gegenstand zu befestigen anfinge, und daß dieser Streit zwischen ihren Grundsätzen und Empfindungen – –

GRAMMONT: Und wer sollte der Glückliche sein?

RIPARO *lachend*: Ich weiß nicht.

GRAMMONT: Schmeicheln Sie sich nicht, Marquis – oder beunruhigen Sie sich nicht. Sie sind der Mann nicht, Ninon schwermütig zu machen.

RIPARO *indem er eine Capriole mit den Füßen schneidet*: Wenn aber eine unvermutete eigensinnige Leidenschaft den Weg zu diesem Herzen gefunden – Es kann nicht anders sein, auf einen langen Sonnenschein muß einmal ein Wetter folgen.

GRAMMONT: Wenn Sie der Herr von Elbene wären, würde ich sagen, Sie hätten in einem Heldengedicht gelesen. Wie? Sie können töricht genug sein, sich einzubilden, daß es Ninon mit ihrer Verheiratung an Sie ein Ernst sei? Daß Sie der Alexander sein, der diese mit so vieler Weisheit und Entschlossenheit seit so langen Jahren bei ihr angelegten Befestigungen gegen den Ehestand mit einem Blick über den Haufen wirft? – Marquis, haben Sie denn in Ihrem ganzen Kopf nicht so viel gesunde Vernunft, einzusehen, daß diese vorgegebene Leidenschaft für Sie nichts als ein blinder Lärmen ist, den armen Ritter Villiers zurecht zu bringen, dessen ungestüme und unheilbare Leidenschaft sie um desto mehr bedauert, je weniger sie sie zu erhören willens ist. Lassen Sie sich also nur immer zum Temperierpulver brauchen, aber bilden Sie sich nicht ein –

RIPARO: Gehen Sie, gehen Sie, Sie sind nicht klug. Lassen Sie uns nur hineingehen, Sie werden sehen.

GRAMMONT *klopft ihm lachend auf die Schulter*: Guter Marquis Riparo. *Beide gehen ins Nebenzimmer.*

LA FARE *unten*: Sie werden mir verzeihen, Donna, es fällt mir ein, daß ich bei einem meiner Freunde, der auf den Tod krank liegt, einen Besuch zu machen habe. *Er empfiehlt sich, nachdem er Alvarez gleichfalls ins Ohr geflüstert.*
Der dritte Vorhang wird aufgezogen. Es erscheint das Gartenhaus der Ninon. Ninon in Trauerkleidern. Villiers vor ihr auf den Knien.

DIE MARQUISIN CHATEAUNEUF *unten zu Alvarez*: Jetzt wird das Gemetzel angehen, ich liebe dergleichen Szenen nicht. Wissen Sie was, es sind hier Seiltänzer angekommen, wollen wir gehen und ihnen zusehen?

ALVAREZ: Seraphina, willst du mitkommen, wir wollen die Seiltänzer sehen?

SERAPHINE: Mein Gott, lassen Sie uns doch wenigstens die Katastrophe abwarten.

ALVAREZ: Die Marquisin liebt die Strophen nicht. – Weißt du was, du kannst ja mit Strephon nachkommen, wenn alles vorbei ist. *Führt die Marquisin ab. Donna Seraphina bleibt sitzen. Das Schauspiel geht fort.*

NINON *oben*: So gibt es denn Zufälle, die alle Vorsicht der menschlichen Klugheit zu Schanden machen. *Schlägt in die Hände.* Unglücklicher! was hab ich nicht angewandt, Ihren verirrten Sinnen die Ruhe wieder zu schenken! So wissen Sie denn, weil Sie das so außer sich selbst setzt, daß meine ganze Heirat mit Riparo nur eine Erdichtung war. Ich kann Sie nicht lieben, ich darf Sie nicht lieben, und doch könnte ich mein Leben hergeben, Sie ruhig zu sehen. *Villiers nimmt sie in seine Arme.* Unsinniger! heben Sie Ihre Augen zu jener Uhr auf! Es sind schon fünf und sechzig Jahr, daß ich auf der Welt bin.

VILLIERS: Wird die Sonne alt? Wärmt sie weniger als vor tausend Jahren. O Sie! noch immer Zauberin, heilige Beweglichkeit, unaufhörlicher Wirbel aller Reize. *Will sie küssen.*

NINON: Meine Kräfte verlassen mich. Gott! mußt ich bis zu diesem Augenblick leben?

VILLIERS: Vollkommenstes, reizendstes, seligstes – *Küßt sie oft und feurig.*

NINON *halb sterbend:* Mäßigt Euch – *Erholt sich und rafft sich auf.* Mäßigt Euch Rasender! was fängst du an *(stößt ihn von sich)* Ungeheuer! deine Mutter – –

VILLIERS: Was ist Ihnen?

NINON: Ich bin deine Mutter.

VILLIERS *stürzt hin, sie sinkt neben ihn.*

NINON: Was für ein Herz muß ich dir gegeben haben, daß es dir an diesem Orte nichts sagte. Ja, unnatürlicher Sohn, erkenne das Haus, wo ich dich zur Welt brachte – der Fluch meiner Mutter trifft mich itzt – Wenn ich nicht fürchten müßte, daß die Leidenschaft eines Bastards Gott und Natur aus den Augen setzen könnte – ach die einzige Wonne meines Lebens, dich an dieses Mutterherz zu pressen – sie ist mir versagt –

VILLIERS *nachdem er sie mit wilden und wütenden Blicken angesehen, zieht jähling den Dolch hervor und ersticht sich.*
Seraphine von unten winkt mit dem Schnupftuch. Der Vorhang fällt zu. Strephon kommt noch in der Kleidung des Ritter Villiers herab zu Seraphinen.

SERAPHINE *da sie ihn sieht:* Ach Strephon! wie gehen Sie um mit mir?

STREPHON *vor den Stühlen kniend:* Donna! es war notwendig – meine teuerste Donna – Wenn ich Sie beleidigt – wenn ich Sie durch diese Vorstellungen auch nur zu sehr beunruhigt habe – denn auch das ist Beleidigung – sprechen Sie, sprechen Sie das Todesurteil aus über mir. Ich bin bereit, es zu vollziehen – Sie werden mich glücklich machen.

SERAPHINE: Setzen Sie sich – setzen Sie sich – – *Strephon setzt sich auf der Reihe Stühle, die vor ihr stehen, neben ihr.* Sagen Sie mir, Sie, der Sie so scharfsinnig die Herzen zu erraten wissen *(sie sieht ihn lange an und schweigt)* – was sind Ihre Absichten mit mir?

STREPHON *seinen Mund auf ihre Hand drückend, die sie auf die Lehne des Stuhls gelegt hatte*: O wie kann ich reden – bei diesem Übermaß von Glück – Aber Donna! Gottheit! wider die zu murren ich mich nie unterstehen werde – eh ich Ihnen meine Plane, um Sie zu erhalten, entdecke – *(zieht einen Brief heraus)* kennen Sie diesen Brief?

SERAPHINE: Der Brief des La Fare? – *(nimmt ihn ihm gelassen aus der Hand)* und der setzt Sie so außer sich?

STREPHON *äußerst unruhig*: Wundert Sie das? –

SERAPHINE: Ich wußte kein ander Mittel, unser beider Wünsche zu befördern, als meine Verheiratung mit ihm.

STREPHON: O daß Sie das Wort nie gesagt hätten! Ein tötender Donnerschlag aus einem heitern Himmel wäre mir angenehmer gewesen. Wozu wollen Sie mich machen? zu einem Petrarchischen Sylphen, der in ewigen Elegien seufzend um Sie herumgeht? Glauben Sie, daß die Wünsche, die in dieser Brust toben, so schal, so schwach und so ohnmächtig sind, sich damit zu befriedigen? Ich muß Sie besitzen, Donna – oder nicht leben.

SERAPHINE: Und was für Mittel haben Sie? lassen Sie doch hören. Sie wollen nach Paris gehn, Geschäfte zu übernehmen, die Sie bald zu einem Rang heben werden, der meinem Bruder den letzten Vorwand benehmen soll, unsere Verbindung zu hindern. Haben Sie das auch recht überdacht? Ist etwa in Paris ein Mangel an großen Leuten, sowohl in Ansehung der Talente als was Ihnen noch fehlt, Strephon – der Erfahrungen? Wie wollen Sie sich durch diese Weg machen, lieber Strephon, diesen vordrängen? Sie sind keiner von den jungen Aufgeblasenen, die sich in der ganzen Welt als den Mittelpunkt sehen und glauben, daß die ganze Welt auch so sehen werde. Bedenken Sie, was dazu gehört, an einem Hofe wie der französische nur bemerkt zu werden, geschweige sich emporzuarbeiten, sich unentbehrlich zu machen –

STREPHON *in tiefen Gedanken, mit einem unterdrückten Seufzer:* Ach –

SERAPHINE: Sie könnten grau darüber werden. Auch haben wir dort keine Freunde, keine Unterstützungen, keinen Zusammenhang, weit weniger könnten wir Ihnen welche verschaffen – Wo also da Ausweg für uns, lieber Strephon, für unsere Wünsche? – Und glauben Sie, ein Frauenzimmer könne unterdrückte Wünsche so ruhig nähren, derweile Sie die Erlaubnis haben, sie ausbrechen, sie wüten und toben zu lassen? O ihr Mannspersonen, wie wenig besitzt ihr das Geheimnis, in einer weiblichen Seele zu lesen!

STREPHON *in die Höhe sehend:* Unbarmherziger Himmel! *Nach einer Pause.* Aber was hindert uns, Donna! das, was das neidische Schicksal uns versagt, uns selber zuzueignen? *Fällt auf die Knie.* Ich weiß, ich bin ein Verbrecher, indem ich dieses sage, aber der Himmel läßt mir keinen andern Ausweg übrig. Ach hinter dem süßen Schleier des Geheimnisses würden alle unsere Freuden, wenn es möglich wäre, noch einen höheren Reiz gewinnen, und es hat etwas Erhebendes für die Seele, Gott allein zum Zeugen einer Verbindung zu nehmen, die so ewig als er selber ist –

SERAPHINE: Strephon, hören Sie alles. Ich hätte mich mit Don Prado verheiratet, wenn er nicht ein Mann gewesen wäre, von dem Sie alles zu befürchten gehabt hätten. Zu betrügen war er nicht, er wollte mein Herz, nicht meine Person, er hätte dieses Herz erworben, er hätt es Ihnen entzogen. La Fare ist ein Franzose, La Fare ist einer der bequemen Ehemänner, denen man nichts raubt, wenn man ihnen das Herz entzieht, die mit Höflichkeit zufrieden unsere Liebe nicht vermissen – Sie staunen Strephon! sehen Sie denn nicht, daß der Mann ausgebraust hat, ausgelebt hat? – und damit Sie den Schlüssel zu all meinen Entwürfen – zu unserer ganzen künftigen Glückseligkeit haben – *(sie steht auf)* La Fare ist arm. – Ich erkaufe unserer Liebe einen Beschützer. *Geht schleunig ab.*

STREPHON *allein:* Wo bin ich? – Sie ging, ihre Verwirrung, ihre

Röte, ihre Tränen zu verbergen – Und ich – wie glücklich – wie schrecklich die Aussicht! La Fare sie in seine Arme schließen – der Leichnam – Nimmermehr. Gott! so viel Liebe – und ich hier, staunend, ohnmächtig, zerrissen von Dankbarkeit, Verzweiflung und Freude – Sie arbeitet darauf, mich wenigstens zur Hälfte glücklich zu machen – und ich so untätig – Ha Strephon – sie – sie muß ganz dein sein – oder du bist ihrer nicht wert – nicht wert auf einem Erdboden zu stehen, den sie betrat. Wie? du ein Mann? – und dich so von einem Frauenzimmer übertroffen zu sehen? von einem Frauenzimmer, das an Jahren unter dir ist? Was hast du getan für sie? – der Gedanke tötet mich. – Diesen Engel mit einem La Fare zu teilen – zu sehn, wie seine Liebkosungen sie entweihen – wohl gar unsere schüchterne Liebe unter seiner Herrschaft – wenn er seinen Zweck erreicht hat – unter seiner Tyrannei zu sehen. Welch ein Licht geht mir auf! Welch ein Abgrund eröffnet sich mir! Zuzärtliche Seraphine! wohin wolltest du dich stürzen? Nein, nein, ich habe noch Mittel, Alvarez hat Freunde, hat Unterstützungen, hat Zusammenhang in Buenretiro. Alvarez muß nach Spanien zurück, Seraphine muß aus den Klauen des Todes gerissen werden, eh ihre unglückliche Leidenschaft für mich – für einen Nichtswürdigen sie dahinreißt – sie muß, sie muß – und sollte ich sie verlieren – eh Seraphine unglücklich wird, muß die ganze Natur sich aufmachen, sie an dem Bösewicht zu rächen, der die Ursache davon ist.

VIERTER AKT

ERSTE SZENE

In Cadiz
Alvarez' Wohnung

STREPHON *sitzt an einem Tisch und schreibt. Auf einmal springt er auf und geht herum.*

STREPHON: Was für Wonnegenuß zerstörte ich mir! – – Mag's! man muß aufopfern, um mehr zu gewinnen, um alles – ha wie erkältend, wie erkältend die Angst über mir schwebt, vielleicht alles – zu verlieren. Ha, wenn ein großer Mann sich durch dergleichen Besorgnisse abhalten ließe, den entscheidenden Schlag zu wagen – und ich muß Seraphinen verdienen, oder auf alles Verzicht tun. Ihrer unwürdig – ich kann den Gedanken nicht aushalten. Liebe ist nur unter Gleichen, unterschied sie die Geburt von mir, so muß mich mein Herz zu ihr erheben.

ZWEITE SZENE

SERAPHINE *tritt herein.*

SERAPHINE: Ich komme, Ihnen Glück zu wünschen, Strephon! Sie triumphieren. Sie haben ein Meisterstück gemacht, genießen Sie jetzt mit aller Selbstzufriedenheit, die Ihnen möglich ist, die Früchte desselbigen.
STREPHON: Dieser Ton, Donna? –
SERAPHINE: Kann Ihnen nicht unerwartet sein. Wie gesagt, Ihr Anschlag ist gelungen, alles, was darauf erfolgen kann, müssen Sie vorausgesehen haben, genießen Sie jetzt der einzigen Belohnung aller großen Anschläge, des schmeichelhaften Beifalls Ihres eigenen Herzens.
STREPHON: Vorwürfe? –
SERAPHINE *setzt sich*: Nein Strephon! dazu bin ich itzt zu kalt geworden. Auch seh ich die ganze Triebfeder Ihrer unverbesser-

lichen Politik, denn zum Staatsmann sind Sie einmal geboren. Sie waren zu stolz, mich mir zu danken zu haben, Sie wollten mich Ihnen, Ihren eigenen Heldentaten verdanken, Sie spannen, trieben, arbeiteten bei meinem Bruder dahin, daß er seine Hochzeit mit der Marquisin hier in Cadiz vollziehen sollte, um mich an Ihrem Triumphwagen mit nach Cadiz zu schleppen; ein wunderbarer Staatsstreich! Und wir hier, Herr Strephon! hier, wo jedermann Sie kennt, mit Fingern auf Sie weist – oder bilden Sie sich ein, daß, wenn Sie sich ein höheres Maß von Talenten vor einigen Ihrer hiesigen Freunde fühlen, Sie eben darum auch so hoch in der Meinung der Welt über sie herausgerückt sind? Bilden Sie sich ein, daß der Hof urteilen werde wie Ihre Freunde? und Ihnen den Vorzug eines großen Mannes mit eben so vieler Unterwerfung einräumen, als sie tun? Sie haben meinem Bruder gesagt, daß Sie nach Buenretiro gehen wollten, Sie haben ihn um Geld angesprochen; bilden Sie sich ein, daß der Herzog von Aranda zu regieren sei wie mein Bruder? Daß Sie einem ganzen Hofe vielleicht mit einer Komödie die Köpfe umdrehen wollen?

STREPHON: O Donna, der Spott –

SERAPHINE: Sie haben mir weit weher getan. Alles, alles zernichtet, was Liebe und Schwärmerei für Sie unternehmen konnte, und mich, die ich für Sie weiter ging, als je eine meines Geschlechts für den erkenntlichsten Liebhaber getan haben würde.

STREPHON *stürzt hin vor ihr.*

SERAPHINE: Stehen Sie auf – diese Schauspielerstellungen kommen itzt zu spät. Auch ich bin entschlossen – so fest entschlossen, als eine Sterbliche sein kann – weil Sie allen meinen Wünschen entgegengearbeitet, weil kein ander Mittel zu ergreifen ist – lesen Sie diesen Brief. *Legt einen Brief auf den Tisch.* Er ist von Don Prado – – *Strephon nimmt den Brief stumm.* Strephon – *Sie fällt ihm schluchsend um den Hals; dann plötzlich sich losreißend.* Sie haben mich auf ewig verloren. *Ab.*

STREPHON *fällt hin auf einen Stuhl und bleibt eine lange Weile sitzen, ohne sich zu bewegen. Endlich öffnet er das Papier und scheint drin zu lesen, läßt aber bald die Hände auf den Schoß sinken und sagt mit gebrochener Stimme*: Auf ewig – *Er fällt in Ohnmacht.*

DRITTE SZENE

Zwei BEDIENTE *[treten herein].*

EIN BEDIENTER AUS DEM HAUSE: Komm Er nur herein, komm Er nur hier herein, die Herrschaften sind alle zum Don Prado auf die Assemblee gefahren, wir sind hier allein.

STREPHON *der sich erholt*: Don Prado? – Wo war ich? – – *Zum Bedienten.* Wo ist Don Prado?

BEDIENTER: Nichts, gnädiger Herr – verzeih Er, daß wir hereingekommen sind; wir dachten, Er wär auch auf die Assemblee gefahren – bitten sehr um Verzeihung. *Gehn heraus.*

STREPHON *nimmt den Brief von Don Prado aus seinem Schoß auf und liest ihn stillschweigend. Am Ende wird er laut*: ›Den unbekannten Freund möchte ich kennen, der wie mein Schutzengel für mich gesorgt haben soll‹ – für dich? – Da ist der große Mann, den ihr aus mir gemacht habt, meine Freunde – ein Kuppler – *Nach langem Nachdenken.* Der Mensch ist so geneigt, sich selber zu betrügen; hat er Verstand genug, sich vor seiner Eigenliebe zu verwahren, so kommen tausend andere und vereinigen ihre Kräfte, seine entschlafene Eigenliebe zu wecken, um den Selbstbetrug unerhört zumachen. – Also ein Philosoph? – Und nichts weiter? – Und diese Sentenz, die ich gelernt habe, der Preis aller meiner Bemühungen? – Seraphine! wie gehst du um mit mir? – Es ist zu viel: ich bin es satt. *Steht auf.* Lahm – lahm nun alle Triebfedern, die mich zum Leben spornten. Was soll ich denn hier länger? *Sucht nach seinem Degen.* Das ist die kälteste Überzeugung, die ein Mensch haben kann, daß sein Tod von höheren Mächten beschlossen sei.

VIERTE SZENE

Don Prado *tritt herein.*

Don Prado: Ich komme, Sie tausendmal an mein Herz zu drücken, bester unter allen Freunden, den mir jemals die Vorsicht gab. Sie schenken mir Seraphinen wieder, die ich schon auf ewig verloren glaubte, edler Mann, edelster unter allen Menschen. *Umarmt und küßt ihn.* Glauben Sie nicht, daß Sie meinem Dank entgehen wollen, einen Wohltäter wie Sie würde ich aufgesucht haben, so weit menschliche Kräfte reichen. Sie sollen bei mir bleiben, Sie sollen Haus und Habe und unser beider Herzen teilen, fürtrefflicher junger Mann.

Strephon *fängt an zu weinen.*

Don Prado: O ich fühle sie, ich fühle sie, die Belohnung eines Herzens wie das Ihrige in Tränen wie die sind, Tränen über das Glück eines andern. *Umarmt ihn nochmals.* Mein vollkommenster Freund.

Strephon: Ich habe nichts für Sie getan. Die Güte Ihres eignen Herzens wirft einen falschen Schein der Großmut auf das meinige.

Don Prado: Nichts für mich getan? – Diese Bescheidenheit wird Lästerung – In Seraphinens Herz die Abneigung gegen den Ehestand, die sie allein zu dem Schritt gegen mich vermochte, durch das Beispiel der Ninon mit einemmal nach sieben Jahren herausgewurzelt, einen Liebhaber, mit allen Künsten französischer Galanterie gewaffnet, ihr lächerlich gemacht, ihren Bruder und sie wieder in meine Arme geführt, sie sogar beredet, zu unserer Wiederaussöhnung und Wiedervereinigung den ersten Schritt zu tun –

Strephon *sich an einen Stuhl haltend, im Begriff umzufallen*: Das ist zu viel –

Don Prado: Freilich zu viel für alle meine Erkenntlichkeit. Wenn ich irgend ein seltenes, ein über die gewöhnlichen Wünsche der Sterblichen hinausreichendes Gut hätte, Ihnen zur Belohnung anzubieten. Eine Seraphine müßte ich haben, die Ihnen so teuer wäre wie mir die meinige.

STREPHON *fährt auf*: Was sagten Sie? – *Faßt sich*. Mein Herr, Ihre Trunkenheit der Freude leiht meinen Handlungen ein Licht, das ihnen nicht gehört. Wenn Sie wüßten, wie sehr ein nicht verdientes Lob erniedrigt, demütigt, zerknirscht –

DON PRADO: Kommen Sie mit mir, Sie sollen Zeuge von meiner und Alvarez' Freude sein, von der wir beide Sie als die vornehmste Triebfeder ansehn. Wir halten heute abend unsere doppelte Hochzeit, Sie sollen uns in die Kirche, zum Altar begleiten, und Ihre Fürbitte wie die Fürbitte eines Heiligen alle Freuden des Himmels auf unsere beiderseitige Verbindung herabziehn. *Führt Strephon mit einigem Widerstande ab.*

STREPHON *bei Seite*: O unerforschlicher Himmel! Nur daß ich ihnen nicht fluchen darf – – *Ab.*

FÜNFTER AKT

ERSTE SZENE

MEZZOTINTOS ZIMMER IN DON PRADOS HAUSE, MIT EINEM ALKOV

MEZZOTINTO *und* STREPHON *hochzeitlich geputzt, in der Morgenstunde nach Hause kommend.*

MEZZOTINTO: Ihr seid ja so still, so in Euch gekehrt? Auf der ganzen Hochzeit seid Ihr ja fast stumm gewesen. Was ist Euch Strephon, was habt Ihr?

STREPHON: Nichts.

MEZZOTINTO: Ihr habt Prados ganzes Herz, das ist nicht wenig. Und könnt zuversichtlich einmal auf eine Beförderung bei Hofe rechnen, der Mann hat mehr Einfluß, als Ihr wohl glaubt. *Sich den Rock ausziehend*. Nun zieht Euch aus, schwatzen wir noch mit einander, ich kann doch so bald nicht einschlafen.

STREPHON: Legt Euch schlafen, Mezzotinto, ich werde in Kleidern bleiben.

MEZZOTINTO: Was? seht Ihr mich denn nicht an, wenn Ihr mit mir sprecht? Der Herr ist grausam abwesend, *(scherzend)* er wird doch wohl nicht gar noch Grillen in Ansehung der Donna Seraphina? he he he –

STREPHON: Ich will nur noch einen Brief schreiben, Mezzotinto, und da werdet Ihr mir ein wahres Vergnügen machen, wenn Ihr Euch zu Bette legt, daß ich ungestört bin.

MEZZOTINTO *der fortgefahren sich auszukleiden, tritt hinter den Alkov*: Ihr seid ja doch sonst immer ein Philosoph gewesen –

STREPHON: Seid ohne Sorgen!

MEZZOTINTO: Da ist Dinte und Papier in meinem Schreibepult – Gute Nacht denn. *Hinter der Szene rufend.*

STREPHON: Gute Nacht.

STREPHON *allein*: So ist es denn bis dahin gekommen. In diesem Augenblick umfaßt er sie, genießt all der unaussprechlichen Reize, die mein waren, die ich aus – Philosophie in Besitz zu nehmen versäumte. Und ich mußte bis zu diesem Augenblick leben und Schritt vor Schritt ihn zu seiner grausamen Eroberung begleiten. Gut, so muß ich auch Zeuge von dem Letzten sein, um seinen Triumph und meine Verzweiflung vollkommen zu machen. *Steht auf und geht zu Mezzotintens Kleiderschrank, wo er aus einer Schublade den Pulverbeutel hervorlangt.* Ich will ihm die Hochzeit einschießen. *Er nimmt eine Pistole von der Wand und lädt.* Philosoph – welch ein Schimpf in meinen letzten Augenblicken! Ein Mensch, der allen Rechten der Menschheit entsagt, um sich bei andern in ein törichtes Ansehen zu setzen. So einer war ich freilich, Mezzotinto, wie jeder Mensch gern das wird, wofür andere ihn halten. Seraphine hat meine Eitelkeit zuerst überwunden und mich überzeugt, daß ein bloßer Beobachter nur ein halber Mensch sei. Ihr, ihrem Glück, ihrer Ehre soll er aufgeopfert werden, dieser halbe Mensch, dessen Tod seine erste schöne Handlung ist. *Er setzt die Pistole an die Stirn.* Ha, diese Hand soll nicht zittern, dieser Fuß nicht wanken, keinen unzufriednen Laut will ich von mir geben, um ihre Hochzeitsfreude festlich zu machen. – Vorher aber muß ich sie noch einmal sehen, in den Armen ihres Buhlers, vielleicht vom lüsternen Monde beguckt. Ich will die Miene sehen, mit der sie eingeschlafen ist, ob in derselben keine Spur von Mitleid mit ihrem Strephon zu entdecken ist, damit ich getröstet sterben kann. Wenn er sollte zugeriegelt haben – so wird immer ein Fenster zu ersteigen sein. Ich komme nicht, dich in deinem Glück zu stören, liebenswürdiger, gefährlicher Prado, ich komme, dir die letzte Hindernis desselben auf ewig aus dem Wege zu räumen. Dieser Tod ist des wahren Philosophen würdig, dieser Tod ist die erste gute Handlung meines Lebens. *Geht mit wankenden Schritten heraus.*

ZWEITE SZENE

Das Brautgemach in Don Prados Hause

Das Brautbett aufgeputzt. Auf einem Winkeltisch eine halb ausgebrannte Wachskerze. Seraphine *sitzt an demselbigen auf einem Stuhl, die Hand auf den Tisch gestützt, mit der sie die Augen bedeckt, in einem reizenden Negligé.* Graf Prado *im Schlafrock steht vor ihr.*

Prado: Nun, meine Seraphine. *Er versucht ihr ins Gesicht zu sehen; sie, ohne aus ihrer Stellung zu kommen, wirft ihm den linken Arm auf den Nacken.*

Prado *liebreich*: Was bedeutet dies? Ist der letzte Augenblick der Freiheit so schmerzhaft? – Noch ist's Zeit Seraphine! ich will Ihr Unglück nicht. *Indem er seinen Mund an ihren Ellenbogen drückt.* Noch sind Sie Meister Ihrer Entschließungen. Sprechen Sie mein Urteil, und ich werde mich über nichts beklagen.

Seraphine *immer wie vorher*: Gott! –

Prado: Ach hab ich so wenig Zutrauen bei Ihnen? Kennen Sie mich noch nicht? Zweifeln Sie noch, daß ich Sie um Ihr selbst willen liebe, daß ich Sie mehr liebe als mich, mehr als Ihren Besitz selbst? – –

Seraphine *sieht auf*: Prado – es gibt Augenblicke, in denen man sich selber haßt *(wieder ihr Gesicht in ihre Hand versteckend)* und das sind die unerträglichsten Augenblicke unsers Lebens – –

Prado *nimmt einen Stuhl und setzt sich zu ihr, sehr aufmerksam sie ansehend*: Wie verstehen Sie das?

SERAPHINE *steht verwildert auf*: Es muß, es muß – *Vor ihm niederkniend, ihr Gesicht auf seinen Schoß.* Vollkommenster Mann! können Sie mir verzeihen?
PRADO *außer sich*: Seraphine! –
SERAPHINE: Ich schätze Sie zu hoch, als daß ich Sie hintergehen kann. Ich habe mich selbst hintergangen, ich habe geglaubt, wenn ich Ihnen die liebsten Wünsche meines Herzens aufopferte, würde die Gewalt, die ich mir antat, und die Marter, die es mich kostete, mich Reize in Ihrer Verbindung finden lassen, die mein halsstarriges Herz sonst nicht drinne fand. Aber dieser entscheidende feierliche Augenblick leidet keinen Zwang, keine Verstellung mehr, es ist umsonst, Tugend und Pflicht sind nicht Liebe, Prado, und Sie wollen mein Herz – Sie verdienen eine Frau, die Sie liebt – und ich kann Sie nicht lieben.
PRADO *auf den Tisch fallend*: Nicht lieben? –
SERAPHINE: Ich habe mich selbst überredet, ich könnte es – aber wie kann ich, wie kann ich Sie mit einer nachgemachten Leidenschaft hintergehen – Ein anderer hat mein Herz, Prado – töten Sie mich, wenn das Sie beleidigt.
PRADO *springt auf*: Ein anderer – Wo ist der Glückliche, daß ich ihm die Nachricht bringe – daß ich ihm alles abtrete, um Sie wieder lächeln zu sehen? –
SERAPHINE *noch immer auf den Knien*: Diese Großmut ist vergebens – wenn Sie mich damit zu gewinnen hoffen. Nein Prado! Sie sind zu hoch über mir, als daß ich Sie lieben kann, ich könnte vor Ihnen zeitlebens auf den Knien liegen, aber nimmer in Ihre Arme, an Ihren Busen fliegen anders als mit dem Gefühl einer Tochter.
PRADO: Nein, Donna, Sie irren sich, meine Großmut ist keine Verstellung, kein Kunstgriff, etwas von Ihnen damit zu gewinnen – ich entsage allem, allem, und Gott nehme ich zum Zeugen, daß ich Sie glücklich sehen will. Ich kenne kein Glück, unter dem Sie leiden sollen, ich verabscheue dieses Glück, wenn es Sie einen Seufzer, einen grämlichen Gedanken kosten könnte.
SERAPHINE *mit dem Gesicht auf die Erde*: O mein Schutzengel – *In*

flehender Stellung mit gerungenen Händen. So höre denn alles, alles, und ahme der Gottheit nach, die mit Schonung in den geheimsten Gedanken der Sterblichen liest. Seit sieben Jahren liebte ich ihn.

PRADO: Wen? Seraphine!

SERAPHINE: Ihn, den mein letzter Atem noch nennen wird. Seit er meines Bruders Vertrauter wurde, seit ich sah, mit welcher Geduld er alle seine wunderlichen Launen und üblen Bewegungen verschmerzte, ohne sich jemals nur mit einem Laut, nur mit einer finstern Miene, nur mit einem Gedanken darüber zu beklagen. Ach Prado, er hat mehr gelitten, als du leidst, er hatte mir alles aufgeopfert – und nun verlor er auch mich – Es muß ihn das Leben kosten – ich sehe ihn immer noch vor mir, wie er gegen mich über stand, als ich am Altare dir den Meineid meiner ewigen Treue schwur – wie sein starrer verwilderter Blick auf dem Boden ruhte, wo ich stand, und sich da sein Grab ausersah. Er stirbt, Prado, und ich habe ihn ganz umgebracht –

PRADO *richtet sie auf*: Nein, er soll nicht sterben, Seraphine – Nenne mir ihn, und wenn noch ein Mittel ist euch zu vereinigen – –

SERAPHINE *fällt an seine Brust*: Ach, daß ich so viel Großmut nicht lieben kann! Prado! wenn du uns vereinigst – ich bin eine Unglückliche, die ihres Herzens nicht mehr mächtig ist – aber das Heiligtum meines Herzens soll dir bleiben – in meinen süßesten Augenblicken der Erkenntlichkeit, der Bewunderung, der Begeisterung für alles, was groß ist, will ich dich nennen, und er soll deinen Namen von meinen stammelnden Lippen küssen – –

PRADO *ungeduldig und heftig*: Wer ist es, Seraphine, wer ist es?

SERAPHINE: Einer, dem du alles zu danken hattest, und der dir wieder alles zu danken haben soll.

PRADO: Strephon?

SERAPHINE: So sei es denn Strephon!

PRADO: O mit diesem Kuß empfange die letzte aller meiner Anfoderungen auf dich. Die Flamme, die für dich in diesem Herzen brennt, ist viel zu rein, als daß ihr ältere Verbindungen, die du getroffen hast, nicht heilig sein sollten. Strephon sei dein, weil du ihn zuerst gewählt hast, und wenn dein Bruder sich dieser Heirat widersetzen sollte, weil der Himmel so viele Ungleichheit zwischen eure Geburt gelegt hat –

SERAPHINE: Eben dieses wenn –

PRADO: O er tat es nur, um mir Gelegenheit zu geben, euch nützlich zu sein. Liebt mich meine Freunde, ihr müßt mich lieben, ich zwinge euch dazu, ich bin das Werkzeug des Himmels zu eurem Glück – *Mit einer Art der Entzückung.*

SERAPHINE *äußerst gerührt nach ihm heraufblickend*: Prado!

PRADO: Ich will den Namen eurer Heirat tragen.

SERAPHINE *fällt auf ihr Angesicht*: O mehr als ein Mensch!

LETZTE SZENE

STREPHON *öffnet das Fenster und steigt, ohne sie gewahr zu werden, herein, eine Pistole in der Hand.*

STREPHON *der sich umsieht*: Ha noch Licht – *Indem er sie gewahr wird.* Ein tröstender Anblick! Seraphine kniend vor dem Liebenswürdigen – Gott wie konnte sie sich sieben Jahre lang verstellen! *Seraphine und Prado fahren erschrocken auf, als sie ihn sehen.* Ich komme nicht, euer Glück zu stören, junges Paar – ich komme, es vollkommen zu machen. *Indem er losdrücken will, fällt ihm Prado in die Arme.*

PRADO: Unglücklicher, was machst du? Sie ist dein! –

SERAPHINE *vor ihm niederkniend*: Um unserer Liebe willen, Strephon! leben Sie für mich!

STREPHON: Für Sie? –

SERAPHINE *nimmt seine Hand, aus der Prado die Pistole gewunden*: Für mich, für mich – diese Hand war es, der ich heut am Altar ewige Treue schwur. Prado war nur dein Abgeordneter.

STREPHON: So sucht man einen, der im hitzigen Fieber liegt, zurechtzubringen.

PRADO: Nein, kennen Sie Ihr Glück ganz, redlicher Strephon. Ich bin zu stolz, Ihnen ein Herz zu entziehen, das Ihnen mit so vielem Recht gehört. Vielmehr will ich dem Wink des

Himmels folgen, der mich zum Mittel hat brauchen wollen, zwei so standhafte Herzen auf ewig mit einander zu vereinigen. Sie heiraten Seraphinen in meinem Namen, und ich will Ihr beiderseitiger Beschützer sein. Die Wollust einer großen Tat wiegt die Wollust eines großen Genusses auf, und es wird noch die Frage sein, wer von uns am meisten zu beneiden ist. Kommen Sie in den Garten, der Morgen bricht an, er soll unsere gemeinschaftlichen Freudentränen sehen, und derweile Sie beide, Hand an Hand, die letzten Töne der einschlafenden Nachtigall genießen, will ich Ihnen den Plan unserer künftigen Lebensart erzählen, der unter uns dreien ein ewiges Geheimnis bleiben soll.

STREPHON *faßt ihn an die Hand und sieht ihm fest in die Augen*: So ist es denn möglich, Prado? –

PRADO *umarmt ihn schluchsend, ohne ein Wort zu antworten.*

STREPHON *windet sich los aus seinen Armen; indem er ihm die Knie umschlingt*: O welche Wollust ist es, einen Menschen anzubeten!

DER ENGLÄNDER
Eine dramatische Phantasei

PERSONEN

ROBERT HOT, ein Engländer
LORD HOT, sein Vater
LORD HAMILTON, dessen Freund
DIE PRINZESSIN VON CARIGNAN
Ein MAJOR in sardinischen Diensten
Verschiedene Soldaten
TOGNINA, eine Buhlschwester
Ein GEISTLICHER
Verschiedene Bediente

Der Schauplatz ist Turin.

ERSTER AKT

ERSTE SZENE

ROBERT HOT *spaziert mit der Flinte vor dem Palast auf und ab. Es ist Nacht. In dem einen Flügel des Palasts schimmert hinter einer roten Gardine ein Licht durch.*

ROBERT: Da steck ich nun im Musketierrock, ich armer Proteus. Habe die Soldaten und ihre Knechtschaft und ihre Pünktlichkeit sonst ärger gehaßt wie den Teufel! – Ha! was täte man nicht um dich, Armida? Es ist kalt. Brennt doch ein ewigs Feuer in dieser Brust, und wie vor einem Schmelzofen glüh ich, wenn ich meine Augen zu jenen roten Gardinen erhebe. Dort schläft sie, dort schlummert sie jetzt vielleicht. O, der Kissen zu sein, der ihre Wange wiegt! – – Wenn der Mond, der so dreist in ihr Zimmer darf, sie weckte, wenn er sie ans Fenster führte! – Götter! – – – Mein Vater kommt morgen an, mich nach England zurückzuführen – Komm, schöne Armida, rette mich! laß mich dich noch einmal demütig anschauen, dann mit diesem Gewehr mir den Tod geben; meinem Vater auf ewig die grausame Gewalt nehmen, die er über mich hat. Mich nach England zurückführen! mich zu den öffentlichen Geschäften brauchen! mich mit Lord Hamiltons Tochter verheuraten. *Schlägt auf sein Gewehr.* Kommt nur! Eher möchtet ihr mich mit dem Teufel verheuraten. *Geht lange stumm auf und ab.*

O wie unglücklich ist doch der Mensch! In der ganzen Natur folgt alles seinem Triebe, der Sperber fliegt auf seine Beute, die Biene auf ihre Blume, der Adler in die Sonne selber – der Mensch, nur der Mensch – – Wer will mir's verbieten? Hab ich nicht zwanzig Jahre mir alles versagt, was die Menschen sich wünschen und erstreben? Pflanzenleben gelebt, Steinleben? bloß um die törichten Wünsche meines Vaters auszuführen; alle sterbliche Schönheit hintan gesetzt und wie ein Schulmeister mir den Kopf zerbrochen; ohne Haar auf dem Kinn wie ein Greis gelebt, über nichts als Büchern und leblosen, wesenlosen Dingen, wie ein abgezogner Spiritus in einer Flasche, der in sich selbst verraucht. Und nun, da ich das Gesicht finde, das mich für alles das entschädigen kann, das Gesicht, auf dem alle Glückseligkeit der Erde und des Himmels, wie in einem Brennpunkt vereinigt, mir entgegen wirkt, das Lächeln, das mein ganzes unglückliches, sterbendes, verschmachtendes Herz umfaßt und meinen ausgetrockneten, versteinerten Sinnen auf einmal zuzuwinken scheint: Hier ist Leben, Freude ohne Ende, Seligkeit ohne Grenzen – Ach! ich muß hinauf – so wahr ein jeder Mensch einen Himmel sucht, weil er auf Erden nicht zufrieden werden kann. *Er schießt sein Gewehr ab, das Fenster öffnet sich, die Prinzessin sieht heraus.*

ROBERT *kniet*: Sind Sie's, göttliche Armida? – O zürnen Sie nicht über diese Verwegenheit! Sehen Sie herab auf einen Unglücklichen, der zu sterben entschlossen ist und kein anderes Mittel wußte, Sie vor seinem Tod noch einmal zu sehen, Ihnen zu sagen, daß er für Sie stirbt. Die Sonne zürnt nicht, wenn ein dreister Vogel ihr entgegen fliegt und, von ihrem Glanz betäubt, sodann tot herab ins Meer fällt.

ARMIDA: Wer spricht dort mit mir?

ROBERT: Erlauben Sie mir, daß ich herauf komme, Ihnen meinen Namen zu nennen, meine Geschichte zu erzählen. Das tote Schweigen der Natur und die feierliche Stille dieser meiner Sterbestunde flößt mir Mut ein. Ich gehe zum Himmel, wenn es einen gibt, und einem Sterbenden muß alles erlaubt sein. – *Will aufstehen.*

ARMIDA: Verwegner! Wer seid Ihr?

ROBERT: Ich bin ein Engländer, Prinzessin; bin der Stolz und die Hoffnung meines Vaters, des Lord Hot, Pair von England. Auf der letzten Maskerade bei Hof hab ich Sie gesehen, hab ich mit Ihnen getanzt; Sie haben es vergessen, ich aber nicht. Ich kann und darf nicht hoffen, Sie jemals zu besitzen, doch kann ich nicht leben ohne diese Hoffnung. Morgen kommt mein Vater an und will mich nach England zurückführen und mit Lord Hamiltons Tochter verheuraten. Urteilen Sie nun, wie unglücklich ich bin. Er darf's nicht wissen, daß ich Soldat bin, sonst kauft er mich los; und wo denn Schutz finden, was denn anfangen, wenn mich dieser heilige Stand vor ihm und Lord Hamilton nicht mehr sicher stellen kann? – Bedauern Sie mich, Prinzessin; ich sehe, ich sehe das Mitleid aus Ihren schwarzen Augen zittern; ich kann diesen süßen Seufzer mit meinen Lippen auffangen, der ihren Busen mir so göttlich weiß entgegen hebt. – O in diesem Augenblick zu sterben ist alle Glückseligkeit des Lebens wert.

ARMIDA: Mein Herr! ich sehe wohl, daß Sie was anders sind, als Sie zu sein scheinen – daß Sie Bedauern verdienen – Sind Sie damit zufrieden, wenn ich Sie bedaure? Ist Ihnen diese Versicherung nicht genug, so bedenken Sie doch, daß mehr verlangen, mein Unglück verlangen hieße.

ROBERT: Ach, schöne Prinzessin! nichts als bedauren? Und wenn auch das Sie nicht glücklich macht, so will ich den Urheber Ihres Unglücks strafen. *Springt auf, nimmt sein Gewehr wieder und geht herum. Die Runde kommt.*

ROBERT: Wer da?

RUNDE: Runde!

ROBERT: Steh, Runde! *Heimlich mit dem Major.*

MAJOR *laut*: Was ist vorgegangen, daß Ihr geschossen habt?

ROBERT: Ich habe einen Deserteur ertappt.

MAJOR: Es hat doch niemand beim Appell gefehlt. Wer war's?

ROBERT: Ich.

MAJOR: Kerl, habt Ihr den Verstand verloren? Löst ihn ab, führt ihn in die Hauptwache.

ZWEITER AKT

ERSTE SZENE

Der Prinzessin Palast

MAJOR BORGIA. PRINZESSIN VON CARIGNAN.

MAJOR: Eure Hoheit verzeihen, daß ich mich untertänigst beurlaube. Es wird Kriegsrat über einen Deserteur gehalten, bei dem ich unumgänglich gegenwärtig sein muß.

ARMIDA: Eben deswegen, Herr Major, habe ich Sie rufen lassen. Er ist unter meinem Fenster in Verhaft genommen worden, ich war wach, als der Schuß geschah. Der Mensch muß eine verborgene Melancholei haben, die ihn zu dergleichen gewaltsamen Entschließungen bringt.

MAJOR: Man will sagen, daß er nicht von geringem Herkommen sein soll. Einige haben mir sogar behaupten wollen, er sei ein Lord und von einem der ersten Häuser in England.

PRINZESSIN: Desto behutsamer müssen Sie gehen. Erkundigen Sie sich sorgfältig nach seiner Familie bei ihm.

MAJOR: Es ist schon geschehen. Er will aber nichts sagen, und die Strenge der königlichen Verordnungen –

PRINZESSIN: Ich gelte auch etwas bei dem König und mein Bruder; und ich will, daß Sie ihm das Leben nicht absprechen, Herr Major, wenn Ihnen Ihr zeitlich Glück lieb ist.

MAJOR: Nach dem Kriegsreglement hat er das Leben verwirkt –

PRINZESSIN: Ich gehe, mich dem Könige deswegen zu Füßen zu werfen, unterdessen erkundigen Sie sich aufs sorgfältigste nach seinen Eltern und sehen Sie, daß Sie ihnen, so geschwind es sein kann, Nachricht von diesem Vorfall geben. Ich bitte mir's von Ihnen zu Gnaden aus, Herr Major!

MAJOR: Eurer Hoheit Befehle sind mir in allen andern Stücken heilig – *Sie gibt ihm noch einen Blick und geht ab. Der Major gleichfalls von der andern Seite.*

ZWEITE SZENE

Roberts Gefängnis. In der Dämmerung

ROBERT *spielt die Violine und singt dazu:*
    So geht's denn aus dem Weltchen 'raus,
    O Wollust, zu vergehen!
    Ich sterbe sonder Furcht und Graus,
    Ich habe sie gesehen.
    Brust und Gedanke voll von ihr:
    So komm, o Tod! ich geige dir;
    So komm, o Tod! und tanze mir.

Nur um ein paar Ellen hätt ich ihr näher sein sollen, ihre Mienen auf mich herabscheinen zu sehen – ihren Atem zu trinken – Man muß genügsam sein – Das Leben ist mir gut genug worden, es ist Zeit, daß ich gehe, eh es schlimmer wird. *Spielt wieder.*

> O Wollust – o Wollust, zu vergehen!
> Ich habe – ich habe sie gesehen.

Die Prinzessin von Carignan tritt ins Gefängnis, verkleidet als ein junger Offizier. Ihr Bruder als Gemeiner.

ROBERT: Himmlisches Licht, das mich umgibt! *Läßt die Geige fallen, kniet.*

PRINZESSIN: Stehen Sie auf, mein Herr! ich bring Ihnen Ihr Urteil – Ihre Begnadigung vielmehr. Ich war die Ursache der unglücklichen Verirrung Ihrer Einbildungskraft, ich mußte dafür sorgen, daß sie nicht von zu traurigen Folgen für Sie würde. Sie werden nicht sterben. Stehen Sie auf. *Als ob sie ihn aufrichtete.*

ROBERT *bleibt kniend*: Nicht sterben? und das nennen Sie Gnade! – Oft ist das Leben ein Tod, Prinzessin, und der Tod ein besseres Leben.

PRINZESSIN: Das Leben ist das höchste Gut, das wir besitzen.

ROBERT: Freilich hört mit dem Tod alles auf, aber im höchsten Genuß aufhören, heißt tausendfach genießen. Gönnen Sie mir dieses Glück, Prinzessin, *(ihr einen Dolch reichend, der auf einem Sessel liegt)* lassen Sie mich den Tod aus diesen Händen nehmen, von denen er mir allein Wohltat ist. Ich will meinen entfliehenden Atem in diese Hände zurückgeben, die ihn schon lange gefesselt hatten, die zu berühren meine scheidende Seele schon tausendmal auf meinen Lippen geschwebt ist.

PRINZESSIN *setzt sich*: Mein Freund! – *(knöpft sich ein Armband ab)* hier haben Sie etwas, das Ihnen das Leben angenehmer machen soll; nehmen Sie es mit in Ihre Gefangenschaft, versüßen Sie sich die Einsamkeit damit; und bilden Sie sich ein, daß das Urbild von diesem Gemälde vielleicht nicht so fühllos bei Ihren Leiden würde gewesen sein, als es dieser ungetreue Schatten von ihm sein wird. *Gibt ihm das Porträt und eilt jählings ab.*

ROBERT *in die Knie sinkend, das Bild am Gesicht*: Ach, nun Ewigkeiten zu leben! – – mit diesem Bilde! – – Wesen! wenn eins da ist, furchtbarstes aller Wesen! könntest du so grausam gegen einen handhohen Sterblichen sein und mir dies im Tode nehmen – Wenn ein Leben nach dem Tode wäre – dies ist das erstemal, daß mich der Gedanke bei den Haaren faßt und in einen grauenvollen Abgrund hinabschüttelt – Ein Leben nach dem Tode, und ohne sie – Nein, sie wußte, was sie mir brachte, Leben und ihr Bild. Es ist ihr dran gelegen, daß ich sie nicht aus diesem Herzen verliere, und wenn ich verginge, verging ein Teil ihres Glücks mit. Ich will also die Begnadigung um ihretwillen annehmen. *Steht auf, nimmt das Urteil von dem Tisch und liest.* ›... in eine lebenslängliche Verweisung auf die Festung.‹ Lebenslänglich! das ist genug – aber sie wird vor mir stehn, ihre Hand wird mir den Schweiß von der Stirne trocknen, die Tränen von den Backen wischen – die Augen mir zudrücken, wenn ich ausgelitten habe. Überall werd ich sie hören, sie sehen, sie sprechen, und die Kette, an der ich arbeite, wird ihre Kette sein. *Fährt zusammen.* Wen seh ich!

Der alte Lord Hot tritt herein.

LORD: Unwürdiger! ist das der Ort, wo ich dich anzutreffen hoffte?

ROBERT *fällt ihm zu Füßen, eine Weile stumm*: Lassen Sie mich zu mir selber kommen, mein Vater –

LORD *hebt ihn auf und umarmt ihn*: Armer, wahnwitziger, kranker Schulknabe! du ein Pair im Parlement? –

ROBERT: Hören Sie mich an –

LORD: Ich weiß alles. Ich komme von der Prinzessin von Carignan. *Robert zittert.* Du hast die Dame unglücklich gemacht, sie kann es sich und ihren Reizungen nicht verzeihen, einen Menschen so gänzlich um seinen Verstand gebracht zu haben, der jung, hoffnungsvoll, in der Blüte seiner Jahre und Fähigkeiten, seinen Vater und Vaterland in den größten Erwartungen hintergeht. Hier ist deine Befreiung! Willst du der Prinzessin nicht auf ewig einen Dorn in ihr Herz drücken, so steh auf, setz dich ein mit mir und kehr nach England zurück.

Robert eine Weile außer Fassung, dann fährt er plötzlich nach der Ordre in des Vaters Händen und will sie zerreißen.

Lord: Nichtswürdiger! – deine Begnadigung! –

Robert: Nein, die Begnadigung meiner Prinzessin war viel gnädiger. Ich habe die Festung verdient, weil ich mich unterstanden, ihre Ruhe zu stören. Aber ich blieb ihr nah; derselbe Himmel umwölbte mich, dieselbe Luft wehte mich an – es waren keine Länder, kein ungetreues Meer zwischen uns; ich konnte wenigstens von Zeit zu Zeit Neuigkeiten von ihr zu hören hoffen – Aber nun auf ewig von ihr hinweggerissen, in den Strudel der öffentlichen Geschäfte; vom König und Ihnen und Lord Hamilton gezwungen, in den Armen der Lady Hamilton – sie zu vergessen! – Behalten Sie Ihre Begnadigung für sich und gehen in die Wälder, von wilden Tieren Zärtlichkeit für ihre Jungen zu lernen.

Lord: Elender! so machst du die menschenfreundlichsten Bemühungen zu nichte und stößest die Hände, die dich von dem Sturze des Abgrundes weghaschen wollen, mit Undankbarkeit von dir. Wisse! es ist nicht meine Hand, die du zurückstößt, es ist die Hand deiner Prinzessin selber. Sie hat dir diese Befreiung ausgewirkt, und damit sie deine unsinnige Leidenschaft durch diese Großmut nicht nährte, hat sie mich gebeten, ihr meinen Namen dazu zu leihen, hat sie sich gestellt, dir eine zweideutige Begnadigung ausgewirkt zu haben, um sich dadurch in deiner Phantasei einen widerwärtigen Schatten zu geben. Aber deine Raserei ist unheilbar; wenigstens zittre, ihren großmütigen Absichten entgegen zu stehen, und wenn du nicht willst, daß sie dich als den Störer ihres ganzen Glücks auf ewig hassen soll – flieh! sie befiehlt es dir aus meinem Munde. –

Robert *lange vor sich hinsehend*: Das ist in der Tat fürchterlich! diese Klarheit, die mich umgibt und mir die liebe Dunkelheit, die mich so glücklich machte, auf immer entreißt. Also die Prinzessin selber arbeitet dran, daß ich fortkomme, daß ich nach England gehen und sie in den Armen einer andern auf ewig vergessen soll.

Lord: Sie hat mich in ganz Turin aufsuchen lassen, da sie unter der Liste der Durchreisenden meinen Namen gefunden. Sie muß von meiner Ankunft unterrichtet gewesen sein.

ROBERT: Das ist viel Sorgfalt für mein Glück, für meine Heilung. – Ich bin freilich ein großer Tor – Aber wenn Sie sie gesehn hätten, Lord Hot – und mit meinen Augen –, das erstemal, als ich sie auf der Maskerade sah – wie sie so da stand in ihrer ganzen Jugend und alles um sie lachte und gaukelte und glänzte, die roten Bänder an ihrem Kopfschmucke von ihren Wangen die Röte stahlen, die Diamanten aus ihren Augen das Feuer bettelten und alles um sie her verlosch und man wie bei einer göttlichen Erscheinung für die ganze Natur die Sinne verlor und nur sie und ihre Reize aus der weit verschwundenen Schöpfung übrig behielt. Und was für ein Herz diese Schönheit bedeckt. Jedermann in Turin kennet sie, jedermann spricht von ihr mit Bewunderung und Liebe. Es ist ein Engel, Lord Hot! ich weiß Züge von ihr, die kalte Weltweise haben schauernd gemacht. – Mein Vater, ich kann noch nicht mit nach England. Ich werde heilen, ich muß heilen, aber ich muß mich noch erst erholen, eh ich so stark bin, es selber zu wollen.

LORD *faßt ihn an der Hand*: Komm! so bald du vernünftig wirst, wirst du glücklich sein und mich und uns alle glücklich machen, am meisten aber die, die du anbetest.

ROBERT *legt beide Arme über einander, den Himmel lang ansehend*: Ich glücklich? *Zuckt die Achseln und geht mit Lord Hot ab.*

DRITTER AKT

ERSTE SZENE

ROBERT *in einem Domino ganz ermüdet nach Hause kommend und sich in Lehnstuhl werfend. Es ist Mitternacht, mehr gegen die Morgenstunde.*

ROBERT: Sie wollen mich durch Mummereien und Vergnügen und Rasereien wieder zu meinem Verstand bringen. Sie haben recht gehabt, sie haben mich wenigstens so weit gebracht, daß ich durch eine verstellte Gleichgültigkeit ihr Argusauge betrügen und ihren bittern Spöttereien über die schönste Torheit meines Lebens ausweichen kann. Ha, unter allen Foltern des Lebens, auf die der Scharfsinn der Menschen gesonnen haben kann, kenn ich keine größere, als zu lieben und ausgelacht zu werden. Und die Marmorherzen machen ihrem Gewissen diese Peinigung ihrer Nebenmenschen so leicht, weil sie ihnen so wenig Mühe kostet, weil sie ihrem Stolz und eingebildeten Weisheit so sehr schmeichelt, weil sie die schlechteste Erdensöhne mit so geringen Kosten über den würdigsten Göttersohn hinaus setzt. Ha! sie sollen diese Freude nicht mehr haben. – Mich auslachen! – mich dünkt, ein Teil von dem Hohn fällt auch auf den Gegenstand zurück, den ich anbete – *(springt auf)* und das ist ärger, als wenn Himmel und Erde zusammen fielen und die Götter ein Spiel der Säue würden – Ruhig, Robert! da kommen sie. *Wirft sich wieder in den Lehnstuhl und scheint zu schlummern.*

Lord Hot und Lord Hamilton kommen. Sie haben's gesehen und lächeln einander zu.

Lord Hot: Es läßt sich doch zur Besserung mit ihm an.

Lord Hamilton: Wenn nur ein Mittel wäre, ihm den Geschmack an Wollust und Behäglichkeit beizubringen; er hat sie noch nie gekostet; und wenn das so fortstürmt in seiner Seele, kann er sie auch nie kosten lernen.

Lord Hot: Wenn ich ihn nur in England hätte!

Lord Hamilton: Hier! Hier! Die italienische Augen haben eine große Beredsamkeit, besonders für ein britisches Herz.

Robert *zwischen den Zähnen*: Der Verräter!

Lord Hot: Es tut mir leid, daß ich ihm keine mitgegeben, als er von Hause ging.

Lord Hamilton: Ich kenne hier eine, die einen Antonius von Padua verführt haben würde. Augen, so jugendlich schmachtend, als Venus zum erstenmal aufschlug, da sie aus dem Meerschaum sich loswand und die Götter brünstig vom Himmel zog. Es ist ein so vollkommnes Meisterstück der Natur, daß alle Pinsel unserer Maler an ihr verzweifelt sind. Ihre Arme, ihr Busen, ihr Wuchs, ihre Stellungen – Ach wenn sie

sich einladend zurück lehnt und tausend zärtliche Regungen
den Schnee ihres Busen aufzuarbeiten anfangen –

ROBERT *wirft ihm seine Uhr an den Kopf*: Nichtswürdiger!

LORD HOT *läuft ganz erhitzt auf ihn zu, als ob er ihn schlagen wollte*:
Nichtswürdiger du selber! Du verdienst, daß man dich in das
tiefste Loch unter der Erde steckte.

LORD HAMILTON *der sich erholt hat, faßt Lord Hot an*: Geduld,
Lord Hot! ich bitte dich. Geduld, Mann! Es wird sich alles
von selber geben. Ich billige diese Hitze an Roberten, er hat
sie von dir. Du hättest es nicht besser gemacht, wenn du in
seinen Jahren wärst – Es wird sich legen, ich versichere dich.
Ich hoffe noch die Zeit zu erleben, da Robert über sich lachen wird.

ROBERT *kniend*: Götter! *Beißt sich in die Hände.*

LORD HAMILTON: Wir wollen ihn seinem Nachdenken überlassen, er ist kein Kind mehr. *Führt Lord Hot ab.*

ROBERT: Das mein ich, daß er kein Kind ist. Wie hoch diese
Leute über mich sind, wie sie über mich wegschreiten! wie
man über eine verächtliche Made wegschreitet – Und ihr
Vorzug! daß sie kalt sind; daß sie lachen können, wo ich nicht
lachen kann – Nun, es wird sich alles von selbst geben, Robert wird ein gescheuter, vernünftiger Mann werden! Es wird
schon kommen, nur Geduld! – Unterdessen – *Öffnet ein Fenster und springt heraus.*

VIERTER AKT

ERSTE SZENE

ROBERT HOT, *als ein Savoyard gekleidet, unter dem Fenster der Prinzessin von Carignan in der schönsten sternhellen Nacht.*

ROBERT: Hast du kein Mitleiden mit mir, Unbarmherzige?
Fühlst du nicht, wer hier herumgeht, so trostlos, so trostlos,
daß die Steine sich für Erbarmen bewegen. Was hab ich begangen, was hab ich verbrochen, daß ich so viel ausstehen

muß? Womit hab ich dich beleidigt, erzürnter Himmel, ihr kalten und freundlichen Sterne, die ihr so schön und so grausam auf mich niederseht? Auch in dem Stück ihr ähnlich. Muß denn alles gefühllos sein, was vollkommen ist; nur darum anbetenswert, weil es, in sich selbst glücklich, seine Anbeter nicht der Aufmerksamkeit würdig achtet. – *Wirft sich nieder auf sein Angesicht, dann hebt er sich auf.* Ja, Hamilton hat recht geweissagt, ich bin so weit gekommen, daß ich über mich selbst lachen muß. Ist es nicht höchst lächerlich, so da zu liegen, dem Spott aller Vorübergehenden, selbst dem Geknurr und Gemurr der Hunde ausgesetzt; ich, der Einzige meiner Familie, auf dessen sich entwickelnde Talente ganz England harrte? Robert, du bist in der Tat ein Narr. Zurück! zurück! zu deinem Vater, und werd einmal klug. *Leiert auf seiner Marmotte.*

a di di dal da

a di didda dalli di da.

Ach, gnädigste Prinzessin, einen Heller! allergnädigste königliche Majestät.

a di di dal da

di di didda dallidida.

O – o! geben Sie mir doch einen Heller, Eure kaiserliche Majestät – Eure päpstliche Heiligkeit – O – o!

Das Fenster geht auf, es fliegt etwas heraus in Papier gewickelt. Robert fängt's begierig auf.

O, das Geld kommt von ihr – *Küßt es.* In Papier – Wer weiß, was drauf geschrieben steht. *Macht das Papier auf und tritt an eine Laterne.* Nichts! – Robert! – – weiß – ganz weiß! – Du hast nichts, Robert, du verdienst nichts. – Wer weiß, warf's ein Bedienter heraus. – Ja doch; es kam nicht aus ihrem Fenster; es kam aus dem obern Stock, und wo mir recht ist, sah ich einen roten Ärmel. Geh zurück in deines Vaters Haus, Robert! es ist eben so gut – – – Wenn nur die Bedienten meines Vaters ihm von diesem Aufzug nichts sagen, sonst bin ich verloren. Ich schleiche mich noch wohl hinein. – *Ab.*

FÜNFTER AKT

ERSTE SZENE

ROBERT *in seinem Zimmer, krank auf seinem Bette.* LORD HOT *tritt herein.*

LORD HOT: Nun, wie steht's? Haben die Kopfschmerzen nachgelassen?
ROBERT: So etwas, Mylord.
LORD HOT: Nun, es wird schon besser werden; ich hoff, ich vertreib sie dir. Steh auf, und zieh dich an, du sollst mit mir zur Prinzessin von Carignan.
ROBERT *faßt ihn hastig an beide Hände*: Was sagten Sie? Sie spotten meiner.
LORD HOT: Ich spotte nicht; du sollst dich zugleich von ihr beurlauben.
ROBERT: Hat sie mich verlangt?
LORD HOT: Verlangt – sie hat wohl viel Zeit, an dich zu denken. Sie empfängt gegenwärtig die Glückwünschungen des ganzen Hofs, und du wirst doch auch nicht der letzte sein, vor deiner Abreise nach London ihr auch die deinige abzulegen.
ROBERT: Glückwünschungen – und wozu?
LORD HOT: Sie vermählt sich –
ROBERT *schreit*: Vermählt sich! *Fällt zurück in Ohnmacht.*
LORD HOT: Wie nun, Robert? – was ist dir, Robert? – Ich Unglücklicher! – Hülfe? *Sucht ihn zu ermuntern.*
Lord Hamilton kommt.
LORD HAMILTON: Wie steht's? hat's angeschlagen?
LORD HOT: Er ist tot. –
LORD HAMILTON *nähert sich*: Nun er wird wieder aufleben. *Ihn gleichfalls vergeblich zu ermuntern suchend.* Man muß ihm eine Ader schlagen. *Streift ihm den Arm auf.* Geschwind, Bediente, eine Lanzett oder einen Chirurgus, was ihr am ersten bekommen könnt.
ROBERT *erwacht und sieht wild umher*: Wer ist da?
LORD HOT *bekümmert*: Dein Vater – deine guten Freunde.

Robert *stößt ihn von sich*: Weg mit den Vätern! – Laßt mich allein! – *Sehr hitzig*. Laßt mich allein! sag ich!

Lord Hamilton: Wir müssen ihn allein lassen, daß er sich erholen kann; der Zwang, den er sich in unserer Gegenwart antut, ist ihm tödlich. – Es wird sich alles von selbst legen.

Lord Hot: Du bist immer mit dem alles von selber – Wenigstens alles Gewehr ihm weggenommen. *Greift an den Tisch und um die Wände umher und geht mit Lord Hamilton ab.*

Robert: Also vermählt! Das Schwert, das am letzten Haar über meinem Kopfe hing, fällt. – Aus! – alles aus. *Springt auf und tappt nach einem Gewehr.* Ich vergaß es – O deine elende väterliche Vorsicht! *Rennt mit dem Kopf gegen die Wand und sinkt auf den Boden.* Also ein anderer – ein anderer – und vermutlich ein junger, schöner, liebenswürdiger, vollkommener – einer, den sie lang geliebt hat, weil sie so ernstlich auf meine Heilung bedacht war. – Desto schlimmer, wenn er vollkommen ist, desto schlimmer! – er wird ihr ganzes Herz fesseln, und was wird für mich übrig bleiben? nicht einmal Mitleid, nicht ein einziger armer verirrter Gedanke für mich – Ganz aus ihrem Andenken verschwunden, vernichtet – Daß ich mich nicht selbst vernichten kann! – *Springt auf und will sich zum Fenster hinaus stürzen, Hamilton stürzt herein und hält ihn zurück.*

Lord Hamilton: Wohin, Wahnwitziger?

Robert *ganz kalt*: Ich wollte sehen, was es für Wetter gäbe – Ich bin dein Herzensfreund, Hamilton; ich wollt, ich hätte deinen Sohn oder deine Tochter hier.

Lord Hamilton: Was wolltest du mit ihnen?

Robert *sehr gelassen*: Ich wollte deine Tochter heuraten. – Laß mich los!

Lord Hamilton: Ihr sollt Euch zu Bette legen. Ihr seid in einem gefährlichen fiebrischen Zustand. Kommt, legt Euch!

Robert: Zu Bette? – Ja, mit deiner Tochter! – Laß mich los!

Lord Hamilton: Zu Bette! oder ich werd Euch binden lassen.

Robert: Mich binden? *Kehrt sich hastig um und faßt ihn an der Kehle.* Schottischer Teufel!

Lord Hamilton *windet sich von ihm los und schiebt ihn aufs Bett*: He! Wer ist da! Bediente! Lord Hot!

ROBERT: Ihr seid der Stärkere. Gewalt geht vor Recht. *Legt sich freiwillig nieder und fängt an zu rufen.* Georg! Johann! Eduard! He, wer ist da! Kommt und fragt den Lord Hamilton, was er von euch haben will!
Bediente kommen herein.
LORD HAMILTON: Ihr sollt mir den jungen Herrn hier bewachen. Seht zu, daß ihr ihn zum Einschlafen bringt – Ihr sollt mir Red und Antwort für ihn geben.
ROBERT: Hahaha! und bindt ihm nur die Hände, ich rat es euch, denn er hat einen kleinen Fehler hier *(sich auf die Stirn schlagend).*
LORD HAMILTON: Gebt Acht auf ihn; ihr sollt mir für alles stehen, ich sag's euch! und wenn er's zu arg macht, so ruft mich nur – und ich will den Junker an sein Bett schließen lassen.
Robert sieht ihn wild an, ohne ein Wort zu sagen. Hamilton geht ab.
ROBERT *zu den beiden Bedienten*: Nicht wahr, Williams, der Mensch ist nicht gescheut. Sagt mir aufrichtig, scheint er euch nicht ein wenig verrückt zu sein, der Lord Hamilton? Er bildt sich wohl ein, daß ich ein Kind oder ein Narr oder noch was Schlimmers bin, weil ich nicht *(sich ehrerbietig bückend)* Lord Hamilton sein kann.
WILLIAMS: Halten Sie sich ruhig, junger Herr.
ROBERT: Maulaffe! bist du auch angesteckt? – Komm du her, Peter, du bist mir immer lieber gewesen als der weise Esel da. Sagt mir doch, habt ihr nichts von Feierlichkeiten gehört, die in der Stadt angestellt werden sollen, von Illuminationen, Freudenfeuer? –
PETER: Wenn Sie doch könnten in Schlaf kommen, mein lieber junger Herr!
ROBERT: Immer dieselbe Leier; wenn ich nicht närrisch wäre, könntet ihr mich dazu machen. – Die Prinzessin von Carignan soll morgen Hochzeit halten, ob was dran ist? Habt ihr nichts gehört?
Peter und Williams sehen sich mit verwunderungsvollen großen Augen an.
ROBERT: Seid ihr denn stumm geworden, ihr Holzköpfe? Ist's

euch verboten, mir's zu sagen? Wer hat's euch verboten? Geschwind!

PETER: Lieber junger Herr, wenn Sie sich zudeckten und sähen in Schweiß zu kommen. *Er will ihn anfassen, Robert stößt ihn von sich.* Wenn Sie nur in Ruh kommen könnten, allerliebster junger Herr.

ROBERT: Daß dich Gott verdamm, mit deiner Ruh! – Setz dich! *Er setzt sich aufs Bett, Robert faßt ihn an Kragen.* Den Augenblick sag mir, Bestie, wie heißt der Gemahl der Prinzessin von Carignan?

WILLIAMS *kommt von der andern Seite, faßt ihn gewaltsam an und kehrt ihn um*: Will Er wohl ruhig sein, oder ich nehm Ihn augenblicklich und bind Ihn fest ans Bett.

Robert schweigt ganz stille.

PETER *zu Williams*: Gott und Herr! er phantasiert erschrecklich.

ROBERT *nachdem er eine Weile stille gelegen*: Gut, daß ich mit dir reden darf, mitleidige Wand. Es ist mir doch, als ob du dich gegen mich bewegtest, dich herab zu mir neigtest und stumm, aber gefühlig zu meiner Verzweiflung zittertest. Sieh, wie ich verraten daliege! alles, alles verrät mich – *Zieht das Bild der Prinzessin aus seinem Busen und macht das Futteral auf.* Auch dies. Auch diese schwarzen Augen, die keinen Menschen scheinen unglücklich sehen zu können, die Liebe und Wohltun wie die Gottheit selber sind. Sie hat alles das angestellt. – Sie will mich wahnwitzig haben – Sie heuraten! könnte sie das, wenn ihr Herz weich und menschlich wäre. Nein, sie ist grausamer als alle wilde Tiere, grausamer als ein Tyrann, grausamer als das Schicksal selbst, das Weinen und Beten nie verändern kann. Sie kann mich leiden sehen und an Hochzeitfreuden denken – Und doch, wenn sie muß! wenn sie glücklicher dadurch wird – Ja, ich will gern leiden, will das Schlachtopfer ihres Glücks sein – Stirb, stirb, stirb, Robert! es war dein Schicksal, du mußt nicht darüber murren, sonst wirst du ausgelacht. *Bleibt mit dem Bild ans Gesicht gedrückt eine Weile stumm auf seinem Kissen liegen.*

Tognina, eine Buhlerin, schön geputzt, tritt leise herein. Peter geht ihr auf den Zehen entgegen.

PETER: Still, er schläft! – das ist ein Glück. Wir dachten schon, er sollt uns zum Fenster heraus springen. Die Hitze ist gar zu groß bei ihm.

TOGNINA: Laßt mich nur! ich werd ihn nicht wecken. Ich werd an seinem Bette warten, bis er aufwacht. *Setzt sich ans Bett.*

ROBERT *kehrt sich hastig um*: Wer ist da?

TOGNINA: Schöner junger Herr! werden Sie nicht böse, daß ich so ungebeten herein komme. Ich bin hieher gewiesen, ich bin eine arme Waise, die Vater und Mutter verloren hat und sich kümmerlich von ihrer Hände Arbeit nähren muß.

ROBERT: Das sieht man Euch nicht an.

TOGNINA: Alles, was ich mir verdiene, wend ich auf meine Kleidung. Ich denke, es steht einem jungen Mädchen nichts so übel an, als wenn sie das bißchen Schönheit, daß ihr der Himmel gab, nicht einmal sucht an den Tag zu legen. Ich will nicht gefallen, gnädiger Herr, *(ihn zärtlich ansehend)* ich weiß wohl, daß ich nicht im Stande bin, Zärtlichkeit einzuflößen; aber zum wenigsten bin ich hochmütig genug, daß ich niemand durch meine Gestalt beleidigen mag.

ROBERT: Was wollt Ihr von mir?

TOGNINA *etwas verwirrt*: Von Ihnen? – was ich von Ihnen will? – Das ist eine seltsame Frage, die ich Ihnen so geschwind nicht beantworten kann. Ich höre, daß Sie krank sind, schöner junger Herr, Sie brauchen Pflege, Sie brauchen Aufwartung; Sie brauchen vielleicht auf die Nacht eine Wärterin.

ROBERT *die Zähne knirschend*: Wer hat Euch gesagt, daß ich krank sei?

TOGNINA: Niemand, gnädiger Herr – die Frau vom Hause hat es mir gesagt – und in der Tat, man sieht es Ihnen an. *Seine Hand fassend.* Dieser Puls will mir nicht gefallen. *Streift ihm den Arm auf.* Was für einen schönen weißen Arm Sie haben – und wie nervigt! dieser Arm könnte Herkules' Keule tragen.

ROBERT *reißt sich los von ihr, richtet sich auf und sieht sie starr an*: Wer seid Ihr?

TOGNINA: Ich bin – ich habe es Ihnen ja schon gesagt, wer ich bin.

ROBERT: Ihr seid eine Zauberin; aber *(auf sein Herz weisend)* hier ist Stein, Kieselstein. Wißt Ihr das?

TOGNINA: Das gesteh ich. – Haben Sie noch nie geliebt? – Ich muß Ihnen doch sagen, hier ward gestern eine neue Oper gegeben – Die Scythen, oder der Sieg des Liebesgottes – Unvergleichlich, Mylord; gewiß – Es war auch so ein junger Herr drinne wie Sie, der alles Frauenzimmer verachtete. Aber was meinen Sie wohl, womit die Liebesgöttin und die Amors ihn bekämpften? Raten Sie einmal, ich bitte Sie, was für fürchterliche Waffen sie seiner knotigten Keule entgegen setzten?

ROBERT: Vergiftete Blicke wie die Eurigen.

TOGNINA: Blumen, junger Herr, nichts als arme Blumen – *Reißt sich eine Rose von der Brust und wirft ihn damit.* Sehen Sie, so machten sie's – Spielend *(eine aus ihrem Haarputze)*, spielend *(wieder eine andere von ihrer Brust)*, spielend überwanden sie ihn. Hahaha, *(ihn an die Hand fassend)* ist das nicht lustig, mein kleines Herzchen?

ROBERT *verstohlen die Zähne knirschend*: O unbarmherziger Himmel! – Armida! – *Tognina ans Kinn fassend.* Ihr seid gefährlich, Kleine! voll Lüsternheit! voll Liebreiz! Laßt uns allein bleiben, ich habe Euch viel zu sagen.

Sie winkt den Bedienten, die gehen heraus.

ROBERT *zieht das Porträt aus dem Busen*: Seht, hier hab ich ein Bild, das allein ist Euch im Wege. Wenn Ihr Meisterin von meinem Herzen werden wollt, gebt mir eine Schere, daß ich es von diesem Halse löse, an den ich es damals leider, ach, auf ewig knüpfte! Ich bin nicht im Stande, Euch in Euer zauberreiches Auge zu sehen, Eure weiche Hand gegen mein Herz zu drücken, Euren glühenden Lippen meinen zitternden Mund entgegen zu strecken, so lang dies Bild an meinem Halse hängt.

TOGNINA: Gleich, gnädiger Herr! *Zieht eine Schere aus ihrem Etui und setzt sich aufs Bett, ihm das Bild abzulösen.*

ROBERT *reißt ihr die Schere aus der Hand und gibt sich einen Stich in die Gurgel*: Grisette! hab ich dich endlich doch überlistet.

TOGNINA: Ich bin des Todes! Hülfe! – *Läuft heraus.*

ROBERT: Ist's denn so weit! – *Breitet die Arme aus.* Ich komme, ich komme! – Furchtbarstes aller Wesen! an dessen Dasein ich so lange zweifelte; das ich zu meinem Trost leugnete, ich fühle dich – du, der du meine Seele hieher gesetzt! du, der sie wieder in seine grausame Gewalt nimmt. Nur nicht verbiete mir, daß ich ihrer nicht mehr denken darf. Eine lange, furchtbare Ewigkeit ohne sie. Sieh, wenn ich gesündigt habe, ich will gern Straf und Marter dulden; Höllenqualen dulden, wie du sie mir auflegen magst; nur laß das Andenken an sie sie mir versüßen.

Lord Hot, Lord Hamilton, Bedienten und Tognina kommen.

LORD HOT: Ich unglücklicher Vater!

LORD HAMILTON: Er wird sich nur geritzt haben.

LORD HOT: Verbindt ihn; er verblutet sich. *Reißt ein Schnupftuch aus der Tasche und sucht das Blut aufzuhalten.* Kommt denn der Wundarzt noch nicht? So lauft denn jemand anderswo nach ihm! lauft alle mitnander nach ihm! – Das sind die Folgen deiner Politik, Hamilton.

LORD HAMILTON *zu Tognina*: Ihr wart rasend, daß Ihr ihm das Messer in die Hand gabt.

TOGNINA: Er tat so ruhig, gnädiger Herr.

LORD HOT: Mörder! Mörder! allezusammen! ihr habt mich um meinen Sohn gebracht.

LORD HAMILTON: Es kann unmöglich so gefährlich sein.

ROBERT *im Wundfieber*: Nein, Armida! nein! – so viel Augen haben nach mir gefunkelt! so viel Busen nach mir sich ausgedehnt! ich hätte so viel Vergnügen haben können – nein, das ist nicht dankbar.

LORD HOT: Kommt denn der Wundarzt nicht?

ROBERT: Nein, das ist nicht artig – Ich war jung, ich war schön! o schön! schön! ich war zum Fressen, sagten sie – Sie wurden rot, wenn sie mit mir sprachen, sie stotterten, sie stammelten, sie zitterten – nur eine, sagte ich, nur eine – und das mein Lohn!

LORD HOT: Geschwind lauft zu meinem Beichtvater!

Bediente ab. Wundarzt kommt; nähert sich und untersucht die Wunde.

LORD HOT: Nun, wie ist's? ist Hoffnung da?

WUNDARZT *blickt auf und sieht ihn eine Weile bedenklich an.*
LORD HOT *fällt auf einen Stuhl*: Aus!
WUNDARZT: Warum soll ich Ihnen mit vergeblicher Hoffnung schmeicheln? – die Luftröhre ist beschädigt.
LORD HOT *legt die Hand vors Gesicht und weint.*
ROBERT: Nun – nun – nun – meine Armida! jetzt gilt es dir zu beweisen, wer unter uns beiden recht hat – jetzt – jetzt – Laß meinen Vater sagen! laß die ganze Welt sagen –
LORD HOT *steht auf, zu Hamilton*: Du hast mich um meinen Sohn gebracht, Hamilton – Dein waren alle diese Anschläge! – du sollst mir dran glauben, oder ich –
LORD HAMILTON: Besser ihn tot beweint, als ihn wahnwitzig herum geschleppt. *Geht ab.*
Lord Hot zieht den Degen und will ihm nach. Sein Beichtvater, der herein tritt, hält ihn zurück.
BEICHTVATER: Wohin, Lord Hot?
LORD HOT: Der Mörder meines Sohns –
BEICHTVATER: Kommen Sie! der Verlust tut Ihnen noch zu weh, als daß Sie gesund davon urteilen können.
LORD HOT: So helfen Sie uns wenigstens seine junge Seele retten. Es war sein Unglück, daß er in der Kindheit über gewisse Bücher kam, die ihm Zweifel an seiner Religion beibrachten. Aber er zweifelt nicht aus *Libertinage*, das kann ich Ihnen versichern. Reden Sie ihm zu, Mann Gottes, da er am Rande der Ewigkeit steht.
BEICHTVATER *tritt näher und setzt sich auf sein Bett*: Lord Robert, ich weiß nicht, ob Sie mich noch verstehen, aber ich hoffe zu Gott, der Sie erschaffen hat, er wird wenigstens einige meiner Worte den Weg zu Ihrem Herzen finden lassen, wenn Ihr Verstand sie gleich nicht mehr fassen kann. Bedenken Sie, wenn Sie noch Kräfte übrig haben, welchem entscheidenden Augenblick Sie nahe sind, und wenden Sie die letzte dieser Kräfte an, das, was ich Ihnen sage, zu beherzigen.
ROBERT *nimmt das Bild hervor und küßt es*: Daß ich das hier lassen muß.
BEICHTVATER: Sie gehen in die Ewigkeit über! Lord Robert, Lord Robert, machen Sie Ihr Herz los von allem Irdischen. Sie

sind jung, Sie sind liebenswürdig, Sie haben Ihrem Vaterlande die reizendste Hoffnungen vernichtet; aber Ihr Herz ist noch Ihre; wenden Sie das von den Geschöpfen, an denen Sie zu sehr hingen, zu dem Schöpfer, den Sie beleidiget haben, der Ihnen verzeihen will, der Sie noch liebt, wenn Sie ihm das Herz wieder ganz weihen, das Sie ihm entrissen haben.

ROBERT *kehrt sich auf die andere Seite.*

BEICHTVATER: Unglücklicher! Sie wollen nicht? Bedenken Sie, wo Sie stehen, und vor wem. – Wollen Sie mir die Hand drauf reichen, daß Sie sich seinem Willen unterwerfen wollen – noch ist es Zeit – Sie bewegen die Lippen. – Sie wollten mir etwas sagen.

ROBERT *kehrt sich um, der Beichtvater hält ihm das Ohr hin, er flüstert ihm unvernehmlich zu.*

BEICHTVATER: Unter Bedingungen! – Bedenken Sie, was Sie verlangen – Bedingungen mit Ihrem Schöpfer? *Robert hält ihm die Hand, er reicht ihm das Ohr noch einmal hin.* – Daß er Ihnen erlaube, Armiden nicht zu vergessen – O lieber Lord Robert! in den letzten Augenblicken! – Bedenken Sie, daß der Himmel Güter hat, die Ihnen noch unbekannt sind; Güter, die die irdischen so weit übertreffen, als die Sonne das Licht der Kerzen übertrifft. Wollten Sie denen entsagen, um einen Gegenstand, den Sie nicht mehr besitzen können, zu Ihrer Marter auf ewig im Gedächtnis zu behalten?

ROBERT *hebt das Bild in die Höhe und drückt es ans Gesicht, mit äußerster Anstrengung halb röchelnd*: Armida! Armida. – Behaltet euren Himmel für euch. *Er stirbt.*

DIE BEIDEN ALTEN

Ein Familiengemälde

PERSONEN

Obrist Rochefort
St. Amand, Sohn von Rochefort
Angelika, Tochter von Rochefort
Major Belloi, ihr Mann
General Rochefort, Bruder des Obristen
Valentin, Bedienter von St. Amand
Rosinette, seine Schwester
Bedienter

VORBERICHT

Das Sujet dieser kleinen Fabel ist aus einer Zeitungsanekdote,* deren Gewährleistung ich eben nicht auf mich nehme. Genug, daß sie für unsere Zeiten und Sitten Wahrscheinliches genug hat, um aufs Theater gebracht zu werden. Die Veranlassung dazu war ein Gespräch, das ich über diese Begebenheit in einer Gesellschaft führte, der ich meine Hochachtung hier öffentlich bezeuge.

L.

---

* Aus dem Languedok. Ein Sohn hatte seinen Vater in einen Keller eingesperrt, um desto eher zum Gebrauch seiner Güter zu gelangen, und ihn für tot ausgegeben. Einer seiner alten Freunde reiste vorbei, und kehrte bei dem Sohn ein, dessen Bedienter aus Unvorsichtigkeit die Tür des Gefängnisses offen gelassen. Der Alte kam heraus, und in der Nacht bis in das Zimmer seines Freundes, dem er diese ganze Begebenheit entdeckte. Der Sohn ward zur Strafe gezogen.

ERSTER AKT

ERSTE SZENE

St. Amand. Valentin.

Valentin: Nach Paris Chevalier! nach Paris – das ist ein Ort – nehmen Sie mir's nicht übel, Sie sind ein artiger charmanter junger Herr, aber wenn Sie nach Paris kommen, sind Sie nur ein Schöps, und müssen erschröcken vor sich selber. Da müssen die plumpen Manieren der Provinz noch erschröcklich abgehobelt werden. Machen Sie doch, daß Ihnen Ihr Schwager das Geld bald stößt, damit Sie zu was kommen.

St. Amand: Ja, er ist verhenkert hartleibig.

Valentin: Je nun, so halten Sie sich an die Schwester, die pflegen gemeinhin so was übriges von Zärtlichkeit zu haben. Eine freundliche Miene macht bisweilen gar viel, und seit ihrer Heurat mit dem neugebackenen Edelmann ist sie deren eben nicht von Ihnen gewohnt.

St. Amand: Ich kann nicht heucheln, wie ich bin so bin ich. Sie hat einmal einen dummen Streich gemacht, und den kann ich ihr nicht verzeihen, so lang ich Atem ziehe.

Valentin: Freilich der einfältige Major da, wär er nur immer vor der Fronte geblieben, hätt ihn der Teufel nur geholt vor Dettingen, so hätten wir nicht nötig gehabt den Alten ins Loch zu stecken seinetwegen.

St. Amand: Eben deswegen bin ich ihm gram. – Meinst du, daß mein Vater sonst so hart gegen mich war. Er, er allein ist derjenige der ihn aufgebracht hat, daß er mir kein Geld mehr geben wollte. – Stelle dir vor, was er mir jetzt zumutet: ich solle dich abschaffen, du taugtest nichts für mich, du wärest mir zu fein; du würdest mich ehestens bei guter Gelegenheit um all mein Geld betrügen und damit zum Teufel gehn.

Valentin: Der Lumpenhund – ich nicht ehrlich gegen Sie, ich ein Betrüger! – Wir wollen sehen, wer ehrlicher gegen Sie denkt, er oder ich. Mein Leben ist mir nicht zu kostbar für Sie gewesen, ich hab's Ihnen bewiesen, daß ich meinen letzten Tropfen Bluts für Sie dran setzen kann, und nun kommt so ein lumpigter Bürgerkerl und will mich bei Ihnen schwarz machen. *Er wischt sich die Augen.*

St. Amand: Nun sei nur ruhig Valentin! meinst du ich hör auf das Geschwätz.

Valentin: Und wenn ich Ihnen meine wahre Meinung sagen soll, nehmen Sie sich nur vor ihm in Acht, trauen Sie der Bürgerkanaille nicht. Solche Leute sind es gewohnt, sich auf anderer Leute Kosten emporzubringen, solche Offiziers von Fortun, solche vom Mist aufgelesene Ebenteurer. Und Ihrer Schwester auch nicht Herr, Mann und Weib sind ein Leib, sobald sie seine Frau ist, denkt sie wie er. Er wird suchen Ihnen die Güter um den halben Preis abzuschwatzen, geben Sie Achtung, jetzt da er sieht, daß Sie Geld brauchen.

St. Amand: Ich werde mich nicht anführen lassen. Ich weiß wohl, daß ihm der Mund nach Belcourt schon lange Zeit gewässert hat. – Hör, wo ist deine Schwester, daß sie sich nicht weist vor den Leuten, sie wissen nicht mehr, daß sie hier ist? Sie haben so schon Verdacht auf dich, daß du etwa darunter steckst, daß ich nach Paris will.

Valentin: Gehen Sie selber zu ihr, sie ist im Garten, sagen Sie's ihr. Aber wissen Sie auch, daß das ihre Ehre nicht wenig beleidigt, daß sie sich so vor ihren Verwandten muß verstecken lassen, als ob sie eine verdächtige Person wäre? Sie ist so gut eine Freundin von Ihrem Vater gewesen als Ihr bürgerlicher Herr Schwager; denn daß sie seinem Hauswesen vorgestanden und seine Wirtschaft geführt, erniedrigt sie im geringsten nicht, das tat sie aus Freundschaft für ihn und für Sie, Sie wissen, daß sie es nicht nötig hatte, und, können Sie sagen, daß sie Ihnen noch die geringste ungebührliche Freiheit über sie erlaubt hat, können Sie das sagen, Herr?

St. Amand: Nein Valentin. –

Valentin: Also: – Das ist keine Kleinigkeit, wenn ein honettes Mädchen sich soll begegnen lassen als eine, die ihren Körper verkauft. –

St. Amand: Aber aus Liebe zu mir, Valentin! – Wenn sie fort sind, so sind wir ja wieder unser, so pfeifen wir ihnen was –

VALENTIN: Wie gesagt, gehen Sie zu ihr, sehen Sie, wie Sie's wieder gut machen, es ist kein Mensch empfindlicher für ihre Ehre als eine Pariserin; aber auch kein Mensch im Stande, das zu unternehmen was sie tun, wenn die Liebe sie begeistert.

ST. AMAND: Guter Valentin! *Läuft ab.*

VALENTIN: Ich denke meine Schwester wird ihre Person zu spielen wissen. Es ist ja nicht die erste Gans aus der Provinz, die sie gerupft hat. Wenn wir ihn nur erst in Paris hätten, wir wollten ihm sein Kapital schon anlegen helfen.

ZWEITE SZENE

Der mittlere Vorhang wird aufgezogen. Es erscheint der Garten. ROSINETTE *in einer leichten und wollüstigen Kleidung an einem Blumenstücke stehend.* ST. AMAND *tritt schüchtern zu ihr.*

ST. AMAND: Was machen Sie denn hier in der Hitze, Rosinette! Warum schonen Sie Ihrer Haut nicht?
Rosinette, die Hand in die Seite gestemmt, sieht ihn schmachtend über die Schulter an.

ST. AMAND: Wie ist Ihnen? Sie scheinen ja nicht recht aufgeräumt.

ROSINETTE *ihm den Arm gebend und mit ihm nach einer Laube zugehend*: Ich habe da eben meinen Gedanken Audienz gegeben, ich möchte wohl einmal unter so einem Blumenstück begraben liegen.

ST. AMAND: Begraben liegen – was ist das nun wieder?

ROSINETTE: Nichts, St. Amand. – Die Einsamkeit hier bringt einen bisweilen auf Einfälle –

ST. AMAND: Hören Sie doch, es wird alles gut gehen. Mein Schwager ist angekommen mit meiner Schwester, sobald ich mit ihm wegen des Handels einig werden kann, gehen wir nach Paris. –

ROSINETTE: Ihr Schwager angekommen – so darf ich mich wohl nicht sehen lassen vor ihm?

ST. AMAND: Es freut mich, daß Sie von selbst darauf kommen. Sie kennen ihn, Nettchen, wie argwöhnisch er ist.

Rosinette: Wir müssen uns die wenigen Tage über schon zwingen einander nicht zu sehen. Machen Sie aber, daß es bald ausgeht.

St. Amand: Wenn er nur so verdammt geizig nicht wäre.

Rosinette: Machen Sie, St. Amand! machen Sie, daß wir weg von hier kommen. Die Luft ist tödlich hier, alle die süßen Aushauchungen der Blumen sind Gift für mich.

St. Amand: Wenn er mir die Güter nur menschlich bezahlen wollte.

Rosinette: Und wenn er die Hälfte bietet, laß sie ihm. Was sollen wir hier länger, hier wo uns jedermann, der uns ins Gesicht sieht, zu sagen scheint, ihr seid schuld an dem Tode des alten Herrn.

St. Amand: Welch einen Dolchstich gabst du mir da! – Und wenn nun alles richtig ist und wir fortgehen, – was fangen wir mit dem an?

Rosinette: Nun ja wenn wir fortgehen, wir sind frei, wir sind glücklich, wir sind ganz unser.

St. Amand: Aber mit meinem Vater –

Rosinette: Laß deinen Vater wo er ist.

St. Amand: Soll er denn Hungers sterben? – Und ich kann das niemand anvertrauen.

Rosinette: Gut, so begrabe mich hier.

St. Amand: Wenn Valentin hier bliebe – wenn wir vor der Hand noch hier blieben, bis er vielleicht von selber stirbt.

Rosinette: In dieser Einsamkeit, in dieser Langeweile – St. Amand, ich muß offenherzig mit dir reden, ein Mädchen in der Einsamkeit kann von ihrem Herzen selber nicht gewiß sein. Es kann vielleicht nur die Langeweile, nur der Mangel an Gesellschaft sein, der dich mir lieb macht. Ich habe hier nichts Bessers, ich kann selbst nicht wissen, wie ich gegen dich gesinnet bin, und das macht mir Qual. In Paris dagegen, wo tausend Ergötzlichkeiten mich auffodern, wo ich alles habe, was ich wünsche, da, aus freier Wahl, nicht aus Notwendigkeit, deine Gesellschaft vorzuziehen, da dir ein Opfer mit diesem Herzen zu bringen. –

St. Amand *küßt ihr die Hand*: Ach Rosinette! wie verführend bist du? Eine Handlung, bedenke eine Handlung –

Rosinette: Hör ich doch schon wieder den Junker aus der Provinz. Euch scheint alles fürchterlich, was ungewöhnlich ist, was Euere Langeweile unterbricht, was nicht nach Eurer alten Leier, nach Eurem hergebrachten Schlendrian geht.

St. Amand: Aber Rosinette!

Rosinette: Nicht wahr, wenn Ihr keine Gefahr dabei zu besorgen hättet, schien's Euch nichts Böses, einen alten Griesgram seinem Schicksal zu überlassen, der Euch hat enterben wollen. Aber es könnte auskommen, und darum seid Ihr so gewissenhaft. Pfui St. Amand, ich bin nur ein Mädchen, aber wenn ich so gedacht hätte, ich wär ewig nicht aus meiner Schale gekommen. Wißt Ihr, daß Dummheit das einzige Verbrechen ist, das einzige Bubenstück, das nicht hoch genug bestraft werden kann. Dumm, dumm, Junker! das ist das einzige Wort, das Euch sollte die Haare zu Berge stehen machen.

Valentin kommt.

Valentin: Gnädiger Herr, Ihr Onkel ist angekommen, den Augenblick steigt er vom Pferde.

St. Amand: Was sagst du, – der General? –

Valentin: Der General, wer anders? Er will Sie sprechen.

St. Amand *die Hände ringend*: Rosinette! Was fangen wir an?

Rosinette: Ja ich muß fort, er muß mich nicht sehen, oder er entreißt mich Ihnen auf ewig.

Valentin: Er hat vielleicht Wind davon, daß du hier bist.

St. Amand: Wenn Sie sich gleich einsetzen könnten nach Paris?

Valentin: Freilich wird das das beste sein. In acht Tagen höchstens gingen wir nach. Ich denke immer, Ihr Schwager hat es ihm gesteckt, daß meine Schwester noch hier bei Ihnen ist.

Rosinette: Glauben Sie mir, es ist nichts als die Eifersucht die ihn hieher führt. So alt er ist, so hat er mir unter der Hand noch Anträge über Anträge tun lassen, als ich noch bei deinem Vater war. Er ist verliebt in mich, St. Amand, er will mich dir entreißen, und das vielleicht unter dem Vorwand, dich vor Ausschweifungen in Acht zu nehmen, weil er sich schämt seine eigenen zu gestehen.

St. Amand: Ich höre ihn reden im Hofe – Nettchen rette dich, daß er dich nicht sieht. *Will gehen, kehrt um, und zieht eine Brieftasche hervor.* Hier ist meine Brieftasche, such nach, du wirst eine Banknote auf Paris drin finden. – Schreib mir deine Adresse – in acht Tagen sind wir bei dir – *(sie schnell umarmend)* Nettchen, liebstes Nettchen!

Rosinette: Ich bin des Todes. – Wir sehen uns wieder St. Amand.

St. Amand: Ich hoff's – oder ich will keine Stunde mehr leben. *Gehn auseinander.*

ZWEITER AKT

ERSTE SZENE

Zimmer des General Rochefort, *wohin ihn* St. Amand *mit einem Licht begleitet hat. Der* General *läßt sich von einem Bedienten auskleiden.*

St. Amand: Ja gnädiger Onkel! so ging's dem armen Mann. Er ließ sich's nie merken, wenn er was auf dem Herzen hatte, aber er wußte sich's desto tiefer zu Gemüt zu ziehen.

General: Und was hatte er denn?

St. Amand *zuckt die Schultern*: Ich weiß nicht. Seit der Heurat meiner Schwester hat er keine vergnügte Stunde mehr gehabt.

General: Er hat sie doch selbst betrieben diese Heurat.

St. Amand: Ja die Alten haben bisweilen Grillen, Onkel, die ihnen darnach reu werden wenn's zu spät ist. Ich merkte wohl daß er alles immer so in sich fraß, es konnte kein gutes Ende nehmen.

General: Ich möchte wissen was Ihr gegen Euern Schwager habt, Chevalier, das gefällt mir nicht an Euch, ich sag es Euch. Ich habe Euren Vater nie vergnügter gesehen als an Eurer Schwester Hochzeittage. Und Belloi ist ein Mann, der seinem Vaterlande mehr Ehre macht als Ihr jemals tun werdet, ein Mann, den Ihr Euch zum Muster nehmen sollt, an dessen Lippen Ihr hängen solltet, da Ihr jetzt anfangen wollt, Euer Glück am Hofe zu versuchen. Ein Mann, der alles sich selbst zu danken hat. –

ST. AMAND: Darf ich morgen die Ehre haben, das Frühstück mit Ihnen einzunehmen? Wir könnten alsdenn die völlige Abrede in Ansehung unsers Handels …

GENERAL: Ich nehme Euch die Güter gern ab, Chevalier, nur der Preis ist zu hoch. Wir reden ein andermal davon. Gute Nacht. *St. Amand küßt ihm den Ärmel und geht ab. Ein Bedienter kommt.*

BEDIENTER: Gnädiger Herr!

GENERAL: Was wollt Ihr?

BEDIENTER: Eure Gnaden verzeihen, der Major Belloi –

GENERAL: Das ist wahr, ich hab ihm eine Promenade nach dem Nachtessen versprochen. Er ist im Garten.

BEDIENTER: In der großen Allee wartet er. – *General wirft den Schlafrock um und geht hinaus.*

BEDIENTER *allein*: Wenn ich nur einmal – wenn ich nur ein einzigmal erraten könnte, was der Valentin alle Nacht um zwölfe im Speicher hat. Der junge Herr muß auch davon wissen, ich hab ihn einigemal um Mitternacht mit ihm über den Hof gehen sehn. Ganz gewiß haben sie da ein Wildpret aus unserm Dorf im Keller unten. Wenn ich ihm nur die Schlüssel einmal wegputzen könnte, oder mich bei Tage einsperren lassen. – *Geht hinaus.*

ZWEITE SZENE

Der Garten.

DER GENERAL *und* BELLOI *in der großen Allee spazierend.*

BELLOI: Verzeihn Sie, Herr General daß ich Sie zu einer so unbequemen Zeit an Ihrer Nachtruhe störte, da Sie vielleicht müde von der Reise ….

GENERAL: Keine Umstände Major! ich hatte dir's ja versprochen.

BELLOI: Die Notwendigkeit allein entschuldigt mich. Ich wußte keine bessere Gelegenheit unbehorcht und mit aller dazu erforderlichen Sicherheit mich mit Ihnen über Sachen unterhalten zu können. –

GENERAL: Es ist ein unvergleichlicher Abend! Fast so schön als der – erinnerst du dich noch? Den andern Tag nach Eurer Hochzeit hier.

BELLOI: Ach erinnern Sie mich nicht an glücklichere Zeiten, deren Andenken mich oft wie eine Marmorsäule unter jenen Linden am Wasser hinheftet. Da waren wir freilich noch glücklich, Onkel, als wir so manche Nacht an jenem Teich mit unserer Musik durchschwärmten, und unser guter Alter mit seinen Silberlocken mit meiner Angelika zu unsern Flöten tanzte.

GENERAL *wischt sich die Augen*: Ich werd ihn bald wieder sehen.

BELLOI: Das verhüte der Himmel. Vielmehr sollen Sie seine Stelle bei uns vertreten. Bedenken Sie, welche Pflichten Ihnen sein Tod auferlegt hat. Die Jugend seines Sohnes –

GENERAL: Ich rede aufrichtig mit dir, Major! er gefällt mir jetzt weniger als jemals. Seine Schüchternheit, seine Verschlossenheit gegen uns, sein gemeiner vertraulicher Umgang mit den Bedienten. – Es ärgert mich, daß ich den Valentin und seine Schwester in dies Haus rekommandiert habe.

BELLOI: Wissen Sie denn auch schon, daß er mein und meiner Frauen geschworner Feind ist.

GENERAL: Eure Heurat war ihm zuwider, dem Narren, als ob der Adel, den der König einem braven Offizier wegen seiner Verdienste beilegt, weniger echt sei, als der, den unsere Vorfahren von ihren Königen erhielten. Er kann lange warten, eh er einmal das *(auf Bellois Orden weisend)* auf seinem Herzen trägt, und du hast es nicht erschlichen.

BELLOI: Es hat mich Blut gekostet. Indessen gestehe ich ihm gern zu, daß ich mit alledem seiner Schwester nicht würdig war, nicht wegen ihrer Ahnen, sondern wegen ihrer persönlichen Eigenschaften. Da sie aber mir unter fünf angesehenen Mitwerbern den Vorzug gab, da sie bloß ihr Herz, was weiß ich, ihren Geschmack, vielleicht ihren Eigensinn zu Rate zog, als sie mich wählte, – so sollte er wenigstens so viel Ehrfurcht vor der Wahl seiner Schwester haben.

GENERAL: Du bist bescheiden, Belloi. Ich will dir die wahre Ursache seines Widerwillens sagen. Dem Bürschchen steckt die Hauptstadt im Kopf, und es verdroß ihn, daß sein Vater euch eins von seinen Gütern abtrat. Er hätte es gern zu Gelde gemacht, und noch bei seines Vaters Lebzeiten in Paris durchgebracht. Er hat sonst nie ein hartes Herz gegen seine Schwester gehabt.

BELLOI: Wenn er wüßte, wie sehr er von ihr geliebt wird, welch ein Gegenstand ihres beständigen Grams er ist. Für wen ist es denn, daß sie allen Ansprüchen auf die große Welt entsagt, sich auf sich und mich einschränkt, und bloß in dem Glück, das sie um sich her ausbreitet, ihr Glück findet; nicht in dem Beifall und der Anbetung der Welt, die ihren Reizen doch gewiß nicht fehlen könnte. Fast möchte ich sagen, wenn es erlaubt ist, den ewigen Sonnenschein in ihrem Herzen einer kleinen Wolke zu beschuldigen, geht ihre Neigung zu weit für ihn. Sie verschließt ihr für all seine unbrüderlichen Begegnungen, für seine niedrigsten kleinsten Streiche die Augen, und läßt sie für keine seiner Handlungen, welche Gestalt sie auch haben möge, ohne Entschuldigung. Stellen Sie sich vor, als wir hörten daß unser Vater gestorben sei, flogen wir hieher, er war schon begraben, man schloß uns nicht einmal das Begräbnis auf. Sie hat ihn kniend mit allem was die kindliche Zärtlichkeit Rührendes haben kann, gebeten: Umsonst, er blieb hart wie ein Fels, und trieb es so lange bei ihr, daß sie mich bewegte wieder umzukehren. Jetzt hat er uns kommen lassen, uns Belcourt zum Verkauf anzubieten, und ich habe Ihnen nur insgeheim und selbst ohne Vorwissen meiner Frau davon Nachricht geben lassen, damit Sie uns überbieten, so die Güter in Ihren Händen behalten, und ihm, statt des Kapitals, ein jährliches Leibgedinge von zwanzig-, dreißigtausend Livres antragen können, wenn Sie vor's erste völlig wegen des Handels mit ihm einig geworden, denn Sie sehen wohl, daß wenn er sein Vermögen auf einmal in die Hände bekommt –

GENERAL: Und was für Vorteil hast denn du davon, daß du dich seiner so annimmest.

BELLOI: Ich bin so uneigennützig nicht als Sie glauben, die Ruhe meiner Frau, die angenehme Hoffnung einen jungen Menschen, der die Welt noch nicht kennt, unmerklich auf die Bahn des gesetzten Mannes zu bringen –

GENERAL: Alter, Alter! wenn du das hörtest! – *Belloi die Hand drückend.* Belloi – ich glaube keine Geister – aber unsern Alten so jetzt unter diesen Bäumen erscheinen zu sehen, wo wir so oft gesessen und über Euer künftiges Schicksal deliberiert haben, – ich möchte ein altes Weib beneiden um ihren Aberglauben!

BELLOI: Ich muß Ihnen gestehen, seit ich meiner Frau die alten persischen Gedichte vorgelesen, glaube ich nicht allein Geister, sondern auch, daß sie sich wieder unter die Lebendigen mischen, all ihre Reden hören, an all ihren Schicksalen Anteil nehmen.

GENERAL: Schwärmer! In Euern Jahren, wenn die Nerven noch voll von Säften sind, freilich kann man da glauben was man will. – Du hast einen Sohn, Belloi, ein muntrer blühender Bube voll Hoffnungen.

BELLOI: Mein einziges Glück. Der Abdruck seiner Mutter.

GENERAL: Küß ihn von mir noch diesen Abend, und drück ihm auf seine schlafenden unschuldigen Lippen, daß er der Erbe von Belcourt und allen meinen Gütern ist. *Geht schleunig ab.*

BELLOI *ganz erstaunt*: Der General – nein das kann, darf nicht sein! *Ihm nach.*

DRITTE SZENE

St. Amands Schlafzimmer.

ST. AMAND *im Redingurt.* VALENTIN *der ihm die Haare aufwickelt.*

ST. AMAND: Ist deine Schwester verreist?

VALENTIN: Wie anders. Nun, morgen wird's ja wohl zu Ende gehn mit Ihrem Onkel?

ST. AMAND: Es stößt sich nur noch an einem. Was werden wir mit dem Alten drunten anfangen?

VALENTIN: Daß den der Teufel noch nicht holen will.

St. Amand: Kriegt der General Wind davon, so sind wir verloren.

Valentin: Wenn wir ihn – laufen ließen?

St. Amand: Laufen ließen? *Reißt sich los von ihm und kehrt sich um.* Du bist wohl von Sinnen? – laufen ließen, warum nicht lieber hingehn und die Sache beim Parlement angeben?

Valentin: Ja was sollen wir denn mit ihm machen? Wir können ihn doch nicht auf den Kopf schlagen?

St. Amand *bleibt in tiefen Gedanken. Valentin fährt fort ihn einzukräusen*: Valentin – *(mit stotternder Stimme)* du kennst mich – ich verlasse mich auf dich. Nichts ist unausstehlicher an einem Menschen als wenn er dumm ist. Alles andere läßt sich vergeben, vergessen, aber das bringt ihn an den Galgen; verstehst du mich?

Valentin *für sich*: Er hat doch schon profitiert seit der Zeit er mit uns umgeht – *Laut.* Lassen Sie mich nur sorgen, ich will die ganze Sache schon auf mich nehmen.

Unter beiden herrscht ein langes Stillschweigen.

St. Amand: Du hast meinen Degen im Leibe, wenn du nicht alles behutsam einrichtest. *Tritt in den Alkov.*

Valentin *allein, das Licht in die Hand nehmend*: Es ist freilich langweilig mit dem alten Gecken da unten – Wenn ich ihm die Tür offen ließ – Ei Teufel, was ist's denn nun mehr, wenn man einem alten Gecken auf die Glatze gibt, der vielleicht kaum noch ein paar Jahre würde zu leben gehabt haben. Je länger hier, je später dort. *Geht ab.*

DRITTER AKT

ERSTE SZENE

Ein Gewölbe unter dem Kornspeicher.
DER ALTE OBRIST ROCHEFORT *im Dunkeln.*

ROCHEFORT: Welch eine Gnade des Himmels, daß er mich erst im Alter in diese Einöde gebracht, wo ich mich wenigstens mit den Erfahrungen meiner Jugend unterhalten kann. Habe ich doch ehmals wohl in manchen großen Gesellschaften mehr Langeweile gefunden, als jetzt, da ich mich ganz allein mit mir beschäftige. Ja Rochefort, du hast genug gelebt, Freude und Leid genug genossen. Du hast dein Leben fürs Vaterland dran gesetzt, es hat dir's nicht gedankt; desto kitzelnder ist der Gedanke, seinen Dank verdient zu haben. Du hast dein Leben für deine Kinder dran gesetzt, sie wissen es nicht die guten Kinder, aber sie werden deine Asche dafür segnen. Die guten Kinder, wenn sie es wüßten, daß ich das Opfer ihrer Zärtlichkeit – desto besser, daß sie es nicht wissen, würden sie glücklich sein, wenn sie es ahndeten? – Und bin ich denn der erste, der vom Gipfel des Glücks in den Abgrund des Elends stürzt? Wechselt nicht alles auf der Welt? Ist nicht die Erde darum rund, uns anzudeuten, daß nichts auf ihr beständig sei? – Muß nicht immer Nacht auf den Tag kommen, Winter auf den Sommer, Tod auf das Leben?
Valentin tritt herein mit dem Licht und bloßem Dolch.
VALENTIN: Bereitet Euch, Herr, Ihr müßt sterben.
ROCHEFORT *sieht auf:* Sterben? – Kommst du von meinem Sohn?
VALENTIN: Ich bin nicht hier auf Eure Fragen zu antworten. Macht Euch fertig!
ROCHEFORT: Kann mein Sohn dir geheißen haben, seinen Vater umzubringen? – Nur über diesen Punkt beruhige mich.
VALENTIN: Was sollen die Fragen? Nein, er hat es mir nicht geheißen. Macht! –
ROCHEFORT: Nun so brauch ich keiner weitern Vorbereitung.

Nimmt die Mütze zwischen beide Hände. Schöpfer! ich hatte dir meine Seele lang empfohlen. Sollte mein Sohn Anteil an diesem Morde haben – ach, ich habe ihn nicht so gezeugt, er hat kein Herz, das den Urheber seines Lebens hassen könnte. Verzeihe ihm, er erweist mir keine Strafe, er erweist mir das, worum die Wilden ihre Kinder bitten, er überhebt mich der Mühe langsam auszugehen. *Wirft die Mütze weg, zu Valentin.* Jetzt mein Freund, tut was Ihr zu tun habt. *Sich die Brust aufreißend, die er ihm hinhält.* Macht! –

VALENTIN *wirft ihm den Dolch vor die Füße, und läuft heraus*: Herr, verratet uns nicht! *Er läßt die Tür offen.*

ROCHEFORT *fängt bitterlich an zu weinen, endlich steht er auf*: Meine Kinder wieder sehen? *Schlägt in die Hände.* Großer Gott! wenn das mehr als Traum ist – meine Angelika, meinen Belloi – *Geht Valentinen nach.*

ZWEITE SZENE

Verwandelt sich in den Garten.

GENERAL *tritt auf im Schlafrock.*

GENERAL: Ich kann nicht schlafen. Kann ich doch nicht begreifen, was es ist in mir, das mich so unruhig macht. Mein Bruder, mein Bruder! diese Gegenden wieder zu sehen, wo wir so oft mit einander gegangen sind. Sollte dies etwa eine geheime Ahndung dir bald zu folgen – was ist es denn auch mit der Welt? Welch ein Gewebe von Einbildungen, von Erwartungen? – Wie viel habe ich mir vom Leben versprochen, wie wenig hat es mir gehalten? *Setzt sich unter einen Baum, senkt den Kopf in die Hand und verfällt in tiefes Nachdenken.*

DRITTE SZENE

ANGELIKA *im Nachtkleide, im Grund des Theaters.*

ANGELIKA: Ich komme heiliges Bild, ich komme, ich folge dir, wohin du mir winkst.

BELLOI *ihr hurtig nacheilend, eine Enveloppe unter dem Arm, ruft*: Angelika! – wohin, Angelika? Um's Himmels willen, was kommt Sie an? *Kommt zu ihr und legt ihr die Enveloppe um.*

ANGELIKA: Daß Sie doch haben aufwachen müssen, lieber Belloi. Ich dachte so recht allein zu sein.

BELLOI: Aber sagen Sie mir, so auf einmal –

ANGELIKA: Ich stahl mich doch so leise von Ihrer Seite weg. Oder haben Sie's vielleicht auch gesehen.

BELLOI: Was gesehen?

ANGELIKA: Ich bin so voll Schrecken – und doch so vergnügt darüber. Es war mir, es war mir als ob ich unsern Vater unter dem Fenster husten hörte. Auf einmal erschien er mir, ich sah ihn vor mir, ich betrog mich nicht, in seiner ganzen Gestalt lieber Belloi, mit seinen weißen Haaren, der Mond schien drauf.

BELLOI: Sie haben geträumt.

ANGELIKA: Ach so war es der glücklichste Traum meines Lebens. Er stand an unserm Bette, den Kopf vorgebogen, als ob er uns aufmerksam betrachtete. Ich sah ihn, ich sah ihn seine Arme nach mir ausstrecken, ich sah ihn mit einer Hand seine Tränen abwischen, ach ich konnte nicht Atem holen vor Freuden, ich lag da wie in einer entzückenden Ohnmacht, alle Sinnen vergingen mir, es ward mir schwarz vor den Augen und er war weg – weg war die himmlische Erscheinung. Aber da war's, als ob mir einer über dem Kissen zuflüsterte: geh in den Garten! Husch war ich auf und heraus.

BELLOI: Glückliches Weib, daß du so träumen kannst! Laß uns jetzt die Stelle besehen, wo er so oft des Abends unter uns gesessen hat.

ANGELIKA: Das war eben meine Absicht. Hier ging er, erinnerst du dich noch, weißt du's, den Abend als du um mich angehalten hattest, und er dir mein Jawort unter jener Linde gab.

BELLOI: Ach die Linde! die Linde! Erinnerst du dich noch des Tages, als wir uns noch bloß mit den Augen liebten, und ich ins Feld mußte, und wir Abschied unter der Linde nahmen.

ANGELIKA *ihren Arm auf seine Schulter lehnend*: Den Tag war ich doch das Närrischste von uns beiden – Wie er dir die Hand auf den Kopf legte und dich zur Bataille einsegnete.

BELLOI: Der Tod ist Kinderspiel, ich hab es erfahren, aber die Trennungen, die Trennungen – o die Welt verging mir, als ich das hörte, ich wäre dir gern da um den Hals gefallen. Ach mein Weib –

ANGELIKA: Hier war die Stelle – *Indem sie auf den Baum zugehen will, fällt sie Belloi schreiend in die Arme.* Gott! er ist's.

GENERAL *der wie aus einem Schlummer erwacht*: Wer da? Ich bin's, Kinder! wie kommt ihr hieher?

ANGELIKA: Sind Sie's, Onkel! ich kann mich noch kaum fassen – ich glaubte schon unsern Vater hier sitzen zu sehen – o in welcher Unordnung meine Sinne sind!

GENERAL: Sagt mir doch, Kinder, was bedeutet das? Fangen wir denn auf einmal an zu schwärmen? Ich sah auch vorhin so deutlich euern Vater unter jenen Bäumen seufzend auf und abgehn, daß ich allen meinen Verstand zusammennehmen mußte, zu glauben, es sei Einbildung. Und doch kann ich mir's noch nicht aus dem Kopf bringen – ich weiß nicht, ob das eine Vorbedeutung –

BELLOI: Sie sagten doch heut, Sie glaubten keine Geister.

GENERAL: So nach möchte ich bald an welche glauben. So deutlich, so deutlich euers Vaters Wuchs, Gang, Stellung, Stimme sogar.

ANGELIKA: Ach mein Onkel, auch ich habe das Gesicht gesehen, aber nur im Traum. Ist es wohl ein Wunder, daß diese Örter uns ihn so lebhaft ins Gedächtnis bringen. Könnten Sie mir aber wachend das Glück verschaffen – ich bin ein Weib, ein schwaches furchtsames Weib, aber – *(ihm die Hand drückend)* mein Leben gäbe ich drum, ein solches Gespenst zu sehen – – ich bin des Todes, wen sehe ich?

Der Obrist Rochefort tritt hinter einer Hecke hervor.

OBRIST: Hier bin ich, meine Kinder. *Angelika fällt Belloi ohnmächtig in die Arme. General springt auf und zittert, dann fällt er auf die Knie.*

ROCHEFORT: Wollt ihr mich nicht wieder erkennen? – Rochefort, du auch hier? *Seinen Bruder umarmend.* Ich lebe, ich bin nicht tot gewesen – ermuntert euch!

GENERAL: Wie, du wärest –

OBRIST: Dein Bruder, dein Bruder. – Ich bin nicht tot gewesen. – *Zu Belloi.* Und was macht dieser weibliche Engel? O ich kann mich nicht halten, ich muß diese kalten Lippen warm küssen! *Seine Tochter und Belloi wechselsweise umarmend.* Und du, Belloi, glaubst du noch nicht, daß ich lebe.

BELLOI: Ich begreife alles dieses nicht – aber ich glaube es.

OBRIST: Ich bin Rochefort, ich bin dein Vater, ich war nicht tot, ich war nur eingesperrt. –

ANGELIKA *die erwacht, ängstig*: Mein Vater – ist er noch da? verschwunden – o ich Unglückselige!

OBRIST: Nein, Angelika, nein, *(an ihrem Halse)* ewig wollen wir zusammen bleiben.

ANGELIKA: Wo bin ich? – er ist es – *(seine Hand an ihre Lippen drückend)* diese Hand ist nicht kalt.

OBRIST: Kommt hinein, daß ich euch mein Schicksal erzähle, wo ist euer Bruder, ich verzeihe ihm. Er hatte mich eingesperrt, um desto eher zum Gebrauch meiner Güter zu gelangen, und hinterging euch mit einer falschen Nachricht von meinem Tode.

ALLE: Eingesperrt –

OBRIST: Vergeßt's ihm – es sind die Jahre der Torheit.

ANGELIKA: Nein, mein Vater, das ist mehr als Torheit. Aus welch einem fürchterlichen Traum erwache ich! Er Sie eingesperrt. O ich will zu ihm, ich will meine Worte mit Dolchen waffnen, ihm sein Verbrechen vorzuhalten. Er verdient nicht, daß er unter einem Herzen mit mir lag, er soll mir unsere Verwandtschaft zurück geben, er soll sich nie unterstehen, sich mit unserm Namen zu nennen.

OBRIST: Ach mein Kind! als ich heut vor deinem Bette stand,

und der Mond mir nur noch eben so viel Lichte gab, dein Gesicht wieder zu erkennen – wenn ich dir das beschreiben könnte, was ich fühlte.

ANGELIKA: Sie waren es! *Kniend.* O warum redten Sie mich denn nicht an, warum segneten Sie mich nicht? Ich sah Sie auch, und glaubte ein Traumgesicht zu sehen.

OBRIST: Alle diese Freude hätten wir nicht gehabt, wenn mein Unglück nicht vorhergegangen wäre.

ANGELIKA: Das entschuldigt ihn nicht, den Urheber dieses Unglücks.

St. Amand stürzt herein mit einem Dolch.

ST. AMAND: Mein Vater – wo ist mein Vater? –

GENERAL *fällt ihm in den Arm*: Was willst du tun, Rasender!

ST. AMAND: Sie irren sich, Onkel, der Dolch ist für mich bestimmt. Ich komme noch vorher seine Verzeihung zu erhalten, und alsdenn mich zu strafen. Valentin hat mir gesagt, daß er Sie habe umbringen wollen; daß Sie ihn gerührt hätten, und daß Sie nun frei sein. Wissen Sie alles, ich hatte ihn diese Freveltat geheißen. Mein Gewissen erwachte, ich eilte ihm nach, er begegnete mir auf der Treppe, ich glaubte schon, Ihr Blut an ihm kleben zu sehen, und war im Begriff, es an ihm und mir zu rächen, als er mir alles erzählte. Er ist unschuldig, ich allein bin schuldig, ich unterwerfe mich allem, ich scheue den weltlichen Richter nicht, nur keinen zornigen Blick von Ihnen, mein Vater! Ich bin ein unnatürlicher Bösewicht, aber ich bin es nicht durch mich geworden, man hat mich dazu gemacht. Rosinette war es, die durch ihre Schlangenzunge Gift wider meine ganze Familie in meine Seele strömte, sie ist gerettet, sie ist frei, ich will büßen dafür. *Wirft sich auf die Erde, weinend.* Lassen Sie mich binden, lassen Sie mich zum Richter schleppen, nur sagen Sie nur, daß Sie mir verzeihen können.

OBRIST *der ihn aufrichtet*: Betrogener Jüngling – stehe auf! – Wenn dich meine Verzeihung nicht bessern kann, desto schlimmer für dich. Der Vater ist von je her ein schlechter Richter gewesen. Komm an mein Herz zurück, das soll deine ganze Strafe sein. *Will ihn umarmen.*

St. Amand: Nein, lassen Sie mich hier im Staube liegen bleiben und Sie anbeten, gar zu großmütiger Vater!

General: Nun kann ich wieder reden. Rochefort, es war schon ganz aus mit mir, ich hatte die Lust zum Leben verloren. Aber so dich wieder unter deinen Kindern zu sehen –

Angelika: So wären wir denn alle glücklich. Belloi, freue dich doch auch. Du weinst, das ist das erste Mal, daß ich dich weinen sehe; und kannst du kein Wort heraus bringen, Liebchen! Laß uns nun die Arie auf die Freude singen, die du mir neulich geschrieben hast.

Sie zieht ein Papier aus der Tasche und singt. Belloi akkompagniert auf der Flöte.

> Göttin, Freude! dein Gesicht
> Wendest du vom Edlen nicht.
> Wenn er dich verschwunden meinet,
> Bist du näher als es scheinet,
> Stehst mit deinem Ungestüm
> Des Entzückens hinter ihm.
>
> Ach er klagte, wie verloren,
> Daß er nicht für dich geboren,
> Daß du ihm noch nie gelacht,
> Weil er nicht für dich gemacht,
> Ach, er fluchte dem Geschicke!
> Und mit allem deinem Glücke,
> Deiner Wonne Ungestüm
> Stehst du, Göttin, hinter ihm.
>
> Da verwandeln denn die Zähren,
> Die dem Schmerz zu kostbar wären,
> In der Freude Ausdruck sich.
> O da schreit, da schluchzt er dich!
>
> Und mit aller Wut der Schmerzen
> Tobest du in seinem Herzen,
> Bis voll süßer Mattigkeit
> Er es fühlt, daß er sich freut.

DIE SIZILIANISCHE VESPER

Ein historisches Gemälde

PERSONEN

Philippus von Anjou
Don Pedro von Arragonien
Constantia, seine Gemahlin und Manfreds Tochter
Don Carlos Xaver, sein Prinz
Loria, arragonischer Admiral
Isabelle, Infantin Philippus' von Anjou, in Mannstracht
Irene, eine von Constantias Kammerfrauen
Zanus, Abgeordneter der Stände von Sizilien
Leotychius, päpstlicher Legat
Johann von Procida, ein übelgesinnter Sizilianer
Androva, Offizier des Loria
Gyton, ein junger griechischer Sklave
Einige Herolde, Soldaten und Hofbediente

Der Schauplatz ist bald zu Messina, bald nahe dabei in dem Lager der beiden zu Felde liegenden Mitbewerber um Sizilien.

ERSTER AKT

ERSTE SZENE

DAS LAGER

Die Vorposten der beiden Armeen gegen einander. Auf beiden Seiten treten Herolde auf, die Stillstand ausrufen, bis die beiden Feldherren sich unterredet. Man legt die Waffen nieder, und mit einem zahlreichen Gefolge erscheinen PHILIPP *und* DON PEDRO *auf der Bühne.*

PEDRO: Was für ein Recht hat Philipp zu der Krone von Sizilien?

PHILIPP: Das Recht des Eroberers, das erste Recht in der Welt. Fragt lieber, worin bestehn die Geheimnisse eurer Kriegskunst? wie fangt ihr es an, durch unvorgesehene Märsche, unerwartete Stellungen, Verbindung der leblosen und belebten Natur, Furcht und Schrecken auszubreiten, wohin der Name eurer Waffen kommt.

PEDRO: Wenn das dein Recht ist, päpstliche Rotte! die wider Vernunft, Billigkeit und Natur nichts als ihr Ansehen einzusetzen meint: so muß ich dir im Namen eines heiligeren Rechtes ankündigen, daß du die Waffen zu strecken hast. Dein Prinz, der Prinz von Salerno, ist durch die männlichere Kriegskunst meines Admirals Loria, der der Vereinigung eurer beider Flotten wie ein Blitz zuvoreilte, mitten in dem Hafen von Messina, am Schluß seiner Laufbahn und der Ausführung eures Plans gefangen – mein Gefangener, so wie der hochmütige König Philipp, wenn er jetzt durch keinen unerwarteten Coup unsere Kriegskunst, die sich auf Recht gründet, zu Schanden macht.

PHILIPP: So greift zu den Waffen, redliche Mitbürger! Mein Sohn gefangen? Ha ich spotte dieser Kriegslist. Vergeßt nicht, daß unser Sieg in den Herzen der Sizilianer liegt, in der Achtung, die sie uns wider Willen schenken müssen. Wer hat sie das Leben kosten gelehrt, ihnen die Süßigkeiten der Künste schmecken lassen? Und das große Band aller Völker, der Gott der Sizilianer, Brot – – durch wessen Ruhm gelockt waren die Venezianer willig, den Sizilianern Brot zuzuschiffen, das sie ihnen jetzt versagen. War es nicht Karl von Anjou, unser Ahnherr, der Eroberer, der vorgegebene Usurpator eures Reichs?

PEDRO: Wir werden eure Wortkriege mit den Waffen widerlegen.

PHILIPP: Nicht in sofern Worte Waffen sind. O Pedro! wir sind noch nicht erschöpft, gesetzt auch, daß mein Sohn durch irgend eine Verräterei in eure Hände fiel, denn beim Himmel! niemand als ein Verräter kann euch entdeckt haben, daß sich unsere Flotten vereinigen wollten. Der Papst, euer Freund und euer Feind, der euch ins Land rief, weil wir ihm zu mächtig worden, weil er unser Bündnis mit dem Kaiser von Byzanz und Venedig scheute und in Jerusalem und Sizilien eine neue Monarchie befürchtete: dieser Papst ist noch auf unserer Seite, sobald das Glück euren Waffen folgt.

PEDRO: Ha deine List wird uns nicht entwaffnen – zum Gewehr!

PHILIPP: So wenig als uns die eurige. Zum Gewehr gegen Rebellen und Verräter. – Wir haben Hinterhalt in Sizilien, und einen Hinterhalt, der mit dem Kreuz der Andacht bezeichnet ist. Dem Papst gehört Sizilien, nicht euch, arragonische Räuber, die ihr Recht darauf, selbst das was sie von Roger herleiten, aus den Händen des Papstes empfingen.

PEDRO: Der Papst hat uns hieher gerufen, Konradinens Tod zu rächen, den ihr als die ehrlosesten aller Räuber vom Thron warft.

PHILIPP: Und den Rom selber bluten ließ, weil er sein Reich nicht aus den Händen des Papstes empfangen wollte, der der rechtmäßige Lehnsherr davon war. Ihr schmückt eure Leidenschaften mit dem Recht.

PEDRO: Zu den Waffen!

PHILIPP: Zu den Waffen wider Empörer!

PEDRO: Der Papst ist unser Freund.

PHILIPP: So triumphiere, väterliche Wut, wenn ihr meinen Sohn zum Opfer für Konradinen macht, den euer Freund der Papst hinrichten ließ. – *Zu seinen Leuten.* Blast Lärm!

PEDRO: Zum Angriff! –

PHILIPP *zu seinen Leuten*: Der Papst wird ihnen so meineidig werden, als er's uns geworden ist. Er haßt nur den Überwinder, aber nie den Überwundenen. *Leiser.* Es ist uns gut, daß sie im Vorteil sind –

PEDRO *zu seinen Leuten*: Ihr seht, er ist krank: er ist nicht mehr fähig, einen männlichen Entschluß zu fassen.

PHILIPP: Greift an! –

PEDRO: Haltet inne! – Da kommen die Stände von Sizilien.

ZWEITE SZENE

ZANUS mit Gefolge zu den Vorigen.

PEDRO: Was ist euer Gesuch, ehrwürdigen Stände Siziliens?

ZANUS: Die Auslieferung des gefangenen Prinzen von Salerno. Constantia versagt ihn uns, und diese Großmut zur Unzeit verwirrt alles. Er soll auf dem Fleck bluten, wo noch Konradinens Blut für uns klebt, ein Blut das im Angesicht des ganzen Europa von Räubern vergossen ward und auf dem das Erbrecht zu Sizilien ruhte.

PHILIPP *zu seinen Leuten*: Ihr seht daß es eine Kriegslist ist; sie mißgönnen diesen Gefangenen Pedros Händen, der ihn als ein wichtiges Instrument zu einem vorteilhaften Frieden brauchen konnte. Greift an und schlagt, jetzt ist es Zeit. Sizilien haßt Arragonien noch mehr, als es Anjou hassen konnte, das im Fall der Not sein Befreier vom Papst selber ist.

PEDRO *zu Zanus*: Ich sehe, man rückt ins Gewehr. Wir haben nicht Zeit, an die Rache unsers Blutes zu denken, als mit den Waffen in der Hand.

ZANUS: Wir wollen es in den Mauren unsrer Stadt rächen und euren Waffen zu Hülfe kommen.

PEDRO: Tut, was ihr wollt, und kommt. Ich muß angreifen – – mich verteidigen –

ZANUS: Euren königlichen Willen an Eure Gemahlin!

PEDRO *Befehle austeilend*: Ich habe nicht Zeit.

ZANUS *zu seinen Leuten*: Wenn sie im Handgemenge sind, so laßt das Signal geben. Sie sollen die Gefängnisse aufsprengen, Salerno und alles, was von Anjous Partie ist, hinrichten, damit unsere Unterdrücker erbitterter als gereizte Tiger gegen einander sich bis auf den letzten Mann aufreiben und im allgemeinen Blutvergießen Siziliens halb erstickte Freiheit wieder aufleben kann. Kommt ins Lager des Prinzen – *Zanus ab. Die beiden Parteien gleichfalls ab, indem sich beide Armeen rüsten und endlich vom Theater verschwinden.*

DRITTE SZENE

LEOTYCHIUS, *mit einem Kreuz in der Hand, im Gefolge der kreuzbezeichneten Soldaten.*

LEOTYCHIUS: So weit hat unser Häuflein es endlich gebracht, daß zwei erbitterte Parteien, die einander bis auf den letzten Mann aufzureiben entschlossen sind, und die dritte, welche beide unterjochen wollten und die an beiden aus allen ihren Kräften würgen und zerstören helfen wird, uns alle drei für ihre eifrigsten Freunde halten. Seid also auf eurer Hut, meine Söhne, daß ihr nicht durch eine übereilte Einmischung unserm eigenen Interesse schadet, sondern spart eure Kraft dahin auf, daß ihr dem, der als Überwinder auf der Szene bleibt, es sei wer es wolle, zuletzt an die Kehle fallt.
Ein Feldgeschrei.

EINER VOM GEFOLGE: Horcht! der König greift an.

LEOTYCHIUS: O törichte Welt! Wir, die wir uns den Kriegen der Kirche, der Wiedereroberung des heiligen Grabes gewidmet haben, sehn herab auf die Leidenschaften der Menschen, auf die blutigen Ansprüche der Guelfen und Ghibellinen gegeneinander, wie irgend ein gesetzter Mann auf Bären- und Wolfshetzen herabsieht. Je blutiger, desto mutiger. Sie sind zum Blutvergießen erschaffen, und es ist recht, daß sie ihre ganze Wut gegeneinander erschöpfen, damit sie nicht etwa auf einen dritten falle, der ihnen nicht gewachsen ist. Aber horcht, das Gefecht wird ernstlich, das Geschrei nimmt zu! Kommt in das Lager des Prinzen! So jung, so rasch, so bereit zur Rache Konradins er ist, so bedarf er doch noch einiger

Anspornung, wäre es auch nur, damit seine Phantasie sich nicht abkühlte und ihn etwa wieder erinnerte, daß wir mit einigen Anteil an Konradins Hinrichtung hatten. Seid den Kriegen des Herrn gesegnet. *Er gehet ab.*

ZWEITER AKT

ERSTE SZENE

DER PALAST IN MESSINA

CONSTANTIA. IRENE.

IRENE: Der Fremdling verlangt vorgelassen zu werden, der Ew. Majestät Friedensbedingungen vom König Philipp anzutragen hat.

CONSTANTIA: Friedensbedingungen? vom König Philipp? in einer Stadt, die noch kaum unser, wo die Partei des Königs Philipp bei weitem nicht die geringste ist? – – – Irene! du bist so sicher, hier mitten im Kriegsfeuer, hier, wo eine Estafette nach der andern uns eine neue Post des Blutvergießens bringt.

IRENE: Ich bin so sicher, Ew. Majestät, daß ich diesen Fremdling im Augenblick vor Sie stellen will, und wenn Ihr bei seiner Miene ein einziger Zweifel übrig bleibt – –

CONSTANTIA: Mienen, Mienen? Weißt du nicht, daß die Mienen der Franzosen die Hölle selbst mit dem Himmel bedecken möchten.

IRENE: Wenn ich Ihnen nun aber sage, daß dieser Fremdling derselbe war, der unserm Admiral Loria zu seinem Coup verhalf – derselbe kurzum, der ihm den Brief in die Hände spielte, den der König Philipp an seinen Prinzen geschrieben und in welchem die Überrumpelung von Messina und wahrscheinlich der Untergang des arragonischen Namens angezettelt war –

CONSTANTIA: Irene! diese Großmut – und wir haben diesen Fremdling in Händen? und er ist noch unbelohnt? – – – und es schlägt französisch Blut in ihm? – – Gib Acht, daß es keine Kriegslist ist –

IRENE: Es ist so wenig eine Kriegslist, als ein solches Gesicht jemals einer Kriegslist fähig ist. Ich kann Ihnen keinen andern Beweis geben.

CONSTANTIA: Immer das Gesicht! immer die Miene! – – – Laß ihn hereinkommen. – *Für sich.* Friedensbedingungen vom König Philipp! ach sie kämen mir jetzt zu rechter Zeit – Mein Sohn ist erhitzt auf der Laufbahn der Ehre und möchte gar zu gern einen unvorsichtigen Streich wagen – der ihn in Konradins Fall setzen könnte. *Irene geht hinaus.* Er will ihn rächen; gut, edel das! er soll ihn rächen – aber wenn Zanus ihn dazu aufwiegelt, Leotychius – – wenn ihm kein Loria an der Seite steht –

ZWEITE SZENE

JOHANN PROCIDA *zu* CONSTANTIEN.

CONSTANTIA *schnell*: Was will Procida hier? Unangemeldet, Procida?

PROCIDA: Ew. Majestät fechten nicht mehr für Sizilien.

CONSTANTIA: Procida, es war eine Zeit, als du mein ganzes Vertrauen hattest. Die Abscheulichkeiten der Anjous gegen meinen Neffen Konradin, wider die ganz Europa schrie, entbrannten auch euch von einem edlen Eifer uns zu rächen, und zur Erwiderung nahmen wir Anteil an den Ungerechtigkeiten, die euch widerfuhren.

PROCIDA: Und das alles ist jetzo wiederhergestellt? Konradin ist etwa gerächet? unsere Güter sind uns wiedergegeben, unsere Weiber – – – die Franzosen sind aus dem Lande gejagt –

CONSTANTIA: Nicht das! aber euer ungestümes Anhalten um den gefangenen Prinzen von Salerno will mir das einzige Instrument aus den Händen winden, alles wieder herzustellen.

PROCIDA: Ew. Majestät wollen etwa warten, bis Xaver auch gefangen und das Ärgernis vor den Augen des ganzen Europa zum andernmal wiederholt wird –

Constantia: Wollte Gott, ihr hieltet es nicht mit dem Papst. So aber macht ihr eure Freunde selber mißtrauisch.

Procida: Was verlangen wir anders als Rache gegen Ew. Majestät eigene Feinde? Wir wollen Ihrer Großmut und Schwachheit durch das verdoppelte Gefühl auch unsers Unrechts zu Hülfe kommen, gerecht gegen sich selbst zu sein. Wer sind Sie? wer sind wir? Es ist wahr, der Papst schreibt Ew. Majestät in Ihrem eignen Reich Gesetze vor, er bestimmt Ihnen, wie weit sie in Ihren Auflagen gehen dürften, um durch diese unnötige Einmischung Ihnen die Herzen Ihres Volks zu stehlen. Aber je länger dieser Krieg währt, desto schlimmer wird dieses Übel, besonders da Venedig, das mit ihm in Bündnis steht, uns das Getreide sperrt; denken Ew. Majestät auf einen beherzten Streich, der alle diese Ungewitter mit einem Schlage abdampft – – – Denken Sie an unsere Rechte –

Constantia: Es ist wahr, sie nahmen deine Güter Procida, sie verführten dein Weib – es schneidt mir durch die Seele, Procida, dieser dein Blick da, dies dein Schweigen – aber bedenke, sollen achttausend Unschuldige, so viel möchten etwa Franzosen in Messina sein, das Verbrechen eines einzigen oder auch einiger ihrer Vornehmen büßen? Achttausend gute nützliche Bürger, die euch Künste und Gewerbe ins Land gebracht, eure Sitten mild gemacht, euer Leben mit Blumen bestreut haben –

Procida: Künste und Gewerbe – – ja beim Himmel! Künste bei unsern Weibern – Sie haben uns alles genommen, alles – was das Leben würdig machen kann, unser Eigentum, unsere Ehre – und zuletzt das was uns das Liebste auf der Welt war, unserer Weiber Herz. Wie konnten wir diesen gefallen, wenn Mangel und Unterdrückung uns kriechend, uns in unsern eigenen Augen unerträglich machten – Constantia! Konradin war ein vom Himmel gesandter Engel uns zu rächen – alle Augen waren auf ihn gerichtet, alle Hände ausgestreckt, ein Nerve, eine geballte Faust für ihn zu sein. In ihm glimmte unsre letzte Kraft, die letzte Würde der Menschheit auf, und er blutete – Himmel und blutete ungerächet – und seine eigne Mutter ist's, die uns die Rache wehren will.

CONSTANTIA: Unsinnige! wer hat euch gerufen, seine Rächer zu sein! Hab ich nicht einen Prinzen, der Manns genug ist, ihn zu rächen, wie es einem Fürsten ziemt. Wenn Anjou euch ein Joch übergeworfen hat, so ist meines Sohnes Hand ausgestreckt, es euch abzunehmen – Warum bleibt ihr zurück? Ha wenn ihr ihn nicht ins Lager begleitet, wenn ihr nicht mehr Manns genug seid, euch euren Weibern von dieser Seite wieder hochachtungswürdig zu machen: so seid wenigstens Mannes genug, ihnen nicht durch einen Meuchelmord vollends Verachtung und Abscheu wider euch einzuflößen.

PROCIDA: Meuchelmord – – diese Sprache hat Constantia an den Grenzen von Anjou gelernt – – Ich sah Konradin hinrichten, ich sah seine letzte sterbende Miene, mit der er die ganze Welt verachtete. Ich sah den Blick der Verachtung und des Schmerzens, mit dem er seinen Handschuh auszog, sich von allen Seiten umsah und endlich mitten unter seiner schändlichen Gesellschaft, unter seinen Henkern selber Verwirrung und Ehrfurcht ausbreitete, als er im Triumph schrie: Wer diesen Handschuh anrührt, erbe die ganze Rache des, der ihn trug, und bringe sie glühend in das Herz meines Vetters Xavers, des einzigen rechtmäßigen Erben von Sizilien. *Sich auf die Brust schlagend.* Ich war es, der diesen Handschuh aufhub; Constantia! ich brachte ihn zu dir, und wollte Gott, ich hätte allen Furien meines eigenen Schicksals mit einen Eingang in Xavers Herz verschaffen können. Sie nahmen mir mein Weib – weil sie sahen, daß mich das Schicksal dieses Prinzen rührte, deines Neffen – und Constantia will warten, bis Xavern ein ähnliches Schicksal widerfährt –

DRITTE SZENE

IRENE, *mit* ISABELLEN *in Mannskleidern zu den Vorigen.*

CONSTANTIA *ganz außer aller Fassung*: Da ist auch ein Franzose – da ist auch ein Franzose – – – – Sieh seine Miene an! –
PROCIDA *sie wild ansehend*: Seine Miene – seine Miene – ich wünschte er hätte ein Haar von Schlangen und die Verzer-

rungen der Gorgone, ich wollte mein Schwert bis ans Heft in seine Weiberbrust senken und fragen ob da Gefühl von Recht und Ordnung sei – *Auf sie zugehend.* Ein Franzose – – – Ich erwarte den Streich mit der Glocke, der alle deines gleichen – – *Sich den Mund zuhaltend, bei Seite.* Was habe ich gesagt?

ISABELLE *halb ohnmächtig zu Irenen*: Wird sie mir's glauben?

IRENE *zu ihr*: Ermanne dich! und sprich mit ihr! – – Du siehst, sie ist ganz herablassend, nur muß sie wissen, was du willst. –

ISABELLE: Kann diese Verwirrung von Gefühlen eine Sprache finden?

IRENE: Ew. Majestät, dieser Sklave ist bloß durch den Ruhm von Ew. Majestät Großmut zu dem außerordentlichsten und edelsten aller Schritte verleitet worden, von denen die Geschichte jemals reden wird. Denn was soll ich's Ihnen verhehlen, was Ihnen dieser steigende Busen, diese halberloschenen Augen, dieses feinere Spiel der Nerven allzudeutlich sagen müssen, es ist –

ISABELLE *fällt ihr in die Arme*: Halt inne!

IRENE: Es ist ein Frauenzimmer –

PROCIDA *mit aufgehobener Hand gegen sie*: Hölle und Verderben! ein Frauenzimmer, ein französisches Frauenzimmer – um Constantiens weiches Herz, das ohnehin schon für jedes edle Gefühl erschlafft war, vollends zu – – – zu – – – Ich muß in's Prinzen Lager – – – ich muß zu meinen Verbündeten – – – *(nach der Uhr sehend)* die Stunde nahet heran. –

CONSTANTIA *zitternd zu Procida*: Ihr sollt hier bleiben, Procida! Ihr dürft mir nicht aus den Augen – – – – *Zu Isabellen.* Und was will dieses Frauenzimmer – – – ?

IRENE: Gott, sie kann nicht sprechen – – – sie will hunderttausend Sachen – – – und will nichts – – –

CONSTANTIA: Ein Frauenzimmer – wagt sich mitten auf die Wellen des Meers – – unter die Flammen des Kriegs – – – Fast dürfte ich sagen, meine Augen selber straften mich Lügen. Nein, das ist kein gewöhnliches Frauenzimmer.

IRENE: Es war ein Frauenzimmer, dem die Luft ihres Zimmers selbst ehemals zu rauh war. Aber wie sehr kann das Gerücht von großen Gesinnungen und Taten hinreißen – – sie liebte –

CONSTANTIA: Den Prinzen von Salerno, den sie doch in unsre Hände übergab! *Sie aufmerksam ansehend.*

Es herrscht eine minutenlange Stille, in der jeder seine besondere Gemütsbewegung durch eine eigene Pantomime ausdrückt. Endlich fällt Irene ihr zu Füßen.

IRENE: Nein, nein, gnädigste Souveraine, es war keine Kriegslist –

CONSTANTIA: Wie? du folgtest dem Prinzen in den Krieg, um ihn an uns zu verraten?

PROCIDA: Ha, das ist ein Zug ihrer Nation. Und das war nur noch ein Frauenzimmer. – – Aber ich stehe auf einem glühenden Rost hier. – Und Constantia kann es mißbilligen, daß wir an einer so treulosen Nation gemeinschaftliche Hand legen? –

CONSTANTIA: Androva kommt – – Loria muß zurückgekommen sein. Führt mir die Sklavin weg. *Man führt Isabellen ohnmächtig weg.*

VIERTE SZENE

ANDROVA *zu den Vorigen.*

ANDROVA: Eben, meine teureste Souveraine! setze mein Admiral den Fuß ans Land. Jetzt sollen sie's versuchen, unsern Prinzen zur Maschine ihrer Absichten *(auf Procida einen Blick werfend)*, zum Grundpfeiler ihrer neuen Monarchie zu brauchen. Venedig, das uns das Getreide sperren sollte, hat einen Knebel in den Rachen bekommen, Loria hat eine Eskadre von Schiffen dort gelassen, die sie zwingen, uns die Schiffe aus der Levante zuzuweisen – und mit Tunis wird es ihnen eben so wenig gelingen. Selbst der Kaiser von Byzanz ist halb von unsrer Partei – – aber war das nicht der französische Offizier, den ich vorhin dort wegführen sah, dem Loria die Rettung des ganzen Reiches zu verdanken hat, der ihm die Papiere des Königs Philipp an seinen Prinzen in die Hände lieferte – – – –

Procida *bei Seite*: Das vertrag ich nicht länger – – –
Constantia: Procida, was sagst du dazu? Loria hat euch Brot verschafft.
Procida *ganz abwesend*: Ich will ihn hereinrufen. *Läuft hinaus.*
Constantia *zu Androva*: Procida selbst ward milder durch seinen Anblick, so ganz Wohlwollen ist sein Gesicht. Und was wirst du sagen, wackerer Androva, wenn dieser Fremdling, dem du so viel zu danken hast – dem ich so viel zu danken habe – – denn ich habe noch einen besondern Plan mit ihm – – – *Unruhig.* Aber er kommt nicht! Procida hat uns belogen – *Klingelt.* Irene! wo ist Procida? – – – wo ist der Fremdling –

FÜNFTE SZENE

Irene zu den Vorigen.

Constantia *immer unruhiger*: Er hat dies zu einem Vorwand gebraucht, zu entkommen – Sprach er vorhin nicht von einem Streich mit der Glocke? – – – Man schicke den Augenblick Wachen aus, sich Procidas zu bemächtigen – er wird ins Lager des Prinzen sein – auch dahin sollen Boten ihm nacheilen. *Zu Androva.* Sie haben dem Prinzen einen Sklaven aus Griechenland zugegeben, der mit aller Beredsamkeit jenes Klima und jener Sprache ihm Morgen für Morgen die Geschichte Konradins mit neuen blutigen Stacheln in sein ohnehin schon verwundetes Herz drücken soll. Sie wollen ihn zu einem unvorsichtigen Schritt spornen, damit, es gehe wie es wolle, das Blutbad nicht mehr zu stillen sei. Fällt der Prinz in Anjous Hände, so würde unsere Rache unverlöschbar: siegen wir über Anjou, so schreibt uns der Papst und Sizilien selbst Gesetze vor, denn es ist leicht abzusehen, daß uns ein solcher Sieg mit entkräften müsse. – Nun kam dieser Sklave eben recht, um jenen griechischen Sklaven bei meinem Prinzen abzulösen und zur Hemmekette zu dienen, ihn in seinen Operationen gegen den Feind langsamer zu machen, wodurch wir alle gewinnen werden.
Irene: Ew. Majestät machen ihn zum Glücklichsten aller Sterbli-

chen, wenn ich ihm das wiedersage. O es ist unglaublich, in wie vielen Rücksichten diese Nachricht alle alle Wünsche seiner Seele trifft.

CONSTANTIA *zu Androva*: Ja ich muß dir nur sagen, dieser Fremdling, so wichtige Dienste er dem Staat geleistet, ist ein Frauenzimmer – und was dich noch mehr verwundern wird, ein Frauenzimmer, das Zärtlichkeit für den Prinzen hatte, den sie in unsere Hände verriet –

ANDROVA: Das ist unglaublich –

CONSTANTIA: Eine ganz eigene Art von Zärtlichkeit. Sie glaubt ihn noch immer sicherer und besser aufgehoben in unsern Händen als unter den Gefahren des Krieges. Und nun will sie meinen Sohn zum Frieden willig machen, den die Liebe ihr am besten zwischen ihm und dem König Philipp negoziieren helfen wird, dessen Denkungsart in Ansehung seines Sohnes ihr nicht fremd sein kann – Ist das nicht sinnreich?

IRENE *bei Seite*: Wie unrecht – – – und doch wie edel beurteilt sie das Herz meines Fremdlings. O wenn sie wüßte, wenn sie nur erraten könnte, daß es die Schwester des gefangenen Prinzen selber ist, und was für einen Frieden sie mit ihrem Vater zu negoziieren willens war. Wenn sie wüßte, was Isabellen auf die See zog, wenn ihre Bescheidenheit es ihr zu ahnden zuließe, daß nur der, der die Belagerung der Guelfen in Abruzzo aufhob, als ein ausschweifend heroischer Vater auf seinen leiblichen Sohn, den man in die feindliche Fronte gestellt, doppeltes Feuer geben ließ, daß nur Xaver und das Gerücht von ihm ihr jugendliches Herz fesseln konnte –

CONSTANTIA: Wir wollen ihr nach. Wir wollen diesen Fremdling selbst aufsuchen und ihm sein Schicksal ankündigen –

DRITTER AKT

ERSTE SZENE

Lager des Prinzen Xaver, vor Aufbruch der Sonne

Xaver *in voller Rüstung wandelt durch die Zelter*: Es schläft noch alles. O daß ich in die Adern meiner Soldaten nur einen kleinen Teil dessen übertragen könnte, was mich weckt. – Doch sie sind Soldaten, sie müssen schlafen, um das auszuführen, was mich nicht schlafen läßt. Wie viel leichter ist es, Befehle geben, als auszuführen – Wo ist Gyton? Er schläft auch – und hat doch nichts zu tun, als mir zu erzählen – Was kann er mir erzählen, was ich nicht fühle – – Aber wenn die Seele stumpf wird, wenn sie über ihrem eigenen Toben selbst nicht mehr weiß, wornach sie sich sehnt – – –. O Gyton! Gyton! – – – *Ab.*

Gyton, der vor einem Zelt ausgestreckt lag, erwacht und dehnt sich.

Gyton *auffahrend*: Ja, ja, gnädiger Prinz – – – Wo war er? – – – war er nicht hier? *Entschläft wieder.*

Xaver *kommt wieder*: Loria hat einen großen Coup ausgeführt – Und hast du mich nicht gewaffnet, Natur? – Konradin rief mir, mir, mich forderte er vor den Ohren der ganzen Welt zur Rache auf – Er erzählt so schläfrig, so matt, dieser Knabe, ich will ihn abschaffen. Procida sollt ich um mich haben, wenn ihn mir meine Mutter gönnte. Procida, der die letzten Worte seines Mundes auffing, dem sie sich, mit seinem eigenen Drangsal beflügelt, wie Feuerpfeile ins Herz gruben – – da ist Procida! der Himmel selbst erklärt sich für mich, er erhört mich auf der Stelle.

ZWEITE SZENE

Johann Procida *zu den Vorigen.*

Xaver: Guten Morgen, Procida!
Procida: So ganz gewaffnet! – *Halb bei Seite.* Fürtrefflicher Prinz. *Ganz laut.* Ich glaubte Konradin wieder zu sehen.

XAVER: Du kommst mir recht. – Wie ist's, Procida? du hast Konradin gesehen, als er aus den florentinischen Gebirgen zurück gebracht ward –

PROCIDA: Mäßigen Sie sich ein wenig, mein Prinz! die Sonne geht auf.

XAVER *eine Weile stumm hinsehend*: – – Wie wär's, wenn wir heute den alten Graubart Philipp selbst fingen? Es ist doch wohl so rühmlich, einen alten versuchten Soldaten gefangen zu nehmen, als einen jungen unerfahrnen Menschen wie Salerno war.

PROCIDA *mit Xaver vorwärts gehend*: Man wird Ihnen das nicht gönnen, mein Prinz! – –

XAVER *nach einigem Stillschweigen*: Müssen doch meine Feinde selber gestehen, daß ich einen rechtmäßigen Krieg führe. Dieser Leotychius, der mir doch im Herzen gar nicht gut ist, kann in ordentliche Begeisterung geraten, wenn der phlegmatische Gyton erzählt. – – Ihm gefiel der Plan, König Philipp in den Rücken zu fallen, wenn mein Vater ihn durch eine verstellte Flucht vorwärts gelockt – – – Auch Zanus war wohl damit zufrieden und sagte, er wüßte wohl noch einen dritten Hinterhalt – – –

PROCIDA: Hier, hier mein Prinz! in diesem Herzen *(auf seine Brust deutend)* die alle ein Wille sind, den Franzosen ein Ende zu machen, so bald Sie winken – – –

XAVER: Pfui, pfui Procida, keinen Meuchelmord! *Greift nach der Lanze und geht vorwärts, Procida folgt ihm.*

DRITTE SZENE

GYTON *den der Glanz der gegenüber aufsteigenden Sonne plötzlich ermuntert hat, sich aufrichtend*: O Sonne! o mein Vaterland – – – *Nach einer langen Pause mit ausgebreiteten Armen.* Wie viel verschwiegene Gefühle unterdrückter Tränen kennest du allein, kannst du allein dorthin berichten – – Das erstemal, daß mir's erlaubt ist wieder ganz ich zu sein – – – Meiner Schwester! meiner Geliebten, die dich vielleicht nicht aufgehen sieht, aber deine Wirkung fühlt. – Sonne! Sonne! dir sei es geklagt, jetzt, jetzt, da du hinter den Vorhang deiner Nachtruhe hervortrittst, noch ganz meinen Klagen offen, noch nicht durch das mannigfaltige Elend zerstreut, das dich am hohen Mittag in so viel verzerrten Gestalten belagert – – – *Sich schüchtern umsehend.* Er ist nicht da! Welcher glückselige Traum hat ihn in seine Zauberarme genommen, daß er, daß ich wieder Othem holen kann. *Steht auf.* Die beste, die größeste, die edelgeschaffenste Seele mit unaufhörlichen, von ihm selbst gewählten Schlangen zu geißeln – *(mit gefalteten Händen und Knien)* das Amt der Furien gegen einen Prinzen zu verwalten, den ich liebe. – – – Sonne die du uns kennst – vergeblich! – vergeblich such ich seine Seele zu süßeren Gefühlen umzuschwingen, die er so sehr verdient – dies sind die Qualen des Ixions, des Sisyphus, des Geryons zusammen, die nie aufhören.

Indem er mit der äußersten Heftigkeit deklamiert, tritt Xaver mit Procida ihm entgegen.

VIERTE SZENE

Prinz Xaver. Procida. Gyton.

Xaver: Das ist mein Plan – – und keine irdische Macht soll ihn aus meinen Händen retten. –

Procida *bei Seite*: Er ist wie die Mutter! Für eine Schimäre von Großmut, die [sie] sich in den Kopf gesetzt, opferten sie ihr eigen Leben auf. –

Xaver: Doch da kommt Loria! – Welcher böse Dämon muß den daher führen. Hat er nicht ein Gefolge bei sich wie ein türkischer Bassa. Ich glaube gar, er führt einen griechischen Sklaven mit, weil er sieht, daß ich einen habe – – – *Zu Gyton.* Wie ist's, Gyton? willst du dich nicht wieder schlafen legen? – Laß mir den Herold kommen! ich will ihn in König Philipps Lager schicken und um Frieden bitten lassen –

Gyton: Gnädigster Prinz! ich habe – –

XAVER: Keine Entschuldigungen! Ich hätt auch zum Frieden bitten lassen, wenn du erzählt hättest. – – – Es ist mein voller Ernst! ruf mir den Herold und zaudere nicht – *Gyton ab.*

FÜNFTE SZENE

LORIA, ANDROVA, ISABELLA, *als griechischer Sklave gekleidet, zu den Vorigen.*

XAVER: Wie ist's Loria, was bringst du? – Ich habe eben zu König Philipp geschickt und ihn um Frieden bitten lassen. Das wird doch so recht in deinem Plan sein –
LORIA: Der Plan eines Soldaten, gnädigster Herr, ist niemals der Plan des Königs. Der eine, der sich bloß als Werkzeug der Ausführung anzusehen hat –
XAVER: Fort mit den Erniedrigungen! Ich bin kein König. Du warst Werkzeug und Erfindung als du den Prinzen von Salerno gefangen nahmst.
LORIA *zurückweichend*: Das Werkzeug wohl, teurester Prinz, aber die Erfindung – – *(auf Isabellen deutend)* steht hier!
XAVER *Isabellen ins Auge fassend*: Was ist das? Wer seid Ihr, junger Mann?
LORIA: Der Offizier, der die Briefe in meine Hände lieferte, durch welche König Philipp mit seinem Prinzen über die Vereinigung ihrer Eskadern Abrede nahm, und welcher Vereinigung ich auf diese Entdeckung bis in den Hafen von Messina selber zuvoreilte.
XAVER: Laßt mich allein mit ihm – – – auch du Procida – – – – *Loria und Procida treten ab, indem Loria einen verächtlichen Blick auf ihn wirft.*
XAVER: Tretet näher, junger Mann! *Isabelle nähert sich schüchtern.* Also fühltet auch Ihr es, in dem Herzen der feindlichen Länder, daß die Veranlassung meines Krieges gerecht war? – Was bracht Euch zu dem Gefühl?
ISABELLE *ganz außer Fassung*: Viele Dinge.
XAVER: Das ist doch wunderbar. Philipp von Anjou war Euer rechtmäßiger Herr.

Isabelle *bei Seite, außer sich*: Gott! –

Xaver *sie aufmerksam beobachtend*: Ihr hattet doch wohl Ursache, dem Prinzen von Salerno verbunden zu sein. – *Bei Seite.* Sollte es ein Spion sein? *Zu ihr, die verstummt ist, näher tretend.* Ihr kanntet mich wohl nicht anders als von Hörensagen – – – und vielleicht gar von einem falschen Hörensagen.

Isabelle *getrost zu ihm aufblickend*: Nein, nein, nicht von einem falschen, mein Prinz – *Bei Seite.* Gott, was sag ich ihm!

Xaver: Ihr wißt also von den Geheimnissen des Königs Philipp – Ihr könntet ihn wohl gar *(näher tretend und vertraulich)* in meine Hände liefern –

Isabelle *sinkt in die Knie*: Gott, meinen Vater!

Gyton *kommt eilfertig*: Gnädiger Herr, der Herold –

Xaver *zornig*: Ei laß den Herold, wo er ist, Mensch! du bist nur geschaffen mich zu hindern. *Gyton fliegt fort. Xaver noch hitziger.* Bleib, bleib da Sklave! – ha mit den knechtischen Seelen! – sag dem Herold, er soll gehen – er soll da bleiben – er soll gehen – ich schaffe dich ab Gyton! komm mir nimmer vor die Augen!

Gyton: Was soll ich denn sagen? –

Xaver *außer sich*: Komm – fort mit dir! – *Gyton ab.*

Xaver *allein*: Dieser Sklave scheint außerordentlich weich und zärtlich – *Zu Isabellen.* Wie ist's Sklave? habt Ihr Euch besonnen? wollt Ihr in meine Dienste treten?

Isabelle *auf den Knien, außer sich*: Ich? – – – *(bei Seite)* wider meinen Vater, den er verderben wird – Natur – Liebe – Himmel und Erde! ich vergehe.

Xaver *näher*: Wie ist das?

Isabelle: Schon so lange, mein Prinz, hab ich mich gesehnt nach diesem Augenblick –

Xaver: Du willst ihn in meine Hände liefern?

Isabelle: Wenn ich kann –

Xaver: Durch seinen Sohn! Du darfst nur in sein Lager überlaufen mit falschen Briefen, die ich dir geben will, als ob du sie aufgefangen hättest – Nicht wahr, leuchtet dir das nicht ein? *Ihm vertraulicher den Arm auf die Schultern legend.* Du bist mit seinem Sohn gefangen worden – du bist aus unserm Lager entwischt – ich will unsern Vorposten schon Ordre geben, daß sie dich durchlassen – du hast diese Briefe einem Kurier abgenommen, den du bei Nacht überfallen und umgebracht – ich will ihm in diesen Briefen eine falsche Richtung geben, ihn in einen hohlen Weg locken – *Ihn umarmend.* Sklave, dein Glück ist gemacht.

ISABELLE: Mein Glück!

XAVER: Wenn ich König Philipp gefangen bekomme – *Ihn aufrichtend.* Du zauderst. – – – *Ungeduldiger.* Noch einmal –

ISABELLE *im äußersten Kampf* – –: Gott – – – *Zu seinen Füßen.* Gott!

XAVER: Wie, ich will doch nicht hoffen, daß du dich für ihn mehr interessierst als für mich, daß dein Coup mit Loria wohl gar eine versteckte Kriegslist – – – daß du eine Kreatur von ihm –

ISABELLE: Ja ich bin – ich bin eine Kreatur von ihm –

XAVER *sie mit Verachtung von sich stoßend*: Du! – – von ihm! – –

ISABELLE *sich den Busen aufreißend*: Er ist mein Vater –

XAVER *nach einer Pause des Staunens und der Verwirrung*: Dein Vater – und so viel Liebreiz zu meinen Füßen – Wie ist das? *Hinsinkend auf einen Stuhl.* Meine Sinne verlassen mich – – – diese Kriegskunst hab ich nicht gelernt –

ISABELLE: Wenn Sie diese Verwegenheit erzürnt, mein Prinz – hier ist der Busen, den Sie strafen sollen! Aber schonen Sie des Königs Philipp, meines Vaters –

XAVER: Deines Vaters – *(sich bei ihr niederwerfend)* Ihres Vaters, allzureizende Isabelle. Wenn mich meine Sinne in diesem Augenblick nicht betrügen – *Springt auf.* Nein es ist zu viel, zu viel! Ihren Bruder mir aufzuopfern, mir, dem geschwornen Feinde des Hauses Anjou – *(er weint)* der durch nichts als Blut versöhnt werden kann.

ISABELLE *wild und ernsthaft*: Durch nichts als Blut – *Indem sie sich schnell aufrafft, fährt sie wütend nach den Degen.*

XAVER *der sie mit gleicher Wut zurückhält*: Nicht so, allzureizende Großmut – – – ungerechte Großmut, gegen sich selbst – gegen mich, gegen den Himmel, gegen alle – *Kniend.* O lassen Sie mich Sie anbeten – und zugleich mein Schicksal verfluchen, daß ich Sie hassen muß – Nein Isabelle, ich kann, darf Sie nicht lieben – die Furien der Hölle sind in diesem Herzen – aber ich muß, ich muß. *Ihre Hand küssend und mit seinen Tränen netzend.* Du bist zu großmütig, seltne Hand – – Ha, in diesem Augenblick sollte ein Feind mich sehen – – Loria mich sehen – was rase ich – – Und Loria! Loria bringt dich mir – mich zu beschämen, mich zu verwirren, mir meine Kleinheit zu weisen – – *Zu ihren Füßen.* O ich will ihn anbeten, diesen Loria! doch anbeten, er hat mir gebracht, was ein ehrlicher Kerl bringen kann –

ISABELLE *ihre Hand auf seine Augen legend*: Kann Sie das besänftigen?

XAVER: Ja, ja es ist schon sanft dort – – himmlisch sanft – das erstemal in meinem Leben.

ISABELLE: Wollen Sie diesem Loria vergeben, daß ich ihm die Schlacht gewinnen half?

XAVER: Es ist wahr, du hast ihm die Schlacht gewonnen. Dein Herz war größer als seines. Größer als meines. *Springt auf und ruft hinaus.* Der Herold soll fort, er soll König Philipp um Frieden bitten –

HEROLD *tritt herein*: Ich, gnädiger Herr?

XAVER: Du, ja du – Kerl mach mich nicht ungeduldig – *Äußerst heftig.* Geh! –

HEROLD: Herr! ich soll den König Philipp um Friede bitten. Sie mögen ein großer Prinz sein, aber das tu ich nicht –

XAVER *erst außer sich für Wut, dann zu sich kommend und lachend*: Geh, sag ich dir –

HEROLD: Ich? So müssen Sie mir diese silberne Mütze abnehmen und einen Eselskopf darauf heften – – ich weiß, was ich für Befehle für den Prinzen Xaver auszurichten habe, aber das, was aus Ihnen spricht, ist nicht Prinz Xaver!

XAVER: Mensch! du verdientest, daß man dich mit Leib und Seele in Gold einfaßte – aber jetzt sollst du gehen und dem König Philipp Friedensbedingungen antragen – – *(zieht seinen Säbel)* oder nimm deinen Kopf in Acht –

HEROLD: Er ist im Nachteil –

XAVER *mit dem Säbel drohend*: Wenn ich aber will –

HEROLD: Ich will nicht. Und kein einziger Ihrer Soldaten wird wollen. Ziehen Sie mir einen Weiberrock an, gnädiger Herr! Sie, den Thron von Sizilien zu rächen hergekommen –

GYTON *stürzt atemlos herein, mit gerungenen Händen*: Gott! was wälzt sich für eine furchtbare Flamme am Himmel, und von welcher Nachricht begleitet – *Messina geht im Rauch auf.*

XAVER *außer sich*: Es sind die Verschwornen! Ich selbst gab meinen Willen drein – Laßt – geschwind! Laß Loria Truppen hinkommandieren – laß die Pferde satteln, ich muß auf – *Zitternd.* Es sind die Rebellen – verdammter Procida. –

ISABELLE *mit gerungenen Händen*: Mein Bruder!

XAVER: Dein Bruder – fort – was taumelst du, Gyton, mir immer unter die Füße, *(schreiend)* fort! fort! –

HEROLD: So alt ich geworden bin, hat man mir so schimpflich noch nicht begegnet – – – *Alle ab.*

VIERTER AKT

ERSTE SZENE

LEOTYCHIUS *und* ZANUS.

LEOTYCHIUS: Nur mit kaltem Blute, mein lieber Zanus, nur mit kaltem Blute! und ich will euch für alle diese Morde den Ablaß voraus geben. Wenn nur keine Unbesonnenheit dabei vorgeht. Da taumelte Prinz Xaver an mir vorbei, mit einer Menge von Pferden, der neue Sklave hinter ihm drein – wie wär's, wenn Ihr jetzt der Armee Ordre gäbet vorzurücken und anzugreifen, damit nicht König Philipp etwa seinen Landsleuten in Messina zu Hülfe kommt. Mich deucht, diese Idee ist ganz in dem Plan des Prinzen Xavers und Ihr könntet Euch wohl seines Ansehens dazu bedienen.

ZANUS: Es ist der weiseste Rat, der jemals in der gefährlichsten Krise gegeben ward, und nie hätte ich geglaubt, daß ein Geistlicher mit so tiefer Einsicht in die Kriegskunst sprechen könnte. Herold! ruft mir den Herold. *Herold kömmt.* Man befehle den Truppen, sogleich zum Angriffe vorzurücken.

HEROLD: Ich bin noch niemals gewohnt gewesen zu widersprechen, mein Herr! aber der Prinz hat vorhin Ordre gegeben, daß die Truppen nach Messina aufbrechen sollten, wo alles in Aufruhr ist –

ZANUS *zornig*: So befehl ich jetzt im Namen des Prinzen, anzugreifen – fort!

Herold will ab. Man hört Pferde rennen.

ZWEITE SZENE

LORIA *und* ANDROVA *treten bestäubt mit blutigen Sporen auf.*

LORIA *zum Herold, ihn aufhaltend*: Halt, wo willst du hin?

HEROLD: Ordre zum Angriff geben.

LORIA: Zum Angriff! – *Ihn an die Brust fassend.* Zum Angriff! Verräter, von wem?

HEROLD: Vom General hier – *Zanus will abtreten.*

LORIA: Vom General? Ordre zum Angriff? und Ihr habt des Prinzen Ordre nicht?

HEROLD: Gnädiger Herr! ich gehorche, das wissen Sie – aber es ist ein Unglück, wenn man nicht mehr weiß wem man gehorchen soll.

LORIA: Ich will dir's weisen – *Auf Zanus zugehend.* Zum Angriff kommandiertest du *(stößt ihm das Schwert mitten durchs Herz)* Rebell! Hier hätten wir den ersten Angriff tun sollen. Die Stadt ist ein Scheiterhaufen, eine Metzgerbank, wo Bürgerblut die flammenden Ruinen löscht. – Und das war euer Operationsplan, ihr Schlangen – – *Zu Leotychius, der fort will.* Wo wollt Ihr hin?

LEOTYCHIUS: Ich will – ich will Seelmessen ansagen lassen – es ist ein unvermutetes Unglück.

LORIA: Sorge zuerst für die deinige – *Er will ihn ermorden, Leotychius entwischt. Zum Herold.* Geh, sage: die Truppen sollen den Augenblick nach Messina aufbrechen. Das war der Prinzen Ordre.

HEROLD: So sagte ich's auch – Gottlob, daß ich wieder einmal gehorchen darf. *Rennt ab.*

Loria *ruft ihm nach*: Constantiens und des Prinzen Leben sind in Gefahr und seiner geliebten Isabelle. Vergeblich suchten sie die Wut des Volks zu mäßigen, das einem losgeketteten Löwen gleicht, der Blut gekostet hat. Geh, lauf durch alle Glieder, sag ihnen das! sie sollen Fleiß anwenden, sie sollen forcierte Märsche tun.

Herold *hinter der Szene*: Ich gehorche, ich gehorche.

Loria *ruft ihm weiter nach*: Sag ihnen, des Prinzen Leben ist in Gefahr, denn sein Enthusiasmus kennt eben so wenig Zügel als die Wut des Volkes. Von einem brennenden Turm stürzte jemand verwundet aus dem Fenster und wir hörten eine Stimme, die Procidas Stimme glich: Gib mir mein Weib wieder! Man vermutet, es sei der Prinz von Salerno gewesen; Prinz Xaver und Isabelle sprengten mit verhängtem Zügel in die Flammen, sie zerriß sich die Locken und schrie: Mein Bruder! Ich, ich habe dich umgebracht. Xaver wollte sie trösten, alles stürzte übereinander und er erstach mit eigner Hand einen Teufel auf der Leiche seines Vaters, der seinen Vater mit Hohnlachen umgebracht, weil er eine Guelfe war.

Herold *hinter der Szene*: O allgemeine Verwirrung und Not! Verfluchte Kriegslist, wozu hättest du mich bald gebraucht. – *Herold ab.*

Loria *zu Androva*: Und wir wollen zu Don Pedro reiten und sehen, daß wir ihn abhalten, daß er nicht vorrückt. Denn treffen jetzt die beiden Armeen aufeinander, so ist das Unglück dieses Tages durch keine Jahrhunderte wieder herzustellen und der ganze lange verwüstende Krieg der Guelfen und Ghibellinen nichts dagegen. Gott! der König Philipp, der Sohn und Tochter auf einmal verliert, denn ich bin versichert, daß sie ihren Bruder nicht überlebt hat – der sie durch ihre Schuld verliert, durch die Schuld der alleredelsten Liebe – *Die Hand lange vor den Augen.*

Androva: Einer Liebe die in Gefahr und Tod sprang, um dem allgemeinen Blutvergießen vorzubeugen, das sie voraus sah – ach deren Opfer dennoch umsonst war – – – Was muß eine solche Seele im Sterben empfunden haben?

Loria *weinend wie oben*: Eine solche Seele –

Androva: Unser Prinz liebte sie, sobald er sie kannte – und wer sollte sie nicht geliebt haben? Ich hörte, wie sie mit sich selbst kämpfte, als Loria sie herbrachte. Gott, rief sie einmal über das andere, warum ließest du mich von Eltern geboren werden, die das Blut eines Königs vergossen, den ich anbete. Oder warum schufst du mein Herz so zärtlich für sein Unglück, so teilnehmend für seine Gefahr. Denn ich bin versichert, daß wenn Jugend und Rachbegier ihn in die Hände meines Vaters stürzen, daß er mit Konradinen gleiches Schicksal erfährt. – – Gott, und eine solche Seele –

Loria: Eine solche Seele – aber was plaudern wir hier und heulen; sie ist tot, sie ist nicht unglücklich, unser Prinz ist nur unglücklich, er hat zwei Opfer für Konradinen auf einmal. Laßt uns zu Pedro, und ihn abhalten König Philipp entgegen zu gehen, wenn er das Schlachtfeld nicht zur Metzgerbank machen will. Einem gereizten Vater und einem angezündeten Pulverkeller muß man Raum lassen. – Ein Sieg, der mit dem Untergang aller Arragonier und aller Franzosen erkauft würde, wäre eine Schande unsrer Zeit –

Androva: Es wäre ganz in dem Plan des weisen Leotychius –

Loria: O daß mein Eisen dieses Herz noch verfehlt hat. Doch es wäre rostig geworden. Für solche Seelen gehört ein Scharfrichterschwert – komm!

Androva: Ach daß Hoffnung da wäre, Isabelle könnte noch sein gerettet worden. – Unser Prinz, unser Prinz!

FÜNFTER AKT

ERSTE SZENE

Strassen in Messina mit rauchenden Ruinen

Androva, Loria.

Loria: Sorgt dafür, daß unsere Armee sich entfernt halte, wenn Ihr des Menschenbluts hier wollt genug sein lassen. Ich habe Mühe gehabt Don Pedro dazu zu überreden, der in seinem blinden Heldeneifer von dieser Verwirrung vorteilen wollte. Aber ich hoffe, die Tränen der Königin und unsers Prinzen über die unglückliche und allzugroßmütige Isabelle werden ihn eines Besseren belehren, die ein Opfer des Bürgerkrieges und einer unnützen Rache ward. König Philipp wird ihm den Spiegel vorhalten, wie die Schläge des Himmels ein Herz verwunden können, das die Ruhe und das Leben von Millionen einer unsinnigen Ehrsucht nachsetzte. Er zieht einher durch die rauchenden Gassen wie ein angeschossener Tiger, dem man seine Jungen erwürgt hat, und füllt die öden Mauren mit seinem Geschrei.

ANDROVA: Mich treibt ein weit rührenderes Schauspiel hieher. Unser Prinz mit zerstreuten Haaren taumelt einer Leiche nach, die man verbrannt unter dem Schutt hervorgezogen. Er umarmt sie tausendmal, nennt sie mit ihrem Namen und fodert kniend bei jedem Schritt seine Isabelle von den allzugrausamen Sternen zurück. Seine Mutter, sie, die Königin selber, unsere große Constantia, wankt zu Fuß neben ihm und sucht ihn durch ernsthafte Vorstellungen von einem verzweifelten Entschluß abzuhalten. Dort kommen sie, dort kommt der Leichenzug, denn man hat diese traurigen Überreste in einen Sarg gesammlet, um sie den Augen des wütenden Vaters zu entziehen, der unter jedem rauchenden Aschenhaufen nach seinem Sohne gräbt und noch nicht Zeit gehabt hat, nach seiner Tochter zu fragen, deren Schicksal ihm völlig unbekannt ist.

LORIA *nach dem Hintergrunde der Szene sehend*: O traurig! traurig!

ZWEITE SZENE

Ein Leichenwagen mit einem Sarge. Prinz XAVER *nebst* CONSTANTIA *in der obenbeschriebenen Attitude folgen.* IRENE *mit zerstreuten Haaren.*

XAVER: Die Natur ist verwaist – O haltet inne, haltet inne! legt mich in den Sarg – *Als er Loria sieht.* Haucht Leotychius noch? verpestet sein Atem diese Luft noch –

LORIA: Er ist tot gnädigster Prinz! so wie Zanus, das Haupt dieser Verschwörung. Wie schön haben sie Konradinens Blut gerächet – *Zur Königin.* Es war eine Seele, würdig von jedem Auge beweint zu werden.

CONSTANTIA: Der höllische Procida gab mit Brüllen seinen Geist auf. Man hat ihn aus einem rauchenden Schutthaufen noch halb lebend hervorgezogen. Er nannte ihren Namen noch vor seinem Tode! gleich als ob die verworfenste Seele die Schönheit eines solchen Namens noch empfände und sich durch ihn von den Foltern eines sterbenden Gewissens erretten wollte.

IRENE: Ach wie war sie so ganz Unschuld! Wie oft hat sie mir's erzählt, wie ihr der Ruhm unsers Prinzen in ihrer glänzenden Einsamkeit so tiefe Eindrücke gemacht, wie sie mit sich selber gerungen, einen solchen Prinzen, wenn er gleich Feind sei, in der Nähe zu sehen und um ihn zu sein. Ich fühlte mich, sagte sie, glücklicher als ich es verdiente, sobald ich von Xaverens Großmut reden hörte. Unsere Seelen, sagte sie, sind aus einem andern Stoff als der Männer ihre: wir können uns nicht selber genügen. Was fehlte mir, sagte sie: ich hatte die Liebe meines Vaters, ich hatte die Bewunderung der Welt, aber ich konnte nicht ruhen, ich mußte den Prinzen von Angesicht sehen, den eine so edle Rache gegen meinen eignen Vater spornte, der nicht aus Ehrgeiz und um Länder zu gewinnen, der bloß um den blutigen Schimpf von seinem Hause abzuwaschen, einen so gerechten Krieg unternahm, der sich so oft großmütig in demselben bewies, daß die Herzen der Generale selber, die wider ihn gedient hatten, von ihm bestochen waren – ich dachte alle drei zu retten, sagte sie dann, meinen Bruder, meinen Vater und ihn – Aber haltet, da kommt der unsinnige König Philipp – entfernt den Leichenwagen. *Man entfernt den Leichenwagen.*

CONSTANTIA: Ach Prinz! Prinz! wer ist schuld an seinem Unglück?

XAVER: Wir, wir!

CONSTANTIA: Nein, er selbst. Und doch fürchte ich mich vor seinem Schmerz. Es ist wahr, er hatte kein Recht an Sizilien, als

das ihm seine Waffen gaben. Aber er hat Sohn und Tochter verloren. *Ihren Sohn umarmend.* Ach mein Sohn! –
XAVER: Und welch eine Tochter, Constantia, welch eine Tochter!
CONSTANTIA: Und seinen Sohn durch die Verräterei dieser Tochter – Sie war liebenswürdig, diese Verräterei – – – aber er war nicht ohne große Eigenschaften, dieser Verratene, dieser Sohn! Als die Stände ihn von mir herausbegehrten, ließ ich, um ihren blinden Eifer zu befriedigen, ihm sein Todesurteil ankündigen. Er hörte es gelassen an; es war am Freitage. Er freute sich, ließ er mir sagen, daß er an diesem Tage sterben könnte. Ich ließ ihn antworten, aus eben dieser Ursache sollt ihm verziehen sein.
XAVER: Ach durch ihre Verräterei! *Sich auf den Sarg werfend.* Engel und du liegst hier –
CONSTANTIA: Ich schickte sie zu dir ins Lager. Sie wollte dir Friedensbedingungen antragen von König Philipp.
XAVER *mit Wut auffahrend*: Wo ist der Herold? Er folgte mir nicht, als ich ihm sagte, daß ich König Philipp um Frieden ansprechen ließ.
CONSTANTIA: Er glaubte dir's nicht. Du hattest Loria ein gleiches gesagt.
XAVER: Und es war mein Ernst –
CONSTANTIA: Aber du sagtest es ihm spöttisch! – Gott! wieviel entsteht aus einem Wort! –
IRENE: Seht, wie er in den rauchenden Schutthaufen wühlt, um die Reste seines Sohnes zu finden, die er vergeblich sucht.

DRITTE SZENE

KÖNIG PHILIPP *mit Gefolge. Er kriecht auf allen vieren scheußlich entstellt unter einem glimmenden Ruinenberge hervor.*

PHILIPP: Meinen Sohn! – – Mein Volk! meinen Sohn! – – *Springt auf.* Wo ist Feuer? wo ist Schwert? – – Ich will unter diese Haufen Äser zum andernmal stoßen, ich will diese dampfenden Aschenhaufen zum andernmal anstecken – ha die Sizilianer haben mein Herz erraten, hätten sie diese achttausend Hunde nicht umgebracht, so hätt ich's getan, denn es ist der Verräter meines Sohnes drunter. Beim Himmel ein Franzose muß ihn Loria verraten haben – – *(brüllt)* Salerno! Salerno! einen jungen Helden wie du, und am Ziel seiner größesten Unternehmung, die seinen Vater zum Gott machen konnte. Salerno! war das unsere Abrede! Hier, wo alle Dächer abgehoben, alle Fenster gefüllt sein sollten, im Triumph dich einziehen zu sehen, einen Helden einziehen zu sehen, der sich sein Königreich selbst erstritt. Sind sie nun abgedeckt? diese Haufen Äser mit verzuckten Gesichtern – *Stößt mit seinem Schwert unter die Leichen.* Ha Meineidige, Verräter! o mein Sohn! mein Sohn! – Wo ist denn mein Volk, diese Schmach an den Sizilianern zu rächen? Man lasse die Truppen ins Gewehr rücken; wir wollen diese Berge Leichen so hoch machen, daß ich wie Coloß auf ihnen erhaben stehen und über die Welt hinausschreien kann: Gib mir meinen Sohn! –

EIN HEROLD *kommt ängstlich zu Loria*: Don Pedro ist mit der noch ungebrauchten Macht der Arragonier vor dem Tor und hat mich geschickt, König Philipp zur Übergabe aufzufordern. Aber dieses ist das erstemal, Herr! daß mir kalter Schweiß vor die Stirn tritt und ich nicht gehorchen kann. Philipp ist zu aufgebracht, und ich fürchte, wenn dieses Blutbad fortwährt, werden unsere Glockentürme ihre goldnen Zinnen rot färben und die Sonne vor den Schrecken dieses Tages auslöschen.

LORIA *ihn umarmend*: Du bist mein Freund! Herold! sieh in solchen Augenblicken hört aller Unterschied auf, und das menschlichste Herz ist das würdigste zu befehlen. Die Natur sprach durch dich, die Natur die diese Unnatürlichkeiten verabscheut, und obschon du ein einfältiger Bedienter bist, kannst du deinen Feldherrn, denen ihre Leidenschaften die Vernunft nehmen, Befehle geben. Nein, bring Philipp diese Aufforderung nicht, ich will sie ihm bringen, ich will mit ihm reden.

PHILIPP: Was ist das für ein Trommel- und Flötenspiel? Kommt ein neuer Feind, uns aufs äußerste zu reizen? *Brüllt.* Ins Gewehr! – Kommt, wir haben keine Söhne mehr zu verlieren, keine Väter und Brüder – aber zu rächen, zu rächen haben wir!

HEROLD *tritt vor*: Auch wir haben zu rächen, Tyrann –

LORIA *hält ihn zurück*: Laß mich das sagen –

XAVER *stößt beide weg*: Hinweg! *Indem er gegen König Philipp tritt.* Du suchst wie ein gereizter Löwe den Verräter deines Sohns! *Reißt sich die Brust auf.* Hier ist er. Konradin wollte ein Opfer haben, mußte gerächet werden. –

ISABELLE *die in Mannskleidern unter Philipps Gefolge gewesen, reißt sich aus demselben hervor und fällt mit zerstörten Haaren ihrem Vater zu Füßen*: Hier ist er mein Vater! hier der Verräter Ihres Sohnes, hier –

XAVER: Wie! Isabelle! Isabelle lebt – – – und will sich diesem Ungeheuer – *Will sie wegreißen.* Fort – –

PHILIPP: Der Verräter meines Sohnes!! –

ISABELLE: Der Verräter Ihres Sohnes – fragen Sie Loria! fragen Sie die Offiziere, die mit mir gefangen worden.

PHILIPP *sie mit beiden Händen fassend*: Du! *Indem er sie in die Höhe hebt.*

XAVER *kniend*: Der Schmerz um ihren Bruder macht sie rasend.

PHILIPPS GEFOLG: So ist es, gnädigster Souverän! sie hat an keine Verräterei gedacht; aber die Gefahr, in welche sich der Prinz Xaver um ihrentwillen stürzte, der sie liebte – – –

PHILIPP *sie in die Höhe haltend*: Du liebst ihn –

ISABELLE *mit männlichen Mut*: Ja ich liebte ihn, und ihm zu liebe stürzte ich mich in Gefahr, Tod und Verräterei.

PHILIPP: In Verräterei – – – wider mich? –

ISABELLA: Wider Sie –

PHILIPP: So stirb! – *Ihr seinen Dolch in die Brust schlagend.*

XAVER *ihn zu gleicher Zeit durchbohrend*: Stirb zuvor, unnatürlicher Tyrann! und ich, Konradin, der zu langsam zu deiner Rache war *(will sich erstechen, Loria windet ihm den Dolch weg)* der abwartete, daß sich Engel des Himmels mit ins Spiel mischten – *Sie ringen um den Dolch.*

LORIA: Sie haben keine Schuld – Lassen Sie die Opfer des Ehrgeizes bluten. Philipp, Philipp, du hast deine Kinder aufgeopfert, ich will es dir sterbend noch in die Ohren brüllen, du hast Unschuld und Tugend in die andere Welt mitgenommen, deine Verkläger zu sein, da sie hier deine Zierde und dein Monument hätten sein können, wenn du kein Anjou gewesen wärst.

Der Vorhang fällt zu.

MYRSA POLAGI
ODER
DIE IRRGÄRTEN

Ein Lustspiel à la chinoise

PERSONEN DES STÜCKS
nebst einigen fremden darin vorkommenden
Benennungen

MYRSA POLAGI

CHODABENDE, sein Jesaulkor, der dem Myrsa auf der Reise vorreitet

SEFI, sein Dawattar, eine Art gemeiner Schreiber, die die Myrsas mitnehmen, wenn ihnen etwas aufzuzeichnen vorfällt

SARUCHO, Karawanser oder Gastwirt in Xai: ehemaliger Kurtzibaschi an Schach Abas' Hofe

FATIMA | dessen Töchter
KURA |

COSBI, ein Ausländer, Liebhaber der Fatima

ABUMASAR, ein Manazim oder Sternseher, in Kura verliebt

NURMALA, Caßa oder Beherrscherin von Siam und Pegu

BENZOE, ein Paläster oder Gaukler, die Myrsas zu belustigen

SELTA, eine Bereschiot oder Gauklerin, seine unangetraute Frau, beide in Diensten der Caßa

DARUGA, ein Gouverneur

GILLI, ein kontrakter Strumpfweber in Xai

NACODA, bei den Persern ein Atheist, der die Gottheit der Gestirne und die Prophezeiungen aus den Sternen leugnet

FALKIRS, die Propheten aus den Sternen

SEDDER, oberster Aufseher über die Gelehrten in Persien

LEANG, eine chinesische Münze

SCHICH und RASBUTT, Namen für herumziehende räuberische Mönche in Persien

SCHACH CORAM, Mogul von Indostan, verwandt mit Myrsa Polagi. Wird nur genannt. So auch
SCHACH ABAS und
ALI HASSEIN, oberster Manazim der Caßa von Siam

Die Handlung ist aus der persischen Geschichte und geschiehet in Xai, einem Landflecken von Pegu.

ERSTER AKT

Der Schauplatz ein ungeheurer Fichtenwald im Grunde des Theaters, in welchem verschiedene Eingänge zu einem Irrgarten sichtbar sind. Vorne ein offener Platz mit kleinen Gesträuchen unterbrochen.

ERSTE SZENE

Cosbi *und* Fatima.

Cosbi: Hier, hier vor den Irrgärten. Er kommt gewiß hieher, wenn er hört, daß die halbe Stadt sich hinein verirrt hat.

Fatima: Wenn sie nur schrien! Weißt du, daß die Schwester ihn gesehn hat? Vorhin, eben als wir abgestiegen waren vor der Karawanserie.

Cosbi: Wo war ich denn?

Fatima: Damals als du den Papa suchtest. Der Myrsa kam vor die Tür, um auszugehen, mit dem Sonnenschirm in der Hand. Als er sah, daß das Gedränge groß war, blieb er stehen und fing mit dem Jesaulkor an zu sprechen. Kura kam ihm ganz nahe, und weil ihr die Sonne so recht ins Gesicht brannte, war er so gnädig und hielt den Sonnenschirm so, daß sie ihn sehen konnte.

Cosbi: Darum lief sie fort, als ob ihr der Kopf brennte, wie ich sie hieher rief. Vermutlich sucht sie den Alten, oder sie hat Abumasar wo gesehn.

Fatima: Der hat sich schön aufgeführt. In der Karawanserie wußten sie schöne Sachen von ihm zu erzählen.

Cosbi: Wo hat er denn gesteckt die ganze Zeit über? Ist er etwa mit den Leuten der Caßa herabgekommen?

Fatima *lachend*: Ach nein! er ist schon über ein viertel Jahr hier, und weil er uns nicht zu Hause fand, so meint' er, es sei alles aus für ihn – Doch still! da kommt der Daruga. Laß uns fort gehen!

Cosbi: Wenn uns die Schwester nur hernach nicht hier sucht –
Cosbi und Fatima ab.

ZWEITE SZENE

Daruga *mit* Benzoe *und* Selta.

Daruga *zu Benzoe*: Ich werde dich pfählen lassen, lüderlicher Tagedieb! wenn dein Kopf nichts hervorbringen kann, den Myrsa zu belustigen –

Benzoe: Es ist nur, gnädiger Herr! daß ich alles aus meinem Kopf nehmen muß. Die Leute sind ja so dumm hier als –

Selta: Es laufen ihrer schon über die dreißig Stück hier im Irrgarten. Meinen Sie daß sie einmal den Mund auftäten zu schreien, daß der Myrsa was zu lachen bekäme.

Benzoe: Wenn ich eine Herde Schafe hinein gejagt hätte, würden sie wenigstens blöken. Diese aber sind in einer solchen dummen Angst –

Daruga: Desto besser. Weil die Leute keinen Begriff vom Irrgarten haben, so legte die Caßa einen im Walde an, damit ihre Angst uns belustigte. Hättest du's ihnen nicht sollen recht fürchterlich vormalen? Aber ich sehe, man muß dich spießen lassen; sonst bist du nicht im Stande, zum Lachen zu reizen.

Benzoe: Gnädiger Herr! ich bin ja witzig für mein Leben: aber da ist ein kontrakter lahmer Strumpfwirker, den Selta schon zu Agra einmal in einen Irrgarten lockte, als er dem Mogul Fußdecken brachte, wo er vier und zwanzig Stunden drinnen herumhinkte und zuletzt so erbärmlich schrie, daß der Mogul und der ganze Hof herbei kamen und der dicke Mandarin vor Lachen die Gicht bekam.

Daruga: Und den kannst du Rasbutt! nicht wieder hinein bringen?

Benzoe: Es ist nur, daß er mir die andern noch dazu abschreckt.

Daruga: Abschreckt? *Ruft.* Heda! Macht mir den Pfahl zurecht!

Benzoe *kniend*: Gnädiger Herr.

Daruga: Wenn ich dich nicht noch wegen deiner vernünftigen Frau schonte –

Benzoe: Ja, ihr Verstand schießt mir schon von allen Seiten zum Kopf heraus. Wenn sie den Sternseher noch hinein bringen könnte da – *(lachend)* der mit der Pistol in die Karawanserie gerennt ist, um die Bedienten zu zwingen, daß sie ihm Audienz bei dem Myrsa verschafften.

SELTA: Geck! Worauf sinn ich denn die ganze Zeit?

DARUGA: Was ist das für ein Sternseher?

BENZOE: Ei es ist ein Kerl, der die Welt so viel achtet wie einen Mückenschwanz: den sie in Persien haben verbrennen wollen, weil er keine Falkirs glaubte, den die Caßa nach Siam kommen ließ, ihr eine Seeuhr, oder wie heißt das Ding da, machen zu helfen, und der hübsch in Schimpf und Schanden bestund und jetzt hier demselben lahmen Strumpfwirker Strümpfe weben hilft.

DARUGA: Wie? Ein Sternseher und webt Strümpfe?

BENZOE: Ja ja – und hat auch schon einen Weberstuhl darüber zerbrochen. Das ist eben der Umstand, der ihn zu dem verzweifelten Schritt brachte, mit der Pistole in der Hand sich dem Myrsa selbst zu Füßen zu legen. Der vertrackte Strumpfweber fackelt nicht: er will sein Geld haben.

DARUGA: O den Menschen müßt ihr mir in den Irrgarten schaffen: ich gebe euch hundert Leangs dafür.

BENZOE: Wir wollen nur gleich gehen und uns auf unsere Posten verteilen. Er muß hier wo vorbei kommen: ich habe ihm sagen lassen, der Dawattar des Myrsa, an den er sich gewandt, wolle ihn hier sprechen, um ihm oder seinem Strumpfwirker das Geld für den Weberstuhl auszuzahlen.

DARUGA: Macht wie ihr's könnt! Nur herein müssen sie alle beide.

SELTA: Herein sollen sie alle beide: oder ich will mich für meinen Mann spießen lassen.

BENZOE: Geh nur auf deinen Anstand jetzt, ich will auf meinen gehen.

Sie verteilen sich hinter die Gesträuche und Daruga geht ab.

DRITTE SZENE

Sarucho *und* Kura.

Kura: Mein Herz blutet von tausend Wunden. Wie! dieser Mann dem ich meine ganze Hochachtung schenkte, weil Sie ihm die Ihrige schenkten, von ihm sprachen, ihn empfahlen in allen Gesellschaften, ihn nach Siam brachten zur Caßa – dieser Mann –

Sarucho: Ist nur lächerlich, nicht verächtlich, meine Tochter. Er hat freilich seine Fehler, vergißt gar zu gern, daß er auf der Welt ist, und gerät darüber in manche blinde Quergasse. Indessen wird er schon wieder herauskommen.

Kura: Indessen webt er doch Strümpfe jetzt.

Sarucho: Haben denn nicht größere Leute in der Not schon zu schlimmeren Mitteln gegriffen? War ich nicht Kurtzibaschi? Warf ich nicht den Feind des persischen Throns Karib Schach über den Haufen, und bin Karawanser jetzt. – Das ist wahr, ich hätte selbst nicht gewünscht, daß er den dummen Streich mit der Pistole gemacht hätte. Er wäre wohl auch nicht geschehen, wenn er gewußt, daß ich Euch vom Lande einkommen lassen und daß der Karawanser, bei dem der Myrsa abstieg, ich selbst sei.

Kura: Aber warum kam er denn zurück von Siam? Was sucht er hier?

Sarucho: Dich vermutlich. Und denn hatt er sich schlecht dort aufgeführt. Ali Haßein, der Manazim der Caßa von Siam, hatte ihn auf mein Bitten ins Haus genommen, ihm eine Seeuhr verbessern zu helfen, auf die er dreißig Jahre zugebracht. Er vergaß das, warum ihn der hatte kommen lassen und arbeitete selbst an einer neuen Seeuhr, mit der er seinen Wohltäter um seinen ganzen Kredit bringen wollte. Ali Haßein merkt das und schickt ihn zurück, und den Spaß vollkommen zu machen, gibt er ihm noch eine Menge lächerlicher Empfehlungsschreiben mit, die dieser die Treuherzigkeit hatte, abzugeben.

KURA: Dadurch kam er also um das Letzte, was ihm von Ehre und gutem Namen übrig blieb.

SARUCHO: Das Versehen ist eben so groß nicht; hätte ihn Ali Haßein als einen Sternseher empfohlen, so würden sich die Falkirs bald über ihn erbarmt und ihn an den Sedder ausgeliefert haben, der einen Preis auf seinen Kopf gesetzt, zudem ist er jetzt nicht ohne Aussichten; denn außer daß ich selbst für ihn mit dem Myrsa reden werde: so hat er sich selbst durch den albernen Streich mit der Pistole an dem Dawattar einen Freund erworben, der ihm zu vielen Dingen nützlich sein kann. Diesen bat ich selbst in der ersten Bestürzung sich für den Myrsa auszugeben, und schilderte ihm dabei den unglücklichen Zustand und die Verzweiflung des Sternsehers so lebhaft ab, daß sein Ehrgeiz, ein Beförderer der Wissenschaften und des Verdienstes zu werden, dabei rege ward. Allah gebe dieser Empfehlung einen bessern Ausgang als der an Ali Haßein.

KURA: O wie unglücklich mein Vater! sind Ihre Töchter. Fatima hat einen Freund, den falsche Freunde und Neider um Ehre und Vermögen bringen, und der meinige bringt sich durch seine Unvorsichtigkeiten selbst darum.

SARUCHO: Zum Schich! Da seh ich ihn selber mit seinem halb wahnwitzigen Strumpfwirker. Wenn ich in seinem Fall wäre, ich würde mich nun gar nicht weisen, sondern meine Freunde für mich arbeiten lassen. Er aber hält die Nase in die Sterne und stolpert daher, als hätt er eine große Heldentat begangen. Gib nur Acht, er verbüstert sich noch in den Irrgarten hier, um den Myrsa und den ganzen Hof zu lachen zu machen.

KURA: Lassen Sie uns zu ihm gehen, mein Vater.

SARUCHO: Nein, mein Kind, du darfst ihn nicht sehen, bevor ich seinetwegen selber mit dem Myrsa gesprochen. Er zieht uns sonst mit in seine Verwirrungen. Komm herein.

Sarucho mit Kura ab.

VIERTE SZENE

GILLI *und* ABUMASAR.

GILLI: Ja! Als ob ich's nicht merkte. Sie wollen mich wieder in den Irrgarten haben, den die Caßa von Siam hier hat in den Wald hauen lassen. Ich hab's gleich gemerkt, als ich daran arbeiten sah; das sind wieder von den Anstalten wie das Höllennest in Agra da! Aber wart! Meine Nase ist euch zu spitz worden. Ha! Was ist denn das für ein Dawattar, von dem du mir vorredst? Warum ist er denn nicht da? Nicht wahr, es ist auch ein Nacoda wie du bist.

ABUMASAR *mit Unwillen*: Hm!

GILLI: Ja ja! Warum will er mir denn den Weberstuhl bezahlen, den du zerbrochen hast? Ihr seid Nacodas alle zusammen. Gelt, das war dir nicht recht, als mir der Falkir aus dem großen Kalender prophezeite, wenn mich meine Schmerzen an den Händen und Beinen verlassen würden? Gelt, da fingst du an zu lachen, und da bestrafte dich Mohamet und zerbrach dir den Weberstuhl. Und jetzt haben die Schmerzen mich doch verlassen, du Bösewicht! Was sagst du nun dazu? Ich sollte kein Geld von dir annehmen, ich sollte dich peitschen lassen, bis du keinen Leang breit Haut auf dem Rücken behieltest. *Auf ihn zugehend.* Meinen Weberstuhl! – Ja wahrhaftig da regen sich die Schmerzen wieder. *Die Hand aufhebend.* Meinen Weberstuhl! –

ABUMASAR: Herr! so begegnet man mir nicht.

GILLI *bei Seite*: Ich will ihn nur recht bang machen, so denkt er desto eher an die Bezahlung. *Laut.* Was? Ich lasse dich schließen und schicke dich dem Sedder in Ispahan, damit es dir gehe wie jenem verruchten Nacoda, der in allen Moscheen ist ausgerufen worden. Das würde dir gefallen, he! so ein kleiner Scheiterhaufen. Da könntest du lachen so viel du möchtest.

ABUMASAR *sich umsehend*: Ich weiß nicht wo der Dawattar –

GILLI *gelassener*: Nun weil's doch heut so ein wunderlicher Tag ist, so will ich Euch hier lassen bis der Dawattar kommt. Dann könnt Ihr mich rufen, versteht Ihr mich? Ich bin hier bei meinem alten Freunde, dem Karawanser, ich muß einmal von seinem Quittenwein schmecken. *Drohend.* Aber wo Ihr Euch untersteht, den Fuß in den Irrgarten zu setzen, wenn so eine Hexe, eine Bereschiot darin an zu singen fängt wie die in Agra da – die Sohlen laß ich dir aufschlitzen, Nacoda du! – *Für sich brummend.* Ich will doch einmal den Karawanser ausfragen, was es für eine Bewandtnis mit dem Dawattar hat, daß er so großmütig gegen einen solchen Schich ist. *Gilli ab.*

ABUMASAR *allein*: Wenn ich doch nur einen Menschen wüßte, mit dem ich wieder gelehrt reden könnte! Dieser Mensch ist ersoffen in Aberglauben und Barbarei, das war die Ursache, warum ich mit dem Pistol in der Hand zum Karawanser eilte: aber ach ich fürchte, das Dawattars Kenntnis reicht auch nicht allzuweit. Ist denn nun alle Wissenschaft vom Erdboden verschwunden? Und wird in der ganzen Welt am Ende von nichts gesprochen werden als von Strümpfen und Quittenwein. Dann ist der Jüngste Tag auch nicht weit mehr. – Wenn doch der Myrsa nur herkäme, daß ich ihm einen Fußfall tun könnte, mit mir von der Astronomie zu sprechen. Er soll ja vorhin haben hieher gehen wollen die Irrgärten zu besehen. *Eine Weile stumm auf und nieder gehend.* Ich werde mich denn doch wohl müssen mit dem Dawattar begnügen, *(seufzend)* so ein Idiot er auch ist. Er wußte nicht einmal daß die Magnetnadel – Aber wo gerate ich hin? Ich muß den Dawattar doch wohl nur aufsuchen. *Abumasar ab.*

FÜNFTE SZENE

MYRSA POLAGI *und* CHODABENDE.

CHODABENDE *ein Papier in der Hand haltend*: Das ist zum Sterben Myrsa, wieder ein Sefistreich, der seines gleichen nicht hat. Wir sind allein hier, jedermann scheuet sich jetzt vor dem Irrgarten – Sehen Sie hier etwas, das uns mehr belustigen soll als alle Paläster und Irrgärten der ganzen Welt. Sefi ist in eine grausame Angst geraten: er hatte es einmal über sich genommen, Ihre Rolle zu spielen und den Beschützer der Wissenschaften zu machen, da er nicht wußte, daß Ihnen der Sternseher schon von Ali Haßein empfohlen war. Nun kommt der verzweifelte Kerl und fordert Geld – Geld – und Sie wissen wie es mit Sefi im Punkte des Geldes – Im Punkte der Großmut ist nichts an ihm auszusetzen –

MYRSA *lachend*: Aber wenn er sie bezahlen soll –

CHODABENDE *lachend*: Nun ist da ein verzweifelter Vorfall. Der Daruga hat an ihn geschickt: der Mensch, der heute früh mit dem Pistol da gewesen und dem er seine Protektion so geneigt zugesagt, verlange ihn zu sprechen und lasse untertänigst bitten ihn doch aus Gefängnis und Not zu retten. Der unsinnige Strumpfwirker, bei dem er im Hause sei, ein Mensch, der ganz und gar keinen Geschmack an der Astronomie hat, wolle ihn in Eisen schließen, weil er, dem es mit dem Strumpfweben fast eben so geht, ihm einen Weberstuhl zerbrochen. Nun können Sie sich die Verwirrung des armen Sefi vorstellen. Sein Klient, der erste Gelehrte in Persien, soll in Ketten und Banden geschlossen werden, wenn er nicht bezahlen kann.

MYRSA: Und das kann er nun freilich nie, weil er immer anticipando lebt.

CHODABENDE: Ja seine Besoldung ist immer angewiesen. Aber er weiß sich zu helfen. Sehen Sie hier, was er auf meinem Tisch hat liegen lassen, vermutlich in der Absicht, daß ich's Ihnen weisen soll.

MYRSA: Laß sehen.

CHODABENDE: Ein Journal, ein geheimes Reisejournal – von Sr. Hoheit des Myrsa Polagi untertänigstem Herrn Dawattar.

MYRSA *das Blatt nehmend*: Herrn Dawattar – Nun das ist drollig genug.

CHODABENDE: Vermutlich, daß der, der das Blatt etwa auffinge, oder auch Abumasar selbst, keine zu geringe Meinung von ihm bekäme. Er fängt an mit einem Spruch aus dem Lockmann –

MYRSA *liest heimlich und dann laut*: ›Das göttliche Gefühl, einen Mann geschützt zu haben, der die Ehre der Menschheit

macht: dessen Mut, die Vorurteile einer ganzen Nation anzugreifen‹ –
CHODABENDE: Nein Myrsa! Und Sie kennen das Original noch nicht. Wenn Sie ihn zu der Beschreibung sähen: er geht immer mit zugeschloßnen Augen. In der Astronomie hat er wirklich sein großes Verdienst; aber übrigens ist es die drolligste Edition von Gottes Werken. Er hat vergessen, daß er verliebt war und daß er eine Geliebte hier hatte und daß er eine Reise zu ihr hieher tat, weil Ali Haßein, den er für seinen Feind hält, ihm das ganze Konzept verdarb. Er schrieb ihm nämlich, daß durch ein in seinem Hause ausgekommenes Feuer alle seine Reisebücher, Seekarten und Instrumente, die er ihm in Verwahrung gelassen, verbrannt sein. – Nun wollen wir uns den Spaß machen und Sefi erzählen, Ali Haßein habe auch seine Geliebte dazu genommen. Dann wird er fulminieren.
MYRSA: Auf Ali Haßein und die Menschheit.
CHODABENDE: Im Namen des Sternsehers, der sich vielleicht mittlerweile mit einem Kometen beschäftigt. Das Fulminieren kostet kein Geld. Nun lesen Sie nur die andere Seite.
MYRSA *liest lachend*: ›Nur bist du jetzt in großer Sorge, mein Herz! wie du dem Myrsa die Sache mit dem zerbrochnen Weberstuhl‹ – *Chodabende nimmt es ihm aus der Hand und liest lachend fort.*
CHODABENDE: ›Weil dergleichen Sachen sich so lächerlich ausnehmen *(heftiger lachend)* und es doch im Grunde nicht sind *(außer sich für Lachen)* denn die keuchende Tugend unter dem Druck eines solchen Tyrannen‹ –
MYRSA *lachend*: Er will uns zum Mitleiden reizen.
CHODABENDE: Da kommt er selbst mit seiner keuchenden Tugend. Wahrhaftig, wie gerufen – Geschwind Myrsa, hinter die Hecke – wir werden was hören im Punkte des Weberstuhls – *Sie verbergen sich.*

SECHSTE SZENE

Sefi *und* Abumasar, *beide in tiefen Gedanken.*

Abumasar: Kurz mein wertester Herr Dawattar.
Myrsa *heimlich zu Chodabende*: Herr Dawattar, das ist nicht zu bezahlen.
Sefi: Aber mein wertester Herr Manazim! der Karawanser hat mir auch gesagt, daß Sie noch eine Geliebte hätten.
Chodabende *heimlich zu Myrsa*: Das ist noch schöner. Der spekuliert darauf, daß die Geliebte den Weberstuhl bezahlen soll.
Abumasar: Kurz mein wertester Herr, auf diese verräterische Art kam ich um –
Sefi *aus einem Traum erwachend*: Um den Weberstuhl, wie oft hab ich das schon gehört.
Abumasar *verdrüßlich*: Um meine Instrumente – um meine Instrumente, die ich bei ihm zurückgelassen.
Sefi *zerstreut*: Zurückgelassen.
Abumasar: Und die verbrannten.
Sefi *auffahrend*: Verbrannt – Wer? was? verbrannt! Ihre Geliebte –
Abumasar: Nicht doch, meine Instrumente, sag ich Ihnen ja, meine Seekarten, meine Erfahrungen.
Sefi: Und wie war's? Er hatte Sie ja kommen lassen, seine Seeuhr zu verbessern.
Abumasar *freudig*: Ja freilich.
Sefi: Und die Seeuhr verbrannte.
Abumasar *hüpfend und jauchzend*: Wollte Gott! Wollte Gott!
Sefi: Was ist das? was klagen Sie denn?
Abumasar: Ich wollte selbst eine machen nach meinen eigenen Karten, nach meinen eignen Beobachtungen.
Sefi: Und vergaßen darüber die seinige.
Abumasar: Freilich; aber da er die Polhöhe unter der größten Entfernung vom Zenit genommen –
Sefi: Und vergaßen darüber Ihre Geliebte, Ihren Wohltäter.
Abumasar: Nicht doch, ich sage Ihnen, es verbrannte alles –

SEFI: Er riet Ihnen zurückzureisen, das edle Feuer nicht auslöschen zu lassen in dem Herzen Ihres Beschützers –
ABUMASAR: War das nicht eine höllische Verräterei?
SEFI: Ich glaube Sie rasen.
ABUMASAR: Sie rasen wohl selber. Ich sollte das Feuer nicht auslöschen lassen, in dem meine Bücher, meine Instrumente, meine Ehre und mein Glück verbrannten.
MYRSA *zu Chodabende*: Der will von der Geliebte nichts wissen.
CHODABENDE: Und der andere kommt immer darauf –
SEFI *zu Abumasar*: Sie sind unempfindlicher als ein Stück Holz –
ABUMASAR: Wollte Gott!
SEFI: Was ist das für ein dummes ›Wollte Gott!‹ Sie haben vergessen daß Sie ein Mensch sind –
ABUMASAR: Dazu gab er mir noch die höllischen Empfehlungsschreiben.
SEFI: Was für Empfehlungsschreiben? was brauchten Sie für Empfehlungsschreiben an den Vater Ihrer Geliebte.
ABUMASAR: Nein, nein, an die hiesigen Gelehrte.
SEFI: Was für Gelehrte suchten Sie hier, in einem kleinen Landflecken.
ABUMASAR: Er schrieb mir, ich würde hier Kenntnisse der Astronomie antreffen.
SEFI: Und wollten sich verbrennen lassen von dem Sedder zu Ispahan.
ABUMASAR: Nein doch, hören Sie nur! merken Sie jetzt das Feine von der Verräterei. Hätt er mich beschuldigt, ich hätte das Land verraten, oder die Religion geleugnet, je nun so hätt ich mich ja verantworten können. So aber beschuldigte er mich, ich könnte Festungen anlegen, Mühlen bauen und ander solch dummes Zeug mehr, das ich in meinem Leben nicht gelernt hatte. Ich stand da wie vor den Kopf geschlagen, als die Leute mich fragten, der Daruga hier und andere – sagt ich Ja, so konnt ich's nicht beweisen, sagt ich Nein – doch ich halte mich hier wahrhaftig zu lang auf. Mein Strumpfstrikker –
SEFI: Daß Sie doch immer mit Ihrem Strumpfwirker – wie oft hab ich's Ihnen schon gesagt, daß der lumpigte Weberstuhl –

ABUMASAR *forteilend*: Bezahlt sei, o desto besser, desto besser.
SEFI: So bleiben Sie doch und lassen uns von würdigern Gegenständen sprechen. Vielleicht kommt der Myrsa selbst her – Ihre Geliebte –
ABUMASAR: Es ist eine wahre Zuchtrute für mich, dieser Strumpfwirker. Er weiß von nichts zu reden als Strümpfen.
SEFI: Um sovielmehr –
ABUMASAR: Um sovielmehr muß ich eilen, denn ich kann nicht von ihm loskommen, so lange sein Weberstuhl –
SEFI: Er ist ja aber schon bezahlt –
ABUMASAR: Ich bringe ihn selbst her –
SEFI: Gehn Sie an den Galgen mit Ihrem Strumpfstricker –
ABUMASAR: Ich bin im Augenblick wieder bei Ihnen. *Abumasar ab.*
SEFI: Und ich will derweile in den Irrgarten gehn, damit er mich nicht findet. –

SIEBENTE SZENE

SELTA *springt hervor und hält* SEFI *auf, der auf den Irrgarten zugeht.*

SELTA: Sie sind es, ich betrüge mich nicht, Sie sind der edelmütige Dawattar, den mir mein Vater als den letzten und einzigen Freund meines unglücklichen Geliebten bezeichnete.
SEFI: Wie Madam? Sollten Sie die edelmütige Tugend sein, von der mir eben vor einer Stunde der Karawanser gesprochen, die das Verdienst selbst unter der unscheinbarsten Maske nicht zu verkennen großmütig genug ist.
SELTA: Ja ich bin die unglückliche Geliebte eines Mannes, dessen Unglück selbst mir nur ein größerer Reiz wird, so eigensinnig in meiner Treue zu sein, als es das Glück in seiner Ungerechtigkeit gegen ihn ist.
SEFI: Worin kann ich Ihnen helfen Madam?
SELTA: Einen Verräter zu entlarven, der die einzige Ursache der Verzweiflung einer tugendhaften Liebe ist.
SEFI *mit Enthusiasmus die Hand an den Säbel legend*: Wenn das eine einzige Person ist, so ist heute ihr Lebenslauf geendigt.

SELTA: Es ist Ali Haßein, edelmütigster Dawattar! der, nicht zufrieden, Abumasar den Preis seines ganzen Lebens, den Schutz der Caßa zu Siam, die Ehre bei seines gleichen und das Herz meines Vaters selbst entrissen zu haben, auch noch in seiner Verfolgung so weit geht, seine schamlose Frechheit so hoch spannt, mich, mich selbst zum Ziel seiner schändlichen niederträchtigen Kunstgriffe zu machen. Er hat mich hier in den Irrgarten beschieden, um, wie er sagte, den Myrsa Polagi mitzubringen und mir in seiner Gegenwart die Instrumente und Karten einzuhändigen, über deren Verlust sich mein Geliebter so sehr beklagt.

SEFI: Und setzen Sie ein Mißtrauen in dieses Anerbieten?

SELTA: Das allergegründeteste. Seine List, seine Kunstgriffe sind über allen Ausdruck. Selta, eine Bereschiot aus dem Gefolge der Caßa, deren Herz diesen Anschlag den er ihr mitteilte verabscheut, hat mir den Schlüssel gegeben. Er will einen Falkir mitbringen, den er dadurch, daß ich als Abumasars Geliebte bereit bin, seine astronomischen Instrumente in Empfang zu nehmen, überzeugen wird, Abumasar sei der Sternseher, den die Falkirs in Ispahan verbrennen wollten. So soll ich die Verräterin dessen werden, den ich über alles auf der Welt am meisten liebe, und zugleich die Beute eines Ungeheuers der mir unter allen hassenswürdigen Dingen auf der Welt das hassenswürdigste ist.

SEFI: Meine Meinung ist, daß Sie in den Irrgarten gehen und ihn standhaft erwarten. Ich werde mich nicht weit von Ihnen versteckt halten.

SELTA: Sobald er kommt, rufe ich: Myrsa Polagi! und Sie springen hervor. Dieser Name muß ihn schrecken, und vielleicht zwingen wir ihn dadurch anstatt der astronomischen Instrumente, die er nicht mehr herausgeben kann, Abumasar eine Entschädigung zu geben.

SEFI: Fürtreffliche Seele! Ich bin entzückt über Ihren Verstand, ich bin entzückt über die Wahl die Abumasar getroffen hat. So ein großer Gelehrter er ist, sobald er's mit den Sternen zu tun hat: so schwach ist er doch oft in den gemeinsten Dingen des Lebens. O Sie wissen nicht in welcher Not er jetzt steckt.

Kommen Sie nur, kommen Sie: was mein Säbel zu Ihrem Verstande kann beitragen helfen, soll nicht anders geschehen als mit Freuden. *Sie gehen beide in den Irrgarten.*

MYRSA *heimlich zu Chodabende*: Unvergleichlich! Da kommt auch die andere Hälfte der Ehre der Menschheit schon wieder.

ACHTE SZENE

GILLI *und* ABUMASAR. GILLI *hinkt und stöhnt.* ABUMASAR *jauchzt und tanzt voran.*

CHODABENDE *heimlich zum Myrsa*: Die keuchende Tugend, scheint es, hat sich ablösen lassen von ihrem Tyrannen.

ABUMASAR *der zu Gilli zurückkommt*: Wo bleiben Sie? Alle Ihre Schmerzen sage ich werden Ihnen vergehen, so bald Sie den Dawattar kennen lernen.

GILLI *hinten nach bleibend, schreit*: Eh! Was geht Ihr denn so geschwinde? *Für sich.* Der verdammte Schmerz! Ich bin den ganzen Tag frei gewesen –

ABUMASAR: Ich sage Ihnen, er zahlt Ihnen hundert Leangs auf einem Brette aus –

GILLI *hinten nachhinkend*: Ich glaub es, so lauf doch nur nicht – Du wirst mich ums Leben bringen, verwünschter Nacoda! mit deinem atheistischen Laufen – *Sinkt nieder.* Man sieht's wohl, daß du an keinen Falkir glaubst, gottsvergeßne Seele du!

ABUMASAR *kehrt zurück zu ihm*: Aber was sollen doch das für Possen sein.

GILLI: He, mir ist nicht possierlich – *Schreit.* Aoah!

ABUMASAR: Befreien Sie doch Ihre Seele von den Vorurteilen.

GILLI: Was´Vorurteile, Höllenhund – *Brüllt.* Aoah –

ABUMASAR: Es sind leere Schimären die Sie sich machen.

GILLI: Zum Teufel mit deinen Schimären – der Kerl glaubt einen nicht einmal, daß einem weh tut. *Brüllt überlaut.* Aoah! Aoah! – Das ist ein verdammter Atheist das –

ABUMASAR: Aber so kann ich Ihnen ja nicht helfen. Ich werde müssen ihn herbringen. Ich sag Ihnen, er zahlt Ihnen die hundert Leangs gleich auf einem Brett –

GILLI: Aoah aoah!

ABUMASAR: So schreien Sie doch nur nicht – hundert Leangs –

GILLI: Zum Teu– mit deinen Leangs.

ABUMASAR: Ich bin gleich wieder da. *Läuft davon.*

GILLI: Das hat man von dem Nacodazeug. Hätt ich ihn doch nur nicht ins Haus genommen. Aoah – *Nach einer Pause.* Sollt er jetzt schon weit genug sein? *Fängt an zu lachen.* Der Daruga kann auch wohl zu mir kommen wenn er mich bezahlen will. Es ist immer ein Nacoda wie der Abumasar auch. Und die Herren, die um die Myrsas sind, kennt man auch wohl: sie möchten mich wohl gern um die lumpigten hundert Leangs in den Irrgarten haben, aber – Ha ha ha! Er wurde auch so mitleidig, daß er gern mit mir geschrien hätte und die Tränen ihm in den Augen stunden. Ich muß nur wieder einmal schreien. *Schreit und lacht.* Aoah!

SELTA *singt aus dem Irrgarten*:

> Dank sei dir Natur!
> Unter schwarzen Fichten
> Wie auf goldnen Früchten
> Lächelt deine Spur.

GILLI *stutzt auf einmal, rafft sich auf und hinkt vorwärts*: Was? – *(rauft sich das Haar)* ich bin verloren – meine hundert Leangs – er ist im Irrgarten, er ist davon mit ihr gelaufen, es ist dieselbe, die mich in Agra hinein vexiert hat –

SELTA *singt scherzhaft*:

> Hier wo Turteltauben girren
> Sanfte Zärtlichkeit und Ruh:
> Decke selbst in den Gewirren,
> Wo die Lauscher sich verirren,
> Unsrer Liebe Freuden zu.

GILLI: Es ist dieselbe. *Brüllt.* Abumasar Abumasar.

BENZOE *als Gilli sich umsieht, springt in den Irrgarten und ruft aus dem Garten*: Hier! hier!

GILLI *schreit*: Wart ich will dich zudecken. *Läuft auf den Garten zu.*

SELTA *wiederholt*:

Decke selbst in den Gewirren,
Wo die Lauscher sich verirren,
Unsrer Liebe Freuden zu.

GILLI *hinter der Szene, Abumasars Stimme nachäffend*: Er soll Ihnen die hundert Leangs auf einem Brett auszahlen, alle Schmerzen sollen Ihnen vergehen – wart du Höllenhund.

SELTA *aus dem Garten*: Myrsa Polagi, Myrsa Polagi!

SEFI *(Man hört Säbelhiebe die er austeilt, indem Gilli erbärmlich schreit.)*: Das ist für deinen Kitzel, verdammter Ali Haßein! Das ist für die Ehre deiner Bekanntschaft hier im Irrgarten, Verführer der Unschuld!

GILLI *schreit*: Herr ich bin es nicht, Herr sie haben meine Unschuld verführen wollen, die verdammten Bereschiots.

SEFI *hinter der Szene*: Deine Unschuld schiefer und lahmer Sternseher! dessen Figur ein Pasquill auf die Liebe ist. Und du wolltest Abumasarn ein Herz rauben?

GILLI: Herr ich bin kein Sternseher, was schlagen Sie mich denn? Ich will ihn ja nicht stören in seiner Liebe wenn er mir nur meinen Weberstuhl bezahlt – Sie sind an den Unrechten gekommen mein Herr!

SEFI: Was höre ich? du willst dich für den Weber ausgeben, nachdem es an dir ist, ihm seine Instrumente auszuzahlen? Den Augenblick her, mit fünfhundert Leangs wenigstens, oder ich durchbohre dich.

ABUMASAR *kommt zurück*: Ich höre Gillis und des Dawattars Stimme im Irrgarten – *Ruft nach dem Garten*. Herr Dawattar, Herr Dawattar! Kommen Sie heraus: ich darf Ihnen nicht folgen.

GILLI *hinter der Szene*: O weh, o weh! Das ist der Herr Dawattar, der mir hundert Leangs auszahlen sollte und er hat mir hundert Prügel gegeben und will noch fünfhundert Leangs von mir dazu haben.

ABUMASAR: Ich bedaure von Herzen.

GILLI: Helfen Sie mir doch heraus, wertester Herr Nacoda.

ABUMASAR: Ich gehe sogleich jemand zu suchen der Ihnen beiden heraushelfen soll. *Für sich*. Das ist ein verhenkerter Spaß.

BENZOE *der ihm in den Weg tritt*: Erlauben Sie, wertester

Herr, daß ich Ihnen als einem der ersten Gelehrten unserer Zeit –

ABUMASAR *zerstreut*: Ja mein Freund – Mein Herr – ich habe nur jetzt keine Zeit –

BENZOE: Ich komme Ihnen einen Gruß von Ihrem besten Freunde in Pegu, dem gelehrten und berühmten Ali Haßein zu bringen.

ABUMASAR: Gelehrt? Berühmt? Ha ha ha. Ja aus meinen Büchern – Wenn ich nur jetzt Zeit hätte – er hat sie leider verbrannt – aber ich habe diesmal wirklich keine Zeit.

BENZOE: Sollte er einer solchen Bosheit fähig sein?

GILLI *aus dem Garten*: He Abumasar! Wo hat dich das Unglück denn? O weh! die Schmerzen kommen schon wieder. *Brüllt.* Aoah!

BENZOE: Großer Oromatzes, wie oft hat er mit der schwärmerischsten Begeisterung von Ihnen gesprochen, wenn der goldene Polarstern über uns –

ABUMASAR: Je, das war's ja eben, worüber unser Zwist entstund – wenn ich nur Zeit hätte – bedenken Sie doch selbst mein Herr wie ist es möglich, daß der Mensch die Polhöhe richtig nehmen kann in der größten Entfernung vom Zenit.

BENZOE: Ich erstaune. –

ABUMASAR *bei Seite*: Gottlob! Endlich einmal jemand, mit dem man reden kann.

GILLI *ruft aus dem Garten*: Abumasar, Abumasar!

ABUMASAR *antwortet*: So gleich, ich habe nicht Zeit –

GILLI: Aoah!

ABUMASAR *zu Benzoe*: Wenn nun vollends die veränderten Abweichungen der Magnetnadel in der Rechnung ausgelassen werden, hi hi hi, wie kann da um Gottes willen der Azimut – *Geht in den Irrgarten ohne es zu merken.*

BENZOE *der draußen bleibt, ruft ihm nach*: Freilich der Azimut kann unmöglich richtig bleiben. *Für sich.* Da mag er demonstrieren bis morgen früh.

ABUMASAR *hinter der Szene*: Eben so ist es mit der Karte der Winde – *(innehaltend)* aber wie mein Herr? Wo sind Sie mein Herr? Was ist das mein Herr? Ich will nicht hoffen daß Sie mich – ich zittere über und über – wo das nicht eine neue Verräterei von Ali Haßein ist – es war eine Kreatur von ihm.

GILLI *ruft aus der Entfernung*: Abumasar, Abumasar!

ABUMASAR *antwortet*: Ich bin ja selber im Irrgarten – *Schreit*. Herr Dawattar, Herr Dawattar!

SEFI *antwortet*: Wo sind Sie denn? Ich kann nicht zu Ihnen kommen.

NEUNTE SZENE

MYRSA POLAGI *und* CHODABENDE *treten hervor*.

MYRSA *ruft*: Sefi, wo seid Ihr Sefi, wir wollen reisen.

SEFIS STIMME *bald von einer bald von der andern Seite*: Ach mein teurester Herr – hier komme ich – hier bin ich – ich kann nicht heraus – und hier ist eine verratene Unschuld –

GILLI *schreit*: Das bin ich gnädigster Herr, ich bin die verratene Unschuld.

MYRSA: Geh am Galgen mit deiner Unschuld! Eine bezahlte Bereschiot.

CHODABENDE *lachend*: Wo ist denn die keuchende Tugend.

GILLI: Das bin ich gnädigster Herr – wenn Sie doch nur jemand herein schickten, wir können uns nicht raten noch helfen.

MYRSA: Wo ist denn dein Sternseher?

ABUMASAR: Ach gnädigster Herr, ich zähle eben die Schritte der Gänge ab, aber die Gleichung will nicht heraus kommen.

GILLI: Ja er ist ein Nacoda, das sieht man jetzt. Er hat uns alle hinein gebracht, er versprach mir hundert Leangs wenn ich hinein ginge. Ich will ihn mit diesen meinen Händen erwürgen, wenn sie mir nicht so weh täten. O weh, mein Schmerz kommt wieder. Aoah!

ABUMASAR *lachend*: Er hat das Chiragra.

GILLI *schreit*: Wart ich will dich Beagra da – wenn mir's wieder so gehen soll, wie mir's in Agra ging, daß ich in vier und zwanzig Stunden keinen Bissen Brot aß – Gnädiger Herr! Aoah!

MYRSA: Laß die Narren schreien Chodabende! und Sefi! verlaß deine Tugend nicht. *Myrsa und Chodabende ab.*

ZWEITER AKT

ERSTE SZENE

Gilli *und* Selta.

Gilli: Nun seht doch, wer hätte mir's sagen sollen zu Agra, daß dieselbe Bereschiot, die mich dort in den Irrgarten hinein hexte, mich hier wieder heraus führen würde. Damals, Gott verzeih's Ihr, hat Sie mich recht böse gemacht liebes Kind, aber jetzt ist alles wieder gut. Nun denk doch, so sind die Bereschiots auch zu etwas gut in der Welt: Nun lebe sie wohl, schönes Kind! Sie soll mich nicht so bald wieder hier sehen. Nein, nein. Einen schönen Dank fürs erste, und fürs andere vermach ich Ihr das, was mir der vertrackte schnelle kleine Dawattar für den Weberstuhl noch schuldig geblieben ist. *Entfernt sich schnell, indem Sefi ganz erhitzt aus dem Irrgarten hervortritt.*

ZWEITE SZENE

Sefi. Selta. Gilli, *der am Ende des Theaters stehen geblieben.*

Sefi *wischt sich den Schweiß*: Wo bin ich? Bin ich heraus?
Selta: Ja gnädiger Herr, verzeihen Sie, und wenn Sie wollen bestrafen Sie, daß ich den edlen Enthusiasmus für Ihren Freund so in der Irre herum führte. Es war auf weiter nichts abgesehen, als daß ich dem ehrlichen Mann, der dort steht, zur Bezahlung verhelfen wollte für seinen zerbrochenen Weberstuhl.
Sefi *der eine Bewegung der Hand nach der Seite macht, als ob er in die Tasche greifen wollte*: Das ist wahr: er soll bezahlt werden.
Gilli *winkt mit der Hand*: Nein, nein, ich habe genug. Das übrige ist für die Bereschiots. *Läuft fort.*
Selta *lachend*: Und ich kann Ihnen noch mehr sagen, die Rolle die ich spielte, war nicht ganz unwahr. Ihr Freund hat wirklich eine Geliebte, die so denkt als ich's ausdrückte.

SEFI: Die große Seele! Alles, Bereschiot! soll Euch vergessen sein, wenn Ihr mir von ihrer Familie und Umständen nähere Nachricht zu geben wißt.

SELTA: Alles was ich davon sagen kann, Dawattar! ist, daß ihr eine Denkungsart angeboren sein muß, die sich über alles Gewöhnliche erhebt. Ihr Vater spielte ehemals eine der wichtigsten Personen bei Hofe, und mit Verhehlung seines Namens und Standes geht die bescheidene Wolke, in der er seinen Glanz für die Welt untergehen lassen will, so weit, daß ihm jetzt die Rolle eines Karawansers, der aber den Myrsa Polagi aufzunehmen das Glück hat, noch würdig genug scheint.

SEFI: Ich falle vom Himmel. Derselbe Karawanser, der mir von Abumasar und seiner Geliebten gesprochen –

SELTA: Es scheint, diese Großmut, diese Sympathie mit den Schicksalen eines verfolgten Ausländers, der ungefähr, den Unterschied seiner Geburt abgerechnet, in einem ähnlichen Fall gewesen, sei in der Familie erblich gewesen. Doch ich kenne Abumasars Herkommen nicht, der Karawanser selbst kennt es nicht, vermutlich weil der Sternseher nie davon redt und diesen Punkt, so wie oft die wichtigsten Punkte des Lebens, vergessen. So viel ist gewiß, daß auch die älteste Schwester einem Ausländer ihr Herz gegeben, der die Einrichtung verschiedener neuer Fabriken eines Raschi hier aus der Nachbarschaft, mit Abtretung des halben Vorteils, übernommen und dem armen Alten, seinem Schwiegervater, der einen großen Teil seines Vermögens zum Fonds vorgeschossen, durch Neider und Feinde die er bekommen, viele Sorgen macht.

SEFI: Wo ich mich nicht irre, kommt der Alte dort –

SELTA: Kura ist bei ihm und sie scheinen beide sehr eifrig zu sprechen. O nun verbergen Sie sich hier: vermutlich wird er einen entscheidenden Schritt wagen und dem Myrsa für das Beste seiner Kinder anflehen wollen. Jetzt werden Sie eine andere Geliebte, eine andere Sprache hören, als die ich zu führen im Stande war.

Selta und Sefi verbergen sich.

DRITTE SZENE

Sarucho *und* Kura.

Sarucho: Er ist im Irrgarten sage ich dir, er hat sich von neuem dem Gelächter preis gegeben. Das Beste ist, daß der Myrsa im Scherz mit soll hinein gegangen sein. Uns bleibt nichts mehr übrig Kura, als ihm nachzugehen, wenn wir aus deinem und seinem Glück keine bloße Farce machen wollen.

Kura: Um Gottes willen mein Vater, wenn die Tränen Ihrer Tochter Sie noch zurückhalten können – kniend beschwöre ich Sie, bleiben Sie, verziehen Sie noch einen Augenblick – wenn Ihnen das Glück Ihrer Kinder lieb ist – was fehlt uns zu unserm Glück als Ihre Sicherheit.

Sarucho: Ich muß hinein, und wenn's Minotaurus' Garten wäre.

Kura: Und was wollen Sie dort erhalten, was wir nicht schon haben? Sie wissen nicht, die edelmütige Dame, die uns auf den Fabriken besuchte, ist hier: Cosbi hat mir's so eben erzählt. Sie hat mit seinem Raschi gesprochen, und er hofft, sich in kurzer Zeit von seinen Verfolgern befreit zu sehen.

Sarucho: Ich muß hinein. Kinder müssen den Eltern auch was zutrauen. Wenn dir Abumasars Liebe noch einigen Wert hat – doch du kannst wählen, ich werde dich dem Myrsa vorstellen, und wenn er dir hernach nicht mehr gut genug scheint – nenne mir einen andern –

Kura: Einen andern?

Sarucho: Wie meinst du? Du hast zu wählen – überlege es.

Kura *heftig*: Niemals.

Sarucho: Es freut mich, daß du dein Herz ehrst. Es wählte freiwillig – also – laß mich –

Kura: Den Tod eh'r mein Vater, als daß Sie in den Irrgarten gehen.

Sarucho: Es sind wohl Drachen drin, feuerspeiende Drachen.

Kura *von neuem kniend*: Lassen Sie uns im Verborgenen leben, im Verborgenen glücklich sein.

Sarucho: Kura, Kura! Du durchbohrst mein Herz, wenn du dich fürchtest. Ich begehre kein glänzendes Glück für dich, nur denjenigen Anteil von Ehre, der einen Reiz wie den deinigen gegen Dummheit und Frechheit sichert, *(sich die Augen wischend)* das bin ich dem Schatten deiner Mutter schuldig. Fürchtest du dich für den Myrsa? den Myrsa, den du so nahe gesehen, der dir so entscheidende Beweise seiner Gnade gegeben, noch eh er dich kannte? Und ich muß dir zu deinem Trost sagen, dein Geliebter ist ihm von Ali Haßein empfohlen worden.

KURA: Von Ali Haßein? Und mit dieser unbegrenzten Zutraulichkeit wollen Sie Ihr und sein Schicksal von Ali Haßeins Händen erwarten – *Geht trostlos umher.* O es ist zuviel! Den Vater und den Geliebten! Der Sedder lebt noch, Bagu lebt noch, der einen Preis auf Ihren Kopf setzte. *Als Sarucho nach dem Irrgarten geht, mit Geschrei ihn zurückhaltend.* Mein Vater, wo wollen Sie hin?

VIERTE SZENE

NURMALA, *verstellt, in gewöhnlicher peguanischer Kleidung mit* FATIMA.

NURMALA: Also ist dein Vater der Karawanser in Xai, und du heiratetest deinen Geliebten auf die bloße Spekulation einiger Fabriken, die er von dem Gelde deines Vaters errichtet. Ich gestehe, das ist weitgegangen, und ein Beweis von der Härte dieses Bodens.

FATIMA: Von seinem gefühlvollen Herzen. Ich heiratete ihn nicht aus Not, gnädige Frau.

NURMALA: Und warum stehen diese Fabriken jetzt?

FATIMA: Sie warfen zehn Monate lang für uns und den Raschi einen beträchtlichen Vorteil ab. Schlimm genug, daß der Raschi so schwach ist, Verrätern zu trauen, die so freundschaftlich gegen uns taten, als sie jetzt gegen ihn tun, die an allen Projekten und Erfindungen meines Mannes Teil nahmen, um sie heimlich zu hintertreiben und hernach dem Raschi auf die gehässigste Art abzumalen. Was werden sie an ihm tun, wenn sie so mit uns verfahren sind?

NURMALA: Und das waren die Gärtner und Müller, sonst doch niemand?

FATIMA: Sie haben uns das Wasser heimlich aufgefangen, das das Mühlenwerk trieb: sie haben unterirdische Röhren verschüttet, die das Wasser zum Kochen der Farben in die Fabrike leitete: sie haben meinem Manne in der Nacht alle Pflanzen der ausländischen Farben zerstört, die er mit den größten Kosten herangezogen hatte. Und nun gehen sie hin und bereden den Raschi, Cosbi verstehe das Werk nicht, sie wollten es ihm mit weit wenigern Kosten einrichten: das glaube ich, nachdem er sein halbes Vermögen hineingesteckt. Und Sie werden sehen was das für ein Ende nehmen wird, da sie selbst alles, was sie davon wissen, meinem Manne abgestohlen haben.

NURMALA: Ich frage: es ist noch niemand sonst, als der Gärtner und Müller, über den du dich zu beklagen hast?

FÜNFTE SZENE

COSBI, *stürzt atemlos vor* NURMALA *nieder, indem ihm einer ihrer Bedienten auf dem Fuße folgt.*

COSBI: Worte, Worte, gnädigste Caßa für meinen Dank –

NURMALA *winkt dem Bedienten*: Schaffe ihn fort.

COSBI: Ich kann nicht schweigen – wirf dich nieder Fatima – wir sind errettet – das ist die Caßa von Siam.

FATIMA *kniet zitternd*: Die Caßa, die Caßa selber – O Gott –

COSBI: Unsere Mutter, nicht unsere Caßa – wir sind errettet Fatima – Gärtner und Müller sind über die Grenze gewiesen.

NURMALA *gerührt*: Meine Kinder – wenn ihr wüßtet, wie glücklich ihr mich macht –

FATIMA *mit Tränen*: Was soll ich Ihnen anbieten? – Meine Kinder – meinen Mann – mich selbst.

SECHSTE SZENE

MYRSA POLAGI, *der hinter einer Hecke hervortritt mit* CHODABENDE.

MYRSA: Unvergleichliche Szene! – Verzeihung, daß ich die Caßa von Siam unterbreche, die in keinem Incognito bleiben kann, wo sie nicht ein Zug ihres Herzens verrät; wir versteckten uns hier, über ein Original zu lachen, das sich in den Irrgarten verlaufen, den Ew. Hoheit zu unserer Belustigung anlegen lassen. Wir dachten nicht, daß wir weinen würden. Diese Unterhaltung ist süßer als jene.

NURMALA: Ich gestehe, die Hauptabsicht meiner Reise war, einen Myrsa kennen zu lernen, dessen Entschluß, mit Hintansetzung aller Bequemlichkeit die Menschen zu studieren, meine Bewunderung verdiente. Wie entzückt bin ich, daß ich ihn bei dieser Gelegenheit ganz kennen lerne.

MYRSA: Auch ich kann, will glücklich machen. Das Original selbst, über welches ich hier lachen wollte, ist mir von Ew. Hoheit Manazim, Ali Haßein, empfohlen worden.

NURMALA: Ich kenne ihn. Er ist ein geborner persischer Untertan und wegen der Verfolgungen allein ehrwürdig, die er von den Falkirs erlitt, deren Vorurteile er anzugreifen wagte. Sein Unglück hat ihm mißtrauisch und ungerecht gegen seine Wohltäter selbst gemacht: dafür mußte er ein wenig bestraft werden und ich habe meinem Paläster befohlen, ihn in diesen Irrgarten zu locken.

CHODABENDE: Ich kann Ew. Hoheit noch mehr sagen. Wir haben Benzoe hineingeschickt, ihn heraus zu führen, und Sie werden das Vergnügen haben zu sehen, daß er, wenn er schon heraus sein wird, noch immer glauben wird, mitten im Irrgarten zu sein. So vertieft hat er sich in die Berechnungen, durch die er selbst sich heraus zu helfen meinte.

NURMALA: Lustig genug!

CHODABENDE: Da steht auch der Karawanser und wartet auf ihn, der sich seiner bisher so redlich angenommen und mit so vielem Nachdruck für ihn gesprochen hat. Myrsa! Sie kennen seine Tochter, ein Mädchen, das edel genug denkt, in Ansehung seiner nicht auf den äußern Schein zu sehen.

FATIMA: Es ist meine Schwester.

Abumasar kommt aus dem Irrgarten, die Schritte zählend. Benzoe folgt ihm in einiger Entfernung. Sarucho und Kura nähern sich ihm.

ABUMASAR *für sich*: Da war ein Fehler in der Fraktion – der große Schneckengang hielt zweihundert, dann das Rundel, dann der kleine – *(sich umsehend)* aber wo bin ich?

KURA *sich ihm nähernd*: Abumasar, Abumasar! Kennen Sie uns nicht – er ist es, mein Vater.

ABUMASAR: Verzeihen Sie mein Herr! Stören Sie mich nicht in meiner Rechnung –

KURA: Abumasar – wie er verändert ist! Wie er abgenommen hat! – Wo sind Sie Abumasar?

ABUMASAR: Ich bin in einem verdrießlichen Irrgarten.

SARUCHO: So sehen Sie sich doch nur um – Sie sind ja schon draußen.

KURA: Lassen Sie ihn, mein Vater! Er hält uns für Verräter – er kennt seine Kura nicht mehr.

ABUMASAR *der aufblickt und sie erkennt, läuft plötzlich davon.*

MYRSA *tritt ihm in den Weg*: Wo, wo wollen Sie hin?

ABUMASAR: Lassen Sie mich mein Herr! Ich kann hier keinen Augenblick bleiben – Erbarmung mein Herr! Ich muß fort!

MYRSA: Wo Sie hin wollen, frage ich?

ABUMASAR: In die See, woher ich gekommen bin!

MYRSA: Ich will Ihnen helfen, ich will Ihnen ein Schiff schaffen, obschon wir hier mitten im Lande sind, nur sagen Sie, was Sie da machen wollen.

ABUMASAR: Entdeckungen zum Besten der Menschheit, zur Ehre des Schöpfers.

MYRSA: Sie haben deren genug gemacht, sorgen Sie nun für Ihr eigenes Beste: der Myrsa kennt Sie, muß ich Ihnen sagen, und bietet Ihnen ein Allakapi an.

ABUMASAR: Diese Freistatt finde ich auf der See auch, mitten in den Schlünden des erbarmungslosen Meeres, wo der Schöpfer seine ewigen Lichter aufgehängt hat.

Myrsa: Sie werden ja ordentlich poetisch. Wenn nun aber die Ehre des Schöpfers sich eben so herrlich in dem geheimen Nervenbau eines liebreichen Wesens zeigte, das durch Güte und Milde alle Schätze der Natur auf sich herabzuleiten weiß, das Ihnen die Welt, die Sie noch nicht kennen, erst süß zu machen wüßte –

Abumasar *wischt sich die Augen*: Ach mein Herr! Sie sprechen da von Dingen –

Myrsa: Ich muß Ihnen sagen, ich kenne ein solches Geschöpf, ich hatte das Vergnügen, ihr vorhin nur eine viertel Stunde mit meinem Sonnenschirm Schatten zu machen, und achte den Sonnenschirm jetzt darum höher als eine Standarte, die ich könnte erbeutet haben –

Sarucho *mit Kura plötzlich vor dem Myrsa hinkniend*: Ach mein gnädiger Herr! hier ist das glückliche Mädchen, das Sie selber aufmunterten, den Schutz eines Myrsas zu suchen, den ich so oft in diesen zitternden Armen getragen, als seine Amme mit ihm nach Persien flüchtete. Sprechen Sie mein Urteil, Myrsa! der Karawanser, der sich Ihnen zu Füßen wirft, ist Sarucho, der ehmalige Kurtzibaschi an Schach Abas' Hofe –

Myrsa *stutzend, indem Abumasar ganz wild für Erstaunen dasteht*: Sarucho – Sarucho – den der persische Hof zu belohnen nicht reich genug war – komm in meine Arme, mein Freund Sarucho –

Abumasar *will fortlaufen*: Ich bin verloren.

Kura *ihn aufhaltend*: Wo wollen Sie hin?

Abumasar: In die See! Wo ich den Tod tausendmal in einem Tage vor Augen sehe, den ich auf dem Lande nur einmal finden kann. Was soll mir ein Leben ohne Kura?

Myrsa *zu Nurmala*: Sehen Sie, die Astronomie selbst wird verliebt.

Kura: Warum sagten Sie mir das doch nicht eher, eh ich mein Herz an einen Menschen verschenkte, der die Empfehlung Ali Haßeins vor sich hat und tausend Ausschweifungen um meinetwillen beging, die ihm von der Caßa verziehen wurden.

Abumasar: Ach Ali Haßein, Ali Haßein! Wenn ich tausend Le-

ben hätte, du würdest sie mir elend machen – lassen Sie mich –
KURA: Besinnen Sie sich doch, sehen Sie sich einmal um – Sie sind in einem verdrießlichen Irrgarten.
ABUMASAR: Wie glücklich würde mich der Tod machen!
KURA: Sehen Sie sich nur einmal um, Sie sind ja schon heraus. *Mittlerweile hat Chodabende sich von einem Bedienten seine Karten und Instrumente geben lassen die er ihm hinhält.*
CHODABENDE: Sehen Sie hier die Verrätereien des Ali Haßein und den Zorn der Caßa von Siam, die sie ihm an die Hand gab, sich an den Torheiten Ihrer Liebe zu rächen.
ABUMASAR: Wie? träume ich? Großer Gott! an wen wende ich meinen Dank.
MYRSA: Lassen Sie das, lernen Sie nur glücklich sein, das Sie auf der See bald verlernt hätten. *Sich zu Sefi wendend, der aus der Hecke hervorkömmt.* Und Sie wertester Herr! sollten wir's doch besser verstehen als Sie, uns der keuchenden Tugend anzunehmen.
SEFI: Ach mein gnädigster Herr! Chodabende hat mein Journal –
MYRSA: Still davon – für den guten Willen aber, daß Ihr Eure Fuchtel so meisterhaft gegen die vermeinten Feinde dieser Tugend zu führen wußtet *(seinen Säbel ausziehend und ihn fuchtelnd)*, seid hiermit mit demselben Instrument zum Ritter geschlagen. Ihr seid Jesaulkor künftig in Chodabendens Stelle, den ich zum Kurtzibaschi mache – und den verräterischen Bagu so unglücklich mache, als er meinen Freund Sarucho zu machen drohte, der dadurch, daß er die Verräterei Karib Schachs entdeckte, mein Wohltäter geworden ist, wenn ich ihn gleich in alle seine vorigen Ehren wieder einsetze. – O Caßa Caßa! wie viel Glück wußten Eure Hoheit mir in einem Tage zu verschaffen.

DRAMATISCHE
FRAGMENTE

CATHARINA VON SIENA

(Ein Künstlerschauspiel)

PERSONEN

Catharina
Die Freundin (Laura, Araminta, Clementina,
  Cäcilia, Camilla)
Der Maler (Correggio, Rosalbino)
Die Hirtin (Rikchen, Aurilla)
Der Vater (Alepino)
Der Freier (Trufalo, Trufaldino)
Ein Wirt
Ein Bauernmädchen
Bediente des Vaters

[ERSTE BEARBEITUNG]

Catharina von Siena *im höchsten Putz und all ihren Juwelen, hat ein Fenster geöffnet.* Laura *steht am Spiegel, weiß gekleidet, halb im Negligé, steckt sich eine natürliche Rose vor. Man hört wie von unten herauf einige Instrumente stimmen.*

Catharina *biegt sich aus dem Fenster zurück*: Laura, sieh wie du es meinem Vater beibringst, ich kann heut nicht herab.
Laura: Das gefiel mir.
Catharina *geht einigemal in der Stube langsam auf und nieder.*
Laura *fährt fort allerlei Stellungen vor dem Spiegel anzunehmen*: Es ist doch nicht artig, daß ich an deinem Geburtstag in der halben Trauer komme, nicht?
Catharina *wiederholt*: In der halben Trauer –
Laura: Hast du schon wieder deine kleinen – Ratten? Still, die Musik geht schon. Wollen wir eins tanzen hier oben? *Hüpft auf sie zu.*
Catharina: Laß mich, Laura – sag mir aber, liebe Laura – nein, ich kann nicht herab.
Laura: Was ist dir?
Catharina: Ich sah da ein Mädchen unter unserm Fenster vorbeikriechen –
Laura: Wie meinst du?
Catharina: Sie hatt' eine Last Heu auf dem Rücken, ich glaubte sie müßte hinstürzen. Auch erhielt sie sich mühsam an dem Geländer unsrer Treppe; ach sie lehnte sich zurück und keuchte so jämmerlich.
Laura: Was soll das hieher?
Catharina: Mein Vater – mein Herz – mein Gesicht – – *Sie wirft sich in einen Lehnstuhl in tiefem Nachdenken.*
Laura: Es wird doch wohl bald Zeit sein, daß wir herabgehn. – *Nachdem sie sich noch einmal gespiegelt.* Nun liebes Kind, laß die Grillen auf ein andermal. Die Leute warten. Es sieht so wundersam aus, wenn wir uns rar machen.
Catharina: Liebe Laura! ich kann dich nicht begreifen, du hast Trauer und willst tanzen. Sei aufrichtig mit mir, warum kün-

stelst du an deiner Miene? Sag mir, ist der Mensch wert, daß du dir auch nur einen Gedanken um ihn machst? Geschweige daß du durch eine erkünstelte Lustigkeit ihm willst seinen Verlust zu fühlen geben?

LAURA *wird rot*: Was willst du von mir?

CATHARINA: Sag meinem Vater, ich sei krank –

LAURA: Gott verzeih mir, ich weiß nicht was ich aus dir machen soll. *Sie geht heraus.*

CATHARINA *allein*: Was bin ich besser als das Bauermädchen? Warum soll sie leiden, derweil man mir Bälle anstellt? – Und die liebe Seele hier, die einzige, die mich um meinetwillen liebte, meine Laura – warum muß ich der Wurm sein, der heimlich an ihrem Leben nagt? Sie die mir alles anvertraut und gerade das vor mir verhehlen muß, was sie töten muß, wenn es nicht Luft bekommt. Die sich keinem Menschen auf der Welt eröffnen kann und vor meinem Blick flieht, der in ihrem Herzen liest. Laura, Laura! wenn du wüßtest, wie ich den Menschen hasse, wie ich ihn verachte, der dir die Maskerade der Liebe vormachte, um mich zu gewinnen – Laura, du würdest aufrichtiger sein. Mein einziger Gewinn auf der Welt, mein alles, meine Laura –

LAURA *[zurückkommend]*: Wenn du nicht bald kommst, wirst du machen, daß alle heraufkommen. Dein Vater ist in der größten Ungeduld.

CATHARINA: Es waren doch meine glücklichsten Augenblicke, wenn ich mich wieder so ganz klein, ganz Mädchen fühlte. *Catharina glaubt sie ist in den Maler verliebt, verschließt darum alles so in sich selbst.*

Ein hoher Fichtenwald, der am Ende die Aussicht in ein entlegenes Dorf offen läßt.

CATHARINA *ihren Sonnenhut und Kappe abnehmend*: Ach wie mir's wohl hier wird! wie neuer Lebensbalsam
  Hier durch die heißen Adern strömt – welch heilig Rauschen!

Gewiß ging hier Correggio auch – sie künden, scheint's,
Mir an – gewiß, er ging in jenem Dorf zu ruhen,
Zu wohnen, meiner dort im Stillen zu gedenken,
Mein Bild dort ungestört mit bittrer Lust
Vor seine schöne Einbildung zu stellen, sich darin
Schmerzsaugend zu verlieren – ach Correggio, Correggio
Hier kommt sie selbst, hier, von des Tages Hitze
Und Dorn und Steinen tödlich müd – noch müder
Von diesen Dornen hier *(auf ihr Herz weisend)* – noch
    nicht genug! *Sie zieht die Schuh aus.*
Er hat viel mehr gelitten; barfuß will ich ihn,
Und wär' er auf den Alpen, suchen – ach wenn du sie sähst
Die Schwärmerin, ganz Liebe *(sinkt hin unter einen*
    Baum), ganz, ganz Liebe,
Wenn du sie sterben sähst – ich kann nicht weiter –
Du, der du jede meiner Mienen sonst, ach jeden Ausdruck
Der Lieb' in meinem Aug', die kleinste Stellung, die
    geringste[n]
Bewegung[en] sorgfältig merktest, wie ein Engel
Ins Buch des Lebens schriebst – wenn du mich sterben sähst,
Noch immer deine, deine Catharina –
Sei ruhig Herz! – ich denk', ich will hier schlafen,
Hier schlummern wenigstens. Der stille Abend
Deckt meine überspannten müden Sinne
Mit seinem Mantel zu –
Entschlummert, erwacht plötzlich mit Geschrei.
               Ha – ha wo ist er? –
Streckt die Arme aus und springt auf.
Ha ich sah, ich sah ihn gehn – wo ist er geblieben – Catharina – er dich vorbei gehn? – du irrst dich, er war es nicht – er kann es nicht gewesen sein – es war – Gott es war ein Traum! Wie alles so dunkel um mich geworden ist! Ich muß doch sehen ob ich das Dorf erreichen kann, mich dünkt ich höre dort Hunde bellen.

Es kommt Feuer aus in dem Dorf, wohin sie sich retiriert hat.
CATHARINA *geht und teilt Geld unter manche Abgebrannte, die weinend und jammernd vorbeiziehen.*

CATHARINA: Der Schmerz belebt diese unbedeutenden Gesichter, ich habe auf allen unsern Theatern keine rührendere Stellungen und Gebärden gesehen. Ich glaube nicht, daß diese zufriedenen Geschöpfe solcher Leidenschaft fähig wären.
EINE DIRNE *steht auf dem Schutthaufen ihres Hauses, von dem die hintere Wand noch nicht eingestürzt ist, schlägt ihre verbrannten Arme über dem Kopf zusammen:* Kommt denn kein Mensch hieher, keine Sprütze, kein Arbeiter, keiner, der was retten könnte? Da brennt die letzte Wand, und unsere Kuh liegt dahinter – muß ich denn mit Tränen löschen, weil niemand löschen will?
CATHARINA: Was fehlt dir, liebes Mädchen, was jammerst du?
MÄDCHEN: Ach, was soll mir fehlen? das sehen Sie ja –
CATHARINA: Wie ist's? seid ihr auch abgebrannt?
MÄDCHEN: Nicht ich – meine Mutter ist es.
CATHARINA: Mädchen, da hast du mein ganzes Vermögen. *Gibt ihr ihren Beutel, kehrt sich ab.* Wie wohl mir wird! Das war die einzige, die einer Wohltat wert war. Die andern alle heischten für sich – *Zu ihr.* Und was habt denn verloren?
MÄDCHEN: Ach gnädige Frau *(ihr die Füße umschlingend),* meiner Mutter Kuh war hinter der Wand in einem kleinen Abschauer und ich kann sie nicht mehr retten!
CATHARINA: Nichts mehr als das?
MÄDCHEN: Ist das nicht genug? *Fängt an zu weinen und zu schluchsen und läßt den Beutel fallen.*
CATHARINA: Sieh, Catharina, lerne hier, du mit deinen überspannten Ideen, die weder in ihre Bedürfnisse noch in das Elend anderer Menschen einen Wert zu legen weiß. Diesem Mädchen ist ihre Kuh, was dir dein Liebhaber ist. Sie, die damit aufgewachsen, deren einzige Gesellschaft sie war, die oft Tage lang bei ihr gestanden und ihr zugesehen wie sie fraß – O meine Tochter, komm her, ich muß dich umarmen. *Umarmt sie.*
MÄDCHEN: Wenn Sie uns nur jemand herverschaffen könnten

mit Wasser, vielleicht ist sie noch zu retten. Da war ein junger Herr, wenn doch Gott ihn herführen wollte, ein rechter Engel, er hat sich in allen Rauch und Dampf hineingestürzt mit der Sprütze und gearbeit't als ob er bezahlt dafür wäre. Die gnädige Herrschaft muß es ihm wohl geheißen haben –

CATHARINA: Ich sah einen von hinten arbeiten; weißt du mir nicht zu sagen, wie sah er aus? was hatt er für ein Kleid an?

MÄDCHEN: Wenn ihn doch Gott hieherführen wollte!

Es kommt eine Sprütze herangefahren, Correggio ganz schwarz und verbrannt vom Arbeiten springt auf und fängt an damit zu arbeiten.

CATHARINA: Gott im Himmel, das ist er – Correggio – betrügen mich meine Augen?

CORREGGIO *erkennt sie, springt herab und ihr zu Füßen*: Himmel! welche Stimme höre ich? Catharina!

CATHARINA: Laß mich auf den Knien liegen und dich anbeten, den mein Herz so oft gesucht hat, um all seine Ehrfurcht vor ihm auszuschütten. Engel dieser Unglücklichen, freiwilliger Engel, der Rauch und Dampf und Arbeit und Gefahr nicht scheut, um ihnen einen Lumpen oder ein Strohdach zu retten, der sein teures Leben selber preis gibt.

CORREGGIO: Fast sollten Sie mich verhindern, Fräulein, fortzufahren, doch die Not fodert's, nicht meine Eitelkeit, von Ihnen ein Lob zu erhalten, das ganz und gar unrecht angebracht ist. Was ich tue, würde und müßte jeder andre in meiner Stelle tun, der sein eigen Glück lieb hätte, den Beifall seines Herzens. Und weil hier niemand von diesen rechtschaffnen einfachen Leuten ist, der die Sprütze zu regieren weiß, so muß ich – verzeihen Sie. *Küßt ihr die Hand und springt wieder auf.*

MÄDCHEN: Hieher, gnädigster Herr, ob ich unsere Kuh retten kann –

CORREGGIO *springt herab*: Gebt mir die Brechstange her!

DER WIRT *kommt*:
Madam hier ist die Rechnung.

CATHARINA: Es ist gut;

Geht nur! – was war's für eine Kutsche, die vorhin
Ins Tor fuhr?
Der Wirt: Welche? – die? ja die – es war
Ein Herr aus Florenz.
Catharina *unruhig*: Aus? –
Wirt: Ein Gesandter.
Catharina *schreit*: Ach mein Vater!
Wirt steht verwundernd.
Ich kann ihn noch nicht sehn – ich wartet' hier auf ihn.
Sagt ihm, ich sei vors Tor in Park gefahren,
Bestellt mir eine Kutsche – sagt ihm nichts!
Ich will ihn überraschen – schafft mir eine Kutsche!
Wirt: Wie Sie befehlen, Fräulein. *Geht ab.*
Catharina: Ach was soll ich tun?
Der Himmel selbst mag über mich entscheiden!
Entdeckt er's meinem Vater – so ist's aus,
Ich heurat Trufalo – der Vorhang fällt.
Auf immer elend – und – durch meinen Vater!
Durch meinen Vater – lieber doch durch mich!
Die Kutsche hält draußen unterm Fenster.
Es ist entschieden – Himmel, Himmel dein!
Sie stürzt die Stiege herunter.

In einem andern Wirtshause

[Catharina:]
Ich glaub', leblose Dinge haben ein Vermögen
Ideen aufzufangen, mitzuteilen.
Als ich den Reisewagen meines Vaters
Im Hofe stehn sah, dünkte mich das Bild
Von meinem Vater, meiner Mutter, meiner Schwester
In flehentlicher Stellung draus zurück zu spiegeln.
So drückt sich Gott in Holz und Stein, und weiß
So seine Gegenwart uns mitzuteilen.
Mein Vater blickte wie ein liebender
Gekränkter Gott mich drohend an.

Doch hätt' er beide Hände ausgestreckt –
Gott gegen Gott! *Sie zieht ein kleines Kruzifix aus ihrem Busen und küßt es.* Errette, rette mich
Mein Jesus, dem ich folg', aus seinem Arm!
Dir, dir verlob' ich mich *(küßt es nochmals)* mit diesem Kuß!
Kein Sterblicher soll diese Brust entweihn,
Was dir allein hier so gewaltsam schlägt,
(drückt es an ihr Herz)
Kein Sterblicher an dieses Herz gedrücket werden.
Errette, rette mich von meinem Vater
Und seiner Liebe, seiner Tyrannei.
Laß mich sein Auge nimmer wiedersehn,
Das mich von Kindheit auf zu seiner Sklavin machte.
Hätt' er's gewinkt, ich hätte Gott verleugnet!

CATHARINA *auf dem Wege nach der Höhle*:
Du hast's gesagt, wir sollen was wir haben
Verlassen und dir folgen – Sieh, mein Gott,
Hier komm ich dann von allem losgerissen,
Und will und will mit Liebe dich verfolgen,
Bis aus der Welt hinaus, bis durch den Himmel
Von Stern zu Stern mit Liebe dich verfolgen,
Denn du verdienst's. – Gott, ist das nicht zu stolz?
Ach du verdienst's allein – und mein Correggio
Ist nur ein großer Schatten gegen dich –
Weint und wischt sich lange die Augen. Dann breitet sie die Arme aus.
Wohin? Wohin? – Im Himmel, auf der Erde,
Ach, immer unsichtbar! *Wirft sich auf den Boden.*
                Kann mein Gebet
Dich nicht herunterziehn? – so wärst du doch
Für ein verliebtes Mädchenherz zu hoch?
Auf laßt uns eilen, laufen, schwitzen, leiden
Bis er erscheint – der Heiligen erscheint. *Eilt ab.*

CATHARINA *vor der Höhle*:
  Hier wird mir wohl sein. Heilger Ort,
  So wild und schröcklich du mich ansiehst,
  So sagt mein Herz doch, daß du süß seist.
  In dir wohnt Freiheit. Meines Vaters Schloß
  Heut nacht im Traum, ja das sah wild und schröcklich.
  Wo flöh' ich hin vor meines Vaters Geist,
  Vor seiner Zärtlichkeit, wenn du mir keine Freistatt,
  So wild du bist, in deinem Schoße gäbst.
  O lieber wilder rauher menschlicher Tyrann,
  Der nicht durch Lächeln zwingt und nicht durch Küsse.
  Fällt auf ihr Angesicht.
  Verzeih, mein Vater, ach mein bester Vater!
  Ich sterbe ja für dich, ich liebe dich
  Mehr als mich selbst – nur nicht als meine Freiheit!
  Sieh mich als tot an – flieh' ich doch hieher,
  Nur um die Ehrfurcht gegen dich nicht zu verletzen,
  Um dir durch Widerspenstigkeit nicht weh zu tun.

[CATHARINA:]
  Zurück nach Hause zu den kalten Leuten,
  Die um ihr kaltes träges Pflanzenleben
  Den blanken Dunst von Weisheit spinnen?
  Die durch ein Lächeln tausend Meilen sich
  Von aller Not entfernen, die zu ihnen aufheult;
  Bei denen nie des Mangels kalter Atem
  Ein Fünkchen Feu'r im Blute angeblasen,
  Zu diesen weniger als Menschen, weniger als Tier,
  Zu diesen grausamsten der Pflanzen ich zurück?
  Nein hier allein darf mein gequältes Herz
  Sich mind'stens frei und ungezwungen brechen,
  Von keinem frohen Blick gestraft, daß es so trauert.
  Hier ganz mir selbst gelassen, ganz mein wert,
  Darf ich zum mind'sten nicht die Angst erfahren,
  Daß es mir besser geh' als Würdigern,
  Daß ich auf Kosten des Verdienstes lächle,

Und tausend untergehn daß ich verdauen kann.
Ha, meine Richter, meine Peiniger kommt her!
Seht seht mich hier an diesem Felsenbrot
Den blut'gen Gaumen letzen, seht die Geißel,
Die euch gerochen hat – sie ist mir Wollust,
Mein einziger Genuß eu'r Elend auszusöhnen.
Und du Correggio – der auch elend ist
Vielleicht – der mich geliebt – der nun umherirrt!
Ach könnte mein Gebet, mein immerwährend starres
Anheften der Gedanken, in dein Herz
Vom Himmel Hoffnung flößen mich zu finden!
Ach kämst du her – und sähst mich sterben –
Sie geißelt sich wieder.

CATHARINA: Laß mich –
CORREGGIO: Dich lassen? – da ich eine Welt durchirret bin
  Um dich zu trauern – nicht um dich zu finden –
[CATHARINA:] Laß mich – ich bin des Glücks nicht wert!
[CORREGGIO?] . . . . du ein Geist, wie glück . . . . .
[Auf der Rückseite:]
CATHARINA *in der Höhle*:
  O Heiliger stets wird das Licht um dich
  . . . . bist du, bist du Jesus selbst
  . . . .

CATHARINA *in der Höhle mit der Geißel, beide Schultern entblößt, kniet und geißelt sich eine Weile stumm:*
Wenn ich die schöne edle Mannsgestalt – *(geißelt sich)*
Fließ fließ mein Blut, vertilge die Gedanken –
Das hohe Auge – *(sich geißelnd)* – ach den süßen Mund –
Ach ich erliege – Jesus Jesus hilf mir!
Sinkt ohnmächtig nieder; erholt sich.
Mein Vater – meine Freundin – mein Correggio –
Ist dieses Herz ganz elend – alles was ihm wert war
Fort, keinen Schatten – *(zieht ihr Kruzifix vor)* –

Jesus! – ach ich kann dich
Nicht mehr mit Liebe sehn – du nahmst mir alles.
O ich Elende! –
Sinkt abermals hin, das Kruzifix auf ihre Lippen geheftet.

Der Teufel erscheint Catharinen in Gestalt eines Buben, der
vollkommen elend ist.
Alle m[öglichen] Schicksale von der ersten Liebe an, die er ihr
erzählt und sie zum Unglauben ans Dasein eines Gottes und
dessen Vorsehung reizen will – die sie aber doch nicht sich aus-
reden läßt. Zugleich malt er ihr alle Reize der Freuden, die sie
versäumt, aufs verführerischste.
Sie widersteht.
Antwortet ihm immer mit einer Arie.
Sein Refrain ist: Drum ist kein Gott
 Drum glaub ihm nicht –
Hierauf erscheint ihr ein Mönch, auch der Teufel unter seinem
Bilde, dann Christus selbst.

Der Teufel erscheint ihr endlich in Gestalt ihres Liebhabers
und sagt ihr allerlei Lästerungen; ihre Angst, ihn auf ewig verloren zu sehen, Himmel und Hölle zwischen ihnen.

CATHARINA *(Wie er sie dennoch glücklich macht, da er das dumpfe Ge-*
fühl des Schmerzens, das sie wie ein Feuer unter der Asche schleichend
verzehrt, in ihr weckt und in lebendige Flammen ausbrechen macht.
Darum wünscht sie ihn noch einmal zu sehen vor ihrem Ende, damit sie
dieses starke Gefühl noch einmal ganz habe und es ihr das Herz breche):
 Wie glücklich wollen wir
 In Brudertreue bei einander leben!
 Ich alle deine Zärtlichkeit für deine Catharina
 Genießen, als ob du sie mir bewiesest,
 Und dann dafür durch einen Händedruck
 Von dir der ewigen Seligkeit Belohnung fühlen.

[CATHARINA:]
>Ich bin schon, bin schon in den Wonnefeldern
>Mit ewgem Schmelz bedeckt, wo Augustin
>Sich Hand in Hand mit seinem Feind ergeht,
>Pelagius dem Ketzer, und voll Mitleids
>Heruntersehn auf die, die ihre Sätze
>Allein erklären wollen, nimmer üben.

[ZWEITE BEARBEITUNG]

ARAMINTA *kommt.*

CATHARINA: O meine liebe beste Freundin! – das freut mich daß du kommst.

ARAMINTA: Warum hast du dich denn so weggestohlen vom Ball? Jedermann vermißt dich.

CATHARINA: Vermissen sie mich? Desto besser. Ich wünscht, ich könnte sie alle recht quälen, keiner von ihnen kriegte mich mehr zu sehen.

ARAMINTA: Liebes Närrchen, mit deinem stolzen Herzchen gefällst du mir gar zu wohl.

CATHARINA *ihr in die Arme fallend*: O du Einzige, die mich kennt – hör, ich hab etwas vor. Du kennst doch den Trufalo?

ARAMINTA *ihre Verwirrung zu verbergen suchend*: Trufalo – ja, ich kenn ihn!

CATHARINA: Es ist ein ganz guter Mensch. Er geht mir überall nach. Um seiner los zu werden – auf eine oder die andere Art – hab ich ihm eben jetzt ein versiegelt Billetchen in den Tanzsaal geschickt, er soll hier zu mir auf mein Zimmer kommen.

ARAMINTA: Hier – ?

CATHARINA: Und du sollst dabei sein. Ich will ihn auf die Probe stellen. Du kennst meinen Geschmack, fehlt er den um einen Haarbreit, siehst du, so ist's aus, so ist's als ob er nicht unter uns gewesen wäre.

ARAMINTA: Trufalo ist in aller Absicht ein höchst schätzbarer Mann.

CATHARINA: Sei er ein Heiliger – es kommt darauf an – du kennst mich ja – ist er wie die andern Männer auch – so haben wir weiter nichts mit einander zu schaffen.

ARAMINTA: Ich muß dir sagen, er hat auch mir schon Vertraulichkeit von seiner Neigung zu dir gemacht. Du wirst geliebt wie es noch keine Sterbliche ward.

CATHARINA *sehr aufmerksam*: So? – Still da kommt er! *Indem Tru-*

falo kommt, will Araminta gehn, Catharina hält sie. Bleib lieber
Engel! *Geht Trufalo entgegen.*
ARAMINTA *seitwärts*: O wär ich unter der Erde jetzt – wenn mein
Gesicht nur nichts verrät.

ARAMINTA *zu Cath.*: Nein ist das unerträglicher Stolz –
CATHARINA: Was sagst du?
ARAMINTA: Du verdienst keinen Mann wie Trufalo. *Geht hastig
ab.*
CATHARINA: Was redt die Törin? ich verdient' ihn nicht –
Hm! sei es, sei es – ich verdien' ihn nicht!
Er ist zu gut für mich – zu schmeichelhaft,
Zu krümmend – Nein, doch ich verdien' ihn nicht! –
*Legt sich ins Fenster. Nach einer langen Pause zieht sie sich wieder
herein.*
Daß das mir meine Freundin sagen soll –
Was hatt' ich ihr getan – was hab' ich ihm gesagt,
Das ihn verdrießen könnte – ich verdien' ihn nicht –
Wenn hat sie jemals so mit mir gesprochen –
Geht herum.
Nein nein, ich will's vergessen – nein, ich hörte
Sie falsch – es war was anders, das sie sagte –
Wenn die Gedanken doch *(sich die Stirne haltend)* –
Sie läuft wieder ans Fenster und sieht hinaus.

[CATHARINA:]
Sie sagt' es wäre Stolz, die Welt nach sich
Und sich nicht nach der Welt bequemen wollen.
Sie nannt' es Wahnsinn – Araminta – Wahnsinn!
Du bist nicht meine Freundin: konnte meine Freundin
So unbarmherzig, so unchristlich sprechen?
Stolz? Wahnsinn? daß ich diesen Leuten nicht
Mein Herz – ein solches Herz zum besten gebe?
Nein Araminta, sei es Stolz – auch du,
Auch du hast es verloren – Gott, wie elend –

Gott – ohne Freundin – unterstütze mich!
Nicht einmal eine Freundin – ah ich sterbe!
Fällt halb ohnmächtig hin; Araminta kommt.
ARAMINTA: Himmel, was ist hier – was ist Ihnen, Catharina?
Sucht sie zu ermuntern. Freundin –
CATHARINA: Verlaß mich Araminta.
ARAMINTA: Ich Sie verlassen! Ihnen ist nicht wohl, Mäuschen, ich bitte Sie – *Schnürt sie auf.* Sagen Sie mir, was fehlt Ihnen?
CATHARINA: O Grausame – so dienstfertig, so gut. – Ist es nicht Stolz, Araminta, wenn man gegen Personen dienstfertig ist, auf die man heruntersieht?
ARAMINTA: Heruntersieht? – bester Engel, du sprichst verwirrt –
CATHARINA *hält sie mit der Hand ab*: O laß mich, laß mich – du machst mein Übel nur ärger.
ARAMINTA *erstaunt*: Ich –
CATHARINA: Um der Wunden Gottes willen laß mich –
Araminta geht betrübt ab.
CATHARINA: Ah du vernünftige Weltkennerin –
Wie ekel sie mir wird – und doch könnt' ich
Noch jetzt mein Herz für sie verbluten – wäre
Ach nur ein Punkt in ihrem Herzen nicht,
Der mir abscheulich ist – wär' es um einen Zoll,
Nur um ein Härchen höher – mit mir gleich
Gestimmt – Weg, das ist Stolz – so sei es denn!
Ich will ein Märt'rer meines Stolzes werden.

– – ihre Freundin, die andere, die unter ihr stehen, mit ihr in eine Klasse wirft aus einem falschen Principio der Tugend und Aufopferung, das ihr eigentlich die Stärke gibt, den Vater bittet, er soll die Tochter zwingen den Trufaldino zu heuraten, um sie dahin zu vermögen ihr eine Freundin bringt, die sterblich in Trufaldino verliebt war und von der sie sagt, daß sie so edel, so gut und besser als sie sei – das tötet sie; hernach da sie sich quält und anfängt es sehen zu lassen – ihr wirkliches Mitleid bezeuget – das sind nur Netze womit sie sie ins Verderben reißen will. Diese wirklichen Empfindungen der Freundschaft, womit sie sie hintergeht, und sichtbarlich mit ihrem eigenen Wissen hintergeht, sind das allergefährlichste, das allerempfindlichste, das allergiftigste, womit sie sie zu Grunde richtet, und zwingt sie auch zum Hause hinauszulaufen.

[CATHARINA:]
 Ach wenn man so gewohnt war, einem mehr
 Zu trauen als sich selbst – mit seiner ganzen Last
 Auf einen hinzustützen – und die Stütze bricht –
 Die ganze Welt schien mir verräterisch,
 Als du mir falsch wardst, jeder der mich ansah
 Schien meinen Untergang zu wollen – Clementina,
   Clementina,
 Hättst du mir einen Dolch ins Herz gestoßen,
 Ich hätt' das Werkzeug meiner Ruh' geküßt,
 So aber stießt du mir den Dolch – in meine Seele
 Und brachtst sie zur Verzweiflung.
 Ihr Kruzifix hervorziehend und es küssend.
         Jesus, Jesus!
 Laß es sie nicht entgelten – *Sinkt halb ohnmächtig hin.*

[CATHARINA:]
 Ach war es denn auch gut, um Jesu willen
 Die ungereimtsten Dinge übernehmen,
 Wie Herz! fängst du jetzt erst zu zweifeln an –
 War's Andacht – oder Kützel – ungewöhnlich
 Und sonderbar zu scheinen – weh mir, weh mir.
 Jetzt erst soviel Vernunft – jetzt erst –
 Die menschliche Natur hängt immer gern
 Auf das was übermenschlich – nah am Wunderbaren
 Vorbeigeht – ach wie schmeichelt's ihrem Stolz –
 Stolz? Unsinn Kützel – höllische Vernunft!
 So spät – wegweg mit den Gedanken –
 Ach meine Freundin, ach Cäcilia,
 Wo bist du – hast du mich – hab' ich dich nicht verlassen?

Gott selbst verläßt mich itzt –
O Welt, o Welt, du hattst doch auch dein Glück,
Als meine Freundin mich zum erstenmale lobte
Und mir's so heiß ins Antlitz trat – solch Lob
Aus einem solchen Herzen, ach warum
Hat das sich so verändern müssen – Freundschaft –
So wärst du dennoch nur ein Hirngespinst?
Cäcilia – Welt! Welt! – Cäcilia!
Ich brauchte keines Liebsten, eh du mir
Falsch – nein nicht falsch, viel ärger – Kaltsinn, Kaltsinn –
Gott! Kaltsinn in der Freundschaft – schnöde Welt –
Mir andre vorzuziehen – gleich zu schätzen
Mir, die ich dich mehr als mich selber liebte.

Charakter von Sienas Freundin – tief – verborgen – Um sie nicht zu verderben, will sie ihr nicht ihre Neigung zugestehen, weil sie wohl sieht, daß jene aus Delikatesse für sie gleich abtreten würde, und ihr wie natürlich Liebe für ihn zutraut. Sie begegnet also Truf. mit der äußersten Inegalität. Die falsche Delikatesse kreuzt sich wunderbar mit Cath., an der es ihr immer ärgert, daß sie Truf. nach ihrer Meinung nicht freundlich genug, und zwar aus *pruderie* denkt sie, begegnet. Endlich kommt sie zum Ausbruch und zu Vorwürfen.

Großer Krieg gegen die falsche moralische Delikatesse, die die Herzen soweit entfernt und ihren Grund in Stolz habe. Was es der Freundin kostet, endlich zu gestehen, daß sie ihn liebt, wohin es im Stück doch getrieben wird.

[DRITTE BEARBEITUNG]

[SZENEN DES ERSTEN AKTS]

Ein hoher Fichtenwald am Fuß der Alpen, zur Seite eine Höhle mit Moos und Efeu bewachsen

CATHARINA *tritt auf mit bloßen Füßen, Schleier und Sonnenhut in der Hand*: Wohin vor dir, falsche Freundin – *Sich lange umsehend.* Und wenn er hier nicht gegangen wäre, könnte mir's so wohl hier werden? *Ruft.* Rosalbino! Rosalbino – *Sinkt nieder.* Ach wenn du sie itzt sähst – müd und sterbend – decke mich zu, friedfertige Nacht! *Entschlummert. Sie erwacht jählings mit Geschrei, springt auf mit ausgestreckten Armen.* Ha, er war da, er war da – wer weckte mich? Wie alles so dunkel um mich geworden ist – ha, ich werde mich nicht fürchten, Rosalbino! Liebende sind überall sicher. Ich will jenen schwarzen Berg ersteigen und sehen, ob ich nicht von oben herab irgend wo ein Licht entdecke, bei dem ich dich ahnden kann. Wenn ich auch fehl ahndete, wenn ich nur in der Hoffnung, dich zu finden, darauf zu gehe. *Auf die Höhle stoßend.* Eine Höhle! Wenn er nun drin wäre, mit unterstütztem Haupt mein Bild betrachtete – Rosalbino, Rosalbino! *Geht hinein.*

AURILLA *weiß gekleidet*: Ich glaub ich habe mich verirrt, und doch will mir's nicht angst dabei werden – Wenn ich riefe? Ist doch meine Stimme so schwach, daß mir's die Bäume nicht einmal widerschallen würden! Ich will nur immer langsam weiter – *Stößt auf die Höhle.* Heilige Jungfrau, eine Höhle – *Sieht sie an.* Und was kann mir Schlimmers, Beßres widerfahren als der Tod? Das erstemal daß mir das Herz wieder pocht. Ist's Hoffnung oder Furcht? *Sie will hereingehen, Catharina tritt heraus.*

CATHARINA: Wer bist du? *Aurilla weicht schüchtern zurück, Catharina geht auf sie zu.* Erscheinung, wer bist du?

AURILLA: Donna – ich bin eine arme Hirtin aus dem nächsten Dorf von hier – ich habe mich verirrt – verzeiht, wenn Ihr vielleicht eine Heilige seid –

CATHARINA *faßt sie an die Hand*: Ich bin ein Mädchen wie du, liebes Kind. Laß uns hier niedersitzen; morgen wollen wir uns schon zu deiner Heimat finden. Diese Nacht bleiben wir in der Höhle beisammen.
AURILLA: Ganz gern. *Setzen sich.*
CATHARINA: Hast du jemals geliebt, Mädchen?
AURILLA *zittert.*
CATHARINA: Antworte mir!
AURILLA: Was es kühl werden wird auf die Nacht!
CATHARINA: Traust du mir nicht? Kind, laß uns schwatzen miteinander. Ich höre es an deiner engbrüstigen Sprache, seh's an deinen matten Augen, deiner Blässe, daß du heimlichen Gram hast. Wie bist du hieher kommen, gesteh mir alles, halt mir nichts verschlossen. *Küßt sie, Aurilla lehnt sich an ihren Busen.* Willst du mir nicht antworten, Unerbittliche?
AURILLA *etwas leise*: Ich bitte Sie, fragen Sie nicht weiter. Wollen Sie mir das Letzte nehmen was ich übrig habe?
CATHARINA: So will ich dir erzählen! Siehst du, ich bin so karg mit meinem Gram nicht. Und du bist grade das einzige Geschöpf auf der Welt, das mein ganzes Herz mit mir teilen muß. Sieh mich einmal an – küsse mich *(wischt ihr die Augen ab)*, liebes Kind!
AURILLA *küßt ihr die Hand*: O Madam, diese Träne ist die erste, die mich seit vier Jahren wieder einmal glücklich macht. Erzählen Sie, ich bitte Sie, erzählen Sie mir alles. Wenn Sie wüßten wie wohl mir bei Ihnen wird.
CATHARINA: Du sollst alles wissen. Ich war die Tochter ...

Möglichkeit, daß ein Frauenzimmer von dem Stande und Vermögen weggeht, in ihrer Erzählung gebracht, besonders von ihrer Freundin, deren Charakter recht getrieben.

Der Schauplatz ist der Absatz eines Berges, drei Stunden von Siena westwärts, mit hohen Fichtenbäumen besetzt, die sich auf der einen Seite in eine nach der Höhe der Bäume und deren Abstufung unabsehbare

Tiefe verlieren, von wo dennoch zwischen einer Öffnung der Bäume ein schmaler Weg den Berg hinan erscheint. Vorn geht ein großer Weg, der in eine Kulisse hinausführt, mit Absätzen schief herauf. Auf dem Berg selbst ist unweit des Seitenweges eine Höhle in einem Felsen, vor deren Eingang zwei sehr ausgezeichnete dunkle Tannen stehn.

CATHARINA, *die aus der Höhle hervortritt;* AURILLA, *die eben den Berg hinankommt in der Abenddämmerung.* CATHARINA *schaut und weicht ein wenig erschrocken seitwärts.*

AURILLA *vor ihr hinkniend*: Verzeihen Sie!
CATHARINA: Wer seid Ihr?
AURILLA *angsthaft*: Ich bin ein armes Bauermädchen, das sich im Walde verirrt hat.
CATHARINA: So seid Ihr ein Pilgrim?
AURILLA: Ach Gott, nein! ich bin spazieren gegangen im Walde, und wie ich denn so bin, es verführte mich immer weiter, weil ich das so gern habe, wenn's dunkler und enger zwischen den Bäumen hinabgeht. So kam ich in ein tiefes Tal und als ich mich wieder mühsam hinaufkrapelte, wußt ich nicht Weg und Steg mehr. Ich wollte schreien, aber meine Stimme ist so schwach und ich bin so eng auf der Brust, daß ich dachte, dich hört doch niemand, du willst lieber gehen wohin dich die Füße tragen, weil doch das Schlimmste, was dir begegnen könnte, wär zu sterben, und da bin ich auf diesen Berg gekommen, um zu sehen ob ich von unten kein Licht könnte gewahr werden. Verzeihen Sie, gnädiges Fräulein, daß ich Sie erschröckt habe. Gewiß sind Sie eine Heilige und wohnen in dieser schönen Zelle. Es wird darin doch wohl auch ein Plätzchen für mich diese Nacht sein. Wo nicht, so will ich gern draußen unter dem Wacholderbaum schlafen, wenn ich nur in der Nähe bei Ihnen bleiben kann.
CATHARINA *richtet sie auf und sieht in die Höhe*: O Gott! in die Höhle kannst du nicht, Mädchen, sie ist grundlos. Ich bin ein paar Schritte hinabgegangen, da merkte ich, daß der Weg auf einmal abschlug; ich warf einen Stein hinab und hörte ihn nicht niederfallen.
AURILLA: Wo werden Sie denn die Nacht bleiben?

CATHARINA: Wir wollen hier zueinandersitzen. Es ist mir lieb, daß du kommst. Fürchtest du dich vor den wilden Tieren?

AURILLA: Ich muß Ihnen sagen, vorhin ist mir etwas Sonderliches begegnet, ungefähr eine halbe Stunde von hier; ich ging einen hohen hohen Berg hinab, mit Bäumen besetzt; der Weg unten schien durch und ganz nahe, daß ich nicht glaubte, daß er so tief unten läge. Es ging auch anfangs ganz gemach, auf einmal fiel ich und rutschte so hinunter eine ganz unermeßliche Höhe. Da war ich nun überall von Bergen eingeschlossen und der Weg krümmte sich so um einen herum, grade durch einen dicken Wald, so daß da wohl nicht zu vermuten war, daß ein Mensch da gegangen wäre. Nun stellen Sie sich vor, der Boden war leimigt und weder das Geleise von einem Wagen noch eine Fußtapfe von Menschen war zu sehen, als ich auf einmal etwas wie eine Menschenhand gewahr wurde; das war vermutlich die Klaue von einem großen wilden Tier. Ich kann aber nicht sagen, daß ich mich sehr fürchtete; denn was hab ich zu verlieren? aber es überfiel mich doch so, daß ich an zu laufen fing.

CATHARINA *küßt sie*: Ich muß lachen und wie. Es war meine Hand nur, die dir die Angst einjagte. Mir ging's wie dir, nur mit dem Unterschiede, daß, wie ich den Berg hinunterrutschte, ich auf meine Hände fiel; hernach ging ich auf dem Rasen fort. – Ich fürchtete mich vor dir, denn in der Tat ich hielt dich für eine Erscheinung.

AURILLA *nach langem Stillschweigen*: Sie sind also wohl auch hieher verirrt? *Catharina antwortet nicht.* Vielleicht wollten Sie eine Wallfahrt zum Grabe des heiligen Antonius machen? *Catharina antwortet nicht, Aurilla schweigt gleichfalls.*

CATHARINA *schlägt ihr einen Arm um den Nacken*: Kind, hast du geliebt?

AURILLA *zittert*.

CATHARINA: Kind – sage mir hast du geliebt?

RIK[CHEN]: Was weiß ich – ich glaube ich war töricht genug – bin töricht genug – ach verzeiht mir, ich weiß nicht, wo mir der Kopf steht – *Sie verhehlt ihr, daß sie geliebt hat, bis ans Ende da sie Correggio sieht.*

CATHARINA: Ach glaube mir, die Männer alle sind
Verräter, lieben sich allein, nie uns –
Und sagen sie, sie lieben uns, so suchen sie
Selbst in dem Augenblick und aller Trunkenheit
Der Leidenschaft nur ihr, nicht unser Glück.
Gewiß hat einer dir's gesagt und nicht gehalten.
Betrognes Kind – ich glaube keinem der mir's sagt,
Nur dem der schweigt, von dem ich es errate,
Nur dem – dem glaub ich's – und bis in den Tod!
Sieht vergnügt in die Abendröte.

RIK[CHEN]: O wie die Abendröte sich in Euren Augen und auf Euren Wangen spiegelt –
Ach hätt ich Euch eher gekannt – Eure große und starke Seele hätte meine vor dem Fall bewahrt – doch hab ich auch Leute gekannt, die es nicht sagten und nur zu handeln schienen, und doch Verräter waren.
Doch im Grunde, sind sie denn so böse? haben wir nicht Glück genug gehabt in der Zeit als wir uns so angenehm betrogen? Müssen wir hernach gleich leiden, ach, so macht doch ein Augenblick Rückerinnerung uns selig!

CATHARINA *umarmt sie*: O Mädchen, Mädchen – ganz gewiß hast du geliebt. – Ach kannst du nicht wieder lieben, dein Herz einem andern schenken?

RIK[CHEN] *mit Tränen ihr um den Hals fallend*: Ich schenk es dir, zu großmutsvolle Freundin!

ERSTER BEDIENTER: Wart, ich will mir erst meine Pfeife anstekken, und darnach wollen wir dort unten suchen gehn. *Sich die Pfeife anzündend.* Aber Schwager, das war mir auch ein Bild das; ich sag Ihm, ich hab in meinem ganzen Leben so was nicht gesehn. – *Als die Pfeife brennt.* Na wie ging's? Nach Turin ist er gereist, sagte sie, nach Turin; also geht er nicht nach Napoli, also geht er in die Alpen und wird ein Einsiedler. Er ist verloren, ich hab ihn unglücklich gemacht, er ist melancholisch geworden, und so dergleichen Reden; ich sucht es ihr auszureden wie ich konnte, sie schickte mich fort, und eh ich mir's versah, wips! war sie in die Garderobe und nach ihrem Amazonenkleide gesucht. Ich wußte nicht was sie damit wollte; ich bat sie, sie sollte doch nur hübsch geruhig sein und sich schlafen legen, wir würden schon morgen mehr Nachrichten von ihm bekommen; ich geh herunter, such nach der verwünschten Bambina, ihrem Kammermädchen, daß sie heraufgehen soll und sie auskleiden. Die, weiß es die Kränkt! hielt sich noch so lang bei der gnädigen Frau auf; mittlerweil meine Dame Catharina im Amazonenkleid zum Tempel heraus und das über alle Berge. Es wird nicht eher Lärm als um zwölf Uhr – man durft es der gnädigen Herrschaft nicht sagen – wir dachten immer wir würden sie wieder finden – ja hast du nicht, so wirst du nicht! – so ging der Umstand, Schwager.

Ein anderer Bedienter bringt Aurilla den Seitenweg herauf.

DRITTER BEDIENTER: Ha, da hab ich ja das Wildpret schon! Die ist doch wohl auch nicht ohne Ursach hier.

ERSTER BEDIENTER: Ei, Häschen, wo kommst du denn hieher?

ZWEITER: Was willst du denn hier, Meerkatze? Bist du etwa auch verhext, hast du auch einen hier im Walde stecken? he?

AURILLA: Ach ich bitte euch, lieben Leute, laßt mich gehen; ich habe ja keinem Menschen was zu Leide getan.

ZWEITER: Was zu Leide getan? he! hat dir deiner im Walde was zu Leide getan? – he he he! was suchst du hier, wonach läufst du hier, Fledermaus.

DRITTER: He! hat Sie hier des gnädigen Herrn seine Tochter gesehn?

AURILLA: Welches gnädigen Herrn?

ERSTER: Was fragt ihr doch, sie ist ja dumm wie eine Schaufel!

ZWEITER: He! hat Sie hier nicht ein junges Meerkätzchen gesehn, recht so wie du? he? eine, die auch ihren im Walde sucht?

AURILLA: Ich bin schon seit heute morgen hier herumgeirrt und habe kein menschliches Geschöpf gesehn.

DRITTER: Ei, das ist nichts, wir müssen sie zu unserm gnädigen Herrn führen – fort mit ihr.

Aurilla: Ach ich bitte, führt mich in meines Vaters Haus oder laßt mich hier.

Zweiter: Laßt mich hier, he he he! will der noch nicht kommen aus dem Wald? laßt mich hier!

Dritter: Ei nichts, nichts – fort mit ihr! *Schleppt sie ab.*

Zweiter *ihr nach gehend, ruft ihr nach*: Laßt mich hier! laßt mich hier! – he he he!

[Schema des zweiten und dritten Akts]

Im zweiten Akt tritt Rosalbino in der Morgendämmerung auf, zeichnet den Berg mit dem anbrechenden Tag drauf, auf einmal sieht er sie aus der Höhle hervortreten, sie hat für Furcht noch immer dastehn müssen, und stürzt auf sie zu – die *Reconnaissance*.

Sie erzählt ihm, warum sie fort aus ihres Vaters Hause gegangen, was ihre Freundin sie geängstigt. Er erzählt ihr wie er von selbst zurückgekommen, sie noch einmal zu sehen und sich den Tod zu geben (wegen der *Inegalität*), wie er erfahren daß sie in das Gebirge geflohen. Wie er das ganze Gebirge durchsucht, und weil er vermutet daß sie sich vielleicht in Teich gestürzt oder sonst was – er sich vorgenommen, das ganze Gebirge abzuzeichnen. Er sucht alles mögliche anzuwenden, sie zu bewegen wieder umzukehren (das Gefühl der Verhältnisse); der Streit. (*[Am Rand:]* Beschreibt ihr die Bestürzung und Trauer des Vaters, und als es sie nicht bewegen kann, zeichnet er ihn.) Endlich entschließt er sich hinzugehn dem Vater zu melden, daß er sie gefunden, ihm aber zu sagen daß er sterben würde, eh er's sagte, bevor der andere ihm sie zur Ehe versprochen: sie willigt ein –

Dritter Akt. Aurilla kommt wieder. Sagt sehr verwundrungsvoll, wie ihr Vater sich nach ihren kleinsten Umständen erkundigt und wie herrlich sie von ihm gehalten worden sei. Er habe sogar ihr ihr (Catharinens) Zimmer eingegeben und ihr gesagt sie solle deren Stelle vertreten, da habe sie denn völlige Freiheit gehabt sich fortzumachen. Begreift's nicht. Catharina dringt in sie, sie soll ihr ihre Geschichte erzählen. Sie tut's denn. Beschreibt Carlotto immer als einen Edelmann, nennt ihn aber nicht. – Indem kommt er, hat sich losgemacht vom Alten, der ihn in Ketten und Banden werfen wollte und in nichts willigte, will aber doch Cath[arinen] bewegen freiwillig umzukehren und das Letzte zu versuchen.

[Am Rand:] Jetzt die Katastrophe, der Hauptknoten und die Entwickelung.

Er wird Aurilla gewahr, ohne sie zu erkennen, die ihn aber erkennt und in Ohnmacht fällt. In dem Augenblick, da sie ihn erkennt, zediert Cath[arina] den Rosalbino, Rosalbino läuft den Berg hinab, Cath[arina] hinterdrein. In dem Augenblick tritt der Vater auf und frägt: Wo ist Catharina, wo ist sie? – die Versuchung. – Aurilla antwortet nicht. Catharina kommt ganz erhitzt wieder herauf. Will sich in die Höhle stürzen. Aurilla, die glaubt daß Rosalbino deswegen weggelaufen, weil er sie erkannt, hält sie zurück; sagt daß sie ihn zediert. Der Alte frägt, was alles das sei. – Die Tochter sagt: Nein ich will hinab, mich Gott weihen! Gott liebt mich! Aurilla, sie immer noch festhaltend, kniet und bittet den Vater, seine Einwilligung zu ihrer Heurat mit Rosalbino zu geben. Er sei ein Edelmann etc. Der willigt endlich. Trufaldino, der während des Gesprächs heruntergelaufen, bringt Rosalbino großmütig wieder herauf und sagt dann, er wähle Camillen, Camilla habe aus bloßer Aufopferung ihre Freundin so gequält, er sei überzeugt, daß sie ihn liebe. O so verzeihe mir, sagt Catharina, der Camilla um den Hals fällt. Rosalbino erkennt Aurilla, sein Kampf – der Vater sagt ihm, Aurilla sei seine uneheliche Tochter – und wenn er ihm die eine genommen, solle er ihm die andere nicht nehmen, sie trete nun in Catharinens Stelle und er hoffe durch seine väterliche Zärtlichkeit ihr den Liebhaber bald vergessen zu machen. Ihre Großmut beschließt das Stück. Sie ist zufrieden, Rosalbino gekannt, durch ihn die Schmerzen und die Freuden des Lebens kennen gelernt zu haben. Jetzt aber geht der heftigste Streit erst an. Rosalbino als Künstler will sie [Catharina] nicht unglücklich machen – Seine Phantasei sei engagiert – jetzt die Szene des Zettels, die alles beschließt oder in Entzücken auflöst.

[ENTWÜRFE ZUM DRITTEN AKT]

Indem er den Berg abzeichnet, wird er auf einmal sie oben gewahr, rennt auf sie zu.

CATHARINA: Rosalbino!
AURILLA: Rosalbino. *Fällt in Ohnmacht.*
ROSALBINO *Hand vorm Gesicht*: Wie elend!

[AURILLA:]
  Ach Gott, er ist's! – wie wohl ist mir! *Sie sinkt hin.*
  Wo bin ich? wozu wecktest du mich? war ich dir
  Zu glücklich? wollt' ich sonst was, kannt' ich sonst ein Glück
  Als ihn noch eins zu sehn und dann zu sterben? –
  Für dich, die hoffen kann, für dich, die würdig ist
  Geliebt zu sein, die wieder lieben kann,
  Für dich ist Leben Glück. Geh, aber mir – was mir,
  Die taub und schwach und kraftlos, ihrer selbst nicht mächtig,
  Nicht weiß mehr, wer sie war, noch wer sie ist –
  Nur weiß, daß sie noch wünschte ihn zu sehen
  Mit allem seinem Haß, all seiner Untreu,
  All seiner Grausamkeit – und dann zu sterben.
  Catharina will ihr ihn abtreten; sie kämpft. Edler Kampf unter beiden.
SIE *(Monolog)*:
  Ihn der mich elend machte – willig elend,
  Ihn dem ich alles hingab, der es wußte,
  Sich selbst verbarg – und von mir, von mir flog
  Er hat sie verlassen, weil sie seine Schwester war, er's ihr nicht sagen wollte; ihre Schwärmerei fällt halb ins Komische, macht lächeln unter Tränen.

Indem sie hinunter will, hält Aurilla sie, welche glaubt sie wolle aus Großmut, weil Rosalbino sie liebt, und sagt, nie wolle sie

Rosalbino heiraten. Rosalbino kommt dazu, sagt sie ist meine Schwester, ich wollte keine Ungleichheit des Standes. Der Vater erlaubt's, sie heuraten sich.

Es erweist sich am Ende daß Aurilla die Tochter des Alten ist – sie opfert aus schwesterlicher Liebe gar ihren Geliebten auf und sagt daß sie als seine Schwägerin ebenso glücklich sein werde.

Die Höhle geht in eine unermeßliche Tiefe, sie warnt Aurilla dafür. – Als sie wieder heraufkommt, ganz erhitzt, und ihr Vater sie frägt, sagt sie nein – sie will fort – sich Gott weihn. Gott liebt mich – und geht in die Höhle. Vater will ihr nach, Aurilla hält ihn zurück. Sein Wehklagen.

Sie kommt zurück weil sie sich schämt ihm nachzulaufen, entschließt sich nur Gott zu lieben. Aurilla gleichfalls.
Der Vater sagt, er habe ihr gesagt, er wolle Aurilla heuraten. Aurilla will nicht. Catharina redt ihr zu, er kommt, sie zwingt ihn, sie aber bleibt in ihrer Höhle.

Rosalbino kann ihr die Bestürzung ihres Vaters über ihr Verschwinden nicht in Worten sagen, er malt ihn ihr vor auf ein Papier – ihre Empfindungen – nun muß ich malen was sie sagt – Muß seinen Charakter als Maler immer behalten dessen Phantasie engagiert ist, der seine Kunst mehr liebt als sie – das sagt sie auch als er sie verläßt und ergibt sich Gott – fällt wieder auf ihn. *[Am Rande:]* Alles in der letzten Szene sagt daß er so grausam gegen sie gewesen etc.

Der größte Zug wie er den Berg herunter läuft, weil er fühlt daß er ihrer nicht wert ist – sie nicht lieben kann wie sie liebt – sie sich Gott ergibt – hernach ihm nach.

Catharina – will Jesum lieben in jedem Sterblichen, der etwas von seinem Gepräge hat, sieht daß Rosalbino sie nicht allein liebte: er liebte nur seine Kunst – aber Gott liebt mich!

[VIERTE BEARBEITUNG]

ERSTER AKT

ERSTE SZENE

Catharinens Zimmer

CATHARINA *tritt herein nachlässig geputzt:*
Die unerträglichen Geschöpfe!
Sie setzt sich ans Klavier; nachdem sie ein paar Griffe getan:
Der kniet vor mir von wegen meiner Haare,
Der wegen meiner Ohren, meiner Augen,
Der wegen meiner Füße gar –
Der, selber eingemacht in süßer Narrheit,
Trägt eingemachte Blumen mitten im Winter,
Der läßt sie gar sich in das Haar frisieren –
Und summen wie die Käfer um mich her.
Weiß es die heilige Ursula!
Durch Liebesreden meint ihr mir zu schmeicheln?
Ha ihr Verächtlichen – ihr fühlt das Wehen der Wange,
Die Gottheit dieses Blicks gerade wie
Käfer die Sonne.
Und daß nur einer ahndte *(schlägt sich auf die Brust)*
    was hier pocht!
Mit schmeicheln? ihr? mit dieser Ewigkeit
Von mir entfernt – und mich zu kennen – –
Wenn ich nicht meine Freundin Laura hätte,
Die mich versteht, die mich als Liebhaber liebt,
Wo blieb' ich, Laura, wo blieb' ich? – – *(Sie spielt fort.)*
    ah und doch – *(spielt fort)*
Mein Herz wo bist du! *Sie springt auf und öffnet ein*
    Fenster. Frische Luft, o Himmel,
Vor dieser kriechenden Insekten Atem!
Mein Vater – ah wie kannst, wie kannst du das
In deinem Hause leiden! *Sieht zum Fenster hinaus*
    und fährt zurück.

Laura tritt herein. Catharina hüpft auf sie zu und umarmt sie.

CATHARINA: Ach meine liebe Laura!

LAURA: Liebes Kind! es ist doch nicht schön daß du die Gesellschaft so verlässest. Man ist der Launen gewohnt an dir, aber ich muß dir's sagen als deine gute Freundin, dein Vater und deine Mutter haben dich verwöhnt. Die Assemblée ward doch bloß um deines Namenstages willen angestellt.

CATHARINA: Wenn der widerliche Mensch der Trufalo nicht da –

LAURA: Sag mir, was hast du denn wider ihn? – Catharina, das ist nicht auszustehen, das ist ein Eigendünkel, der über alle Schranken geht. Wofür hältst du dich denn?

CATHARINA: Ich glaube, du nimmst seine Partie, weil er dir im Anfange den Hof gemacht hat.

LAURA: Ich setze den Fall, du quältest den Menschen, weil du ihn hernach auf einmal glücklich zu machen gesonnen wärst. Aber so ist keine Aussicht dazu. Wenigstens könntest du mir's im Vertrauen sagen.

CATHARINA: Nein, Laura, im höchsten Vertrauen – ich verabscheue ihn.

LAURA: Du träumst, liebe Catharina, oder willst mich zum besten halten. Du Trufalo verabscheuen? Wenn deine Augen dir nur nicht immer widersprächen! Sie blitzen ungewöhnlich, wenn du dich wider ihn zu erhitzen scheinst.

CATHARINA: Wahrhaftig nicht aus Liebe! – aber ich begreife dich doch nimmer mehr, Mädchen, wie du von einem Menschen Gutes reden kannst, der eine so offenbare Falschheit an dir beging und seinen Charakter dir von einer so schönen Seite gewiesen hat. Siehst du denn nicht ein, daß seine Anwerbung um dich und hernach um mich nichts als den niederträchtigsten Eigennutz zum Grunde hatte?

LAURA: Du tust ihm unrecht; es ist nur zu sichtbar, daß er dich liebt.

CATHARINA: Warum stellte er sich denn anfangs verliebt in dich? Um in unserm Hause Zutritt zu bekommen und desto besser spionieren zu können, von welcher Seite ich zu gewinnen wäre. Aber er soll sich garstig betrügen! Er hat dich verraten – sei getrost Laura, ich will dich an ihm rächen!

LAURA: Vortrefflich, Catharina! also hintergehst du diesen Menschen, dessen du nicht wert bist, mit wahren Kokettenkünsten?

CATHARINA: Laura –

LAURA: Ich kann mir nicht helfen, meine Liebe, diesmal macht mich unsere Freundschaft nicht blind für das, was die ganze Welt an dir tadelt. Dein Vater hofft noch immer, du werdest dich nach deiner Gewohnheit von selbst wieder zurecht finden; sonst hast du von ihm eine noch viel schlimmere Predigt zu gewarten. Du warst frei, du hattest die Wahl von sechs der jüngsten und reichsten Partien in Siena. Trufalo war der bescheidenste darunter, er hatte das Herz nicht zu sprechen, du tatst ihm den Mund auf. Und wenn du mich nur nicht zum Werkzeug gebraucht hättest. Du schicktest ihm ein Billet durch mich, er sollte zu dir kommen als ..., er kommt, er fliegt wie von einem glücklichen Traum entzückt, wirft sich dir zu Füßen, deine Laune befällt dich, du schicktest ihn fort, und was das unerträglichste ist, um nicht wieder zu kommen.

CATHARINA *setzt sich*: Liebe Laura, ich habe niemand Rechenschaft von meinen Handlungen zu geben; aber es war nicht Laune, warum ich ihn fortschickte.

LAURA: Was war es denn? Eitelkeit, das angenehme Gefühl jemand abgewiesen zu haben, den man selbst angelockt hat. Es macht dir viel Ehre, die ganze Schule der Koketten durchzumachen.

CATHARINA: Liebe Laura, ich hätte ein Recht, von dir zu verlangen, daß du mir niemals wieder vor die Augen kämst. Es ist das erstemal, daß ich dich so sehe – du mißbrauchst meine Freundschaft gegen dich.

LAURA: Es ist auch das erstemal, daß mich dein unverantwortliches Betragen gegen einen Menschen, der mich für deine Ratgeberin hält, zwingt, mich dir so zu weisen. Da steht er jetzt von der ganzen Gesellschaft mit großen verwundrungsvollen Augen angesehen unten, zittert und bebt, und weiß nicht womit er dich beleidigt hat. Sage selbst, welch eine schöne Erscheinung es ihm sein muß, wenn das Fräulein vom

Hause auf einmal vom Stuhl aufflicgt, ihm das Schachbrett ins Gesicht schiebt und ihn vor der ganzen Gesellschaft zu Schanden macht.

CATHARINA: Was sind das auch für einfältige Anträge, die mir einer im Schachspiel tut, eben da ich auf einen der besten Züge denke, die ich in meinem Leben getan habe. Schach an die Königin! und das mit einer Miene – Laura, wenn du gesehn hättest, wieviel er sich auf diesen Einfall zu gute tat.

LAURA: Wenn's ein anderer getan hätte, er hätte dich nicht so beleidigt.

CATHARINA: Freilich nicht.

LAURA: Und doch bist du selbst schuld daran, daß er sich in den Kopf gesetzt hat –

CATHARINA: Sprich mir nicht davon. Wenn du wüßtest wie er sich damals aufgeführt hat! ich habe in meinem Leben so was nicht gesehen; er war wie verrückt, er muß sich wohl einbilden, ich hätte ihm ein Rendezvous gegeben –

LAURA: War es denn was anders?

CATHARINA: Ich will es nicht leugnen! das Nachdenkliche, was er im Gesicht hatte, gefiel mir ehmals, ich schmeichelte mir, es würde ein Herz drunter verborgen sein, das anbeten könnte ohne es zu sagen, ein Herz, wie ich's mir wünsche, das in stiller Verschlossenheit sich mit mir herumtrüge, auch wenn es nicht hoffen könnte mich zu besitzen, kurzum ein Herz – Aber der Mensch macht Projekte auf mein Vermögen und meint, er als der Schlauste hab's durch seine affektierte Schwermut nun doch geangelt. Er soll sich garstig betrogen haben!

LAURA: Hast du dir aber auch nur Zeit genommen ihn zu untersuchen?

CATHARINA: Ich hatte genug von dem ersten Wort, das er mir sagte. Es war die kälteste abgeschmackteste Schmeichelei, die jemals auf zwei Beinen herumgekrochen ist. Eine so schale ausgepeitschte Schmeichelei; es überläuft mich wenn ich daran denke.

EIN BEDIENTER *tritt herein*: Signora, der Maler!

CATHARINA *verwirrt*: Wer? – Rosalb – Laß ihn warten – laß ihn wieder kommen – laß ihn bleiben – er ist es doch?

BEDIENTER: Es ist derselbe –
CATHARINA *zu Laura*: Liebes Kind, wenn du mich einen Augenblick – *(schlingt ihr den Arm um den Hals)* nein, du sollst dabei sein! Es ist ein wunderbarer Mensch. Es ist der Maler, der mich gemalt hat, ein Mensch von guten Eltern, von gutem Hause – ein unglücklicher Mensch – ein sehr glücklicher Mensch, der aber doch –
LAURA: Und für wen hast du dich malen lassen?
CATHARINA: O ich muß dir die Geschichte ein andermal erzählen. *Steht auf und geht gegen die Tür, kehrt aber wieder um.* Ich will dir's erzählen, aber – *Legt ihr beide Finger auf den Mund.* Ich lag einmal im Fenster diesen Sommer; es war der selbe Tag als ich Trufalo hatte zu mir kommen lassen.
BEDIENTER: Soll er warten?
CATHARINA: Sagt ihm er soll warten.
LAURA: Er kann ja ein andermal wiederkommen.
CATHARINA *unruhig*: Ach er ist schon – er ist schon einigemal da gewesen – laßt ihn hereinkommen! *Der Bediente geht heraus.*
LAURA: Warum denn eben jetzt?
CATHARINA: Es ist ein wunderbarer Mensch – du kannst ihn nicht begreifen. Er war da und reiste wieder fort und kam wieder. *Läuft an die Tür und ruft hinaus.* Wenn Sie sich doch ein andermal wieder her bemühen wollten; ich bitte Sie um diese Gefälligkeit – *Kommt wieder zu Laura.* Ich hab ihn wiederkommen heißen. Ich kann dir nicht sagen, liebe Laura, was für ein außerordentlicher Mensch das ist. Es war denselben Tag als Trufalo bei mir gewesen war, ich legte mich ins Fenster, ich war des Lebens müde, ein Reisender ging vorbei. Mich erschröckte der herzhafte Blick, mit dem er nach dem Fenster sah; sonst schleichen sie unser Haus immer mit niedergesenkten Augen vorbei – ich ließ ihn heraufrufen, ich fragte ihn nach seinem Schicksal, nach seinen Umständen, er antwortete mir so frei – so frei. Ich hieß ihn niedersitzen. Florenz ist sein Geburtsort. Er warf ein Geheimnis über seine Familie; ich glaube, er ist einer von der Partei der Bianchi, wiewohl er sagte, er habe sich selbst Landes verwiesen, um der Leidenschaft, die er für die Malerei hätte, nachhängen zu

können. Er hat ein Bild von dem berühmten Piazetto in Neapel gesehen, es ließ ihn nicht Tag noch Nacht ruhen, sagte er. Er reist nach Neapel, um ihm sein Geheimnis abzusehen und ihn zu übertreffen. Das gefiel mir, ich wurde munter, er sagte mir er werde seinen Vorsatz ändern und hier bleiben, um mich zu malen. Das gefiel mir nicht. In dem Augenblick sank er mir unter die gewöhnlichsten Farbenklecker hinab; ich zog meinen Beutel heraus und sagte ihm ich wollte ihm sein Bild vorausbezahlen; er sah mich beschämt an und flog zur Tür heraus. Ich schickte ihm den Bedienten nach, er fand ihn nicht. Den Abend ging ich zur Assemblée hinab. Als ich wieder heraufkam, stelle dir vor, es war um zwölf Uhr in der Nacht, finde ich *(sie eilt ins Nebenzimmer und holt ein Gemälde heraus, das sie aufrollt)*, finde ich dieses Bild in meiner Schlafkammer auf meinen Lehnstuhl angelehnt. – Sag mir erkennst du mich? Ist nicht dieses Atmen des Busens, wie er mich für ihn zu sehen wünschte? – Diese Augen, dieses Lächeln –

LAURA: O daß Trufalo dieses Bild hätte! – er vergrübe sich in eine Einsamkeit damit und entsagte allen Ansprüchen an dich auf ewig.

CATHARINA: Eher wollt ich ihm mein Herz geben. Mein Vater selbst hat es noch nicht gesehen – du mußt auch keinem Menschen was davon sagen, ich bitte dich. Bei unserer Freundschaft?

LAURA: Bei unserer Freundschaft.

CATHARINA: Ich bin verloren! da kommt was die Treppe herauf. *Sie rollt das Bild hastig zusammen und fliegt damit ins Nebenzimmer.*

ZWEITE SZENE

ALEPINO. TRUFALO. *[Zu den Vorigen.]*

ALEPINO: Meine Tochter – wo ist sie? *Catharina kommt hervor.* Meine Tochter, du wirst mir nicht übel nehmen, daß ich Trufalo auf dein Zimmer bringe. Du hast ihm das erste Recht dazu gegeben.

Catharina: Ich hoffe nicht, daß Sennor Trufalo Ihnen Vertraulichkeiten gemacht haben wird –
Alepino: Die dir nicht zur Ehre gereichen. Du hast den ersten Schritt gegen ihn getan, du hast den Verdiensten dieses Edelmanns Gerechtigkeit widerfahren lassen. Deine jetzige Begegnung aber entspricht den Hoffnungen, die du ihm gegeben hast, eben so wenig als der guten Meinung, die wir immer von deinem Verstande gehabt haben.
Laura: Vermutlich suchte meine Freundin nur das Nachteilige, was in diesem Schritt für ihre Delikatesse zu liegen schien, durch verstellte Grausamkeiten wieder einzuholen.
Alepino: Das hoffen wir gleichfalls, und Sie zeigen sich als ihre wahre Freundin, Cousine! daß Sie für ein so unziemliches Betragen noch eine so gefällige Entschuldigung zu erfinden wußten.
Trufalo *zu Laura*: Signora, ich habe Ihnen einen ungemessenen Dank, daß Sie meine Verzweiflung durch soviel Gnade aufmuntern wollen.
Alepino: Und du hast deiner Freundin keinen Dank, Catharina? – Entferne [?] dich! Ich kann alles in der Welt ausstehen, nur keine ausschweifenden Meinungen von sich selbst.
Laura: Sie werden vermutlich nicht ein solcher Neuling in der Liebe sein, lieber Trufalo! sich durch den Eigensinn und die kleinen widerwärtigen Launen eines mutwilligen Mädchens niederschlagen zu lassen.
Trufalo *immer zu Lauren mit tiefen Verbeugungen*: Sie sind allzu gnädig –
Catharina *sich die Augen wischend*: Ich wünschte du sorgtest für dein eigen Herz, Laura, und ließest das meinige unbekümmert.
Laura *zu Trufalo, der ihr etwas sagen will, indem sie ihn bei den Schultern faßt und gegen Catharinen kehrt*: So wenden Sie sich doch nicht immer zu mir, wenn Sie Ihrer Göttin was zu sagen haben; Sie sehen ja schon, daß sie unruhig wird.
Alepino: Mädchen, es ist nicht mehr Zeit die Komödie zu spielen; erkläre dich! Herr Trufalo muß verschiedene Einrichtungen treffen, die öffentlichen Urteile über deine Neigung zu

ihm werden zu allgemein und wenn nicht bald ein entscheidender Streich geschieht deiner Ehre nachteilig. Du weißt wie viele sich mit deiner Hand geschmeichelt haben. Also mach dem Ding ein Ende! Wofür brauchst du dich zu scheuen. Du darfst über viele Dinge hinweg sein, die der Umständlichkeit, Zierlichkeit gewöhnlicher Frauenzimmer Steine des Anstoßes sein würden, so wie du dich auch durch dein erstes Billet an Trufalo selbst darüber hinausgesetzt hast.

LAURA: O sie hat noch mehr getan; sie hat sich auch für ihn malen lassen.

CATHARINA: Laura!

LAURA: Weise nur, was brauchst du's zu hehlen.

CATHARINA *fast außer sich*: Es ist nicht so, Laura scherzt.

LAURA *geht zu Alepino, zischelt ihm in die Ohren, die letzten Worte ziemlich vernehmlich*: ... in der Kammer.

CATHARINA *schlägt in die Hände*: Es ist nicht – Laura!

ALEPINO *will nach der Kammer, sie hält ihn zurück*: Nun, so stell dich doch nicht als ein Kind!

CATHARINA: Laura hat mich wollen rot machen – ich habe eben wollen ein Reitkleid anprobieren in der Kammer, es liegt alles durcheinander.

ALEPINO: Ich werde doch wohl in deine Kammer dürfen? *Geht herein.*

CATHARINA *folgt ihm, indem sie spricht*: Glauben Sie's doch nicht, ich bitte Sie!

LAURA *zu Trufalo*: Nun, werden Sie's jetzt bald glauben, daß ich Ihre Freundin bin?

TRUFALO: O ich weiß nur nicht, womit ich meine Erkenntlichkeit –

LAURA: Still nur, sie kommen.

CATHARINA: Papa!

ALEPINO *das Gemälde auseinanderwickelnd*: Da ist das Bild, Sennor Trufalo, da ist es: – Ei *(zu Cath.)*, hätte ich doch nicht geglaubt, daß die Liebe so erfindungsreich wäre. Sehen Sie einmal, das hat sie heimlich für Sie malen lassen, daß es keine Seele gewußt hat. Vermutlich dachte sie Sie, um die Mode mitzumachen, noch lange herumzuziehen, und das sollte wohl

derweil zu Ihrem Trost dienen – oder zu Ihrem Köder, wenn Sie ablassen wollten.
CATHARINA *für sich*: Ich vergehe! –
ALEPINO: Aber [War es] nicht so gemeint, mein Kind. Ihr habt Euer Mütchen nun lang genug an diesem ehrlichen Mann gekühlt, es ist einmal Zeit, daß er auch anfängt inne zu werden woran er ist, damit er's dir nicht einmal nachtrage, wenn ihr geheuratet seid. *Reicht Trufalo das Gemälde.* Da, lieber Trufalo, nehmen Sie dies in Sequester vermöge des Billets. *Cath. an die Hand fassend.* Und Catharina wird so höflich sein und ihre Gegenwart der Gesellschaft wieder gönnen, der ich die Ursache ihrer Launen sagen werde. Denn warum sollen wir's länger hehlen? Ich sähe nicht gern, daß es eher aus käme als ich es selbst bekannt mache.
CATHARINA *sich sträubend*: Mein Vater! – *Bittend zu Laura.* Laura – ist denn kein Mitleiden?
LAURA: Sie ziert sich, lieber Onkel! hören Sie nicht auf sie! *Trufalo reicht ihr die Hand; sie gehen alle ab.*

ZWEITER AKT

ERSTE SZENE

Der Schauplatz ist ein tiefes Tal mitten im Gebürge in einem ungeheuren Fichtenwalde. Es ist Nacht.

AURILLA *in reinlicher Bauerkleidung bleibt nach einigem Herumirren stehen*: Da kann ich nun nicht weiter. Möchte mich ein wildes Tier finden, daß ich nur nicht für Kälte oder Hunger stürbe! Wenn ich schreie! – meine Stimme ist so schwach, daß dieser Berg selbst, der mich einschließt, sie nicht mehr widerhallen würde. Ich will mich hinlegen und weinen und sehen, ob ich so sterben kann. Ach, wie eng ist mir – es wird mir das Herz abstoßen! *Legt sich nieder. Nachdem sie eine Weile gelegen und geweint, steht sie auf.*
Hörte ich recht oder betrog mich meine kranke Einbildung?

Ich konnte die Worte ganz deutlich unterscheiden: Heiliger Antonius beschütze ihn! Es war eine weibliche Stimme. O wenn hier noch ein Geschöpf wäre wie ich, gleich unglücklich, gleich verlassen, gleich begierig nach einem Herzen, das seinen Kummer teilte – *Sie bleibt eine Weile still und horcht; auf einmal fliegt sie mit ausgebreiteten Armen der Gegend zu von der die Stimme kam.* Ich komme, komme in deinem Arm zu verscheiden.

[ZWEITE SZENE]

Einige Fackeln, Laternen und Bediente.

Ein Bedienter: Sagt mir, was suchen wir hier? Es ist heut die zweite Nacht, daß sie fort ist; wird sie in einem Wald drei Stunden von Siena bleiben?

Zweiter: Ei wohin kann sie denn gelaufen sein, sie ist keiner Wege kundig und die Landstraßen sind alle besetzt. Überdem ist sie des Gehens nicht gewohnt; ja wenn es ihre Cousine wäre! aber mir ahndet, sie ist in dem ersten besten Walde umgefallen; wer weiß wo wir sie noch finden!

Erster: Du Gott, der alte Herr verliert den Verstand, wenn wir wieder leer zurückkommen.

Zweiter: Ich wollte doch auch lieber ein Esel sein als der Bräutigam! Da sitzt er und heult auf der Donna Laura Zimmer wie ein altes Weib, statt daß er nach ihr suchen täte.

Erster: Ich glaube, er hat sie alle beide lieb gehabt.

Zweiter: Ja doch, er macht dieser ja Vorwürfe, sie sei an allem schuld. Wo sie nur nicht ein wenig in ihn verliebt gewesen ist und deswegen unsre arme Donna Catharina zum Hause heraus gezankt hat. Es ist auch eine besondere Geschichte mit dem Maler vorgefallen; weiß Gott wie das alles zusammenhängt!

Erster: Er ist ja da gewesen gestern.

Zweiter: Ich glaube, er hat seine Bezahlung gesucht für das Bild, das er von ihr gemacht hat. Aber er ist häßlich erschrokken, als er hörte, daß sie nicht mehr da sei.

ERSTER: Gehen wir den Berg hinan. Mich dünkt ich sehe da eine Höhle. Sollte sie da nicht drinne sein?

ZWEITER: Was du nicht wolltest, da läge sie wer weiß wieviel hundert Lachter unter der Erde. Das ist eins von unsern verfallenen Bergwerken. *Sie verlieren sich zu den Seiten, das Gebürg hinauf, vorbei.*

[DRITTE SZENE]

CATHARINA *und* AURILLA *treten aus der Höhle.*

CATHARINA: Sind sie vorbei?

AURILLA: Kommen Sie herzhaft hervor; es hat keine Gefahr.

CATHARINA: Nun sage mir, liebes Kind, wer bist du?

AURILLA: Ich bin eine Hirtin aus einem Dorf, eine Stunde von hier am Fuße des Gebirges. Ich dachte ich wollte, wie es meine Gewohnheit ist, nach dem Nachtessen im Wald spazieren gehen und da hab ich mich hieher verirrt.

CATHARINA: Wie ist dein Name?

AURILLA: Mein Name ist – Nice.

CATHARINA: Du hast mir eine falsche Nachricht gegeben. Du stotterst. Du zitterst als ob du eine Schuld auf dem Herzen hättest – *Umarmt sie hastig.* Hast du geliebt, Mädchen?

AURILLA: Die Nacht wird kühl und Sie sind so leicht angezogen!

CATHARINA: Du hast geliebt, verhehle mir nichts! es ist Liebe, Liebe, die dich herumtreibt. Du sollst den ganzen Schatz deines Schmerzens mir aufschließen, du sollst nichts für dich behalten. Wen hast du geliebt? Du kannst dich nicht verstellen, wenn du auch wolltest.

AURILLA *küßt ihr die Hand*: Ach, wie konnten Sie das sobald erraten, liebe Heilige!

CATHARINA: Sage mir alles, ich will für dich beten. Ich hatte eine Freundin, die ich liebte, die mir tausend Dolche ins Herz gebohrt – o ich verabscheue sie in eben dem Grad als ich sie sonst vorzog – komm, Nice! du sollst meine Freundin sein. Erleichtere dein Herz an meinem Busen. *Sie umarmend.*

AURILLA: Was ich den Felsen und Bäumen kaum das Herz hatte zu sagen. Ach, es ist eine Wollust drin, wenn man eine gewisse Art Schmerzen in sich verschließen kann. Ich werde Ihnen das Herz zerreißen.

CATHARINA: Du mußt mir alles erzählen. Gedrückte Pilgrime haben immer am Busen einsamer Heiliger Erleichterung gefunden, dich hat dein guter Stern zu mir geführt. Siehst du jenen Stern des Abends und der Liebe?

AURILLA: Ich kenne ihn. Frederico hat mich ihn kennen lehren.

CATHARINA: Wer war dein Frederico?

AURILLA: Ach, es war – wie kann ich's Ihnen erzählen? Und doch zwingt mich Ihr Gesicht dazu, das mir soviel Mitleiden und Trost verspricht. Sie sehen hier, liebe Einsiedlerin, eine vater- und mutterlose Waise, die von ihrer alten Tante, einer Äbtissin von Ursula, erzogen wurde.

Zwo Stunden von Siena liegt das Kloster,
Wo ich Gehorsam und Geduld mit Tränen
Und meinem väterlichen Erb' erkaufen mußte.
Da war ich einsam, ach da war ich einsam!
Ich, die so unaussprechlich sich nach Menschen
Gesehnt – von lauter Heiligen umringt,
Die alle meine Schritt' und Tritte zählten,
Die alle meine Worte mir verkehrten.
Da kannt' ich keine Lust, sogar die Bäume,
Die Blumen schienen nicht für mich zu blühen,
Weil überall mich Furcht begleitete.
Wenn ich die schönen Wiesen noch bedenke,
Auf denen sich mein Blick so geizig oft verlor
Und wo ich seitwärts kaum vorbei zu schleichen traute,
Weil jeder Halm, den ich zertrat, mir drohte,
Da kam er hin, da setzt' er mich
Zur Königin all dieser Schätze ein,
Da fühlt' ich, daß das all um meinetwillen
Geschaffen sei, daß jede Staude sich
Von meinem Fuß geknickt zu werden freute.
Ach meine Freundin, wie mir da so anders

Ums Herze ward, wenn ich an seinem Arm hin,
Wie unter meinen Füßen oft die Erde
Zu sinken schien, ich unter Sternen schwebte! –

Er war mein leiblicher Vetter, meine Tante ließ uns alle Freiheit – sie glaubte wir könnten mit der Zeit unter ihrer Aufsicht wohl noch ein Paar geben und sie ersparte alsdenn wenigstens die Aussteuer von meinem Mütterlichen, das sie sich vorbehielt.

Ich glaubt' es auch. Er selbst bestätigte
Das übermütige Gefühl in mir
Mit Worten nicht. Bedeutungsvolles Schweigen
Im feierlichen Augenblick, wenn die Natur
Uns Hochzeitsfreuden vorzuahnden schien,
Der Tag mir heller ward und sich mein Blick
Anfragend in dem seinigen verlor,
Der ihm, ach, welche große Bürgschaft gab!

CATHARINA: Und er verließ dich?
AURILLA: Er lehrte mich zeichnen, die ganze Natur nahm eine andere Gestalt an vor mir. Ich vergeß es nimmer, wenn er so vor mir saß und seufzte und eine neue Welt unter seinen Händen entstand, die alles was um uns war verschönerte. Ach, liebe Heilige, die Freuden –
CATHARINA: Er muß ein hartes Herz gehabt haben, er verließ dich?
AURILLA: Er hatte das weichste Herz unter der Sonnen. Einmal kam Feuer in einem benachbarten Dorf aus. Wir flogen hinüber. Als wir kamen, war alles schon gelöscht. Er zeichnete die Gesichter einiger Abgebrannten, denen er Geld ausgeteilt hatte; wie er dabei bleich und blaß ward, Heilige, und die Tränen ihm aufs Blatt fielen! Er sagte mir nachher, in seinem Leben hätte er nicht geglaubt, daß die unbedeutenden Gesichter der Bauren eines solchen Ausdrucks des Schmerzens fähig wären. Diese Leidenschaften hätte er noch auf keinem Theater in der Stärke gesehen, da er doch die halbe Welt durchreist hat. Unter andern war da ein Mädchen, das un-

tröstlich war, weil sie ihrer Mutter Kuh nicht hatte retten können, das sich auch durch kein Geld beruhigen ließ. Ich lachte darüber, er verwies es mir sehr. Diesem Mädchen war die Kuh, sagte er, was dir dein Liebhaber ist. Sie war mit ihr aufgewachsen, sie war ihre einzige Gesellschaft, alle ihre Hoffnungen hingen sich an ihr – sie hat alles verloren, da sie sie verloren hat.

CATHARINA: Und er verließ dich –

AURILLA: Er hatte mir Freude genug gemacht, es muß sich alles einmal verändern. Aber wie er fort war, so schien es als ob alle meine Nerven zerrissen und alle Bitterkeiten des Lebens über mich ausströmten. Meine Tante ward noch einmal so strenge gegen mich, aber das fühlte ich nun nicht mehr. Ich fiel ab, ich ward zerstreut und untüchtig zu allem; ich dachte, wenn ich nur in eine rechte Wüstenei könnte, wo kein Mensch mehr nach mir hörte und nach mir fragte; und so ging ich in einer Nacht weg von meiner Tante, so viel Verstand hatt ich doch noch ihr die Schlüssel vom Tor zu stehlen – und das, wohin mich meine Füße trugen. Mich hungerte, und da begab ich mich in dem kleinen Dorf, das außer diesem Gebirge liegt, in die Dienste einer Bäuerin, wo ich nun schon zwei Jahre zugebracht habe.

CATHARINA: Und er konnte dich verlassen?

AURILLA: Ich glaube er hat mich nie geliebt, er hatte nur Mitleiden mit meinem Schicksale. O ich habe viel gelernt bei meiner Bäuerin; ich sehe nun wohl ein, daß ich mir mit falschen Hoffnungen geschmeichelt und daß es ganz was anders war, was in seinen Augen für mich funkelte. Es ist nun vorbei – und ich war vorher bestimmt zu dem was ich itzt bin.

CATHARINA *umarmt sie*: Liebes Kind!

AURILLA: Er redte mir zwar oft von Florenz vor und all den Herrlichkeiten, die dort auf mich warteten –

CATHARINA: War er aus Florenz –

AURILLA: So wie ich. Und da dacht ich, er sollte mich wieder hingeleiten. Es war ein allzu schöner Traum, als daß ich nicht hätte aufwachen müssen. Das Schicksal weiß am besten was wir verdienen.

CATHARINA: Liebe Aurilla, er wird wiederkommen; kehr zu deiner Tante zurück. Er kann dich nicht verlassen, wenn er dich einmal geliebt hat. – Du daurest mich unendlich. Du kannst's dir nimmer vorstellen, wie mir dein Schicksal nahe geht. Kehr um zu deiner Tante, ich bitte dich. Ich weissage dir, daß er wieder kommt.

AURILLA: Liebe Heilige – Wollen Sie meiner gesunkenen Hoffnung wieder aufhelfen, um desto schrecklicher einzusinken?

CATHARINA: Geh zu deiner Tante, er kommt gewiß. Sieh, der Tag wird schon grau, du darfst dich schon auf den Weg machen. Ich will mich schlafen legen. Geh den Augenblick, eh es zu spät wird, eh er kommt und dich nicht findet und dann vielleicht auf ewig in Wäldern umherirrt.

AURILLA: Ihre Worte flößen mir Zuversicht ein, die ich noch nie empfunden habe. Ja, ich find, ich find ihn wieder, und dann will ich ihn zu dir führen, heilige Prophetin, und du sollst die Priesterin unsrer Ehe sein. Du sollst ihn mit Banden an mich binden, die kein Schicksal zerreißen kann. Von deinen Händen will ich ihn wieder empfangen und er soll mir doppelt so teuer sein. *Sie küßt ihr die Hand und eilt ab.*

CATHARINA *allein*: Ach, sie hält mich für eine Heilige! Möge dein Glaube dir nicht fehlen, ausgequältes Herz. Das meinige hat auch nicht einmal die Beruhigung, daß es irgend einem Menschen sein Leiden klagen darf. *Sie geht in die Höhle.*

DRITTER AKT

ERSTE SZENE

ROSALBINO *vor Anbruch des Tages*: Ich suche sie umsonst. Dies ist die zweite Nacht, die ich schlaflos zugebracht habe, sie zu finden. Es ist mir nicht erlaubt die geheimnisvolle Ursache zu ergründen, die diese außerordentliche Flucht kann veranlasset haben. Doch hoff[t]e ich, es würde mir allein gelungen sein, sie ihrer Familie wieder zu schenken, ja mir allein unter allen Sterblichen, weil niemand in dem Grade fühlen kann was der Welt durch ihre Gegenwart entrissen ist. Ha, sie ist auch mir jetzt verhaßt und die wildeste Einöde willkommen. Meine Kunst selber reizt mich nicht mehr. – Catharina! dich den Deinigen wiederzugeben, dadurch ein Recht zu erhalten dich täglich zu sehen, jeden Tag mit neuen Entzückungen, jeden Tag unter einem schönern Lichte in neuen Stellungen des Zaubers!

Sie hat eine Einöde gewählt; ihr Hang zur Schwärmerei, ihre Neigung zum Kloster, die ihr Vater mir versicherte, stellt's außer allen Zweifel. Und wohin könnten ihre Füße sie weiter getragen haben, ihre Füße, die jeder Strohhalm schon verwundete? Ach, vielleicht in den Tod – *Er sinkt nieder.*

Ich hörte keine wilden Tiere brüllen. Ihr Anblick hat sie verscheucht. Aber wenn Müdigkeit, Fasten, Kasteiungen – der Tag fängt schon an mir die schröcklichen Gipfel zu weisen, die ein Füßchen wie das nicht hat blühend machen können! Undankbarer, verwünschter Felsen! deinen Fluch zu verewigen – *Er zieht eine Schreibtafel hervor und fängt an, den gegenüberstehenden Felsen zu zeichnen.* Ha, wenn ihr Vater diese Spitzen sehen müßte mit dem Gedanken, sie hat sie treten müssen! Der meineidige Tag streut seine Rosen drauf – *Wirft seine Schreibtafel weg.* O ich will in der Natur nichts mehr malen. Du hast mich verraten. Ich habe dir alles aufgeopfert, falschste aller Mütter. Du hast mich um alles gebracht. Und kannst so lächeln und freust dich deiner Werke, wo Catharina gelitten hat. O wenn ewige Nacht auf diesem Felsen ruhte, du ihn auszeichnetest als den Wohnplatz alles Schröckens und aller Grausamkeit und die wilden Tiere ihn umheulten, umzitterten, zu furchtsam sich ihm zu nähern, dann – dann würde ich sagen, du seist Mutter – Du hast es mir überlassen – *Nimmt seine Schreibtafel auf und fängt heftig an zu zeichnen. Die Höhle weist sich.*

Eine Höhle! – ha das fängt gut an – es ist ein prophetischer Augenblick, wo mir das im Bilde gewiesen wird, was ich schaffen soll. O könnte ich sie recht abscheulich machen – schröcklicher, schröcklicher – ohne Tagstrahl – ohne Hoffnung – wie die Wohnungen ewiges Kummers – *Indem er an der Höhle arbeitet und aufblickt, sieht er Catharinen in dem Eingang stehen, die sich die Augen wischt und fast zu gleicher Zeit ihn gewahr wird. Beide fliegen auf einander zu. Catharina fällt ihm in die Arme.*

ROSALBINO: O Natur – Natur – *Nach einer langen Pause der ersten Entzückungen frägt Rosalbino mit furchtsamer leiser Stimme, gleichsam zusammenfahrend.* Irren Sie sich nicht etwa, mein Fräulein?

CATHARINA: Nein, ich irre mich nicht: du, du warst es den ich suchte – ich habe meiner Freundin Dank, daß sie mich hieher gebracht hat.

ROSALBINO: Lassen Sie mich anbeten – o den Tod in diesem Augenblick, ich trage ihn nicht. *Sie von neuem umarmend.* Catharina – das an mein Herz zu drücken – *Vor sie hinkniend.* Verzeihen Sie der Seligkeit, die mich dahinriß – ich komme von Ihrem Vater.

CATHARINA *mit zitternder Stimme*: Von meinem Vater?

ROSALBINO *mit dem Angesicht auf der Erde*: Ich will jeden Stein küssen, der Sie getragen hat, ich will seine Härte, die er sich nicht nehmen konnte, mit meinen Tränen auflösen – Catharina! es war Ihr eigner Wille. Warum, warum waren Sie sich so grausam? Dieser Felsen konnte seine Natur nicht ändern, die Nacht nicht Tag, die Wüste nicht freundlich werden; warum stürzten Sie sich in alle diese Leiden? warum machten Sie Ihren Vater den Tag verwünschen, da ihm dieses Kleinod der Schöpfung anvertrauet ward, das alle seine Kräfte vor der Verwahrlosung nicht in Acht nehmen konnten? O Sie kennen sein Herz noch nicht! Es ist nicht möglich, daß ein Sterblicher leiden könne wie er gelitten hat.

CATHARINA *stützt sich ihm auf die Schulter, der immer in dieser Stellung verharrt*: Lieber Rosalbino –

ROSALBINO: Wenn ich mir vorzuwerfen hätte, sagte er, daß ich irgend einem ihrer geheimsten Wünsche, sobald ich ihn nur mit meinem schärfsten Nachsinnen habe entdecken können, nicht zuvorgekommen wäre – die Natur war mir zu arm, die Welt zu kindisch – ich studierte auf neue Mittel ihr beide reizend zu machen, ich verbarg mich zuweilen in den Wolken anscheinender Härte, um ihr den Genuß von dem zu erhöhen, was ich ihr mit verstelltem Poltern verbot. Ich stellte mich als den Feind ihrer Freunde und sah mit geheimen Tränen der Wollust, wenn es ihr weh tat, nur damit sie die Genugtuung hätte, sie wieder in meine Gunst gebracht zu haben; ich schröckte selbst ihr Zutrauen zu mir zurück, nur damit ich sie nicht ohne verstohlene Freuden ließe – Und doch, doch – großer Gott, worin muß ich gefehlt haben – Sehen Sie, das sprach Ihr Vater und rung die Hände und konnte nicht mehr weinen, weil sein Schmerz schon in stumme Melancholei überzugehen anfing –

CATHARINA: O ich will zu ihm – ich will ihm alles sagen – Nein – nein Rosalbino – stehen Sie auf – trauen Sie meinem Vater nicht! er ahndte was ich für Sie fühlte, er will mich nur wiederhaben – o Sie kennen ihn noch nicht. Er ist ganz auf Trufalos Seite, ganz auf meiner Freundin Seite! Meine Freundin, Sie kennen sie ja – ein Mädchen, auf das ich mit meiner ganzen Schwere hinstützte – das mich verriet – o meine liebe Freundin!

ROSALBINO: Mein Fräulein, Trufalo hat unzählige Verwirrungen in Ihrem Hause angerichtet. Ihr Vater sagte, Sie liebten ihn, er hätte untrügliche Merkmale. Ihre Freundin glaubte, Sie wären eifersüchtig auf sie gewesen.

CATHARINA: Eifersüchtig auf sie – das ist der letzte und schlimmste von allen Dolchstichen, womit sie mein Herz durchbohrt – Eifersüchtig auf sie – und über Trufalo – O ich kann noch nicht zu mir selber kommen –

ROSALBINO: Ich könnte Trufalo umbringen, wenn es wahr ist, daß er nicht von Ihnen geliebt wird. Er ist die Ursache aller dieser Verwirrungen.

CATHARINA: O Rosalbino! wenn Sie sich vorstellen könnten, was ich hier gelitten habe. Diese Felsen haben mir wohlgetan. Ich hör es zum erstenmal, daß sie so rauh sind. Mein Vater schickte Bediente her mich zu suchen. Ich stand in jener Höhle, die der Eingang zu einem grundlosen Bergwerk ist. Hätte einer von ihnen sich mit dem Licht hieher verirrt – es war nah dabei – Rosalbino, ich hätte mich herabgestürzt. Ich konnte, ich wollte meinen Vater nicht wieder sehn, so lang er mit Laura unter einer Decke spielt. Sie haben einen Anschlag auf mich; weiß Gott was es ist, aber Laura will an mein Leben.

ROSALBINO: Heilige reine Seele, was für grausame Gespenster quälen Sie! Laura ist noch Ihre Freundin, sie vergeht wie ein Schatten über Ihre Entweichung.

CATHARINA: Ach ich weiß zuviel, man kann sie mir nicht mehr entschuldigen. Ich, die mich ihr mit aller Aufrichtigkeit der Seele hingebe, die ihre Verweise selbst, die sie sonst nie das Herz hatte mir zu machen, mit Demut annimmt, die sich von ihr sagen läßt, daß ich Trufalo nicht verdiene – die ihr dessen ungeachtet ihr ganzes Vertrauen erhält, die ihr Ihr Bild weist, Rosalbino, das ich meinem Vater nicht gewiesen hätte, die sie mit Tränen beschwört, von dem Bilde niemand was zu sagen – O lassen Sie uns nicht weiter davon reden, genug sie sieht mein Angesicht nie wieder –

ROSALBINO: Unergründlich – –

CATHARINA: Lassen Sie uns hier bleiben, Rosalbino – O ich habe oft gedacht, wenn ich so dalag vor Schmerz und Kälte fast erstarrt in meiner Höhle, daß ich mir selbst wie ein Marmorbild vorkam – man hat doch Exempel von Versteinerungen, vielleicht bleibe ich nun so – und Rosalbino kommt einmal hieher, seine schöne Einbildungskraft an mir zu üben – er der sonst nichts an mir unbemerkt ließ, der auf jede Bewegung meines Gesichts, auf jede meiner Mienen, jede meiner kleinsten Ausdrücke der Seele Acht gab – wenn er mich in dem Augenblick, da ich mit dem Gedanken an ihn sterbe, hier verewigt anträfe –

ROSALBINO: Nie war ich so dreist meine Gedanken soweit zu erheben, auch nur zu hoffen, Sie wieder zu finden. Nur die Gegenden wollte ich zeichnen, wo Sie gegangen wären, sie mit ewigem Frühling umkleiden – und als ich diesen Felsen sah, diese Höhle, ah mit welcher Wut mich's überfiel, daß sie so schröcklich waren und doch zu vermuten stand, sie wären von Ihnen betreten worden. *Weist ihr das Bild.* Und hier wollten Sie bleiben? – Sie wollten Ihren Vater sterben lassen? –

CATHARINA *sieht das Bild lächelnd an*: Diese Gegenden sollen Ihnen bald freundlicher dünken, wenn Sie vertrauter mit ihnen werden. – Rosalbino, wir wollen eine Hütte bauen – Sie sollen sie mir zeichnen, in dieser menschenleeren Gegend – bis mein Vater den Umgang mit der gehässigen Laura aufhebt.

ROSALBINO: Ich will zu ihm gehen, ich will ihm die Bedingungen vortragen, unter welchen Sie wieder zu ihm kehren wollen. Er wird keinen Anstand nehmen sie einzugehen.

CATHARINA: Nein, nein, sagen Sie ihm nichts – ich kenne nun Ihre Beredsamkeit – wenn sein eigen Herz es ihm nicht sagt, gegen was für ein Geschöpf er seine Tochter ausgetauscht hat, so mag ich die seinige nicht mehr sein. Er, der mit lächelnder Grausamkeit ihr helfen kann mich zu Grunde richten, der Trufalos Partei nehmen kann, mich um meine Freiheit, meine Ruhe, das ganze Glück meines Lebens zu bringen – Nein, Rosalbino, zeichnen Sie mir einmal meinen künftigen Wohnplatz! wir wollen ein rechtes Schäferleben führen. Ich habe eben eine Bäuerin hier gehabt, o ein holdes Geschöpf, das mich bezauberte, das mir diesen Zustand so reizend gemacht hat, ich kann's Ihnen nicht beschreiben.

ROSALBINO: Erlauben Sie mir, mich ein wenig seitwärts zu kehren. Ich kann nichts zeichnen, wenn man mir aufs Blatt sieht. *Kehrt sich ab.*

CATHARINA: Es war eine rechte Hirtin, wie sie Theokrit beschreibt. Ihr Liebhaber hatte sie verlassen, das machte sie unruhig; sie irrte ihm nach durch Wälder und über Felsen. Sie würde ihn finden, sagte ich ihr, er würde wiederkommen, er müßte wiederkommen. Und sie ging ganz getröstet hinweg. Der Glaube hat mich entzückt. Wer weiß wie manche Zaubermittel sie gleichfalls versucht hat, zu erfahren, ob ihr Liebhaber noch ihrer dächte. Unsere Mädchen sind doch gewiß so gut als die griechischen.

ROSALBINO: Hier habe ich etwas zu Papier gebracht, aber ich weiß nicht –

CATHARINA: Weisen Sie doch her – o weisen Sie doch her – *Stutzt indem sie's sieht.* Wie? das ist ja – mein Vater! Rosalbino,

Sie sind gekommen mich zu quälen. Dieser Blick, diese
Miene – *Wirft sich auf die Knie*. Mein Vater, du kannst Laurens Freund nicht sein –

Rosalbino: Er ist es gewiß nicht, wenn Laura nicht die Ihrige ist –

Catharina *mit ausgebreiteten Armen*: O was wollen Sie aus mir machen – *(mit sehr beweglicher Stimme)* Rosalbino, Sie hassen mich!

Rosalbino: Ich Sie hassen?

Catharina: Sie könnten unmöglich so darauf dringen, mich Trufalo in die Arme zu liefern.

Rosalbino: Ihrem Vater, nicht Trufalo –

Catharina: O Verräter, du stellst dich es nicht zu wissen – ich bin seine Braut –

Rosalbino *sinkt nieder*: Seine Braut!

Catharina: Mein Vater zwang mich und Laura war die Kupplerin. – Ich weiß, daß du von gutem Hause bist, Rosalbino – daß du nicht geruht haben würdest, dich in unserer Stadt unter dem Charakter zu weisen, der dich mir gleich macht, um mich zu besitzen. – Laura, Laura hat alles verdorben.

Rosalbino: Ach Grausame, wie sind Sie hinter mein Geheimnis gekommen? Eben erwartete ich den letzten Brief – – Und nun alles, alles verloren. – *Steht auf.* Sie sind seine Braut nicht, Catharina! es war ein Mißverstand Ihres Vaters, der Ihren Wünschen zuvorzukommen glaubte. Ihre Freundin selber betrog sich.

Catharina: Nimmer, nimmer, ich habe ihr alles entdeckt, außer meiner Schwachheit für dich – auch die so deutlich ihr zu verstehen gegeben, daß sich auch der Blödsichtigste nicht hätte betriegen können – aber sie ist unerbittlich, mein Vater ist unerbittlich. – Trufalo ist von einem der besten Häuser in Siena; seine Anwerbung um mich hat Aufsehens gemacht, ich habe Neiderinnen und mein Vater ist eitel. Mein Glück rührt ihn weniger als das Geschwätz einiger Müßiggänger, als der Beifall eines schwachen Fürsten, der ihm zu dieser Vermählung Glück gewünscht hat. Und ich, ich selbst habe die erste Ursache dazu gegeben, ich glaubte Trufalo lieben zu können, eh ich dich gesehen hatte; ich schrieb ihm, ich tat den ersten Schritt gegen ihn. Vor den Augen der Welt darf ich nicht mehr zurückweichen. *Cath. schlägt in die Hände und beide Hände gegen den Mund.* Laß uns die Welt vergessen! wozu brauchen wir sie?

Rosalbino *nach langem Stillschweigen, in dem die Kämpfe seiner Seele sichtbar sind:* Fräulein! Liebende, bei denen alles aufs Herz ankommt, werden durch die äußeren Umstände nicht verändert. In einer andern Luft als der gewöhnliche Teil der Menschen schmecken sie Süßigkeiten, die ihnen keine menschliche Klugheit und kein Schicksal nehmen kann. Gehen Sie in Ihrer Eltern Haus, lassen sie mir Ihr Herz zurück – und wir bleiben ewig beisammen, in einer Atmosphäre, in die kein sterbliches Wesen dringen kann, selbst der Neid nicht, sie trübe zu machen. Sie sind mein, Sie bleiben mein – was ich auch an Ihnen verlieren kann! – Trufalo kann Sie mir nicht nehmen, nichts auf der Welt kann mir die Eindrücke nehmen, die Sie in mir zurückgelassen; und da nichts auf der Welt Sie in dem Grad lieben kann – zum höchsten Maß meiner Glückseligkeit – so fürchte ich keinen Nebenbuhler. Nein, Catharina, ich fürchte keinen – selbst Ihren Ehemann nicht – selbst in den Augenblicken des höchsten Entzückens ihn nicht. Ihre Gedanken werden immer bei mir sein – er wird sich immer betriegen. Heuraten Sie Trufalo – ich bitte Sie, heuraten Sie ihn – und ich werde mir in Ansehung Ihrer nichts vorzuwerfen haben, das mein Glück zerstören könnte.

Catharina: Ich erstaune über Ihre Großmut, Rosalbino. Sie zwingen mich in dem Ton zu antworten! Kommen Sie zu meinem Vater, wir haben uns weiter nichts zu sagen.

Rosalbino: Was ist Ihnen, mein Fräulein? Sie erblassen.

Catharina: Ich bin die unglücklichste Person, die je geboren ward. – Kommen Sie zu meinem Vater.

Rosalbino: Wenn aber –

Catharina: Es ist nun nicht anders. Das Leben ist ein unaufhörliches Erwachen aus süßen Träumen, mein lieber Maler. Kommen Sie! meine Freundin hat gesiegt, helfen Sie mich an ihren Triumphswagen binden. *Aurilla kommt.* Ei da kommst du ja eben recht *(umarmt sie)*, meine liebe Aurilla! Engel, den mir der Himmel zu meinem Trost sendet. Komm, in dir will ich alles wiederfinden was mein gemißhandeltes Herz verloren hat. Ich gehe nach Siena, du sollst mich begleiten, du sollst nicht von meiner Seite kommen, in deinen Busen will ich alle meine Tränen ausschütten und dann sterben. Du sollst mir Vater, Liebhaber, Freundin, alles sein.

Aurilla: Sie kehren nach Siena zurück? Und wer sind Sie, liebe Heilige? Ich dachte Ihnen meine Not zu klagen, ich dachte wir wollten in dieser Wildnis zusammenbleiben?

Catharina: Mein Vater, mein Liebhaber, meine Freundin wollen es anders. Bewundere diese Herzen, die ich unter den drei edelsten Namen –

[Notizen und Entwürfe zur vierten Bearbeitung]

Rosalbino ist von der Partei der Bianchi, aus Florenz vertrieben – und ehe er seiner Partei ungetreu wird, geht er lieber hin und gibt sich mit der Malerei ab.

Trufalo ist ein Seefahrer (Amerikaner Seybalsky), der nicht anders begreifen kann, als daß man so dem Frauenzimmer den Hof machen muß. Seine Melancholei kam aus Sehnsucht nach der See. Alles ist steif an ihm, auch die letzte Erklärung.

[Rosalbino:] – – ihn kein Mensch zwingen kann für den Geliebten. Gehen Sie in Ihrer Eltern Haus zurück, folgen Sie dem Schicksal, folgen Sie dem Willen der Personen, die um Ihr Glück besorgt sind, ich werde Sie darum doch nicht verlieren. Ja Catharina, Sie bleiben mein, ewig mein *(ihr die Hand küssend)* und ich werde mir nichts vorzuwerfen haben. Wir hangen ewig zusammen. In die Atmosphäre, die uns umgibt, kann kein sterbliches Wesen dringen, selbst der Neid nicht sie trübe zu machen, und zum höchsten Maß meiner Glückseligkeit *(kniend)* fürcht ich keinen Nebenbuhler. Nein Catharina, ich fürchte keinen, weil niemand fähig ist, Sie in höherem Grade zu lieben als dies unglückliche – gar zu glückliche Herz. Warum wollen Sie Trufaldino nicht heuraten? Er kann mir nichts nehmen. *Catharina umarmt ihn.* Nein Engel, er kann mir dich nicht nehmen, so lange er dein Herz nicht verändern kann. Diese Reize gehörten mir nicht – ich würde sie vielleicht weniger abgöttisch geliebt haben, wenn mir ein mitleidigeres Geschick möglich gemacht hätte sie zu besitzen. Aber sie anzubeten kann mir nichts unmöglich machen, sie in dieser Phantasei ewig zu herbergen, ewig zu hegen. *Catharina umarmt ihn von neuem. Rosalbino ganz erschöpft.* Geh in deiner Eltern Haus zurück, allzugütige Schwärmerin! Überlaß mich mir selbst und dem Eindruck, den du mir gelassen!

DIE KLEINEN

Eine Komödie

Motto: Ce sont des petits gens

PERSONEN

Hanns von Engelbrecht,
   reisend aus philosophischen Absichten
Der Graf Bismark (Oeyras), gewesener Staatsminister
Einsiedler, sein Bruder
Annamarie
Schlossergesell
Lorchen
Adolf Hummel, Jäger
Serpentin ⎱ Wirte
Heidemann ⎰
Ein Bauernmädchen
Bauern, Bediente und andere

ERSTE SZENE

Hanns von Engelbrecht *in einem Reisehut.*

Engelbrecht: Das sei mein Zweck, die unberühmten Tugenden zu studieren, die jedermann mit Füßen tritt. Lebt wohl große Männer, Genies, Ideale, euren hohen Flug mach ich nicht mehr mit, man versengt sich Schwingen und Einbildungskraft, glaubt sich einen Gott und ist ein Tor. Hier wieder auf meine Füße gekomen wie Apoll, als er aus dem Himmel geworfen ward, will ich unter den armen zerbrochenen schwachen Sterblichen umhergehn und von ihnen lernen, was mir fehlt, was euch fehlt – Demut. Wer machte euch zu dem, was ihr seid? waren sie es nicht? Und daß ihr sie nicht wiedererkennen wollt, eure Lehrmeister, nicht mehr glauben wollt, sie haben Knochen wie ihr, dasselbe Blut in den Adern rinnen. Wer seid ihr, die ihr auf ihren Schultern steht und sie zertretet, und nicht lieber mit ihnen auf gleichen Boden euch hinstellt und sie auf eure Hand tupfen laßt. Ihr, die ihr nur durch ihre Vergünstigung da seid, ihr sie regieren? mehr als das, beherrschen, zwingen? ihr sie zwingen, von denen ihr lernen müßt, wie ihr zwingen sollt, und die durch eine originelle Wendung eure jahrhundertlange Kunst zu Schanden machen könnten, wenn sie wollten! die aber nicht wollen, weil sie Tugend haben, die euch fehlt. – Pfui doch mit den großen Männern, die herrschen wollen, es sind die kleinsten Pygmäen, Kolibris und Staubinsekten, in die sich die hohen weiten Endzwecke der Natur nur jemals haben verschränken können.

Willkommen ihr lieben Kleinen! kommt an meine Brust, hier ist ein Herz, das euch tragen kann, das eure Größe in sich vereinigen möchte, wie eine große Hauptstadt alles was schön und vorzüglich im Königreich ist, in sich verschlingt und dadurch allein Hauptstadt wird.

ZWEITE SZENE

In dem Gebüsch entdeckt sich in einiger Entfernung eine Höhle, vor der ein EINSIEDLER *mit langem weißem Bart sitzt, das Gesicht halb gegen die Höhle zugekehrt.*

ENGELBRECHT: Das scheint mir ein Bettelmönch zu sein, der in einem ruhigen Pflanzenzustande dasitzt. Wenn ich ihn zum Reden bringe, werd ich manches von ihm lernen. – Gott grüß Euch heiliger Vater.

EINSIEDLER *nickt mit dem Kopf.*

ENGELBRECHT: Wo geht hier der Weg nach Engelsburg?

EINSIEDLER *steht auf, faßt ihn an die Hand, führt ihn auf eine kleine Anhöhe und weist ihm mit dem Finger den Weg.*

ENGELBRECHT: Seid Ihr ein Kartäuser?

EINSIEDLER: Nein – Lebt wohl, mein Herr.

ENGELBRECHT *zieht seinen Beutel heraus*: Darf ich Euch einige Hülfe anbieten?

EINSIEDLER: Wozu soll ich sie brauchen? Ich lebe von Wurzeln und Kräutern, die kauft man nicht.

ENGELBRECHT: Was hat Euch die Welt so verhaßt gemacht?

EINSIEDLER: Das heißt mit wenig Worten viel gefragt. Um Euch auf Eure Art zu antworten, die Welt.

ENGELBRECHT: Das heißt mit wenig Worten viel geantwortet. *Küßt ihm die Hand.* Heiliger Vater, darf ich Euch begleiten?

EINSIEDLER: Lieber Jüngling, kommt Ihr nach funfzig Jahren meine eingetrockneten Augen wieder einmal anzufeuchten? *Umarmt ihn und läßt ihn plötzlich fahren.*

ENGELBRECHT *die Hand vor den Augen*: Sollte Euch das ganze menschliche Geschlecht verhaßt sein?

EINSIEDLER *nimmt ihm die Hand weg*: Seht her, wie mir's am Bart herunterrieselt – Daß Ihr so fragen könnt – Jüngling, Ihr schenkt mir das Leben wieder.

ENGELBRECHT: Welch eine verzweifelte Ursache konnte Euch zu diesem Entschluß bringen? Ihr scheint mir gemacht zu sein, in der Welt eine große Rolle zu spielen.

EINSIEDLER *sieht ihn lange an, dann lächelt er*: Spiel ich sie jetzt nicht?

ENGELBRECHT: Hinter der Szene. Ich bitt Euch, was bracht Euch dazu.

EINSIEDLER: Mein bester Freund. Ich war seinem Ruhm im Wege. Den zu retten und meine Freundschaft – kehrt ich hieher.

ENGELBRECHT *fällt auf sein Antlitz.*

EINSIEDLER *hebt ihn auf und küßt ihn*: Ihr seid der erste Mensch, mit dem ich seit meiner freiwilligen Einöde gesprochen; Ihr werdet auch der letzte sein. Ich fühle im stillen Bau meines Körpers, daß der Tod erkältend herannaht. Ich beschwöre Euch bei dieser Höhle, die Ihr mit mir beschauen und bewohnen könnt, so lang Ihr wollt, daß Ihr so lang ich lebe meine Geschichte keinem Menschen erzählen wollt. Besucht mich bisweilen, wundert Euch aber nicht, wenn ich Euch nun nie mehr antworten werde. Wenn ich tot bin, könnt Ihr meinen Namen in einen Stein schneiden und denen, die mich für närrisch oder abergläubisch hielten, sagen, daß ich meinen gesunden Verstand hatte wie sie. *Küßt ihn wieder.*

ENGELBRECHT: Das letzte Wort von Euren heiligen Lippen? Wie kalt! o mit welchem Feuer würden die geküßt haben – grausamer Freund, hast du nie die Größe dieser Aufopferung geahndet – Nur noch einmal öffne deinen Mund, sage, nenne mir seinen Namen, daß ich gehe, daß ich ihn zu deinen Füßen herbringe, daß er dich als seinen Schutzgott in Marmor aufstelle und seine späteste Nachkommenschaft mit diesem großen Beispiel zittern mache.

EINSIEDLER *geht mit langsamen Schritten, die Augen in die Höhe, seiner Höhle zu.*

ENGELBRECHT *sich an ihn hängend*: Nenne mir ihn.

EINSIEDLER *lächelt.*

ENGELBRECHT: O ich möchte verstummen wie du. Heiliger großer göttlicher Mann! daß deine Füße die Erde berühren, die sich unter ihnen verächtlich dahinrollt. Wer soll dich schätzen, wenn du dich nicht schätzest. Du wie Gott dir selber genug, dir selber Belohnung, dir selber alles –

EINSIEDLER *bleibt stehen, kehrt Engelbrechten um, bezeichnet ihm die Stirn mit einem Kreuz, der ganz außer sich voll Inbrunst seine Hände an Lippen und Augen drückt, und winkt ihm liebreich fortzugehen.*

ENGELBRECHT *nachdem er noch einmal sich vor ihm niedergeworfen, geht traurig fort, der Einsiedler kehrt in seine Höhle zurück.*

DRITTE SZENE

ENGELBRECHT *allein im Gehen*: Das fängt gut an. Scheint es doch, als ob die Vorsicht meinen Roman begünstigen will. Der Mann erschütterte die letzte Faser, das haarfeinste Zäserchen meines Nervengebäudes. O wenn man nur sucht, so findet man. Werd ich es aber aushalten können bis zu Ende? Viel solcher Menschen, und all meine gute Meinung von mir selber zerschmilzt wie Eis an der Sonne. Mag's! es wird mein Schade nicht sein.

– Schönes Kind, wo geht der Weg nach Straßburg?

EIN MÄDCHEN: Gerad aus Herr, ich komm eben von da.

ENGELBRECHT: Was trägt Sie denn da mit so vieler Mühe?

MÄDCHEN: Das macht mir keine Müh, es sind Kartoffeln, Herr, von unserm Felde.

ENGELBRECHT: Drückt Ihr das den Kopf nicht ein? *Ihr die Schaufel aus der Hand nehmend.*

MÄDCHEN: Sie vexieren.

ENGELBRECHT: Und die hat Sie selber alle ausgenommen?

MÄDCHEN: Meine Hände sehen auch aus darnach. Ades, junger Herr.

ENGELBRECHT: Soviel Schönheit und soviel Duldsamkeit. Welt, Welt! große traurige beschämende Schule. Die ganze Glückseligkeit dieses Mädchens, Kartoffeln zu essen, die sie selber gegraben hat. Bei soviel Schönheit – so wenig Erwartungen, so wenig Ansprüche, so wenig Mißvergnügen. Herz! Herz! wirst du aushalten können, weiter fortzugehen?

[VIERTE SZENE]

Eine Stadt. In einer Straße ein Wirtshaus. ANNA MARIE *in der Tür,* SERPENTIN *der Gastgeber im Gehen begriffen, zu ihr zurück.*

SERPENTIN *sehr feurig und stotternd*: Sobald ich nur noch merke, daß der Schlossergesell – du unverschämtes Mensch, mit einem so lüderlichen Kerl, der, Gott verzeih mir! aussieht wie eine Purganz – du elendes Mensch, was willst du mit ihm anfangen.

ANNA MARIE *schweigt.*

SERPENTIN: Was soll da herauskommen, sag mir, dich immer mit solch einem Lumpenhund zu schleppen und das immer so scheinheilig, bei Tage tun sie, als kennten sie einander nicht, und sobald's Nacht wird, kriechen sie vor der Tür zusammen. Wart, wart! wenn wir einmal hinter eure Schliche kommen, wie wir euch aus einander jagen werden.

ENGELBRECHT *im Reisehut*: Kann ich hier Nachtlager bekommen?

SERPENTIN *sehr höflich*: O mit vielem Vergnügen, mein Herr. Zünd dem Herrn herauf, Annamarie, auf den zweiten Stock – *Etwas leiser zu ihr.* Und du sag deinem Schlosserkerl, er soll sich vor mir in Acht nehmen.

FÜNFTE SZENE

Das Innere des Hauses. Engelbrechts Zimmer. ANNAMARIE *setzt ihm Licht auf den Tisch und deckt sein Bett auf.*

ENGELBRECHT: Gibt's hier viel so schöner Mädchen in der Stadt?

ANNAMARIE: Was beliebt?

ENGELBRECHT: Ich frage, ob hier viel so artiger Gesichter in der Stadt sind.

ANNAMARIE: Ich versteh den Herrn nicht, ha ha ha –

ENGELBRECHT *ihr unters Kinn fassend*: Ich red ja deutsch. Weiß Sie nicht, daß Sie hübsch ist.

ANNAMARIE: Nein ich weiß nichts davon, ha ha ha.

ENGELBRECHT: Mag Sie's auch nicht wissen?

ENGELBRECHT: In einer Einöde? – Hören Sie, haben Sie den Bruder gesehen?

HEIDEMANN: Ei, ich hab ihn hundert und hundertmal mit der Leibwache vor dem Prinzen aufziehen sehen. Damals hatte der Prinz noch seine rechte Freude an ihm. Es sollen ihm auch an der rechten Hand zwei Finger abgeschossen sein in der Affäre bei Dings – wie hieß es doch –

ENGELBRECHT: Hatt er nicht einen Hieb im Gesicht?

HEIDEMANN: Ja freilich, den hat er auch von einem Husaren verehrt bekommen in demselben – Wetter! wie hieß der Ort doch, im letzten Kriege bei –

ENGELBRECHT: Freund, der Graf Bismark hat mir ein Billet zugeschickt, ich soll ihn auf seinem Landgut besuchen. *Der Wirt zieht die Mütze ab.* Meine Eltern haben mich ihm empfohlen, weil sie noch in dem Gedanken stunden, er wäre bei Hofe. Könnt Er mir nicht sagen, wie weit Johannistal von hier ist?

HEIDEMANN: O gnädiger Herr, wenn's gefällt will ich Sie mit meinem Wagen und Pferde herausführen lassen. Es ist gar nicht weit, es ist eine Tagereise.

ENGELBRECHT: Gut, so laß Er denn nur anspannen, ich muß noch heut hin.

HEIDEMANN: O Sie können noch heut scharmant hinkommen mit meinem Gefährt. Das sind Pferde, die drei Meilen in einer Stunde machen, mit einem anderen riet' ich's Ihnen nicht. Aber mit Ihrer Erlaubnis, Sie werden wenig Vergnügen in seinem Umgange finden. Er soll zu halben Tagen sitzen, ohne daß man ein Wort aus ihm herausbringen kann. Seine Frau ist nun auch tot, die ihn noch zuweilen aufmunterte, das war eine scharmante artige Dame. Er soll auch das beste Gemüt von der Welt haben, wie man mir gesagt hat, der Amtsschreiber von da ist mein guter Freund, er kommt alle drei Wochen nach der Stadt und fährt mein Haus nie vorbei, der kann mir nicht genug erzählen, wie artig und obligeant er zu Zeiten ist, da kommt er zu ihm hin, da muß er mit ihm essen mit seiner Frau und Kindern, da beschenkt er die Kinder, und wenn jemand was zu bitten hat in dem Moment, der kann seiner Sache versichert sein, aber wenn ihm wieder das böse Stündlein ankommt – kurzum, wir sind alle Menschen und haben alle unsere Fehler – Habe denn die Ehre mich schönstens zu empfehlen, werd denn die Pferde anspannen lassen, weil Sie's so befehlen, Herr Freiherr, in zehn Minuten soll alles fix und fertig sein. *Ab.*

ENGELBRECHT: Es ist sein Bruder – Gütiger Himmel vielleicht kann ich der Seele Linderung verschaffen, wenn ich ihm die Entdeckung mache – Aber es muß behutsam geschehen. Irren kann ich mich nicht, ich weiß es noch eigentlich, daß ihm zwei Finger fehlen. – Wenn ich ihn auf eine geschickte Art hinführen könnte. – Kommt Zeit kommt Rat, es findet sich zu allen Dingen in der Welt endlich mal eine Gelegenheit.

(8.) ENGELBRECHT *tritt in ein Wirtshaus und stellt sich hinter einen Stuhl, den Bauren zuzusehen, die in der Karte spielen*: Welch ein Ausdruck in den Gesichtern! Wie stumpf, schwach und verfehlt sind die Lineamenten der meisten unserer Städter. Mir ekelt vor jedem feinern Gesicht. Der kleine Gewinst, um den sie spielen, dient nur um ihrem Vergnügen Würze zu geben. Mit welchem Nachdruck sie stechen – und doch so unleidenschaftlich, so das wahre Feuer des Gefühls seiner selbst. Trumpf – Trumpf – Kerls, ihr zerschlagt euch die Finger – küssen möcht ich euch. Wehe, wer diese unschuldigen Herzen mit Leidenschaften ansteckt. Wehe den Dramenschreibern, die den Mißklang fremder ihnen unnatürlicher Gefühle in diese Stände bringen, den Deserteursschreibern – Die Magd hinter der Schüsselwäsche, die alles um ihren Liebhaber vergißt – Glücklich sind diese Leute eben durch die Härte ihrer Fibern, durch ihre Apathie. Feinere müßigere Leute! behaltet eure Leidenschaften für euch und verfeinert sie nicht damit. Eure Kultur ist Gift für sie.

(9.) Des Grafen Bismark Landhaus. Tanzsaal. Musik. Des Grafen Bedienten tanzen mit den Kammermädchen

Adolf *der Jäger mit* Lorchen. Engelbrecht *tritt schüchtern in die Tür.*

Ein Bedienter: Was wollen die Fremden hier.
Lorchen: Laß ihn, er kann ja immerhin zusehn. Ich glaube gar, es ist ein Bekannter von unserm gnädigen Herrn.
Lorchen setzt sich nieder. Adolf tritt zu ihr und spricht mit ihr.
Adolf: Sie ist so erstaunend schamfiert, Jungfer Lorchen.
Lorchen: Verzeih Er mir, mir ist so sehr warm noch nicht.
Adolf: Möcht Sie sich nicht ein bissel abkühlen?
Lorchen: Hier geht Luft genug, Monsieur Adolf.
Adolf: Ich meine aber draußen unter den Bäumen – *Flüstert ihr in den Ohren.*
Lorchen *sieht aus dem Fenster ohne ihm zu antworten. Ein Paar tanzt Engelbrecht vorbei.*
Ein Chapeau *im Umschwingen jauchzt*: Juch da heideldum, was mag der Fremde da?
Sein Nachfolger: Ju, der Maulaffe, was mag er wollen.
Engelbrecht *geht hinein und setzt sich unweit Lorchen. Adolf flüstert Lorchen wieder in die Ohren.*
Lorchen *sehr ernsthaft*: Nu so still doch, Monsieur Adolf.
Adolf *flüstert wieder und lacht.*
Lorchen: Ich muß ihm sagen, Adolf, Er führt sich auf wie ein Polisson.
Adolf der sich beleidigt findet, geht fort und tanzt mit einer andern. Sie stellt sich, als ob sie's nicht wahrnähme, sieht immer aus dem Fenster, wirft aber von Zeit zu Zeit unruhige und verstohlene Blicke auf ihn und seine Tänzerin, die unaufhörlich mit einander schöckern und lachen.
Engelbrecht *rückt näher zu Lorchen*: Meine schöne Jungfer, Sie sitzen so und sehen zu?
Lorchen: Ich bin keine große Liebhaberin vom Danzen.
Engelbrecht: Kann ich die Ehre haben, einen Walzer mit Ihnen zu machen?

LORCHEN: Nehmen Sie mir nicht übel, Sie sind ein Fremder, ich danze nicht mit Ihnen.

ENGELBRECHT: Sie brauchen sich aber meiner nicht zu schämen.

LORCHEN: Nicht deswegen, Monsieur, aber weil ich Sie nicht kenne, so danz ich nicht mit Ihnen. Man danzt hier zu Lande mit niemand, als den man kennt.

ENGELBRECHT: So verzeihen Sie mir meine Aufführung. Sagen Sie mir, ist der Graf Bismark nicht zu Hause?

LORCHEN *erschrocken*: Der Herr Graf? – sind Sie vielleicht von seiner Bekanntschaft – O verzeihen Sie mir gnädiger Herr, daß ich so grob gegen Sie gewesen bin, aber es ist hier zu Lande der Gebrauch so, und ein Mädchen wie ich muß auf ihre Ehre halten.

ENGELBRECHT: Das hat nichts zu sagen, liebes Kind, ich möchte nur wissen, ob er zu Hause ist, darum bin ich hereingekommen.

LORCHEN *mit vieler Stemmigkeit und öfteren Bücklingen*: Nein, er ist in der Tat nicht zu Hause, darum so machten wir uns eine kleine Lustbarkeit. Es schadt aber nichts, er wird gegen das Nachtessen gewiß wieder hier sein, denn er ist nur zu unserm Herrn Pfarrer gefahren, mit dem er sich gar zu gut kennt, ihm eine kleine Visite zu machen. Ich bitte Sie, gnädiger Herr, lassen Sie sich doch die Zeit bis dahin nicht lang werden.

ENGELBRECHT: Im geringsten nicht, besonders wenn ich bei einer so artigen Jungfer sitze.

Das Geflüster wird allgemein, die Paare gehn auseinander, der Jäger läßt seine Schöne auch gehen, stellt sich in einen Winkel und hängt das Maul.

LORCHEN: Kann ich die Ehre haben, eine Menuet mit Ihnen zu machen? der andere Danz wird Ihnen wohl zu wild sein. *Sie ruft.* Menuet! *Steht auf und verneigt sich gegen ihn.* Gnädiger Herr!

Man spielt auf. Engelbrecht tanzt eine Menuet mit ihr. Die andern folgen ihm nach, und da sie zu unbehelfsam zur Feinheit der französischen Pas sind, machen sie erstaunende Verdrehungen und Bocksprünge. Engelbrecht um sie zu intrigieren, tanzt Pas de deux *und*

Pas grave, *die sie ihm mit vieler Karikatur nachmachen. Endlich kann sich Engelbrecht nicht mehr halten und bricht mitten im Tanz in ein lautes Gelächter aus.*
ENGELBRECHT *beide Hände in die Seite*: Ha, ha, ha.
Sie schämen sich alle und hören zu tanzen auf.
ENGELBRECHT: Meine Freunde, ich bitte euch, legt mein Lachen nicht übel aus. Ich lache nicht über euch, sondern über mich, daß ich so albern war, euch einen Pas vorzudanzen, den ich selber nicht recht weiß und der in einen ganz andern Tanz gehört. Wenn ihr mir einen Gefallen tun wollt, so lehrt mich einen guten tüchtigen Walzer tanzen, den ich niemalen recht habe begreifen können. Ich habe mir schon lange gewünscht, ihn recht gut und ungezwungen tanzen zu sehen, nicht wie ihn unsere Tanzmeister weisen.
LORCHEN *winkt ihm halb unmerklich schalkhaft zu, als ob sie ihm sagen wollte, sie verstände ihn*: Allons denn, lustig, so spielt auf! *Walzt mit Engelbrecht.* So, das geht ja vortrefflich, Herr Baron. Sie danzen, als wenn Sie nie unter Danzmeisters Händen gewesen wären.
ENGELBRECHT: Ja, wenn die nur nicht an mir verdorben hätten.
LORCHEN *spöttisch*: Freilich – es ist Jammer und Schade. *Die andern walzen alle. Das Vergnügen wird allgemein. – Das nächstemal erzählt sie ihm ihre ganze Liebesgeschichte mit dem Jäger.*

(10.) DIE KAMMERJUNGFER. Ein Märtyrer der Geschmeidigkeit. Alle Launen der alten Mutter vom Grafen. Eine andere, die Haushälterin, erzählt Engelbrechten ihren Zustand. Daß sie nicht von der Gräfin käme, außer wenn die Gräfin nicht zu Hause. Daß der grüne Teppich nicht vom Tisch käme, auf dem sie Spitzen plätten muß. Sie hätte sie gefragt: Jungfer kommt Sie denn gar nicht aus, genießt den Sommer, das schöne Wetter nicht? – O, sagt sie, wenn meine Alte einmal Mittagsschlaf hält, dann lauf ich auf die Terrasse und schöpf ein zwei, dreimal frischen Othem, dann bin ich wieder gut für den ganzen Tag. Arbeitet immer. – Dann die Liebe vom Jäger, dem sie gesagt hat, sie wüßte wohl, daß er sie nicht beständig lieben würde, aber es schadete nichts. Nur sollt er ihr nicht übel nehmen, daß sie bisweilen, sobald es ihm zu wunderlich würde, ihn aus der Tür würfe. – Das Bedürfnis zu lieben.

(II.) LORCHEN *und der Jäger, seine Jagdtasche ablegend, sich in einen Lehnstuhl werfend; sie mit der Strickarbeit.* ENGELBRECHT *belauscht sie.*

LORCHEN: Lieber Herr Hummel – Er ist wohl recht müde. *Setzt sich zu ihm.*
HUMMEL: Ja, mein allerliebstes Lorchen. *Sie hastig ans Kinn fassend.*
LORCHEN: Nun nun! So ist's nicht gemeint. Ich kann die Mannspersonen wohl leiden, wenn sie weit von mir sind.
HUMMEL: Und mir ist so recht wohl, wenn ich so nah bei dir bin. *Sie umfassend.*
LORCHEN: Nun seit wenn sind wir denn so vertraulich geworden. *Macht sich los von ihm.* Kann Er denn nicht hübsch ordentlich sitzen wie andere Leute. Will Er denn durchaus haben, daß ich von Ihm gehen soll.
HUMMEL *vor ihr auf die Knie, legt seinen Kopf in ihren Schoß*: Mein englisches Lorchen.
LORCHEN *sucht seinen Kopf auf zu heben, endlich nachdem sie sich vergeblich bemüht, halb unwillig*: Verräter!
HUMMEL *schnappt auf und küßt sie auf die Brust.*
LORCHEN *weint*: Ach verräterische Mannspersonen.
HUMMEL: Mag mich der erste Donnerschlag erschlagen, Lorchen, wenn ich dir ungetreu werde.
LORCHEN *hält ihm den Mund zu*: Schwör nicht, Bösewicht. Wenn hab ich das verlangt von dir. Ich sag dir, ich kann nicht für mich schwören, ob ich dir immer getreu bleiben werde. Wer kann für sein Herz gutsagen.
HUMMEL *ihr die Hand küssend*: O du Engel.
LORCHEN: Und wenn Er mir ungetreu wird, was hat es zu sagen. Ich werde mich ein bißchen grämen, ich werde aber doch das Vergnügen haben zu denken, daß seine Liebe zu mir aufrichtig war. Mehr will ich ja nicht. Wer kann verlangen, daß alles

in der Welt beständig sein soll, da doch hier nichts beständig ist als die Unbeständigkeit –

ENGELBRECHT *geht durch die Stube, beide springen erschrocken auf*: O Kerl, wie beneide ich dich. *Ab.*
Er wird ihr ungetreu.

(12.) GRAF BISMARK *den Fuß in Kissen*. ENGELBRECHT.

GRAF BISMARK: Sagen Sie mir doch, lieber Engelbrecht, was ist eigentlich die Absicht Ihrer Reise, worin kann ich Ihnen nützlich sein?

ENGELBRECHT: Ich fürchte Ew. Exzellenz verdrießlich zu machen, wenn ich Ihnen mit einer langweiligen Erzählung beschwerlich falle.

GRAF BISMARK *drückt ihm die Hand*: Ganz und gar nicht, lieber Freund! ich bitte Sie, gehn Sie ungezwungen mit mir um. Sie glauben nicht, welch ein Vergnügen mir Ihre Gegenwart macht. – Suchen Sie hier eine Beförderung bei Hofe – oder bei der Armee? reden Sie, was ich anwenden kann – *Bleibt nachsinnend.*

ENGELBRECHT: Diese Gnade rührt mich ins Innerste der Seele, gnädiger Graf.

GRAF BISMARK: Sie müssen mich nehmen, wie Sie mich finden, ich muß Ihnen aufrichtig gestehen, mein Ansehen bei Hofe ist nicht wie ehmals.

ENGELBRECHT: Ich bin nicht um des Hofes willen hergekommen. Meine Idee, warum ich reise, ist so sonderbar, daß ich fast rot werde, sie Ihnen zu sagen, wie wohl es mich verdrießt, daß ich mich einer solchen Idee schämen kann.

GRAF BISMARK: Nun lassen Sie doch hören – ich liebte das Sonderbare auch ehmals.

ENGELBRECHT: Seit dem Tode einer gewissen Person – die ich der Ehrfurcht halber nicht nennen darf –

GRAF BISMARK *ihn scharf ansehend*: Ich weiß, ich weiß – Wieder ein Vorwurf! lieber Engelbrecht *(ihm die Hand drückend)*, lassen Sie das gut sein.

ENGELBRECHT: Ich beschwöre Sie, mir keinen solchen Gedanken beizumessen, geschweige denn in meinen Worten – Ach gnädiger Herr, ich wußte es zu wohl, daß sie nicht für mich geschaffen war. Aber kann die Leidenschaft vernünfteln?

GRAF BISMARK *wie oben*: Und was macht die Witwe Falmer? Ich höre, Sie haben mit ihr gebrochen aus einer Ursache, die ich nicht begreifen kann.

ENGELBRECHT: Gnädiger Herr, glauben Sie, daß meine Leidenschaft für Lady Falmer ernstlich gewesen?

GRAF BISMARK: Kann ich anders glauben aus dem was jedermann sagt?

ENGELBRECHT: Ich bitte Sie, entheiligen Sie nicht das Andenken Ihrer Fräulein Tochter. Wie wäre eine Lady Falmer fähig gewesen ihr Bild aus meiner Seele zu verdrängen.

GRAF BISMARK: Sie spielten also nur den Roman mit ihr, und warum?

ENGELBRECHT: Warum – Sie legen mir's nahe. Wohl denn, ich muß mich rechtfertigen: Ihrer Fräulein Tochter alle, auch nur die entfernteste Reue zu ersparen, mich unglücklich gemacht zu haben. Ich kannte ihr Herz. Ich wußte, daß der Gedanke ihr selbst in den Armen des Prinzen die glückseligsten Augenblicke bewölken würde. Verzeihen Sie, ich höre auf, ein Mann zu sein *(das Schnupftuch vorm Gesicht)*.

GRAF BISMARK *gleichfalls sich die Augen wischend*: Das wollte ich haben – – Engelbrecht, Engelbrecht, Sie sind nicht als Freund zu mir gekommen – und doch fühl ich eine gewisse Wollust, wenn die Personen, die durch mich unglücklich geworden sind, mir Vorwürfe machen und das nicht meinem Gewissen überlassen – Fahren Sie fort, ich bitte Sie.

ENGELBRECHT *ganz außer sich, ihm die Hand drückend*: Gnädiger Herr –

GRAF BISMARK: Und weshalb haben Sie denn mit Ihrer schönen Witwe gebrochen? Sie hatt es doch nicht um Sie verdient. Sie soll sich aus Rache verheiratet haben, und das sehr vorteilhaft.

ENGELBRECHT: Sie haben jetzt schon zu viel gesagt, als daß ich nötig hätte, was hinzu zu setzen.

GRAF BISMARK: Wie das.

ENGELBRECHT: Ich wußte, daß ich ihr Glück nicht machen [würde], ich suchte also Gelegenheit, das Feld einem andern zu räumen.

GRAF BISMARK: Mit euch jungen Schmetterlingen – Und was ist die Absicht Ihrer Reise? geschwinde!

ENGELBRECHT: Ich sehe, gnädiger Herr, daß ich nicht glücklich mehr sein kann, alles was die Welt hat, ist freudenleer und welk für mich, ich bin also auf den Entschluß gefallen, mein Glück in dem Glück anderer Leute aufzusuchen.

GRAF BISMARK: Na doch nicht bei mir? da findt Ihr schlechten Trost.

ENGELBRECHT: Vielleicht auch bei Ihnen – Die Wahrheit zu gestehen aber habe ich mir vorgenommen zu untersuchen, in wie weit Leute außer meinem Stande an Tugend, an feiner Empfindung und also auch an Glück uns vorzuziehen seien. Sie sind der erste, dem ich diesen seltsamen Entschluß entdecke, und ich hoffe Sie werden mir beifallen. Das wahre Glück ist verborgener als wir meinen, sagt Cronegk.

GRAF BISMARK: Hört Engelbrecht, wenn Ihr eine Entdeckung macht, so teilt mir sie mit. Ihr seid ein rechter Trost für mich. Ich weiß nicht, ich glaube Gott hat Euch hergeschickt wie einen Engel, daß ich meinem Gram nicht unterliege.

ENGELBRECHT: O gnädiger Herr, ich habe meine ganze Schreibtafel schon voll Entdeckungen. Aber demzufolge muß man nicht zu zärtlich oder ekel sein. Ich bin wie ein Pilgrim zu Fuß gereist und habe mich unter alle Klassen Leute gemischt.

GRAF BISMARK: Weist mir Eure Schreibtafel –

ENGELBRECHT *gibt sie ihm.*

GRAF BISMARK *macht auf, sieht sie an. Laut:* Ohnweit Breitenach einen Einsiedler, der mein ganzes Leben hindurch ein Gegenstand meiner höchsten Bewunderung bleiben wird.

ENGELBRECHT *reißt ihm die Schreibtafel weg:* Erlauben Sie, gnädiger Herr.

GRAF BISMARK: Was macht Ihr?

ENGELBRECHT: Ich erinnere mich, daß etwas in der Schreibtafel ist, das ich vor drei Wochen noch keinem Menschen auf der

Welt weisen darf. Wenn ich das erst werde ausgelöscht haben, steht sie Ihnen zu Befehl.
GRAF BISMARK: Ihr sollt's nicht auslöschen – Weist mir her.
ENGELBRECHT: Gnädiger Herr! alles in der Welt – ich habe geschworen.
GRAF BISMARK: Wenn das ist – Ich weiß was Meineid ist. – Laßt mich – Geht ein wenig im Garten herum – laßt mich eine Weile allein. –
Engelbrecht ab.
GRAF BISMARK: Ich habe meinem Bruder geschworen für ihn zu sorgen, wenn er sich auf eine Zeit lang vom Hofe entfernen würde. Er ist nicht wieder erschienen und ich habe nicht für ihn gesorgt – Großer Gott! der Herr hätte sein Leben für ihn gelassen – der Herr liebte mich nur seinetwegen – das ist die Strafe, das ist die Strafe. Kommt sie doch zu spät, da ich mein Unrecht nicht wieder gut machen kann. Und wer weiß in welche Dienste ihn die Verzweiflung getrieben und er eine Kugel vor den Kopf hat. Und das alles aus Liebe zu mir, weil ich der Erstgeborene war – Bruder, Bruder, vergib mir!

(13.) ENGELBRECHT *(Monolog)*: Dadurch daß ich mich in aller Menschen Angelegenheiten mische und sie empfinde wie sie selbst, mache ich, daß die Leute sich ihrer Freude und ihres Leids bewußt werden, verschaffe ich ihnen das einzige Glück des Lebens. Sonst würde Freude und Leid ihnen ein Traum denken und weil sie ihren Zustand von dem Zustand anderer so sehr abstechen sähen, sie an ihrer eigenen Freude oder Leid ungläubig zweifeln und verzweifeln. Daher hab ich denn auch das Zutrauen der ganzen Welt, es scheint, es wird ihnen wohl, sobald ich nur in ihre Gesellschaft trete, denn sie wissen, daß ich keine Grimasse aus dem Anteil, den ich an ihre Umstände nehme, mache, sondern daß es mir von Herzen geht.

(13,2) [ENGELBRECHT:] Wie denn die Tugend des Frauenzimmers unter tausend Gestalten erscheint. Bei einigen nimmt sie ein störrisches trauriges, bei andern ein einfältiges schüchternes, bei andern ein munteres rosenfarbenes, dabei aber schalkhaftes spottendes Ansehen – Wer sie auch sei, Engelbrecht, verachte sie nicht, sie sehe nun reizend und gefällig oder unfreundlich aus – es ist doch immer Tugend, immer schätzbarer als der Leichtsinn des Lasters.

(14.) MINISTER *zu Engelbrechten*: Lieber Vetter, wie graut mir wenn ich einen so jungen Menschen mit einem so runden sorgenfreien heiteren Gesicht in die Welt hinausblicken sehe als Eures ist. Wie wird das Schicksal alle diese Lineamente verzerren. *Ihn an die Brust drückend.*

DER GRAF OEYRAS *zu Engelbrecht*: Du tust der großen Welt den vornehmen Ständen Unrecht. Es ist wahr es herrscht eine gewisse Stille Einförmigkeit und Zwang unter ihnen, die sie aber desto geneigter macht alle moralische Schönheit aufzufassen, desto empfänglicher für die geringsten Abweichungen des Guten und Bösen und ihr Urteil vom Schönen und Häßlichen desto richtiger da es ruhiger ist.

ENGELBRECHT: Das ist noch so ausgemacht nicht. Zwar scheinen sie alle ruhig schön gütig menschenfreundlich, sind sie's aber darum. Geben Sie nur Achtung auf die immer lächelnden Gesichter, wenn sie vom Lachen ausruhen was für häßliche Fratzen sie schneiden.

(15.) EINSIEDLER: Wem scheint nicht mein Leben eine Karikatur. Wenn wird der gütige Genius – niemals wird er erwachen, der ein wohltätiges Licht darauf wirft, auf diese Handlungen, die alle verschoben scheinen, die alle gut sind, die ich alle zum andernmal tun würde, wenn sie nicht getan wären. Gottlob, das ist mein Trost – das ist genug. Mit einem heiteren Blick seh ich in die Welt zurück und sterbe. Ich weiß, daß ich niemand unglücklich gemacht habe, niemand im Wege gestanden bin – Guter Gott! erhalte mir das Gefühl in der Todesstunde.

(16.) EREMIT *aus den Kleinen, kurz vor seinem Tode im letzten Akt. Die Hand auf den Kopf gestützt*: Ohnmächtiges Denken! wie weit verführst du Irrlicht im Sumpfe mich, wo ich bis an den Hüften im kalten Schlamme hineinwade und verzagen muß wieder herauszukommen. Der du meine Seele geschaffen hast, rette mich – meine Seele so kalt und so groß, so unleidenschaftlich für meinen verzweifelten Schmerz – so eine Kotseele für mein Elend – und doch freut es mich einen Bruder damit glücklich gemacht zu haben, einen Bruder der feuriger als ich, sein Elend so kalten Bluts nicht ertragen haben würde. Und wohl elend hätte er müssen sein, weil aus Furcht vor diesem Zustande er mich hülflos gelassen – Gott, empfange meine Seele! sie strebt, eilet zu dir – Meine Brust hebt sich, ungewöhnliche Zuckungen, Leiden, die ich noch nie erfahren, folgen blitzschnell auf einander – es muß bald aus sein – ich kann es nicht länger ertragen. *Fällt auf die Knie.* Gott! verborgener Richter – es ist das erstemal, daß ich meinen Zustand ganz fühle – ich bin von deinem Antlitz verworfen gewesen. *Bleibt auf seinem Gesicht liegen.* Es war falsche Großmut, daß ich meinen Bruder allein auf dem Schauplatz ließ – selbst daß ich seinen Bestrebungen nicht entgegenarbeitete – ich hätte der Welt können nützlicher werden als er – O Gedanke, der die ganze Hölle in sich führt, verfolgst du mich so spät – am Ende der Laufbahn – Verfehlt – ein ganzes langes Patriarchenleben – und mein Tod – unbekannt – unberühmt – unwürdig – *Bleibt auf seinem Antlitz liegen.*

(17.) Schneegestöber und Nordwind. Des Waldmanns Höhle

ENGELBRECHT *und der* STAATSMINISTER *in Jagdkleidern, die Pferde an der Hand führend.*

ENGELBRECHT: Gott, wo kommen wir hin? Der Ort hat was Bekanntes für mich.
Eremit, der auf seinem Angesicht lag, steht auf, ihnen entgegen.
STAATSMINISTER: Einsiedler, wollt Ihr uns ein Plätzchen in Eurer

Höhle erlauben? Der Wind bläst scharf und wir sind vom rechten Wege abgekommen.

EINSIEDLER: Mit Freuden. Ich bedaure nur, daß ich euch kein Feuer anmachen kann.

ENGELBRECHT: Wen sehe ich? Gott, welch eine Ahndung – Werd ich die Szene aushalten?

EINSIEDLER: Verzeiht mir, daß ich euch nicht mit fröhlichem Gesichte entgegenkommen kann. Die Natur behauptet ihre Rechte, und kann die Andacht gleich ihre Leiden versüßen, so kann sie die Empfindung derselben doch nicht wegnehmen.

STAATSMINISTER *geht auf ihn zu*: Was fehlt Euch, heiliger Vater?

ENGELBRECHT *heftig bewegt*: Sie kennen sich beide nicht.

EINSIEDLER: Ich will es Euch gestehen, ich habe seit vier Tagen gehungert. Mein Körper ist alt und entkräftet – es wiegt ihm ein wenig – es wird aber nichts zu sagen haben.

STAATSMINISTER: Ei um Gotteswillen, warum sagt Ihr keinem Menschen ein Wort. Da mein Freund habt Ihr für längere Zeit. *Reicht ihm seinen Beutel.*

EINSIEDLER: Behaltet es – Es wird nicht lange mehr währen – und es ist etwas Süßes, seinem Ende in Gesellschaft von Menschen entgegengehen. Ich habe in meinem Leben die Menschen gemieden, nur für das letzte Viertelstündchen habe ich mir einen Zuschauer gewünscht – mein Gebet ist erhört.

ENGELBRECHT *umfaßt seine Knie*: Heiliger Vater, kennt Ihr mich?

EINSIEDLER: In diesem Augenblick erkenn ich Euch am Ton Eurer Stimme. Umarmt mich! Willkommen.

ENGELBRECHT *springt ihm an den Hals*: Kommt, Engel des Himmels, daß wir Euch in das erste Haus führen und versuchen, Euch der Erde länger zu schenken.

EINSIEDLER: Was soll ich hier länger. Es ist mir wohl, daß du mir die Augen zudrücken kommst, lieber Bube. *Ihm die Hand drückend.* Wer hätte das gedacht.

ENGELBRECHT: Aber vier Tage ungegessen. Ich fleh Euch auf meinen Knien, kommt mit uns, erquickt Eure lechzende Zunge noch einmal. Seht dieses weiße ehrwürdige Haar! Welche Ungeheuer die Menschen, daß mitten unter ihnen ein Heiliger verhungern muß.

EINSIEDLER: Hat doch Gott vierzig Tage für mich gehungert. Lieber – laß mich? Nun wird mir's ganz wohl. *Sinkt nieder.*

ENGELBRECHT *außer sich*: Er stirbt – *Mit verzerrtem Gesicht zum Staatsminister.* Erkenne deinen Bruder, höchstunglücklicher Oeyras! Such deine Vergebung auf seinen erkaltenden Lippen!

STAATSMINISTER: Meinen Bruder – meinen Bruder Heinrich? – Gott wie wird mir.

ENGELBRECHT: Er ist es – hier wirf dich nieder, hier küß seine ersterbende Hand.

EINSIEDLER *der sich erholt*: Meinen Bruder – Irr ich unter den Schatten?

ENGELBRECHT: Du lebst – er ist dein Bruder, dein reuiger Bruder – Erwache, ihn noch einmal anzusehen – ihm zu verzeihen, er verzweifelt.

EINSIEDLER *richtet sich mühsam auf und streckt die Arme aus*: Mein Bruder.

STAATSMINISTER *wild*: Nein – ich begleite dich – *(zieht seinen Dolch)* hier Heinrich – *(durchbohrt sich)* hier dein Verfolger – Wir haben viel mit einander zu reden. *Bei ihm niedersinkend.* Wir trennen uns sobald nicht –

ENGELBRECHT: O schreckliches Schauspiel! eitle Größe! o fürchterliches Ziel der mühsamen Laufbahn. Wohin, Hochmut, auf welche Klippen führst du uns – Sie sterben, und ich bleibe, ihre Körper zu vereinigen. O ihr Himmlischen, verlaßt meine Seele nicht, wenn sie je sich auf ähnliche Abwege verirren wollte.

(17b) WALDBRUDER *zum Minister*: Meine Briefe rochen ranzig, nicht mehr nach meinem freudevollen Herzen, sondern nach den mich umringenden erdrückenden Umständen; sie konnten dir am Ende nicht gefallen.

(18a) Ein Mensch der immer Sachen übernimmt, die ihn unglücklich machen, und das aus einem Irrtum, weil er sich für verbunden hält, allerlei Kreuz und Unglück sich übern Hals zu laden und nicht nach Klugheit und Vernunft und gerechter Selbstliebe zu handeln, sondern blindlings an Gott zu glauben, auch wenn er ihn in Versuchung führt wie Ahas, und weil er in dem Wahn steht, es schwebe ein besonderes Gericht Gottes über ihn und büße er damit alte Sünden ab (die doch längst durch Jesum vergeben sind), der sich immer für einen Gerichteten hält ohne daß er's ist.

Denn oft macht langwieriges Unglück am Ende ungläubig an das Glück.

(18b) Ein Mensch geringen Standes, der ein häßliches Weib heuratet, die Näherin für eine gewisse Fräulein ist, bloß um immer Gelegenheit zu haben, Nachrichten von ihr zu hören.

PIETISTIN. Die Gnade die unsere ohnmächtige oder groteske Natur allein mit einer himmlischen Gestalt umgibt und uns hier schon zu Engeln macht.

(18c) Das ganze Gemälde beschließt ein Kleiner, der die ganze Welt durchreist ist, seinen Geschmack zu erweitern und zu bilden, vollkommen wahr und richtig die Schönheiten aller Kunstwerke ausfühlt und kein Wort sagt oder merken läßt, Schönheit also bloß um sein selbst willen studiert hat. Wenn ihn eine Situation drängt, auch wohl Verse macht, sie aber bloß der Diskretion des Schicksals überläßt, ob andere Menschen sie wert finden werden, erhalten zu werden. So auch mit seinen Gemälden und seiner Musik. Nie aber, was er gemacht hat, sammlet oder aufbehält. Der aber niemals etwas selber gemacht oder zu machen versucht hat (denn das gibt Schnitzelei). Genie bringt auf einmal dann aus der Tiefe eine Welt hervor.

DER TUGENDHAFTE
TAUGENICHTS

PERSONEN

Der Vater (LEYBOLD, GRAF HODITZ)
Der ältere Sohn (DAVID)
Der jüngere Sohn (JUST)
JOHANN, Bedienter, Vertrauter Davids
SCHLANKARD | Virtuosen
BRIGHELLA |
Ein Postmeister
Sängerinnen, Werber, Soldaten, Bauern

Nur in der zweiten Bearbeitung:
GRAF MARTENS
BARON LÖWENSTEIN

Schauplatz in Schlesien.

[ERSTE BEARBEITUNG]

ERSTER AKT

ERSTE SZENE

DAVID *und* JUST *sitzen an einem Tisch mit Büchern vor sich.* LEYBOLD *tritt herein im Schlafrock.*

LEYBOLD *scherzend*: Nun, seid ihr fleißig – brav so! Hast du ihn heraus gebracht, Just, den Magister Matheseos? Den David will ich nicht fragen, da weiß ich schon was ich für Bescheid erhalte.
JUST *weist sein Blatt sehr munter*: Hier, gnädiger Vater.
LEYBOLD *geht durch*: Weil $x+y$ gleich $a+b$ – recht, recht! ich seh schon, ich seh schon – sollst eine goldne Uhr haben. Der Erfinder hat tausend Ochsen geopfert, als er's zum erstenmal herausbrachte, das wollt zu den damaligen Zeiten viel sagen. Und du, Herr David, wirst wohl dich selber opfern müssen, wenn du's herausbringst, nicht? weis mir doch dein Blatt her.
DAVID: Gnädigster Vater –
LEYBOLD: Na was? – Wirst's doch versucht haben, Träumer? ich will nicht hoffen –
DAVID: Ich habe das Blatt verlegt –
LEYBOLD *hitzig*: Verlegt?
DAVID: Ich dachte, weil Just es schon gemacht hat –
LEYBOLD: So hättest du's nicht nötig – Einfältiger Hund! Soll Just für dich lernen? Und was wird denn mit dir?
DAVID: Papa, ich kann's nicht begreifen, ich kann's ohnmöglich begreifen. Ich will ja schon andere Sachen lernen, die nicht so den Kopf zerbrechen.
LEYBOLD: Andere Sachen – und was für andere Sachen weißt du denn? so sage mir, so erzähle mir was davon.
DAVID: Ich weiß, daß der, der es erfunden hat, auf sein Grab hat die Zahlen 1 2 3 schreiben lassen –
LEYBOLD: Einfältiger Hund, 3 4 5 war es! Was hilft dir dein Wis-

sen nun, wenn du den geheimen Sinn dieser Zahlen nicht begreifst? 3! 4! 5! Bursche, und warum 3 4 5?

DAVID: Weil – weil – ich weiß nicht Papa.

LEYBOLD: Also du weißt nur, daß er sich hat begraben lassen. So klug ist der Bauerbube auch – *Stößt ihn verächtlich weg.* Geh – geh in Wald und hack Holz, Bursch, ein Holzhacker hat dich gemacht, nicht ich, du stumpfe Seele. Ich werde noch grau vor der Zeit über dir. Und was hast du sonst getan, worin weißt du was, sage mir. Wenn es nur was ist, wenn es nur soviel ist, daß eine Mücke drauf stehen kann. Wohin geht deine vorzügliche Neigung, sag mir das. Ich will dich ja nicht zwingen, Mensch, ich will ja nicht grausam oder hart gegen dich sein, nur etwas muß ich doch aus dir machen, oder ich werf dich zum Hause naus und du sollst nie meinen Namen tragen, verstehst du mich? Sieh deinen Bruder an, sieh wie er dich in allen Stücken übertrifft. Es ist kein Kaiser in der Geschichte, von dem er mir nicht Namen und Jahrzahl weiß. Könnt ihr sagen, daß es euch an Aufmunterung fehlt? Hab ich euch nicht für tausend Dukaten noch voriges Jahr allein Preise für eure Studien gekauft? sie hängen da, du siehst sie alle Tage, und die Lust kommt dir nicht einmal an, dir einmal einen zu verdienen. Habe ich nicht alles, was die Sinnen ergötzen kann, für euch zu Hauf gebracht? Sängerinnen, Musikanten, Komödianten, alles alles! Was kann ein Vater mehr tun, und ihr wollt ihm nicht vor seinem Alter die wenige Freude machen an seinen Söhnen Ehre zu erleben. *Er weint.* Wenn euch nichts bewegen kann, seht diese grauen Haare, Unholde. Die Sorgen für euch haben sie grau gemacht.

JUST *faßt seine Hand mit Ungestüm und drückt sie an die Lippen*: Ach, mein Vater!

DAVID *steht von fern, unbeweglich die Augen an den Boden geheftet.*

LEYBOLD: Komm Just, komm deinen Preis einzuholen, kränke und quäle ihn mit der Uhr, bis der Nichtswürdige sich schämen lernt. Ha, keinen Funken Ehre im Leibe zu haben. *Führt Just ab.*

DAVID *geht auf und ab*: Holzhacker – – ja Holzhacker, Holzhakker war meine Bestimmung – Das Schicksal meint's gut mit meinem Bruder – ich will ihn auch nicht verdunkeln, ihm nicht zuvorkommen. Sein Verstand ist viel fähiger, sein Herz viel besser als meins. *Tritt vor einen Spiegel.* Und sein Äußerliches – Warum soll ich ihm auch noch die Güter entziehn, da ich der Älteste bin? ich verdiene sie nicht – Aber Brighella, Brighella – o Brighella! wenn du mich nicht liebst – was ladest du auf dich.

Johann ein Bedienter tritt herein.

JOHANN: Wie, so allein, junger Herr? gehen Sie denn nicht auch herüber, an den Festivitäten Anteil zu nehmen.

DAVID: An was für Festivitäten?

JOHANN: Die Ihrem Herrn Bruder zu Ehren angestellt werden. Es wird ein großes Konzert gegeben und Mlle. Brighella und der junge Musikus Schlankard ist auch dabei.

DAVID: Brighella singt – was ist das für ein Schlankard.

JOHANN: Den Ihr Herr Vater hat reisen lassen, erinnern Sie sich nicht mehr, der junge schöne große Mensch mit dem Weibergesicht und den langen schwarzen Haaren.

DAVID: Den er nach Italien reisen ließ?

JOHANN: Eben der – o nun sollten Sie ihn hören. Das ist ein Strich, das ist ein Strich, sag ich Ihnen doch, er spielt, daß man meinen sollte, man ist verzuckt, und wenn sie dazu singt!

DAVID: Sind Fremde da?

JOHANN: O ja, eben ist die Frau Landdrostin angekommen mit ihren beiden Töchtern, sie fragte nach Ihnen, Ihr Vater sagte Sie wären krank.

DAVID *setzt sich auf den Stuhl*: Brighella! Brighella – Wie ist Brighella geputzt heut?

JOHANN: Weiß, junger Herr, ganz weiß, eine rote Rose vor der Brust – sie sieht aus wie die Unschuld selber.

DAVID *schlägt ein Buch auf, liest, schlägt es wieder zu und ein anderes auf*: Hörte Brighella als mein Vater sagte, daß ich krank seie?

JOHANN: Nein, sie sprach eben mit Schlankard.

DAVID *steht auf*: John – *(noch einmal herumgehend)* John, wenn du mir einen Gefallen tun wolltest –

JOHANN: Was steht zu Diensten, gnädiger Herr.

DAVID: John – es ist doch sehr voll im Konzertsaal.

JOHANN: Gepfropft voll – der Herr Landmarschall ist auch gekommen mit einigen Fremden und vielen Bedienten.
DAVID: Könntest du mir – nein, wenn mein Vater es merkte, ich wäre des Todes.
JOHANN: Was denn? so sagen Sie doch –
DAVID: Könntest du mir auf einen Augenblick deine Livree –
JOHANN: Anzuziehen geben?
DAVID: Ich will dir sagen, ich möchte das Konzert gern anhören, und doch möcht ich meinem Vater den Verdruß nicht machen, ihn durch meine Gegenwart Lügen zu strafen.
JOHANN *sich ausziehend*: Ei freilich, von ganzem Herzen. Ich weiß auch nicht was er drunter hat, daß Sie nicht dabei sein sollen – Nur aber, wenn er Sie erkennte – hören Sie, halten Sie sich immer an der Tür nahe beim Orchester, dort ist eine große Menge Menschen und der Kronleuchter an der Tür brennt nicht. Sie müssen aber wohl Acht geben, daß Sie sich mit dem Gesicht immer gegen die Wand kehren.
DAVID: Laß mich nur machen, es sei gewagt! *Zieht die Livree an.* Ich muß Brighella singen hören und sollt ich des Todes sein. *Geht hinaus.*
JOHANN: Und ich will mich solang aufs Bett legen, wenn Sie mir erlauben wollen. Ich habe die vorige Nacht noch nicht recht ausgeschlafen. *Geht in den Alkoven.*

ZWEITE SZENE

Der Konzertsaal

Eine große Menge Menschen vor dem Orchester, das so gerichtet ist, daß das Ende davon bis an den Rand der Szene geht; der alte BARON *sitzt mit* JUSTEN, *der einen großen Blumenstrauß an der Brust hat und alle Augenblicke nach der Uhr sieht, unter vielen Damen, von denen manche von Zeit zu Zeit mit* JUSTEN *sprechen.* SCHLANKARD *spielt Solo, hernach akkompagniert er* BRIGHELLA, *die eine italienische Arie singt:*

> Ah non lasciarmi no
> Bel Idol mio!

DAVID *in Johanns Livrei steht ganz vorn am Theater in einem Winkel, das Gesicht gegen die Wand gekehrt, und nimmt sich von Zeit zu Zeit eine Träne aus den Augen. Als die Arie zu Ende ist klatscht* LEYBOLD.

LEYBOLD: *Tudieu! bravo!* – *bravissimo, bravissimo!* Herr Schlankard, mich reut's nicht, daß ich Sie habe reisen lassen. Sie haben Ihre Zeit vortrefflich angewandt. Nicht wahr, meine Damen? Und Sie Brighella haben's heut auch nicht schlecht gemacht. Vortrefflich! Vortrefflich! *Singt nach durch die Fistel. Ahi non lasciarmi, no! (jedermann lacht) se tu m' inganni* – das *tu* – hu! – hu! – das hat mich gerührt, Gott weiß! ich hab's in Neapel nicht besser gehört.

BRIGHELLA: Herr Schlankards Akkompagnement hat vieles beigetragen.

DAVID *vor sich*: Welche wunderbare und verborgene Wege der Himmel bei Austeilung der Talente geht. Dieser junge Mensch, der jetzt die ganze Gesellschaft an dem Haar seines Fiedelbogens wie ein Zauberer herumführt und den Himmel in die Herzen aller Weiber geigt, war ein schläfriger unbeholfnerer Bursch als ich. Seine Dreistigkeit allein und sein schönes Gesicht haben ihm Weg gemacht – Mir aber, dem dieses alles versagt ist –

SCHLANKARD *zu Brighella*: O Mademoiselle, wenn Sie Ihre Stimme nicht mit den süßesten Tönen der Musik vereinigt hätten! ich würde der Gesellschaft nie das Herz mitten im Schlagen haben still stehen machen, wie Sie taten. Wissen Sie, daß mir Tränen auf meine Geige gefallen sind und mir bald das ganze Spiel verdarben?

LEYBOLD *den Kopf schüttelnd*: Nu ba ba! sagt euch eure Galanterien ein andermal. *Scherzend.* Schmeichelei, Schmeichelei! Fuchsschwanz! Wollt ihr euch beide verderben, ist's euch nicht genug, daß wir euch loben. *Etwas beiseite zu den Damen.* Einfältige Hunde! daß die Virtuosen doch immer sich kratzen müssen.

EINE VON DEN DAMEN: Gnädiger Herr, das ist sehr natürlich.

LEYBOLD: Natürlich oder nicht, es taugt nit – es verderbt sie.

JUST: Aber gnädigster Vater, der Beifall eines Virtuosen muß dem andern immer viel angenehmer sein als der Beifall eines andern, weil der am besten im Stande ist von dem Wert des andern zu urteilen.

LEYBOLD: Hast du was gesagt – *Zu dem Orchester.* Nu, da komplimentieren sie sich noch. Blitz Wetter! laßt uns nicht zu lange warten.

DAVID: Wie begierig ihr Blick den seinigen auffängt. Sie glaubt Beifall, Bewunderung, Unsterblichkeit von ihm einzusaugen – Was es doch macht, wenn man ein schönes Gesicht hat – ach! sie sieht nicht von ihm, die ganze Gesellschaft verschwindt aus ihren Augen, er steht allein vor ihr – ich kann es nicht länger aushalten. *Verschwindt.*

ZWEITER AKT

ERSTE SZENE

Nebel und Regen. Ein nacktes Feld in der Morgenstunde

DAVID *in der Livree*: Ja, ich will fortlaufen, ich will meiner unglücklichen Bestimmung entgegen gehn. Sie liebt ihn, es ist nur zu gewiß. Was sollte sie auch nicht. Ich würde ihn auch lieben, wenn ich ein Mädchen wäre. Wohin laufen? was anfangen? ich bin wohl schlimmer dran als jene Krähe da, die so jämmerlich auf dem wüsten Felde nach Futter krächzt – Dort seh ich Soldaten kommen. Es sind preußische Werber. Wie wenn ich – ha, so kommt mein Leben doch wem zu paß. Ich will streiten und fechten, daß Brighella lieben und karessieren kann. Sie wird vielleicht von meinem Tode hören und über mich nachdenken und weinen. Oder ich kann durch meine Bravour im Kriege mich hervortun, daß sie doch einigen Reiz an mir findet und mein Vater mir auch verzeiht – *Geht den Werbern entgegen.* Guten Tag, meine Herren.

EIN WERBER: Guten Tag. Wer seid Ihr?

DAVID: Ich wollte mich gern in Kriegsdienste geben.

WERBER: Ihr sollt uns willkommen sein. Aber wer seid Ihr?

DAVID: Ich bin ein Edelmann.

WERBER: Ein Edelmann – Ihr macht uns lachen.
DAVID: Ein Bedienter meines Vaters wollte ich sagen.
WERBER: Ein Bedienter Eures Vaters? das ist noch ärger.
DAVID: Nein, ich verrede mich. Ein Bedienter bin ich und weiter nichts. Ich wäre gern in Kriegsdiensten. Besonders in den preußischen.
WERBER: Nun dazu wollen wir Euch bald verhelfen, Ihr sollt diese Livree mit einer bessern austauschen. Ihr habt doch das Maß und seid nicht buckligt, krumm, schief oder lahm, wart wir wolln einmal sehen. *Besichtigt ihn, dann zieht er ein Maß heraus.* Drei Zoll, nu das geht schon mit. Wir haben dem König einen guten Bursche gebracht. Kommt, Ihr sollt auch dafür mit uns zechen. Nur gutes Muts! es soll Euch bei uns an nichts abgehn, das glaubt mir nur. Wir wollen in das nächste Dorf in den Schwan gehn, da will ich Euch Euer Handgeld auszahlen.
DAVID: Aber macht, daß wir nur bald weiter kommen. Mein Vater könnte mich sonst hier suchen lassen.
WERBER: Euer Vater – Wer ist denn Euer Vater?
DAVID: Er ist – Amtmann bei der gnädigen Herrschaft von Ingolsheim. Er ist sehr hastig.

ZWEITE SZENE

Des alten Leybolds Schlafzimmer

JUST, *der mit ihm dejeuniert hat, im Schlafrock an einem kleinen Teetisch, der vor Leybolds Bett steht.*

JUST: Wenn ich ihnen die Wahrheit sagen soll, Papa! wissen Sie, worin, wie ich glaube, die ganze Ursache von der Verstimmung meines Bruders liegt?
LEYBOLD: Nun denn?
JUST: Ich weiß nicht – *(sich die Stirne reibend)* ich möchte mir nicht gern das Ansehen eines Verleumders geben, indessen – wenn dies das Mittel ihn zu bessern –
LEYBOLD: Was zu bessern, was ist's?

Just: Kurz heraus, Papa! er ist verliebt –

Leybold: Verliebt? Daß dich Blitz Wetter – heraus damit, in wen ist er verliebt?

Just: Ich weiß es nicht, Papa – Es sind freilich nur Mutmaßungen – er hat mich nie zu seinem Vertrauten eben gemacht.

Leybold: Heraus damit – Einfältiger Hund, was sind das für Umschweife?

Just: Brighella – wie ich glaube.

Leybold: Brighella *(mit dem Finger vor sich hindeutend, sehr lebhaft)* hast du nicht – Brighella! Und was will er mit Brighella.

Just: Was er mit ihr will – das weiß ich nicht – sie heuraten vermutlich.

Leybold: Sie heuraten – Blitz Wetter! der Junge hat noch keinen Gänsebart und schon ans Heuraten – – *Springt aus dem Bett und zieht an der Schelle.* Brighella! Brighella! laßt sie augenblicks herkommen – – *(zum Bedienten, ruft ihm nach)* der Schlankard auch – der Schlankard auch –

Just: Es hätte nichts zu sagen, bester Vater, wenn nur nicht – Sie sehn wohl, er bekommt das Gut, und wenn er Ihren Namen und Vermögen auf die Kinder einer Sängerin erbte –

Leybold: Nee – da kann nun schon nichts von werden – Es ist gut, daß du mir gesagt hast, Just – *Steigt wieder ins Bett.* Da kann schon nichts von werden – – Ich will sie des Augenblicks zusammengeben.

Just *erschrocken*: Wen?

Leybold: Den Schlankard und die Brighella. Ich habe schon lange gesehn, daß sich die beiden Leute lieb haben und sich's vielleicht nicht sagen durften –

Just: Ach gnädiger Herr, wenn Sie das tun wollten – ich habe einen Einfall, der sich vielleicht nicht ausführen läßt –

Leybold: Nun nun, geschwind – was zauderst du – laß hören deinen Einfall. Blitz Wetter! mach mir nicht lange Weile, einfältiger Hund.

Just: Wenn Sie – sie in meines Bruders Zimmer zusammengeben könnten – Er liegt glaube ich noch im Bette – er ist diesen Morgen nach seiner gewöhnlichen Weise noch nicht aufgestanden gewesen, als ich aus dem Zimmer ging – und der

Verdruß, daß er gestern abend nicht mit beim Konzert hat sein können –

LEYBOLD: Ach was wird der Holzkopf sich darüber Verdruß – Aber du hast recht, du hast recht! das ist noch das einzige Mittel sein schläfriges Gefühl wieder aufzuwecken. Man muß ihn anfassen, wo es ihm wehe tut.

JUST: Freilich scheint er für alles schon unempfindlich geworden zu sein.

LEYBOLD: Gott hat mir den Jungen gegeben, um mich zum Narren zu haben. Gott verzeih mir meine schwere Sünde. Ich kann nicht aus ihm klug werden, sag ich dir. Andere Menschen haben doch auch Kinder, aber so eine Nachtmütze. Komm herüber, komm herüber – *Zum Bedienten*. Sagt den beiden, sie sollen auf die Schulstube kommen, versteht Ihr –

JUST: Er wird eben nicht auf die beste Art geweckt werden, der arme David!

DRITTE SZENE

Die Schulstube

JOHANN *der die Gardinen vor dem Alkoven wegzieht, streckt sich und gähnt*: Was ist das? Ich glaube ich habe lang geschlafen – es kommt mir vor als – ist das schon Morgen? *Indem tritt Leybold und Just herein, er zieht schnell die Gardinen wieder vor.*

LEYBOLD *der dies gewahr worden, leise aber doch ziemlich vernehmlich zu Justen*: Merkst du was? *Lacht heimlich; laut.* Wo bleiben sie denn? Eine Nachricht wie die sollte ihnen doch Füße machen.

JUST *heimlich zu Leybolden*: Er horcht vermutlich. – Ich weiß doch nicht wo sie so lang bleiben. Es ahndet ihnen vielleicht nichts Guts.

LEYBOLD *setzt sich*: Ich will sie doch ein wenig ängstigen zum Willkommen.

Schlankard und Brighella kommen.

LEYBOLD: Seid ihr da – Kommt näher, Lumpengesindel! – Du weißt, daß ich keine Frau habe, Schlankard!

SCHLANKARD: Weh mir! was werd ich hören.

LEYBOLD: Kommt näher – *Schreit*. Schlankard! Ihr seid ein

Bube – Kommt näher, hört, gebt mir Red und Antwort. Ihr wißt, ich bin ein alter Mann. Ich habe so meine eigene Grillen, weswegen ich in Stadt und Land bekannt bin. Meinen Kindern eine gute Erziehung zu geben, versammle ich alle Vergnügungen weit und breit um sie her, damit sie nicht nötig haben sich andere schädlichere Vergnügungen aufzusuchen. Ich lehre sie zugleich an meinem Beispiel, vergessene Talente aus dem Staub zu ziehn und die Künste mit ihrem ganzen Vermögen befördern und belohnen. Das ist doch Verdienst, nicht wahr? wenn Ihr ein Wildfremder wärt, Ihr müßtet mich hochschätzen.

SCHLANKARD: Ganz gewiß, gnädiger Herr!

LEYBOLD *schreit*: Nun Ihr – Ihr – wartet wartet – Könnt Ihr mir leugnen, daß ich alles an Euch getan, daß ich wie ein Vater gegen Euch gehandelt? hab ich Euch nicht nach Italien reisen lassen, weil ich merkte daß Ihr die Musik liebtet, habe ich Euch nicht zehn Jahre drinnen bleiben lassen und mit Geld und Ansehen unterstützt, hab ich Euch nicht sogar meinen Namen und Titel gegeben, damit Ihr desto bessere Gelegenheit haben könntet alles zu sehn und zu hören, könnt Ihr's leugnen?

SCHLANKARD: Gnädiger Herr, wenn ich's jemals leugnete – oder nicht feurig, nicht dankbar genug erkennte und bekennte, so wünschte ich, daß die Erde sich unter mir auftäte –

LEYBOLD: Warte warte, einfältiger Hund! Wir sind noch nicht am Ende – Ist das, Blitz Wetter! artig gegen einen Wohltäter gehandelt, wenn man weiß, er der keine Frau hat und sein Herz nirgends aufzuhängen weiß, weidet sich an dem schönen Gesicht, an den Reizungen, an der Stimme einer seiner Sängerinnen, deren Dankbarkeit er bisher immer für Liebe gehalten hat –

BRIGHELLA *fällt ihm zu Fuß*: Gnädiger Herr –

LEYBOLD: Ba ba ba – Wer hat mit Ihr geredt, Dulcinea.

SCHLANKARD *fällt ihm gleichfalls zu Fuß*: Gnädiger Herr –

LEYBOLD *ihm stark auf den Kopf schlagend*: Ihr seid verliebt junger Bursche! verliebt – Hab ich Euch dazu reisen lassen? mir das mit Euren Talenten und Schmeicheleien zu stehlen, abwendig zu machen, was ich solange Jahre für mich gepflegt und groß gezogen habe. Ihr seid ein Flegel – Aber steht auf und gebt ihr die Hand, sie ist Euer Weib, und damit Ihr nicht Ursach zu schalusieren habt, morgen sollt ihr von meinem Landgut fort und ich will euch auch noch zehntausend Gulden an Hals schmeißen, eure Wirtschaft damit einzurichten, denn wenn ich über den Hund komme, komm ich auch über den Schwanz.

SCHLANKARD *seine Füße umarmend, Brighella von der andern Seite*: O gnädiger Herr, lassen Sie unsere Tränen für uns sprechen.

LEYBOLD: Ba ba ba! Tränen – Was gibt's, steht euch das Anerbieten auch nicht an? Nun gut, so könnt ihr bei mir bleiben, bis es euch bei mir nicht mehr ansteht. Wenn Euch aber etwa die Eifersucht plagen sollte, Schlankard so seid Ihr Herr und Meister zu tun was ihr wollt.

SCHLANKARD: Großmütigster unter allen Sterblichen!

LEYBOLD: Aber – Blitz Wetter! ich habe vergessen zu fragen, ob ihr euch auch haben wollt. Ich hab's bisher nur aus euren Blicken geschlossen. Mögt Ihr den Burschen, Jungfer Brighella? Ihr seid doch gestern so empfindsam gegen sein Lob gewesen.

BRIGHELLA: Ich muß gestehen, gnädiger Herr, daß mir's eine der größesten Empfindungen meines Lebens war, wenn Ihr aller Beifall mir mitten unterm Singen als ein Ungewitter hier, da, dort klatschend auszubrechen anfing, bis endlich der einstimmige große Schlag erfolgte, der mich für Entzücken außer mich setzte – Aber mit alle dem – ein Wort von Schlankarden –

LEYBOLD: War dir lieber – o du Schelm du! so eifersüchtig ich auf ihn bin, ich muß dich für das Geständnis umarmen, denn es ist ehrlich – mein Lebtag! ehrlich, ehrlich. *Umarmt und küßt sie.* Da hast du den letzten Beweis meiner Passion für dich, und hiermit tret ich dich deinem Liebsten ab – Aber – warte warte, Blitz Wetter! es ist noch einer da, der Ansprüche auf dich macht und von dem du dich nicht so geschwind wirst loskaufen können. *Nimmt sie komisch an die Hand und führt sie ans Bette, schreit aus allen Kräften.* Junker David! ich hab Euch nun das Exempel einer Aufopferung gegeben *(zieht die Gardinen weg, John hat sich gegen die Wand gekehrt)* wie sie einem Edelmann ziemt. Auf also und tue des gleichen, es ist hier die Frage, zwei Leute glücklich zu machen, die einander von Herzen lieb haben und die einander vorher bestimmt sind. Du weißt was ich von den Vorherbestimmungen halte – Nun, einfältiger Hund, was liegst du da, kehr dich um und sag ja oder nein, ich will dich eben so wenig unglücklich machen als diese beiden Leute, nur will ich dich vernünftig zugleich haben. Blitz Wetter! sag ja oder nein. *Faßt John beim Arm und kehrt ihn um.* Was ist das –

JOHANN: Gnädiger Herr! um Gotteswillen, ich weiß nicht wie ich in dies Bett gekommen bin.

LEYBOLD: Mein Lebtag – gleich, Kanaille, gesteh mir alles, wo ist der junge Herr? hab ich das mein Lebtag gehört, der Bediente in des Herrn Bett die Nacht geschlafen – – Ich will dich – vierteln und rädern lassen, du infamer Nichtswürdiger!

JOHANN: Lassen Sie mich hängen, gnädiger Herr! so komme ich am kürzesten ab. Ich verlange nichts Bessers.

LEYBOLD: Daß dich das Wetter! *cospettone baccone* – Ha ha ha – macht mich der Lumpenhund doch zu lachen – Wo ist der junge Herr, ich will es wissen, wo ist der junge Herr?

JOHANN: Ich weiß es nicht –

LEYBOLD: Du weißt es nicht – Georg! laßt mir sogleich den Stabhalter kommen mit zwei handfesten Kerls – ich will dir das Morgenbrot in deines Herrn Bette geben.

JOHANN: Gnädiger Herr, jagen Sie mich lieber aus dem Hause.

LEYBOLD: Das sollst du mir nicht zweimal gesagt haben – den Augenblick packe dich – ich will solche lüderliche Bestie keine Minute länger im Hause leiden, der mir meine Kinder verderbt – Aber vors erste sollst du mir sagen, wo Junker David ist.

JOHANN: So wahr ich ein Kind Gottes bin, ich weiß es nicht. Er hat mich gestern gebeten ihm meine Livree anzuziehen zu geben, damit er dem Konzert zuhören könnte, weil Sie gesagt hatten, er wäre krank und er Sie doch nicht Lügen strafen wollte – und weil ich mich nicht recht wohl befand, legt ich mich derweile schlafen – und weiß sowahr Gott lebt nicht ob's Abend oder Morgen jetzund ist.

LEYBOLD: *Cospetto!* Du sollst mir für deine Faulheit bezahlen – laßt den Stabhalter kommen, bald – Oder wie? – gleich steh auf, Lumpengesindel! und geh und such mir den Junker auf. Du mußt seine geheimen Gänge kennen und wo er die Nächte zubringen kann, wenn er nicht zu Hause kommt, und bringst du ihn mir nicht wieder, so zieh ich dir das Fell über die Ohren. Es soll ihm alles verziehen sein, sag ihm, nur er soll wieder kommen – und sag ihm nichts von dem was hier vorgegangen ist, einfältiger Hund! verstehst du mich – aber er soll wiederkommen – – Hab ich das mein Lebtag gehört, der Bediente in des Herrn Bett die Nacht schlafen. *O stellae! stellae!* was hat über mich geherrscht, als ich den Jungen auf die Welt setzte.

Kommt! Wir wollen dem nichtswürdigen Kerl die Zeit lassen in die Hosen zu kommen. *Zieht die Vorhänge wieder zu und geht ab mit Schlankard und Brighella. Just folgt ihm.*

DRITTER AKT

ERSTE SZENE

Wirtshaus in einem Dorf

An verschiedenen Bänken sitzen Soldaten, Bauren und Gesindel und trinken. DAVID *in einem Winkel, die Hand unter den Kopf gestützt, noch immer in der Livrei.* JOHN *tritt herein, etwas frostig, in seines Herrn Kleidern, späht überall herum, endlich wird er seinen Herrn gewahr und eilt auf ihn zu.*

JOHANN: Ach gnädiger Herr! wo muß ich Sie antreffen.
DAVID *sieht erschrocken auf:* John, bist du es? *Einige von den Gästen merken auf.* Wir werden hier beobachtet, laß uns bei seits gehn. *Gehen vorwärts.*
EIN BAUER: Ein schnackischer Kerl das, er war in Gold und Silber und sagte gnädiger Herr! zu seinem Lakaien.

EIN ZWEITER: Weißt du denn nicht, Narr, daß Fastnacht ist, da machen sie mit Fleiß bisweilen solche Maskereien.

DAVID *zu John*: Freilich, lieber John, ist das der Ort nicht, wo du mich antreffen solltest. Auf dem Felde der Ehren, so wenn die Kugeln so um den Kopf pfeifen, entweder tot oder General –

JOHANN: General, freilich – Haben Sie sich denn wirklich anwerben lassen. Wenn das ist, so nehme ich den Augenblick auch Kriegsdienste und komme nie von Ihrer Seite. Ich will leben und sterben mit Ihnen, gnädiger Herr.

DAVID: Guter John, hast du denn auch schon getrunken – *(greift in die Tasche)* wie wohl ich habe selbst nichts – und du mußt meinen Beutel in meiner Westentasche haben; die Werber sind eben fortgegangen, sie haben mir noch das Handgeld nicht ausgezahlt.

JOHANN: Aber gnädiger Herr, in aller Welt schämen Sie sich doch. Sie werden sich doch nicht als gemeiner Soldat anwerben lassen. Sobald Sie Ihren Namen sagen, sind Sie Fähndrich oder Lieutenant zum wenigsten.

DAVID: Nein Johann, das geht nicht an. Sobald ich meinen Namen sage, erführe es mein Vater, und meinst du, daß er nicht alles in der Welt anwenden würde, mich wieder los zu kaufen? Du weißt welche Abneigung er wider die Kriegsdienste hat und wie oft er uns seine lebenslängliche Ungnade angekündigt hat, wenn sich einer von uns jemals einfallen ließe, nur an den Soldatenstand zu denken. Ich will aber trotz seiner Ungnade mich seiner Gnade würdig machen, und denn laß sehen ob er sie mir noch entziehen kann. Ein Mensch der nicht von unten auf gedient hat, Johann, kann es nie weit bringen, ich habe dem nachgedacht, ein großer Feldherr muß immer auch eine Zeitlang Soldat gewesen sein, damit er von allem Kenntnis hat.

JOHANN: O wenn aus Ihnen nichts wird, so wird aus niemand was. Ich habe es immer gesagt, Gott weiß am besten was in unserm ältsten jungen Herrn verborgen liegt. Er ist so still, aber stille Wasser gründen tief, und ich weiß wohl, daß Sie unter Ihrem Bett Risse von Festungen liegen hatten, die Sie Ihrem Herrn Vater nie gewiesen haben. Sie stellten sich immer so dumm gegen ihn, damit er Sie an Ihrem Vorhaben nicht hindern sollte. O wenn aus Ihnen kein Generalfeldmarschall wird, so will ich nicht John heißen – Aber eine böse Zeitung muß ich Ihnen bringen, Sie sollen nach Hause zurück oder Ihr Herr Vater zieht mir das Fell über die Ohren.

DAVID *erschrocken*: Weiß denn mein Vater, wo ich bin?

JOHANN: Den Teuker weiß er, sonst würde er mich nicht geschickt haben. Er meint Sie haben die Nacht wo bei einem Mädchen im Dorf zugebracht, und Sie wissen wie er auf den Punkt ist. Er weiß wohl wie's ihm geschmeckt hat, daß Ihr Herr Großvater ihm in dem Stück alle Freiheit ließ. Aber Sie sollen nach Hause kommen will er, es soll Ihnen alles verziehen sein. Sie sollen ihm die Hochzeit der Mademosell Brighella begehen helfen.

DAVID: Die Hochzeit der Brighella – was sagst du – doch nicht mit –

JOHANN: Mit Schlankard, mit wem anders. Eben diesen Morgen hat Ihr Vater alles in Richtigkeit gebracht.

DAVID: Mein Vater selber alles in –

JOHANN: Ja freilich, er war selbst verliebt in sie, aber er hat sie dem Schlankard abgetreten und sie sollen auf seinem Landgut bleiben und er will für ihre erste Einrichtung sorgen. Nun was stehen Sie denn da, als ob Sie umfallen wollten. Greift Sie das so sehr an? sind Sie etwa selber verliebt in sie – Daraus meine ich kann nun nichts werden, daß wir zurückgehen, denn will ich bei Ihnen bleiben, ich will mit Ihnen in den Krieg ziehen, und wenn wir beide als Generals zurückkommen, dann laß Ihren Herrn Vater versuchen mir das Fell über die Ohren zu ziehen – Potz Donner! wie wollen wir ihn prellen.

DAVID: Nein John! es ist eine schöne Sache um einen Feldherrn, aber – – zum Feldherrn gehört Verstand – und ich bin dumm.

JOHANN: Was sind das nun wieder für Reden. Wie Herr? vor ein paar Minuten sprachen Sie ja noch ganz anders. Von unten auf, Herr, von unten auf, ja wir müssen auch erfahren, wie einem armen Soldaten zu Mut ist, damit wir wissen wie weit seine Tapferkeit reicht, wenn es zur Schlacht kommt.

DAVID: Spottest du auch meiner. *Fällt auf einen Stuhl.*
JOHANN: O Herr! ich Ihrer spotten. Sagen Sie mir doch, ich kann Sie nicht begreifen – Wenn ich Ihrer spotte Herr – hier haben Sie meinen Hirschfänger –, so schinden Sie mich lebendig. Von Ihnen will ich mir gern die Haut über die Ohren ziehen lassen. Ich will leben und sterben mit Ihnen, sag ich Ihnen.
DAVID *springt auf*: So komm, John – Ich höre schon Trommeln und Trompeten und Kanonen – O Tod! Tod! Tod! – wenn ich mich gleich in die Säbels stürzen könnte – *Ab mit Johann.*
JOHANN: Ich will die Österreicher herunterfegen wie Mohnköpfe. Panduren, Kroaten, Freund und Feind, alles durcheinander, und wenn ich nicht General werde, so ist der Jüngste Tag nicht weit.

ZWEITE SZENE

Leybolds Schloß

JUST. EIN POSTMEISTER.

JUST: Ich habe Sie nur rufen lassen, lieber Herr Postmeister, um Ihnen zu sagen – um Sie zu bitten – um Ihnen zu sagen, daß mein Vater sich nicht wohl befindet, es hat ihn seit der unvermuteten Entweichung meines Bruders eine Gemütskrankheit überfallen, von der ich fürchte, daß sie gefährliche Folgen für ihn haben könnte. Wollten Sie also wohl die Freundschaft für uns haben und alle Briefe, die von heut an an ihn kommen könnten, bei sich aufbehalten bis ich sie durch unsern Jäger abholen lasse. Ich will Ihnen die Ursache sagen: er hat an verschiedene Orte hingeschrieben, um Nachrichten von seinem Sohn zu erhalten, diese Nachrichten möchten aber wohl nicht die heilsamsten für ihn sein, denn es lauft schon im ganzen Lande das Gerücht herum, mein Bruder sei Soldat worden und bei der Affäre von Kolin auf dem Walplatz geblieben. Ich glaube es noch nicht, denn mich deucht, die Bataille bei Kolin ist zu geschwinde nach seiner Flucht gehalten worden als daß er hätte dabei sein können. Indessen wenn etwas ähnliches einlaufen sollte, wie ich mir denn nichts Bessers vorstellen kann, so ist es nötig, daß ich dergleichen Nachrichten meinem Vater beibringe, damit er nicht den Tod drüber nimmt.

DRITTE SZENE

Vor Lissa

Ein Teil der österreichischen und der preußischen Armee gegeneinander über. DAVID *im ersten Gliede unter diesen, unterm Gewehr.*

DAVID *für sich*: Wenn ich bedenke, wieviel Künste andere Mädchen anwenden ihre Liebhaber treu zu erhalten – Und ich, der ich sterbe für eine Ungetreue, daß ich so vergessen sein soll – Sie denkt nicht an mich, fragt nicht nach mir – o wenn ich doch lieber unter der Erde läge, als daß ich hier so lange auf den Tod passen muß – Wenn der Major mein Herz hätte, er kommandierte geschwinder – *Es wird in der Ferne unvernehmlich kommandiert. Das erste Glied kniet und schießt. Indem es aufsteht und ladt, schießen die Österreicher. David fällt. Es wird von beiden Seiten geschossen, die Österreicher dringen näher, die Preußen fliehen, sie verfolgen sie. Der Walplatz wird leer außer einigen Toten und schwer Verwundeten unter denen David ist.*

DAVID *kehrt sich um*: Gottlob – Wenn jemand da wär, ihr die Nachricht zu bringen – Aber so – Mein Vater! Mein Vater! – Brighella, meine Geliebte! das ist euer Werk. Wenn ihr wenigstens hier wärt, daß ihr darüber triumphieren könntet. *Bleibt eine Zeitlang still liegen.*

Johann hinter einem Gebüsch hervor, schleicht sich heran ohne Flinte, im Camisol.

JOHANN: Das war ein häßliches Scheibenschießen – Wenn unser Major wüßte, daß ich der erste war, der ausriß. Aber freilich, er hat gut reden, er steht hinter der Fronte und kommandiert, und wir müssen uns für ihn tot schießen lassen. Wenn ich General wäre, ich würde auch herzhafter sein – hinter der Fronte. Das ist es eben, wenn die Leute nicht von unten auf dienen, wie mein Herr sagt, darum wer kein Soldat gewesen ist, kann mein Lebtag kein guter Feldherr sein. Aber ich *(sich auf die Brust schlagend),* wenn dies Ungewitter erst vorbei ist – so a propos, ich meine, ich kann der ganzen Welt sagen, wir haben den Walplatz behalten, ich und die ehrlichen Leute, die hier ins Gras gebissen haben, nur daß ich doch ein wenig klüger war als sie alle mit einander. Aber ich muß sie doch ein wenig näher kennen lernen, ob keine von meiner Bekanntschaft drunter sind. *Hebt eine Leiche auf.* Das ist ein wildfremdes Gesicht. Es freut mich, Monsieur, daß ich bei dieser Gelegenheit die Ehre habe – Still, ich höre einen Lärmen, ich glaube sie kommen wieder – Nein doch, sie sind hinter jenem Berge, da lassen sich die Österreicher nicht weg von treiben. *Besieht eine andere Leiche.* Guten Abend, Kamerad! ich kondoliere von Herzen, warum warst du so ein Narr und folgtest dem Major. Hättest du's gemacht wie ich – O weh mir, ich höre galoppieren. *Läuft fort.*

Man hört trommeln in einiger Entfernung. Im Grunde des Theaters sieht man Handgemenge von Preußen und Österreichern. Die Österreicher fliehen, die Preußen verfolgen.

DAVID *wälzt sich noch einmal und schreit mit unterdrücktem Schmerz*: Oh!

Ein Bauer tritt auf die Bühne.

BAUER: Ich denke sie sind weit genug und hier wäre was zu holen für unser einen. Es hat manchmal so einer was in den Hosensäcken, das er in jene Welt nicht mitnehmen kann. Und da uns die Kriegsleute doch bestrupfen, he he he, so denk ich können wir sie wohl auch einmal befumfeien, wenn sie tot sein. Wie unser Herr Pfarr einmal erzählt hat, er habe geträumt er sei in Himmel gewest und habe wollen auf die Kommodität gehn, da hab er gesehn, daß seine ganze Christliche Gemeine drunter säße, aber der heilige Petrus habe ihm zugerufen, er sollt sich nur nit scheuen, denn hab seine Christliche Gemeine ihn so oft – Eia! der lebt ja wohl noch – *Indem er sich David nähert.* Wenn ich ihm auf den Kopf gäbe, daß er der Qual los wäre – *Indem er seinen Knüttel aufhebt, fällt ihm ein andrer Bauer von hinten in die Arme.*

ZWEITER BAUER: Kanaille, was willst du machen.

ERSTER BAUER: Schwager! he Schwager! laß mich los, laß nur so gut sein, Schwager – Der Kerl hat doch nicht mehr für zwei Pfennig Leben in sich. Schick wir ihn in jene Welt, er verlangt doch nichts Bessers.

David macht ein Zeichen mit der Hand.

ZWEITER BAUER *wirft den ersten zu Boden*: Du Schwerenotshund! ich tret dich mit Füßen, wo du nit den Augenblick kommst und mir den Menschen hilfst zu recht bringen. Du Hund, hast noch in deinem Leben kein Vieh vom Tod errettet, geschweig einen Menschen, du verdienst das nit, denn du bist wie ein wildes Vieh du.

Macht sich an David, zieht ein Tuch aus seinem Busen und verbindt ihm die durchschossene Schulter, dann ladt er ihn auf und trägt ihn fort. Na, will er wohl mit anfassen. *Der andere hilft ihm, sie gehen ab.*

VIERTER AKT

ERSTE SZENE

LEYPOLD *in Küssen eingewickelt auf einem Lehnstuhle, den Fuß auf einem andern Stuhl, ein Buch in der Hand. Ein* BEDIENTER *trägt ihm Schokolate auf.*

LEYPOLD *winkt mit der Hand*: Bringt sie weg – bringt sie weg – mein Lebtag! ich will keine mehr trinken.

BEDIENTER: Es ist keine Vanille drin.

LEYPOLD: Einfältiger Hund – *(wirft das Buch auf den Tisch)* es ist um des Schweißes der Wilden willen, der drauf liegt.

BEDIENTER *steht ganz versteinert*.

LEYPOLD: Verstehst du das nicht? sieh hier – *(das Buch aufnehmend)* komm hieher – guck her – Blitz Wetter! will Er herkommen. *Bedienter nähert sich ihm, er faßt ihn an die Hand und zieht ihn auf einen Stuhl der neben dem seinigen steht.* Sieh dieses Kupfer, es ist aus der *Voyage de l'Isle de France* – seht ihr Kanaillen wenn ihr euch über unsere Launen beschwert, seht diese Negers an, hat unser Herr Christus mehr leiden können als sie, und das, damit wir unsern Gaumen kützeln – Ihr sollt mir sein Lebtag keine Schokolate mehr machen, auch kein Gewürz mehr auf die Speisen tun, sagt dem Koch.

BEDIENTER: Der Medikus hat Ihnen aber doch selbst die Schokolate erlaubt.

LEYPOLD *ganz außer sich*: Einfältiger Hund! *Sieht sich nach etwas um.* Wenn ich doch was Unschädliches finden könnte Ihm an den Kopf zu werfen – Der Medikus! der Medikus! – ich tu's um meines Gewissen willen, Lumpengesindel, nicht um den Medikus – um meines verlornen Sohnes willen, durch den mich Gott zur Erkenntnis bringt. Wer bin ich, daß andere Leute um meinetwillen Blut schwitzen sollen. Sie dürften mir ja nur auf den Kopf schlagen, so wäre mein Gold ihre – Komm her, Mensch! setz dich an den Tisch und trink mir deine Schokolate selber aus. Du hast sie gemacht, sie gehört dir, und wenn ich dich worin beleidigt habe oder dir was Ungebührliches befohlen – *Faßt ihn sehr rührend an die Hand und zieht die Mütze ab.* Kannst du mir verzeihen, Peter?

BEDIENTER *küßt ihm die Hand*: Gnädiger Herr – *Geht weinend ab mit der Schokolate.*

LEYPOLD *liest laut*: Betrübt, betrübt – wer weiß auf welches Schiff sich mein unglücklicher David gesetzt hat und ein ähnliches Schicksal itzt ausstehen muß. *Legt das Buch weg, faltet die Hände.* Ja, vielleicht hab ich durch meine Grillen – durch meine Grillen, durch meine Narrheiten, daß sich der Junge in das Mädchen verlieben mußte – Gleich – gleich! *Zieht an der Schelle, Bedienter kömmt.* Laßt mir die Mädels alle herkommen, Sänger und Sängerinnen, Zwerge und alles – den ganzen Spektakel – fort mit ihm ins Dorf, zu den Kühen mit ihnen – sie haben mich um meinen Sohn gebracht – Laßt mir die Brighella kommen, den Schlankard – die Pension soll ihnen entzogen werden, sie können laufen wohin sie wollen – wart, ich will selber zu ihnen gehen. *Steht auf und hinkt heraus.*

BEDIENTER: Gott behüt in Gnaden! was kommt dem alten Mann an. So boshaft hab ich ihn doch in seinem Leben noch nicht gesehen.

ZWEITE SZENE

JUST *kommt herein einen Brief in der Hand*: Er lebt noch – nun das ist artig! und will sich bei meinem Vater wieder einschmeicheln. Nein, mein lieber Bruder David, daraus wird nichts – Du bist einmal bürgerlich tot, es ist gleichviel, ob du als Holzhacker oder als Soldat lebst – Wenn ich meinem Vater nur eine falsche Nachricht von seinem Tode beibringen könnte, an der er gar nicht mehr zweifeln kann. Denn des Menschen Herz ist einmal so, er glaubt unangenehme Neuigkeiten nicht und wenn er sie mit seinen eignen Augen sehen sollte. *Johann tritt herein, Just kehrt sich hastig um.* He! der kommt mir ja eben recht, wie vom Himmel gefallen. Mein lieber Johann, was bringst du?

JOHANN: Viel Neues, aber nicht viel Guts. Alles ist zu Grunde gegangen, gnädiger Herr, ich habe zwar die Walstatt behalten, aber es hat mich Blut genug gekostet, und meinen armen Herrn auch.

JUST: Wo ist denn dein Herr?

JOHANN: Ach! er ist im Reich der Toten vermutlich, denn ich lag bei ihm unter den Blessierten und da kamen auf einmal die lüderlichen Husaren und schleppten ihn fort, daß ich weiter nichts von ihm gesehen habe.

JUST: Also kannst du meinem Vater mit Gewißheit sagen, daß er tot sei? Hör, es ist einerlei, der alte Mann muß es einmal wissen, später oder früher, was liegt daran. Die Ungewißheit ist ihm Gift.

[ZWEITE BEARBEITUNG]

ERSTER AKT

ERSTE SZENE

Ein Zimmer in Rosenwalde, worin eine Bibliothek nebst verschiedenen mathematischen Instrumenten

Graf Martens, Baron Löwenstein, *die sie besehen.*

Graf Martens: Wir werden lange warten müssen, gebt nur Acht. Es ist dunkles Regenwetter, er versieht sich heut auf keine Fremde und vielleicht schläft er eben etwas lange in den Armen einer seiner geliebten Pastorellen.

Baron Löwenstein: Ist es denn wahr, daß er sie alle erst entjungern soll, eh er sie verheuratet.

Graf Martens: Es kann sein, daß er's auch nur aussprengt um die Freier abzuschröcken. Denn er sieht nichts ungerner, als wenn ihm eine von seinem Theater oder aus seinen bezauberten Schlössern und Gärten weggeheuratet wird, das könnt Ihr Euch wohl vorstellen. Man sagt, seine beiden Söhne machen ihm über den Punkt viele Sorgen, und weil seine Mädchen sehr reizend sind, so schläft er, um sie vor denen auszuhüten, mitten unter ihnen. Indessen beschuppt ihn der älteste doch durch seine verstellte Sittsamkeit, und man hat mir versichert, er habe ihm die Schönste seiner Tänzerinnen heimlich entführen lassen, ohne daß der Vater noch bis diese Stunde den geringsten Argwohn auf ihn hat.

Baron Löwenstein: Ich möcht einmal auf zweimal vierundzwanzig Stunden sein Sohn sein.

Graf Martens: Er geht strenge mit ihnen um, kann's auch gar nicht leiden, wenn sie Neigung zu seinen Grillen beweisen. Er will durchaus nicht, daß es ihm einer worin nachtue, auch würd er in der Tat zu Grunde gehen, wenn seine Söhne die Wirtschaft so fortsetzten, wie er sie angefangen hat. Denn es ist die Frage, ob sie auch so leicht Markgräfinnen finden würden, die treuherzig genug wären, ihr Vermögen zu so kostbaren Träumereien herzugeben.

BARON LÖWENSTEIN: Er kommt nicht. Wollen wir derweil in den Garten hinabgehen. Oder wenn wir in sein und seiner Kebsweiber Schlafzimmer kommen könnten? Das *Lever du Roi* anzusehen, möcht ich viel Geld geben.

GRAF MARTENS: Wir wollen einmal sehen, ob wir an einen Bedienten kommen. *Gehn heraus.*

ZWEITE SZENE

Ein andres Zimmer

DAVID *und* JUST *sitzen an einem Tisch mit Büchern. Der* GRAF HODITZ *unter ihnen, dem* JUST *eine Tafel darhält.*

HODITZ: Na, das ist gut – hast du ihn heraus gebracht. Weil $x + y$ gleich $a + b$ – na, ich seh schon, ich seh schon. Der Erfinder dieses Lehrsatzes hat tausend Ochsen geopfert, das wollte zu den damaligen Zeiten viel sagen; sieh einmal mein Sohn, wenn du so fortfährst, laß ich dir – da! damit du doch auch eine Freude dran hast. *Zieht eine goldene Uhr heraus die er ihm gibt.* Und du, Junker David, wie ist's dir gelungen, du sitzt ja da mit so zerstörtem Haar als ob du eine Mauer einzurennen hättest. *Nimmt ihm die Tafel aus der Hand.*

DAVID *angsthaft*: Gnädigster Vater – es ist – ich habe – es ist – wieder ausgeloschen, ich dachte weil Just es schon gemacht hatte –

HODITZ *droht ihm die Tafel an den Kopf zu werfen*: Einfältiger Hund! Weil Just – weil Just – wirst du denn immer Justen in die Hosen kriechen. Ich will dir tausend Ochsen geben, aber nichts als Ochsenschwänze auf dein dickes Fell – geh *(stößt ihn)*, geh in den Wald, Bauerbube, und hack Holz, ein Holzhacker hat dich gemacht, stumpfe Seele!

DAVID: Gnädigster Vater, ich kann's nicht begreifen, ich kann's unmöglich begreifen das. Ich will ja gern was anders lernen, das einem nicht den Kopf so zerbricht.

HODITZ: Was weißt du denn, was kannst du denn, Schandfleck meiner Familie! sage mir, sage mir, wenn es nur etwas ist, wenn es nur soviel ist, daß eine Mücke drauf stehen kann. Aber nichts, gar nichts! Ich will dich ja nicht zwingen, Mensch! wohin geht deine vorzügliche Neigung, ich will ja nicht hart oder grausam gegen dich sein, aber was muß doch aus dir werden, oder der Teufel muß mich und dich holen.
DAVID *wird bleich und bleibt starr sitzen.*
JUST *zieht seines Vaters Hand mit Ungestüm an die Lippen.*
HODITZ: Rede Höllenhund! sitz mir nicht so hölzern da, rede, ich bitte dich –
JUST: Gnädigster Vater! Er wird sich ja auch bessern.
BEDIENTER *kommt*: Gnädiger Herr, die Fremden sind ganz ungeduldig, sie wollen wieder wegreiten.
HODITZ *zu David*: Das ist dein Glück. *Schlägt in die Hände.* Kann ein Vater mehr tun als ich an euch tue? Alles, alles was euch die Sinnen ergötzen, was euch die Studien angenehm machen kann, ich raffiniere Tag und Nacht, ich werde zum Narren darüber – Komm Just! laß ihn allein, er soll sich in acht Tagen nicht unterstehen mir unter die Augen zu kommen, oder ich laß ihn auf Jahr und Tag in ein Loch stecken, wo ihn nicht Sonn noch Mond bescheint. *Gehn ab.*
DAVID *steht auf und geht herum*: Holzhacker – ja, Holzhacker! warum sollt ich auch meinem jüngern Bruder länger im Wege bleiben, der mich in allen Stücken übertrifft – Meine Risse nehm ich mit mir. *Holt einige Rollen Papier unter dem Bett heraus, die er aufwickelt.* Er sagt ich soll ihm sagen wozu ich Neigung hätte, und doch hat er seinen Fluch darauf gelegt, wenn einer von uns Soldat würde. Nun ja, so ist es ja ganz recht, wenn ich – Aber Brighella – ach Brighella! Brighella! wenn du mich nicht liebst, was ladest du auf dich.
Johann kommt.
JOHANN: So allein, junger Herr? gehn Sie denn nicht mit herüber an den Festivitäten Anteil zu nehmen.
DAVID: Was für Festivitäten?
JOHANN: Die den fremden Herren zu Ehren angestellt werden, dem Graf Martens und dem fremden Baron. Auf den Mittag

wird im großen Brunnensaal gegessen, die Sängerinnen und die Sirenen sind alle bestellt, auf den Abend ist ein groß Konzert angesagt, Brighella singt mit dem jungen Widal, der gestern aus Italien zurückgekommen ist.

DAVID: Den mein Vater hat reisen lassen?

JOHANN: O Sie sollten ihn nun hören, und mit ihr – Hören Sie, unter uns aber, ich glaube es gibt ein Paar.

DAVID *sieht ihn lange stillschweigend an*: Ein Paar? woher glaubst du das?

JOHANN: Weil sie – ich habe sie gestern wohl gehört, als sie mit einander Probe sangen. Ich glaube immer, Junker, wenn zwei Leute zusammensingen, es ist als ob sie sonst was mit einander täten. Wenn sich die Stimmen so mit einander vereinigen, daß die Seele des einen an des andern seine anstößt, daß dich die Kränkt! und ihre Blicke und Mienen denn, wie das alles so zusammenfällt und sie den Othem zu verlieren scheinen und so in einander hinein sterben und dann wieder plötzlich so freudig aus einander fliegen, damit sie mit desto größerer Macht wieder zusammen können – ich wollte meine Frau eben so gern mit einem andern im Bett sehen, als sie mit ihm singen lassen. Nein, meiner Six! die Brighella wollt ich schon nicht mehr heuraten und wenn sie in Gold bis über den Ohren säße.

DAVID: Johann, wolltest du mir einen Gefallen tun.

JOHANN: Nun?

DAVID: Es wird doch sehr voll sein im Konzertsaal heut – – Höre Johann, mein Vater hat mir verboten ihm unter die Augen zu kommen – Wenn du mir könntest – ich möchte Brighella und den Widal gern zusammen singen hören – wenn du mir könntest deine Livrei anzuziehen geben.

JOHANN: Ich will wohl, gnädiger Herr, aber Sie müssen sich wohl in Acht nehmen, daß der alte Herr Sie nicht ins Gesicht zu sehen kriegt. Was hat er denn, warum ist er böse auf Sie?

DAVID: Ich will dir's schon ein andermal sagen. Fürchte nur nichts, ich weiß wohl wo ich mich hinstelle, da an der Tür, du weißt wohl gegen über dem Orchester, etwas linker Hand, wo es hinaus in den Garten geht, dort steht immer eine Menge

Menschen und der Kronleuchter wird heut ganz gewiß nicht angesteckt.

JOHANN: Auf Ihre Gefahr denn, ich will mich derweile in Ihr Bett legen, daß niemand mich zu sehen kriegt. Ich habe sonderdem die letzte Nacht nicht geschlafen, Ihr Herr Bruder hat mich bis morgens um fünf Uhr Schildwacht stehen lassen, weil er wieder heimlich ausgeritten war nach seiner löblichen Gewohnheit.

DAVID: Weißt du nicht wohin.

JOHANN: Ja das rate der Henker, mir wird er so was nicht anvertrauen. Aber wenn ihm einer bei unserm alten Herrn einen Streich spielen könnte, so wär ich es. Warum ist denn der alte Herr böse auf Sie, sagen Sie mir's doch.

DAVID: Komm, laß uns in unsern kleinen Garten gehn, als ob ich zur Motion etwas graben wollte, vielleicht kann ich da durch den Zaun etwas vom Najadenfest zu sehen kriegen.

DRITTE SZENE

Schlafzimmer des alten Hoditz

Eine lange Reihe sauber zugedeckter Betten, auf denen seine Sängerinnen und Schauspielerinnen sitzen, ihre Rollen in den Händen habend. Sie sind alle weiß gekleidet, mit roten Schleifen. HODITZ *tritt herein mit* GRAF MARTENS *und* BARON LÖWENSTEIN.

HODITZ: Ich führe euch nun in mein Serraglio, meine Herren, aber eins müßt ihr mir versprechen. Ihr könnt machen mit meinen Mädchens was ihr wollt, ihr könnt euch alle möglichen Freiheiten mit ihnen nehmen, ihr könnt mir zu Gefallen Unzucht mit ihnen treiben – nur unter vier Schritten dürft ihr ihnen nicht zu nahe kommen. *Die Mädchens stehen alle auf, als die Fremden hereintreten, und lachen.* Nun nun! bleibt nur sitzen, tut nicht so gar freundlich, die Herren verlangen eure Höflichkeit nicht. *Löwenstein geht näher immer grüßend, wobei sich eine nach der andern verneigt.* Nu nu! die Komplimenten sind euch geschenkt. *Löwenstein geht immer näher, Hoditz wird immer unruhiger.* Der fremde Herr will euch nur auf die Probe setzen, bleibt sitzen, sage ich euch. *Sie setzen sich alle. Graf Mar-*

tens kommt näher, einige stehen wieder auf. Zum Teufel! bleibt sitzen auf euren Hintern, wer hat euch geheißen aufstehen. *Sie setzen sich wieder.* Es ist ein alter lieber Bekannter von mir, er wird's euch nicht übel nehmen. *Kehrt sich um zu Graf Martens und Baron Löwenstein, sich zwischen ihnen und den Mädchens stellend.* Was sagen denn die Zeitungen von unserm wackern König von Preußen. Wird er nicht bald ein Ende machen mit unserm Schlesien?

GRAF MARTENS *immer von der Seite avancierend*: Nach den letzten Nachrichten steht das Hauptquartier der Kaiserlichen –

BARON LÖWENSTEIN *von der anderen Seite gleichfalls avancierend*: Ich habe von der preußischen Armee einen Brief von einem guten Freunde erhalten, daß der König diesen Feldzug mit der Belagerung von Torgau –

HODITZ *indem er bald einem bald dem andern zuhört, rückt immer der andere weiter vor, so daß er selbst gezwungen ist, immer mehr zurückzuweichen, endlich bricht er kurz ab, beide an der Hand fassend*: Meine Herren, mit eurer Erlaubnis, ich habe nur meinen Mädchern hier was – *Geht geschwind vorwärts und redt heimlich zu seinen Bäuerinnen. Martens und Löwenstein folgen ihm unvermerkt.*

HODITZ *etwas leise zu einer Sängerin*: Ihr singt heut die Hymne: ›Trage Hoditz' Namen Unter die Gestirne Adlerschwingigter Gesang!‹ und dann könnt ihr gegen das Ende auch die Namen Martens und Löwenstein hineinbringen, merkt euch, Martens und Löwenstein – aber macht ja, daß es nicht so herauskömmt als ob ich es euch befohlen hätte, sonst setzt es –

MARTENS: O ich bitte sehr sich keine Mühe unserthalben zu machen.

HODITZ *kehrt sich plötzlich um*: O meine Herren! *Mit beiden Händen sie zurückhaltend.* Ein bißchen weiter, ein bißchen weiter, bitte ich – Ich habe nur befohlen, daß man Ihren Bedienten zu essen geben sollte, und weil da mehrere fremde Herren sind, die meine Götterfeste mit ansehen wollen, so sagte ich, daß man Ihre Leute distingwieren sollte. Wollen wir jetzt weiter gehen?

HENRIETTE VON WALDECK
[ODER]
DIE LAUBE

[ERSTE BEARBEITUNG]

PERSONEN

Baron von Waldeck
Henriette, seine Tochter
Herr von Gangolf, ein Verwandter und Constantins Freund
Antoinette, seine Gemahlin, Henriettens Cousine
Constantin, ein verarmter Vetter von Waldeck
Philipp, sein Bedienter

Der Schauplatz auf dem Rittersitz des Baron Waldeck:
eine Laube im Garten

ERSTE SZENE

WALDECK, *seine* TOCHTER, GANGOLF, ANTOINETTE.

WALDECK: Meine Tochter, ich muß dir eine angenehme Nachricht sagen, und es ist mir lieb, daß Gangolf und seine Frau dabei sind. Ich denke du bist wohl recht vergnügt auf ihrer Hochzeit gewesen? Du kannst dich ja noch nicht erholen.

HENRIETTE: Ja gnädigster Vater, ich habe getanzt, als ob es das letzte mal wäre. Aber warum hatten Sie auch so wenig Frauenzimmer und ließen mich die Honneurs vom Hause machen?

WALDECK: Ich wußte wohl, daß dir damit ein Gefallen geschah. Du hast ja von Jugend auf keine größere Narrheit gehabt als das Tanzen.

HENRIETTE: Seit einiger Zeit nicht mehr so, gnädiger Vater. Wenn die Jahre der Vernunft kommen, ändert sich das.

GANGOLF *ihr ins Ohr zischend*: Seit Vetter Constantin zur Armee abgegangen ist.

HENRIETTE *wird rot und schlägt ihm mit einer Maienrute, die sie in der Hand hat, auf die Finger.*

WALDECK: Nun Kinder, es ist mir lieb, daß ihr zusammen seid. Ich habe Henriette etwas anzutragen, und in eurer Gegenwart. Kind, es ist Zeit, daß wir auch mit dir auf etwas Solides denken, du bist das einzige Kleinod unserer Familie, ich habe mir deine Erziehung nicht umsonst so sauer werden lassen. Denn wie du da gehst und stehst, mußt du nicht denken, daß du mir keine Sorgen gemacht hast. *Umarmt sie.* Mein einziges Kind! – Weine nicht, ich will keine Erkenntlichkeit als dein Glück. Hat dir Gangolfs Abenteuer mit deiner Vettern keine Lust gemacht?

ANTOINETTE: Wenn Vetter Constantin nur wieder da wäre!

WALDECK: Nun wollen wir den nur aus dem Spiel lassen! Es ist einmal Zeit, daß unsere Familie sich an eine andere anschließt, die durch ihren Reichtum und Ansehen ein Dutzend von unsern Schöckern wieder in die Höhe wiegt, deren Ursprung kein Mensch weiß, oder die geschwind aufgeschossenen, die bürgerlichen Edelleute, die mit ihrem Gelde Geburt und Verdienst Trotz bieten, und von den Unruhen des letzten Krieges gevorteilt haben, sich durch Lieferungen, die den Staat arm machten, Reichtum und Adel zu erwerben, in der ihnen schuldigen Ehrerbietung erhält. Ich bereue nichts, was ich mir um dich kosten lassen, ich hätte ein Königreich für dich hergegeben *(Henriette zittert und lehnt sich auf Antoinetten)*, aber ich möchte nun auch die Früchte davon sehen. Kurz und gut, mein Kind, Rosenberg hat um dich angehalten; du kennst ihn, ich will dir keine Beschreibung deines Glückes machen, du mußt es fühlen.

HENRIETTE *sinkt auf die Bank.*

WALDECK: Entschließe dich! einer unserer reichsten und vernünftigsten Edelleute! – Geschwind, liebes Kind! da ist nichts bei zu bedenken, ich muß Ja oder Nein haben!

HENRIETTE: In dieser Laube, mein Vater –

WALDECK: Was willst du mit der Laube?

GANGOLF: Bester Onkel, sie ist noch zu sehr bestürzt – wenn Sie ihr Zeit ließen!

WALDECK: Ich weiß nicht was in einem Antrag von der Art Bestürzendes liegen kann? Du weißt ich liebe dich mehr als mich selber; ich weiß wohl, daß eine jugendliche Leidenschaft dir einmal Zeitvertreib machte, und es freute mich, daß du das Zutrauen zu mir hattest, mir kein Hehl davon zu machen. Aber ich weiß auch, was man von alle den Narrheiten zu halten hat; man darf nicht immer tändeln, meine Tochter; man muß auch einmal ernsthaft werden. Deinem Vetter geht's wohl, er wird den Dienst immer besser studieren, er wird ein rechtschaffner Mann werden und seinem Vaterlande nutzen. Wenn er wieder kommt, er wird sich über dein Glück freuen.

HENRIETTE *ihm zu Füßen*: Ach mein Vater!

WALDECK *halb erzürnt*: Was ist das?

GANGOLF UND SEINE FRAU *gleichfalls knieend*: Gnädigster Onkel!

WALDECK: Was wollt ihr? was willst du?

HENRIETTE *öffnet sich die Brust*: Den Tod, mein Vater! – Sie haben mir das Leben gegeben, Sie haben mich seinen Wert kennen lehren. Nehmen Sie ihr Geschenk wieder – aber um

Ihrer Ruhe willen verderben Sie es nicht! Ich will mich nicht beklagen, ich habe lange genug gelebt, bin glücklich genug gewesen!

WALDECK: Hab ich's doch gleich gedacht, das verwünschte romantische Zeug wird dir den Kopf nehmen. Du, Henriette, du, das Muster aller deiner Gespielinnen, aller Fräuleins in der ganzen Gegend, die mit ihren Romänchen blindlings in die Welt hinein taumelten, du die mir an Constantin so oft gerühmt hat, daß er so ganz und gar nichts von romantischen Grillen hielte, sondern so gesetzt, so standhaft über den Punkt dächte, als ich nur immer denken kann!

GANGOLF: Eben darum, gnädigster Onkel –

WALDECK: Was schwatzt ihr?

ANTOINETTE: Er wollte es so weit bringen, daß er auch in den Augen der Welt eine wünschenswürdige Partie für Henrietten würde.

WALDECK: Grillen!

GANGOLF: Er hat sich Freunde bei Hofe erworben, der König ist ihm besonders gut, und bei der Armee hat er auch viel Lob. Er hat verschiedene wichtige Posten verteidigt, er wäre vielleicht als General zurückgekommen –

WALDECK: Herzog Michel!

GANGOLF: Haben wir denn nicht die Briefe vom Herrn v. Rehfeld?

WALDECK: Daß er unter die Soldaten gegangen!

GANGOLF: Sie wissen die Ursache. Und wenn der König sie erfährt, wird er ihn bedauern, und aus Rührung über diese Begebenheit ihm eine Stelle geben, die alle seine und Ihre Wünsche befriedigt.

WALDECK: Er hat erfahren du habst meine Tochter geheuratet – Es ist ein *Qui pro quo* gewesen – desto besser – er ist also jetzt gefaßt, sie zu verlieren – laßt uns von der Gelegenheit Gebrauch machen, es geht in einem hin.

ANTOINETTE: Es ist nicht möglich. Sie können nicht so grausam sein!

WALDECK: Was begreift ihr, junge Leute. Eine Partie wie diese schlägt sich nur einmal aus, und hernach haben wir die be-

ständige Feindschaft unter zwei Häusern, deren Vereinigung –
GANGOLF: Wenn ich aber über mich nähme Kirchhayn selbst von diesem Gedanken abzubringen?
WALDECK: Herr Mediateur, Sie sind gar zu dienstfertig! – Kurz und gut, meine Tochter, nimm deine Vernunft zusammen, und sei was du immer warst, ein Muster eines gesetzten Frauenzimmers. Es hat dir noch nie gereut, wenn du mir gefolgt bist, und ich hoffe ich habe dich nicht umsonst so lieb gehabt. *Geht ab.*
HENRIETTE *fällt Antoinetten in die Arme*: In dieser Laube – wo wir so oft beide auf seinen Knien gesessen und er zu unsern kindischen Versprechungen für Freude geweint hat!
ANTOINETTE: Warum sagtest du ihm das nicht?
GANGOLF: Lassen Sie nur Constantin kommen, es wird sich vielleicht alles noch geben. Nach seinem letzten Briefe an meine Frau kann er nicht lange mehr wegbleiben; ich will derweile hinaufgehn und an unserm Alten stimmen. *Ab.*
HENRIETTE: Du schriebst ihm, daß ich verheuratet wäre?
ANTOINETTE: Und an Gangolfen dazu, seinen besten Freund. Wie das den armen Menschen quälen muß!
HENRIETTE: Er sei unter die Hessen gegangen –
ANTOINETTE: Um nach Amerika zu ziehen, schrieb Rehfeld. Vermutlich kommt er her, dir noch einmal Adieu zu sagen. Wenn das unsern Alten nicht erweicht, so erweicht ihn nichts.
HENRIETTE: Ich vergehe.
ANTOINETTE: Laß uns ein wenig durch die kleine Hintertür ins Feld hinausgehn. Vielleicht sehn wir ihn gar kommen.
HENRIETTE: Antoinette, ich wünschte meine Augen wären auf immer geschlossen. Was für ein Anblick mir die Uniform sein wird! Er dachte auf rosengebahnten Wegen der Ehre und des Glücks zu mir zu kehren; jetzt muß er von mir in Tod und Verderben! – *Gehn langsam ab.*

ZWEITE SZENE
Vor der Laube.

CONSTANTIN *in Uniform.* PHILIPP.

CONSTANTIN *stutzt und faßt Philipp an der Hand*: Halt noch ein wenig! – O alle die Erinnerungen! *Den Kopf in die Hand auf Philipp hinsinkend.*

PHILIPP: Ich hab es wohl gesagt, daß Sie's nicht aushalten würden. Lassen Sie uns noch erst zum gnädigen Herrn hinaufgehn und hören, wie alle die Umstände zusammenhängen.

CONSTANTIN: Das die Niederlage aller meiner Hoffnungen, der Mittelpunkt aller meiner Aussichten! dies – die sanfte Herberge aller meiner Glückseligkeit! *In heftiger konvulsivischer Bewegung.* Ob es mich töten wird? – Henriette – Gangolf – ehemals geliebte Namen – allein geliebte Namen!

PHILIPP: Es ist auch alles so traurig hier herum! Ich glaube der Gärtner läßt alles wieder verwildern, seitdem Fräulein Henriette von hier weggezogen ist. Er weiß wohl, daß der alte Herr selten aus dem Zimmer kommt.

CONSTANTIN: Hier war sie mein – *(geht näher)* hier hielt ich sie – hier fiel die letzte Träne, als ich wegging, zu ihren Füßen! Er begleitete mich und an seinem Busen fand mein gedrängtes schluchsendes Herz Luft.

PHILIPP *weint*: Gnädiger Herr, lassen Sie uns nicht mehr an so traurige Sachen denken!

CONSTANTIN: Ich will ihnen nachreisen, ihnen zuschreien, in ihren verbotenen Entzückungen seine Haare mit bebenden Händen fassen! ach oder soll ich ihrer schonen – noch schonen? – es ist zu grausam! Diese Marter ist so groß, daß sie mir selber nur wie ein Traum vorkommt.

PHILIPP: Ich möchte Sie gern trösten, gnädiger Herr wie wär's, wenn wir heraufgingen?

CONSTANTIN: Kann ich die Leute sehen, ohne von ihrem Anblick zu sterben? Den Alten, der mit der Barbarei des kühlsten Tyrannen mir alle Schätze der Liebe aufschließt, meinen armen Jugendsamen mit der süßen Hoffnung nährt, diese Hoffnung mit mir groß und reif werden läßt, und nun plötzlich – nun da ich ihr am nächsten bin – mich von der höchsten Höhe der schmeichelhaftesten Erwartung, auf die er mich langsam hinaufführte, ohne Rückkehr hinunterstürzt in bodenlosen Abgrund! Und die Nichte, die es ansehen konnte, daß ein Mensch, der sich meinen Freund nannte, weil er mir auf keine empfindlichere Art beizukommen wußte, mit der Beute meiner zwanzigjährigen Bemühungen davon geht! Ich will hier bleiben *(wirft sich hin)*, um nimmer wieder aufzustehn. Ich will hier verwesen!

PHILIPP: Was soll ich anfangen? Kommen Sie doch wenigstens in die Laube!

CONSTANTIN: Ha! wie mich's angenehm überfallen würde, wenn ich die verlaßnen grünen Wände wieder sähe! – Geh, geh! tu nicht dergleichen, als ob ich gewesen wäre, vergiß es, daß du einen Herrn gehabt hast! Ich will hier verwesen! keine menschliche Macht kriegt mich mehr von dieser Laube weg!

ANTOINETTE *kommt allein*: Wie, Constantin hier? und in dieser Kleidung? Ei willkommen, lieber Vetter! – wie? Sie stehen nicht auf? Hab ich keinen besseren Empfang verdient? Nun so rühren Sie sich doch! was führt sie hierher? Soll ich gehen und den Onkel herführen? *Constantin antwortet ihr kein Wort.* Sie sprechen nicht? Was haben wir Ihnen denn zu Leide getan? nun sein Sie doch artig, und lassen mit sich reden wenigstens! Es ist ja so lang, daß wir Sie nicht gesehen haben. Hier ist freilich unter der Zeit vieles vorgefallen, vieles verändert. – Ihre Blicke, scheint es, wollen mich töten? – Bester Vetter, wie haben wir Sie bedauert! Stehen Sie doch auf, und kommen in die Laube mit mir, ich kann Ihnen manches erzählen. O wie oft hat Henriette hier gesessen und geweint, eh sie in die verhaßte Verbindung willigte. *Constantin richtet sich auf, sieht sie beweglich an und fällt wieder hin.* Henriette liebt Sie noch, Vetter; sie hat Sie bis zum letzten Augenblick geliebt –

Constantin wendet sich weg mit dem Gesicht gegen die Laube. Baron Waldeck kommt allein.

ANTOINETTE: Ha, gnädiger Onkel, es ist gut, daß Sie kommen;

sehn Sie da, Constantin ist angekommen, aber in einem traurigen Zustande; es ist kein Wort aus ihm zu bringen.

BARON WALDECK: Sieh da, Vetter – *(faßt ihn an)* seit wie lange hier? seit wann in Kriegsdiensten? was ist Euch? seht uns doch ins Gesicht! was habt Ihr? He, Philipp! was ist Eurem Herrn?

PHILIPP: Gnädiger Herr, ich weiß es nicht, aber er sagt, es soll ihn kein Mensch von der Laube wegbringen, und er will auch mit keinem Menschen reden.

BARON WALDECK: Vetter Constantin, habt Ihr Euch Romane in Kopf gesetzt? Vetter Constantin, ist Eure Vernunft denn zum Teufel gegangen? – Vetter! Vetter! ich verdiene doch eine Antwort, denk ich. Was gibt's? was macht Ihr hier? was wollt Ihr hier? Meine Tochter wiederhaben? Sie ist nun fort. Ihr seid ein gesetzter kräftiger Mensch, Ihr werdet Euch zu beruhigen wissen. Ihr habt viel zu viel Freundschaft für sie, als daß Euch ihr Glück nicht freuen sollte. Denkt, das waren Jugendträumereien, von denen die Erinnerung immer das angenehmste ist. Wagt Euch jetzt in die Welt, versucht Euer Glück! Ihr könnt nicht wissen, wo Ihr auch noch einmal eine ansehnliche Partie trefft. – Was beißt Ihr denn ins Gras wie Nebukadnezar? Frisch uns angesehn, den Kopf in die Höhe wie es einem vernünftigen Menschen und meinem Vetter ziemt! – Eure Vetterin wird eine große Freude haben Euch wieder zu sehen.

ANTOINETTE: Es ist umsonst, Onkel; er ist wie verzaubert, wir werden ihn nicht wegbekommen.

BARON WALDECK: O ich werde schon Mittel zu finden wissen! Vetter Constantin, da bleiben könnt Ihr nicht; steht auf und kommt mit mir ins Haus! es wird ja schon Abend und der Tau fängt an zu fallen. Ihr werdet doch nicht die Nacht hier campieren wollen? ich glaube wir werden Regen haben. – Vetter auf! oder ich werde nach Bedienten schicken, die Euch zu Bett bringen sollen. – He Heydenreich! Manstein! faßt an! Philipp hilf ihnen! *Constantin richtet sich auf, da sie kommen, und zieht eine Terzerole aus der Tasche, mit der er dem ersten, der ihm nachkommt, droht.*

BARON WALDECK: Ich will einmal sehn ob er auf mich schießen wird!

CONSTANTIN: Läßt man doch wilde Tiere in Ruh, die ihre Jungen verloren haben und sich vor die Höhle legen!

BARON WALDECK: Lieber Vetter, du mußt dich zufrieden geben. Es ist einmal nicht zu ändern. Deine Hoffnungen waren zu schimärisch, Henriette konnte darauf nicht warten. Sie hat wahre Freundschaft und Hochachtung für dich, des kannst du versichert sein. Gangolf war eher im Stande ihr Glück zu machen. –
Gangolf kommt, Henriette an der Hand führend.

GANGOLF *zu Henrietten, die fast ohnmächtig ist*: Herz gefaßt, Henriette! Dieser Augenblick muß über Ihr ganzes künftiges Schicksal entscheiden. – Sie sehen, ich setze mich seiner ganzen Wut aus. Die Würfel liegen auf dem Tisch – entweder wird Ihr Vater gerührt, oder Constantin lernt Ihren Verlust ertragen; uns es gibt doch keinen andern Ausweg! *Als sie näher kommen, ruft Gangolf Constantin zu*: Constantin!

CONSTANTIN *sieht auf, fährt wie ein Unsinniger empor, reißt Henrietten aus seinen Armen und eilt mit ihr in die Laube*: O, mein verlornes Glück! *Stellt sich mit bloßem Degen vor den Eingang.* Verräter!

GANGOLF: Halt inne! Man straft keinen Verbrecher, ohne daß man ihm erlaube seine Verteidigung vorzutragen. Willst du mich nicht um meinetwillen hören, so höre mich wenigstens um des schönen Mitgenosses meiner Schuld. Zwei Herzen, die vom unerforschlichen Schicksal für einander aus ersehen sind, zu trennen, scheint mir das größeste aller Verbrechen; zwei Herzen, die von unsichtbaren Mächten einander bestimmt waren zu vereinigen, die schönste aller menschlichen Tugenden. Wo ist ein Mensch, der sich rühmen kann, tugendhaft gehandelt zu haben, oder vergnügt gestorben zu sein, als der, der überzeugt ist, daß er vollkommen glücklich machte?

CONSTANTIN: Ich kenne diese schönen Reden in deinem Munde lange, und weiß nun ihren ganzen Wert! – zur Sache!

GANGOLF: Du warst jung an Erfahrung, doch alt in deinen Entschlüssen. Du liebtest Henrietten unaussprechlich, aber du warst immer mehr geneigt, es ihr durch Taten zu beweisen, als durch Worte auszudrücken. Unser Onkel selber nährte deine Liebe durch Hoffnung, weil ihm eine solche reine heilige Leidenschaft Freude machte, da er seine Tochter liebte und alles was sie liebte wie er lieben mußte. Aber, du Armer, warst nicht im Stande ihre Glücksumstände aufzuwiegen, geschweige sie zu verbessern. Du schwiegst also solange, unaufgebläht durch alle Gunstbezeugungen ihres Vaters, bis du zu diesem Ziel deiner Wünsche gekommen sein würdest. Du gingst an den Hof, um dort Gelegenheit zu finden, das durch deine Talente zu erhalten, wozu andere niedrige Kunstgriffe brauchen. Mittlerweile findet sich ein Freier, jung, schön, reich, von so altem Hause als sie und du, – er steht am Ende vom Ziel, nach welchem du erst mühsam klimmtest, er liebt sie, er wählt sie, er hält um sie an. Der Vater, dem das Ansehen seines Hauses am Herzen liegt, der die Feindschaft befürchtet, die aus einer abschlägigen Antwort entstehen würde, kann sie ihm kaum verweigern. Sie, durch die Gründe ihres Vaters und ihren kindlichen Gehorsam zu Stillschweigen gebracht, kämpft mit ihrem Herzen, überwindt – mit Gefahr ihres Lebens, ist bereit sich und ihr Glück und ihre Ruhe, und mehr als das, ihre Redlichkeit selbst, die Munterkeit und all die Vorzüge ihres Geistes mit allen Talenten, die nur die Hoffnung eines Herzens, das ihr ähnlich war, anbauen half, aufzuopfern – aufzuopfern für ihren Vater, und in die Grube selbstgewählten und verhehlten Kummers freiwillig hinabzustürzen, und es keinen Menschen einmal auf ihrem Gesicht lesen zu lassen, daß der, der ihr das Leben gegeben, mehr als das zur Erkenntlichkeit dafür wiederforderte, und das für eingebildete äußere Vorteile, deren weder er noch sie bedürftig war.

CONSTANTIN: Zur Sache!

GANGOLF: Was war zu tun? diesem Freier zuvorzukommen, den glücklichen Augenblick, der noch da ist, über ihres Vaters Herz zu gewinnen, seine Liebe zu seiner Tochter, deren Glück nur du bist *(Henriette wirft sich bei diesen Worten ihrem Vater in die Arme)*, seine Hochachtung für dich, seine Rechtschaffenheit, seine Liebe für die Ruhe seines Alters mit seiner Vernunft und der Sorge für die Ausbreitung des Ansehens seiner Familie in Gleichgewicht zu setzen, biete ich ihr meine Hand und heurate sie, um dir dieses Kleinod aufzuheben und zu verhüten, daß es dir nicht von einem entrissen würde, der es dir nimmer wieder gegeben hätte.

BARON WALDECK: Ich merke Euren Kunstgriff, Gangolf – Ihr habt mich erweicht. Aber was will Henriette mit einem Menschen anfangen, der itzt nicht Fisch oder Fleisch ist?

GANGOLF: Sein Soldaten-Rock ist bald ausgezogen, gnädiger Onkel, und hier habe ich einen Brief in der Tasche, wo man mich versichert, daß das Patent schon ausgefertigt worden ist, wodurch er zum Obersten ernannt wird mit einer Besoldung von 2000 Gulden Einkünften, weil er sich bei einer gefährlichen Expedition mit so viel Ehren herausgezogen.

BARON WALDECK *nimmt den Brief.*

GANGOLF: Jetzt ist die Frage, ob du einwilligest, Constantin? Eine verheuratete Frau –

CONSTANTIN: Und du kannst sie mir abtreten?

GANGOLF: Wenn du mit einer Witwe zufrieden bist.

CONSTANTIN: Und hätte sie zwanzig Männer gehabt, und ich sollte sie aus den Händen des zwanzigsten zurückbringen, so soll sie dieser Brust willkommen sein. Diese Seele, die bei der ersten Erblickung in die Ihrige flog, kennt kein anderes Glück, keinen anderen Wunsch als sie, und wenn Vater und Ehemann sich mir widersetzten, wollt ich ihr Vater und Ehemann sein! gegen Himmel und Erde will ich sie verteidigen, und wer mehr als das Leben zu verlieren hat, soll sie mir nicht entreißen!

BARON WALDECK: So schenk ich sie dir als deine Braut, guter wackrer Junge! nicht als Gangolfs Frau. *Gangolf umarmt Antoinette.* Errätst du das Rätsel nun? Du hast nie einen würdigern Freund gehabt als diesen. Antoinette war es, mit der er sich verheuratet hatte, und er suchte durch diese falsche Nachricht nur dich hierher zu ziehen, damit deine Gegenwart verhindern sollte, daß ich meine Tochter nicht einem andern gäbe.

CONSTANTIN: O mein vollkommner Freund! *Ihn umarmend und zu Henrietten.* O Henriette! und auch Sie waren in dieser Zusammenverschwörung? *Sie umarmend.* Geliebte heilige Namen! freundliche Sterne, ihr habt mich nicht mißgeleitet! Ich wollte vor dieser Laube sterben; in meinem Leben hab ich kein angenehmeres Gefühl von entschlossener Verzweiflung gehabt als das. Jetzt laßt uns in die Laube gehn, damit ich dort für Entzücken sterben kann.

[ZWEITE BEARBEITUNG]

PERSONEN

Henriette von Waldeck
Constantin, ein verarmter Vetter von Waldeck
Philipp, sein Bedienter
Rothe (Gangolf), sein Freund
Antoinette, Henriettens Cousine

Der Schauplatz ist auf dem Rittersitz
des Barons Waldeck.

[ERSTER AKT]

[ERSTE SZENE]

Der Schauplatz stellt die Allee eines Gartens vor, über welche eine sanfte Dämmerung ausgebreitet ist

CONSTANTIN *tritt auf mit seinem Bedienten.*

PHILIPP: Sie sollten es nicht tun, gnädigster Herr! Nehmen Sie mir nicht übel, wozu dient das. Sie stoßen sich das Herz ab, und wofür? Kommen Sie, lassen Sie uns wieder ins Posthaus zurückkehren.

CONSTANTIN: Laß mich.

PHILIPP: Können Sie dadurch etwas gut machen, etwas verändern. Können Sie die Heurat der Fräulein ungeschehen machen. Ich weiß Sie halten es nicht aus, wenn Sie an die Laube kommen.

CONSTANTIN *kehrt sich um und faßt ihn an die Hand*: Meinst du, Philipp –

PHILIPP: Alle die alten glücklichen Ideen werden wieder aufwachen – und das bringt Sie um.

CONSTANTIN: Hier ich und sie – hier Rothe und sie – guter Philipp!

PHILIPP: Kommen Sie zurück.

CONSTANTIN: Komm weiter! was zauderst du, was zitterst du.

PHILIPP: Es tötet Sie – ich lasse Sie nicht. *Ihn immer haltend.*

CONSTANTIN: Tor! wie wenig weißt du was ich hier will. – Laß mich nur, Philipp! wenn du wüßtest wie ekelhaft dieser Zustand zwischen Leiden und Betäubung ist, wie peinvoll – Wie glücklich ich bin wenn ich die Stacheln des Schmerzens wieder fühle – Ach ich fürchte, ich habe zu lange gezaudert. Seine süße Gewalt hat sich erschöpft – er wird mir den Tod nicht geben.

PHILIPP *zitternd*: Den Tod?

CONSTANTIN: Erschröckt dich das – und siehst mich in diesem Kleide. Wünschtest du, daß mir'n eine feindliche Kugel gäbe, wenn ich von den Schmerzen der Wunde erst Stunden lang auf dem Boden herumgezappelt?

PHILIPP: Ach lieber Constantin! *Ihn immer haltend.*
CONSTANTIN: Was willst du?
PHILIPP: Weder eins noch das andere.
CONSTANTIN *reißt sich los von ihm*: Hier war's also – Ich erkenne sie wieder die Gegend. Wie alles dumpf und öde und traurig um mich her liegt. Als ob Henriette hier nie gegangen wäre – Nein alles war ein Traum.
PHILIPP: Es kommt mir auch alles verändert vor. Der Gärtner wird freilich jetzt tun was er will, da der alte Herr nicht aus dem Zimmer kommt und Fräulein Henriette ihm nicht mehr auf die Finger sieht.
CONSTANTIN *hält auf einmal das Schnupftuch vors Gesicht und weint lange*: O welche Erleichterung.
PHILIPP: Ich hab ihn doch im halben Jahr nicht weinen sehen.
CONSTANTIN *in der vorigen Stellung*: Sieh Philipp, wie wohl mir hier wird – Erinnere mich doch so an manche Geschichtchen, die ehmals in diesem Garten vorgingen, jetzt ist dir's erlaubt.
PHILIPP: Wie Sie eine Nacht nicht schlafen konnten und die Sonne hier aufgehen sahen –
CONSTANTIN: Und sie auf einmal im Fenster gewahr ward –
PHILIPP: Und ich einen Strauß binden mußte, den Sie ihr hinaufwarfen und der herunter in den Kot fiel, und wie Sie über meine Ärgernis alle beide lachten und Sie sagten, mein Strauß hätte nichts Bessers verdient, und selber einen machten. Und wie Sie einmal hier die Komödie zusammen spielten, als Ihre Cousinen hier waren, und ich den zweiten Liebhaber machen mußte und Sie sich halb tot über mich lachten, als ich beim Niederknien über den Haufen fiel –
CONSTANTIN: Komm weiter.
PHILIPP: Und wie Sie einmal zusammen in der Laube der Nachtigall zuhörten mit dem alten Herrn, es war eine ganz finstre warme schwüle Gewitternacht und ich war so angst vor dem beständigen Wetterleuchten und Sie wollten mir nicht glauben, daß ich donnern gehört hätte, und hernach auf einmal mußt ich nach dem Regenschirm gehen durch die Dunkelheit, daß mir's bang ward wie sechs und dreißigen.

CONSTANTIN *kehrt sich auf einmal um*: Ich halt's noch nicht aus, die Laube zu sehen. Alle die Erinnerungen, und jetzt – Hier hatt ich alles, und jetzt – nichts – *(heftig seinen Buben anfassend)* Philipp, nichts –

PHILIPP: Was?

CONSTANTIN: Nichts von allem – das ist tötend in der Seele. Laß uns sehen, ob ein Bedienter im Schloßhof ist. Ich möchte zum alten Herrn hinaufgehn. Daß du mir morgen früh nicht nach kommst. Ich möchte allein sein in der Laube, verstehst du – Wenn ich eine Stunde dort zugebracht habe, komme ich und rufe dich. Und dann reisen wir ohne Abschied mit Anbruch des Tages.

[ZWEITE SZENE]

[Der Schauplatz] Verwandelt sich in eine Laube von Akazia, durch deren Blätter der Mond hineinscheint.

HENRIETTE *weißgekleidet sitzt und scheint einem sanften Wasserfall in einiger Entfernung zuzuhorchen.*

[HENRIETTE *singt*:]

>So gaukelte denn mein kurzes Leben
>In immerwährenden Täuschungen hin,
>Und mir, die so genügsam bin,
>Kannst du, Natur, kein Glück mehr geben.
>Ein einzig Wünschchen tat ich dir,
>Mein einzig Wünschchen raubst du mir,
>Ein standhaft, ein dir ähnlich Herz.
>Keines auf Erden,
>Keines im Himmel!
>Nun ohne Hoffnung,
>Nun ohne Sehnsucht,
>Hiehin und dahin
>Gegen dem Schmerz
>Flieget mein Herz.

Ich muß auch ihn aufgeben. Die Probe war zu hart für ihn. Es gibt keine Männer mehr. Den einzigen, den ich einer solchen Probe wert hielt, dem ich alles aufopferte – ihr Engel saht's! – für den ich alles tat, dem ich Tag und Nacht all meine Sorgen, all meine Anschläge, meine Geschäfte, meine Wünsche, meine Freuden, meine Tränen – *Steht auf.* Für wen suchte ich alles, was die Männer hochschätzen, mir eigen zu machen? für wen diese Seele, diesen Körper mit allem auszuschmücken was Männer bezaubern kann? für wen lernte ich Sprachen und Zeichnen und Klavier und Malen und Tanzen und alles – *Wirft sich wieder hin.*

> Ach ihr Wünsche junger Jahre
> Seid zu gut für diese Welt.
> Unsre schönste Blüte fällt,
> Unser bester Teil gesellt
> Lange vor uns sich zur Bahre.
> Ach ihr Wünsche junger Jahre
> Seid zu gut für diese Welt.
>
> Als mich die Menschen noch nicht kannten,
> Die Engel nur mich handeln sahn,
> Und wenn ich's ihnen recht getan,
> Mich zärtlich ihre Schwester nannten!
> Ach ihr Wünsche junger Jahre
> Seid zu gut für diese Welt.
> Unsre schönste Blüte fällt,
> Unser bester Teil gesellt
> Lange vor uns sich zur Bahre.

In einem Jahr nicht zu schreiben, nichts von sich hören zu lassen – Und muß von allen, die von Piacenza kommen, hören, daß er dort sich in tausend neue Bekanntschaften verstrickt hat. Er! er! – welch ein heftiger standhafter Freund er war. Rothe sagt, er hab ihn noch in keiner Probe seiner Freundschaft unbewährt gefunden – und welch ein leichtsinniger Liebhaber. Die Nachricht von meiner Verheuratung hat ihn so wenig gerührt als die Nachricht von der Verheuratung des großen Moguls. Wer weiß in welchen neuen Netzen er itzt schmachtet, und ich – ach, ich bin vergessen.

    Vergessen Constantin von dir!
    Ja ja, die Sonne schien heut hier,
    Ließ keine Spur zurücke.
    Ich dacht bei anderer Schmeichelein,
    Bei dir allein wird's Wahrheit sein,
    Und auch bei dir war's Tücke.
    Vergessen Constantin –

FRAU HÄNELN: Gnädiges Fräulein! wer ist da, ach Gott was werden Sie sagen.

ROTHE *kommt nach*: Stille nur – gehen Sie, Frau Häneln, lassen Sie mich's Fräulein Henrietten erzählen. – *Ihr ins Ohr*: Sie darf's heut nicht erfahren, daß Constantin hier ist. – Sie wissen noch nicht, was wir Ihrem Constantin nun seit sechs Monaten für schlimme Streiche gespielt haben, wie wir mit ihm umgegangen sind.

HENRIETTE: Wie kommt es Rothe, daß Sie mir so unvermutet von einer so verhaßten Materie anfangen. Sie wissen einmal für allemal, daß ich von Constantin nichts hören mag.

ROTHE: Sie tun ihm Unrecht Fräulein. Sie müssen nun von ihm hören. Auch verdient er Ihren Haß nicht. *Sie an der Hand fassend.*

HENRIETTE: Gehen Sie fort, er verdient ihn freilich nicht. Meine ganze Gleichgültigkeit.

ROTHE: Gleichgültigkeit – ein Mensch der sich Ihnen aufopfert – ich bitte Sie, hören Sie alles. Er ist unschuldig; wir, wir sind Ursache seines Stillschweigens. Wir haben seine Treue auf die Probe setzen wollen.

HENRIETTE: Sie hat aber nicht Stich gehalten. Lassen Sie mich. Wissen Sie daß Sie meiner spotten, wenn Sie so reden?

ROTHE: Henriette! glauben Sie, daß Constantin mein Freund ist?

HENRIETTE: Eben darum will ich von Ihnen nichts hören.

ROTHE: Ich schrieb ihm, ich sei der Glückliche, den Ihr Herz gewählt habe, und darum schwieg er.

HENRIETTE: Sie – So weit hätten Sie es doch nicht treiben sollen Rothe.

ROTHE: Ich trieb es aber so weit. Ich weiß, daß es ihm gut ist und Ihnen gut ist. Liebe löscht sich nicht aus, weder durch gute noch durch böse Nachrichten. Sie zweifelten, Sie mußten überzeugt werden.

HENRIETTE: Wenn er aber – ach Rothe, wo ist er jetzt –

ROTHE: Er ist – in guten Händen. Aber gewagt hab ich freilich, er war nah dabei einen Hauptstreich zu machen, der ihn vielleicht Ihnen – auf immer hätte entreißen können. Indessen beruhigen Sie sich, es ist soweit noch nicht gekommen.

HENRIETTE: Also

ROTHE: Ich darf nichts weiter sagen. Sein Sie ruhig, sein Leben ist außer Gefahr. Kommen Sie in die Stube Fräulein, es wird kühl, und Sie wissen der Medikus hat Ihnen gesagt, Sie sollten sich vor der Nachtluft in Acht nehmen.

HENRIETTE: Rothe ich werd eine unruhige Nacht haben. *Gehn ab.*

ZWEITER AKT

ERSTE SZENE

CONSTANTIN *bei anbrechendem Tage, da der Mond noch scheint, vor der Laube.*

Sieh, welch ein magischer Duft da herumschwebt! das ist sie, das ist sie, die sanfte Herberge aller meiner ehemaligen Glückseligkeit. Ist sie es noch? Mich deucht, sie zittert, die Erde, bewegt sich über mein Unrecht. Ha, nun, nun darf ich klagen, hier in dem großen Hause der Natur darf ich mit sterbender Stimme jene Wälder, jene Felsen zum Mitleiden – zur Rache auffordern. Er – sie – er sie mir entrissen – *Geht in die Laube.* Hier saßen wir – Wer hätte das denken sollen. *Setzt sich.* Rothe – Henriette – geliebte Namen – allein geliebte Namen – ihr mich ohne Grenzen elend – *Bleibt mit starr auf den Boden gehefteten Blicken sitzen.* Ob ich ihnen nachreise? sie sehe in allem Taumel ihrer Glückseligkeit – vor ihren Augen mir den Dolch ins Herz stoße – – Ich liebe sie zu sehr, um sie nicht mit meinem Schmerz zu schonen – es würde sie auf immer elend machen – und ich soll es allein sein!

HENRIETTE *[kommt]*: Mich dünkt die einsamen Lerchen erwachen, und hinter jenem Gebirge schimmert schon mattes Licht mir entgegen. Ach wie der erste Lichtstrahl ein verweintes Auge letzt – Constantin, wenn du mich itzt sähst – wenn du mich noch liebtest – und doch kann ich Rothen nicht tadeln, daß er auch diese Probe mit ihm einging. Desto sicherer wäre mir sein Herz gewesen, das einzige Gut, nach dem ich strebe. *Sinkt am Eingange der Laube nieder.* O Gott! wen sehe ich.

CONSTANTIN *sieht auf*: Ein Traum – eine Erscheinung – o willkommen was du auch seist! *Springt auf und richtet sie auf, indem er sie in die Arme nimmt und ihr ins Gesicht sieht.* Henriette –

HENRIETTE *die sich langsam erholt*: Wo kommen Sie her?

CONSTANTIN: O in dieser tötenden Umarmung wie viel Glück noch für mich. Wie viel unerwartetes Glück. Könnte ich itzt sterben.

HENRIETTE: Lassen Sie mich.

CONSTANTIN: Ich Sie lassen? aus diesen erstarrenden Armen lassen, die nun bald der Tod kalt machen wird. Nein Henriette! diesen Augenblick schenkt mir der Himmel, der mir den Hintritt sanfter machen will. Ich darf ihn nicht fahren lassen.

HENRIETTE: Ich bin – verheuratet.

CONSTANTIN: Sie sind in diesen Armen unbefleckter unschuldiger und heiliger als in den Armen ihres Ehemannes. Selbst an dieser Brust, an die ich Sie drücke, an diesem Munde, der Ihnen das letzte Lebewohl vorstammelt, den letzten Abschiedskuß.

HENRIETTE *stößt ihn von sich*: Constantin.

CONSTANTIN: Ha, ich erkenne Sie. Ich habe mich vergangen. Hab ich mich? Er soll gestraft werden, Henriette, der unsinnige Verbrecher, der das wieder nehmen will, was ihm gehört. Doch nein, ich komme nicht Ihnen Vorwürfe zu machen, Ihnen eine einzige Handlung ihres Lebens reu zu machen.

Ich komme nicht, dir vorzuklagen,
Ich bin zu glücklich durch dein Wohl
Als daß dir's Seufzer kosten soll;
Ich komme, dir Valet zu sagen.
Ein fremder Himmel wartet mein
Und du wirst immer glücklich sein.

Ich komme, vor dir hinzuknien,
Zu meiner neuen Lebensbahn
Von dir den Segen zu empfahn,
Dann sanft dich gegen mich zu ziehen,
Zu träumen einen Augenblick,
Als wärst du noch mein ganzes Glück –

Und dann zu fliehen und zu fliehen,
Wohin mein Fuß mich tragen wird,
Wohin kein Menschenfuß geirrt,
Bis Gott mir diese Schuld verziehen,
Daß ich noch einmal dich geküßt,
Die eines andern Ehweib bist.

HENRIETTE: Lassen Sie mich – Sehn Sie ein Sonnenstrahl zittert herein. Man wird uns sehen.

CONSTANTIN: Es ist wahr, ich muß das Sonnenlicht scheuen, es ist nur für die Glücklichen, die seinen Anbruch segnen können. Ich will Ihnen nicht länger beschwerlich fallen.

HENRIETTE *hält ihn*: Wo wollen Sie hin – kommen Sie zu meinem Vater.

CONSTANTIN: Ich habe Ihren Vater schon gesprochen. Er hat mir nicht gesagt, daß Sie hier wären. Vermutlich fürchtete er von mir – o Henriette, wie ist das? diese Verstimmung! Wofür haltet Ihr mich. Könnt Ihr so tief –

Schema der Szene
zwischen Constantin und Henriette

Mit ihr –

Vorwurf sanfter wegen ihrer Untreue durch Erinnerung aller Glückseligkeit, die sie beide mit einander genossen haben würden.

Wie sie ganz erweicht wird und fast gestehen will, daß sie nicht verheuratet ist, kommt

Rothe –

Constantin läuft davon

Rothe hält ihn zurück

CATO

(1.) CATO *in seinem Zimmer auf dem Bett liegend im Plato lesend, fährt nach seinem Kopfkissen*: Bursche, hast du mir meinen Degen hier weggenommen?
Knecht antwortet nicht.
CATO *liest fort. Nach einer Weile*: Wo ist mein Degen geblieben. *Etwas gelassener.* Bringt ihn mir her.
Liest wieder eine lange Weile. Da sich niemand mit dem Degen sehn läßt, springt er auf, schreit. Markus, Demetrius, Tullus! meinen Degen – Buben! wo seid ihr. *Kommen alle.*
Wo ihr mir nicht augenblicklich meinen Degen wiederschafft, so seid ihr des Todes. Wo ist er? *Zu Tullus.* Hast du ihn weggenommen? Verdammter Hund, sieh mich nicht so fremd an. Mein Degen, ich sag es dir, mein Degen, mein Degen! warum sperrst du das Maul auf, Maulaffe? mein Degen, mein Degen! *Schlägt ihn ins Gesicht, daß er blutet. Sein Sohn und Freunde kommen, fallen ihm zu Füßen, umarmen seine Knie weinend; schlägt in die Hände.* Wollt ihr mich lebendig in Feinds Hände liefern. Ungeheuer! nicht meine Kinder. Du bist nicht aus meinen Lenden hervorgegangen, Bastard! Bind deinem alten Vater die Hände auf den Rücken, führ ihn zu Caesar, daß er ihm Fuß auf den Nacken setze. Meinst du, du bringst Cato von seinem Vorhaben ab, wenn du ihm ein spitz Eisen nimmst? Kann ich nicht Atem zurückhalten? einen Stoß mit dem Kopf an die Mauer, und Cato ist hin. Aber du willst, ich soll als ein Schurk sterben, unnatürlicher Bösewicht. *Gehn alle weinend heraus. Demetrius und Apollonides bleiben.*
Seid ihr auch von den Verschwornen? Was gafft ihr mich an.

Habt ihr nie einen alten Mann gesehn, der gern sterben wollte. Seht mein grau Haar an; könnt ihr mir gute Gründe anführen, ihr Philosophen, das vor Caesarn im Staube herumzuwälzen? Wenn ihr mich überführen könnt, daß ich so besser tu, will ich folgen. Könnt ihr's aber nicht, so gebt mir meinen Degen wieder, meinen Degen will ich haben, hier gilt's nicht räsonnieren und philosophieren, hier gilt's sterben oder frei sein, Cato oder Caesars Kettenhund! Geht gleich zu meinem Sohn, sagt ihm, er weiß was er seinem Vater schuldig ist, er soll gehorchen und mir meinen Degen wieder bringen, ich gebiet es ihm. Die Götter gebieten ihm's durch meinen Mund, beim allmächtigen Jupiter, beim Styx – – *Sie gehn heraus. Ein Knabe weiß gekleidet kommt herein, bringt ihm seinen Degen, er nimmt ihn und umarmt ihn.* So bin ich denn wieder mein. O du Erretter, o du Kettenzerbrecher! Gabe der Götter! letzte Freigebigkeit des feindseligen Schicksals, letzter Freund in der Not. *Legt ihn unter sein Kopfkissen.* Bis sie fort sind, bis sie in Sicherheit – *Nimmt ihn wieder hervor, befühlt die Schneide und die Spitze.* O wie hüpft mein Herz dir entgegen. Bald, bald, bald bist du frei. *Legt es an sein Herz.* So drückt man seinen zärtesten Freund an die Brust. *Will zustoßen, läßt ihn fallen.* Noch nicht. Sie sind noch nicht in Sicherheit. Ich kann noch vielleicht für sie was tun, sie können meiner noch nötig haben. So ist es! *Legt es wieder unters Kissen, sich aufs Bett und entschläft und schnarcht.*
Nach einer Weile erwacht er, ruft. Cleanthes! Butas!! Cleanthes!
Sie kommen: Was ist gnädiger Herr?
CATO: Butas, geh zum Hafen; es fängt schon an zu dämmern, sieh ob sie alle fort sind und bring mir Bescheid – und Ihr Cleanthes, verbindt mir die Hand –

CATO *(Monolog nach langem stummen tiefen öden Stillschweigen)*: O ich will der Welt mit meinem Tode gar nicht beschwerlich fallen: ich will ins Grab schlüpfen, niemand soll merken wie geschwind. *Ersticht sich.*

(2.) *Nach seinem Tode und Verbrennung steht* STATYLLIUS *den Fuß auf seine Urne gesetzt*:

Hier steh ich, setze meinen Fuß auf die Größe menschlicher Natur und jauchze, daß auch ich vergehen werde wie er. Kommt alle, die ihr noch ein Herz unter euren Rippen fühlt, kommt, betrachtet, schauet, schluchst und wünscht zu sterben. Ich wünsche zu sterben, denn Cato lebt nicht mehr; mit ihm ist Großmut, Freundschaft, Uneigennützigkeit, alle heilige Namen, Wert des Lebens von der Erde entwichen, sie verdient uns nicht länger. *Ersticht sich.*

(3,1) Seine Seele war heiter wie eine grüne Wiese von der Sonne bestrahlt, und seine Wünsche wie eine friedsame Herde weißer Lämmer, die darin weidet.
Er saß mit zusammengefalteten Flügeln wie ein Adler, der von seiner Warte nach der Sonne sieht. Plötzlich breitete er die Schwingen voneinander, der Sonne zuzufliegen – und die Welt lag im Schatten und trauerte.
Hast du den Schilf gesehen am Meersufer, wenn ein Sturm ihn bewegt? Alle die Halmen bücken sich tief auf eine Seite, als ob eine schwere Last sie zu Boden drückte, dann richten sie sich plötzlich alle empor, schütteln die bärtigten Häupter, dann bükken sie sich alle wieder mit immerwährendem klagenden Geräusch – also bewegte sich die Menge des versammleten Volks, als sie die Nachricht von Catos Tode hörten.
Er war wie ein Wandrer, der in einer dicht bewachsenen Allee reist, wenn mittags die Sonne senkrecht über ihr steht. Eben ist sie aus einer dunklen Wolke hervorgegangen, die den ganzen Himmel erfüllt und die ganze Erde mit kaltem und stürmischem Schatten bedeckt. Er aber geht seine bestrahlte Bahn, da rings um ihn her die ganze Natur trauert, mit fröhlichem Herzen und ungerunzelter Stirn, und singt oder pfeift ein muntres Lied, wie die Lerche dem Frühling entgegensingt – Also ist Cato, da rings um ihn her sein Vaterland trauert.
Er stand bei allen diesen furchtbaren Nachrichten so unbe-

weglich wie die Statue der Geduld in einem Garten, wo herbstliche Stürme sie umwehen.

Ich sah das Heer sich nahen; eh ich es sah, hört ich schon seine Stimme, die durchs entflüchtete, öde gelassene Land brüllte.

Er stand von soviel schlimmen Zeitungen betäubt und kraftlos, wie ein dürrer Baum am Abhang eines Felsens im herbstlichen Sturm steht und um die letzten Blätter zittert, die an seinen nackten Zweigen hangen.

Traurigkeit verändert alle Gegenstände um uns herum, wie der Winternebel aus einer prächtigen Stadt Ruinen, ja selbst aus der göttlichen, wärmenden, belebenden Sonne einen kalten Flecken macht.

Sie lächelt ihm umsonst – wie der zum andernmal grünbekleidete Acker im späten Herbst vergeblich dem rauhen Himmel entgegen lächelt.

Unerkanntes Verdienst. Cato im Unglück glich einem Berg in Nebeln eingewickelt. Wer des Landes nicht kundig, geht vorbei und sagt: Hier ist Ebne. Aber die wiederkehrende Sonne enthüllt ihm seinen Irrtum und läßt ihn vor Verwunderung atemlos dastehn.

(3,2) STATYLLIUS *sein Busenfreund und Halbschatten einmal zu ihm, nachdem er etwas Eklatantes getan:*
 Cato, die schönen Handlungen sind nicht allemal die besten. Mancher verletzt tausend andere Pflichten, um eine in die Augen fallende schöne Tat zu tun. Der Zusammenhang deiner Taten muß schön sein, wenn du in deine Handlungen einen Wert setzen willst.

(3,3) Allerlei Kopien von Cato, die ihn verfehlen, weil sie seine Außenseiten, nicht sein Innerstes nachahmen.
Cato überläßt sein Weib einem Freunde, weil er merkt, daß sie ihn heimlich liebe und Cato nur aus Hochachtung genommen. Seine Kopie imitiert's, weil er seines Weibes überdrüssig.

DIE ALTE JUNGFER

[ERSTER ENTWURF]

1.

Herr von Wiedeburg. Mamsell Morell (Jungfer König, Fräulein v. Effen).

H. v. Wiedeburg: Sagen Sie mir, Mademoisell! ich beschwöre Sie, wenn Sie von gutem Hause sind, wie Sie sich zu dieser Lebensart haben entschließen können?

M. Morell: Ist sie nicht die glücklichste, die ich wählen konnte? Was hatte die Welt sonst für mich? Sehen Sie mein Gesicht!

H. v. Wiedeburg *ihr die Hand drückend*: Soll ich aufrichtig mit Ihnen reden?

M. Morell: Ich weiß alles was Sie mir sagen wollen und zu meiner Aufrichtung sagen können. Die Herren bedenken aber nicht, daß Aufrichtung, Aufmunterung für unsern Stolz eine neue Kränkung ist. Ich weiß es nur zu gut, besser als man es mir benehmen kann, daß meine Gestalt Grausen einflößt. Der ganze Zweck meines Daseins ist durch ein Krankenlager verfehlt. Aber was tut's ihm? Dem Schicksal zum Trotz hab ich mir einen neuen Weg ausgesucht, glücklich zu sein, den es mir nicht verhauen kann.

H. v. Wiedeburg: Ach, eine Seele wie die Ihrige kann Narben und Feuermal zu Schönheiten machen! *Mit Nachdruck.* – Fräulein Henriette –

J. König *erschrocken*: Was für einen Namen nennen Sie?

Wiedeburg: Fräulein Henriette –

J. König: Ich bitte Sie, mein Herr – *Auf Knieen.* Ach, ich beschwöre Sie! lassen Sie meinen Namen ein Geheimnis bleiben! durch welches Wunder können Sie ihn erfahren haben?

WIEDEBURG *sie aufrichtend*: Ich weiß alles, liebenswürdiger Engel in dieser unanständigen Maske! Himmlische Seele, die um die Augen der Sterblichen nicht zu sehr zu blenden, ihnen unter einer grauenvollen Gestalt erscheinst!

J. KÖNIG: Schonen Sie meiner, mein Herr! Sagen Sie mir nur, von wem Sie mein Geheimnis können erfahren haben.

WIEDEBURG *sie nachdenklich ansehend*: Kennen Sie mich nicht mehr? – Ich bin der Sohn des alten Assessor Wiedeburg.

J. KÖNIG: Der Freund meines Adlers? – ich vergehe für Scham! Wie haben Sie mich ausfindig gemacht?

WIEDEBURG: Und noch mehr! ich habe Ihnen seine einzige Tochter [hergebracht] sie Ihrer Erziehung anzuvertrauen.

J. KÖNIG *wieder auf Knieen*: O mein Wohltäter, verraten Sie mich nicht!

WIEDEBURG: Sie können sicher dafür sein. Seit Ihrer Entweichung aus Ihrer Eltern Hause weiß niemand um Ihr Geheimnis als ich und der alte Bediente, der damit gestorben ist. Auf seinem Totenbette hat er mir's anvertraut. Es ist gut aufgehoben.

J. KÖNIG *ihm die Hand küssend*: Und Sie bringen mir seine Tochter? Wo ist sie? wo ist sie? Ist sie so liebenswürdig als er? – Bei aller seiner Falschheit war er liebenswürdig.

WIEDEBURG: Ziehen Sie sie groß, um ihn zu beschämen. Er hat nicht rühmlich an Ihnen gehandelt. Er betrog Ihr zu gutes Herz mit einer verstellten Leidenschaft. Und tat keinen Schritt, keinen einzigen rühmlichen Schritt, Sie zu entzaubern.

J. KÖNIG: Er hat nichts wider mich verbrochen. Ich, ich habe allein gefehlt, daß ich zu früh, zu geschwinde mir schmeichelte, ein Männerherz zu fesseln. Ich hätte nur in den Spiegel sehn, dies Feuermal scharf ansehn sollen, eh mich auch noch die Blattern und die lange Krankheit gezeichnet hatten.

WIEDEBURG: Mit dem Feuermal waren sie höchst liebenswürdig. Es milderte einigermaßen den Glanz Ihrer übrigen Schönheit, daß einem für die Eigenschaften Ihrer Seele Erwartung übrig blieb. Bei den vollendeten Gesichtern ist das der Fall nicht. Sie sind zu gefährliche Nebenbuhlerinnen der Schönheiten der Seele und verdunkeln sie.

J. König: Menschenliebige Schwärmerei! Wohl! Wohl! nun es bleibe Ihnen denn auch der Stolz, wenn Sie wollen, mich in meinem Unglück aufgerichtet zu haben. – Wo ist das Fräulein? Ihr Name?

Wiedeburg: Ihr Name ist Emilie. – Sie sollen sie meinem Sohn erziehen.

2.

Unterrichtsszene

Mslle Morell *und* Emilie *vor einer Landkarte.*

Emilie: Wo ist denn mein Vater jetzt, Mamsell?

Morell: Hier, sehen Sie diesen See? das heißt der Mittelländische See; sehen Sie dort weit herum die kleine Insel? die heißt Malta; da ist Ihr Vater.

Emilie: Das ist ja gar nicht weit.

Morell *seufzt*: Weit genug!

Emilie: So ein klein Seechen, was ist das? Sagen Sie mir wieviel Stunden sind bis zum Mittelländischen Meer?

Morell: Von hier werden's fünfhundert Stunden sein.

Emilie: Fünfhundert Stunden? *Fällt zusammen, das Gesicht auf ihre beiden Hände in ihrem Schoß.* Und ich gedachte wie wir hin spazieren wollten! *Halb weinend.* Und vom Mittelländischen See bis an Malta?

Morell *wischt sich die Augen*: Ich weiß es nicht. – Gott wird Ihren Vater erhalten.

Emilie: O Sie gute Mamsell, Sie weinen auch mit mir! *Springt ihr an den Hals und weint mit heller Stimme.* Bin ich nicht ein armes Kind?

Morell: Liebes Kind, trösten Sie sich –! Sie haben mich überrascht. Ich dachte an eine Freundin, die ich in Malta verloren habe.

EMILIE: In Malta? Sterben die Leute da auch?

MORELL: Nein, sie war krank hingereist. Es ist weiter keine Gefahr in Malta.

EMILIE: Aber die Jungfer Korina hat mir doch gesagt, daß soviel Seeräuber unterwegens wären. – Was sind das für Menschen die Seeräuber?

MORELL: Narr! es sind keine Menschen, es ist eine Art Fische, die nennt man Seeräuber, weil sie bei Nachts kommen und die Taue von den Ankern abfressen. Ein Anker ist ein großer eiserner Haken, womit man das Schiff fest im Sande macht, daß es nicht hin noch her kann.

EMILIE *lacht*: So? also kann man das Schiff festmachen im Sande? Nun das ist mir lieb; also dann kann es ja doch nicht untergehen.

MORELL: Im geringsten nicht.

EMILIE: Also wenn es Gefahr ist auf dem Meer oder Sturm ist, so darf man ja nur das Schiff fest im Sande machen.

MORELL: Ei freilich!

EMILIE: Und alsdann geschieht ihm nichts?

MORELL: Nicht im geringsten.

EMILIE *springt ihr wieder an den Hals*: O gute Mamsell!
Jene sucht ihre Tränen und ihr Schluchsen zu verbergen.

EMILIE: Sagen Sie mir noch mehr von Malta, o weisen Sie mir doch, wo es liegt! das kleine gelbe Fleckchen da? das ist ja so klein, da kann ja der Papa unmöglich Raum haben mit seinen vielen Equipagen, – die Bedienten alle! bedenken Sie Mamsell, und die Madame mit ihrer ganzen Haushaltung! – weisen Sie, weisen Sie doch! ist das auch das rechte? – *Ein Fremder kommt herein und bringt die Nachricht, das Schiff habe Schiffbruch gelitten.*

[ZWEI NOTIZEN ZUM STÜCK]

Sie hat eine Frauenzimmerschule, deren Hauptzweck *Veredeln*. Katastrophe: Sie flößt ihr einen gewissen Stolz und Verachtung gegen die Mannspersonen ein, daß sie alle ihre wahre und falsche Liebeserklärungen aushöhnt. Adler der dies erfährt und dem dies mißfällt, sucht die wahre Ursache davon auszuforschen. Kommt zu ihr – dringt so weit in sie, bis sie sich durch ein unvorsichtiges Wort verrät. Darin besteht das ganze Rührende des Stücks. Er nimmt sie als seine Freundin in sein Haus. Sie setzt aber die Mägdleinsschule fort.

König gibt ihren Eleven die Lehre:
Je freundlicher und zutätiger die Mannspersonen zu euch tun, desto mehr glaubt nur daß es ihnen um ihr Vergnügen, nicht um eure Zuneigung zu tun ist. Ihre Eitelkeit findet sich geschmeichelt, uns betrogen zu sehen. Einen solchen wählt zu eurem Freund, zu eurem artigen Gesellschafter, aber traut ihm nie in Ansehung (auf den Punkt) der Liebe. Findt ihr aber einen starrköpfigen schüchternen trocknen stummen, von dem glaubt am ersten, daß eure Reize Eindruck auf ihn gemacht haben können. Sobald es aber soweit kommt daß er euch die Deklaration macht, so glaubt nur gewiß daß der Barometer schon zu sinken anfängt.

[ZWEITER ENTWURF]

1.

WIEDEBURG *spazierengehend am Morgen im ersten Akt, schon als Clephgens Bräutigam.*

Gott, unter allen Glückseligkeiten, die ich mir ehemals zusammenträumte, bin ich endlich dahin gekommen, nur ein Mädchen in der Hand, das beim Eintritt in eine dunkle Allee schaudern, der aufgehenden Sonne mit einem frohen Schrei zusehen, und bei der untergehenden Sonne süß weinen kann! Alle andern Glückseligkeiten sind Traum – weniger – nicht so reizend beim Genuß – nicht so unschädlich beim Verschwinden. Und Clephgen, so sehr sie mich liebt – ach! sie sieht mich nicht mit dem Aug an, das alle diese Schönheiten der Natur auffassen und empfinden kann. Sie sieht in diesem stillen himmelvollen Wasser nicht die zurückspiegelnden Bäume mit den rubindurchscheinenden Gewölken, sie sieht nur ihr Bild, ihr eignes kleines eitles herrschsüchtiges Bild! – Mit eben der Empfindung liebt sie mich, nur weil sie mich für den fähigsten hält, ihre Schönheit ganz aufzufangen und zurückzuspiegeln. – O Clephgen, Clephgen! daß du die Natur mehr liebtest und mich weniger! daß du mich hassetest, und nicht bloß mir schön sein wolltest, vielleicht weil du in meine Schmeicheleien den meisten Wert setzt! Ich liebe dich darum, aber ich kann dich nicht verehren; ich kann dich nicht anbeten, ich kann nicht mein höchstes Glück drin setzen der Deinige zu sein. Und ich muß etwas haben, das ich anbeten kann, oder ich werd ein Bösewicht. Blut und Greuel sind nicht zu grausam für mich – –

[NOTIZ]

Wie sie, sobald sie etwas Kälte an mir bemerkt, alle, auch die niedrigsten Künste anwendet, mich zurückzuführen, Charaktere annimmt, über die sie sonst selbst mit mir spottete, um mich wenigstens durch das Mitleiden zu bewegen sie zu lieben!

Ich führte sie am Arm. Ihre Hand verlor sich unvermerkt bis tief auf meine linke Seite unter mein liebendes Herz. Wie flog es ihr entgegen!

2.

WIEDEBURG *allein.*

Ich muß sie verlassen – wär es auch nur weil ihr Umgang mein Herz kalt für Effen macht – Und ist das nicht genug, lieg ich nicht auf der untersten Stufe des Elends, schweigt der ganze himmlische Akkord hoher Gefühle nicht in meiner Seele, sobald ich kalt für Effen bin? – Und doch! – wie jedes vergnügte Lächeln von ihr heut mich strafte! Unschuldiges Mädchen, du weißt nicht welch ein Verhängnis über deinem Haupt schwebt! Und ich der Todesengel! – Was hat sie mir getan? War das ihr großes Verbrechen, daß sie mich liebte? daß sie mir Netze auslegte, in die ich gefallen bin? – Es ist unwürdig, unmoralisch – aber ist sie darum weniger unglücklich? – tausendmal mehr! wär ich der Verräter gewesen, hätt ich sie zu verführen gesucht und dann verlassen, o sie hätte mich als einen Bösewicht verabscheut – sie hätte meinen Verlust verschmerzt, leicht verschmerzt! – Aber nun! – so wenn ein Frauenzimmer aus ihrer Natur herausgeht und die ersten Schritte gegen einen Mann tut, und es gelingt ihr seine ganze Leidenschaft entzündt in vollen Flammen zu sehen, er schwört ihr ewige Treue, sie fühlt das ganze Glück des Geliebtsein wie man selber liebt – sie fühlt alle Freuden der nie zertrennlichen Vereinigung zum Voraus – sie lebt und stirbt in diesen schönen Täuschungen – *Fällt auf den Boden.* O Effen! ich sie verraten oder dich! kann ich wählen? – Aber kann ich grausam sein? Was wird sie anfangen? Womit wird sie ihre trostlose Phantasei beschäftigen? Wer wird ihr sein was ich war? sie die wegen ihrer Häßlichkeit die letzten Ansprüche auf die Welt aufgegeben hatte, und nun keine weiter hat als an mich! Und auch ich sie verlassen, ich, der ihr die ganze Welt war? – Und doch länger hinzugehen, ist und bleibt mir unmöglich. Unmöglich! Wie jeder Blick von ihr mich auf die Folter spannt, jedes verliebte matte freudenleere Lächeln! freudenleer, weil es nicht beantwortet wird. Meine starren verwilderten Augen sagen ihr nichts, wie oft auch die ihrigen sanft dabei anklopfen. Ich vergehe! ich kann das Schröckliche einer Verräterrolle nicht länger aushalten; mein Mund scheint mir eine offene Hölle, sobald ich ihr ein süßes Wort sagen will. Ich ihr süße Worte? ich der damit umgeht ihr das Herz aus dem Leibe zu reißen? Ich bin des Todes, wenn ich sie noch einmal sehe. Fort in eine andere Welt, wo mein Hauch die Luft um sie nicht mehr anstecken soll! Sie soll mich nicht lieben, sie soll mich hassen, verabscheuen! – sie kann nicht! Ich Elender kann ich nicht erhalten, daß andere mich hassen, da ich selbst mich hassen muß? – Wie wenn – ? laß sie mich wenigstens als tot beweinen, wenn sie mich doch beweinen muß, und nicht als ungetreu! – Ja ich will sterben! – aber Effen? – Leb wohl, Effen! ich war dein nicht wert – ich sterbe nicht für dich, aber ich sterbe deiner wert zu werden. Aber [wer] wird mir den freundschaftlichen Dienst tun und es dir sagen? Du wirst glauben die Liebe für Clephgen habe mich umgebracht. O der Gedanke, der Gedanke! – soll ich meinen Tod um den Nachruhm verkaufen? Emilie! Emilie! auch nach dem Tode von dir verkannt zu werden, auch nicht einmal eine freundschaftliche Träne auf mein Grab – ! alle für Clephgen, alle für Clephgen! – nein! ich halt es nicht aus – ! ich will es ihr schreiben – aber ich erröte vor mir selber – ihr schreiben, daß um den Gram einer unglücklichen Nebenbuhlerin – ihr doch schreiben, daß mein Tod nicht für sie sei? – o ich verwirre mich – ! Mögen sie doch glauben, was sie wollen – ich muß es ihr schreiben, damit sie weiß, wen sie am meisten zu bedauern hat.

3.

WIEDEBURG *nachdem ihm Ott entdeckt hat, er sei hintergangen worden. Er hat ihn in einer Allee verlassen. Im Angesicht ihres Landhauses.*

So will ich brechen mit ihr – – Wie ein Kind mit Märchen mich abzuspeisen! – Und wenn ich diesen Märchen nun

glaubte, nun folgte – würde sie unsre ganze Ehe hindurch mich anders ansehen als ein Kind – mehr Hochachtung für mich haben können als für ein Kind? – Mann wo bist du? bis wohin hat dich das Weibernetz, das Hemd der Dejanira geleitet? – Aber sie liebt mich – der süße Befehl wieder zu kommen – wie alle Freuden, Scherze und Liebesgötter um ihre Blicke gaukelten, um ihr Mündchen, um ihre mutwillig lächelnden Lippen, als sie mir befahl wieder zu kommen! sie liebt mich – – als ein Kind! schlimmer –! mich zum Besten zu haben! – Ich kann sie nicht heiraten! – Doch will ich hingehen, weil sie es verlangt hat – will sie noch weiter ausforschen, will erfahren wie weit sie's treiben kann. – Was ist ein Mann ohne Erfahrung? – also sie in ihrem süßen Wahn fortträumen lassen, daß ich ohne Vernunft verliebt in sie sei – sie betrügen wie sie mich betrogen hat? – Ha, Grausamer, ist das der Dank, der Lohn für Liebe? Nein! fliehen fliehen auf ewig die bezauberten Gegenden! – Wie mir ihr Landhaus aus jenem Gebüsch so entgegen winkt! vielleicht liegt sie dort im Fenster, und guckt mit dem Fernglas nach mir. Welche wollüstige Luft da herum! der Himmel selbst mit kleinen Wölkchen wie mit Lämmern scheint mich zu ihr einzuladen. Die Sonne ist fort, wir sind im Schatten. – Flieh, Wiedeburg! oder bu bist auf ewig ein Sklave – ein Weib – ein Kind! – Soll ein Mann fliehn? Nicht der Versuchung entgegen gehn? wie kann er sich tugendhaft glauben, wenn er keine Probe erstanden? Aber reizt nicht das Laster selbst nur durch seine Neuheit, und soll das kein Laster sein ein Mädchen um ihr Herz zu betrügen? So ist es keins!
Ich habe zulang hier gestanden und gewankt – Wie mannichfaltige Freuden erwarteten dort meiner! – lebt wohl – lebt ewig wohl! *Kehrt hastig um, und ab.*

4.

WIEDEBURG: Ach wie in dem Augenblick, da wir mit einer so süßen Leidenschaft kämpfen, die ganze Hölle mit Schröckbildern vor unsrer Phantasei erwacht! Ich sehe sie jetzt durch Wald und Fluren irren, nach mir suchen, nach mir schreien, meinen Namen in alle Bäume schneiden, ihren stummen Schmerz in die verschwiegenen Baumrinden ausschütten. Ach! wer tröstet sie? – wer sagt ihr was ich leide? Ich sehe ihr schönes Haar fliegen, halb zerrissen, ihre Augen ausgeloschen! *Wirft sich auf die Erde.* Clephgen! ich bete dich an – aber ich darf dich nicht lieben! – Wie wenn dies alles nur (Vorstellung) Brut, ein Gezüchte meiner Phantasei? wenn sie mit kaltem ruhigem Herzen meinen Abschied hört, nur ihr Stolz ein wenig gekränkt wird und gleich einen andern in meine Stelle findet? – Ja, sie wird sich zu beruhigen wissen – ganz gewiß. – Koketten sind noch nie durch die Flucht eines Liebhabers in Verlegenheit gebracht worden.

Ott kommt ihm ihre Krankheit zu sagen.
Empfängt einen Brief von ihr.

Du pochst umsonst an mein Herz an, Clephgen, die Trommel ist zerschnitten, die Schläge darauf schallen nicht mehr.

5.

WIEDEBURG *und sein Freund im Wirtshause.*

OTT: Wiedeburg, sie wird den Zufall nicht überleben. Sobald die Nachricht von deinem Tode ausgesprengt worden, hat sie sich zwischen Laken gelegt und in fünf Tagen keinen Tropfen über die Zunge gehen lassen.
WIEDEBURG: Grausamer Hildebrand – schone meiner nicht! hat sie von mir gesprochen?
OTT: Kein Wort, weder Gutes noch Böses. Nur hat sie die Kleider, die man auf dem Wasser schwimmen gesehen, zu sich bringen lassen und neben sich ins Bett gelegt. Ich hab einmal hinter die Spanische Wand geguckt, daß sie dein Halstuch an ihre Lippen gedruckt, in ihren Busen gesteckt hat, dann wieder an die Lippen gedruckt.
WIEDEBURG *fällt auf die Knie*: Gott im Himmel! ist denn kein Rat für mich?
OTT: Kehr um! welche Freude wirst du ihr machen!

Wiedeburg: Ich umkehren? Weißt du auch was du redst? Jetzt, da sie's überstanden hat, jetzt alles wieder verderben?

Ott: Kannst du ein so zärtliches Herz aufgeben?

Wiedeburg *lehnt sich auf den Kopf*: Nein, nein! ich kann sie nicht aufgeben! Komm, setz mich in den Wagen, zwing mich zurückzukehren! zwing mich niederzuknieen an ihrem Bettstollen und sie um ihr verratenes unglückliches göttliches Herz zu bitten!

Ott: Ich dich zwingen? als ob ihr damit gedient sein würde! –

Wiedeburg: So hasse mich, und befreie die Erde von einem Scheusal wie ich bin. Ich kann sie nicht lieben!

Ott: Nicht lieben? – Ungeheuer!

Wiedeburg: Nicht lieben wie ein Ehemann seine Frau lieben sollte – und eine solche Frau! – Laß sie mich lieber für tot halten, als mich lebend finden und vor mir erschröcken. Ich bin mir selbst unleidlich, verächtlich, hassens- verabscheuungswürdig!

Ott: Was willst du mehr von einer Person, die dich glücklich machen soll, als so geliebt zu werden?

Wiedeburg: Ich will mehr – und darum bin ich elend. Ich will, daß sie sich mir liebenswürdig machen – daß sie eine Waldner sein soll – daß sie alle meine Sehnsuchten, alle meine Erwartungen auf sich spannen, daß sie die Belohnung alles meines Strebens Ringens Leidens und der Todesgefahr selber sei – ich will alles oder nichts! – sieh, das ist meine Natur, Ott! und darum bin ich ein unglückseliger Mensch!

Ott: Sie würde sich nach dir gebildet, sie würde ihre Empfindungen nach den deinigen umgestimmt haben, sie würde dir alles geworden sein. Du weißt nicht, daß sie seit einiger Zeit erstaunend angefangen zu lesen, bloß weil sie merkt, daß du Freude daran hast – noch mehr, sie erkundigt sich sorgfältig bei all deinen Freunden welche Bücher du vorzüglich liebst, und liest sie heimlich, damit sie dich einmal angenehm überraschen kann, wenn von einem oder dem andern dieser Bücher die Rede ist.

Wiedeburg: O Satan Satan, der ich bin! Es ist ausgelöscht, ausgelöscht in meinem Herzen die himmlische Flamme! – doch will ich hin, ich will sie sehen, ich will sie heuraten, ich will alles tun, und – siehe, ich sage es dir – mein ganzes Leben durch eine lange Komödie spielen – vor den Engeln selber, vor dem Angesicht Gottes selber – aber es bleibt doch immer Komödie.

OTT: Du machst mich grausen!

WIEDEBURG: Komm! – du solltest weinen und heulen wie eine Bettlerswitwe mit zehn Kindern, wenn du in mein Herz sehen könntest!

WIEDEBURG: Hier ist kein Eid der mich bindet, aber ihre Liebe zu mir.

OTT: Willst du den Clavigo spielen?

6.

Ihr Krankenbett.

Er trägt ihr die Ehe an. Sie hält ihm eine Rede. Merkt, daß alles das Repräsentation ist. Merkt, daß sein Tod angestellt und erdichtet war, gibt ihm den Korb – er beschwört sie, sie besteht darauf mit solcher Heftigkeit, daß der Medikus bittet, er möchte ihr Bette verlassen.

Er schwört ihr daß er keine andre nehmen will und heuraten, W. auch nicht, denn er hatte ihr *promesse de mariage* gegeben und sie sich darauf verlassen. Gott muß teurer sein als die höchste Liebe.

Sie erzieht hernach seine Schwesterkinder, und läßt ihn *nie wieder vor sich kommen.* Er geht in den Krieg, da kriegt sie die Nachricht von ihm, er sei geblieben; er überrascht sie, sie läßt ihn vor sich und leben hernach auf das zärtlichste freundschaftlichste mit einander zusammen.

[DRITTER ENTWURF]

ERSTER AKT

ERSTE SZENE

WIEDEBURG *allein*: Alles was ich von ihr sehe, alles was ich von ihr höre, jeder Schritt, den sie in die Welt tut, ist von einer Rose der Schönheit begleitet, die sie in ihren Fußtapfen zurückläßt. Ach und soll so viel Herrlichkeit mir vorübergehn, ohne erkannt, ohne in seinem ganzen Wert erkannt, und an diese Brust gedrückt zu werden? Amalia – ich liebe dich, Amalia! du sollst dies Wort von mir nimmer hören, aber mir selbst und diesen Wänden will ich's tausend mal sagen, um mich unaufhörlich selbst mit dem Gedanken aufzuwecken daß du da bist, und diese himmlische Flamme, die du in meiner Brust angezündet hast, nie ausgehen zu lassen. Wenn die ausginge – wie elend – ! *Legt seinen Kopf in die Hand, und bleibt so eine gute Viertelstunde ohne Bewegung sitzen.*

FIBICH *kommt herein mit einem Brief in der Hand*: Sehen Sie, Herr Baron, wie unglücklich es Ihrer Freundin geht! Soll ich's Ihnen sagen? warum nicht? Sie sind doch unser einziger wahrer Freund!

WIEDEBURG: Sagen Sie mir alles!

FIBICH *weint*: Meine Tochter ist ein unglückliches Mädchen lebtäglich!

WIEDEBURG: Ihre Tochter? – warum denn? wodurch denn? ich bitte, weisen Sie mir den Brief.

FIBICH *weinend*: Freilich haben Sie so ein Herz, daß man Ihnen alles sagen muß, und die Freundschaft, die Sie meiner Tochter von Anfang an bewiesen haben, richtet mich allein auf. Ich armer unglücklicher Mann! Sie ist betrogen! Der Graf Dönhof zieht sein Wort zurück.

WIEDEBURG: Sein Wort zurück? *Reißt ihm den Brief aus der Hand.*

FIBICH: Er sagt er hab ihr nie die Ehe versprochen, das was er mir schriftlich hinterlassen und die Briefe alle sein nur ein

Zeichen seiner Freundschaft gewesen, die er auch immer nach wie vor behalten wolle.

WIEDEBURG *den Brief zitternd durchlesend*: Sie können ihn zwingen Abtrag zu geben.

FIBICH: Nein, Herr Baron, nimmer – nimmer tu ich das! es säh so aus als ob mein Kind verlegen um einen Mann –

WIEDEBURG: Sie können es ohne Ihre Delikatesse zu beleidigen – lassen Sie mir die Sorge, ich verspreche Ihnen den Prozeß zu führen; – noch mehr, beruhigen Sie ihre Mamsell Tochter, ich verspreche ihn durch dieses Mittel zurückzubringen.

FIBICH: Ach gnädiger Herr, Sie haben ein gar zu gutes Herz! Wenn sich nicht noch edle Gemüter fänden, die sich unsrer annähmen –

WIEDEBURG: Verlassen Sie sich darauf! lassen Sie mich allein – ich will mich sogleich hinsetzen und eine Requete an das Landbotengericht aufsetzen.

FIBICH: Gott belohne Sie und schenk Ihnen dafür eine Frau wie Sie's verdienen. *Ab.*

WIEDEBURG: In was für Händel verwickelt einen nicht das Mitleiden! ein guter Wunsch – der Wunsch war's allein wert. – Ach Amalie!

[NOTIZEN]

– verliert den Prozeß, erbietet sich aus Großmut sie selbst zu heuraten; erfährt hernach, daß er den Prozeß nicht habe gewinnen können, weil die ganze *Promesse de Mariage* valsifiiert, erfunden, nachgeschrieben worden, denn Fibich hat die Papiere allzeit dem Advokaten des W. zugeschickt, weil der nicht Zeit hatte, sich soviel darum zu bekümmern. Daß zwar der junge Baron ihr von Ehe vorgeredt, aber nie etwas Schriftliches hinterlassen habe und daß eben wegen dieser Falschheit des Vaters die Obrigkeit ihn als einen Betrüger, der auf die Art das reiche Vermögen dieses Hauses an sich ziehen wollen, angesehen.

(Darum darf ich das Stück nicht drucken lassen. Wenigstens nicht so lang Fib. unverheuratet ist.)

lich zu machen, weil sie seinen Aufenthalt ausgespäht – und da sie kommt, ist er verheiratet. – Ist das nicht grausam? Von ungefähr kommt Gth. und verliebt sich mit aller Heftigkeit in seine eben so getreue B. welche bloß L. geheiratet, um Gth. die Freiheit zu lassen zu reisen und ihm in seinem Glück nicht hinderlich zu sein. Und nun ist auch sie verheiratet! – Das mußte beide Männer und beide Frauen auf einander verbittert machen.

Alle 4 machen vor ihrem Ende in abgebrochenen Reden ein klägliches Quadro.

Eine schöne Szene. G. und B. als Freundinnen: Erstere erzählt, daß sie hier sei einen Liebhaber aufzusuchen, dessen gleich auf dem Erdboden nicht anzutreffen, treu wie Gold – aber der aus gar zu großer Redlichkeit sie verlassen, weil sie zu eitel war ihm zu gestehen, daß sie ihn liebe etc. – B. seufzt: Ach, sagte sie, und mich hat ein Liebhaber auf meine Bitte verlassen, weil er zu eitel und ich zu redlich war! Ich schrieb ihm, ich könnte seinen Verlust leicht überleben, weil ich seine Hauptpassion gemerkt hatte; suchte Genie zu sein, *alter est*; er sagte die Liebe zu Ruhm vertrüge sich nicht mit der Liebe zum Weibe, er wolle was großes in der Welt werden (Caesars Genius) etc. – Die beiden Mädchen werden durch die wechselseitige Anvertrauung ihrer Lebensgeschichte die zärtlichsten Freundinnen von der Welt.

Die Sterbeszene. Gth. bittet B. ihn nicht zu bedauern, er verdiene es nicht. L. bittet G. nur um einen Kuß voll himmlischer Liebe, hernach solle sie nicht mehr an ihn denken. Wie beide tot sind, fangen die Mädchen an (die vorher in einer Szene Schwesterschaft gemacht) ihr Schicksal zu beweinen. Auf einmal sagt

B.: Was tu ich? Laß mich diese Tränen auf L. weinen, der mein Mann war!

G.: Nein, er war mein, du hast mir ihn entrissen! – Hier nimmt die Zänkerei den Anfang. Auf einmal fängt eine an, der anderen Liebsten herunterzusetzen, hier wird sie ernsthaft hitzig rasend, jede verteidigt die Sache ihres Liebsten, jede zieht ein

Schwert aus der Wunde ihres Liebsten und erstechen sich beide. Bitten sich hernach beide noch um Verzeihung und sterben.

[ANDERER ENTWURF]

L. erfährt daß G. Bruder angekommen, geht zu ihm, umarmt ihn: mein teurer Freund mein lieber Freund mein bester Freund. Der führt ihn zu seiner Schwester, die ihm endlich entdeckt, daß sie sein gutes Herz nicht aus der Acht gelassen und daß sie jetzt komme ihn zu belohnen; was für Schwürigkeiten sie überwunden. L. ganz verirrt wirft sich ihr zu Füßen. Sie umarmt ihn. – Gth. hat gehört es sei ein junger G. mit seiner Schwester angekommen, rennt zu ihr, will sie um Verzeihung bitten, sich ihr zu Füßen werfen; aber da er das sieht: Meine Frau in den Armen eines andern, zieht er den Degen.
In eben dem Augenblick tritt B. gleichfalls herein, erschrickt und zürnt ihren L. ungetreu zu sehen. In dem Augenblick sieht sie Gth. und beide fliegen sich in die Arme. L. nach einer Weile kommt zu sich und reißt sich von G. los mit den Worten: ich bin verheiratet. B. reißt sich mit eben den Worten von Gth. los. – Gth. und G. sehn sich über die Schultern wehmütig an, und wir gleichfalls. B. macht L. Vorwürfe. L. beantwortet sie hitzig: so G., dann Gth. noch hitziger. L. nimmt sich der G. an, Gth. der B.; geraten an einander, die beiden Mädchen stellen sich in der größten Hitze des Gefechts in die Mitte – dies ist die letzte und stärkste Situation – nun steht's bei mir, ob alle sterben oder alle leben und glücklich sein sollen.

ERSTE SZENE

B. *und* L.

B.: Liebster L. was fehlt Ihnen? Ich habe die ganze Weile über stillgeschwiegen, aus Furcht Ihnen unangenehm zu werden. Seit jene Unbekannte bei unserm Fenster vorbeiging, haben

Sie in einer Minute, wohl fünfmal die Farbe verändert. Sie seufzen mit verschloßnem Munde aus Furcht mir was hören zu lassen; sie greifen unruhig auf dem Klavier umher und geben lauter falsche Töne an; dann halten Sie die Hand vor den Augen – o verbergen Sie sich nur nicht vor mir! ich sehe recht gut, daß Sie weinen.

L.: Nicht doch, mein Mädchen! ich habe Kopfschmerzen.

B.: So? Und warum sagen Sie das mit einem so gezwungenen Lächeln? In der Tat, ein recht erbärmliches Lächeln! es kann einem Furcht einjagen. Ich weiß nicht womit ich es verdient habe, daß Sie sich mir nie so zeigen wollen als Sie natürlich sind. Ich habe Sie doch jederzeit ins Innerste meines Herzens sehen lassen.

L. *setzt sich zu ihr und faßt sie an die Hand*: Ich nicht, Fiekchen?

B.: Es ist wahr – Also – aber ich weiß nicht wie ich das – Sah diese unbekannte Ihrer Idee vielleicht ähnlich?

L.: Liebstes Fiekchen! kein Wort mehr von meiner Idee! – ich bin nicht zu allen Zeiten gleich stark.

B.: Das heißt Ihre Idee, von der Sie mir sonst versichert haben, sie säße nur in ihrem Hirn, hat sich ganz leise wieder den Weg hinunter in Ihr Herz gemacht.

L.: Keine Eifersucht, bestes Fiekchen! Wenn ich das für möglich hätt halten können, würd ich Ihnen wohl jemals die offenherzige Entdeckung gemacht haben? Ich liebe Ihr ganzes Geschlecht mit einer gewissen Zärtlichkeit, mit einer empfindsamen Wertschätzung, die bei dem Weisen die Stelle des tierischen Instinkts vertritt. Ich liebe Sie als die beste Ihres Geschlechts, mit dem höchsten Maß dieser Zärtlichkeit, zugleich mit der höchsten sympathetischen Freundschaft, die von allen Nebenabsichten befreit, von allen äußerlichen Zufällen unabhängig, und gleichsam von der Natur selber in die Zusammensetzung unsers Wesens eingemischt, so lange währt als unsere beiden Herzen noch sich bewegen und empfinden können. Ich liebe meine Idee als die höchste Schönheit, die meinen Sinnen unter Ihrem Geschlecht jemals aufgestoßen, und wie sehr müssen unsre Empfindungen verstimmt sein, wenn das was schön ist, nicht auch von uns als schön sollte empfunden werden? Meine Liebe ist bloß Bewunderung mit einem süßen Entzücken gemischt, wenn ich Ihr Bild in meine Phantasie hervorrufe. Sie sehen, daß dies – (Liebe kann ich es nicht nennen, oder es müßte eine vollkommen geistige und platonische Liebe sein) – daß dies, sage ich, ein Vergnügen von eben der Art ist, als wenn ich ein vortreffliches Gemälde, oder eine Statue des Altertums, oder einen Palast von besonderer Schönheit bewundere; mein Herz kommt dabei nicht in die geringste Bewegung, nur die Phantasei ergießt sich ein wenig –

B.: Aber weder Statue noch Gemälde noch Palast machen Sie so unruhig, treiben Ihnen Tränen in die Augen, geben Ihnen Kopfschmerzen! –

L.: O meine reizende Bosheit! *(küßt sie)* ich habe in der Tat Kopfschmerzen –

B.: Sagen Sie mir aber, ich bitte Sie, woher kommt das? Wenn Sie mich nicht liebten – ich habe soviel Zutrauen zu Ihrer Aufrichtigkeit, Sie würden es mir gestehen; Sie würden mir Ihre Freundschaft in die Stelle Ihrer Liebe geben, und ich würde mit diesem Geschenk – aufrichtig – auch zufrieden sein. Vielleicht würd ich Ihnen auch für bloße Freundschaft nur – meine ganze Liebe wiederschenken. Aber Sie lieben mich, ich habe gar zu überzeugende Beweise davon, und doch können Sie an Ihre erste Idee nicht denken, ohne daß alle Ihre Empfindungen und Lebensgeister gleichsam in einen Tumult und Aufruhr geraten. – Ich denke, zwei Gegenstände der Liebe vertragen sich in keinem Männerherzen; entweder muß das erste dem andern Platz machen, oder gar keinen andern jemals hineinlassen.

L.: Wie gesagt, mein Herz kommt dabei gar nicht in Betracht; es bleibt dasselbe, es bleibt dein, mein teuerster Engel! – alle diese Aufwallungen geschehen nur in der Phantasei, diese kann freilich die ersten Eindrücke irgend einer Schönheit nie ganz verlieren.

B. *seufzt*: Die ersten Eindrücke! *(umarmt ihn)* du hast recht, mein teurer Mann!

L.: Diese ersten Eindrücke sind so unvertilgbar, daß wenn wir zum andernmal lieben, unsere Phantasei nicht eher ruht, als bis sie in unserm neuen Gegenstand einige, wenn auch nur höchst entfernte Ähnlichkeit mit unserm vorigen Gegenstande entdeckt, welche sie denn bald so auszumalen weiß, daß wir in kurzer Zeit völlig dieses Bild für jenes halten. Ich möchte fast behaupten, daß kein Mensch aufrichtig zum zweitenmal liebt; er liebt nur einmal in seinem Leben, er liebt nur seine erste Idee in einem neuen Gegenstande.

B.: O wie sehr recht hast du, mein bester, bester L.! – *Bei Seite.* In Wahrheit, ich glaubte immer Gth. in ihm zu sehen, wenn er mir am besten gefiel.

ZWEITE SZENE

Szene zwischen Gth. und L.

[Gth.] – – ich gewahr, daß die Bestien von Akteurs mir eine ganze Stelle ausließen, und als ich meinen Nachbar fragte warum? sagt' er, sie könnten nur den niedrigsten Pöbel belustigen: pfui sagt' ich, ihr Hundsfötter! ging in dem Augenblick aus dem Komödienhause, setzte mich auf die Post und fuhr nach Dover, von wo ich in einem Atem nach Calais übersetzte –

L.: Nun und was weiter? –

Gth.: Was weiter? ich ging wieder durch Frankreich nach Italien.

L.: Und in Frankreich? –

Gth.: Was in Frankreich? – Nichts in Frankreich! Nach Italien ging ich, sag ich dir.

L.: Hast du dich gar nicht in Paris aufgehalten?

Gth.: Ha ich mußte wohl! ich mußte einen Wechsel dort erwarten. Sieben Wochen hat mich mein böser Genius dort aufgehalten. Hätt ich nicht Lockens Buch vom Verstande bei mir gehabt, ich hätte müssen rasend werden.

L.: Und hast du denn dort nichts getan als den Locke gelesen?

Gth.: Nichts! – und des Grafen Sinzendorfs Erweckungsreden.

L.: Und bist gar nicht ausgewesen?

Gth.: Nicht weiter als aus dem Hause in den Hof und beim Kaufmann de la Motte.

L.: Und wie dein Wechsel kam? –

Gth.: Er kam nicht – Die Geduld verging mir zuletzt, ich ging zum Kaufmann de la Motte, mit dem ich weiß daß mein Vater sonst im Handel steht – ich zeigte ihm einen Brief, in dem ich meines Vaters Hand nachgemalt, und nahm von ihm 150 Louisd.' auf, mit denen ich von da nach Marseille und von da nach Genua ging –

L.: Ist er bezahlt worden?

Gth.: Was geht mich das an! mag der Franzose sehen, wie er mit meinem Vater sich abfindet!

L.: Aber Bruder! –

Gth.: Aber ein Franzose! – ich hab ein gutes Werk getan, ich habe gemacht, daß der Kerl vielleicht das erstemal in seinem Leben worüber nachgedacht hat, ich habe seinem Geist zu tun gegeben! Ich hatte einen Brief aus Genua bekommen, worin mir gemeldet ward, ich könnte eine der ersten Stellen beim Senat bekommen – du weißt, daß ich vorher in dieser Stadt mich als einen Mann gezeigt habe –

L.: Bruder Gth., die cholerische Unbeständigkeit deines Temperaments entschuldigt würkliche Ungerechtigkeiten nicht. Du suchst nur einen großen Namen zu erlangen. Meiner Meinung nach aber ist ein guter Name weit besser als ein großer. Überdem ist der große Name ein Gut, das desto eifriger vor uns flieht, je unsinniger wir darauf erpicht sind: nur das bescheidene Verdienst, das in der Stille arbeitet, ohne einmal daran zu denken, erhält und behält ihn; das ungestüme ertrotzt ihn nur selten auf einige Augenblicke, und verliert ihn bei der Nachwelt auf ewig.

Gth. *nach einigem Nachsinnen*: Die Welt ist keinen Rechenpfennig wert! Lauter Schurken, wohin man sieht –

L.: Stille Bruder! ich sagte dir's nicht um dir Unruhe zu machen. Du hast einmal diesen Weg eingeschlagen, verfolge ihn; nur laß die Rechtschaffenheit immer an deiner Hand gehen! –

Gth.: Was Rechtschaffenheit! wenn man mit Spitzbuben oder

Bärenhäutern zu tun hat. Sollt ich denn in Paris bleiben und in den Tuileries herum laufen, den Hut unterm Arm und meinen Kopf auf meiner Stube? Was sollt ich unter den Affen? als mein Wirt mich auf französisch anredte, schüttelte ich den Kopf; er fing auf italienisch an, ich tat wieder als ob ich's nicht verstünde; er schickte mir ein Dutzend Dolmetscher auf die Stube, nur damit ich ihm begreiflich machen könnte, daß ich auf den Mittag essen wollte.

L.: Hast du Rousseau nicht gesehn?

GTH.: Ich schickte zu ihm ob er mich besuchen wollte, aber er kam nicht. –

L.: Rousseau zu dir? – Nun in Genua?

GTH.: Ich ließ mich beim Doge melden: er komplimentierte mich, ich ward sein Sekretär; aber – ei! was soll ich davon sprechen? Laß uns ins Bordell gehen! Ist hier keines?

L.: Was willst du dort? bist du so ausschweifend geworden?

GTH.: Nichts ausschweifend – ich will ein Glas Malaga dort trinken und dem Makeraut raten, daß er Herrnhuter werden soll.

L.: Was dann?

GTH.: Ich will den H*en eine Predigt von Saurin vorlesen – oder wenn sie das nicht hören wollen, sie schimpfen und hernach dafür bezahlen.

L.: Nun? wie ging's weiter mit dem Dogen in Genua?

GTH.: Es war ein ganzer Schurke. Ich gab ihm einen Rat wegen der Händel mit Algier, und als er dem nicht folgte, so ließ ich den nüchternen Pedanten laufen.

GRAF HEINRICH
EINE HAUPT- UND
STAATSAKTION

PERSONEN

Der König
Cordelia Prinzessin
Graf Heinrich
Graf Octavio

ERSTER AKT

König *tritt auf.*

Wie glücklich! – die einzige Erbin meiner Krone entwickelt mit jedem Tage neue Fähigkeiten; ich fürchte, wenn sie so fortfährt, wird meine Liebe zu arm sein sie zu belohnen, und die Welt zu leer, ein Herz wie das ihre zu befriedigen. Könnt ich diesen Zepter in einen Zauberstab verwandeln, und mit meinem Willen die verborgenen Kräfte der Geisterwelt in Bewegung bringen, sie ihr ganzes Leben hindurch in angenehmen Träumen zu wiegen, daß ihr Fuß wie der Fuß eines Engels den Weg durch die Welt machte, ohne den harten undankbaren Boden zu berühren! daß sie das Los der übrigen Sterblichen nicht erführe und sie unter dem ewigen Lächeln der Glückseligkeit auch nicht einmal ahnden könnte, daß es Geschöpfe gebe, die weniger glücklich oder weniger edel als sie sein! dennoch würd ich, fürchte ich, diese angenehme Bangigkeit ins Grab mitnehmen müssen, ihr nicht genug getan zu haben. Ihr Götter schenktet mir dies Gut! weiset mir die Mittel mein Herz zu beruhigen, das mir unaufhörlich vorwirft, ich sei seiner nicht wert gewesen. *Graf Heinrich tritt auf.* Ihr wollt uns verlassen, Graf Heinrich? Euer Entschluß, so hoch Ihr bei mir standt, setzt Euch in meiner Wertachtung noch höher. Ihr seid einige Jahre an meinem Hofe gewesen, Ihr seid nicht belohnt worden, da Ihr es vor so vielen andern, deren Bewunderung, Nachahmung und Verzweiflung Ihr waret, verdientet. Der brävere Mann wird's endlich müde mit dem großen Haufen vermischt zu werden, und Ihr wollt mir, wie es scheint, eine Demütigung ersparen, daß ich so wenig zu unterscheiden gewußt. *Geht ihm näher und faßt ihn an die Hand.* Laßt es gut sein! ich habe Euch etwas zu sagen. Ihr werdet nicht fortreisen, Graf Heinrich; aber Ihr sollt mit mir zufrieden sein. Ihr kennt meine Zärtlichkeit für meine Tochter; ich zweifle indessen noch, daß Ihr sie und meine Art zu denken ganz kennt. Das weibliche Geschlecht ist eigentlich allein dazu gemacht, geliebt zu werden, und wir erhalten unsern Wert nur durch den Grad von Liebe, dessen wir für sie fähig sind. Mit dieser Stimmung sehe ich meine Tochter an; mit dieser Stimmung will ich, daß du sie ansehest. Du gefällst ihr! Sie hat sich von mir ausgebeten, daß der liebenswürdige Fremdling, der seit drei Jahren die Zierde unseres Hofes gewesen ist, die Stelle eines Garde-Dames bei ihr einnehmen möge. Ich hoffe, wo nicht zu deinem Herzen, so doch wenigstens zu dem äußerlichen Schein deiner Zutätigkeit für mich, du wirst diesen Vorschlag deiner nicht unwert finden.

GRAF HEINRICH: Eure Majestät nehmen mir mit der Art, mit der Sie mir mein Glück ankündigen jeden Ausdruck von Erkenntlichkeit, und ich habe für diese Menge von Gefühlen keine Sprache als ewiges Stillschweigen. *Wirft sich ihm zu Füßen.*

DER KÖNIG *richtet ihn auf:* Kommt denn, lieber Graf Heinrich, daß ich Euch meiner Tochter vorstelle. Sie wird nicht wenig erfreut sein, daß Ihr Euch habt bewegen lassen hier zu bleiben. *Der König geht mit Heinrichen ab.*

Graf Ruggieri. Graf Octavio.

Ruggieri: Deren Bewunderung, Nachahmung, Verzweiflung ihr wart! merke dir's, Octavio!

Octavio: Man wird sehen auf wie lange!

Ruggieri: Du darfst nun gar nicht viel mitreden, Mensch aus dem großen Haufen!

Octavio: Wir wollen dir deinen liebenswürdigen Fremdling –

Ruggieri: Geh, geh! du bist nicht gescheit! Komm, laß uns zur Claudia gehen!

Octavio: Ich habe heut nicht Lust! ich gehe nach Hause.

Ruggieri: Geh du ans Griechische P! Du sollst mit zur Claudia kommen!

> nunc pede candido
> pulsanda tellus!

Octavio: Schulfuchs!

Ruggieri: Was willst du denn? Mit dem Kopf gegen die Wand laufen? Er ist's nun einmal, und du kannst's nicht mehr werden.

> in me tota ruens Venus
> Cyprum deseruit –

Octavio: Ei, so geh mit deiner Claudia meinetwegen –

Ruggieri: Zu Bette? – Das würde dir auch nicht anstehn. Es will dir halt nirgends gelingen. Du möchtest den guten Mann der Claudia gern um einen Kopf länger machen, und kannst es nicht; du möchtest den liebenswürdigen Fremdling gern um einen Kopf kürzer machen, und wirst es noch weit weniger können! Du bist doch ein armseliger Tropf, Octavio!

Octavio: Sag mir, kennt Graf Heinrich Claudien?

Ruggieri: Ob er sie kennt? Er spielt ja fast alle drei Tage Picket mit ihr. Weiß der Himmel, was sie sonst noch spielen! Der Mann läßt sie immer allein, wenn er sie beisammen sieht.

Octavio: Wenn Claudia – doch still! das muß ich ihr selber vortragen.

Ruggieri: Ihren Mann zum Hahnrei machte?

Octavio: Ei, so schweig doch still! Du kannst nichts als abgeschmacktes Zeug sagen. Claudia steht doch noch mit der Prinzessin?

RUGGIERI: Narr! das mußt du besser wissen als ich; du bist ja ihr Schoßhündchen!

OCTAVIO: Ich bin seit einigen Wochen zerfallen mit ihr. Es tut aber nichts, ich werde mich schon wieder aussöhnen, da ich sie nötig habe; denn eigentlich bin ich's, der zuerst gebrochen hat.

RUGGIERI: Freilich steht sie gut mit der Prinzessin; sie ist ja alle Tage bei ihr.

OCTAVIO: Schon gut! Auf Wiedersehn, Ruggieri!

RUGGIERI: Aber sag mir doch erst was du tun willst?

OCTAVIO: Ich will dir's sagen. Aber wo du mir was wittern lässest, so bist du ein Kind des Todes! – Wir müssen dem Graf Heinrich weis machen, die Prinzessin sei in ihn verliebt –

RUGGIERI: Und was soll das denn geben?

OCTAVIO: Was es geben soll? Du frägst, daß man doch rein des Teufels werden möchte!

RUGGIERI: Seht einmal! –

OCTAVIO: Ei, so geh und laß dich – *Geht ab.*

RUGGIERI: nunc pede candido
 pulsanda tellus! *Ab von der andern Seite.*

ZWEITER AKT

Eine Treibe.

CORDELIA *erscheint im Jägerkleide, eine Büchse in der Hand*:

 Auf auf zum frohen Jagen!
 Auf auf zur grünen Heid!
 Es fängt schon an zu tagen,
 Es ist die höchste Zeit.
 Wie heiter diese Stunden,
 Mein Herz wie jugendlich!
 Die Nacht ist schon verschwunden
 Und Phöbus zeiget sich.

Auf auf zum frohen Hetzen!
Auf auf ins grüne Feld!
Dem Wilde nachzusetzen,
Das sich für sicher hält.
Auf! laßt die Städter liegen
In unbeglückter Ruh!
Wir eilen mit Vergnügen
Dem finstern Walde zu.

Das Gras ist unser Bette,
Der Wald ist unser Haus.
Wir trinken um die Wette
Das klärste Wasser aus.
Uns Müde zu erfrischen
Beim Morgenbrot auf Klee
Findt sich in allen Büschen
Ein weiches Kanapé.

Sie entfernt sich. Man hört von weitem das Geschrei der Treiber und das Anschlagen der Hunde. Einige Jäger gehen über die Szene.

GRAF HEINRICH *tritt auf mit einem Gewehr*:

Sie liebt mich! – Sollten alle diese Anstalten vergebens sein? In dieser einsamen zaubervollen Gegend, wo der Himmel, der zwischen den uns einschließenden [...] und Bäumen so vertraulich herabhorcht, wo die ganze Na[tur] zum Geständnis aufzumuntern scheint – hier, hier! o m[eine] Phantasei hätte sich im süßesten Traum keine süßere[......] können – wenn sie käme – wenn sie diese Gegend [...] ausgewählt hätte, wie es denn nicht anders scheint, um das dringende Geständnis aus meinen von Ehrfurcht versiegelten Lippen mit entzückter Wut herausbrechen zu machen – ja ich mache ihm Luft meinem Herzen, und auf ewig glücklich! – wenn sie käme, – wenn sie käme! – sie kommt! – *Er versteckt sich hinter ein Gebüsch.*

DIE FAMILIE
DER PROJEKTENMACHER

PERSONEN

DER GRAF PRIMAVERA
ALFONSO, sein ältester Sohn
EMERINA, dessen Frau
GIANETTO, sein zweiter Sohn
DER CHEVALIER REDAN
JULIE, seine Tochter
ST. MARD, sein Vetter
BILBOQUET, ein französischer Philosoph

Der Schauplatz ist in Bauvillers, einem Landhause des Chevalier Redan, unweit Reims.

FABEL

Gianetto, um seinen Vater und Bruder zu kurieren, spielt den Geheimnisvollen führt sie eh sie nach Paris gehn zu Redan, in dessen Nachbarschaft er ehemals gestanden als er noch in französischen Diensten war, unter dem Vorwande durch ihn erst einige ansehnliche Minister bei Hofe zu gewinnen. Sein Projekt ist aber seinem Vater bekannt mit Redan und seiner Tochter zu machen, welche er gern heuraten wollte, nach den italienischen Gewohnheiten aber nicht durfte, weil der Cadet de Familie war. Als ein listiger Schelm hat er zu dem Ende die Schwachheit seines Vaters und seines Bruders gehegt und sie dahin gebracht daß sie all ihre Güter verkaufen und in Paris von ihrem Gelde leben wollten wo Alfonso überdem durch sein Projekt viel zu gewinnen hoffte. Primavera aber ist ganz uneigennützig. Nun sind Vater und Sohn sehr geheimnisvoll gegeneinander Gianetto aber ist der Vertraute von beiden. Nachdem er nun beide wacker herumgezogen, so sagt er dem Vater endlich, er möchte ihm auch ein kleines Projekt erlauben, d. i. Julie zu heuraten. So dem Bruder. Beide willigen drein, aber erst nach ihrer Wiederkunft aus Paris.

Jetzt ist der Zweck der Handlung, beide zu bewegen daß sie eher drin willigen. Er fällt nach vielem Bedenken auf die List Er sagt dem Vater sein Bruder habe eben dasselbe Projekt, er sei hinter seine Papiere gekommen, er tue nur so geheimnisvoll. Der Vater solle suchen ihn mit Gutem davon abzubringen damit er die Ehre allein hätte. Ein gleiches sagt er dem Bruder. Die geraten aneinander. Es kommt heraus daß sie sich beide kontrakarrieren wollen. Das ist die Hauptszene. Der Alte gibt dem Sohn den Fluch. Endlich bereden sie den Alten er solle den Sohn nur hinreisen lassen, er werde doch nichts ausrichten. Das will dem Alten das Herz brechen. Endlich willigt er drin. Als Astolfo fortreisen will, ist seine Frau von St. Mard entführt, die ihren Roman zusammen gespielt hatten. Astolfo ist rasend eifersüchtig bei all seinen Projekten und setzt ihnen nach. Mittlerweile erleben diese die Hochzeit, wobei aber der Alte sehr kümmerlich tut. Auf einmal plötzlich auffährt und nun nach Paris reisen will. Sie wissen ihn nicht besser zu kurieren als daß sie ihm sagen daß sein Projekt schon ausgeführt sei und ihm zu dem Ende ein erdichtetes Handschreiben vom Minister weisen. Darüber wird er so vergnügt daß er sagt er wünschte sich in diesem Augenblick zu sterben, segnet seine Kinder, vergießt Freudentränen etc. Unterdessen kommt St. Mard wieder der des Romans müde worden war. Astolfo kommt auch wieder sehr ungehalten. Wird rasend als ihm Primavera die Neuigkeit entgegen ruft. Entschließt sich nach Italien zurückzureisen. Primavera aber bleibt in Frankreich, das er für den Himmel hält.

ERSTER AKT

ERSTE SZENE

Der Schauplatz ist ein Saal, in welchem gefrühstückt wird. REDAN, JULIE, PRIMAVERA, GIANETTO, ST. MARD, ALFONSO, EMERINA *sitzen alle in Jagdkleidern um einen Tisch, das Frauenzimmer en Amazones und pokulieren.*

REDAN *ein Glas in der Hand, ruft laut*: Stoßen wir eins an auf die Gesundheit alles dessen was sich lieb hat Frisch, es darf keiner fehlen *Man stößt an und trinkt.*

PRIMAVERA *winkt Gianetto, der steht auf, er nimmt ihn an die Hand und geht mit ihm in den Winkel*: Hör, das ist alles recht gut und brav, es gefällt mir auch recht wohl hier, mein Sohn, dein Redan ist ja ein rechter Mann wie man sich nicht besser könnte bestellen lassen aber was soll ich hier. Du sagst ich soll dir auch einmal die Erlaubnis geben dein Projekt für dich zu haben. hab es in Gottes Namen und, lieber Sohn laß mich meiner Wege gehn wo ich mehr Nutzen stiften kann als hier

GIANETTO: Ei Papa ich dachte Sie wollten auf die Jagd gehen. Können Sie sich denn auch keine Viertelstunde von Ihrem Projekt beurlauben

PRIMAVERA: Die Not ist zu groß mein Kind. Der allgemeine Druck unter dem die Menschheit seufzt, das allgemeine Elend – ich hielt es für ein Verbrechen jetzt vergnügt zu sein. Bedenk einmal wieviel hunderttausend in diesem Augenblick vielleicht da wir zechen und fröhlich sind den Schweiß ihrer Arbeit trinken

GIANETTO: Bester Vater, lassen Sie doch die melancholischen Gedanken wenigstens bis wir Antwort vom Minister haben. Bedenken Sie doch, daß Ihre Freunde und Kinder auch einige Ansprüche an Sie machen dürfen und daß Sie uns durch Ihre Traurigkeit auch traurig machen und folglich unglücklich.

PRIMAVERA: Unglücklich! – Lieber Sohn du gehst mit mir um wie mit einem Kinde. Wenn ich wüßte daß euch mein Anblick unglücklich machte, schon längst hätt ich euch mein ganzes Vermögen gelassen mich in einen Bettlersrock gesteckt und [wäre] zu Fuß nach Paris gegangen.

Gianetto: Ihr Anblick ist das einzige was uns noch trösten kann aber der Zustand in welchem wir Sie wissen, wenigstens immer vermuten müssen

Primavera *sieht gen Himmel*: Mein Zustand ist der beneidenswerteste unter dem Himmel – sobald ich in Paris bin.

Gianetto: Sie können aber noch nicht hin bevor Sie wissen wie der Minister gestimmt ist Ihre Projekte aufzunehmen. Also bis dahin gedulden Sie sich noch und im Vertrauen auf die Vorsicht sein Sie gutes Muts mit uns –

Primavera: Ach ich fürchte die Antwort auf eure Briefe wird nimmer kommen. Sag mir was du willst Redan hat nicht geschrieben, er sieht gar zu lustig und aufgeräumt darnach aus, er hat sowahr Gott lebt nicht geschrieben.

Gianetto: Soll er denn sauer aussehen. Wunderbar! Eben seine Lustigkeit sollte Sie beruhigen. Könnt er so harmlos sein wenn er sich vorzuwerfen hätte Sie hintergangen zu haben *Sie gehen wieder zur Gesellschaft.*

Primavera: Was braucht es des Geschreibs all? ist denn die Sache nicht sonnenklar und muß sie Minister und König nicht auch so finden, wenn ich sie ihnen nur mündlich vortragen kann? Geht denn nicht das Land zu Grunde mit all den Auflagen? haben nicht die Stände von der Normandie sich schon erklärt, wenn es so fortwährte, würden sie dem König am Ende nichts als unfruchtbare Wünsche anbieten können?

Gianetto: Aber bedenken Sie auch, daß ein gekröntes Haupt nichts schwerer bewilligen kann und darf als Erlassung von Steuern? Und Sie wollen den König gar bereden alle aufzuheben, das heißt, Sie wollen den König bereden sich mit gutem Willen das Haupt abschlagen zu lassen!

Primavera: Wenn er aber meine Vorschläge – ach! –

Redan: Sie trinken ja nicht, Astolfo, Sie sind nicht aufgeräumt!

Astolfo *der wie aus einem tiefen Schlaf erwacht*: Wieso?

Primavera: Ja so denk ich wir nehmen denn nur unsere Flinten! Was zögern wir länger, Je länger hier je später dort.

Redan: Nur noch einen Augenblick Herr Graf. Die Frauenzimmer haben noch von dieser Torte nichts versucht.

Bilboquet: Sie ist sehr gut. Ich kann sie empfehlen.

Ein Bettler *unter dem Fenster ruft*: Ach gnädige Herrschaft erbarmen Sie sich doch Ein Almosen um Gottes willen

St. Mard *zu Emerinen bei der er sitzt*: Soll ich Ihnen nicht von dieser Torte vorlegen *Etwas leise zu ihr*. St. Preux, Julie! liebte das Gebackene.

Emerina *gießt St. Mard Wein ein*: Aber St. Mard will seiner Julie nicht Gelegenheit geben ihm was über den Wein zu schreiben.

Bettler *ruft abermals* Gnädige Herrschaft einem armen Notleidenden

Alfonso *der lange Zeit in tiefen Gedanken auf dem Teller gekritzelt, faßt ihn endlich sehr ernsthaft an und will ihn in die Tasche stecken. Redan faßt ihn hastig an.*

Redan: Was machen Sie denn da – wollen Sie mich um meine Teller bringen

Alfonso *fährt plötzlich auf*: Ach ich bitte Sie tausendmal um Vergebung. Ich dachte es wäre meine Schreibtafel.

Bilboquet: Es ist doch was Unerträgliches mit der Menge Bettler, die sich hier im Lande herumtreiben. Wenn es bei mir stünde, ich ließ die Müßiggänger alle auf einen Tag an den Galgen henken, wie Haman die Juden.

Julie: Wo kämen denn die Philosophen hin Herr Bilboquet

Bettler: Ein Almosen. Um Gotteswillen

Primavera *fährt gleichfalls aus Gedanken auf*: Was! wer ist da! gibt ihm keiner was *Läuft heraus und wirft ein paar Stühle um.*

Gianetto *zu Bilboquet*: Nun geben Sie nur Acht was mein Vater zu den Müßiggängern denkt

Bilboquet: Ja unsere Meinungen gehn überhaupt sehr aus einander. Ihr Herr Vater sagt ich wäre ein Mensch mit dem er gar nicht zusammen existieren könnte. Ich verrennt ihm alle Wege, sagt er, nur den zur Hölle nicht, das heißt weil ich ihm niemals recht gebe.

Julie: Ich würde mich für sehr albern halten wenn Sie mir einmal recht gäben.

BILBOQUET: Sie haben recht
GIANETTO: Herr – *Drohend*
JULIE *zu Gianetto*: Und sie haben unrecht wenn Sie glauben, daß mich etwas von dem Menschen beleidigt.
PRIMAVERA *der den Bettler hereinschleppt, der sich sträubt*: Was? will dir niemand was geben? – Komm – du sollst hereinkommen sag ich – so – und nun komm und setz dich her – hierher hierher zu dem Philosophen da, du verdienst's ebenso gut als er – und ich will dir aufwarten. *Er zwingt den Bettler auf seinen Stuhl zu sitzen, der bei Bilboquets steht, welcher voller Verwunderung und Spott ihn lächelnd anstarrt. Er stellt sich an den Tisch, schneidet dem Bettler vor und schenkt ihm ein.* Iß und trink, guter Freund, ich bitte dich –
BETTLER: Gnädiger Herr, ich will es ja nimmer wieder tun
PRIMAVERA: Was meinst du ich spotte über dich Nein es ist mein voller Ernst. Wofür siehst du mich an. Für einen Franzosen, für einen Philosophen Was? mußt du etwa auch Steuern bezahlen. Armer armer Kopf *Faßt ihn an den Kopf und küßt ihn.* Wieviel Tränen sind diese Backen wohl schon heruntergelaufen Wieviel Seufzer aus diesem Busen gestiegen. Wie zerlappt! es ist doch frisch draußen. wie blaß. Wart, ich will dir meinen Überrock holen, er ist noch nicht gewandt – einen Augenblick! – *Indem er abgehen will, läuft der Bettler wie der Blitz von der andern Seite ab. Die ganze Gesellschaft lacht*
REDAN: Ha ha ha, der Kerl war als ob ihn der Donner gerührt hätte.
ST. MARD: Er wußte gar nicht wie er dran war –
PRIMAVERA *kommt herein seinen Überrock in beiden Händen vor sich tragend*: Sieh der ist noch ganz neu und warm gefüttert – Wie? was sind das für Streiche, ihr Herren? wo ist er, wo habt ihr ihn hingesteckt
BILBOQUET: Ha ha ha Er ist davongelaufen
PRIMAVERA *wirft ihm das Kleid ins Gesicht* Ich bin Euch lange was schuldig gewesen Lumpenhund von Abbé
REDAN *steht auf Primavera zu besänftigen*: Lieber Graf, er hat Ihnen die Wahrheit gesagt der Kerl ist in der Tat davon ge-

laufen, weil er nicht wußte, ob sie seiner spotten wollten oder es ernstlich meinten
PRIMAVERA: So soll er mich nicht auslachen)
BILBOQUET: Wer tut denn das?
REDAN: Nun kommen Sie, kommen Sie nur, wir wollen unsern Zorn an den Hirschen und Rehen auslassen. *Sie nehmen alle ihre Flinte. Donna Emerina nur nicht Pudel geschossen!*
ST. MARD: Lassen Sie mich Ihr Wildpret sein. Ich will mich freiwillig zu Ihren Füßen legen. *Vor ihr knieend.*
EMERINA *ihn zärtlich ansehend*: Ich schenke Ihnen das Leben. *Sie gehen alle ab bis auf Gianetto und Redan.*

ZWEITE SZENE

GIANETTO. REDAN.

GIANETTO: Es geht alles unvergleichlich. Mein Vater willigt darin so lang hier zu bleiben bis Antwort vom Minister kommt. Wenn wir ihn nur so lang herumziehn, bis die Hochzeit geschehen kann, so will ich schon am Ende sehen ihn zu beruhigen.
REDAN: Ja Sie müssen wissen, wie Sie das machen. Ich muß Ihnen sagen ich fürchte mich vor seinem hitzigen Temperament.
GIANETTO: Ach, ich krieg ihn schon. Ich habe noch eine Kriegslist und Hinterhalt. Wenn die nicht bei ihm anschlägt so schlägt nichts an. In der Zuversicht habe ich ihn die Reise von Ferrara bis hieher machen lassen. Nur ist da noch der Umstand mit meiner Schwägerin.
REDAN: Sollte Ihre Schwägerin etwas gegen die Heirat einzuwenden haben
GIANETTO: Sie ist ein eigensinniges hochmütiges Weib, aufgebläht von ihren Ahnen wie keine, bei all ihrer Romanenhaftigkeit. Der Adel Ihrer Fräulein Tochter wird ihr nicht alt genug sein, es ist in ihrer Familie noch nie ein Exempel von Mißheurat gewesen. Zu dem ist sie noch die einzige, die Verstand und Besinnung in unserem Hause hat, sie wird es auf

alle mögliche Art zu hindern suchen, daß ich als der jüngste Bruder vom Hause wider alle unsere Rechte und Gewohnheiten mich verheurate, wenn es gleich außer Lande ist und noch mehr Erben in die Familie bringe.

REDAN: O stille nur, ich habe gemerkt, daß sie eine Herzensangelegenheit mit St. Mard hat; wir wollen uns hinter den stecken. Sie glauben nicht was der Mensch für eine Gabe hat zu überreden, wenn er will. Ich glaube er hätte dem Philemon seine Baucis abgeschwatzt, wenn er eben die Geschichte der Ninon gelesen. Gott gebe nur daß er Rousseaus Heloise noch nicht sobald durchgelesen haben möge!

GIANETTO: Wieso?

REDAN: Wissen Sie das noch nicht, kenne Sie St. Mard noch nicht? o so kennen Sie den allerseltsamsten und lustigsten Charakter noch nicht der jemals auf Gottes Erdboden gelebt hat. Sehn Sie er ist Ihnen im Stande heut einen Roman zu lesen, und sich die Heldin dazu auszusuchen, und sollt es eine Viehmagd sein! Und dann spielt er ihn so treu und so warm durch alle Prädikamente durch, daß auch kein Haar dran fehlt, mit der ersten besten die ihm in den Weg kommt, sollte sie auch nichts weniger als seinen Empfindungen zu antworten gesonnen sein. Aber eh Sie sich umkehren, hat's auch ein Ende sobald sein Roman ausgelesen ist, und dann tut er als ob nichts gewesen wäre, grad wie ein Mensch, der aus einem hitzigen Fieber aufwacht, und wohl über sich selber lacht, wenn man ihn von den Streichen erzählt, die er in der Hitze angegeben. Das hat ihn nun, wie Sie sich vorstellen können, schon in tausend Labyrinthe geführt, aus denen allen er sich durch seine Mir-nichts-dir-nichtsheit so wieder herausgefunden hat, wie er hineingeraten war.

GIANETTO: Ei das ist unvergleichlich

REDAN: Das lustigste ist daß er oft zwei Romane zugleich und mit der nämlichen Person spielt, nachdem er durch einen Zufall auf zwei Bücher zugleich gestoßen; oft einen Roman mit zwei Personen nachdem ihm just zwei Personen in den Weg gekommen sind. Ja es ist soweit mit ihm gegangen, daß er als einstmals niemand hatte den Cleveland zu spielen, er meiner alten Großmutter am hellen Tage in einer Anwandlung von poetischer Begeisterung die Hände küßte, und ihr sagte er könnt es nicht länger aushalten mit ihr allein zu sein und ihrs nicht zu sagen, daß er sterben müßte, wenn sie ihm nicht die letzte Gunst bewilligte

GIANETTO: Ich muß doch auf etwas raffinieren seine poetische Windmühle für uns in Gang zu setzen.

REDAN: Ach, ich brauch ihm nur deine Geschichte zu erzählen, die ist so gut als ein Roman. *Gehen ab.*

ZWEITER AKT

ERSTE SZENE

REDAN erzählt's ST. MARD mit allen Farben eines Romans, unter dem Prätext weil er wüßte, daß er solche Geschichten liebte.

MAGISTERS LIESCHEN

[ERSTE SZENE.]

[MAGISTER. LIESCHEN.]

MAGISTER *im Reisehabit*: Gott grüß Euch! wie steht's? wo kommt Ihr her?

LIESCHEN: Herr Magister, ich wollte Sie um Gotteswillen gebeten haben sich meiner anzunehmen. Ich bin in einer Not, die sich nicht beschreiben läßt. Nirgends Dach oder Fach! die neue Herrschaft, bei der Sie mich untergebracht haben, hat mich ausgestoßen, weil ich dem gnädigen Herrn nicht zu willen sein wollte, denn Sie wissen wie rachgierig er ist –

MAGISTER: Hat er Euch was zugemutet? Es ist gut, daß Ihr weggegangen seid. Ihr könnt bei mir bleiben, bis Ihr neue Herrschaft habt. Was habt Ihr Neues von Eurem Sohn? Wie geht's ihm in Holland?

LIESCHEN: Gut genug, nur ist seine Herrschaft gar zu geizig. Er schreibt mir, er wisse sich die Zeit nicht mehr zu erinnern, da er sich satt gessen. Und sein Magen ist feurig; ach, das ist Gott zu klagen! ein Junge von zehn Jahren und nicht satt zu essen!

MAGISTER *zieht einen Dukaten heraus*: Da, schickt ihm das zum neuen Jahr; laßt ihn Semmel dafür essen. Aber dafür müßt Ihr auch diese Nacht in meinem Bette schlafen. Wollt Ihr? –

LIESCHEN: Ach, Herr Magister, wenn ich mich der Sünde nicht fürchtete! Es ist noch nicht verschmerzt, lieber Herr Magister, unser armes Sußchen – ich hab es hundertmal gedacht, wie unser Herr Pfarrer das vierte Gebot erklärte, daß Gott die Sünden der Eltern an den Kindern heimsucht *(küßt ihm die Hand)* nehmen Sie es nicht übel, allerliebster Herr Magister!

MAGISTER: So gebt mir meinen Dukaten zurück –

LIESCHEN: Allerliebster Herr Magister, das Bild unserer kleinen Sußchen schwebt mir immer vor Augen! *(abermals die Hand küssend)* nehmen Sie es doch nicht übel – wie sie an der Englischen Krankheit da unter meinen Händen aufdörrte *Beide Hände vor dem Gesicht, schluchsend.* O Gott

[MAGISTER: ...] schuld, oder seid Ihr daran schuld gewesen? Redt

LIESCHEN: Aber was kann ich nun dafür, daß mein Herz mich so reden heißt? hätten Sie mich geheiratet, wie Sie anfangs tun wollten, so wär alles besser gegangen. Und das Pulverchen, daß sie dem Kind eingaben, mag auch dazu was getan haben – *(abermals ihm die Hand)* um Gotteswillen nehmen Sie mir's doch nicht übel

MAGISTER: Kurz und gut, Ihr schlaft die Nacht bei mir, oder kommt mir mein Lebtag nicht wieder unter die Augen und wenn Ihr auf dem Misthaufen verhungern müßtet!

LIESCHEN: Ach Herr! was soll aber – *(küßt ihm die Hand)* nehmen Sie mir's doch nicht übel –

MAGISTER: Was?

LIESCHEN: Aus unsern Kindern –

MAGISTER: Ihr seid nicht klug Wird es denn gleich Kinder geben? – Geht. ich habe nicht Zeit. Hier habt Ihr noch einen Gulden, Ihr habt in zwei Tagen nichts gegessen, sagt Ihr; laßt Euch dafür was zu essen machen und trinkt ein Glas Wein. Ihr seht ja aus, daß es einem weh tut Euch anzusehen! Und wenn ihr gessen und getrunken habt, so kommt zu mir auf mein Studierstübchen im Garten; ich werd Eurer warten. Und seid wegen des Zukünftigen unbekümmert: Ihr wißt ich sorge besser für Euch als Ihr selber.

LIESCHEN: Gott wird's Ihnen vergelten! –

[ZWEITE SZENE]

Hernach. Gartenhäuschen.

Die Vorhänge sind zugezogen, auf einem Strohstuhl vor dem Bett des Magisters steht eine Lampe.

MAGISTER *ins Bett steigend*: Sie kommt nicht! *(sieht nach der Uhr)* es ist eilf Uhr – Ich mag nicht heraus und nach ihr sehen, das würde den Hausleuten gar zu viel Verdacht – Ja, ja sie haben so schon – der Rat hats in einer großen Gesellschaft erzählt, ich unterhielt eine Maitresse. – aber der Henker soll sie holen wenn sie nicht kommt – Ich will derweil im Ovidius lesen und das Licht brennen lassen – wenigstens soll sie mir einen hübschen Traum machen! – *Liest.*

DRITTE MAGISTERSZENE

Auf der Straße – LIESCHEN *mit zerstörtem Haar, schlägt in die Hände.*

Feuer! – Feuer! – hier ins Rat Neiburs Hause – ins Magisters Studierstube! – Daß Gott! er ist verbrannt! er ist hin! o weh mir! weh mir! Hülfe! Hülfe! Feuer! weh mir! weh, weh, weh mir! weh mir! Hülfe! Hülfe! Feuer! weh mir! Feuer! weh, weh, weh mir! – *Eine Menge Leute laufen herzu mit Sprützen und Eimern.* –

[CAROLINE]

Caroline. Nicol.

Caroline: So hat er ihn tot gemacht?
Nicol: Ja ja freilich tot! – kein Atem ist mehr in seinem Busen. Kommen Sie nur!
Caroline: Laß mich! zu solch einem Schauspiel sind meine Augen noch nicht gewöhnt. Meinen Geliebten mit Blut befleckt!
Nicol: Mit seinem eignen!
Caroline: Nein mit dem Blut desjenigen, den ich gehaßt habe – und den ich – o das gottlose Herz! – den ich auch jetzt kaum bedauern kann.
Nicol: Von wem reden Sie?
Caroline: O Nicol! ich wills nicht sehen das blutige Schauspiel! Mein Mund müßte die Tat verdammen und mein Herz – würde ihm widersprechen. Ist das nicht so gut als ob ich sie selbst verübt hätte?
Nicol: Was höre ich?
Caroline: Ja einfältiger Affe! kenne die Mädchen besser! Wenn sie lieben ist ihnen Blut und Tod gleichgültig. Ich liebe den Mörder und wenn seine Faust gleich von meinem eignen Leben rauchte, so würde ich sie dankbar an mein Herz drücken. Weißt du, daß diese selbe Hand mir die Augen geöffnet hat?

[DIE BACCALAUREI]

ANSELMUS *und* AISTOLFUS, *zwei Baccalaurei, Mönche.*

ANSELMUS: Ich bin sehr begierig das Monstrum zu sehen.

AISTOLFUS: Alberik hat uns neulich wieder eine Beschreibung von ihm gemacht, – o die war herrlich! Er bewies uns, daß das Tier aus der Offenbarung Johannis so mit allen Umständen auf ihn paßte, daß mir die Haut zu schaudern anfing. Ich sage dir, ich werde kein Wort mit ihm reden können; ich verlasse mich halt auf dich und auf deine Redekunst. Ich glaube ich werde nicht einmal das Herz haben, ihm ins Angesicht zu sehen.

ANSELMUS: Pfui schäme dich! bist du ein Baccalaureus und kannst so sprechen? Weißt du nicht, daß ein Baccalaureus eigentlich *batalarius* heißt d. i. ein Streiter, ein Kriegsmann für die Wahrheit und die gute Sache?

AISTOLFUS: Ei was du mir nicht weis machst!

FRAGMENT AUS EINER FARCE DIE HÖLLENRICHTER GENANNT

einer Nachahmung der βατραχοι des Aristophanes

BACCHUS *geht nach der Hölle hinunter, eine Seele wiederzuholen.*

DOKTOR FAUST *einsam umher spazierend*:
> In ewiger Unbehäglichkeit,
> In undenkbarer Einsamkeit,
> Ach! von nichts mehr angezogen,
> Verschnauf ich hier des Erebus Wogen.
> Bittre Fluten, liebtet ihr mich,
> Wär ich in eurem Schoß ersunken,
> Hätte da Vernichtung getrunken;
> Aber, ach! ihr haßtet mich!
> Fühltet ihr, wie's mich gelabt,
> Als ihr brennend mich umgabt,
> Wie es kühlte meine Pein,
> Mich von etwas umfangen zu wissen!
> Von der Schöpfung losgerissen
> Noch von etwas geliebt zu sein!
> Aber, ach! betrogen, betrogen!
> Auch ihr haßt mich, grausame Wogen!
> Ist kein Wesen in der Natur,
> Das, nicht lieben, nicht erbarmen,
> Das mich grenzenlosen Armen
> Bei sich dulden wollte nur?

BACCHUS *tritt von hinten herzu und berührt ihn mit Merkurs Stabe*:
Mein Freund!

DOKTOR FAUST *wendet sich um*: Ihr Götter! *Bacchus zu Füßen.*
Welche Stimme!

>
> Kommst du vielleicht mit zehnfachem Grimme,
> Großes Wesen, meiner Pein
> Neue endlose Stacheln zu leihn?
> Willst du eines Verzweifelten spotten?
> Oder kömmst du, wie dein Gesicht,
> Liebenswürdigster! mir verspricht,
> Mich auf ewig auszurotten? –
> Nimm meinen Dank und zögre nicht!

BACCHUS:

> Keins von beiden. – Dein Herz war groß –
> Faust – – – du bist deines Schicksals los,
> Und, wenn dir die Gesellschaft gefällt,
> Komm mit mir zur Oberwelt!

Faust sinkt in einer Betäubung hin, die, weil sie der Vernichtung so ähnlich war, eine unaussprechliche Ruhe über sein ganzes Wesen ausbreitet.

[EIN LUSTSPIEL
IN ALEXANDRINERN]

ERSTE SZENE

Der Schauplatz stellet die Allee eines kleinen Gartens vor, der überall mit Gebirgen eingeschlossen ist, auf denen man in einiger Entfernung Schlösser und Landhäuser entdeckt, die an dem Fuße derselben das Ufer eines in ihrer Mitte schlängelnden Flusses verschönern helfen.

SOPHIE DETMONT *tritt auf, ländlich gekleidet*:
 Hier wär es denn, wo mir dein Blick das erstemal,
 Dein Mund, o Wadrigan! die goldne Freiheit stahl,
 Hier schien ein jedes Wort dir Zung und Herz zu brechen
 Und ich verstund dich doch. O möchtst du noch so sprechen!
 An jenem Birnbaum war's, dort in dem hohen Gras,
 Wo ich in deiner Angst mein ganzes Glücke las.
 Wo ist die Laube nun? wo sind die Zeugen-Bänke?
 Du ließest das vergehn. O Wadrigan, ich denke
 Der Garten mag ein Bild von deinem Herzen sein.
 Du kauftest ihn von mir, als Detmont starb. – Allein; –
 Von dem verhaßten Lärm der Städte losgerissen,
 Ließ ich mit Wollust hier der Tochter Tränen fließen,
 Da kamst du Zauberer und trocknetest sie mir,
 Und ich ein Kind, ein Weib, ich ließ den Garten dir,
 Zugleich mein ganzes Herz mit allen seinen Trieben,
 Und wähnt' es wäre Pflicht statt seiner dich zu lieben,
 Und dieses Heiligtum, Gott! hätt ich das bedacht!
 Als du auf Reisen gingst, blieb in des Gärtners Macht.
 Scheint's doch, so wie dein Herz, mehr Kälte überkommen

Als hätt die ganze Welt mit Teil daran genommen,
　　Wie alles fremd hier ward! Ist das der Reisen Frucht?
　　Ach! so bin ich ein Kind, daß ich's nicht auch versucht.
　　Heut führst du Belmont her, du selbst hast ihn geladen!
　　Heut! – und bist du gewiß, er könne dir nichts schaden?
　　Er hält es nicht geheim, daß sein zerrißnes Herz
　　Bei mir nun Lindrung sucht für alter Wunden Schmerz;
　　Bei mir den Abgott sucht, den er drei Jahr besessen,
　　Der ihm entrissen ward, bei mir den zu vergessen,
　　Bei mir – und Wadrigan – Gott! ihr mißhandelt mich!

ZWEITE SZENE

BELMONT *kommt*:
　　So ungelegen kam kein Mensch vielleicht als ich?
　　Den Tag, der Sie gebar, im Stillen zu begehen,
　　Die feirende Natur darüber froh zu sehen
　　Begaben Sie sich her und ich –
SOPHIE:　　　　　　　　　　　　Sie stören nichts!
BELMONT:
　　O! wenn mir das Herz – genug, Ihr Mund verspricht's,
　　Der zauberischte Mund, der jemals hintergangen;
　　O! fühlten Sie, was solch ein Wörtlein aufzufangen,
　　Was das zuweilen ist: Ich störe nichts. Wohlan!
　　Das übersetz ich mir, daß ich noch hoffen kann.
SOPHIE:
　　Mein Herr! Sie dauren mich. Würd ich Sie minder schätzen,
　　Würd's mich nicht ängstigen, daß Sie – falsch übersetzen.
BELMONT *mit Heftigkeit*:
　　Falsch?
SOPHIE:　Sie verstehen mich nicht.
BELMONT *die Hand auf das Herz*:　　Falsch?
SOPHIE:　　　　　　　　　　　　　　Unrecht, Herr Belmont.
BELMONT *knieend*:
　　Du Engel! höre mich.

SOPHIE: Das bin ich nicht gewohnt. –
Ich bitte, stehn Sie auf! – es könnte jemand kommen;
Ich muß hinein. – *Sie will gehn. Belmont faßt sie flehend an der Hand.*
BELMONT: Sie gehn? – *Sophie ergibt sich zu bleiben.*
Sie haben wahrgenommen
In meinem düstern Blick vermutlich, was mein Herz
So schlecht verhelen kann, nur halb geheilten Schmerz,
Sie haben recht gesehn, und weil Sie mein Gewissen
So reizend aufgeweckt. –
SOPHIE: Mein Herr –
BELMONT: Sie müssen's wissen,
Das Letzte, Ärgste, was – vor Gott sei es gesagt –
Von meinen Lippen sich noch nie herangewagt,
Was ich – bewundernswert sind die Sophistereien
Des Herzens doch – mir selbst nie wagte zu erneuen,
Was ich mir selbst verbarg, gleich Fieberträumen ich
Nur ruckweis wiedersah, unkenntlich, fürchterlich, –
Vor deinem Blick allein, mein Schutzgeist, darf ich trauen,
Das Schreckenbild davon noch einmal anzuschauen?
Ein sanftes Wort von dir erhält mich – –
SOPHIE *bei Seite*: Wie mich's quält!
Sein Selbstbetrug! und doch, wenn er sein Leid erzählt,
Erleichtert sich's vielleicht. Ich wünscht, ich dürft es wagen,
Ihm meine Freundschaft, rein von Liebe, anzutragen;
Wenn du nur, Wadrigan! mir nicht zu sicherst wärst!
BELMONT:
Es scheint – Vollkommenste! – du seist gerührt, du hörst
Teilnehmend Marter selbst, die du nicht angerichtet!
O du! weit über das, was ich mir je erdichtet!
O du! selbst über die, die ich so treu geliebt!
Sprich! ob zu meinem Leid es noch ein Beispiel gibt!
Ein Freund, die Seele mir der glücklichsten Momente,
Der Firnis, der sie hob – für den ich sterben könnte
In manchem Augenblick, noch itzt – der Freund stiehlt mir
Mein höchstes Gut nach ihm; ein Herz – Sophie! – gleich
dir!

SOPHIE:
    Aufrichtig, Belmont! wer hieß Sie mir das erzählen? –
BELMONT *ohne zu antworten*:
    Ein Herz und – ein Gesicht, um selig uns zu quälen;
    Unglaublich, schrecklich ist's, wie ähnlich Sie sich sind!
    Ich sah Sie jenen Tag mit Ihrer Schwester Kind,
    Sie hielten es im Schoß und lächelten drauf nieder,
    Es schoß mir durch das Mark, ich sah mein Fannchen wieder;
    So sang, so schmeichelte sie unsern Franz in Ruh,
    Als ich noch Vater war. Gott! –
SOPHIE: Und wie ging es zu,
    Daß Sie es nicht mehr sind?
BELMONT: In Canadas Gefilden
    Sah ich mein Weib zuerst – ein Seraph unter Wilden –
    Der Gouverneur des Orts mein einzger Umgang war,
    Der tugendhafte Freund! –
SOPHIE *mit Erstaunen*:   Der Gouverneur?
BELMONT: Barbar!
    Im trunknen Augenblick der Lust selbst mußt du fühlen,
    Daß du ein Teufel bist! –
SOPHIE: In Canada?
BELMONT: O! spielen
    Sie nicht die Spötterin, ich bin gequält genug!
SOPHIE *ihm mit Feuer um den Hals fallend*:
    Mein Bruder! –
BELMONT: Göttliche! Sie ziehn zurück? was schlug
    An meinem Busen denn? –
SOPHIE: Ich bitte Sie! Verlassen
    Sie mich! – Ich kann mich noch – kann alles das nicht fassen;
BELMONT *ihre Hand an die Lippen drückend*:
    Wie tröstend –
SOPHIE: Gehen Sie! dort kommt Herr Hackliz.

DRITTE SZENE

Hackliz *zu den* Vorigen.

Hackliz *Belmonten, der in der feurigsten Entzückung Sophiens Hand,*
  von hinten zu auf die Schultern schlagend: So?
Das geht ja Extrapost! Glück zu! Bravissimo!
Wie steht das Leben sonst? – Ist's Reislein wohl bekommen?
Sie sind in der Zeit was Rechts herumgeschwommen;
Nun! unser Bardolft auch. Vergangne Freitags-Nacht
Hat er uns den Bachat zum letzten Stich gebracht,
Der ihre Schwester da, – er kam mit seinem Vetter
Den Weg und nahm sie mit von ihrer Tante, – Wetter!
Das war ein Anblick, Herr! der Willkomm. Ja, wer heißt
Euch Fratzen denn, daß ihr, wenn so was trifft verreist.
Ihr wißt! das Kind, das ich einst mitnahm von der Tante,
Ihr Knab, was meint der Herr? ob sie der Bub erkannte?
Ich schwör es ihm zu Gott, wie sie zur Stub eintrat –
Ha! Mutter! Mutter! rief's – *Er präsentiert Belmont die Tabaks-*
dose.
              Wahrhaftig – in der Tat! –

[BORIS]

> BORIS *sitzt in einem kleinen Zimmer mit Papieren umgeben, in denen er liest, vor ihm beugen sich einige russische Kaufleute.*

BORIS: Gut gut, ich verstehe eure Klagen. Ihr fürchtet, wenn dieses Kind groß wird, möchte es zuviel tartarische Mursen an euren Hof ziehen. Es sollen Maßregeln getroffen werden – *Geht lange stumm auf und ab.*

KAUFMANN: Allein – wir wollen kein Blut vergießen – wir wollen es nur entfernen, daß es nicht zur Regierung kommt –

BORIS: Ich verstehe – dabei Romanow in die Hände spielen – es scheren und ins Kloster tun – wie Dmitri den Bruder von Iwans Vater – *Sich die Nägel besehend.* Ich verstehe.

KAUFMANN *mit der Mütze ein Zeichen gebend*: Auch das nicht – Aus dem Reich fort, mein Herr –

BORIS *ergrimmt auf ihn zulaufend*: Mensch, wenn du dem nicht glaubst, der wie David mit einem Stecken 900 000 Tartaren in die Flucht jagte – Ihr raset Menschen mit eurem Mißtraun – sieh wie er mich anguckt! Deine Blicke wollen mich vergiften, weil Zar Fedor – nicht wahr – sich in meiner Schwester mit tartarischem Blut befleckte? Und doch war es das tartarische Blut, das zu Dmitris Zeit, den ihr göttlich verehrt und ihm ein Kloster erbaut habt, [....] mit 600 000 Tartarn fortweisen half. Sieh mich an Basilisk! ist mir nicht Wasser der Taufe übers Haupt geronnen. Für wen hältst du mich?

KAUFMANN: Ihr mögt sein wer Ihr wollt, das Kind ist ein Tartar und darf nicht zur Regierung kommen – Es ist nicht ohne

Ursache daß unser hochseliger Herr ihm eine so fürchterliche Schildwacht setzte –

Boris: Eine Schildwacht – eine Schildwacht, die Zar Fedor heut das Leben nähme und ihn auf den Thron setzte – wenn ich nicht wachte und mein Auge überall hätte – Geh von mir Bluthändler! Ihr stellt dem Knäblein nach dem Leben, weil sein kleiner Hof eure Stadt reich macht – und wollt den Staub von Fedors Füßen lecken, daß ihr ihn niederträchtig argwöhnisch macht wie ihr seid und grausam genug seines Bruders Blut zu vergießen!

AMOR VINCIT OMNIA

Ein Stück von Shakespearn

PERSONEN

DER KÖNIG VON NAVARRA
BIRON
LONGAVILLE | Herren im Gefolge des Königs
DÜMAIN
BOJET
COSTARD
DON ADRIANO DE ARMADO, ein Spanier
NATHANAEL, ein Dorfpfarrer
DULL
HOLOFERNES
MOT, Page des Don Adriano de Armado
EIN FÖRSTER
DIE PRINZESSIN VON FRANKREICH
ROSALINE
MARIE | Hoffräulein der Prinzessin
CATHARINE
JAKOBINE
Gefolge des Königs und der Prinzessin
Im Original: Love's Labour's lost.

ERSTER AKT

ERSTE SZENE

KÖNIG. BIRON. LONGAVILLE. DÜMAIN.

KÖNIG: Der Ruhm, dem so viel ihr Leben weihen, soll unser Grab überleben, laßt uns zum Trotz des großen fräßigen Raben Zeit, uns um diesen Ruhm bewerben, welcher dessen scharfen Raubschnabel stumpf und uns zu Erben einer ganzen Ewigkeit machen kann. Daher, brave Ritter! Krieg sei angekündigt den Affekten und dem furchtbaren Heer der Vergnügungen, Navarra das Wunder der Welt, unser Hof eine kleine Akademie, der Betrachtung und den Künsten geheiligt. Biron, Dümain, Longaville, meine Schulkameraden, ihr habt einen Eid getan, diese drei Jahre mit mir die Statuten heilig zu beobachten, die auf diesem Zettel stehen: wohlan, seid ihr jetzo so bearmt, als ihr vorhin bemault wart, so unterschreibt nun eure Namen, damit der, welcher auch nur den kleinsten drin enthaltenen Punkt überschreitet, sich hiermit zum voraus gleichsam unehrlich mache und selber den Stab breche.

LONGAVILLE: Ich bin entschlossen. Es ist nur ein dreijähriges Festin, das wir unserm Geiste geben, derweile das Fleisch leidet. Fette Wänste haben magere Köpfe, und Leckerbissen bereichern die Rippen, aber machen den Verstand bankerut.

DÜMAIN: Teurester Souverain! Dümain ist den Vergnügungen der Welt längst abgestorben, Liebe, Pracht, Überfluß sind mir leere Wörter, nur beim Namen der Weltweisheit leb ich auf.

BIRON: Das ist viel gesagt. Ich habe geschworen, mein Fürst, hier zu bleiben, drei Jahr zu studieren. Aber was die andern strengen Regeln betrifft, in der ganzen Zeit kein Weibsbild anzusehen, ich hoffe doch, daß das nicht auf dem Zettel stehen wird, und denn, einen Tag in der Woche zu fasten, und jeden Tag nur eine Mahlzeit zu tun, ich hoffe doch, das seltsame Zeug wird nicht schwarz auf weiß da stehn und drei Stunden

ERSTER AKT

die Nacht nur zu schlafen, da ich doch gewohnt bin, meine liebe lange Nacht an nichts Arges zu denken und oft den halben Tag mit dazu zu nehmen. Ich hoffe doch, all das närrische Zeug wird nicht mit auf dem Zettel stehn. Das wäre ja Festungsarbeit, der Henker hielte das aus, nicht zu essen, nicht zu schlafen, kein Mädchen zu sehn.

KÖNIG: Ihr habt geschworen.

BIRON: Verzeiht mir, teurester Souverain! ich schwur bloß, mit Eurer Majestät zu studieren und drei Jahre an Eurem Hofe zuzubringen.

LONGAVILLE: Ihr schwurt das, Biron! und das übrige auch.

BIRON: Der Henker, so schwur ich's im Scherz. Halt – wenn ihr den so scharf seid, was ist der Endzweck des Studierens, sagt mir einmal?

KÖNIG: Das zu wissen, was wir noch nicht wissen.

BIRON: Das heißt, alles, was dem gewöhnlichen Menschenverstande untersagt ist, nicht so?

KÖNIG: Freilich! das ist der Vorzug des Fleißes.

BIRON: So kommt denn, ich will schwören. Ich will zum Exempel studieren, wie das Essen schmeckt, an dem Tage, da es euch untersagt sein wird zu essen, wie ein hübsches Mädchen aussehe, oder wie ein gar zu harter Eid zu brechen sei. Alsdenn weiß ich mehr als itzt, nicht wahr? und so ist der Endzweck meines Studierens erreicht.

KÖNIG: Alle diese Dinge waren nur Hindernisse, die unsern Trieb in seinem echten Lauf aufhielten und ihn in die Kanäle eitler Ergötzungen leiteten.

BIRON: Alle Ergötzungen sind eitel, es ist wahr, aber die gelehrten am meisten. Da über einem Buch schweben und das Licht der Wahrheit suchen, das uns doch nur die Augen tränen macht. Licht mit einem Licht suchen, betrügt uns oft um das Licht, das wir haben. Studiert lieber, wie ihr dem Auge Vergnügen schaffen wollt, wenn ihr's auf ein ander schönes Auge heftet, wird es da gleich geblendet, so wird sich das andere Auge seiner freundlich annehmen und es wieder mit dem Lichte versorgen, das es ihm entzog. Die Wissenschaften gleichen der strahlenden Sonne des Himmels, die nicht mit zu verwegenen Blicken zu lange will angesehen werden. Wenig genug haben die kontinuierlichen Gucker bis dato gewonnen, höchstens das, was andere vor ihnen gesagt haben. Diese irdischen Gevattern des Himmels, diese Astronomen, die jedem Stern gleich einen Namen an den Hals werfen, haben nicht größern Gewinn von den schönen Nächten als der ehrliche Bauer, der drunter umherspaziert und viel weiß, was sie bedeuten. Nein nein, zu viel wissen, heißt nichts wissen – als höchstens sich einen Namen zu machen, weil man andern Dingen Namen geben kann.

KÖNIG: Wie gelehrt wider die Gelehrsamkeit!

DÜMAIN: Wie verschlagen gegen die Beschlagenheit!

LONGAVILLE: Er will einen Acker besäen und doch läßt er das Unkraut wachsen.

BIRON: Die Gesselchen haben keine Federn, doch müssen sie schon gacksen.

DÜMAIN: Wie paßt das hieher?

LONGAVILLE: Ich sehe keinen Sinn drin.

BIRON: So hör ich einen Reim drin.

LONGAVILLE: Biron ist wie ein neidischer, beißender Frost, der die neuaufgekeimten Kinder des Frühlings tötet.

BIRON: Warum prahlt ihr dann mit Blüten, eh noch die Vögel angefangen zu singen? Soll ich eurer Fehlgeburten schonen? Ich verlange so wenig um Weihnachten eine Rose aufblühen zu sehen als in Maiblumen schneien. Jedes Ding für seine Jahrszeit, so ihr, jetzt ist's für euch zu spät, das heißt übers Haus steigen um ein Fenster aufzumachen.

KÖNIG: Gut, so bleibt draußen. Geht heim Biron! Adieu.

BIRON: Nein, mein Fürst! ich habe geschworen. Obschon ich für die Barbarei gesprochen, so will ich doch halten was ich schwur. Reicht mir Euren Zettel, ich will ihn durchgehen und dann meinen Namen unterschreiben.

KÖNIG: Du ersparst dir einen großen Schimpf.

BIRON *liest*: ›Daß eine ganze Meile im Umkreise keine Weibsperson meinem Hofe nahen soll‹ – – ist das proklamieret worden?

LONGAVILLE: Seit vier Tagen schon.

BIRON: Und bei Strafe? – ›ihre Zunge zu verlieren?‹ Wer gab die Strafe an.
LONGAVILLE: Ich.
BIRON: Warum?
LONGAVILLE: Weil es die ärgste ist, die man ihnen drohen kann.
BIRON *weiterlesend*: ›Wenn eine Mannsperson innerhalb dieser drei Jahre mit einem Weibe spricht, soll er eine so strenge öffentliche Beschimpfung, als der Hof ohne Störung der allgemeinen Ruhe – ‹
Diesen Punkt, mein Fürst! seid Ihr selbst gezwungen zu brechen, denn Ihr wißt, daß die Prinzessin des Königs von Frankreich unterweges ist, mit Euch wegen der Übergabe von Aquitanien an ihren alten Vater zu akkordieren. Dieser Punkt wäre also null und nichtig, oder die ganze Reise und der Auftrag der schönsten aller Prinzessinnen – –
KÖNIG: Was sagt ihr dazu, Ritter? Wahrhaftig, ich hatte es ganz und gar vergessen.
BIRON: Das sind die edlen Früchte des Studierens, derweil Ihr zu wissen strebt was Ihr wollt, vergeßt Ihr drüber was ihr sollt.
KÖNIG: Hier zwingt uns die Not, eine Ausnahme zu machen.
BIRON: So wird uns die Not alle zwingen, dreitausend Ausnahmen in drei Jahren zu machen. Jeder Mensch wird mit seinen Trieben geboren, die durch nichts anders als die Gnade bemeistert werden können. Werd ich also meineidig, so hoff ich, dies Wort Ew. Majestät wird mir zu Gut kommen, ich hab's aus Not getan. So will ich denn auch meinen Namen unterschreiben, aber im weitläuftigern Sinn, die andern Herrn tatens im engern. Doch hoff ich, ich werde der letzte sein, der seinen Eid zu befingern anfangen wird, um ihn nach und nach gar zu brechen. Aber haben wir denn nicht die mindesten Erholungen bei unserer Kopffron?
KÖNIG: Ihr wisset, an unserm Hofe hält sich der scharfsinnige reisende Spanier auf, ein Mann, der mit den Sitten der ganzen Welt gestempelt ist und ein ganzes Münzkabinet von neuen Worten in seinem Hirnkasten trägt. Dessen Zunge von lauter Harmonien ertönt, ein Mann von oben herab, immer entscheidend, den Recht und Unrecht zum Schiedsrichter

aller ihrer Katzbalgereien scheinen ausersehen zu haben. Dieser Sohn der Phantasei, der hohe Armado, soll zur Ausfüllung unserer Nebenstunden uns Rittergeschichte erzählen, wie er Euch gefallen wird, weiß ich nicht, genug ich habe meine Freude daran, ihn lügen zu hören.

BIRON: O Armado ist ein Mann von Wichtigkeit.

LONGAVILLE: Wenn Costard, der Narr, dazu kommt, so werden uns die drei Jahr nur gar zu geschwinde vergehen.

ZWEITE SZENE

COSTARD. DULL *zu den* VORIGEN.

DULL: Wo ist des Herzogs eigene Person?

BIRON: Hier, Bursche! was verlangst du?

DULL: Ich präsentiere selber des Herzogs Person, denn ich bin Sr. Herrlichkeit Konstabel, aber ich wollte des Herzogs Person in Fleisch und Blut sehen.

KÖNIG: Hier bin ich.

DULL: Herr Arme schickt mich: es steht nicht recht draußen. Dieser Brief wird Euch mehr sagen.

COSTARD: Von mir ist die Rede.

KÖNIG: Ein Brief vom hohen Armado.

BIRON: Der Inhalt wird niedrig genug sein.

COSTARD: Von mir ist die Rede, von mir und Jakobinen. Die Art, wie ich mit ihr ergriffen bin – –

BIRON: Auf was für Art?

COSTARD: Auf folgende Art und Weise, Herr! alles dreies zusammen. Vors erste die Art, daß er mich gesehn hat mit ihr in des Meyers Hause sitzen, auf diese Weise und zum dritten das folgende, daß er mich gesehen hat, wie ich ihr in den Garten folgte. Nun was die Art anbelangt, Herr, so ist es die Art von einem Kerl, daß er mit seinem Maidel spricht.

BIRON: Aber die Folgen, guter Costard.

COSTARD: Ja ja, das folgende, he he he, Gott mag dem Recht beistehen.

KÖNIG: Wollt Ihr den Brief hören?

Biron: Wie ein Orakel.
Costard: O ihr einfältige Leut!
König *liest*: ›Großer Abgeordneter! Vizekönig des Himmels, einziger Herrscher in Navarra, meiner Seele Erdgott und meines Körpers pflegender Patron!‹
Costard: Sagt er nichts von Costard noch?
König *liest*: ›So ist es –‹
Costard: Das glaub ich wohl, daß dem so ist, weil er's sagt, muß es wohl –
König *böse*: ›Fried! –‹
Costard: Sei mit allen, die nicht fechten können.
König: Kein Wort.
Costard: Ich ersuch Euch, lest meine Heimlichkeiten nicht laut.
König *liest*: ›So ist es. Belagert von der mistfarbenen Melancholei übergab ich diesen schwarzdrückenden Humor der heilsamen Natur, und da ich ein Edelmann bin, begab ich mich auf den Spaziergang. Die Zeit wenn? um die fünfte Stunde, wenn das Vieh am emsigsten graset, die Vögel picken und der Mensch sich niedersetzet zu der Nahrung, die da genannt ist Abendbrot. So viel für die Zeit. Nun für den Grund, warum? Der Grund, auf dem ich spazierte, heißt der Park. Nun für den Ort, wo? Wo ich antraf die obsköne und sehr verkehrte Szene, welche von meiner schneeweißen Feder die ebenfärbige Tinte herabzieht, die du hier anschaust, in Augenschein nimmst, betrachtest oder siehst. Aber was den Ort anbetrifft, wo, so liegt er nordostwärts, an dem ostostlichen Winkel Deines kuriosen Irrgartens, da sah ich und siehe, der niedrigdenkende Narr, der elende Günstling Deiner Laune (Costard. Ich?) die ungelehrige Seele (Cost. Ich?) der seichte Sklave (Cost. Immer ich?) der, wie ich mich erinnere, sich Costard (Cost. Aha ich, ich –) zugesellt, Deiner proklamierten hohen Verordnung schnurstracks entgegen, zu – ich leide zu viel, wenn ich sage zu wem –‹
Costard: Zu meinem Mensch.
König *fortlesend*: ›Zu einem Kinde unserer Großmutter Eva, oder um mich deutlicher auszudrücken, zu einem Frauenbild. Diesen habe, der bewährten Pflicht meiner Schuldigkeit

gemäß, zu Dir gesandt, den Lohn seiner Strafe zu empfahen durch Deiner Herrlichkeit Beamten Anton Dull, einem Mann von gutem Ruf, Führung, Aufführung und Betragen.‹

DULL: O zu viel Ehre, ich heiß Anton Dull und kein Wort weiter.

KÖNIG: ›Was Jakobinen, so heißt das schwächere Gefäß, anbetrifft, so habe sie als ein Gefäß der Strenge der Gesetze angehalten und sie soll auf den kleinsten Wink Deines Willens hieher zum Verhör gebracht werden. Dein in aller Ehrfurcht der devotesten Hitze der Ergebenheit Don Adriano von Armado.‹

BIRON: Nicht vollkommen so gut als ich erwartete, aber doch besser als alles, was ich von der Art hörte.

KÖNIG: Was sagst du dazu, Costard?

COSTARD: Gnädiger Herr, ich bekenn auf mein Mensch.

KÖNIG: Hast du meine Verordnung gehört? Es war ein Jahr Gefängnis darauf gesetzt, mit einem Mensch angetroffen zu werden.

COSTARD: Gnädiger Herr, 's war kein Mensch, 's war eine Mamsell.

KÖNIG: Gut, mit einer Mamsell.

COSTARD: Es war eine Jungfer Ihro Gnaden.

KÖNIG: Das Gesetz gilt von den Jungfern auch.

COSTARD: So leugne ich ihre Jungferschaft, es war ein Mädel.

KÖNIG: Das Mädel wird dir zu nichts helfen, Narr. Du sollst eine Woche fasten bei Wasser und Brot.

COSTARD: Ich hätte lieber ein Jahr gebetet bei Schaffleisch und Reis.

KÖNIG: Don Armado soll dein Kerkermeister sein. Biron! daß er ihm übergeben wird. Und wir wollen an unsere Arbeit gehen. *Ab.*

BIRON: Ich wollte meinen Kopf verwetten, diese Verordnungen machen uns am Ende noch alle zu Narren. *Zu Costard.* Komm.

COSTARD: Ich leide für die Wahrheit, Herr, denn wahr ist's, daß ich mit Jakobinen bin gegriffen worden und Jakobine ist wahr und wahrhaftig ein Mädel, also denn willkommen du bitterer

Trank der Freude, und das Unglück wird mich auch schon wieder einmal anlachen, und dann so lebet wohl ihr meine Sorgen und so ferner. *Ab.*

DRITTE SZENE

Armados Haus.

Armado. Mot, *sein Page.*

Armado: Junge, was bedeutet's, wenn ein Mann von großem Geist melancholisch wird?
Mot: Es bedeutet ihm nichts Guts, Herr, es bedeutet, daß er sauersieht.
Armado: Zartes Reis! das ist dasselbe.
Mot: Nein, Herr.
Armado: Wie kannst du sauersehen und melancholisch sein von einander unterscheiden, zarter Junge?
Mot: Ja ich unterscheide sie, zäher Herr.
Armado: Warum nennst du mich zäher Herr?
Mot: Warum nennen Sie mich zart?
Armado: Das ist ein schickliches Epitheton, den jungen Tagen beizulegen. Wir nennen das ein zartes Alter.
Mot: Und ich nenne das ein zähes.
Armado: Wohl und schicklich.
Mot: Wer, Herr? ich oder meine Reden?
Armado: Du bist wohl, obschon klein.
Mot: Also ein klein wenig wohl.
Armado: Behender Junge.
Mot: Soll das ein Lob sein?
Armado: Freilich!
Mot: Ich will einen Aal so loben.
Armado: Wie das?
Mot: Er ist behend.
Armado: Ich sage, du bist behend im Antworten, du machst mich ungeduldig.
Mot: Ich bin keine Antwort.

ARMADO: Ich mag nicht widersprochen sein.

MOT: So hört auf zu reden, denn Ihr widersprecht Euch selber immer.

ARMADO: Ich habe dem Herzog versprochen, mit ihm drei Jahr zu studieren.

MOT: Das könnt Ihr in einer Stunde tun.

ARMADO: Unmöglich!

MOT: Wieviel ist eins dreimal genommen?

ARMADO: Ich kann nicht rechnen, das ist eine Wissenschaft für schlechte Leute.

MOT: Ihr seid ein Spieler.

ARMADO: Freilich, das geht zu meinem Stande.

MOT: So werdet Ihr doch gewiß wissen, wieviel's macht, wenn ich zu einem Zweier eine As tue.

ARMADO: Es macht zwei mehr als eines.

MOT: Und das nennt der Pöbel drei.

ARMADO: Es kann sein.

MOT: Also, Herr! ist denn dazu Kopfbrechens vonnöten? Ihr habt nun die drei studiert, ist auf der Welt Gottes nichts leichter, setzt nun das Wort Jahr zu dem Worte drei und studiert die zwei Worte, das müßte ja ein Tanzbär können, warum Ihr nicht?

ARMADO: Eine schöne Figur!

MOT: Ich will's Euch mit Zahlen aufschreiben.

ARMADO: Hör, ich will dir's nur gestehn, ich bin verliebt, und weil es niedrig für einen Helden ist verliebt zu sein, so bin ich in ein niedriges Mensch verliebt. Wenn ich mich von diesen verworfenen Gedanken frei machen könnte, ich wollte mein Schwert ziehen, sie sogleich zu Gefangenen machen und gegen französische Galanterie austauschen. Ich schäme mich zu seufzen, ich möchte den Cupido gern beschwören. Tröste mich, Junge! was für große Leute sind verliebt gewesen?

MOT: Herkules, Herr.

ARMADO: O der allerliebste Herkules. Mehr Autoritäten, Junge! nenne mir mehr Namen, ich bitte dich, und, mein liebes Kind! daß es nur ja Leute von guter Reputation sein.

MOT: Simson, Herr! und das war ein Mann von gar guter Aufführung, denn er führte die Stadttore auf seinem Rücken weg.

Armado: O wohl qualifizierter Simson! ich bin berühmt im Rapier, wie du im Tortragen. Wer war Simsons Liebste, mein teurer Mot?

Mot: Es war ein Weibsbild.

Armado: Von welcher Komplexion?

Mot: Von allen vieren.

Armado: Von welcher?

Mot: Von der meergrünen.

Armado: In der Tat, grün ist die Farbe der Liebe: aber eine Liebste von der Farbe ist nicht angenehm. Vielleicht liebt' er sie wegen ihres Witzes.

Mot: So war es: sie hatt' einen grünen Witz.

Armado: Meine Liebste ist ohne Flecken, weiß und rot.

Mot: Unter den Farben sind oft die beflecktesten Gedanken verborgen.

Armado: Wie das, mein Sohn! wie das?

Mot: Meines Vaters Verstand und meiner Mutter Zunge steht mir bei.

Armado: Schöne Anrufung eines Kindes! Sehr pathetisch und sehr ästhetisch.

Mot: Wenn sie ist weiß und rot zugleich,
         Ihr Fehl bleibt unbekannt.
         Denn das Gewissen machet bleich,
         Und Scham die Wang entbrannt.
         Jetzt ob sie noch so sehr sich schämt,
         Es kommt nicht an das Licht,
         Bei jeglichem Gewissen strömt
         Das Blut ihr zu Gesicht.

Das ist ein Lied über weiß und rot, Herr.

Armado: Weißest du keine Ballade von einem König und einer Bettlerin? mich dünkt, ich habe so etwas von dir gehört.

Mot: Wenn eine so da ist, so dient sie weder sie zum Drucken noch in Musik zu setzen.

Armado: Ich möchte sie gern geschrieben haben. Jung', ich bin in das Bauermädchen verliebt, das ich neulich mit dem vernünftigen Hunde Costard scherzen sah, und sie verdiente wohl –

MOT: Ausgepeitscht zu werden.

ARMADO: Sing, Junge, mein Geist wird schwermütig für Liebe.

MOT: Das wundert mich, da ihr ein so leichtsinniges Mensch liebt.

ARMADO: Sing.

MOT: Bis die Compagnie vorüber ist.

VIERTE SZENE

COSTARD. DULL. JAKOBINE. EIN MÄDCHEN *treten herein.*

DULL: Herr, des Herzogs Befehl ist, Costard in gefängliche Haft zu nehmen, er soll weder Lust noch Unlust leiden, das heißt, drei Tage in der Woche fasten. Und die Jungfer tut in den Park mit diesem Mädchen. Lebt wohl. *Ab.*

ARMADO: Meine Röte wird mich verraten – Mädchen.

JAKOBINE: Kerl!

ARMADO: Ich will dich im Tiergarten besuchen.

JAKOBINE: Mir nicht zuwider!

ARMADO: Ich will dir Wunder erzählen.

JAKOBINE: Ei was Ihr sagt?

ARMADO: Ich lieb dich.

JAKOBINE: Und ich Euch nicht.

ARMADO: So fahr wohl.

JAKOBINE: Glückliche Reise. Komm! *Geht ab mit ihrer Gespielin.*

ARMADO: Du Elender sollst fasten, bis dir's vergeben wird.

COSTARD: Ich hoff es, Herr. Kann ich nicht mit vollem Magen fasten?

ARMADO: Ihr sollt schwer bestraft werden.

COSTARD: Doch möcht ich nicht mit Euch studieren, denn Ihr seid leicht belohnt.

ARMADO: Führt ihn fort, geschlossen.

MOT: Fort, du verbrecherischer Sklave.

COSTARD: Herr, ich bitte Euch, ich bin fest genug, wenn ich los bin.

Mot: Los und fest zugleich? Ins Gefängnis.

Costard: Nun denn, wenn ich euch jemals wieder erblicke, ihr fröhlichen Tage der Verzweiflung, so soll mancher gewahr werden –

Mot: Was?

Costard: Nichts, Herr – was Er sieht. Gefangene sind nicht verbunden, in ihren Reden ein Stillschweigen zu beobachten, derowegen will ich nichts reden. Ich danke Gott, ich habe meine Galle wie andere Leute auch, ich verliere endlich die Geduld und deswegen so will ich geruhig sein. *Mot führt ihn ab.*

Armado *auf und ab spazierend*: Ich fühle etwas, eine hinreißende Sympathie – – zu dem Fußboden – (das ist niedrig) wo ihre Schuh – (das ist noch niedriger) von ihrem zarten Fuß bewegt (das ist das allerniedrigste) getreten haben. Ich tue einen Meineid, ich bin falsch – nun wie kann eine Liebe wahr sein, wenn sie falsch ist? Liebe ist ein guter Geist, Liebe ist der böse Feind, es gibt keinen bösern Geist als die Liebe, und doch ward Simson verliebt und hatte eine so große Stärke, und Salomo ward verführt und hatte doch einen guten Verstand. Cupidos Pfeile sind stärker als Herkules' Keule, geschickter als mein Rapier, er achtet das Passado nicht und das Duello respektiert er nicht, schade daß er ein Kind ist und doch Männer bezwingt. Lebe wohl Tapferkeit! roste Rapier! halt's Maul Trummel! euer Meister ist verliebt, ja er ist verliebt, steh mir bei irgend ein Versgott, sonst werd ich noch zum Sonett. Auf Witz fouragiere, schreib Feder, jetzt bin ich ein Buch in Folio. *Ab.*

ZWEITER AKT

ERSTE SZENE

Die Prinzessin von Frankreich. Rosaline. Marie. Catharine. Bojet. Herren und Gefolge.

Bojet: Jetzt, Prinzessin, ruft Eure schönsten Lebensgeister zusammen. Bedenkt, wen der König Euer Vater sandte, zu wem er Euch schickte, und was der große Zweck Eurer Gesandtschaft ist. Ihr, die Bewunderung der ganzen Welt, sollt mit dem einzigen Erben aller männlichen Vorzüge, dem unvergleichlichen Navarra sprechen, und der Handel betrifft nichts Geringers als Aquitanien, die Mitgabe einer Königin. Seid nun so verschwenderisch mit all Euren Annehmlichkeiten, als die Natur war, da sie Euch schuf, als sie die ganze sichtbare Welt davon zu entblößen schien, um Euch auszuschmücken.
Prinzessin: Guter Lord Bojet, so gering meine Schönheit ist, so braucht sie die Schnörkel Eures Lobes nicht, Schönheit wird gekauft nach dem Urteil des Auges, nicht nach dem marktschreierischen Ausruf der Kaufleute. Ich bin sicher weniger stolz, wenn Ihr meine Schönheit erhebt, auf meine Schönheit, als Ihr auf den Witz, den Ihr bei der Gelegenheit könnt sehen lassen. Zur Sache, Bojet, der allverbreitende Ruf trug uns entgegen, Navarra hab ein Gelübd getan, bevor drei Jahr unter mühsamen Studieren verstrichen, soll kein Weibsbild sich seinem stillen Hofe nähern, also eh wir diese verbotenen Tore betreten, sondern wir Euch aus, in Rücksicht auf Eure vorzügliche Talente, seine Meinung hierüber einzuziehen, und für uns um Audienz anzuhalten. Sagt ihm, die Tochter des Königs von Frankreich verlange in einer wichtigen und dringenden Angelegenheit eine mündliche Unterredung mit Seiner Majestät. Eilt und bringt uns demütigen Fremdlingen seinen königlichen Willen.
Bojet: Ich eile, stolz auf meine Kommission. *Ab.*
Prinzessin: Wer sind die Mitgeschwornen des gelehrten Herzogs?

MARIA: Ein Lord Longaville ist einer.
PRINZESSIN: Kennt Ihr den Mann?
MARIA: Ich lernt' ihn auf der Hochzeit Lord Perigords und der schönen Tochter Faulconbridgs kennen: in der Normandie sah ich diesen Longaville, er soll große Talente haben, wohlbewandert in Künsten, in den Waffen, nichts mißlingt ihm, was er unternimmt. Der einzige Flecken seiner glänzenden Eigenschaften war ein scharfer Witz mit einem stumpfen Herzen vermählt, der alles bis auf den Mark durchdringt, was ihm entgegen kommt.
PRINZESSIN: Ein Momus also, der überall zu lachen findet.
MARIA: So sagt man.
PRINZESSIN: Der schnellschießende Witz verwelkt, so wie er wächst. Wer sind die andern?
CATHARINE: Der junge Dümain, ein vollkommener Jüngling, von allen die Tugend lieben geliebt, viel Gewalt viel Schaden anzurichten, aber kein Herz dazu. Witz die häßlichste Gestalt gelten zu machen, und eine Gestalt, auch allen Mangel an Witz zu ersetzen. Ich sah ihn beim Herzoge Alfonso und er übertrifft meine Beschreibung weit.
ROSALINE: Wenn man mir die Wahrheit gesagt hat, so war damals noch einer von den vornehmen Studenten mit ihm. Sie nennen ihn Biron, aber einen lustigern Mann, doch mit Anstand, hab ich noch nie gesehen. Ich lernt' ihn in einer Stunde kennen. Sein Auge ist der Gelegenheitmacher seines Witzes, alles was jenem nur auffällt, weiß dieser in Scherz zu kehren, und hat einen so netten Dolmetscher an seiner Zunge, daß Greisenohren begierig an seinem Munde hängen bleiben.
PRINZESSIN: Gnade Gott Ladys! seid ihr denn alle verliebt. Ihr überschüttet ja die Leute mit einem Berg von Lobeserhebungen.
Bojet kommt.
PRINZESSIN: Nun was für einen Bescheid, Bojet.
BOJET: Navarra hatte schon Nachricht von Eurer schönen Anherokunft, er und seine Mitgenossen waren fertig Euch entgegen zu gehen, als ich kam. Aber was hab ich erfahren müssen? er ist so gewissenhaft, Euch lieber auf dem freien Felde

zu beherbergen, gleich als ob Ihr gekommen wärt seinen toten Hof zu belagern, als eine Dispensation für seinen Eid zu suchen. Hier ist er.

König. Longaville. Dümain. Biron. Gefolge.

KÖNIG: Schöne Prinzessin, willkommen an dem Hofe zu Navarra.

PRINZESSIN: Das schöne geb ich Euch zurück und das Willkommen hab ich noch nicht von Euch empfangen. Das Dach Eures Hofes ist zu hoch um Euer zu sein und dieses Feld zu weit, um es mir zuzueignen.

KÖNIG: Ihr seid an meinem Hofe willkommen.

PRINZESSIN: Ich nehm es an, führt mich hinein.

KÖNIG: Hört mir zu, teure Lady, ich hab einen Eid geschworen.

PRINZESSIN: Helfen Euch unsre lieben Frauen, so ist es ein Meineid gewesen.

KÖNIG: Um eine Welt nicht, schönste Prinzessin, mit meinem Willen nicht.

PRINZESSIN: Euer zweiter Willen wird den ersten wollen lehren.

KÖNIG: Eure Herrlichkeit weiß nicht was es ist.

PRINZESSIN: Oft ist das Nichtwissen weise und das Zuvielwissen Unwissenheit. Ich hör, Eure Herrlichkeit hat verschworen eine Haushaltung zu führen: es ist in der Tat so viel Sünde einen solchen Eid zu halten als ihn zu brechen. Aber verzeiht mir, daß ich so dreist bin einem Gelehrten zu predigen, geruhet lieber die Absicht meiner Anherokunft zu lesen und mich aufs geschwindeste abzufertigen.

KÖNIG: So geschwind als es mir möglich sein wird.

PRINZESSIN: Ihr wünschet mich wohl schon fort, ich mach Euch mit jedem Augenblicke meineidiger.

BIRON: Hab ich nicht in Brabant mit Euch getanzt?

ROSALINE: Hab ich nicht in Brabant mit Euch getanzt?

BIRON: Ich erinnere mich's recht gut.

ROSALINE: Also war es überflüssig, daß Ihr frugt?

BIRON: Ihr seid zu schnell im Antworten.

ROSALINE: Ihr spornt mich mit Euren Fragen.

BIRON: Euer Witz nimmt Reißaus, er wird müde werden.

ROSALINE: Nicht eher als bis sein Reuter im Kote liegt.

BIRON: Wenn soll das geschehen?

ROSALINE: Wenn mich ein Tor fragen wird.

BIRON: Laßt Ihr die Maske fallen.

ROSALINE: Ist mein Gesicht so schön als sie?

BIRON: Es wird Euch viel Anbeter herbei ziehn.

ROSALINE: Wenn Ihr nur nicht drunter seid.

BIRON: So muß ich wohl gehn.

KÖNIG: Madame! Euer Vater erwähnt hier die Zurückhaltung hunderttausend Kronen, der Hälfte der Summe, die mein Vater ihm zum letzten Kriege vorgeschossen, ich muß Euch sagen, weder er noch ich haben je dies Geld gesehen, und auch in dem Fall würden immer noch hunderttausend zu bezahlen übrig sein, zur Entschädigung machen wir auf einen Teil von Aquitanien Anspruch, obgleich es unter dem Werte unserer Schuldforderung ist. Versteht sich also der König Euer Vater, mir diese gewiß noch unbezahlte Hälfte wieder zu erstatten, so wollen wir unser Recht auf Aquitanien fahren lassen. Allein wie es scheint, ist er's nicht willens, er will meinem Vater hunderttausend Kronen bezahlt haben, und denkt mit keinem Worte an die Bezahlung der andern Hälfte. Also schönste Prinzessin! wären seine Foderungen nicht so hoch gespannt, so entfernt von allem vernünftigen Nachgeben, so würde Euer schönes Selbst schon längst das ganze Gefühl meines Rechts zum Nachgeben gezwungen haben und Ihr würdet vollkommen befriedigt nach Frankreich zurückkehren.

PRINZESSIN: Ihr tut dem Könige meinem Vater ein zu schmerzhaftes Unrecht und dem Ruhme Eures königlichen Namens nicht weniger, wenn Ihr so beharrlich drauf besteht, das Geld nicht empfangen zu haben, das Euch doch treulich ist ausgezahlt worden.

KÖNIG: Ich beteure Euch nie etwas davon gehört zu haben: könnt Ihr mir's beweisen, so will ich's Euch zurück bezahlen, oder mein Recht zu Aquitanien aufgeben.

PRINZESSIN: Wir halten Euch bei Eurem Worte. Bojet, du kannst Quittungen vorzeigen.

BOJET: Verzeihe Euer Herrlichkeit, das Paket worin diese und andere wichtige Papiere befindlich soll morgen erst ankommen.

KÖNIG: Es soll mir genug sein sie gesehn zu haben, so will ich nachgeben, – so viel ich kann. Mittlerweile empfangt von mir den Willkomm den Euch meine unverletzte Ehre geben kann, ich darf Euch die Tore nicht öffnen, teure Prinzessin, aber Ihr sollt hier dennoch so gut sein, daß ihr glauben sollt, ich hab Euch für die versagte Herberge in meinem Hause eine in meinem Herzen gegeben: Eure schöne Seele mag mich entschuldigen, und so lebt wohl. Morgen darf ich Euch wieder besuchen.

PRINZESSIN: Der Himmel erhalte Euch fröhlich.

KÖNIG: Euren Wunsch zurück, gnädige Frau! *Ab.*

BIRON: Lady, Ihr seid meinem Herzen anbefohlen.

ROSALINE: Tut was ich Euch befehle, es wird mir viel Vergnügen machen.

BIRON: Ich wünscht' Ihr könntet es seufzen hören. *Ab.*

DÜMAIN: Mein Herr! ein Wort – wie heißt jene Dame.

BOJET: Rosaline, Tochter des Alfonso.

DÜMAIN: Sehr liebenswürdig. Lebt wohl. *Ab.*

LONGAVILLE: Auf ein Wort, mein Herr! wer ist die im weißen?

BOJET: Tochter des Faulconbridge.

LONGAVILLE: Eine sehr angenehme Dame. *Ab.*

BOJET: Wenn meine Beobachtungen, die mir sehr selten fehlen, wenn ich die Rhetorik der Herzen in den Augen studiere, mich diesmal nicht betrügen, so ist Navarra angebrannt.

ROSALINE: Du bist in Liebeshändeln alt geworden.

MARIA: Er ist Cupidos Großvater und geht noch immer bei ihm in den Klassen.

ROSALINE: So muß Venus ihrer Mutter ähnlich sehen, denn sonst würde sie garstige Züge haben.

BOJET: Ihr könnt doch hören, Närrchen!

MARIA: Nein.

BOJET: So könnt Ihr doch sehn. Habt Ihr ihn nicht angesehn, als er vor ihr stand?

ROSALINE: Nein, wir sehen nur immer vor uns.

BOJET: Ja so ist mit Euch auch nicht zu sprechen.

DRITTER AKT

ERSTE SZENE
Der Park.

Armado und Mot. Mot singt.

Armado: Zwitschere Kind! mach den Sinn meines Ohrs empfindlich. *Mot singt.* Gut Lied! geh zartes Alter! nimm diese Schlüssel! Schenk dem Schäfer die Freiheit, bring ihn ungesäumt zu mir, ich muß ihn mit einem Briefe an meine Liebste schicken.

Mot: Herr, wollt Ihr Eure Liebste auf französisch gewinnen?

Armado: Wie das, lieber Junge?

Mot: Ein Liedchen mit dem End' Eurer Zunge tanzen, mit Euren Füßen dazu singen, und das alles durch Auf- und Abziehen Eurer Augbraunen beleben, eine Note seufzen, die andere singen, und wenn Ihr im Singen zuviel Liebe heruntergeschluckt, sie durch die Nase wieder von Euch geben, Euren Hut wie eine Regenrinne tief über den Kramladen Eurer Augen vorgeschoben, die Arme kreuzweis über Euren Brustlatz gelegt wie ein Kaninchen am Bratspieße, oder Eure Hände in den Rocktaschen wie ein Mann in einem uralten Gemälde – nur müßt Ihr nie zu lang in einer Melodie fortfahren, das sind die Manieren, das sind die Launen, denen die feinsten Koketten nicht halten können, wodurch Ihr Euch unsterblich macht wie Eroberer.

Armado: Wo hast du alle die Erfahrungen her?

Mot: Von mir selber.

Armado: Aber o! aber o!

Mot: Bald hättet Ihr Eure Liebste über meine Erfahrungen vergessen.

Armado: Führ mir den Schäfer her, er soll ihr den Brief bestellen.

Mot: Schöne Gesandtschaft! ein Pferd nach einem Esel.

Armado: Was sagst du?

MOT: Ihr könntet doch lieber das Pferd zu Eurer Botschaft brauchen, als es erst nach dem Esel gehen lassen.

ARMADO: Es ist nicht weit, geh geschwind.

MOT: Wie Blei.

ARMADO: Was denn, seltsamer Witz! ist Blei nicht ein schweres träges Metall?

MOT: *Minime.*

ARMADO: Ich sage, Blei ist langsam.

MOT: Und Ihr schnell im Verleumden. Ist das Blei langsam das aus dem Laufe einer Flinte kommt?

ARMADO: Angenehmer Rauch der Wohlredenheit! Er vergleicht mich der Kanone und er ist die Kugel. Geh denn, ich schieße dich zum Schäfer.

MOT: Bautz! – *Ab.*

ARMADO: Ein sehr scharfsinniger Knabe! voller gelenksamen freien Annehmlichkeiten. Mit deiner Erlaubnis, angenehmes Firmament! ich muß dir ins Gesicht seufzen. Strenge Melancholei, du hast meine Stärke übermannet! Aber da kommt mein Herold.

ZWEITE SZENE

MOT, COSTARD *zum* VORIGEN.

ARMADO: Du bist frei, Hirte – und ich lege dir für diese Entlassung keine andere Bedingung auf, als diesen Brief zur Nymphe Jakobina zu tragen, da ist ein Rekompens dafür, denn der beste Lohn wird denen die mir gehorchen. Mot, du folgst mir.

MOT: Wie eine Konklusion den Prämissen. Adieu Laie. *Ab mit Armado.*

COSTARD: Adieu, eine Unze Mannsfleisch! du mein Kaninchen – Rekupens das ist wohl das lateinische Wort von einem Zwölfpfenningsstücke. Ich möchte wissen, wie viel Ellen Band ich für einen Rekupens zu Kauf bekäme, weil die Leute das Latein nicht verstehn. *Biron kommt.*

BIRON: O mein guter, lieber Costard! vortrefflich, daß du mir hier in den Wurf kommst.

Costard: Sagt mir doch, Herr! wieviel Ellen feuerfarben Band kriegt man für einen Rekupens?

Biron: Was ist das?

Costard: Wißt Ihr das nicht? So viel als zwölf Pfenninge.

Biron: So kriegstu für zwölf Pfenninge Band dafür.

Costard: Ich dank Eurer Herrlichkeit! Gott erhalt Eure Herrlichkeit dafür.

Biron: Wart, Bursch! ich muß dich ausschicken. Willst du meine Gunst haben, so tu was ich verlange.

Costard: Wenn wollt Ihr's getan haben?

Biron: Diesen Nachmittag.

Costard: Gut! so will ich's tun. Lebt wohl.

Biron *hält ihn zurück*: Du weißt ja noch nicht was es ist.

Costard: Sagt mir's, wenn ich's werde getan haben.

Biron: Wart doch Schurke! du mußt ja erst wissen was.

Costard: Ich will morgen früh zu Euch kommen.

Biron: Du hörst ja, es soll den Nachmittag sein. Höre mir zu, Kohlkopf! Die Prinzessin kommt in den Tiergarten zu jagen, in ihrem Gefolge ist eine so schöne Dame, daß man ein Konzert macht, wenn man ihren Namen nur ausspricht, Rosaline heißt sie, frag nach ihr, übergib ihrer schönen Hand dies versiegelte Briefchen. Da hastu ein Trankgeld.

Costard: Trankgeld! o schönes Trankgeld! besser als Rekupens, zwölf Pfenning besser, allerliebstes Trankgeld. Ich will tun, was Ihr verlangt, Herr! o Trankgeld, Trankgeld. *Ab.*

Biron: O und ich! in Liebe versunken! sonst die Geißel der Verliebten, der Büttel jedes zärtlichen Seufzers, Richter – nicht – Nachtwächter, Konstabel, keifender Schulmeister der jugendlichen Regungen, o kein Sterblicher so stolz und vermessen als ich. Dieser wimmernde, gellende, stockblinde, unnütze Junge Cupido, der König schnarrender Sonette, Herr zusammengeschlagener Arme, Fürst der Seufzer und o! Lehnsherr aller Faulenzer und Tagdiebe, Selbstherrscher der Unterröcke, Heerführer der Pflastertreter – (herunter mein Herz!) und ich der Korporal unter seinem Leibschwadron! Ich der Reifen, durch den dieser Seiltänzer seine Sprünge macht. Ich liebe, ich verfolge, ich hetze ein Weib! – ein

Weib! – das wie eine Uhr aus Deutschland alle Augenblick muß repariert werden und doch nimmer richtig geht – und werde meineidig darüber – und was das schlimmste ist, liebe von allen dreien grade die häßlichste. Ein blasser Wildfang mit schwarz sammetnen Augbrauen und die Pechkugeln in ihrem Kopfe statt Augen. Und eine, beim Himmel! die euch ihre Sachen machen würde, und wenn Argus selber ihr Verschnittener wäre. Und ich bei ihr flehen – ich sie bewachen. Geh doch! es ist eine Pestbeule, mit der Cupido mich im Schlafe infizierte, dafür daß ich seine allmächtige schröckliche kleine Macht verspottete Gut, ich will lieben, schreiben, seufzen, weinen, bitten, verfolgen, schmachten, zum Narren werden, weil er es so haben will, und es einmal nicht zu ändern ist. *Ab.*

VIERTER AKT

ERSTE SZENE

Ein Seitengebäude im Park, nah am Palaste.

PRINZESSIN. ROSALINE. MARIA. CATHARINA. LORDS. GEFOLGE. EIN FÖRSTER.

PRINZESSIN: War's der König, der sein Pferd den Fußsteg bergan spornte?

BOJET: Ich glaub nicht, daß er es war.

PRINZESSIN: Wer es auch war – er zeigt' einen emporstrebenden Geist. Meine guten Lords, macht euch fertig, wir sollen heute Bescheid erhalten und Samstag geht es nach Frankreich *(zum Förster)* weist uns den Dickicht an, wo wir die Mörder spielen sollen.

FÖRSTER: An der Ecke jener Baumschule bleibt stehen, da werdt Ihr gewißlich nicht fehlschießen. *Costard kommt.*

BOJET: Hier kommt ein Mitglied des gemeinen Wesens.

COSTARD: Ich hab einen Brief vom Herrn Biron an die Dame Rosaline.

PRINZESSIN: O her damit, her damit, er ist mein guter Freund – Entfernt Euch, Bote! Brich auf, Bojet!
BOJET: Der Brief ist unrecht. Die Adresse ist an Miß Jakobinen.
PRINZESSIN: Es schadet nichts, wir müssen ihn einmal hören, brich dem Siegel nur den Hals.
BOJET *liest*: ›Beim Himmel! daß Du schön bist, ist untrüglich, wahr ist's, daß Du hübsch aussiehst und daß Du ein feines Gesicht hast, die lautere Wahrheit. Schöner als schön, hübscher als hübsch, wahrer als die Wahrheit selbst, hab Erbarmen mit Deinem heroischen Sklaven. Der großmütige und berühmteste König Cophetua warf ein Auge auf die gefährliche und unbezweifelte Bettlerin Zenelophon, er war's der mit Recht sagen konnte: *veni, vidi, vici*, das heißt, in die gemeine Sprache aufgelöst (o höchst niedrige und gemeine Sprache) er kam, sahe und überwand, er kam, eins, sah, zwei, überwand, drei. Wer kam, der König, warum kam er, zu sehen, warum sah er, zu überwinden, zu wem kam er, zur Bettlerin, was sah er, die Bettlerin, wen überwand er, die Bettlerin. Die Konklusion ist Sieg, auf wessen Seite, auf der Bettlerin, die Sklaverei ist beglückt, auf wessen Seite, auf des Königs, die Katastrophe ist eine Hochzeit, auf wessen Seite, auf der Bettlerin, nein! auf beiden Seiten zugleich. Ich bin der König (so verlangt es das Gleichnis) Du bist die Bettlerin (so verlangt es deine Liebenswürdigkeit). Soll ich Deiner Zärtlichkeit befehlen. Fast möchte ich. Soll ich sie zwingen? ich könnte es. Soll ich sie erwerben suchen? ich will. Was wirst Du für Deine Lumpen eintauschen? Kleider, für Deinen Namen? Titel, für Dich selbst? mich. Also – also in Erwartung Deiner Antwort profaniere ich meine Lippen an Deinen Füßen, meine Augen an Deinem holdseligen Gesichte und mein Herz an allen Deinen Gliedmaßen. Dein in teurester Ergebenheit Don Adriano von Armado.‹
So möchte man glauben einen Nemeischen Löwen zu hören, der ein Lamm, das als seine Beute vor ihm zittert, zum Spielzeuge macht.
PRINZESSIN: Was für ein Federbusch, was für eine Kirchenfahne, was für ein Wetterhahn hat den Brief geschrieben? Hab ich in meinem Leben so etwas gehört.

BOJET: Ich bin selbst irre geworden – aber nun erkenn ich ihn am Stil.

PRINZESSIN: Euer Gedächtnis müßte rasend schwach sein, wenn es einen solchen Stil nicht wieder erkennte.

BOJET: Dieser Armado ist ein Spanier, der sich zu Navarra aufhält, ein Phantast den König und seine Büchermaden lachen zu machen, mit einem Worte, ein gelehrter Hofnarr.

PRINZESSIN: Du Bursche, von wem hast du den Brief?

COSTARD: Ich hab's Euch ja gesagt, von meinem Herrn an seine Lady.

PRINZESSIN: Du hast unrecht bestellt – Kommt, ihr Herren, paßt auf, daß wir nicht fehlen. *Alle ab.*

ZWEITE SZENE

Ein Schuß im Walde.

DULL, *Konstabel,* HOLOFERNES, *Schulhalter,* NATHANAEL, *Kaplan, treten auf.*

NATHANAEL: Ein ehrenwerter Zeitvertreib, wahrlich, unter dem Zeugnisse eines guten Gewissens.

HOLOFERNES: Das arme Wildpretlein verlor *sanguis* Blut, wie ein Juwel der itzt in dem Ohre hängt *coeli* des Horizonts, des Firmaments, des Himmels, und dann wie ein kleiner wilder Holzapfel auf die Oberfläche herabfällt *terrae,* des Bodens, des Landes, der Erde.

NATHANAEL: Wahrlich, Herr Holofernes! Sie haben da gar artige *praedicata* angebracht, aber ich versichere Ihnen doch in der Tat, es war ein Rehe von der ersten Größe.

HOLOFERNES: Mein Herr Kaplan, haud credo.

DULL: Herr, es war keine Hautkrödo, 's war ein Hirschkalb.

HOLOFERNES: O barbarischer Einwurf! gleich als ob er in *via* auf dem Wege, auf der Bahn wäre, mir wider mein *haud credo* ein *argumentum* von Erheblichkeit *facere* zu machen, oder vielmehr *ostentare* zu scheinen, glänzen, schimmern.

DULL: Ich sagte, das Tier war kein *haud credo,* es war ein Hirschkalb.

HOLOFERNES: Aufgewärmte Einfalt! *bis coctus*. O du *monstrum* der Unwissenheit.

NATHANAEL: Herr, Er hat nie die Leckerbißlein gekostet, die uns in den erbaulichsten Büchern zubereitet werden, er hat kein Papier gessen, keine Dinte trunken, seine Seele ist ungebauet und leer, nur an den gröbern Teilen empfindlich. Diese niedrigen und unfruchtbaren Bäume sind uns dargestellt, daß wir sollen dankbar sein, wir die wir nur an den feinern Teilen empfinden, die ihm gänzlich verschlossen sein. Denn so wie es uns übel anstehen würde, hölzern und grob zu tun, so wäre es ein wahrer Schandfleck für die gelehrte Welt, wenn man ihn in eine Schule täte. Aber *omne bene* sag ich, mancher kann das Wetter nicht vertragen, und segelt doch mit dem Winde.

DULL: Ihr seid doch beide von den Studierten, Herr! könnt ihr mir sagen, was war einen Monat alt zu Adams Zeiten, das noch itzunderst nicht fünf Wochen alt ist.

HOLOFERNES: Dictinna guter Freund, *Dictinna* guter Freund.

DULL: Was ist das dick dünn, was ist das?

NATHANAEL: Ein Name für Phöbe, für Luna, für den Mond.

HOLOFERNES: Der Mond war einen Monat alt als Adam nicht älter war, und hatte es noch nicht zu fünf Wochen gebracht, da Adam schon hundert Jahre zählte. Die Allusion läßt sich auch noch so verändern, der Mond –

DULL: Das ist wahr in der Tat, die Kollusion läßt sich verändern.

HOLOFERNES: Gott stärke deinen Verstand, ich sage die Allusion läßt sich verändern.

DULL: Und ich sage, die Pollution läßt sich verändern. Denn der Monat ist niemals nicht älter als einen Monat und ich bleibe dabei, es war ein Hirschkalb das die Prinzessin schossen hat.

HOLOFERNES: Herr Nathanael, wollt ihr ein *epitaphium ex tempore* hören auf den Tod dieses Tiers, diesem armen Unwissenden zum Besten.

NATHANAEL: *Perge*, wertester Herr Holofernes, *perge*, es wird mir viel Vergnügen verursachen.

HOLOFERNES: Die Wissenschaften zu retten – hm! –

Epitaphium.
Die schöne Prinzessin schoß und traf
Eines jungen Hirschlein Leben:
Es fiel dahin in schwerem Schlaf
Und wird ein Brätlein geben.
Der Jagdhund boll. Ein L zu Hirsch
So wird es dann ein Hirschel;
Doch setzt ein römisch L zu Hirsch,
So macht es fünfzig Hirschel.
Ich mache hundert Hirsche draus,
Schreib Hirschell mit zwei LLen.

NATHANAEL *schlägt in die Hände*: Ein rares Talent.

HOLOFERNES: He he he, es ist mein Pfündlein, damit ich wuchere, simpel und doch außerordentlich, voll Formen, Figuren, Objekten, Ideen, Apprehensionen, Motionen und Revolutionen. Diese erzeugen sich in der Herzkammer des Verstandes, werden in der *pia mater* des Gedächtnisses genährt und der Gelegenheit zur Zeitigung überlassen. Aber diese Gabe ist nur für wenige Köpfe, und ich bin dankbar darüber.

NATHANAEL: Herr, ich preise den Himmel für ihn und alle meine lieben Pfarrkinder gleichfalls, ihre Söhne sind gar gut versorgt bei Euch, und ihre Töchter nehmen augenscheinlich zu, Ihr seid ein gar tüchtiges Mitglied des gemeinen Wesens.

HOLOFERNES: *Me hercule* wenn ihre Söhne *ingenium* haben, so ist meine Mühe gar geringe und wenn ihre Töchter fähig sind, gebe ich ihnen fröhlichen Unterricht. Aber *vir sapit qui pauca loquitur*. Dort grüßt uns eine Weibsperson. *Jakobina und Costard zun Vorigen.*

JAKOBINA: Gott grüß Euch, Herr Pfarr, seid doch so gut, Herr Pfarr, wenn Ihr wollt so gut sein und mir diesen Brief lesen, er kommt vom Herrn Arme, Costard hat ihn mir geben, ich bitt Euch sehr.

NATHANAEL: *Fauste precor gelida quando pecus omne sub umbra ruminat* und so ferner. Gebt ihn daher. *Liest heimlich*. Ach der gute alte Mantuaner, fast möchte ich von ihm sagen, was der Reisende von Venedig *venechi venachea qui non te vide i non te pia-*

che, alter Mantuaner! alter Mantuaner! wer dich nicht versteht, dem gefällst du auch nicht. *Ut re mi sol la mi fa.*

HOLOFERNES: Mit Erlaubnis, Herr, was ist der Inhalt, oder vielmehr wie *Horatius* sagt, – was seh ich? Verse?

NATHANAEL: Ja Herr! und sehr gelehrte.

HOLOFERNES: Laßt mich doch eine Strophe, Stanze, Rhythmus hören, *lege domine!*

NATHANAEL *liest*:
Meineidig macht die Lieb und dennoch darf sie schwören,
Und heilig wird der Eid den sie der Schönheit schwört.
Ach Schönheit! Eichen kann dein Feur in Weiden kehren,
So wie es Wankelmut in feste Treu verkehrt.
All mein Studieren lenkt anjetzt auf andre Bahn,
Dein Aug ist nun mein Buch, dein Busen Sitz der Künste,
Und alles außer dir ist Wahn ist Hirngespinste,
Und die gelehrte Sprach ist, wenn ich seufzen kann.
Fort Laien in den Stall die, wenn du da bist, sinnen,
Mein Ruhm mein Studium ist sinnenlos zu stehn,
Du raubst mich mir alsdenn, du reißest mich von hinnen,
So bald du dich entfernst, o dann muß ich vergehn.
Verzeihe, Himmlische, dem schulgelehrten Schwunge,
Daß ich den Himmel sing mit einer irdschen Zunge.

HOLOFERNES: Ihr fandet die Apostrophe nicht und darum verfehltet Ihr die Cäsur. Gebt mir her, da fehlt es im Silbenmaße.

NATHANAEL: Das Silbenmaß ist ganz richtig, aber die Zierlichkeit, die goldene Kadenz der Poesie *caret*. *Ovidius Naso*, das war der Mann. Und warum hieß er *Naso*? warum anders, als weil er die Zierlichkeit der poetischen Blümlein sowohl zu riechen wußte. Die Stärke der Nachahmung macht es noch nicht aus, das kann der Hund und der Affe auch, aber Jungfer! war der Brief an Euch gerichtet?

JAKOBINE: Herr, ich glaube, er ist von einem der fremden Lords.

NATHANAEL *die Aufschrift lesend:* Für die schneeweiße Hand der schönen Rosaline. Halt! die Unterschrift ist vom Lord Biron. Das ist einer von den Eidgenossen unsers guten Herzogs.

DULL: O das ist ein Braten für mich. Der König hat verboten an keine Lady zu sprechen, geschweige zu schreiben, ich bin

Sr. Majestät Konstabel, geh Jakobine, komm zum Könige, gib ihm den Brief in seine eigene Hände, sag ihm, Dull der Konstabel schickt dich, geh, sag ihm, er ist nicht an dich, Costard hat ihn verwechselt.

NATHANAEL: Ja geht nur in der Furcht des Herrn, Kinder! das ist eine Felonie, geht nur.

HOLOFERNES: Weil die Verse doch so schlecht sind, werter Herr Nathanael, he he he, freilich, freilich. Ich speise heut zu Mittage bei dem Vater einer meiner Schülerinnen, ich will nach dem *privilegio*, das mir mein treuer Fleiß an diesem *subiecto* gibt, Euch höflichst dort zu Gaste geladen haben und da wollen wir von diesen entsetzlichen Versen he he he weiterst mit einander reden.

NATHANAEL: Ich danke Euch freundlichst. Die Gesellschaft ist das Glück des Lebens.

HOLOFERNES: Also lade ich Euch denn, werter Herr Nathanael, *pauca verba*. Kommt nur, die Hochadelichen jagen hier auf dem Felde, und wir wollen das Wildpret in der Schüssel jagen, he, he, he. *Gehen ab.*

VIERTE SZENE

BIRON *allein, ein Papier in der Hand.*

Der König jagt itzt – und ich werde gejagt. Sie sind erpicht auf Wildpret und ich auf Pech, auf besudelndes Pech – pfui welch ein Wort! Laßt mich zufrieden, Gedanken – so sprechen alle Narren – so sprech ich, denn ich bin ein Narr. Beim Henker! die Liebe ist wütend wie Ajax, er brachte Schafe um, sie bringt mich um, ich bin ein Schaf. Wieder ein schönes: ich bin. – Ich will nicht lieben, hängt mich auf, wenn ich's tue – aber ihr Auge – nein! bei diesem Tageslicht – o, aber ihre Augen, ich will sonst nichts lieben als ihre Augen. Ach ich tu auf der Welt nichts als lügen und immer beständig ärger lügen, beim Himmel! ich liebe, diese Reime sind ein Beweis davon. Sie hat schon eines von meinen Sonetten, der Schäfer bracht's ihr, der Narr schickt' ihr, die Spitzbübin hat's, guter Schäfer, guter Narr, allerliebste Spitzbübin. Bei der ganzen Welt, ich früge kein Haar nach, wenn die andern so tief drin säßen als ich. Hier schleicht auch einer mit einem Papiere heran, tröste Gott, es geht ihm wie mir. *Tritt hinter eine Hecke. König tritt auf.*

KÖNIG: Weh mir!

BIRON: Geschossen beim Himmel! bravo Cupido, du hast ihn unter der linken Zitze getroffen.

KÖNIG *liest*:

    So sanften Kuß gibt nicht der Sonnen Strahl
    Den Tropfen, die sie früh auf Rosen findet,
    Als deine Blicke der verliebten Qual
    Die sie auf meiner Wang entzündet.
    Auch spielt der Mond so sanftes Silber nicht
    In Amphitritens dunklen Gründen
    Als dies dein alabasternes Gesicht
    In Tränen, die sich mir vom Auge winden.
    O Götterbild! hier triumphierest du
    Wie aus Kristall gehaun auf Kosten meiner Ruh
    So sieh nur immer her, die Tränen schwellen an
    Zu zeigen was du wert, und was ich fühlen kann.

Ach wenn deine Augen den Spiegel meiner Tränen vermeiden, so müssen sie unaufhörlich fließen. Königin der Königinnen! wie schön bist du! kein Gedanke kann es ausdenken, kein Mund beschreiben, wie soll ich dich mit meiner Pein bekannt machen? Ich will den Zettel hier fallen lassen, getreues Laub, beschirme meine Torheit – Wer kommt da? *Verbirgt sich.*

Longaville tritt auf.

KÖNIG: Longaville! und liest – horchen wir! *Vor sich.*

BIRON: Ein Narr macht viele. *Vor sich.*

LONGAVILLE: Weh, ich bin meineidig.

BIRON: Und hast's aufgeschrieben, daß du's bist.

KÖNIG: Angenehme Gesellschaft der Schande!

BIRON: Ein Trunkener taumelt dem andern hinterher.

LONGAVILLE: Muß ich denn der erste sein der seinen Eid bricht.

BIRON: Ich könnte dich trösten, du machst nur den letzten zu unserm Triumvirate.

LONGAVILLE: Ich fürchte, diesen halsstarrigen Reimen fehlt sonst nichts als die Kraft zu rühren. Angenehmste Marie! Kaiserin meiner Liebe, ich will diese Verse zerreißen und sie in Prosa schreiben.

Biron: O die Reime sind die Knöpfe an Cupidos Pumphosen, reiße sie nicht ab.

Longaville: Es mag hingehn. *Liest.*

Nur die Beredsamkeit der himmelblauen Augen
Der Zauberkräfte nicht zu widerstehen taugen,
Bewog zum Meineid mich. Entwehrt ein falscher Eid
Um deinetwillen, nicht selbst die Gerechtigkeit?
Ich schwur den Weibern ab, doch ich
Verschwur nicht Göttinnen, verschwur nicht dich.
Ach ich verschwur die Welt, doch nicht ein himmlisch Bild
Das selbst des Frevlers Brust mit Fried erfüllt.
Ja Eide sind nur Atem, Atemluft,
Du schöne Sonne scheinst auf meine Erde,
Du ziehst ihn auf, den Wasserduft,
Was ist die Schuld, wenn ich meineidig werde?
Und wär ich es, ach lieber Straf und Pein
Als nicht für dich meineidig sein.

Biron: Das ist eine verhenkerte Ader, die macht Fleisch und Bein zur Gottheit, eine grüne Gans zur Göttin, nichts als Abgötterei, Gott steh uns bei, wir sind alle vom rechten Weg ab. *Dümain in einiger Entfernung.*

Longaville: Durch wen schick ich's ihr – Gesellschaft! fort! *Verbirgt sich gleichfalls.*

Biron: Wir spielen Versteckens, einer nach dem andern verkriecht sich. Und ich, wie ein Halbgott, sitze hier in meinem Himmel und seh hinab in die Geheimnisse der Toren. Noch einer! o Himmel! all meine Wünsche sind erfüllt! Dümain auch metamorphosiert, vier Schnepfen auf einer Platte.

Dümain: O göttliche Käthe!

Biron: O elender Hasenfuß!

Dümain: Beim Himmel, ein Wunder der Schönheit!

Biron: Bei der Erde, Ihr lügt.

Dümain: Ihr goldenes Haar!

Biron: Ein goldgelber Rabe!

DÜMAIN: Schlank wie eine Zeder!

BIRON: Krumm, sag ich, wie ein Fiddelbogen.

DÜMAIN: O hätt ich meinen Wunsch!

LONGAVILLE: Und ich meinen.

KÖNIG: Und ich meinen.

BIRON: Amen und ich meinen! das war das erste gescheite Wort, das er sprach.

DÜMAIN: Ich wollte sie gern vergessen, aber sie herrscht wie ein Fieber in meinem Blute.

BIRON: Laß sie heraus, laß dich zur Ader.

DÜMAIN: Ich will doch die Ode noch einmal durchgehn, die ich für sie aufgesetzt.

BIRON: Und ich noch einmal hören, wie die Liebe den Witz verwirrt.

DÜMAIN *liest*: Eines Tags – verhaßter Tag!
In dem Mond, wo Zärtlichkeiten
Mit den Rosen sich verbreiten,
Da entdeckt ich, heller als den Tag,
Eine Rose voll Vollkommenheiten,
Die dem Zephir offen lag.
Durch die seidnen Blätter macht
Er sich Bahn in rote Nacht.
Wünschend stand ich, sah ihm zu,
Wär ich, ach! von Luft wie du.
Dürfte so mit vollen Backen
Ihre schönen Wangen packen.
Und sie küssen dreist wie du.
Aber weh! ein Schwur hält mich zurücke,
Daß ich, Göttin, dich aus Dornen pflücke:
Welch ein Schwur für heißes Blut
Von der allerreinsten Glut!
Nenn es, Schönste! kein Verbrechen
Den Tyranneneid zu brechen.
Ach um deinetwillen schwür
Jupiter sein Weib zum Mohren,
Seine Tochter ungeboren.
Und sich selbst zu einem Stier.

Ich muß ihr dann noch eins schicken, das minder gelehrt ist und meine Sehnsucht mit wenigerm Umschweife ausdrückt. Wäre doch der König und seine zwei Magister Zugaben zu meinem bösen Exempel, daß ich nicht allein gebrandmarkt da stünde. Im Lande der Hinkenden ist Hinken keine Sünde.

LONGAVILLE: Deine Liebe hat wenig von der christlichen an sich. *Geht hervor.* Ihr erblaßt, Ritter! ich würde erröten wenn man mich so ertappt hätte.

KÖNIG *geht hervor*: Wohlan, so erröte dann! du hast's eben so viel Ursache ja vielmehr du bist doppelt so strafbar, da du den Schein der Gerechtigkeit vor dir trägst. Nein, Longaville machte kein Sonett auf Marien, er legte seine Arme nicht kreuzweis über den Busen, um sein Herz hinunter zu drükken. Ich bin hier im Busche versteckt gelegen, hab euch beide behorcht, bin für beide errötet. Ich hört eure verräterischen Reime, sah euren Mund von Seufzern rauchen, weh mir, sagte der eine, Jupiter schrie der andere, deren Haare waren Gold, deren Augen schöner als der Tag, der wollte um seiner Göttin willen verdammt sein, der machte Jupitern zum Ochsen seiner Käthe zu gefallen. Was würde Biron sagen, wenn er euch gehört hätte, euch strenge Gesetzgeber! ha, wie würd er schmähen, wie den Witz die Geißel schwingen lassen! Um aller Reichtümer der Welt willen wollt ich nicht über einen so schändlichen Einbruch von ihm überfallen worden sein.

BIRON *geht hervor*: Verzeiht, gnädigster Souverain! verzeiht mir, daß auch ich hier bin. Gutes Herz! Was für Recht hattet Ihr, über diese arme verliebte Würmelein herzufahren? Nein, Ihr bettetet eine gewisse Prinzessin nicht in Euren Tränen, wo ihre Schönheit öffentlich zur Schau lag, nein Ihr wart nie meineidig, Ihr machtet nie Sonette. Ha ha ha alle drei, daß einer den andern überlisten wollte, der fand dessen Splitter im Auge, der König dessen, und ich Balken in allen dreien. O was für einer buntscheckigen Farce hab ich zugesehen, von Seufzern gereimtem Unsinne, unsinniger Prose, Raserei und Tränen. Einen großen König in eine Grille verwandelt, Herkules den Kreisel peitschen, den tiefsinnigen Salomo einen Baurentanz fiddeln, Nestor mit den Gassenbuben kegeln, und Timon Gespensterhistörchen erzählen. Wo tut es weh, sagt mir's, guter Dümain, Ihr edler Longaville, wo fühlt Ihr die meisten Schmerzen, und Ihr, teuerster Souverain! –

KÖNIG: Dein Scherz wird bitter. Himmel, so verraten!

BIRON: Nicht Ihr seid verraten, ich, ich bin's, ich ein ehrlicher Schelm, der es treuherzig mit seinem Eide meinte, ich der mich zu einer Gesellschaft tat, die meine Gewissenhaftigkeit nur zum besten hielt.

KÖNIG: Still! wer kommt da so eilfertig.

BIRON *bei Seite sich in Finger beißend*: Daß dich das – mein Postillion d'Amour.

Costard und Jakobine.

JAKOBINE: Viel Glück dem Könige!

KÖNIG: Was bringt ihr?

COSTARD *immer bückend*: Eine verräterische Verräterei.

KÖNIG: Was sagt ihr?

JAKOBINE: Ich bitte Ew. Majestät diesen Brief zu lesen. Der Konstabel schickt mich her, der Pfarr sagt' es wär Verräterei.

KÖNIG: Biron lies ihn durch und sag mir was es ist. *Biron stellt sich zu lesen.* Von wem hast du ihn.

JAKOBINE: Von Costard.

KÖNIG: Und du?

COSTARD: Vom Don Adramadio.

KÖNIG: Wie nun, warum wirst du unruhig, warum zerreißestu – Biron.

BIRON: Eine Kinderei, Ew. Majestät – es war nichts.

LONGAVILLE: Aber er ward rot beim Lesen, laßt uns hören was es war?

DÜMAIN *die Stücken auflesend*: Ach es ist Birons Hand und hier ist sein Name.

BIRON *zu Costard drohend*: Du Hurensohn von Dummheit – Schuldig! mein Fürst! ich bekenne, ich bekenne.

KÖNIG: Was?

BIRON: Daß noch einer fehlte, die Zahl voll zu machen, und dieser Narr bin ich. Entlaßt diese saubere Abgesandtschaft, und Ihr sollt Wunder hören.

DÜMAIN: So haben wir doch gerade Zahl.

BIRON *zu Costard*: Wollen die Turteltauben wohl gehn.

COSTARD: Spazier davon ehrliche Leut. *Ab mit Jakobinen.*

BIRON: O werte Gesellen! laßt uns einander umarmen. Wir sind so brav gewesen, als Fleisch und Blut es nur immer sein kann. Die See will ebben und fluten, der Himmel heitern und regnen, so kann auch junges Blut alten Gesetzen nicht gehorchen, so können wir die Ursache nicht auswurzeln, durch die wir existieren, und daher war es leicht voraus zu sehn, daß wir meineidig werden mußten.

KÖNIG: Also der zerrissene Brief war ein Liebes – –

BIRON: Ob's war? und Ihr fragt noch? wer kann die himmlische Rosaline sehen und nicht wie ein Indianer, der die Sonn aufgehen sieht, sein Haupt sklavisch vorwärts bücken, und blind von Glanz mit niedriger Brust die Erde küssen? Welches vermessene Adlerauge könnte die Sonne unter ihren schwarzen Augbraunen ansehn, ohne zu weinen.

KÖNIG: Mit welcher Wut du ihre Lobrede machst. Die Prinzessin, meine Gebieterin ist ein helleuchtender Mond, sie ein Stern aus ihrem Gefolge, ein zwitserndes Licht, das kaum gesehen wird.

BIRON: So sind denn meine Augen nicht Augen, und ich nicht Biron. Ha, gegen meine Liebe ist selbst der Tag Nacht, die auserlesensten Teints entschiedener Schönheiten liegen wie in einer Messe auf ihrem Angesichte versammlet, fließen in eine Götterfarbe zusammen, wo der Mangel selbst keine Mängel entdecken kann. O alle Rednerzungen müßten mir ihre Zauberkünste leihen, nein, pfui mit dem gekünstelten Lobe, sie bedarf dessen nicht, Trödelwaren nur bedürfen eines Ausrufers, sie, weit über alles Lob erhaben, o das Lob sinkt und löscht aus, ehe es sie erreicht. Ein verwelkter Einsiedler, der hundert Winter auf dem Puckel trüge, schüttelt gleich funfzig ab, so bald er ihr in die Augen sieht. Ihre Schönheit überfirnißt das Alter, wiedergebäret es, gibt der Krücke die Munterkeit der Wiege, ist eine Sonne, die die ganze Natur belebt.

KÖNIG: Beim Himmel! deine Liebste ist schwarz, wie Ebenholz.

BIRON: Ist Ebenholz ihr ähnlich? O schönes Wort, so ist denn ein Weib von Ebenholz eine Huri. Wer kann mir einen recht schweren Eid diktieren, wo ist ein Buch, ich will's beschwören, daß der Schönheit selbst Schönheit mangelt, wenn sie nicht aus ihren Augen sieht. Es leben die schwarzen Farben!

KÖNIG: Was sind das für Paradoxen? Schwarz ist die Farbe der Hölle, der Kerker, der Nacht! welche Farbe kann der Schönheit anders stehen als die des Tages und des Himmels?

BIRON: Verkleidet sich nicht der Satan in einen Engel des Lichts? O das schwarze Haar, das meiner Schönen Stirne ziert, es scheint zu trauren, daß helles Haar so viel blinde Anbeter mit falschem Glanze hintergeht. Ihre Wangen machen alle rotbackigte Mädchen zu Lügnerinnen, dunkel und bleich müssen sie sich heut zu Tage schminken, wenn sie nach ihr gefallen wollten.

DÜMAIN: So werden die Kaminfeger sehr gesucht werden.

LONGAVILLE: Es leben die Kohlenbrenner.

KÖNIG: Und die Mohren, wie werden sie sich brüsten!

BIRON: Eure Göttinnen müssen den Regen scheuen, er spült ihre Schönheit ab.

KÖNIG: Es wäre gut, wenn deine in Regen käme, denn ich glaube in der Tat, sie würde erträglicher sein, wenn sie sich fleißiger wüsche.

BIRON: Ich will euch beweisen, daß sie schön ist, und sollt ich bis an den Jüngsten Tag hier schwatzen.

KÖNIG: Dann würden die Teufel selbst vor ihr erschröcken.

DÜMAIN: Nie hab ich einen Meßkrämer gehört, der Wadman so teuer ausbot.

LONGAVILLE: Wenn du deine Liebste sehn willst, sieh ihr Gesicht an und meinen Fuß –

BIRON: O und wenn die Gassen mit deinen Augen gepflastert wären, so wär ihr Fuß noch viel zu niedlich drauf zu treten.

LONGAVILLE: Da würd ich saubere Sachen zu sehen kriegen.

KÖNIG: Still einmal – wir sind drum einer so gut wie der andere.

BIRON: Das heißt, meineidig.

KÖNIG: So laßt denn die Possen, und sporne deinen Witz, wenn er dich ja sticht, nach einem edlern Ziele. Beweis uns einmal, daß unsere Flammen rechtmäßig, unsere Treue nicht verletzt sei, so sollstu Dank haben.

Dümain: Dem Übel schmeicheln.

Longaville: Ihm eine Gestalt geben.

Dümain: Ein Pflästerchen darauf klecken.

Biron: Still nur! das brauchen wir alles nicht. Es ist deine Schuld, Natur! Bedenkt, ritterliche Ritter, welchen Unsinn ihr geschworen habt. Fasten, studieren, kein Frauenzimmer sehen! platter Hochverrat wider das königliche Glück der Jugend! Könnt ihr fasten? Sind eure Mägen nicht zu feurig, und würd euch die Enthaltsamkeit nicht alle quinend dahin strekken? Und worin wolltet ihr denn studieren, ihr Herren, da jeder von euch zu gleicher Zeit sein Buch verschwor? Könnt ihr in eins weg träumen, grübeln, und auf einen Fleck hinstarren? Und wenn ihr's könntet, wer allein kann euch den Vorzug der Wissenschaften schmackhaft machen, ohne die Beihülfe weiblicher Schönheit? Ha! nur die Augen des Frauenzimmers, ewig werd ich dabei bleiben, sind das Buch, die Akademie, der Altar, wo das echte prometheische Feuer aufbewahret wird. Unablässiges Grübeln trocknet aus, und vergiftet die behenden feinsten Lebensgeister unseres Gehirns, wie die zu lang anhaltende Arbeit die nervigte Stärke des Arbeitsmannes erschöpft. Habt ihr den Gebrauch eurer Augen verschworen, daß ihr keinem Frauenzimmer ins Gesicht sehen wollt. Blind werdet ihr werden, stumpf, abgeschmackt, wo ist ein Buch in der Welt, das euch die Schönheit lehren kann, wie das Aug einer schönen Frau! Gelehrsamkeit ist ein Zusatz zu unserm Selbst, aber die Schönheit ist ein neues Selbst, in dem wir zum zweitenmal anfangen zu leben. Ganz gewiß, ihr habt eure Bücher verschworen, als ihr die Augen des Frauenzimmers verschwurt. Wo sonst wolltet ihr mit euren bleiernen Spekulationen zu den hinreißenden Harmonieen aufflogen, die die Region der Schönheit einnehmen. Andere Künste nehmen bloß das Hirn ein, und lohnen ihre kalten Schüler für schwerfällige Mühe mit einer Mißwachsernte. Aber Liebe, die zuerst im weiblichen Auge erlernt ward, lebt nicht bloß in unsern Hirnschalen eingemauert, sie bewegt all unsre Elemente, geht so schnell als Gedanken in jede unserer Kräfte über, und gibt jeder eine neue doppelte Kraft, sich über ihre vorige Sphäre zu erheben. Sie gibt dem Auge eine zehnfache Schärfe, eines Liebhabers Aug könnte einen Adler blind gaffen, eines Liebhabers Ohr könnte den leisesten Odemzug hören, selbst wenn des argwöhnischen Diebes Ohr ihn nicht hörte. Der Liebe Gefühl ist weit zärter und reizbarer als das zarte Fell einer ausgekrochenen Schnecke, der Liebe Zunge beschämt Bacchus im lüsternen Geschmacke, und was die Stärke anbetrifft, ist Liebe nicht ein Herkules, der bis an die Hesperiden vordrang. Verschlagen ist sie wie ein Sphinx, musikalisch wie die Laute Apollo mit seinem Haar besaitet. Und wenn die Liebe spricht, so macht die Stimme aller Götter den Himmel trunken von Harmonieen. Nie durfte ein Poet seine Feder eintunken, war seine Dinte nicht mit Liebesseufzern angemacht: o nur alsdann konnten seine Verse Ohren der Wilden hinreißen, und in Tyrannen milde Menschlichkeit verpflanzen. Aus den Augen der Frauenzimmer kommt alles her, sie allein funkeln vom echten prometheischen Feuer, das die ganze Welt beseelt, die sonst in keinem Dinge sich schön und vortrefflich zeigen würde. Ihr wart also nicht klug, diesen Frauenzimmern abzuschwören, und närrisch wäret ihr gewesen, einen solchen Eid zu halten. Also für die Sache der Gelehrsamkeit, ein Wort das alle Männer lieben, oder für die Sache der Liebe, ein Wort das alle Männer glücklich macht, oder für die Sache der Männer aus der die Weiber entstanden, oder für die Sache der Weiber, aus der wir alle unsern Ursprung nehmen, lassen wir unsern Eid fahren, um uns selbst zu erhalten, lieber, als daß wir uns selbst fahren ließen, um unsern Eid zu halten. Es ist Religion so meineidig zu sein. Die Liebe erfüllt das Gesetz, und wer kann diese Liebe von der Nächstenliebe absondern?

KÖNIG: Also, heiliger Cupido, und wir tun den Kreuzzug unter ihm.

BIRON: Auf, ihr Herren! zum Angriffe, rückt vor mit euren Standarten.

LONGAVILLE: Scherz bei Seite, sollen wir uns entschließen, um diese Französinnen anzuwerben.

König: Das dächt ich, und sie gewinnen dazu. Laßt uns auf eine Lustbarkeit denken, die wir ihnen in ihren Zelten geben.

Biron: Erst führen wir sie aus dem Park nach Hause, jeder seine jede, nachmittag sinnen wir auf einen recht artigen Zeitvertreib, so wie die Kürze der Zeit es uns gestatten will, Schmäuse, Tänze, Maskeraden und Fröhlichkeiten eilen der Liebe vor, ihr den Weg mit Blumen zu bestreuen.

König: Fort also, wir haben keine Zeit zu verlieren.

Biron: Wo ist ein Feld das ohne Aussaat trug?
Und jedem wird mit seinem Maß gemessen,
Meineidigen Chapeaux sind Französinnen gut genug
Für kupfern Geld kupferne Seelenmessen.

FÜNFTER AKT

ERSTE SZENE

HOLOFERNES. NATHANAEL. DULL.

Holofernes: *Satis quod sufficit.*

Nathanael: Ich preise den Herrn, Herr! für Eure Gespräche über dem Essen, sie waren scharfsinnig und sentenziös, gefällig ohne Skurrilität, witzig ohne Affektion, kühn ohne Lizenz, gelehrt ohne Vanität, ungewöhnlich ohne Ketzerei. Ich habe dieser Tage *quondam* mit einem aus des Königs Gefolge gesprochen, der sich betitelte Don Adriano de Armado.

Holofernes: *Novi hominem tanquam te.* Sein Humor ist hoch auffliegend, seine Reden vermessen, seine Zunge verwegen, sein Auge hoffärtig, sein Gang prinzlich, prinzessenmäßig, und sein ganzes Betragen lächerlich, aufgeblasen und thrasonisch. Er ist so geziert, gespitzt, seltsam und wunderlich, zu seltsam, um seltsam zu sein.

Nathanael: Ein sehr auserlesenes Epitheton, Herr! *Zieht seine Schreibtafel und schreibt.*

Holofernes: Er zieht den Faden seines Ausdrucks feiner aus, als die Wolle seiner Gedanken es aushält. *Odi & arceo* solche fanatische Phantasten, solche Henkersknechte aller guten Orthographie, die zum Exempel allesamt fein aussprechen, da sie doch nach der Etymologie aussprechen sollten, allesamt umarmt, wenn sie sagen sollten, umbarmt, eure Genaden, verstümmelt er in 'r gnad. Diese abominable, oder ich möchte lieber sagen, abhominable Art zu sprechen, scheint mir eine wahre Felonie *me intelligis domine?* eine tumme lunatische Mondsucht.

NATHANAEL: *Laus Deo, bene intelligo.*
HOLOFERNES: 'RGnad, 'RGnad – hören Sie nur, wie klingt das? he he he!
Armado. Mot. Costard treten auf.
NATHANAEL: *Videsne quis venit.*
HOLOFERNES: *Video et gaudeo.*
ARMADO *winkt ihnen*: Ts!
HOLOFERNES: *Quare* ts! warum nicht bißt!
ARMADO: Willkommen Männer des Friedens.
HOLOFERNES: *Salve* Mann des Krieges, he he he!
MOT: Sie sind an einem großen Bankett von Sprachen gesessen und haben die übergebliebenen Brocken eingesteckt.
COSTARD: Nei, sie han aus dem Almosenkorbe der Worte gegessen. Mich wundert, daß dich dein Herr noch nicht in Gedanken für ein Wort aufgegessen hat, denn du bist mit Haut und Haar noch nicht so lang als *honorificabilitudinitatibus*.
MOT: Still das Glockenspiel geht wieder –
ARMADO: Habt Ihr studiert?
MOT: Ja freilich, Herr, er lehrt den Buben ABC. Sagt, wie buchstabiert Ihr Asch rückwärts mit einem Kreuze vorne.
HOLOFERNES: Scha, *pueritia* und ein Kreuz.
MOT: Schaf – Ihr einfältiges Schaf, könnt Ihr Euren Namen nicht aussprechen?
HOLOFERNES: *Quis quis?* du Konsonante! wer ist ein Schaf?
MOT: Einer von den fünf Vokalen, wenn Ihr sie hersagen wollt.
HOLOFERNES: Ist es a, ist es e, ist es i –
MOT: I, i, ganz recht, da habt Ihr's ja selber gestanden.
ARMADO: Ein rechtes Mediterraneum von Salz, eine behende Lanzette von Witz, schnipp, schnapp, hurtig und behend, er erfreut meine Intelligenz, echter Witz, rarer Witz!

Mot: Seht Ihr, das war Davids Schleuderstein gegen Goliath.

Holofernes *verwirrt*: Wie? was war die Allusion, was war die Figur?

Mot: Ein Schaf.

Holofernes: Du disputierst wie ein Bube. Geh peitsch deinen Kreisel.

Mot: Leiht mir Euer Horn dazu, ich will ihn peitschen auf und ab.

Costard: Und hätt ich doch nur einen Pfennig bei Leib und Seel, du solltest ihn haben, du Klingbeutel von Witz, du Taubenei von Verstand. O daß der Himmel mir nur die Gnade erwiese, und mir nur so ein Hurkind gäbe, wie du bist, nur ein Hurkind, was würdst du mich einen fröhlichen Vater machen. Geh Kröte, du hast's weg *ad dunquil*, bis auf die Nagelspitze, wie die Gelehrten sagen.

Holofernes: Ich rieche da verfälschtes Latein, *dunquil* für *unguem*.

Armado: Ihr seid also ein Studierter, Herr, und erzieht die Jugend dort oben auf dem Gipfel des Gebürges.

Holofernes: *Mons* vielmehr, es ist ein Hügel.

Armado: Es ist des Königs erhabener Wille die Prinzessin in ihrem Hoflager zu komplimentieren, in den *posterioribus* dieses Tages, welche der rohe Haufe Nachmittag nennt.

Holofernes: Die *posteriora* des Tages, ein artiger *terminus*, auserlesen in der Tat.

Armado: Der König ist ein braver Mann und mein Freund, ich versichere Euch, denn was unter uns schon vorgegangen ist – weg damit! Ich ersuche dich, Armado, rüste deinen Verstand, ich ersuche dich, sagte er, sei so gütig, entlade dich aller andern importunen und importanten Sorgen – aber weg damit! ich will Euch nur erzählen, daß es Sr. Majestät bisweilen gefällt und öffentlich sich auf meine arme Schultern zu lehnen und mit seinen königlichen Fingern also an meinen Exkrementen zu spielen *(spielt an seinem Stutzbarte)* aber weg damit, liebes Herz, wenn es seiner Gnad gefällt.

Holofernes: Genade wollten Sie sagen.

Armado: Dem Don Armado einige Ehrenbezeigungen zu erweisen, einem Manne von Reisen, einem Soldaten – weg damit, meine Absicht war Euch zu sagen – aber, liebes Herz, seid verschwiegen, daß der König mich gebeten hat, die Prinzessin zu regalieren mit irgend einer angenehmen Ostentation oder Schauspiel, wie es der Pöbel nennt. Da ich nun weiß, daß der Pfarrer und Euer wertes Selbst sehr tüchtig für solche Einfälle oder Ausfälle des Witzes sind, so komme ich, Euch um Eure Hülfe anzusprechen.

HOLOFERNES: Herr, Ihr müßt die neun Helden aufführen. *Domine* Nathanael, was den Zeitvertreib oder das Freudenspiel anbetrifft für die *posteriora* dieses Tages, das durch unsere Assistenten auf des Königs Befehl gegeben werden soll, auf die Anweisung dieses sehr galanten und berühmten Herrn, so wäre meine unvorgreifliche Meinung, daß dazu nichts geschickter als die Vorstellung von den neun Helden.

NATHANAEL: Wo wollt Ihr aber Schauspieler genug finden.

HOLOFERNES: Josua Ihr selbst, dieser galante Herr Judas Makkabäus, dieser Narr wegen seiner großen Glieder und Gelenke kann für Pompejus den Großen passieren, und dieser Page Herkules.

ARMADO: Verzeiht, Herr! Ein Irrtum. Dieses zarte Alter hat nicht Quantität genug für einen Herkules, er ist kaum so groß als das Ende seiner Keule.

HOLOFERNES: Wird man mich ausreden lassen? Er soll den Herkules in seiner Minderjährigkeit vorstellen, wie er die Schlangen in der Wiege erdrosselt und allenfalls will ich für ihn eine Apologie aufsetzen.

MOT: Ein guter Einfall und wenn einer von den Zuschauern mich auszischt, so ruft nur immer, bravo Herkules! halt dich Herkules! so muß man eine Beleidigung verstecken.

ARMADO: Und wer macht die übrigen?

HOLOFERNES: Drei spiel ich selber.

MOT: O dreiköpfigter Cerberus!

DULL: Und ich will den Trommelschläger machen, wenn die Helden tanzen wollen.

HOLOFERNES: Kommt immer mit, vielleicht seid Ihr auch noch zu brauchen. *Via!*

ZWEITE SZENE

Prinzessin. Ladys.

Prinzessin: Wir werden reich, eh wir von hier reisen. Ich bin mit einer Mauer von Diamanten umgeben, die der König mir geschenkt hat.

Rosaline: Habt Ihr sonst nichts bei erhalten?

Prinzessin: Ei freilich, so viel Liebe in Reimen, als jemals in einem ganzen Riese Prosa ist ausgekramt worden, auf beiden Seiten beschrieben, Kuvert, Rand, alles, kaum noch Platz übrig für das Siegel des Liebesgottes.

Rosaline: Cupido in Siegelwachs.

Catharine: Wie er leichtfertig aussieht darin!

Rosaline: Ihr seid ihm nicht gut, denn er bracht' Eure Schwester um.

Catharine: Wäre sie leichtsinnig gewesen wie Ihr, sie hätte können Großmutter werden.

Rosaline: Was ist deine finstere Meinung, du Maus!

Catharine: Meine Worte leuchten nicht, aber sie sind auch nicht leicht.

Prinzessin: Spielt Ball ein andermal. Aber was hast du denn, Rosaline! laß sehen.

Rosaline: Wäre mein Gesicht so schön als Eures, so würd auch mein Präsent so reich sein. Indessen vergleicht er mich hunderttausend berühmten Schönheiten, in Wahrheit er hat mein Konterfei in dem Briefe gemacht.

Prinzessin: Wem gleichst du denn?

Rosaline: Den Buchstaben hier, nicht dem Sinn der Buchstaben.

Prinzessin: Wie viel Selbsterkenntnis! Und du Catharine was hat Dümain dir geschenkt.

Catharine: Einen Handschuh gnädige Frau.

Prinzessin: Was? nicht einmal ein Paar?

Catharine: Freilich doch, und viel Paar treuverliebte Reime obenein.

Maria: Dies und diese Schnur echter Perlen schenkte mir Longaville, der Brief ist eine halbe Meile lang.

PRINZESSIN: Du wünschtest die Schnur Perlen lieber so lang und den Brief desto kürzer, nicht? Wir sind doch recht undankbar, Mädchens!

ROSALINE: Und sie recht einfältig. Wenn ich nur den Biron recht quälen könnte, eh wir reisen. In einer Woche hätt ich ihn unter den Füßen.

PRINZESSIN: Nimm dich nur selber in Acht, niemand wird leichter übertölpelt als der Witz, wenn er bis zu einer gewissen Höhe steigt. Da gehn die Grenzen der Narrheit an.

ROSALINE: Junges Blut siedet so hoch nicht auf.

PRINZESSIN: O, die Narrheiten des Narren sind beiweiten so gefährlich nicht, als die Narrheiten des Witzes, denn alle Kräfte die er hat bietet er auf, seinen Rasereien das Ansehen der Vernunft zu geben – da kommt Bojet, sehr lustig – *Bojet*.

BOJET: Ich wäre bald gestorben für Lachen.

PRINZESSIN: Was bringst du?

BOJET: Rüstet euch Frauenzimmer! harnischt euch! die Liebe droht eurer Ruhe, nähert sich euch verkleidet, bewaffnet mit Komplimenten, denen nicht zu widerstehen ist. Mustert euren Witz oder nehmt euren Kopf in die Hand und flieht.

PRINZESSIN: Heiliger Dionys und heiliger Cupido steh uns bei. Haben sie sich die Brust mit Seufzern geladen, uns übern Haufen zu schießen? rede Kundschafter.

BOJET: Ich lag unter jenem Maulbeerbaume, als ich mit schon halbgeschlossenen Augen auf einmal dem Schatten gegenüber den König und seine Eidgenossen seltsam gekleidet erblickte. Ich schlich mich ins Gesträuch und horchte alles ab, was sie sich vornahmen Euch zu sagen. Ihr Herold ist ein kleiner neckischer Page, der seine Gesandtschaft nicht gar zu gut auswendig gelernt hat. Sie lehrten ihn Aktion und Akzent und fürchteten, Eure Gegenwart werd ihn aus der Fassung setzen. Ist sie so häßlich, fragt' er, da fingen sie denn alle drüber an zu lachen, klopften ihn auf die Schulter, machten ihn brüstig mit Lobeserhebungen. Einer rieb sich die Ellenbogen und schwur, er hätte nie einen artigern Einfall gehört, der andre knallte mit den Fingern und schrie *via* wir wollen gehn, entsteh daraus was es wolle, der dritte drehte sich auf dem

Zeh herum und fiel auf den Hintern, die andern alle fielen über ihn her mit einem so eifrigen, anhaltenden, rasenden Gelächter, daß es lächerlich wäre wenn wir ihre Narrheit noch ferner Leidenschaft schölten.

PRINZESSIN: Aber wie denn? kommen sie zu uns?

BOJET: Ja freilich zu euch, und sind maskiert als Moskowiter, ihr Vorsatz ist euch zu intriguieren, mit euch zu courtesieren, zu tanzen, kurz alle ihre Herzensangelegenheiten auf diese Weise in Richtigkeit zu bringen, ohne daß ihr wißt, wen ihr vor euch habt. Sie werden euch an ihren Präsenten erkennen.

PRINZESSIN: Geschwinde wechseln wir um. Du Rosaline nimm das, und du das, sie sollen häßlich ablaufen, jeder soll sein Herz in den Busen der Unrechten ausschütten, und nach der Maskerade, wie wollen wir lachen.

ROSALINE: Sollen wir tanzen? so werden sie uns am Tanzen erkennen.

PRINZESSIN: Keinen Fuß bewegen wir, so bald ihr Herold ausgeredt hat, kehren wir ihnen den Rücken.

BOJET: Geschwinde legt die Masken an – ich höre ihre Trompete.

Sie verschwinden einen Augenblick und erscheinen wieder mit Masken.

DRITTE SZENE

KÖNIG, BIRON, LONGAVILLE, DÜMAIN, GEFOLGE *als Moskowiter*, MOT *voran mit Musik als Herold.*

MOT: Heil Gruppe! dir der allerschönsten Damen.
Die jemals Sterblichen den Rücken zugewandt.
Die Damen kehren alle den Rücken.

BIRON: Die Augen, Schurke, ihre Augen.

MOT: Die Augen zugewandt.
Voll – – voll – –

BIRON: Recht, voll hieß es, nur weiter.

MOT: Voll Huld ihr Himmlischen, seht nicht zurücke.

BIRON: Jetzt zurücke, Bestie!

MOT: Mit euren wonnereichen Au – – mit euren wonniglichen.

BIRON: Weiter!!

MOT: Sie merken mich nicht einmal, das bringt mich aus dem Konzept.

ROSALINE: Was wollen die Leute! Fragt sie Bojet, wenn sie anders unsere Sprache reden.

BOJET: Was wollt Ihr von der Prinzessin?

BIRON: Nichts, als Friede und gnädiges Gehör.

ROSALINE: Sagt ihnen, das haben sie schon, und so können sie ihre Wege gehen.

KÖNIG: Wir haben manche Meile gemessen, um in Eure schöne Fußtapfen zu treten.

ROSALINE: Wie viel Zoll hält eine Meile, wenn Ihr sie gemessen habt?

BIRON: Wir haben sie mit beschwerlichen Schritten gemessen.

ROSALINE: Wie viel beschwerliche Schritte hält sie denn?

BIRON: Wir zählen nichts was wir für Euch aufwenden. Würdigt uns den Sonnenschein eurer Gesichter sehen zu lassen, damit wir als Wilde ihn anbeten.

ROSALINE: Mein Gesicht ist nur ein Mond und hinter Wolken dazu.

KÖNIG: Gesegnet sei die Wolke, die so gewürdiget ward. Scheine herrlicher Mond auf die Tränen unserer Augen.

ROSALINE: Wißt Ihr um nichts Bessers zu bitten, als daß der Mond in Pfützen scheinen soll.

KÖNIG: Wenn ich dreister reden darf, so fleh ich Euch schöner Mond um nichts weiter als – nur einmal zu wechseln.

ROSALINE: Macht Musik, ich will mit Euch tanzen, aufgespielt – nein, nein, ich tanze nicht. So wechselt der Mond.

KÖNIG: Wie denn? Ihr wollt nicht mehr tanzen?

ROSALINE: Den Mond. –

KÖNIG: Wollt Ihr immer noch Mond bleiben?

ROSALINE: Die Musik geht schon, auf, hurtig, bewegt Euch.

KÖNIG: Ihr auch.

ROSALINE: Nun weil ihr denn Fremde seid und so weiten Wegs gekommen, so gebt mir denn Eure Hand – aber ich tanze nicht.

KÖNIG: Grausame! warum nahmt Ihr denn meine Hand?

ROSALINE: So wechselt der Mond – es geschah aus Höflichkeit.

KÖNIG: Ach noch mehr Höflichkeit ich beschwöre Euch.
ROSALINE: Wir können um den Preis nicht mehr geben.
KÖNIG: So bestimmt uns den Preis selber. Womit können wir Eure Gesellschaft erkaufen?
ROSALINE: Mit Eurer Abwesenheit.
KÖNIG: Das kann nicht sein.
ROSALINE: Und so Adieu! Zwei für Euren Herold, eins für Euch.
KÖNIG: Wenn Ihr nicht tanzen wollt, laßt uns wenigstens plaudern.
BIRON: Lady mit der weißen Hand, ein süß Wörtchen mit Euch.
PRINZESSIN: Honig, Milch, Zucker, da sind drei süße Worte.
BIRON: Ich kann Euch noch zwei Dreier werfen, Kanariensekt, Mandeln und Makronen, das machen ein halb Dutzend.
PRINZESSIN: Und siebentens ein süßes Adieu. Ich mag nicht mit Euch spielen, Ihr kneipt die Würfel.
BIRON: Nur ein Wort ingeheim.
PRINZESSIN: Doch kein süßes – verschonet mich.
BIRON: Ihr erhitzt mir die Galle.
PRINZESSIN: Galle, bitter.
BIRON: Also ein gut Wort, seht Ihr. *Reden heimlich.*
DÜMAIN: Wollt Ihr geruhen ein Wort mit mir zu wechseln?
MARIE: Nennt es.
DÜMAIN: Schöne Lady!
MARIE: Schöner Lord!
DÜMAIN: Gefällt es Euch heimlich mit mir zu reden? *Heimlich.*
CATHARINE: Wie nun? ist Eure Maske ohne Zunge?
LONGAVILLE: Ich weiß die Ursach, warum Ihr fragt.
CATHARINE: Warum? ich bitte Euch.
LONGAVILLE: Ihr habt zwei Zungen unter Eurer, und könntet mich mit einer versorgen.
CATHARINE: Een Kalf, fragt der Niederländer, heißt das nicht ein Kalb?
LONGAVILLE: Ein Kalb, schöne Lady!
CATHARINE: Ein Lord, wenn Ihr wollt.
LONGAVILLE: Laßt uns das Wort teilen.
CATHARINE: Nehmt's ganz für Euch und zieht es groß, es könnte ein Ochs daraus werden.

LONGAVILLE: Hütet Euch, daß Euer scharfer Witz Euch nicht selbst verwunde. Wollt Ihr dem Kalb Hörner geben, keusche Lady! das werdt ihr nimmermehr tun.

CATHARINE: Brüllt dann leise, sonst hört Euch der Metzger.

BOJET: Die Zunge spottender Mädchen ist schärfer als die unsichtbare Ecke eines Schermessers; sie haut Haare ab die das Auge selbst nicht würde entdeckt haben. Ihre Gedanken sind beflügelter als Pfeile, Wind und alles, was geschwind ist.

ROSALINE: Kein Wort weiter, meine Mädchens, brecht ab sie sind geschlagen.

BIRON: Beim Himmel, wir ziehen den kürzern.

KÖNIG: Lebt wohl, seltsame Schönen! ihr habt einen langsamen Witz.

PRINZESSIN: Zwanzig lebe wohl, ihr frostigen Moskowiter! Lohnte das der Mühe, so weit herzukommen, um Euren verrauchten Spiritus hier anzubringen.

BOJET: Blaue Flämmlein, die Euer Odem auslöschte.

ROSALINE: O wider ihren Verstand ist nichts einzuwenden, er ist groß, dick und fett. *Sie gehen ab.*

PRINZESSIN: O Armut an Witz! o dürftiges Königreich. Meinet ihr nicht, daß sie sich diese Nacht alle hängen müssen? Oder uns ihre Gesichter nie anders wieder weisen als in Larven? der nasenweise Biron! wie er die Nase hängen ließ.

ROSALINE: Sie waren alle in erbärmlichen Zustande. Der König hätte bald angefangen zu weinen.

PRINZESSIN: Biron schwur mir, er wisse mir nichts mehr zu antworten.

MARIE: Dümains Schwert war zu meinen Diensten, die Spitze ist abgebrochen, sagt ich, still war er.

CATHARINE: Longaville sagte, ich täte seinem Herzen wehe. Und ratet, wie er mich nannte?

PRINZESSIN: Eine Übelkeit.

ROSALINE: Gesunderer Witz steckt oft in Narrenkappen. Der König hat sich fast heischer geschworen.

PRINZESSIN: Und der lustige Biron redte von nichts als Flammen und Martern.

CATHARINE: Longaville war für meine Ketten geboren.

MARIE: Und Dümain klebt' an mir, wie die Rinde am Baum.
BOJET: Hört mich Ladys! sie werden unverzüglich wieder in ihrer eigenen Gestalt hier erscheinen.
PRINZESSIN: Sagten sie das?
BOJET: Bei Gott! sie zischelten sich's in die Ohren und sprangen für Freude, obschon sie lahm von euren Streichen sind. Darum so wechselt flugs eure Präsente wieder.
ROSALINE: Und gnädige Frau! zehnmal ärgeres Spiel sollen sie haben, als vorhin unter ihren Masken. Wir wollen ihnen ganz unschuldig alles haarklein erzählen, was uns mit verkleideten Moskowitern hier begegnet wäre.
PRINZESSIN: Recht so – da kommen sie – *Sie laufen in die Zelte. König, Biron, Dümain, Longaville in ihren eignen Kleidern.*
KÖNIG: Wo ist die Prinzessin?
BOJET: Ich werde Ew. Majestät ihr melden.
BIRON: Das ist ein Kerl, der pickt den Witz auf wie Tauben Erbsen, und gibt sie wieder von sich wie das Wetter darnach ist. Er ist des Witzes Trödler, und bringt seine Waren in Bierschenken und Kirchmessen herrlich aus, derweile sie uns, die wir nur *en gros* verkaufen, im Kasten verderben. Er steckt die Weiber wie Stecknadeln in seinen Ärmel, Großmutter Eva wäre vor ihm nicht sicher gewesen, er kann euch heimlich Briefe auf- und zumachen, eine halbe Stunde seine eigne Hand küssen, indem er die Dame an der Hand hält, wie eine Sonnenblume überall herum lachen, um seine Zähne zu zeigen, die so weiß sind als Walfischrippen, kurz, es ist ein scharmanter Mensch, sagen sie alle.
LONGAVILLE: Die Briefe auf- und zumachen, das ist gar nicht zu verzeihen.
Prinzessin, Rosaline, Marie, Catharine, Bojet, Gefolge.
KÖNIG: Wir kommen, Euch aufzuwarten, Durchlauchte Prinzessin, und bieten Euch nun unsern Hof zur Wohnung an, wir haben Dispensation erhalten.
PRINZESSIN: Dieses Feld soll mich behalten, und Ihr behaltet Euren Eid unverletzt, weder Gott noch wir haben Gefallen an Meineid.
KÖNIG: Die Tugend Eures Auges brach meinen Schwur.

PRINZESSIN: Beschimpft die Tugend nicht so, sie wird nie einen Mann bewegen auch nur sein Wort zu brechen, geschweig einen Eid. Bei meiner jungfräulichen Ehre, die noch so lauter ist als die unbefleckte Lilie, für eine Welt von Martern würd ich mich nicht bewegen lassen, in Euren Hof einzukehren, so sehr verabscheue ich, Ursache eines Eidbruchs zu werden.
KÖNIG: Ihr lebet hier zu sehr in Dunkelheit, ungesehn, unbesucht, ungefeiert, es ist meine Schande.
PRINZESSIN: O nein, mein Herr! ich versichere Euch, wir haben hier mancherlei Zeitkürzungen. Eben hat uns ein ganzer Zug Russen verlassen.
KÖNIG: Russen?
PRINZESSIN: In der Tat, russische Stutzer! sehr prächtig gekleidet.
ROSALINE: Meine Fürstin treibt die Höflichkeit zu weit, es waren die plumpsten Geschöpfe, die ich auf dem Erdboden gesehen habe. Hier haben sie eine ganze Stunde gestanden, und kein einzig gescheites Wort hervorbringen können. Narren möchte ich sie nicht nennen, denn ich habe unter der Kappe oft bessere Köpfe gefunden.
BIRON: Schönes, angenehmes Fräulein, Euer Witz könnte Weisheit selber zur Narrheit machen. Das hellste Auge, wenn es das feurige Auge des Himmels grüßet, verliert sein Licht, bei Eurem Reichtum scheint die Weisheit selber Torheit, und der Reichtum Armut.
ROSALINE: Warum nehmt Ihr Euch der Leute an? wollt Ihr mir etwa beweisen, daß Ihr weise und reich seid?
BIRON: Ich bin ein Narr, und arm an Fähigkeit.
ROSALINE: Ihr nehmt zu schnell was Euch gehört.
BIRON: Ich bin Euer mit allem was ich besitze.
ROSALINE: Also mein Narr.
BIRON: Ich darf Euch sonst nichts schenken.
ROSALINE: Wie sah die Maske aus, die Ihr trugt?
BIRON: Was? wo? welche Maske?
ROSALINE: Hier denn – die das häßliche Gesicht verbarg.
KÖNIG: Wir sind verraten, sie machen uns zu Schanden.
DÜMAIN: Ich denke, wir gestehen lieber alles.
PRINZESSIN: Warum so erschrocken, mein Prinz? warum so still?

Rosaline: Zu Hülfe! haltet ihm den Kopf, er wird ohnmächtig, warum werdet Ihr so bleich? Seekrank vermutlich, es kann nicht anders sein, da Ihr von Moskau kommt.

Biron: So schütten die Sterne Plagen herab für unsern Meineid. O könnte ein Gesicht von Erz dagegen aushalten? Hier steh ich, Lady! schleudre Verachtung auf mich herab! zermalme mich mit deinem Spott! durchbohre mit deinem scharfen, allzuscharfen Witz meine Unwissenheit, hau mich in Stücken mit deinen Einfällen, verwünschen will ich's mit dir zu tanzen, verwünschen meinen russischen Bart, nie will ich mehr auf zugespitzte Worte mich verlassen, noch auf die Zunge eines Schulknaben, nie in Larven zu meinen Feinden gehen, noch in Reimen freien wie ein blinder Harfenist. Taffetne Redensarten, seidne Worte, ich verschwöre euch itzt, bei diesem weißen Handschuh (wie weiß die Hand ist, das weiß Gott), von nun an will ich meine Sehnsucht nicht anders ausdrukken, als durch ein rauhes Ja, durch ein ehrlich wollichtes Nein, und um den Anfang zu machen: Gott helf euch, Frauenzimmer! ich hab euch lieb. Aber antwortet mir nicht, ich kann euch nicht wieder antworten, mein Witz ist zu Ende.

König: Lehrt uns, teureste Prinzessin! irgend eine Entschuldigung für unser grobes Vergehen.

Prinzessin: Die schönste ist Geständnis. Wart ihr nicht eben hier und verkleidet?

König: Ja Madam, ich war –

Prinzessin: Und kanntet uns vollkommen wohl?

König: Vollkommen wohl.

Prinzessin: Was habt Ihr Eurer Dame zugeflüstert?

König: Daß ich sie mehr verehrte als die ganze Welt.

Prinzessin: Wenn sie Euch bei Eurem Wort fassen wollte, würdet Ihr nicht zurückziehen?

König: Bei allem, was heilig ist, nein.

Prinzessin: Ich bitt Euch, hört auf, ich möcht Euch nicht zum zweitenmal meineidig machen.

König: Verachtet mich auf ewig –

Prinzessin: Stille doch – Rosaline, was flüsterte der Prinz dir ins Ohr.

ROSALINE: Daß er mich höher schätzte als die ganze Welt, und daß er mich heiraten wollte, und wenn eine Welt zwischen uns läge.
PRINZESSIN: Gott geb Euch Glück mit ihr.
KÖNIG: Ich dieser Lady das geschworen.
ROSALINE: Beim Himmel! Ihr tatet's, und zum Unterpfand gabt Ihr mir dies, wenn Ihr's wieder haben wollt.
KÖNIG: Dies, und meinen Eid gab ich der Prinzessin, ich kannte sie an dieser juwelenen Brustschleife.
PRINZESSIN: Eben diese Brustschleife trug sie damals, und Lord Biron, dem ich sehr verbunden dafür bin, ist mein Liebhaber.
BIRON: O gnädigste Prinzessin – ich merke alles, Lord Bojet hat uns unsern Spaß voraufgekauft, um ein Faßnachtspiel aus unserer Maskerade zu machen. Gesteht es nur, habt Ihr nicht eben itzt Rosalinen auf den Fuß getreten, und in ihren Augapfel hinein gelacht, daß sie Euch nicht verraten sollte. Darauf haben sie die Präsente verwechselt – geht Ihr habt unsern Pagen ausgestochen, sterbt wenn es Euch beliebt, und eine Dame sei Euer Grab.
BOJET: Euer Witz nimmt wieder den Kurier.
BIRON: Aber stolpert – *Costard kommt*. Willkommen Landwitz, du kommst mit mir wett zu rennen.
COSTARD: O Lord, Herr! sie wollen nur wissen, ob die drei Helden herein kommen dürfen.
BIRON: Was, sind nur drei da?
COSTARD: Nein Herr, es sind eben fünfe, denn jedweder von ihnen stellt drei vor.
BIRON: Nu, und dreimal drei ist ja neun.
COSTARD: Nicht so, Herr, mit Eurer Erlaubnis, unser einer weiß auch was er weiß, ich hoff dreimal drei, Herr! –
BIRON: Ist nicht neune?
COSTARD: Mit Eurer Erlaubnis, Herr! wir wissen wie weit das trägt, Ihr werdt uns das nicht weis machen.
BIRON: Beim Jupiter, ich meinte dreimal drei wäre neune.
COSTARD: O Lord Herr, es wär ein Elend wenn Ihr Euer Brot mit Rechnen verdienen müßtet.
BIRON: Wieviel macht es denn?

Costard: Die Parten selbst, Herr! werden Euch zeigen wie weit das trägt, für meinen Part ich bin, wie sie sagen, nur da vor einen Mann, einen einzigen armen Teufel, Pompius den Großen, Herr!

Biron: Du auch einer von den Helden?

Costard: Sie sagen, daß ich Pompius der Große bin.

Biron: Geh, laß sie herein kommen.

Costard: Wir wollen's sauber genug machen, Herr! *Ab.*

König: Sie werden uns nur beschämen, Biron! weis sie ab.

Biron: Wir sind schamfrei, Ew. Majestät, es ist Politik wenn wir einem Spektakel Platz machen, das ein wenig lächerlicher ist als unsers.

Prinzessin: Laßt sie kommen, mein Prinz! der Scherz gefällt am sichersten, der nicht weiß, wie er dazu kommt. Wo der Witz kreißet, und doch unvermögend, jemals zu befriedigen, mitten in den Geburtsschmerzen stirbt, da macht die Beschämung ihres Selbstvertrauens eine unnachahmlich drollichte Figur. *Armado kommt.*

Armado: Gesalbtes Haupt, ich bitte um eine kurze Pause deines königlichen Odems, für ein paar Worte die ich anzubringen habe. Es geht alles gut, mein honigsüßer Monarch – *Redt heimlich mit ihm.*

Prinzessin: Dient der Mann Gott?

Biron: Warum fragt Ihr?

Prinzessin: Er sieht nicht aus wie einer, den Gott erschaffen hat. *Armado geht.*

König: Das wird eine saubere Gruppe Helden geben, er macht Hektorn, der Bauer Pompejus den Großen, der Pfarr Alexandern, Armados Page Herkules, und der Pedant Judas Makkabäus. Gelingen ihnen die vier, so ziehen sie andere Kleider an, und machen die übrigen fünfe.

Biron: Wir wollen suchen sie irre zu machen. *Costard tritt auf als Pompejus.*

Costard: Ich bin Pompius.

Bojet: Ihr lügt, das seid Ihr nicht.

Costard: Ich, Pompius.

Biron: Lieber ein Leopard.

COSTARD: Ich Pompius, der Dicke sonst gesagt.
DÜMAIN: Der Große.
COSTARD:
Recht, es war groß, Herr! Der Große sonst gesagt.
>   Der oft im Feld
>   Mit Schwert und Schild
>   Den Feind zu schwitz'n g'macht:
>   Und reisend ist
>   Auf dieser Küst
>   Komm hier von ungefähr,
>   Und leg mein'n Schild
>   Zum Füßen mild,
>   Der schönen Jungfern 's Welschland daher.

Wenn Ihr Gnaden Mamsell, mir itzt sagen will: großen Dank, Pompius! so wär itzt wohl mein Sach getan.
PRINZESSIN: Großen Dank, großer Pompejus.
COSTARD *bückt sich lächelnd*: Ich weiß nicht, ob mein Part so recht war, aber ich hoff doch, ich macht' es perfekt. Einen kleinen Anstoß hab ich im Großen gemacht, aber ich hoff es hat nichts zu sagen.

Nathanael kommt als Alexander.

NATHANAEL:
Als ich lebt' in der Welt, beherrschte mit einander
Nord, Ost, West, Süd, und hab verbreitet mein Gewalt.
Mein Schildlein zeiget aus, daß ich bin Alexander.
BOJET: Eure Nase sagt nein dazu.
BIRON: Eure Nase roch diesen scharfen Ritter nicht.
PRINZESSIN: Der Held ist erschrocken. Fahrt fort, guter Alexander.
NATHANAEL: Als ich lebt' in der Welt, beherrschte mit einander –
BOJET: Ihr Alexander?
BIRON: Pompejus der Große!
COSTARD: Euer Knecht und Costard, zu Euren Dienst.
BIRON: Husch ihn weg, den Alexander, schlepp ihn fort, den Eroberer.
COSTARD: Es ist ja aber unser Herr Pfarr.

BIRON: Du hörst, er sagt, er sei Alexander.
COSTARD: So sollt Ihr aus Euren gemalten Kleidern ausgekratzt werden. Ein Held und verschrocken zu sprechen? Pfui schämt Euch. Er ist ein gut ehrlicher Gevattersmann, mein Treu, ein recht braver Kegelschieber, aber zum Alisander da schickt er sich wie Pauken zum Eseltreiben. Seht, da kommen die andern Parten, macht Euch nur an die Seit, Herr Pfarr, ich versichere Euch.
Holofernes als Judas, Mot als Herkules.
HOLOFERNES:
Dies zarte Reis, den Herkles stellet dar
Der mit der Keul erschlug den dreigeköpften *Canus*,
Und als er noch ein kleines Würmlein war
Erdrosselte die Schlang in seiner kleinen *manus*.
Quoniam er zeiget sich noch *minorenn* allhie,
Ergo so tret ich auf mit der Apologie.
Nun geh hübsch gerad ab, hübsch gerad. *Mot ab.*
HOLOFERNES: Ich Judas –
DÜMAIN: Wie Judas –
HOLOFERNES: Nicht Ischariot, Herr –
        Ich Judas, hochberühmter Makkabäer.
DÜMAIN: Ich weiß von keinem andern Judas als –
BIRON: Ein küssender Verräter.
HOLOFERNES: Ich Judas, hochberühmter –
DÜMAIN: Desto schlimmer, daß du dafür bekannt bist.
HOLOFERNES: Was meinet Ihr, Herr?
BOJET: Ich meine, Judas müßte sich aufhängen.
HOLOFERNES: *I prae sequar*, mein Herr.
BIRON: An was für einen Baum werdet Ihr Euch hängen?
HOLOFERNES: Ihr werdet mich nicht aus meiner Fassung bringen.
BIRON: Weil Ihr keine habt.
HOLOFERNES: Was ist denn dies? *Auf seinen Kopf zeigend.*
BOJET: Der Kopf einer Zither.
DÜMAIN: Ein Stecknadelkopf.
BIRON: Ein Totenkopf.
LONGAVILLE: Ein Kopf auf einer alten Münze, die nicht mehr zu erkennen ist.

DÜMAIN: Der Stöpsel eines Riechfläschchens.
BIRON: Sankt Georgens halbes Gesicht, auf einem Bratspieß.
DÜMAIN: Auf einem Bund Ruten.
BIRON: Der Deckel einer Zahnstocherdose – nun geh, wir haben dir die Fassung gegeben.
HOLOFERNES: Ihr habt mich aus meiner Fassung gebracht.
BIRON: Wärst du ein Löwe gewesen, du hättest mir heraus sollen.
DÜMAIN: Da es aber ein Esel ist, so laßt ihn gehn. Adieu Judas, wornach stehst du?
BOJET: Nach der andern Hälfte seines Namens.
BIRON: Gebt sie ihm immer! fort Ischariot.
HOLOFERNES: Das ist nicht adelig, nicht großmütig.
BOJET: Ein Licht dem Herrn Judas, die Treppe ist dunkel, er möchte den Hals brechen.
KÖNIG: Es scheint, Biron tut sich heute was an Rache zu Gut?
Armado kommt als Hektor.
BIRON: Verhülle dich, Achill, hier kommt Hektor in Waffen.
DÜMAIN: Hektor war nur ein gemeiner Trojaner gegen ihn.
BOJET: Das Hektor.
LONGAVILLE: Ich denke, Hektor war so spüddig nicht.
BIRON: Sein Schenkel ist zu dick fürn Hektor.
DÜMAIN: Er hat gar zu starke Waden.
BOJET: Das kann unmöglich Hektor sein.
ARMADO: Wenn wird's ein Ende haben?
  Der waffenstarke Mars, in Lanzen der Allmächt'ge
  Gab Hektorn ein Geschenk,
DÜMAIN: Eine Haselnuß.
BIRON: Eine Tabatiere.
BOJET: Eine Melone.
ARMADO:
  Der waffenstarke Mars, in Lanzen der Allmächt'ge
  Gab Hektorn ein Geschenk, dem Kronprinz Ilions.
  Ein Mann so stark an Brust, daß er in dem Gefechte
  Oft Tag und Nacht befand *sans recreations*
  Ich bin die edle Blum.
DÜMAIN: Die Krausemünze.

LONGAVILLE: Der Gänserich.
ARMADO: Werter Lord Longaville, haltet Eure Zunge im Zaum.
LONGAVILLE: Hektor stolpert.
DÜMAIN: Hektor ist ein Windspiel.
ARMADO: Der angenehme Kriegsheld ist lang tot und verwest, o ihr meine werten Gewürme, beißt seine Gebeine nicht. Doch ich will zur Sache, zu meiner Devise, Eure königlichen Gnaden, gönnt mir Euren Sinn des Gehörs.
PRINZESSIN: Sprecht, guter Hektor, es macht uns viel Vergnügen.
ARMADO: Ich bete Euer Gnaden Pantoffel an.
> Der Hektor schön bracht auch den Hannibal
> Bracht ihn, bracht – bracht ihn zu Fall.

COSTARD: Ja es ist wahr, Gevatter! Ihr habt sie zu Fall gebracht, das Kind ist schon zwei Monat unterwegens.
ARMADO: Was meinst du?
COSTARD: Ich meine, wenn Ihr kein honetter Hektor seid, so soll das Wetter nein schlagen. Es ist schon zwei Monat daß sie bekennt.
ARMADO: Willst du mich hier mitten unter den Potentaten zu Schanden machen? du sollt sterben.
COSTARD: Dann sollt Ihr mein Seel den Staupbesen kriegen.
DÜMAIN: Vortrefflicher Pompejus.
BOJET: Ehrenvoller Pompejus.
BIRON: Größer als groß, großer, großer, großer Pompejus, Pompejus der ungeheure.
DÜMAIN: Hektor zittert.
BIRON: Pompejus glüht! mehr Feuer, mehr Feuer.
DÜMAIN: Hektor wird ihn herausfordern.
BIRON: Freilich sollt er's und wenn er nicht mehr Mannsblut in seinem ganzen Leibe hätte, als eine Fliege satt damit zu machen.
ARMADO: Beim Nordpol ich fordere dich heraus.
COSTARD: Ich bitt Euch, laßt mich meine Rüstung wieder antun.
DÜMAIN: Platz für die entzündeten Helden.
COSTARD: Ich will in Hemde fechten.
DÜMAIN: Sehr herzhafter Pompejus.
MOT: Herr ich bitt Euch, laßt mich Euch aufknöpfen, seht Ihr

nicht, Pompejus steht ohne Futteral da, Ihr werdet Eure Reputation verlieren.

ARMADO: Edle und Helden, verzeiht mir, ich werde nicht im Hemd streiten.

DÜMAIN: Ihr könnt's nicht abschlagen, Pompejus hat die Ausfoderung gemacht.

ARMADO: Angenehme Freunde! ich kann, will und werde.

BIRON: Was habt Ihr für Ursachen?

ARMADO: Die nackte Wahrheit ist, daß ich kein Hemd habe. Ich geh in Wolle zur Pönitenz.

LETZTE SZENE

MAKARD *tritt herein, einer aus der Prinzessin Gefolge.*

PRINZESSIN: Willkommen Makard, schade daß du unser Vergnügen so unterbrichst.

MAKARD: Und die Zunge schwer von Neuigkeiten, gnädige Frau. – Der König Euer Vater –

PRINZESSIN *springt auf*: Tot, so wahr ich lebe –

MAKARD: Mein Auftrag ist verrichtet.

BIRON: Weg Helden! die Szene beginnt zu bewölken.

ARMADO: Was mich betrifft, so hab ich das Licht der Ungerechtigkeit durch die Ritze der Klugheit wahrgenommen, und so will ich auf der verderbten Welt den Hektor nicht mehr prostituieren. *Die Helden ab.*

KÖNIG: Wie befindet sich Eure Hoheit.

PRINZESSIN: Bojet, mach Anstalten! noch diese Nacht.

KÖNIG: Nicht so, teureste Prinzessin, wenn mein Bitten was vermag.

PRINZESSIN: Mach Anstalt! Ich dank euch edelmütige Herren, mit einem veränderten betrübten Herzen zwar, euer geschmeidige Witz wolle unsern zu dreisten Widerstand entschuldigen. Haben wir uns zu kühn gegen euch bezeigt, so war eure zu weitgetriebene Nachsicht schuld daran. Und so lebt wohl, teurester Prinz, ein betrübtes Herz verstattet keine weitläuftige Sprache, verzeiht mir also wenn ich an Dank zu kurz komme, da ich die Ursache dazu so reichlich erhalten.

König: Der äußerste Saum der Zeit lenkt oft alle Ursachen in der Geschwindigkeit zu einem Endzweck zusammen und oft entscheidet sie mitten in ihren schnellsten Fluge Sachen, welchen eine lange Bemühung keinen Ausschlag geben konnte. Und obschon die traurende Stirn einer zärtlichen Waise der Liebe ihre Schmeicheleien untersagt: so wag ich es dennoch Euch zu flehen, da einmal unter uns der heilige Handel der Liebe auf dem Tapet war, laßt die Wolken der Traurigkeit unser beiderseitiges Ziel nicht ganz aus Eurem Gesicht entziehen. Es ist doch kein solcher Gewinn verlorne Freunde zu beweinen, als sich mit neu erworbenen zu erfreuen.

Prinzessin: Ich versteh Euch nicht. Ihr macht mir meinen Schmerz nur empfindlicher.

Biron: Plane Worte durchdringen das Ohr des Schmerzens am behendesten. Hört mich an schöne Prinzessin! Wir haben mit unserm Eide gespielt, Ladys, eure Schönheit hat uns verunstaltet, allen unsern Vorsätzen und Entschließungen eine andere Gestalt gegeben. Eure himmlischen Augen allein sind an unserer Verwandlung Ursach, unsere Verirrungen sind die eurigen, wenn ihr nicht mit uns helft sie zu einem guten Zweck zu leiten. Wir waren untreu gegen uns selbst, als wir meineidig wurden, um auf ewig denen treu zu bleiben, die beides aus uns gemacht, euch schöne Ladys. Und eben nur dadurch reinigt diese Falschheit, die sonst Sünde wäre, sich selbst und wird zur Gnade.

Prinzessin: Ich gesteh's wir haben eure Briefe, eure Geschenke voll Liebe empfangen, aber in unserm Mädchenkriegsrat alles dies für Galanterie, für Bombast und Unterfutter der Zeit und der Umstände erklärt.

Dümain: Unsere Briefe gnädige Frau, zeigten etwas mehr als Scherz.

Longaville: So auch unsere Blicke.

Rosaline: Wir haben sie so nicht verstanden.

König: O jetzt in der letzten Gunst der Zeit erklärt euch.

Prinzessin: Eine viel zu kurze Zeit, mein Prinz! einen Handel auf die Ewigkeit zu schließen. Ewr. Herrlichkeit ist meineidig worden, wenn Ihr aus Liebe zu mir (da ich doch noch zweifle ob Ihr das Wort kennt) was unternehmen wollt, so sei es dies. Keinen neuen Eid, behüte der Himmel, aber reiset ungesäumt in eine abgesonderte von allen Weltzerstreuungen nackte Einsiedelei, dort bleibt bis die zwölf himmlischen Zeichen ihren Umlauf vollendet haben. Wenn dies strenge geeinsamte Leben auch das Anerbieten das Ihr mir jetzt in der Hitze Eures Bluts getan habt nicht leid macht, wenn Frost und Hunger, hartes Bett und dünne Kleider die buntfärbige Blüte Eurer Liebe nicht abstreifen, wenn sie diese Probe aushält und noch immer Liebe bleibt, dann nach Verlauf dieses Jahres komm – und, bei dieser jungfräulichen Hand, die ich jetzt in die deinige schlage – dann will ich die Deinige sein. Bis dahin soll mein wehmütiges Selbst in ein Trauerhaus verschlossen, die Tränen des Wehklagens auf das Andenken meines geliebten Vaters herabregnen. Schlägst du mir aber diese Forderung ab, so reiß deine Hand los aus meiner und laß unsre Herzen sich fremde werden.

KÖNIG: Wenn ich dies und noch mehr als dies abzuschlagen fähig wäre, so sollte die schnelle Hand des Todes lieber gleich meine Augen zudrücken. Geh also nur fort von uns, Teure – mein Herz bleibt in deiner Brust.

BIRON: Und was für mich, meine Liebe, was für mich?

ROSALINE: Auch Ihr müßt durchs Fegfeuer, Eure Sünden sind wie üppig Unkraut Betrug und Meineid sind Euch zu Kopf gewachsen, daher, wollt Ihr mich verdienen, so müßt Ihr zwölf Monat im Hospital zubringen.

DÜMAIN: Und was für mich.

CATHARINE: Einen Bart, eine Frau und gute Gesundheit.

DÜMAIN: O erlaubet mir meine Danksagung. –

CATHARINE: Nicht so, mein Herr! zwölf Monat und einen Tag sollt Ihr Euch den Bart wachsen lassen. Kommt alsdenn mit dem König, so will ich sehen was ich für Euch tun kann.

LONGAVILLE: Und was sagt Maria.

MARIA: Zwölf Monat Trauer.

LONGAVILLE: Ach, aber die Zeit ist so lang.

MARIA: Desto besser schickt sichs für Euch, langer Herr.

BIRON: Worüber denkt meine Lady? Seht mich an, guckt hinein

zum Fenster meines Herzens, mit welcher Bereitwilligkeit es Eure Erklärung erwartet.

ROSALINE: Mein Lord Biron! ich habe viel von Euch gehört eh ich Euch sah, Euer Ruf gab Euch für einen Mann voll sinnreicher Einfälle und verwundender Stichelreden, die Ihr auf alles ohne Unterschied abschösset, was innerhalb den Grenzen Eurer Fähigkeit läge. Diesen Vermut aus Eurem sonst fruchtbaren Hirn auszurotten, und zugleich um mich zu gewinnen, wenn Euch das letzte angelegen sein kann, sollt Ihr zwölf Monate Tag für Tag die sprachlosen Kranken des Hospitals besuchen, da die ganze Energie Eures Witzes aufbieten, diese trostlosen Elende lächeln zu machen.

BIRON: Fröhliches Gelächter in der Gurgel des Todes intonieren? Es ist unmöglich, Lady! Scherz kann keine agonisierende Seele bewegen.

ROSALINE: Desto besser, so ist dies das sicherste Mittel einen stechenden nesselartigen Geist zu ersticken, der von der zu leichtsinnigen Gunst erzogen ward, womit seichte Zuhörer Eure Schwänke aufgenommen. Das Glück eines Scherzes liegt in dem Ohr das ihn hört, nicht in der Zunge so ihn ausspricht. Also wenn kranke Ohren betäubt, von dem kläglichen Schall ihrer eigenen Seufzer und ihres Geächzes Euch willig anhören, so fahrt fort darin, und ich will Euch mit samt Eurem Fehler heiraten, aber ist das nicht so fort mit dem Geist, und ich werde vergnügt sein, Euch einen Pfund leichter an Witz zu bekommen aber mit einem bessern Herzen.

BIRON: Zwölf Monat? sei es! was tut man nicht, so viel zu gewinnen, ich will zwölf Monat im Hospital scherzen.

PRINZESSIN: Und so mein Prinz! nehm ich meinen Abschied.

KÖNIG: Nein Madame! wir werden Euch begleiten.

BIRON: Unsere Freude endigt wenigstens nicht wie eine Komödie, Hans heiratet nicht Greten – so ähnlich auch alles sonst einer Komödie sah.

KÖNIG: Es fehlen nur noch zwölf Monat und ein Tag dran, so wird's eine.

BIRON: Das ist zu lang für ein Schauspiel.

CORIOLAN

Ein Trauerspiel von Shakespeare

PERSONEN DES STÜCKS

CORIOLAN, Feldherr in Rom, ehmals Martius genannt
MENENIUS, ein Senator, sein Freund
COMENIUS \
LARTIUS / Feldherren, seine Freunde
SICINIUS \
BRUTUS / Tribunen, Feinde Coriolans
VOLUMNIA, Coriolans Mutter
VIRGILIA, Coriolans Frau
VALERIA, eine Freundin
AUFIDIUS, General der Volsker
Einige Soldaten, Bediente und andere

ERSTER AKT

ERSTE SZENE

Tumult in Rom wegen des Brotmangels. MENENIUS *sucht das Volk zu besänftigen.*

MENENIUS: Freunde, ich versichere Euch, daß sich der Senat eure Not angelegen sein lässet und mit diesen euren rebellischen Knitteln könntet ihr mit eben dem Recht gegen den Himmel schlagen als auf die Patrizier, denn die Teurung schickten euch die Götter, nicht sie; eure Knie vor denen, nicht eure Arme müßt ihr brauchen, wenn ihr wollt geholfen sein. Ihr aber wütet gegen die, so als Väter für euch sorgen.

EIN BÜRGER: Sorgen? ja sie sorgen schön. Lassen uns hungern und ihre Vorratshäuser sind vollgestopft von Korn.

Hierauf erzählt ihnen Menenius mit sehr vieler Gelassenheit die Fabel vom Magen, gegen den sich einst die andern Glieder des Körpers empört hatten, weil er so ruhig schien und ihm doch alle Speisen zugeführt werden müßten, der sich aber verantwortet, daß er es sei, der dagegen den Nahrungssaft daraus dem ganzen Körper mitteile. Hiervon macht er die Anwendung auf den Römischen Staat, und nennt einen der kecksten Bürger den großen Zeh, der darüber in Feuer gerät und den Menenius gleichfalls aus seiner Fassung bringt. Cajus Martius kommt dazu und fährt sie sehr scharf an. Unter anderm sagt er:

MARTIUS: Wer Ehre verdient, verdient euren Haß, eure Neigungen sind wie der Appetit eines Kranken, der das am eifrigsten begehrt, was seine Krankheit vermehrt. Was wollen sie?

MENENIUS: Korn auf ihre eigene Unkosten. Sie meinen, es ist Vorrat genug da.

MARTIUS: Sie meinen – hängt sie! sie sitzen bei ihrem Herd und wollen wissen, was auf dem Kapitol vorgeht.

In dem Augenblick kommt die Nachricht, der Feind sei vor der Stadt.

Senatoren und Tribunen.

EIN SENATOR: Ja Martius, es ist wahr, die Volsker sind in Waffen.

MARTIUS: Sie haben Tullius Aufidius zum Anführer. Ich sündige, daß ich den Mann beneide. Aber wenn die halbe Welt in Waffen wäre gegen die andere Hälfte und er auf meiner Seite, so wollt ich übergehen, um nur mit ihm zu tun zu haben. Er ist ein Löwe, den ich hetzen möchte – *Zum Volk.* Ha, nun ihr Kornmäuse, folgt mir, die Volsker haben Getreide genug, da könnt ihr euch satt essen. *Gehn ab. Die beiden Tribunen, seine Neider, bleiben.*

DER EINE: Ein Naturell wie das, wenn ihm das Glück lächelt, verachtet den Schatten, den er am Mittag tritt. Sein Stolz hat seinesgleichen nicht, er fiele die Götter an, wenn er gereizt wird. Mich wundert, wie er so gelassen in diesem Kriege den Comenius kann das Kommando führen sehen.

DER ANDERE: Sein Ehrgeiz kann auf keine bessere Weise befriedigt werden. Mißglückt der Krieg, so ist alles des Generals Schuld, glückt er, so eignet sich Martius den Verdienst davon zu, u. s. f.

DRITTE SZENE

In Rom.

VOLUMNIA und VIRGILIA sitzen und nähen.

VOLUMNIA: Ich bitte Euch, Tochter, singt oder beruhigt Euch auf eine andere Art. Wenn mein Sohn mein Gemahl wäre, so würd ich mich bei seiner Abwesenheit wo er Ehre einerntet, fröhlicher beweisen als bei den Liebkosungen seines Ehebetts. Als er noch ein Kind war und seine Jugend und Annehmlichkeiten jedermanns Augen auf sich zogen, da dacht ich: der Junge ist nichts besser als ein Gemälde, an der Wand aufzuhängen, wenn ihn mir der Ruhm nicht lebendig macht, ich ließ ihn also Gefahr aufsuchen um Ruhm zu finden, in einen grausamen Krieg schickte ich ihn; er kam zurück, die Stirn umwunden mit Eichenlaub. Ich sage dir, Tochter, ich sprang nicht so freudig auf in meinem Bett, als ich hörte, er sei geboren, als nun, da ich hörte, er sei würdig von mir geboren zu sein.

VIRGILIA: Aber wenn er in den Lehrjahren gestorben wäre, Mama! wie dann?

VOLUMNIA: So wäre sein Nachruhm mein Sohn gewesen. Immer wollt ich einen Trost gefunden haben. Hör, ich will aufrichtig sein, hätt ich ein Dutzend Söhne und alle so lieb wie Martius, so teuer wie Martius, lieber wünscht ich elfe stürben edel fürs Vaterland, als daß einer sein Leben rettete auf eine unedle Art.

EINE BEDIENTE: Madame, Lady Valeria kommt Euch zu besuchen.

VIRGILIA: Liebe Mutter, erlaubt mir, daß ich mich wegbegeben darf.

VOLUMNIA: Nein, du sollst nicht. Mich dünkt, ich höre bis hieher die Trommel deines Mannes, ich sehe ihn den Aufidius bei den Haaren schleppen und die Volsker vor ihm laufen, wie Kinder vor einem Bären. Ich seh ihn stampfen, ich hör ihn rufen: kommt an, ihr Schurken, ihr wurdet mit Furcht gezeugt, obschon eure Väter Römer waren. Ich sehe ihn mit gepanzerter Faust und blutiger Stirn alles weg mähen, was vor ihn kommt.

VIRGILIA: Mit blutiger Stirn – O Jupiter, kein Blut!

VOLUMNIA: Weg Törin, Blut glänzt schöner am Mann als Gold. Herkulas Brust, als sie Hektorn säugte, sah nicht schöner aus, als Hektors Haupt, da es von griechischen Schwertern blutete – *Zur Bedienten.* Sag der Valeria, wir erwarten sie. *Bediente ab.*

VIRGILIA: O Himmel, schütze meinen Mann gegen Aufidius.

VOLUMNIA: Er wird Aufidius' Kopf zwischen seine Knie nehmen und ihm so auf den Nacken treten. *Valeria kommt.*

VALERIA: Ich wünsche meinen beiden Ladies einen schönen Tag.

VOLUMNIA *aufstehend*: Willkommen, angenehme Lady. Jetzt geht die Konversation fort, wo Valeria von Virgiliens kleinem Sohn viel Lobens macht, wie er die Schmetterlinge haschte und wieder fliegen ließ, wieder haschte und wieder fliegen ließ. Er hat seines Vaters Geist, sagte Volumnia. Ein kleiner Galgendieb, sagte Virgilia. Valeria will sie überreden mit in Gesellschaft zu gehen. Sie weigert sich dessen auf eine sehr bescheidene Art und bleibt zu Hause.

VALERIA: In Ernst, Madame, kommen Sie mit. Ich will Ihnen auch Neuigkeiten von Ihrem Mann sagen.

VIRGILIA: Ach gute Madame, es können noch keine da sein.

VALERIA: In der Tat, ich scherze nicht, es kamen Neuigkeiten an die letzte Nacht –

VIRGILIA: In der Tat?

VALERIA: In der Tat, es ist wahr, ich habe einen Senator gesprochen. Er sagte, die Hauptarmee unter dem Comenius ist gegen die Volsker gegangen, Titus Lartius aber und Ihr Mann stehen vor Coriolus. Man hofft, es wird alles gut gehn, u.s.f.

VIERTE SZENE

Die Mauern von Coriolus.

MARTIUS *fodert die Stadt auf. Ein Senator antwortet ihm höhnisch. Man legt Sturmleiter an.*

MARTIUS *zu Lartius*: Sie verachten uns über unsere Erwartung. Es macht mich schwitzen vor Zorn. Hinan brave Gesellen! wer zurückweicht, den werde ich für einen Volsker ansehn und der soll mein Schwert fühlen.

Die Römer werden zu ihren Transcheen zurückgetrieben. Martius tritt auf.

MARTIUS: Die Pest des ganzen Südens flamme auf euch, ihr Schandflecken von Rom, ihr Herden von Wunden und Eiterbeulen, bepflastert auch, damit ihr verabscheut werdet weiter als man euch sehen kann, verpestet die Luft eine Meile um euch her, steckt euch einer den andern an mit konträrem Wind! Ihr Gänseseelen, die ihr nur die Figur von Menschen habt, ihr lauft vor Kerls, die Affen beißen würden. Pluto und Hölle, alle umgekehrt, alle die Rücken rot und die Fratzen bleich – wollt ihr halten, wollt ihr umkehren, oder beim Feuer vom Himmel, ich will mich mit zum Feind stellen und auf euch einhauen. Kehrt um, steht, treibt sie zu ihren Weibern zurück.

Getümmel. Die Tore von Coriolus öffnen sich. Martius dringt herein. Man schließt hinter ihm zu.
MARTIUS *ruft hinter der Szene*: Folgt mir brave Kameraden! Das Glück hat uns die Tore geöffnet – *Titus Lartius kommt.*
LARTIUS: Was ist aus Martius geworden?
ALLE: Ohne Zweifel ist er erschlagen.
EIN SOLDAT: Er drängte zu hitzig in die Stadt hinein; man hat hinter ihm zugemacht. Jetzt wehrt er sich allein gegen die ganze Stadt.
LARTIUS: O edelster der Männer, u. s. f.

Martius kommt wieder heraus blutend, die Feinde verfolgen ihn.
EIN SOLDAT: Seht Herr –
LARTIUS: Das ist Martius. Zu Hilfe ihm jetzt, oder alles ist verloren.

Sie fechten und dringen alle in die Stadt ein, Soldaten mit Beute, Lartius und Martius, mit Trompetenschall treten vorwärts. Martius bittet ihn, auf die Stadt achtzuhaben, er will mit dem Rest der Truppen dem Comenius zu Hilfe eilen.
LARTIUS: Würdiger Freund, du blutest, die Bewegung ist zu heftig für dich gewesen, du darfst keinen zweiten Strauß wagen.
MARTIUS: Lobt mich nicht: es hat mir noch nicht warm gemacht. Mein Blutlaß wird gut tun. So will ich vorm Aufidius erscheinen und fechten mit ihm.
LARTIUS: So möge denn die Göttin Fortuna verliebt in dich werden und jeden Schwertstreich deiner Feinde von dir ablenken. Ich kann dich nicht zurückhalten.
MARTIUS: Sei glücklich. Leb wohl. *Ab.*

Gespräch des Comenius und des Martius.
COMENIUS: Wer ist jener, der da ankommt über und über blutig. Götter! er hat Martius' Gang.
MARTIUS: Komm ich zu spät?
COMENIUS: Seine Stimme, ich kenne sie, wie Landleute den entfernten Donner –
MARTIUS: Komm ich zu spät?
COMENIUS: Ach freilich, wenn es nicht fremdes Blut ist in das du eingehüllt bist, sondern dein eigenes.
MARTIUS: Ach ich umarm Euch mit so frischem Herzen, als stünd ich vor meinem Hochzeitsbett.
COMENIUS: Blume unserer Helden, was macht Titus Lartius?
MARTIUS: Sehr beschäftigt, wie ein Staatsminister, verbannt den zum Schafott, den ins Exilium, begnadigt diesen, drohet jenem, kurzum er hat Coriolus –
COMENIUS: Wo ist der Sklave, der mir sagte, ihr wärt zurückgetrieben worden? er soll sterben.
MARTIUS: Laß ihn, er hat wahr geredt. Unsere Leute (ha, daß Pest und Tribunen über sie kommen mögen) – Mäuse können nicht so laufen vor einer Katze wie sie vor noch größeren Hasenfüßen als sie selber waren.
COMENIUS: Wie gewannt ihr denn?
MARTIUS: Werd ich noch Zeit haben es zu erzählen? Ich denke nicht – Wo ist der Feind? Steht die Armee gegen ihn. Was zögert ihr denn hier?
COMENIUS: Martius, wir haben uns retirieren müssen, aber zu unserm Vorteil –
MARTIUS: Wie haben sie sich gestellt? Auf welcher Seite stehen ihre bravsten Truppen?
COMENIUS: Wie ich glaube Martius, im Vortrab und Aufidius führt sie an.
MARTIUS: Ich bitte Euch bei allen Schlachten die wir zusammen machten, bei dem Blut, das wir zusammen vergossen, bei der Freundschaft die wir uns schworen, laßt mich gerade gegenüber dem Aufidius und seinen Antiaten stehen – und ohne Aufschub kommandiert zum Angriff, noch in dieser Stunde.
COMENIUS: Obschon ich lieber wünschte, dich in ein Bad führen

zu können und Balsam auf diese Wunden zu gießen – doch wer kann dir was abschlagen, u. s. f.

Jetzt werden die Veranstaltungen zur Schlacht gemacht. Szene in der Schlacht, wo Martius und Aufidius aufeinander treffen.

MARTIUS: Ich fechte heut mit niemand als dir, ich hasse dich mehr als einen Meineidigen.

AUFIDIUS: Wir hassen gleich. Afrika hat keine Schlange, die ich mehr verabscheue als dich und deinen Ruhm. Steh!

MARTIUS: Der erste, der weicht, sterb als des andern Sklave. Und nach dem Tode verdammen ihn die Götter.

AUFIDIUS: Wenn ich flieh, schrei mir nach wie einem Hirschen. –

MARTIUS: Drei Stunden, Mann! hab ich allein in Coriolus gefochten und gewirtschaftet; das ist nicht mein Blut, womit du mich hier umwickelt siehst, vergeh für Rache, es ist Volskerblut.

AUFIDIUS: Und wärst du Hektor selbst, die Geißel eurer Vorfahren, du solltest meinen Händen diesmal nicht entgehen.

Sie fechten. Einige Volsker kommen dem Aufidius zu Hilfe. Martius treibt sie alle zurück. – Trompeten. Der Abzug wird geblasen. Comenius tritt herein mit Martius, der den Arm in der Binde trägt.

COMENIUS: Sollt ich dir alles erzählen was heute geschehen ist, du würdst deine eigenen Taten nicht glauben. Aber ich will es erzählen, wo die Senatoren Tränen in ihr Lächeln mischen sollen, wo die großen Patrizier aufhorchen und schauern, dann bewundern, die Ladies für Erstaunen und Freude schreien und dann weiter zuhören sollen, wo die verhaßten Tribunen selber, so sehr sie dich hassen, wider ihr eigenes Herz ausrufen sollen. Dank sei den Göttern, daß Rom solch einen Soldaten hatte. *Titus Lartius kommt mit Gefolge.*

LARTIUS: O General, hier siehst du das Roß, wir waren nur der Zierat.

MARTIUS: Ich bitt euch nicht mehr. Meine Mutter allein hat die Erlaubnis, mich zu loben, und doch tut sie mir weh damit.

Ich habe getan, was ich konnte und jeder, der denselben guten Willen gehabt hat, tat ebensoviel.
COMENIUS: Du sollst nicht das Grab deiner Verdienste werden. Rom muß wissen, was es an dir hat. Das zu verhehlen wär ärger als ein Diebstahl, ärger als Gotteslästerung.
MARTIUS: Ich habe einige Wunden an mir, sie schmerzen mir, wenn man davon redt. –
COMENIUS: O, sie würden ärger schmerzen, wenn wir schwiegen, sie würden tödlich werden.

Er bietet ihm den zehnten Teil der Beute an. Martius schlägt ihn aus. Ein allgemeines Geschrei der Armee, die ihre Hüte in die Höhe werfen. Martius erzürnt sich über die Ehrenbezeugungen. Vor dem ganzen Volk wird ihm wegen der durch ihn ganz allein eroberten Stadt Coriolus der Zuname Coriolanus gegeben. Die ganze Armee ruft: Es lebe Cajus Martius Coriolanus!
CORIOLAN: Ich will gehn und mich waschen, damit ihr sehen könnt, ob ich errötet bin oder nicht. Dem sei wie ihm wolle, ich danke euch.

Coriolan bittet sich zur einzigen Belohnung aus, daß man einem armen Mann in Coriolus, der ihm freundlich begegnet als er ehemals durchgereist, die Freiheit schenken möge.
COMENIUS: Wohl gebeten. Wär es der Mörder meines Sohnes, er soll frei sein wie der Wind. Gib ihn los, Lartius.
LARTIUS: Seinen Namen! Coriolan.
CORIOLAN: Beim Jupiter – vergessen! Mein Gedächtnis, mein Gedächtnis! Habt ihr keinen Wein hier?
COMENIUS: Laßt uns ins Lager gehn, das Blut trocknet auf Eurer Stirn, es ist Zeit, daß wir nach den Wunden sehn.

Lager der Volsker.
AUFIDIUS *blutig, mit einigen Soldaten.*
AUFIDIUS: Fünfmal, Martius, hab ich mit dir gefochten und alle fünf Mal hast du mich überwunden, und würdst es tun, glaub ich, föchten wir so oft zusammen als wir essen.
EIN SOLDAT: Er ist der Teufel.

AUFIDIUS: Kühner, aber nicht so verschmitzt. Meine Tapferkeit ist vergiftet, zernichtet durch ihn. Weder Schlaf noch Heiligtum noch Priester noch Opfer noch Tempel können meinen Haß jetzt besänftigen. Wo ich ihn finde, wär's in meinem Hause, wär's in meines Bruders Bett, wider Gastfreiheit, Eid, Gewissen, alles – will ich meine Hände in seinem Herzen waschen – –

ZWEITER AKT

ERSTE SZENE

In Rom.

MENENIUS. SICINIUS. BRUTUS.

MENENIUS: Der Augur sagte mir, wir würden heut Neuigkeiten bekommen.
SICINIUS: Gute oder böse?
MENENIUS: Nicht wie sie das Volk wünscht. Sie lieben den Martius nicht.
SICINIUS: Die Natur lehrt jedes Tier seine Freunde lieben.
MENENIUS: Ich bitt euch, wen liebt der Wolf?
SICINIUS: Das Lamm.
MENENIUS: Ja, es aufzufressen, wie das Volk gern den Martius möchte.
BRUTUS: Ein Lamm in der Tat, er blökt wie ein Bär.
MENENIUS: Er brummt wie ein Bär, aber er lebt wie ein Lamm. Hört ihr beide Herrn, erlaubt ihr mir auch was zu fragen –
BEIDE: Was steht zu Diensten?
MENENIUS: Was meint ihr wohl, daß Martius für ein Fehlerchen hätte, das nicht bei euch im höchsten Grad anzutreffen wäre?
BRUTUS: Er hat nicht ein Fehlerchen, er hat alle mögliche –
SICINIUS: Besonders sein Hochmut.
BRUTUS: Und daß er alles um sich herum erniedrigen will.
MENENIUS: Nun das ist seltsam. Wißt ihr was man von euch in

der Stadt sagt? ich meine rechtschaffene Leute, was die von euch sagen?
BRUTUS: Nun was sagen sie?
MENENIUS: Weil ihr doch von Hochmut redt – aber ihr mögt nicht böse werden.
BRUTUS und SICINIUS: Na gut, so sagt denn nur.
MENENIUS: Doch hat es auch nichts zu sagen wenn ihr böse werdet, ihr seid darin Herrn und Meister – ihr sagt, Martius sei hochmütig –
BRUTUS: Wir sagen nicht allein so.
MENENIUS: Ich weiß wohl, daß ihr nichts mehr allein tut, denn ihr habt viel Helfershelfer, wenn das auch nicht wäre, würden eure Handlungen possierlich genug herauskommen – aber weil ihr doch von Hochmut redt, ich wünscht, daß ich eure Augen könnt' in euren Nacken setzen und euch das Inwendige von eurem edlen Selbst anzuschauen geben.
SICINIUS: Menenius, man kennt Euch auch genug.
MENENIUS: Man kennt mich auch genug als einen ehrlichen lustigen Patrizier, der eine Schale glühend Wein liebt, ohne ein Tröpfchen aus der Tiber dazu, ein wenig zu schnell und zunderartig bei jeder Lumperei, alles was ich im Herzen habe, das ist auch auf der Zunge – was für Böses kann eure Staubbesen-Herrlichkeit an dem Charakter sehen, man kennt mich auch genug –
BRUTUS: Geht, geht! wir kennen Euch!
MENENIUS: Ihr kennt weder mich, noch euch, noch etwas in der ganzen Welt –

Das Gespräch wird immer hitziger. Endlich sagt er: gute Nacht, Euer Herrlichkeit, eure Konversation macht mir Kopfschmerzen, ich bin sehr erfreut eurer los zu werden. Die Tribunen lassen ihn allein.
Volumnia, Virgilia und Valeria kommen.
MENENIUS: Wie nun, meine schönen Ladies? wohin so eilfertig?
VOLUMNIA: Ehrenvoller Menenius, mein Junge Martius kommt an, laßt uns.
MENENIUS: Was – Martius?

VOLUMNIA: Ja, edler Menenius und mit allgemeinem Beifall.

MENENIUS: Nimm meinen Hut, Jupiter und ich danke dir. *Den Hut in die Höhe werfend.* Martius kommt nach Hause?

VIRGILIA: Ganz gewiß.

VOLUMNIA: Hier ist ein Brief von ihm, der Senat hat auch einen, sein Weib auch einen, und einer, mein ich, liegt zu Hause für Euch.

MENENIUS: Ein Brief für mich – ich will ein Festin anstellen diese Nacht –

VIRGILIA: Ja, sicher, es ist ein Brief für Euch da, ich hatt ihn in meiner Hand.

MENENIUS: Ein Brief für mich – das macht mich zehn Jahr jünger, Lady, jetzt brauch ich für zehn Jahr meinen Doktor nicht – Ist er nicht verwundet? er war gewohnt, verwundet nach Hause zu kommen.

VIRGILIA: Ach nein, nein –

VOLUMNIA: Ja er ist's! und ich danke den Göttern.

MENENIUS: Das tu ich auch! wenn er's nicht zu sehr ist, bringt er Sieg in der Tasche. Seine Wunden pflegten ihm was einzubringen.

VOLUMNIA: Um die Stirn, Menenius. Er kommt das drittemal zurück mit dem Eichenkranz.

MENENIUS: Hat er den Aufidius brav durchgeholt?

VOLUMNIA: Titus Lartius schreibt mir, daß sie miteinander gefochten, aber Aufidius kroch zu Kreuz.

MENENIUS: Ja, das wollt ich ihm geraten haben, ich bin gut dafür.

VOLUMNIA: Laßt uns eilen, gute Lady! Ja ja, Menenius, der Senat hat Briefe vom General, worin er meinen Sohn die Ehre vom ganzen Kriege gibt, er hat alle seine vorigen Taten durch diese verdunkelt –

VALERIA: In der Tat, man spricht wunderbare Sachen von ihm.

MENENIUS: Wunderbare – ach ich bin euch gut dafür, er hat dazu getan, daß man so spricht.

VIRGILIA: Die Götter mögen es wahr machen.

VOLUMNIA: Wahr? Gekackel.

MENENIUS: Wahr? da ist mein Hals dafür. Wo ist er verwundet? – Oh, Martius kommt nach Hause, nun hat er mehr Ursache hochmütig zu sein – wo ist er verwundet?

Volumnia: In der Schulter, Menenius, und im linken Arm. Das wird Narben geben, dem Volk zu weisen, wenn er ums Konsulat anhält. Als die Tarquinier vertrieben wurden, bekam er sieben in den Leib.

Menenius: Und noch eine in den Nacken und zwei in die Hüfte, das sind neue, soviel ich weiß.

Volumnia: Er hatte vor der letzten Kampagne fünfundzwanzig Wunden an sich.

Menenius: So wären's siebenundzwanzig, jeder Streich war eines Feindes Grab – Horcht, Trompeten! sie kommen.

Ein Freudengeschrei. Trompeten. Comenius und Lartius kommen, zwischen ihnen Coriolan mit Eichenlaub gekrönt, Hauptleute, Soldaten und ein Herold.

Herold *ruft*: Wisse, Rom, Martius focht allein in Coriolus' Toren, gewann die Stadt und sich einen Namen zu Cajus Martius. Dieser Name heißt bis auf die spätesten Zeiten Cajus Martius Coriolanus. Willkommen in Rom, unsterblicher Coriolan!

Alle *rufen*: Willkommen, willkommen, berühmter Coriolan! *Geschrei, Trompeten.*

Coriolan: Nichts mehr – ich bitte euch, nichts mehr.

Comenius: Sehr Herr! Eure Mutter –

Coriolan: O Ihr habt, ich habe es gefühlt, die Götter für mich angerufen. *Kniet.*

Volumnia: Steh auf, mein guter Soldat, mein artiger Martius, mein lieber Cajus, oder soll ich dich lieber bei deinem neuen Namen nennen – wie heißt er? Coriolan – sieh dein Weib –

Coriolan: Willkommen, angenehmes Stillschweigen! – Würdest du gelacht haben, wenn ich im Sarge angekommen wäre, daß du jetzt weinst, da ich im Triumph einziehe? – Ach, meine Liebe, solche Augen hatten die Witwen in Coriolus und die Mütter, die ich nachließ.

Menenius: Die Götter belohnen dich.

Coriolan: Lebt Ihr auch noch? – Verzeiht, liebe Lady. *Umarmt Menenius.*

VOLUMNIA: Ich weiß nicht, wohin mich zu wenden. Willkommen zu Hause, General, willkommen alle miteinander.
MENENIUS *weinend*: Hunderttausend Willkommen. Ich muß weinen und lachen, bin lustig und betrübt, willkommen. Möge dessen Herz bis an die Wurzel verflucht sein, der sich über deine Ankunft nicht freut.
HEROLD: Macht Platz den Generälen.
CORIOLAN: Eure Hand – und Eure – und Eure – eh ich in mein Haus trete, müssen die guten Patrizier alle besucht sein, von denen ich soviel Ehrenbezeugungen erhalten habe.
VOLUMNIA: Meine kühnsten Träume, alle die ungeheuren Gebäude meiner Phantasie sind wahr gemacht. Nur eins noch – und ich bin die glücklichste Mutter auf dem Erdboden. Aber ich hoffe auf Rom.
CORIOLAN: Mutter, ich diene lieber Rom auf meinem Wege, als es zu beherrschen auf ihrem.
COMENIUS: Kommt aufs Kapitol. *Gehen in der vorigen Ordnung ab.*

DRITTE SZENE

BRUTUS *und* SICINIUS *kommen.*

SICINIUS: Alle Augen und Augengläser sehen nach ihm, die schwatzenden Ammen lassen ihre Säuglinge sich die Hälse abschreien, derweile sie beieinander stehen und von ihm plaudern, Ställe, Kramläden, Fenster – alles wird zerdrückt von Menschen, auf den Galerien und den Giebeln der Häuser selber reiten sie bunt durcheinander und gucken nach ihm herunter, die Damen selbst lassen ihre Wangen halb erst geschminkt von der brennenden Sonne und dem Winde küssen, als ob irgendein Gott in menschlicher Gestalt durch die Straßen zöge.
BRUTUS: Eins zwei drei und er wird Konsul sein, dann können wir mit unsrer Macht und unserm Ansehen schlafen gehen.
SICINIUS: Es kann nicht lange dauern. Er wird seine Ehre nicht mit genug Mäßigung ertragen, er wird alles wieder verlieren, was er gewonnen hat.
BRUTUS: Das ist ein Trost. Auch hört ich ihn schwören, wenn er

der Gewohnheit gemäß ums Konsulat anhalten müßte, so werde er sich nimmer entschließen, das gewöhnliche Kandidatenkleid anzulegen oder seine Wunden dem Volk zu weisen und es so um seine stinkenden Stimmen zu bitten.

SICINIUS: Das ist schon recht – grad wie ich's wünschte, es muß ihn stürzen. Wir wollen nur dem Volk recht begreiflich machen, wie sehr er es haßt – wie er Maulesel, Kamele aus ihnen macht, zu nichts anders tüchtig als Lasten zu tragen und Schläge auszuhalten.

BRUTUS: Wenn wir sie nur dahin bringen könnten, daß sie ihn einmal zum Zorn reizten und das wird so leicht sein als Hunde auf Schafe zu hetzen. – Ha, wie schnell wird sein Feuer ihre trocknen Stoppeln anzünden und einen Rauch machen, der ihn auf ewig verdunkeln wird.

Eine Versammlung des Volkes und der Senatoren. Es wird darauf angetragen, ihn zum Konsul zu machen. Er geht fort, so sehr man ihn zu halten sucht. Brutus stichelte auf seinen Haß gegen das Volk; als er geht, frägt ihn jener, er hoffe nicht, daß er ihm die paar Worte übelgenommen.

CORIOLAN: Nein Herr! das ist wahr, wenn mich Waffen stehen machten, floh ich oft vor Worten. Ich liebe das Volk, wie es liebenswert ist.

Jetzt fängt Comenius in seinem Absein an, seine Taten zu erzählen, wie er bei der Vertreibung der Tarquinier noch als ein junger Mensch mit seiner Amazonenlippe schon die bärtigen Krieger vor sich hergetrieben; zu einer Zeit, da er noch auf dem Theater würde haben ein Frauenzimmer vorstellen können, auf dem Kriegsschauplatz den ersten Soldaten gemacht. Wie er nun zuletzt auf Coriolus allein wie ein verderblicher Planet gefallen. Wie er nachher alle Belohnungen ausgeschlagen und es schien, daß er sich durch seine Taten selber belohnen wolle. Man beschließt einhellig ihm das Konsulat zu geben und läßt ihn hereinrufen.

MENENIUS: Der Senat, Coriolan, ist sehr vergnügt Euch zum Konsul zu machen.

CORIOLAN: Ewig weih ich ihm mein Leben und meine Dienste.
MENENIUS: Es bleibt Euch nichts übrig, als mit dem Volk zu reden.
CORIOLAN: Ich bitte euch, überhebt mich dieser Gewohnheit. In dem Bettelrock halb nackend dazustehen und ihnen von meinen Wunden vorzureden – ich flehe, erlaßt es mir.
SICINIUS: Herr, das Volk muß Euch seine Stimme geben und kann keinen Tüttel von den alten Gewohnheiten nachlassen.
MENENIUS: Ich bitte Euch, bequemt Euch dazu, was alle Eure Vorgänger haben tun müssen, es ist ja nur die Form.
CORIOLAN: Es ist eine Rolle, die ich mit Erröten spielen werde.
BRUTUS: Merkt Ihr das?
CORIOLAN: Unter sie hineinzuprahlen: das tat ich und das tat ich, ihnen diese Schrammen zu weisen, die mir nicht mehr weh tun, die ich verstecken möchte, als ob ich sie mir nur hätte geben lassen, um mir ihre Stimmen damit zu dingen –
MENENIUS: Besteht nicht drauf. Wir empfehlen euch Tribunen des Volks unsern Vorschlag und wünschen dem neuen Konsul Vergnügen und langes Leben.

Sie gehen ab. Brutus und Sicinius bleiben und bereden sich, das Volk schwierig zu machen und nach ihren Anschlägen abzurichten. *Einige Bürger kommen.*
ERSTER BÜRGER: Einmal wenn er unsere Stimme verlangt, können wir sie ihm nicht abschlagen.
ZWEITER: Wir können wohl, wenn wir wollen.
ERSTER: Versteh Er mich recht, Herr Gevatter, wir haben die Macht in uns freilich wohl, aber es ist eine Macht, die wir nicht die Macht haben auszuführen; denn sieht Er einmal, wenn er so vor uns stünd und uns seine Wunden wiese, so ist es ja so recht als ob er uns unsre Zungen nähme und in seine Wunden steckte, um seine Taten zu erzählen, denn Undankbarkeit ist ein schändlich Ding meines Erachtens und wenn das ganze Volk undankbar wäre, so hieß das so viel, als das ganze Volk sei ein schändlich Ding, seht Ihr wohl, nun und da wir Mitglieder von dem ganzen Volke sind –
ZWEITER: Ach schweigt still, schweigt still; es scheint, er hält uns auch für nichts Besseres, denn als wir neulich Lärm machten

wegen dem Korn, hat er da nicht gesagt, wir wären das vielköpfige Volk?

ERSTER: Narr! er hat uns nicht so genannt, als ob unsere Köpfe der eine schwarz, der andere braun, der dritte kahl, der vierte ungestalt wären, sondern weil unser Verstand so mancherlei ist und darin hat er recht, denn seht einmal, ich glaube wenn all unser Verstand in einer Hirnschale wäre, er würde fliegen der eine nach Osten, der andere nach Westen, der dritte anderswohin, u. s. f.

Dies artige Gespräch dauert eine Zeitlang bis Coriolan kommt in seinem Kandidatenrock, da sie sich dann alle sehr ehrerbietig in Ordnung stellen und sich abreden, einer nach dem andern zu ihm zu treten und ihm ihre Stimme zu geben, damit er nicht nötig hätte bei ihnen herumzugehen und bei jedem darum anzuhalten, wie es der Gebrauch sonst war.

MENENIUS *und* CORIOLAN.

MENENIUS: Ich bitte Euch, Freund! Euch ist nicht wohl, ich bitte, bedenkt, daß die würdigsten Leute das vor Euch getan haben.

CORIOLAN: Was soll ich sagen, geschwind! Die Pest! ich kann meine Zunge nicht dazu bringen, den Schritt zu tun. *Zum Volk.* Sehr ihr hier – meine Wunden – ich gewann sie fürs Vaterland – als so manche von euch das Hasenpanier ergriffen.

MENENIUS *leise*: Um's Himmels willen, denkt dessen nicht – Ihr müßt sie bitten, Euch gewogen zu bleiben.

CORIOLAN: Mir gewogen? – Häng sie –

MENENIUS: Ihr verderbt alles – ich muß Euch nur allein lassen. Um der Götter willen redet mit ihnen wie sich geziemt. *Er geht ab.*

Zwei Bürger treten zum Coriolan.

CORIOLAN: Welche abscheuliche Gesichter! Wenn sie sich das Maul nur erst ausgespült hätten – *Zu den Bürgern.* Ihr wißt warum ich hier stehe?

EIN BÜRGER: Ihr werdet uns sagen, was Euch dazu bringt.

CORIOLAN: Was mich dazu bringt? Mein Verdienst.

ZWEITER BÜRGER: Wie denn, Herr, nicht Euer Verlangen?

CORIOLAN: Ich verlangte nie von Armen was zu betteln.

ERSTER BÜRGER: Ihr müßt bedenken, daß wenn wir Euch was geben, wir auch von Euch zu gewinnen hoffen.

CORIOLAN: Wohl denn, so sagt mir, was für einen Preis habt ihr aufs Konsulat gesetzt?

ERSTER BÜRGER: Der Preis ist, manierlich darum anzuhalten.

CORIOLAN: Manierlich? ich bitt euch, laßt mich's werden. Ich habe Wunden, die ich euch weisen würde, wenn wir allein wären; Eure gute Stimme, Mann! was sagt Ihr?

ZWEITER BÜRGER: Ihr sollt sie haben, würdiger Herr.

CORIOLAN: Topp denn, ein Handel! und ich hab eure würdige Stimmen. Lebt wohl.

ERSTER BÜRGER *zum zweiten*: Nun, das ist doch wunderbarlich mit alledem.

ZWEITER BÜRGER: Eine kuriose Art von großem Dank freilich.
Gehn ab.

Zwei andere Bürger kommen.

CORIOLAN: Wenn's euch in der Laune ist, Leute! ihr seht, ich habe hier den gewöhnlichen Rock an – laßt mich einmal Konsul sein.

ERSTER BÜRGER: Ihr habt's redlich um Euer Vaterland verdient, aber Ihr habt's auch nicht redlich verdient.

CORIOLAN: Euer allerliebstes Rätsel?

ERSTER BÜRGER: Ihr seid eine Geißel unserer Feinde gewesen, aber Ihr wart auch zu gleicher Zeit eine Rute für unsere Freunde, Ihr liebt doch in der Tat das gemeine Volk nicht.

CORIOLAN: Ihr solltet mir's zur Tugend anrechnen, daß ich nicht gemein in meiner Liebe war! Ich hab's in der Tat nicht gewußt, daß ihr gern geschmeichelt sein wolltet, daß ihr lieber meinen Hut als mein Herz haben wolltet, ich kann euch aber in dem Stück leicht zu Willen sein und euch gute Worte austeilen, wenn ihr darum bettelt, ich bitte euch also: macht mich zum Konsul.

ZWEITER BÜRGER: Wir hoffen einen Freund an Euch zu finden und darum geben wir Euch unsere Stimmen von Herzen.

ERSTER BÜRGER: Man sagt, Ihr sollt auch viele Wunden fürs Vaterland empfangen haben.

CORIOLAN: Wenn ihr's wißt, so brauche ich sie euch nicht eben zu weisen, also ich werde auch für eure Stimmen verbunden sein und so gebt euch ferner keine Mühe.
BEIDE: Die Götter beglücken Euch, Herr. Wir wünschen es von Herzen. *Gehn ab.*
CORIOLAN: Gute, gute Stimmen! – Ist's doch besser zu sterben, besser zu vergehen, als um einen Lohn zu bitten, den wir verdienet haben. Wie? in diesem weißen Kittel hier stehen und mich Ihnen aufdringen? – Der Gebrauch will es? Und sollen wir immer tun, was der Gebrauch will? So würde der Staub der urältesten Zeiten noch immer ungefegt liegen und der Irrtum wie Berge aufgehängt von der Wahrheit nicht mehr können abgetragen werden. Nein, eh ich mich zum Narren des Gebrauchs mache, mag lieber die hohe Würde und Ehre und all der Bettel zum Henker gehen.
Neue Bürger kommen.
Da kommen mehr. Eure Stimmen will ich. Für eure Stimmen habe ich gefochten, gewacht, Wunden bekommen, für eure Stimmen zwei Dutzend und mehr, Schlachten dreimal sechs zugesehn und gewinnen helfen und zugehört und dies und das getan – eure Stimmen – beim Henker! ich will Konsul sein.
ERSTER BÜRGER: Er hat sich scharmant aufgeführt, wir können ihm unsere Stimmen nicht abschlagen.
ZWEITER BÜRGER: Mag er's meinethalben werden, die Götter geben ihm viel Freude und machen ihn zum guten Freunde vom Volke.
ALLE: Amen, Amen, Gott erhalte unsern würdigen Konsul.
CORIOLAN: Würdige Stimmen.
Menenius kommt mit Brutus und Sicinius.
CORIOLAN: Ist's vorbei?

Die Tribunen fangen an, eine Verräterei gegen ihn zu spinnen. Sie wollen das Volk zusammenrufen und es bereden, ihre Stimmen zurückzunehmen, weil er sie ihnen abgetrotzt, sodann werde er in Feuer geraten und alles wieder bei ihnen verderben, wie es denn auch erfolgte im

DRITTEN AKT,

den wir übergehen wollen, wo er so weit gebracht war, den Degen gegen das Volk zu ziehen und einige von ihnen zu verwunden, weil sie Hand an ihn legen wollten. Hernach bewegen ihn seine Freunde, besonders aber seine Mutter, sich dem dadurch äußerst aufgebrachten Volk in gewisser Art zu unterwerfen und gegen dasselbe näher zu erklären. Diese Szene der Mutter ist lebhaft und malt ihren großen Charakter.

VOLUMNIA: Sprich mit dem Volk, nicht wie du gerne möchtest, nicht wie dein Herz und dein Verstand es dir befehlen, sondern mit Worten, die nur auf deiner Zunge gewachsen sind. Mit Bastarden von Worten, mit Silben ohne Bedeutung, ohne Zusammenhang mit der Wahrheit in deiner Brust. Dieses kann dir ebensowenig Unehre bringen, als wenn du eine Stadt mit Worten einzunehmen hättest.

Er folgt ihr. Ein einziges Wort seines Neiders Sicinius entzündet ihn wieder. Der nennt ihn einen Verräter. Coriolan schimpft auf ihn, auf Rom. Alles ist verdorben. Das Volk will ihn vom Torpejanischen Hügel werfen. Die listigen Tribunen scheinen dieses Urteil mildern zu wollen und es in eine ewige Verbannung zu verwandeln, das ganze Volk stimmt ihnen bei und erlauben keinem von seinen Freunden zum Wort zu kommen.

ALLE: Verbannt ihn, verbannt ihn.

CORIOLAN *da er endlich vor Unwillen reden kann*: Ihr Haufen bellender Hunde, deren Atem ich hasse, wie den Dampf verfaulter Moräste, deren Liebe ich gerade so hoch schätze als die Äser unbegrabener Toten, die mir die Luft anstecken – ich verbanne euch. Ich überlasse euch eurem Wankelmut. Möge jedes alte Weibermärchen eure Herzen erschüttern, das Nicken der Federbüsche eurer Feinde euch schon in Verzweiflung fächeln, habt immer die Macht, eure Verteidiger auszustoßen, bis euch eure Unwissenheit als die niedrigsten Sklaven einer Nation unterwirft, die euch ohne Schwertschlag gewinnt und um euretwillen unser ganzes Vaterland verachtet. So kehr ich euch den Rücken – es gibt eine Welt außer euch.

CORIOLAN *nimmt Abschied von seiner Mutter, Gemahlin und Freunden*: Kommt, trocknet eure Tränen. Laßt uns kurz und gut scheiden. Das vielköpfige Ungeheuer beißt mich fort. Nun, Mutter! wo ist Euer alter Mut? Ihr pflegtet zu sagen, außerordentliche Unglücksfälle wären der Probierstein der Geister, gewöhnliche Zufälle könnten auch gewöhnliche Menschen ertragen; wenn das Meer ruhig sei, segeln alle Fahrzeuge mit gleicher Geschicklichkeit. Ihr pflegtet mich sonst mit Sentenzen zu überladen, die mein Herz, das sich daran übte, gegen alle Gefahr unüberwindlich machten.

VIRGILIA: O Himmel! Himmel!

CORIOLAN: Ich bitte dich, Weib –

VOLUMNIA: Möge die Pestilenz des Himmels alle Stände in Rom treffen, allen ihren Geschäften ein Ende machen.

CORIOLAN: Was? was? Man wird mich lieben, wenn ich nicht mehr da bin. Nun Mutter, nehmt den Mut wieder, mit dem Ihr sonst zu sagen gewohnt wart, wenn Ihr die Frau des Herkules gewesen wärt, ihr hättet ihm sechs seiner Arbeiten abgenommen. Comenius, sink nicht! Leb wohl, mein Weib! meine Mutter! alles wird noch gut gehn. Du alter ehrlicher Menenius, deine Tränen sind salziger als die Tränen junger Leute, sie sind Gift für deine Augen. Mein General, ich habe dich bei meiner Verbannung erschrecken sehen und du hast doch schon oft Schauspiele gesehen, die dein Herz hätten hart machen können. Sag diesen Frauenzimmern, es sei bisweilen ebenso süß, unvermeidliche Streiche des Schicksals zu beweinen als sie zu belachen. Meine Mutter! meine Gefahren waren sonst immer deine Ergötzung, gib mich nicht auf, obgleich ich itzt wie ein einsamer Drache fortgehe, der immer noch von sich reden und sich fürchten macht, wenn man ihn gleich nicht mehr sieht.

Comenius erbietet sich mit ihm zu gehen, um miteinander einen Ort auszumachen, wo er bleiben und ihnen auf den Fall es dem Volk gereute, und sie ihn zurückberufen wollten, Nachricht von seinem Aufenthalt geben kann. Er schlägt es aus, weil Comenius zu alt ist, die Beschwerlichkeiten der Reise auszuhalten.

CORIOLAN: Wenn ich fort bin, so ruft mir ein Lebewohl nach und lächelt. Solang ich auf diesem Boden bin, sollt ihr von mir hören und nie etwas, das mir nicht ähnlich sei.
MENENIUS: Das heißt etwas so Großes als es das Ohr ertragen kann. Kommt, wir wollen nicht weinen.

Diese Hyperbole malt das Enthusiastische der Freundschaft des Menenius in einem trefflichen Lichte, das in der Folge bei einer andern Szene eine große komische Wirkung tut.

VIERTER AKT

CORIOLAN kommt in Antium bei den Volskern an.

CORIOLAN: Eine herrliche Stadt das Antium. Stadt! Hier steht der, der deine Witwen machte, der manchen Erben dieser schönen Paläste auf dem Walplatz hat hinsinken und heulen sehen. Erkennt mich nicht, sonst möchten deine Weiber mit Bratenwendern, deine Kinder mit Steinen herauskommen und mich, den großen furchtbaren Coriolan wie eine Kornmaus tot machen. *Ein Bürger kommt.* Gott grüß Euch, edler Herr, wißt Ihr mich nicht zurecht zu weisen wenn es Euch gefällt, wo der große Aufidius wohnt. Ist er in Antium?
BÜRGER: Er ist in Antium und gibt eben in dieser Nacht den Generalstaaten ein Bankett in seinem Hause.
CORIOLAN: Wo ist sein Haus? ich bitte Euch.
BÜRGER: Hier, das vor dem Ihr steht.
CORIOLAN: Ich danke. Lebt wohl. – O Welt mit deinem ewigen Wechsel. Die geschworensten Freunde, in deren beiden Busen nur ein Herz war, deren Stunden, deren Bette, deren Schmäuse, deren Freuden immer beisammen, so wie sie in Liebe unzertrennlich waren, können in einer Stunde um einen Nagel breit Unterschied in der Meinung zu den bittersten Feindseligkeiten ausbrechen und die giftigsten Feinde, deren Leidenschaften und Pläne einander zu schaden nächtelang ihnen den Schlaf genommen, kommen um einer Kleinig-

keit nicht eines Eies wert zusammen, werden Freunde und vereinen ihre Absichten. – So hab ich meinen Geburtsort und alle meine Lieben verlassen, um in meines Feindes Wohnung zu gehen. Bringt er mich um, so nimmt er gerechte Rache, läßt er mich, so soll es sein und seines Volkes Schade nicht sein.

Eine Halle in Aufidius' Hause. Musik. Bediente laufen hin und her.

CORIOLAN *im Winkel*: Das Fest duftet mir entgegen, aber ich erscheine nicht wie ein Gast.
ERSTER BEDIENTER: Was wollt Ihr hier mein Freund? woher seid Ihr. Hier ist kein Platz für Euch, schert Euch vor die Tür.
ZWEITER BEDIENTER: Woher seid Ihr? Hat der Pförtner denn seinen Verstand beisammen, daß er solch Gesindel hier hereinläßt. Packt Euch!
CORIOLAN: Nun, du wirst keck. *Stößt ihn fort.*
ZWEITER BEDIENTER: Seid Ihr so brav? Wart ich will jemand herschicken, der mit Euch reden soll.
DRITTER BEDIENTER: Was für ein Schlingel ist das?
ERSTER BEDIENTER: Ich kann ihn nicht aus dem Hause bringen, ich werde müssen den Herrn rufen.
DRITTER BEDIENTER: Was habt Ihr hier zu suchen, Kerl?
CORIOLAN: So laßt mich hier stehen: ich komm euch nicht zu nahe.
DRITTER BEDIENTER: Wer seid Ihr?
CORIOLAN: Ein ehrlicher Mann.
DRITTER BEDIENTER: Ein verflucht lumpichter ehrlicher Mann. Macht Euch fort von hier, ich sag's Euch, stellt Euch woanders hin, hier ist kein Platz für Euch, wie Ihr seht. Kommt, kommt. *Will ihn anfassen.*
CORIOLAN *stößt ihn, daß er übern Haufen fällt*: Geht und wischt eure Teller.
DRITTER BEDIENTER: Was, Ihr wollt nicht! – geht doch und ruft den Herrn her! Sagt ihm was für ein toller Teufel von Gast das hier ist.

Nach einigen Gesprächen kommt Aufidius heraus.

AUFIDIUS: Wo steht er?

BEDIENTER: Da, gnädiger Herr! Er hat Schläge wie ein Hund bekommen, aber er geht nicht fort.

AUFIDIUS: Woher bist du? was suchst du? wie heißest du? Du sprichst nicht. Rede Mensch! deinen Namen –

CORIOLAN: Du siehst mich, Tullus, und kennst mich nicht? –

AUFIDIUS: Deinen Namen –

CORIOLAN: Mein Name ist nicht musikalisch in volskischen Ohren.

AUFIDIUS: Deinen Namen. Du siehst doch vornehm genug um dich her, du scheinst mir ein gutes Fahrzeug, obschon deine Masten zerrissen sind. Deinen Namen!

CORIOLAN: Du wirst die Stirn runzeln, wenn du ihn hörst. Kennst du mich nun?

AUFIDIUS: Deinen Namen – ich kenne dich nicht –

CORIOLAN: Ich bin Cajus Martius Coriolanus, der euch so vielen Verdruß verursacht hat. Dir besonders und allen Volskern, das beweist mein Zuname. Dieser Name, den ich mit Blut und Todesgefahren gekauft habe, ist das einzige, was mir von dem Neide meiner Landsleute übrig blieb, des Volks das mich, ohne daß unsere schläfrigen Edelleute es wehren konnten, endlich aus Rom herausgeschnellt hat. Diese Schmach führt mich zu dir, nicht um mein Leben zu retten, versteh mich recht, denn wenn ich den Tod scheute, wär ich in der ganzen Welt zu dir am letzten gekommen, sondern bloß aus innerer Rache, um mit diesen meinen Verbannern einmal abrechnen zu können. Hast du also auch ein Herz in dir, das Rache atmet und diese schmachvollen Narben deines Vaterlandes ausglätten möchte, so eile und vorteile von meinem Unglück – wo nicht, so biet ich dir hier meinen Hals bar und nenne dich Tor, wenn du den leben lässest, der, wenn er dir nicht dient, nicht anders als zu deiner Schande leben kann.

AUFIDIUS: O Martius! Martius! jedes Wort, das du ausgesprochen hast, riß eine neue Wurzel der Feindschaft aus meinem Herzen. Wenn Jupiter aus jener Wolke mit mir geredt hätte, wollte ich ihm nicht mehr geglaubt haben als dir, edler Martius. Laß mich meine Arme um diese Brust schlingen, an der so viel meiner Lanzen zersplittert sind. Hier faß ich das Heft meines Schwerts und schwöre dir meine ebenso heiße und ewige Liebe, als mein Ehrgeiz und deine Tapferkeit mich sonst zum Haß gegen dich reizten. Wisse: ich liebte das Mädchen, das ich heiratete, kein Sterblicher seufzte aus treuerer Brust; aber dich hier zu sehen, edles Ding, hüpft mein Herz freudiger und trunkener als da ich zuerst über die Schwelle ihres Schlafgemachs schritt. – Ja mein lieber Kriegsgott! wir haben noch Leute genug auf den Beinen und ich hatte mir schon vorgenommen, dir noch einmal den Schild vom Arm zu hauen oder meinen dafür herzugeben. Zwölfmal hast du mich nun geschlagen, o ich habe seit der Zeit alle Nacht von Scharmützeln zwischen dir und mir geträumt, wir lagen beide an der Erde, jeder bemüht, des andern Helm abzureißen, jeder den andern an der Kehle fassend und denn erwachte ich wie halb tot – über ein Nichts. Würdiger Martius, wenn wir keine andere Fehde wider Rom hätten, als daß sie dich verbannt haben, so wäre es schon genug. O komm herein und biete unsern Senatoren deine Hand, die erstaunen werden, einen solchen Mann hier zu sehen und mit denen ich eben wegen der neuen Zurüstungen Abrede nahm. *Coriolan geht hinein.*

ERSTER BEDIENTER: Das ist eine große Veränderung.
ZWEITER BEDIENTER: Meiner Six, ich wollt ihn eben mit dem Besenstiel ausgeführt haben, aber mir ahnte gleich, daß unter den lumpichten Kleidern was steckte.
ERSTER BEDIENTER: Was er für'n Arm hat, er kehrte mich um mit seinem Daumen nur – wie – wie einen Kreisel.
ZWEITER BEDIENTER: Ich sah's ihm gleich an den Augen an, u.s.f.

Er kommt hernach als Generalissimus der Volsker vor Rom, die Bürger von Rom sind in der äußersten Bestürzung.
MENENIUS *zu einem Haufen Bürger*: Er kommt, sagt ihr – und Aufidius ist mit ihm und gehorcht ihm, als ob er sein Offizier wäre – Nun kommt her, ihr Strauchdiebe, nun redet! Wart ihr's nicht, die eure schmutzigen Kappen in die Höhe warfen,

als er verbannt wurde. Nun kommt er und es ist kein Haar auf dem Kopf seiner Soldaten, aus dem er nicht eine Peitsche für euch drehen wird. All die Tagdiebe, jeden nach der Reihe, wird er herunterpeitschen, die damals die Mützen in die Höhe warfen. Es ist keine Frage davon, wenn er uns alle zusammen in eine Kohle brennt, wir haben's verdient an ihm.

FÜNFTER AKT

ERSTE SZENE

Comenius, *der Feldherr, kommt zurück, der eine Fürbitte für Rom eingelegt, aber von Coriolan war abgewiesen worden.* Comenius. Menenius. Die Tribunen. Das Volk.

Comenius: Ein einziges Mal nannte er mich bei Namen; ich faßte diese Gelegenheit auf, ihn an unsere alte Bekanntschaft zu erinnern und die Tropfen Bluts, die wir miteinander vergossen hätten. Coriolan antwortete nicht, verbat sich den Namen Coriolan, alle Namen, sagte, er sei itzt eine Art von Unding ohne Namen, bis er sich an dem Feuer von Rom einen neuen würde geschmiedet haben.

Menenius: Recht so! nun seht was für schöne Sachen ihr gemacht habt, seht nun, ihr edlen Tribunen, eure weise Sorgfalt für unsere Stadt, ihr habt einen Feuerherd aus ihr machen wollen.

Brutus: Ihr könntet doch einen Versuch machen, Menenius, was Eure Freundschaft für ihn bei ihm ausrichten wird.

Menenius: Ich? Nein, ich will nicht.

Sicinius: Wir bitten.

Menenius: So will ich's denn einmal probieren: ich denke, er soll mich schon anhören. Zwar daß er dem Comenius mit Hm und Hn! und zusammengebißnen Lippen geantwortet hat, sollte mich schon ein wenig scheu machen, aber er hat vielleicht nicht eben die beste Zeit bei ihm abgepaßt, er war

noch nüchtern – und wenn das Blut so kalt in den Adern läuft, so ist man nicht sogleich bereit zu vergeben, als wenn der Wein und die Speise die Seele ein wenig herumgeholt haben. *Geht ab.*
COMENIUS: Es ist umsonst, er wird ihn nicht erbitten. Ich sage euch, er sitzt die Augen rot als wollt er Rom anstecken damit. Ich kniete vor ihm, er hieß mich kaum aufstehn. Wenn seine Mutter und sein Weib nicht ein gutes Wort für uns einlegen, so ist alle Hoffnung verloren.

ZWEITE SZENE

MENENIUS vor CORIOLANS Zelt.

ERSTE SCHILDWACHE: Steht! wer seid Ihr?
ZWEITE SCHILDWACHE: Zurück!
MENENIUS: Schön! – Ihr tut eure Schuldigkeit – aber ist's erlaubt zu fragen, ich bin ein Offizier und komme mit dem Feldherrn Coriolan zu sprechen.
ERSTE SCHILDWACHE: Von wo kommt Ihr?
MENENIUS: Von Rom.
ERSTE SCHILDWACHE: Von Rom – Ihr könnt nicht passieren, Ihr müßt zurück.
MENENIUS: Wie aber –
ZWEITE SCHILDWACHE: Zurück! sag ich oder –
MENENIUS: Ich heiße Menenius; sagt ihm, ich bin Menenius.
SCHILDWACHE: Euer Name gilt hier nichts – Unser General will nichts mehr von Rom wissen. Ihr sollt ihn nicht eher zu sprechen kriegen als bis Rom in Flammen steht.
MENENIUS: Ich will nur wissen, ob er schon gespeiset hat. Denn ich möchte gern nicht eher mit ihm sprechen, als nach dem Essen.
ERSTE SCHILDWACHE: Ihr könnt weder vor noch nach dem Essen mit ihm reden, es ist umsonst. Zurück! sag ich oder ich renn Euch das Gewehr durch den Leib.
MENENIUS: Nun, Vetter, Vetter –
Coriolan kommt dazu.

CORIOLAN: Was gibt's?

MENENIUS *zu der Schildwache*: Jetzt ihr Schurken sollt ihr sehen, mit wem ihr so gesprochen habt, wer ich bin – *Zu Coriolan.* Der Heilige Synod der Götter beschließe über dich, Coriolan, all das Glück, das dir die Liebe deines alten Vater Menenius wünschen kann. O mein Sohn! mein Sohn! Du willst in unserer Stadt ein Feuer anzünden, sieh hier ist Wasser es zu löschen. *Weint.* Es hielt schwer, eh sie mich dazu brachten hieher zu kommen, aber weil ich versichert war, daß kein anderer als ich dein Herz bewegen könnte, so habe ich mich endlich von den Seufzern der andern aus unsern Toren hieher blasen lassen, deine allerhöchste Milde für unser Vaterland –

CORIOLAN: Weg! fort!

MENENIUS: Wie? fort –

CORIOLAN: Ich kenne weder Weib noch Kinder noch Mutter: ich bin hier nicht in meinem Geschäft, sondern in fremden. *Kehrt ihm den Rücken.*
Menenius steht verstummt.

SCHILDWACHE: Nun, wer seid Ihr denn nun? ›sagt ihm, daß ich Menenius bin‹ – Ihr wißt den Weg nach Hause, Herr Menenius.

Einige Reden zwischen Coriolan und Aufidius über den Plan ihres Angriffs. Virgilia und Volumnia kommen, den kleinen Coriolan an der Hand. Valeria, eine Verwandtin, mit ihnen.

CORIOLAN: Ich sehe mein Weib kommen mit meinem Buben an der Hand und hinter ihr sie!

AUFIDIUS: Wer?

CORIOLAN: Meine Mutter! Fort mit dir, Weichmut! Hartnäckigkeit allein ist Tugend. Meines Weibes Taubenaugen und meine Mutter, die sich vor mir bückt, wie der Olymp sich gegen einen kleinen Hügel neigt. Und mein kleiner Junge, auf dessen Gesicht die Natur schrieb: versag mir nichts. Doch, wo bin ich – Laß die Volsker Rom pflügen und Wicken hineinsäen.

VIRGILIA: Mein Herr und Gemahl –

Coriolan: Mein Gesicht ist nicht das, das du in Rom sahst.
Virgilia: Der Gram hat auch uns entstellt.
Coriolan: Wie ein betrunkener Schauspieler hab ich nun die Rolle vergessen, die ich spielen wollte. Ich gehe zugrunde – Bestes Herz, vergib meine Tyrannei, nur das eine sag nicht: daß ich Rom vergeben soll. O einen Kuß, so lang als meine Abwesenheit war – so süß als meine Rache sein wird – Ihr Götter verzeiht mir und du edelste aller Mütter! daß ich dich noch nicht bewillkommt. Sinkt in die Erde, meine Knie *(kniet)*, ihr meine tiefe Ehrfurcht zu beweisen.
Volumnia: Steh auf, Lieber – diesmal ist's an mir. *Kniet.*
Coriolan: Ihr auf den Knien? Wie? vor Eurem Sohn?

Nach vielen vergeblichen Bemühungen und Beschwörungen sie aufzurichten und nachdem sie sein Weib und seinen Sohn ihm alle mit Namen genannt und ihn gefragt, ob er sie kenne –

Coriolan: Um Gottes willen hört auf! Oder eh ihr bittet bedenkt, daß Sachen, die ich zu bewilligen verschworen habe, nicht euch etwas abschlagen heißt.
Volumnia: Nichts mehr. Nichts mehr. Ihr sagt, Ihr könnt mir nichts abschlagen, nun aber hab ich um nichts anders unter der Sonne zu bitten, als um das was Ihr zu bewilligen verschworen habt.
Coriolan: Aufidius und Volsker, hört zu – ich darf von Rom nichts insgeheim hören – Nun Euer Ansuchen, Mutter!
Volumnia: Wenn wir stumm da lägen und kein Wort sprächen, so müßte unser Aufzug und Stellung dir schon hinlänglich sagen, was für ein Leben wir seit deiner Verbannung geführt haben. Und nun denke, wie unglücklich wir sein müssen, da dein längst entbehrter Anblick selbst, der unser Herz für Freude hüpfen machen sollte, uns nichts als Tränen und Seufzer auspressen kann. Wir, die du unser Sohn, unser Mann, unser Vater zusehen lässest, wie du die Eingeweide deines Vaterlandes zerreißest, wir, denen du den letzten Trost aller Unglücklichen versperrst, das Recht Gebete an den Himmel zu schicken. O welch ein gefährlicher Feind bist du. Denn wie dürfen wir beten für unser Vaterland, das uns doch

so nah ist und zugleich für seinen Feind und Überwinder, der uns doch so lieb ist. Ach entweder müssen wir unser Vaterland, unsere Amme aufgeben oder dich, unsern einzigen Trost im Vaterlande. Ach nichts als außerordentliches Elend erwartet uns, wohin wir auch unsern Wunsch wenden. Entweder sehn wir dich als einen fremden Abtrünnigen in Ketten durch unsere Straßen führen oder triumphierend auf die Ruinen deines Vaterlandes treten und die Palme tragen, weil du so brav deines Weibes und deines Kindes Blut zu vergießen wußtest. Denn ich – Was mich betrifft, ich werde das Ende des Krieges nicht abwarten: wenn ich dich nicht überreden kann, dich gegen uns ebenso edel zu zeigen als gegen die Volsker, so sag ich dir, Mensch! Du sollst nicht eher zur Zerstörung deiner Vaterstadt heranziehen, verlaß dich drauf, du sollst nicht – als bis du auf deiner Mutter Leib getreten hast, der dich auf die Welt setzte.

VIRGILIA: Und auf meinen auch, der dir diesen Sohn gab.

DER BUBE: Nein, er soll nicht treten auf mich, Mama, ich werde davonlaufen.

CORIOLAN: Hier kein Weib zu werden, möcht ich das Antlitz von Weibern und Kindern nicht gesehen haben. Ich habe zu lange gewartet.

VOLUMNIA: Nein, du sollst nicht so geschwind von uns gehn. Wenn wir dir zumuteten die Römer zu verschonen und die Volsker, denen du dienst, zu verheeren, dann hättest du ein Recht, unser Ansuchen als deiner Ehre giftig zu verwerfen. Nein, wir verlangen nichts als daß du sie wieder aussöhnst, die Volsker sollen sagen: diese Gnade haben wir erwiesen, die Römer: diese Gnade haben wir empfangen, und alle beide Teile dich segnen, der ihnen diesen Frieden gab. Du weißt, mein großer Sohn, der Ausschlag jedes Krieges ist ungewiß; aber das ist gewiß, eroberst du Rom, so ist der Name, den du dir dadurch erwirbst, ein Name mit Flüchen begleitet und der Geschichtschreiber wird einst davon sagen: der Mann war edel – aber seine letzte Tat löschte alles aus und machte ihn der Nachwelt abscheulich. Rede Sohn, sag mir: hast du nicht jederzeit die ersten Befehle der Ehre in Affektion genommen, die Gnade der Götter nachzuahmen? mit deinem Donner nur die weiten Backen des Himmels zu zerreißen? aber mit deinem Keil und Blitz aufs höchste nur eine Eiche abzustreifen? Warum redst du nicht? Hältst du es für rühmlich, für eines edlen Mannes so würdig, Beleidigungen nicht zu vergessen? Tochter, sprich du! Er kehrt sich nicht an unser Weinen. Sprich du, Junge, vielleicht bewegt ihn deine kindische Einfalt eher als unsere Gründe. Es ist kein Mensch in der Welt der seiner Mutter mehr zu danken hätte und nun läßt er mich hier schwatzen und winseln wie eine Missetäterin? Du hast deiner Mutter niemals in deinem Leben was zuliebe getan, deiner Mutter, die wie eine arme Henne, die zu verliebt in ihre erste und einzige Brut war, dich von Hause in den Krieg und aus dem Krieg wieder nach Hause gegluckst hat. Sag, meine Forderung ist ungerecht und denn – stoß mich zurück von dir; aber wenn das nicht ist, so bist du ein schlechter Mensch und die Götter müssen dich verachten und strafen, daß du deiner Mutter deine Kindespflicht entziehst – Er kehrt sich weg – Herunter Ladies, wir wollen ihn mit unserm Knien zu Tode schämen. Er ist stolzer auf seinen neuen Zunamen Coriolan als empfindlich gegen unsere Tränen – Herunter – macht ein Ende – das ist das letztemal – laßt uns denn nach Rom zurückkehren und mit unsern Nachbarn sterben – Sieh her, sieh noch einmal her auf diesen Buben, der dir nicht sagen kann was er von dir will, der aber doch kniet und seine Hände uns zur Gesellschaft mit aufhebt, sieh, obschon er seine Gründe nicht sagen kann, so sind sie doch vernünftiger als deine uns abzuweisen. Kommt, laßt uns gehen. Dieser Mensch hat eine Volskerin zur Mutter gehabt, sein Weib ist in Coriolus – sein Kind sieht ihm nur durch einen Zufall ähnlich – so gib uns doch wenigstens den Abschied – ha ich will schweigen von nun an bis die Stadt in Flammen steht und dann will ich wieder ein Wörtchen reden mit dir.

CORIOLAN *ihre beiden Hände fassend, schweigt eine Weile*: Mutter! – Mutter! – Was habt Ihr gemacht? Seht, der Himmel öffnet sich, die Götter gucken herab und lachen über die unnatürliche Szene. O Mutter, Mutter, Ihr habt in Rom einen großen

Sieg gewonnen, einen glücklichen, aber – Eurem Sohn – glaubt es – o glaubt mir's, einen höchst gefährlichen – wenn er ihm nicht den Tod bringt – Aufidius – obschon ich itzt keinen rechtschaffenen Krieg mehr führen kann, so will ich Euch doch einen anständigen Frieden verschaffen. Guter Aufidius, wärt Ihr in meiner Stelle gewesen – würdet Ihr eine Mutter weniger gehört haben – oder weniger bewilligt haben, Aufidius?

AUFIDIUS: Es hat mich selber ganz bewegt.

CORIOLAN: Ich zweifle nicht dran und Mann! es ist nicht wenig, wenn man meinen Augen Mitleiden auspreßt. Aber sagt mir, was für einen Frieden Ihr haben wollt; ich will nicht nach Rom, ich will zurück mit Euch. Und ich bitte Euch, laßt mich deshalben unbeunruhigt, Mutter – Weib –

AUFIDIUS: Ich bin vergnügt, daß du deine Ehre und deine Fühlbarkeit so miteinander auszusöhnen gewußt hast. *Beiseite.* Jetzt ist's Zeit, daß ich für mich zu wirken anfange.

CORIOLAN: Laßt uns hineingehn und uns erholen – *Zu den Frauenzimmern.* Und ihr sollt ein besser Zeugnis als Worte mitnehmen wie brav ihr euch gehalten habt: den Frieden von uns beiden unterzeichnet. Frauenzimmer! ihr verdientet, daß man euch einen Tempel baute. Alle Schwerter von Italien und ihre vereinigten Arme hätten uns diesen Frieden nicht abzwingen können.

Coriolan kehrt nachher nach Antium zurück und wird durch die verräterischen Ansetzungen des Aufidius von den Volskern meuchelmörderischer Weise ermordet, wie er es seiner Mutter geweissagt hatte.

ANHANG

ZU DIESER AUSGABE UND ZUR
TEXTGESTALT DIESES BANDES

Obwohl Lenz zu den herausragenden Dichtern des Sturm und Drang zählte, fehlt bis heute eine vollständige Sammlung seiner Werke und Briefe. Die vorliegende Ausgabe verfolgt deshalb das Ziel, ein möglichst umfassendes Bild der dichterischen, theoretischen und sozialreformerischen Bemühungen zu entwerfen. Der Leser findet das dramatische Werk einschließlich der Übertragungen, die Prosadichtungen, theoretischen Schriften und Gedichte sowie die Briefe von und an Lenz beisammen.

Als Textgrundlage dienten überwiegend die Erstdrucke, wobei folgende Editionen zu Rate gezogen wurden:

J. M. R. Lenz. Gesammelte Schriften, hg. von Franz Blei, 5 Bände, München und Leipzig 1909–1913.

Jacob Michael Reinhold Lenz. Gesammelte Werke in vier Bänden. Mit Anmerkungen herausgegeben von Richard Daunicht, Band 1, München 1967.

J. M. R. Lenz. Werke und Schriften, hg. von Richard Daunicht, Reinbek bei Hamburg 1970 (= rororo klassiker 528–529).

Lenz. Werke in einem Band, hg. von Helmut Richter und eingeleitet von Rosalinde Gothe, Berlin und Weimar 1972 (= Bibliothek deutscher Klassiker).

Gesammelte Schriften von Jacob Mich. Reinhold Lenz. In vier Bänden, hg. von Ernst Lewy, Berlin 1909.

Jakob Michael Reinhold Lenz. Werke und Schriften, hg. von Britta Titel und Hellmut Haug, 2 Bände, Stuttgart 1967.

Briefe von und an J. M. R. Lenz, hg. von Karl Freye und Wolfgang Stammler, 2 Bände, Leipzig 1918.

Soweit erreichbar, wurden überdies Handschriften zum Vergleich herangezogen; so konnten die in Kraków, Berlin und Weimar verwahrten für die Edition der Dramatik im ersten Band dieser Ausgabe genutzt werden.

Um den Lenzschen Intentionen möglichst nahezukommen, weicht der vorliegende Band von dem Prinzip, nach dem Erstdruck zu edieren, in vier Fällen ab: Die Textfassungen der Dramen ›Pandämonium Germanicum‹ und ›Die Soldaten‹ fußen auf der von Titel und Haug besorgten Ausgabe, die in beiden Fällen die Handschriften zugrunde legt. Die Fragmente der Stücke ›Catharina von Siena‹ und ›Die Kleinen‹ sind gleichfalls nach der genannten Edition wiedergegeben, da die Herausgeber, ausgehend von Erstdrucken und nachfolgenden textkritischen Forschungen, jeweils neue, gültige Textfassungen ermittelt haben. Bei der Textfassung der dramatischen Fragmente ›Magisters Lieschen‹ und ›Die Familie der Projektenmacher‹ wurden die Handschriften herangezogen.

Die vorliegende Ausgabe bietet einen behutsam modernisierten Text, der die Lenzschen Eigentümlichkeiten und den Charakter der Originalausgaben weitestgehend beibehält. Sie stimmt damit in wesentlichen Punkten mit den von Titel und Haug aus dem handschriftlichen Kanon abgeleiteten Bearbeitungsgrundsätzen überein. (Zur Begründung der editorischen Prinzipien vgl. die genannte Ausgabe, Bd. 1, S. 7, 8, 581, 582; Bd. 2, S. 713–715.) In Lautstand, Interpunktion, Worttrennung bei Verbal- und Adverbialkomposita folgt die Insel-Ausgabe den Originalen auch dort, wo sie Inkonsequenzen und Uneinheitlichkeit aufweisen. ›Wirklich‹ steht z.B. neben ›würklich‹, ›schrecklich‹ neben ›schröcklich‹; unterschiedliche Schreibung von Personen- und Ortsnamen blieb gleichfalls erhalten. Rein orthographische Varianten hingegen erscheinen in modernisierter und einheitlicher Form. Lenzens eigenwillige Interpunktion wurde gewahrt; sie markiert weniger eine grammatisch-logische Gliederung, erfüllt vielmehr eine sprachrhythmische, sprachgestische Funktion. Getilgt wurde nur das Komma vor ›und‹, nach ›aber‹, vor komparativem ›als‹ und vor dem Akkusativobjekt, weil in den Originalausgaben die Zeichensetzung vielfach, wie Handschriftenvergleiche ergeben haben, von Lenzens Gepflogenheit einer sparsamen Interpunktion abweicht. Solche Eingriffe damaliger Setzer wurden korrigiert. Rückgängig gemacht wurde ferner die in den Drucken durchgeführte Umwandlung des Gedankenstrichs in Punkt (zwischen Sätzen und am Ende einzelner Dialogteile). Auch Großschreibung nach Ausrufe- und Fragezeichen inmitten des Satzes wurde beseitigt. Der erstmals 1884 von Weinhold veröffentlichte dramatische Nachlaß gab der Textbearbeitung besondere Probleme auf, insofern der Herausgeber die sparsame Interpunktion des Dichters nicht respektierte. Nach der Einsicht in die

Handschriften in Kraków war eine Tilgung der eingebrachten Frage- und Ausrufezeichen, häufig innerhalb eines Satzes, geboten.
Die Unterscheidung der Schrifttype erfolgt nach Maßgabe der von Titel und Haug besorgten Ausgabe, vgl. Bd. 1, S. 581: Einfache Unterstreichungen in den Handschriften und Hervorhebungen in den Drucken werden g e s p e r r t, doppelte Unterstreichungen *kursiv gesperrt*; für lateinische Schrift bzw. Antiquasatz steht einfaches *Kursiv*.
Textauslassungen sind durch drei Punkte in eckigen Klammern gekennzeichnet.
Der Anhang will dem Leser die Erschließung der Texte erleichtern; er gliedert sich in die Nachweise der jeweiligen Textgrundlage, Angaben zum Verbleib der Handschriften, Kommentare zu Entstehungs-, Druck- und Wirkungsgeschichte sowie Sach- und Worterläuterungen. Darüber hinaus werden interpretatorisch bedeutsame und werkgeschichtlich wichtige Varianten, Notizen, Paralipomena aufgeführt.
Bei der Erarbeitung von Textgestalt und Kommentar wurden die oben genannten Editionen dankbar genutzt; namentlich die von Britta Titel und Hellmut Haug besorgte Ausgabe war für die Textgestalt insbesondere des ersten und zweiten Bandes maßgeblich.
Herausgeberin und Verlag danken der Zentralbibliothek der Deutschen Klassik in Weimar für die Ermittlung und Beschaffung von Erstdrucken, der Zentralbibliothek Zürich und dem Sarasinschen Familienarchiv Basel für die Übersendung von Fotokopien sowie den Handschriftenarchiven in Riga, Kraków, Berlin und Weimar (Goethe- und Schiller-Archiv und Staatsarchiv) für die Übersendung von Mikrofilmen und Fotokopien sowie für die freundliche Genehmigung zur Benutzung der Handschriften.

ABKÜRZUNGEN

Blei: J. M. R. Lenz. Gesammelte Schriften, hg. von Franz Blei, 5 Bände, München und Leipzig 1909–1913.

Titel und Haug: Jakob Michael Reinhold Lenz. Werke und Schriften, hg. von Britta Titel und Hellmut Haug, 2 Bände, Stuttgart 1966–1967.

Weinhold, Nachlaß: Dramatischer Nachlaß von J. M. R. Lenz. Zum ersten Male hg. und eingeleitet von Karl Weinhold, Frankfurt/Main 1884.

Berlin: Lenzmanuskripte in der Staatsbibliothek der Stiftung Preußischer Kulturbesitz, Handschriftenabteilung, Berlin.

Kraków: Nachlaß von Lenz aus dem Besitz der ehemaligen Preußischen Staatsbibliothek in Berlin, gegenwärtig in der Biblioteka Jagiellońska, Kraków.

ANMERKUNGEN

DER VERWUNDETE BRÄUTIGAM

Nach dem Erstdruck: Der verwundete Bräutigam. Von Jakob Michael Reinhold Lenz. Im Manuscript aufgefunden und herausgegeben von K. L. Blum, Berlin 1845.
Handschrift nicht nachweisbar.
Blum erhielt die Lenzsche Handschrift (vierundfünfzig engbeschriebene Oktavseiten) in Dorpat aus den Händen eines Verwandten von Lenz. ›Der verwundete Bräutigam‹ ist ein Jugenddrama des fünfzehnjährigen Lenz. Es ist im Sommer 1766 in Dorpat entstanden und wahrscheinlich ein Auftragswerk für die mit Lenzens Vater befreundete Familie von Igelström auf Meiershoff und die auf Schloß Oberpahlen ansässige Familie von Lauw. Es ist nach dem Muster des traditionellen Rührstücks, der Comédie larmoyante, gebaut. Der Gegenstand des Dramas geht auf ein historisch belegtes Ereignis zurück, das sich 1766 in der Nähe von Dorpat zutrug. Der Baron Reinhold von Igelström, der im Siebenjährigen Krieg (1756–1763) als russischer Offizier zunächst gegen Preußen, dann auf preußischer Seite gekämpft und sich aus Deutschland einen Bedienten mitgebracht hatte, züchtigte diesen wegen eines geringen Vergehens körperlich. Daraufhin rächte sich der Diener, griff seinen Herrn am 16. Juni 1766 tätlich an und verwundete ihn angeblich gefährlich. Zwei Monate später aber, am 25. August, feierte der Baron schon seine Hochzeit mit Helene von Lauw. Vermutlich traute Pastor Lenz das Paar, und Jakob Lenz gehörte zu den Hochzeitsgästen. Den deutschen Diener erwartete die Todesstrafe. In Livland war aber kurz vorher durch Gesetzesänderung die Todesstrafe in Brandmarkung und lebenslange Zwangsarbeit umgewandelt worden; ›nur wenige Länder können sich solcher der Menschheit zur Ehre gereichender Criminaleinrichtungen rühmen‹, schrieb August Wilhelm Hupel in seinen ›Topografischen Nachrichten von Liv- und Estland‹ (Riga 1774–1782), und auf jenen Fall mit dem Baron Igelström Bezug nehmend, heißt es: ›Die Brandmar-

kung, welche insgeheim mit Staupenschlag und Verschickung auf Zeitlebens zu publiker Arbeit verknüpft ist, gehört zu den höchsten Strafen, und wird nur über wichtige Verbrecher, als vorsetzlichen Mord u. d. g. ausgesprochen. Ein deutscher Bedienter, der seinen Herrn aus Rachsucht mit dem bloßen Degen überfiel und verwundete, doch ohne ihn zu töden, mußte eben die Strafe untergehen‹ (a.a.O., Bd.1, S.509f.). Der deutsche Diener wurde – wie überliefert ist – in das Dorpater Stadtgefängnis gebracht, in Ketten geschmiedet, auf einem Hochgericht auf dem Markt am Schandpfahl ausgestellt, vom Scharfrichter gebrandmarkt und dann nach Sibirien geschickt. Die Meinung der Dorpater Öffentlichkeit war für ihn, und es kam sogar zu einem Tumult. Der Annahme Blums, daß das Lenzsche Stück am Vorabend der Hochzeit aufgeführt wurde, ist nicht zu folgen. Lenzens Eintreten für den Diener ist zu offensichtlich, er motiviert und verteidigt im Drama dessen Tat. Wahrscheinlicher ist, daß ein den gleichen Gegenstand behandelndes Gedicht (hier sind die tatsächlichen Namen noch erhalten: Igelström und Lenchen, das ist Helene von Lauw) am Hochzeitstag vorgetragen wurde. Wir geben es im folgenden nach der von Blum besorgten Ausgabe des Dramas, S.70–72, wieder:

Vom freundlichen Olymp sieht der Allmächtge nieder
Auf das von ihm geknüpfte Paar. –
Die Lust erheitert jetzt die blassen Stirnen wieder,
In welchen Schmerz und Angst tief eingegraben war.

Es rang der mächtge Tod die Freuden zu verscheuchen,
Die Gott für dieses Paar beschloß.
Er hob den dürren Arm und unter seinen Streichen
Sank der Geliebte hin, matt, krank und sinnenlos.

Da lag er: um ihn bat die zitternde Geliebte
Oft in durchweinter Mitternacht.
Mit heißem Flehn errang die zärtliche Betrübte
Das Leben ihres Freunds vom Wink der höchsten Macht.

Noch floh das schwarze Heer der drohenden Gefahren
Nicht ganz zum feurgen Pfuhl hinab.
Noch einmal wagten sich des Unglücks blutge Scharen
An des Geliebten Haupt und zeigten ihm sein Grab.

Ein Ungeheuer rang mit mörderischem Stahle
Auf seinen bangen Busen los.
Schweiß floß vom starken Arm, der wiederholte Male
Den Mordstahl heulend schwang. Die Wut tat Stoß auf Stoß.

Doch der Allmächtge stand erzürnt von seinem Throne
Und sah des schwarzen Mörders Wut,
Hört des Verwundten Flehn mit bangem heißrem Tone,
Sah hülflos, schwach ihn stehn, bedeckt mit Schweiß und Blut.

Und Gott erhörte ihn von Todesangst umgeben: –
Der Dolch zerbrach noch ungetränkt:
Das blitzend scharfe Schwert entriß ihm nicht das Leben,
Weil es die Vorsicht selbst vom Herzen abgelenkt.

»Genug versucht, genug!« sprach Gottes Donnerstimme
Vom heiterern Olymp herab:
»Schmerz, Angst und Tod entweicht!« Und mit ohnmächtgen Grimme
Entwich der schwarze Tod, der Schrecken fand sein Grab.

Und froh Entzücken fiel auf die Verliebten nieder,
Ihr durch die Not gebeugtes Haupt
Erhob sich lächelnd jetzt zum heitern Himmel wieder
Von Lust und Zärtlichkeit mit Lorbeer ganz umlaubt.

O tröste, reine Lust! und du beglückte Liebe!
Tröst ihr durch Schmerz zerrißnes Herz! –
Nun werd der Himmel nie ob Eurem Haupte trübe,
Ihr zärtlich Liebenden! nie droh er neuen Schmerz!

Ein stets vergnügtes Herz klopf jetzt in Eurem Busen!
Liebt ungestört, liebt ewig treu!
Es schmecke Igelström an seines Lenchens Busen,
Daß wahre Zärtlichkeit das größte Glücke sei!

Wenn einst, vom Alter matt sich deine Augen schließen,
Ge[mach dem Leib] dein Geist entflieht,
Dann drücke deine Braut mit heißen, treuen Küssen
Dein brechend Auge zu, das starr noch nach ihr sieht.

Dann sink sie auf dich hin und sterb' an deiner Seite,
An der sie lang vergnügt gelebt! –
Doch – spät erst werdet ihr des dürren Todes Beute!
Dann erst, wann Silberhaar um eure Scheitel schwebt.

Die Personennamen Anselmo, Lalage, Lucinde usw. sind typenhafte, in der damaligen italienischen und französischen Komödie oft vorkommende Namen.

8 *zu Ihrem Besitz:* Anspielung auf die Verlobung der Helden.

9 *Orden:* Bezug darauf, daß Reinhold von Igelström, das Vorbild für Schönwald, 1765 von Friedrich II. die Insignien des Ordens de la Générosité erhalten hatte.
große Friederich: Friedrich II. von Preußen (1712–1786). In mehreren Kriegen (Schlesische Kriege, Siebenjähriger Krieg) und durch diplomatische Ränke (Erste Teilung Polens 1772, Annexion Westpreußens) vergrößerte er Preußen um mehr als die Hälfte seines Gebietsumfanges von 1740 und machte es durch militärisches Gewicht zu einer europäischen Großmacht.
12 *beweglich:* eindringlich, bewegt.
16 *verhenkert:* mundartlich, abgeleitet von Henker; sehr gefahrvoll.
18 *Sage [...]:* Hier fehlt ein Blatt, auf dem das Gespräch zwischen Lalage und Gustav über die Züchtigung Tigras durch Schönwald beschrieben wird, wie das Weitere, als Schönwald und Hermann hinzukommen, vermuten läßt.
21 *Balsamus Mirabilis:* Wunderbalsam aus Kräutern gegen verschiedenste Krankheiten.
26 *Zeitung:* Nachricht.
33 *beweglich:* gerührt, bewegt.
37 *empfindliche:* empfindsame.

DER HOFMEISTER ODER
VORTEILE DER PRIVATERZIEHUNG

Nach dem Erstdruck: Der Hofmeister oder Vorteile der Privaterziehung. Eine Komödie. Leipzig, in der Weygandschen Buchhandlung, 1774.
Handschrift in Berlin.
Die erste, handschriftliche Fassung unterscheidet sich von der späteren Druckfassung durch eine stellenweise Straffung des Dialogs (vgl. dazu die Beispiele der handschriftlichen Fassung, S. 711 ff.) und durch Namensänderungen; ursprünglich sind alle Figuren offenbar nach lebenden Personen benannt, in der Druckfassung hingegen bleiben lediglich die Namen von Berg, Pätus und Bollwerk erhalten. Entwürfe zu dem Stück fallen vermutlich schon in die Königsberger Studentenzeit (1769–1771). Die vollständige Niederschrift erfolgte Ende 1771 in Straßburg, im Sommer 1772 im Militärlager Fort Louis bei Sesenheim und ab 1. September in Landau. Am 28. 6. 1772 schrieb Lenz an Johann Daniel Salzmann: ›Mein Trauerspiel [...] nähert sich mit jedem Tage der Zeitigung.‹ Mitte Oktober 1772 schickte Lenz das Manuskript an Salzmann nach Straßburg, dieser sandte es Goethe, der einen Verleger vermittelte.

Die Namen der ersten, handschriftlichen Fassung weisen auf Lenzens eigene Erlebnisnähe. Das Problem der Kastration wurde ihm durch den in der Nähe seiner Heimatstadt Dorpat, in Oberpahlen lebenden Publizisten und Pastor August Wilhelm Hupel nahegebracht (Vom Zweck der Ehen, ein Versuch, die Heurath der Castraten und die Trennung unglücklicher Ehen zu verteidigen, Riga 1771; Origines oder von der Verschneidung, über Matth. 19. V. 10–12. Ein Versuch zur Ehrenrettung einiger gering geachteter Verschnittener, Riga 1772). Die Figur des Wenzeslaus trägt vermutlich Züge Hupels. Königsberger Studentenerlebnisse und Erfahrungen als Hofmeister wurden verarbeitet. Der Verführungsgeschichte liegen auch Ereignisse im Bekanntenkreis und vermutlich sogar in der eigenen Familie zugrunde. Lenzens Großmutter mütterlicherseits war eine Adlige, ein Fräulein Marie von Rahden, das den bürgerlichen Hofmeister und späteren Pastor Neoknapp heiratete. Das Stück ›Der Hofmeister‹ erregte in der Familie Lenz größten Unwillen, und noch nach seinem Tode verzieh man es ihm nicht.
Es ist ein unmittelbares Gegenwartsdrama, die Handlung spielt um 1768. Salzmann gegenüber bezeichnete Lenz den ›Hofmeister‹ als ›Trauerspiel‹ und fügte hinzu: ›ich muß den gebräuchlichen Namen nennen‹; in den ›Anmerkungen übers Theater‹ (1774) hingegen sprach er von ›Komödie‹. In der Handschrift findet sich die treffende, später aber durchgestrichene Gattungsbezeichnung ›Lust- und Trauerspiel‹. Der ›Hofmeister‹ ist die erste große Tragikomödie in der deutschen Dramatik.
Goethe kündigte das Stück in einem Brief vom 6.5.1774 an: ›Gebt auf ein Lustspiel acht, das die Ostermesse herauskommen wird. Der Hofmeister oder die Vorteile der Privaterziehung. Ihr hört am Titel, daß es nicht von mir ist. Es wird Euch ergötzen.‹ Bei Erscheinen erregte das Drama Aufsehen, man hielt es für ein Werk Goethes. Christian Friedrich Daniel Schubart rezensierte in der ›Deutschen Chronik‹ vom August 1774 enthusiastisch ›diese neue ganz eigentümliche Schöpfung unseres Shakespeares, des unsterblichen Dr. Goethe‹. ›Da schau und lies! Das ist mal ein Werk voll deutscher Kraft und Natur [...]‹ Am 19.9.1774 fragte Schubart ebenfalls in der ›Deutschen Chronik‹: ›Was? wir hätten keine Originalschauspiele?‹ und nannte ›Sara Sampson, Emilia Galotti, Ugolino, Minna von Barnhelm, Götz, Hofmeister, Clavigo‹. Scherff schrieb am 29.9.1774 an Friedrich Justin Bertuch: ›Goethes Hofmeister ist mir vorzüglich willkommen [...] Ich konnte mich nie zu dem Glauben überwinden, daß ein Deutscher je mit Shakespeare glücklich wetteifern würde, aber Götz von Berlichingen und nun der Hofmeister haben meine Furcht überwunden.‹ Matthias Claudius bezeichnete in einer Rezension im ›Wandsbecker Boten‹ vom 15.6.1775 den ›Hofmeister‹ als

ebenso ›vorzüglich‹ wie den ›Götz‹; wenn er, der Kritiker, ›König‹ wäre, würde er den Verfasser zu seinem ›vertrauten Ratgeber und Freunde‹ machen. In einer von Friedrich Maximilian Klinger oder Heinrich Leopold Wagner verfaßten Rezension in den ›Frankfurter Gelehrten Anzeigen‹ vom 26. 7. 1775 hieß es, der Verfasser habe neue Pfade ›für die in Fesseln des ausdörrenden Pseudoklassizismus schmachtende Kunst‹ erschlossen. Herder verteidigte das Drama in einem Brief an Johann Georg Hamann vom 14. 11. 1774: ›Dünkt Ihnen nicht auch, daß Stücke dieser Art tiefer als der ganze Berlinische Literatur Geschmack reichen.‹ Er spielte damit auf Friedrich Nicolai an, der in der ›Allgemeinen Deutschen Bibliothek‹ die ›Zerfahrenheit‹ des Dramas kritisiert hatte: ›alles ist nur hingeworfen, alles bricht ab, ehe es vor dem Zuschauer rechte Wirkung thun kann‹. Wieland tadelte im ›Teutschen Merkur‹ die ›unnatürliche übereilte Entwicklung des Stückes‹.

Als bekannt wurde, daß Goethe nicht der Verfasser ist (Johann Heinrich Merck an Nicolai am 28. 6. 1774: ›Lenz, ein Königsberger und Hofmeister in Frankreich, ist Verfasser der Komödie: ‚die Privaterziehung'‹), korrigierte sich Schubart und schrieb am 8. 9. 1774 in der ›Deutschen Chronik‹: ›Nichts gleicht der innigen Freude und dem patriotischen Vergnügen, womit ich heute die Nachricht in der ersten Beilage zur deutschen Chronik widerrufe, daß nämlich Goethe der Verfasser des ‚Hofmeister' sei. Er ist's nicht; Lenz ist's, ein junges aufkeimendes Genie aus Kurland, der schon in seinen Lustspielen nach dem Plautus gezeigt hat, welcher Geist ihn beseele. Er hält sich wirklich in Straßburg auf, wird aber nächstens in sein Vaterland zurückkehren. Wer sollte sich nicht freuen, daß wir nun einen Mann mehr haben, den wir den Griechen und dem ganzen stolzen Auslande entgegensetzen können?‹

Die zeitgenössische Kritik äußerte sich nicht zu den neuartigen Dramenstrukturen der Lenzschen Stücke. Sein drittes Drama, ›Die Soldaten‹, in dem er diese Struktur virtuos weiterentwickelte, nahm die Kritik nicht einmal zur Kenntnis. Vorurteile entstanden. Lenz galt lediglich als Nachahmer Goethes. Ein Beispiel dafür ist Gottfried August Bürgers Reaktion. Am 10. 7. 1775 schrieb er an Heinrich Christian Boie: ›Die Schauspiele (‚Der Hofmeister' und ‚Der neue Menoza') welche Sie mir neulich überschickt, hab ich mit aller Gewalt noch nicht auslesen können […] Liegt die Schuld an mir oder an dem Verfasser? Liegt sie daran, daß er überhaupt ein Nachahmer oder ein schlechter Nachahmer ist? ‚Goethium quisquis student aemulari etc. Wer soll es aber wagen,/Vom göttlichen Goethe zu sagen,/In Dramen ihm gleich zu sein?/Er baut auf wächserne Flügel,/Ich geb ihm Brief und Siegel,/Er fällt ins Wasser hinein!'‹

Der ›Hofmeister‹ erlebte als einziges von Lenzens Stücken eine zeitgenössische Inszenierung. Friedrich Ludwig Schröder brachte es 1778 in Hamburg und als Gastspiel in Berlin in einer ziemlich tiefgreifenden Bearbeitung heraus. In Mannheim wurde diese Fassung zwischen 1780 und 1791 elfmal gespielt. Die bedeutendste Bearbeitung in neuerer Zeit ist die von Bertolt Brecht aus dem Jahre 1950.
Im folgenden geben wir Textproben der handschriftlichen ›Hofmeister‹-Fassung auf der Grundlage der von Titel und Haug besorgten Ausgabe, Bd. 2, S. 718–723, wieder:

1. Akt, 4. Szene; Ausschnitt:

MAJOR *besieht sie*: So so nun das geht schon an, Er soll meiner Tochter auch zeichnen lehren – aber hör Er um Gottes willen, begegn Er ihr nicht strenge, sie hat ein ganz anderes Gemüt als der Junge weiß Gott, es ist als ob's nicht Bruder und Schwester wär, sie ist so weich – weich – [*über der Zeile:* sie liegt beständig über den Romanen und Trauerspielen da] wenn ich ihr ein hartes Wort sage sogleich stehn ihr die Backen in Flammen und die Tränen laufen ihr wie Perlen drüber herab, da bricht sie mir denn das Herz damit daß ich alter Narr vor Schluchsen kein Wort mehr hervorbringen kann. Hör Er, das Mädchen ist meines Herzens einzige Freud und Trost, meine Frau macht mir bittere Tage genug denn sie will immer herrschen, immer herrschen und weil sie mehr List und Verstand hat als ich so treibt sie's oft verteufelt weit wenn ich nicht von Zeit zu Zeit das Rauhe auskehre und mit einem Trumpf ihr drein fahre daß sie nicht weiß wie sie dazu kommt und der Sohn das ist ihr Liebling den will sie nach ihrer Methode erziehen fein säuberlich fein säuberlich den Jungen Herrn nicht angerührt und denn wird denn einmal so ein Galgenstrick aus ihm nicht Gott nicht Menschen was nutz, das will ich nicht haben, so bald er was tut oder was versieht, oder seinen Lex nicht gelernt hat so sag Er mir's und der lebendige Teufel soll drein fahren ich will ihn kuranzen daß er keinen Taler breit weiße Haut mehr auf dem Rucken behalten soll – aber mit meiner Tochter nehm Er sich in Acht, das sag ich Ihm – und mag meine Frau Ihm sagen was sie will, ich weiß sie wird Ihm zureden Er soll das Mädchen scharf halten, aber wo ich das geringste merke, ich bin Herr von Hause merk Er sich das – und wer meiner Tochter was zu Leid tut – es ist mein einziges Kleinod das und wenn der König mir seine Königreich für sie geben wollte ich wollt ihn schicken, alle Tag ist sie in meinem Morgen- und Abendgebet und in meinem Tischgebet und in meinem Tischlied und alles in allem und wenn Gott mir die Freude tun wollte und eh ich die Augen zu tue ihr einen reichen und rechtschaffnen Mann geben der sie liebt und sie anbetet denn das verdient sie, so wollt ich – o ich wollt gern dreizehn Jahr eher sterben – merk Er sich das – wer meiner Tochter in Weg kommt oder ihr was zu leid tut – die erste beste Kugel durch den Kopf – merk Er sich das – *Geht ab.*

2. Akt, 1. Szene; Ausschnitt:

GEH. RAT: Je nun, Ihm ist nicht – – *liest* »... wenden Sie doch alles an den H. Geh. Rat dahin zu vermögen daß er seinen zweiten Junker hieher tut, ich will ihn für dreißig Dukaten informieren, es ist dem Major nur darum zu tun, daß er das Kostgeld für ihn bekommt. Sie können sich nicht vorstellen wie elend ich hier dran bin, nichts nichts wird mir gehalten was mir ist versprochen worden ich speise nur wenn wir allein sind mit der Herrschaft, sobald Fremde da sind muß ich mit den Domestiquen essen, überdem kann ich es mit allem meinem Nachgeben keinem recht machen, wenn die Frau Majorin gnädig gegen mich ist, so ist der Major bitter böse und so *vice versa*. Ich weiß nicht wie ich das auf die Länge werde aushalten können, besonders da ich gar nicht von hier komme und in dem ganzen Jahr noch nicht den Fuß aus Heidelbrunn habe anders wohin setzen können als in die Kirche und das auch nur an den Festtagen. Man hatte mir ein Pferd versprochen alle viertel Jahr nach Königsberg zu reisen, da ich es einmal foderte fragte mich die gnäd[ige] Frau, ob ich nicht lieber zum Carnaval auf Venedig wollte – –« *(wirft den Brief an die Erde)* je nun laß ihn quittieren, warum ist er so ein Tor und bleibt da?

PASTOR: Ja das ist eben die Sache *(hebt den Brief auf)* belieben Sie doch nur auszulesen.

GEH. RAT: Was ist da zu lesen – *(liest)* »Dem alle ohngeachtet kann ich dies Haus nicht verlassen, und sollt es mich Leben und Gesundheit kosten, Sie werden mir erlauben Ihnen die Ursachen zu verschweigen. Soviel kann ich Ihnen sagen, daß die Aussichten in eine selige Zukunft mir alle die Mühseligkeiten meines gegenwärtigen Zustandes nicht allein erträglich sondern angenehm und wünschenswert machen« – ja das sind vielleicht Aussichten in die selige Ewigkeit ... *usw*.

2. Akt, 5. Szene = 4. Szene der Handschrift
In Heidelbrunn
Augustchens Zimmer
Augustchen liegt auf einem Bette. Läuffer steht vor ihr.

LÄUFFER: Stell dir vor mein liebes Gustchen, der Geheimde Rat will nicht, du siehst daß mir dein Vater das Leben immer saurer macht, und jetzt will er mir nur 40 Dukaten das folgende Jahr geben, wie kann ich das aushalten, ich muß quittieren.

AUGUSTCHEN *richtet sich auf und küßt ihm die Hand*: Peterchen –

L.: Sage mir! rate mir selber, was soll ich anfangen.

A.: Du siehst ich bin schwach und krank, hier in der Einsamkeit unter einer grausamen Mutter – wenn du weggehst Peterchen! so leb ich keine zwei Tage mehr. Was hab ich dir zu Leide getan, daß du mich verlassen willst, Ungetreuer, Falscher.

L.: Hör vielleicht kannst du machen, daß dein Vater dich bald nach Insterburg schickt um in die Präparanten-Lehre zu gehen und vielleicht könntest du machen – weißt du was? du mußt die Zeit abpassen da dein Vater und Mutter unmöglich nach der Stadt kommen können, etwa in der Ernte, und denn deinem Vater vorschlagen denn du kannst doch alles bei ihm ausrichten, daß er dich allein nach der Stadt schickt und zu meinem Vater ins Haus tut. Siehst du da haben wir ein ganz viertel oder halb Jahr für uns: was Vergnügen?

A.: Mein Vater wird es nicht tun, ich kenne meinen Vater, er ist zu eigensinnig dazu und denn ist ja der Geheime Rat in Insterburg, meinst du er werde mich in ein anderes Haus geben, so lang sein Bruder in Insterburg ist und da kriegen wir uns nie zu sprechen, vielleicht nicht einmal zu sehen.

L.: Nicht zu sehen? wenn du zu meinem Vater in die Lehre kommst –

A.: Mein Onkel ist eben so eigensinnig als mein Vater, er wird verlangen dein Vater soll zu ihm ins Haus und mich da präparieren.

L.: Eigensinnig nennst du das? hochmütig nenn es. Der Teufel hole den Adel der euch immerfort sticht.

A.: Wirst du schon wieder aufgebracht – *(küßt ihm die Hand)* liebes Peterchen was kann ich denn dafür, daß mein Vater und Onkel so sind. O wenn du auch böse mit mir werden willst, meine Mutter ist es schon von meinem zehnten Jahr an meine Verwandten alle sind es, mein Vater selber ist mir nicht mehr so gut als vorher, ich weiß nicht warum –

L.: Weißt du aber, daß ich's nicht länger mehr aushalten kann? Dein Bruder ist der ungezogenste Junge den ich kenne, er hat mir neulich eine Ohrfeige gegeben und ich darf ihm nichts dafür tun, darf nicht einmal drüber klagen, denn ich weiß doch daß ich bei deiner Mutter kein Recht bekomme und deinem Vater darf ich's nun gar nicht sagen, denn der würde im ersten Eifer ihm einen Arm oder ein Bein zerbrechen und da hätt ich gar die Hölle auf den Hals denn alle Schuld würde doch zuletzt auf mich fallen –

A.: Aber um meinetwillen Läuffer – halt noch ein wenig aus! Soll ich dich erinnern was wir uns beide versprochen haben.

L.: Ganz gut, aber was soll denn endlich aus uns werden Gustchen? Ich hab Ursache zu vermuten daß es mit dir nicht zum besten steht und wenn einer deiner Verwandten nur das geringste einmal merkte, könnt es mir gehen wie Abälard –

A. *richtet sich auf*: Was hast du zu vermuten? ich versichere dich du irrst dich. Wenn es so weit kommt, werde ich dir's gewiß vorher sagen. Ich befinde mich nicht wohl, das ist's alles – Aber sage mir wie ging es dem Abä – Abard – wie hieß er? was war das für einer.

L.: Es war auch ein Hofmeister, der seine Untergebene heiratete, hernach erfuhren's die Anverwandte und ließen ihn kastrieren.

A. *legt sich wieder auf den Rücken*: O pfui doch? wann geschah das? ist's lange daß das geschehen ist –

L.: Je ich weiß es nicht, ich habe nur so bisweilen in der Neuen Heloïse geblättert und da die Geschichte gefunden, es kann auch wohl nur eine bloße Erdichtung sein. Willst du das Buch lesen? Wenn du nach Insterburg kommst und zu meinem Vater in Pension – der hat es.

A. *fährt auf*: Geschwinde geh! geh! um Gottes willen, ich hör meinen Vater nach der Schulstube hinaufgehn und du weißt unsre Stunde ist schon über drei Viertelstunden vorbei.

L.: Adieu. *Küßt sie*. Du mußt deinen Mund ein wenig schwängen, Gustchen, du fängst wieder an erschrecklich zu riechen.

3. Akt, 4. Szene; Ausschnitt:

WENZESLAUS: ... holla wo seid Ihr denn lieber Mann, eben da ich vom Einschläfern rede nikt Ihr schon mit dem Kopf so geht's wenn der Kopf leer ist und faul dabei und niemals ist angestrengt worden, ich habe, wie ich Euch vorhin in der Küche schon gesagt, ich habe wahrgenommen daß Ihr mit samt Euren Tressen auf dem Röckchen und weiß und rote Backen ein Ignorante seid und daß es mit Eurer Latinität von Herzen schlecht bestellt ist, also da wärt Ihr schon für mich nicht zu brauchen denn meine Buben, nehmt mir's nicht übel wissen mehr Latein H. Mandel als Ihr, aber da Ihr doch eine gute Hand schreibt wie Ihr sagt, so könntet Ihr dennoch mir so von fünfe bis achte abends zur Hand gehn, da ich meine Augen zu schonen anfangen muß und den Buben ihre Vorschriften schreiben, also wenn Ihr Euch mein Haus und meine Diät und meinen Umgang gefallen lassen wollt und wollt nicht faul sein und Tagdieben, so will ich Euch gern einen sichern Aufenthalt in meinem Hause verstatten, es soll kein Mensch auch verraten wer Ihr seid und woher Ihr seid und ich will Euch monatlich als meinem *Collaborator* an der hiesigen Schule Tisch und Logis und das vierte Teil meiner Einkünfte abtreten, und sollte der liebe Gott mich einmal von der

Welt abfodern könnt Ihr versichert sein daß Ihr die Schul nach mir antreten werdet wenn Ihr nur fleißig sein und in der Zeit was lernen wollt, auch in der Latinität was umtun, ich will Euch *Corderii Colloquia* und *Gurtleri Lexicon* dazu geben auch irgend ein lustiges amüsantes Buch zum Anfang etwa den Reineke Fuchs, der ist schon was schwerer weil er in Versen ist mein lieber Mann, denn so wie Ihr jetzt seid seid Ihr ja noch kaum zum *Collaborator* tüchtig geschweige denn – *Trinkt*.

5. Akt, 3. Szene; Ausschnitt:
LÄUFFER: Nein bleibt bei mir ich will Euch alles sagen: Ich weiß nicht ob ich recht getan habe – ich habe mich kastriert –
WENZESLAUS: Kastriert – nun da mach ich Euch meinen herzlichen Glückwunsch darüber, Ihr habt da keinen geringern Mut bewiesen als der Pater Origenes – das ist vortrefflich junger Mann – ich muß Euch umarmen, auserwähltes junges Rüstzeug – fast, ich kann es Euch nicht verhehlen, fast kann ich dem Helden-Vorsatz nicht widerstehen Euch nachzuahmen. So recht werter Herr Mandel! Das ist die Bahn auf der Ihr einmal ein teures Rüstzeug des Herrn, eine Leuchte der Kirche, ein Stern erster Größe, ein Kirchenvater selber werden könnt, denn meint Ihr Origenes wäre geworden was er ist wenn er des Fleisches Geschäfte nicht in Zeiten getötet hätte, ich glückwünsche Euch, ich ruf Euch ein *jubilate* und ein *evoë* zu werter werter Herr Mandel, mein geistlicher Sohn ich bin freilich über die Jahre und über die Versuchungen schon hinaus, aber sollte einmal der Teufel mir sein arglistiges Netz ausstellen, o – ich hab ein großes Herz wie Ihr unter meinen Rippen, lebt wohl ihr üppigen Freuden der Welt.

5. Akt, 4. Szene:
Berg und Reichart begegnen sich auf der Straße.
REICH.: Das ist ja scharmant, scharmant Herr v. Berg daß ich Sie antreffe, ich hab Ihnen ein Briefchen abzugeben das unter meinem *Couvert* gekommen ist, der Herr von Seiffenblase hat an mich geschrieben Sie wissen wohl er hat auch die Laute bei mir gelernt als er in Leipzig war und er hat sich meiner erinnert und hat an mich geschrieben an seinen alten Vater Reichartchen und hat mich gebeten wenn ein gewisser Herr von Berg in Leipzig studierte, möcht ich ihm doch dies Briefchen abgeben.
BERG: Das ist mir lieb, wo hält er sich denn itzt auf der H. v. Seiffenblase –
REICH.: In Königsberg, in Königsberg und was meinen Sie noch oben ein, meine Tochter ist dort angekommen und logiert grad gegen ihm

über, denn ihre Tante wohnt itzt in Königsberg, wer Henker sollte das in seinem Leben gedacht haben daß mein Kind noch eine Nachbarin vom H.v. Seiffenblase werden sollte, und er hat ihr tausend Höflichkeiten erwiesen, noch um meinetwillen, alles um meinetwillen, er erinnert sich noch wohl wie er bei mir profitiert hat, er hat seine dreizehn Konzertchen aus dem Kopf weg gespielt sag ich Ihnen, meine Tochter schreibt mir auch er soll sie auf alle Bälle und Konzerte und Komödien und Redouten –

BERG *zieht die Uhr hervor:* Liebster Reichart ich habe nicht Zeit ich muß ins Collegium – Hören Sie lassen Sie Pegau nichts davon merken, daß Ihre Tochter so gut Freund mit Seiffenblase ist – *Geht.*

REICH.: Auf den Nachmittag – – Herr von Bergchen – *Geht von der andern Seite.*

42 *Adjunkt:* Amtsgehilfe in juristischen, kirchlichen und akademischen Stellen.

44 *buschscheu:* duckmäuserisch.

45 *enrhumiert:* erkältet, verschnupft.

Vous parlez …: frz., Sie sprechen ohne Zweifel französisch? – Ein wenig, Madame. – Haben Sie schon Ihre Bildungsreise nach Frankreich gemacht? – Nein, Madame … Ja, Madame. – Sie sollten doch wissen, mein Lieber, daß man in Frankreich nicht die Hand küßt!

on ne peut pas mieux: frz., man kann nicht besser.

Kochischen Theater: die Kochsche Gesellschaft, eine von Heinrich Gottfried Koch (1703–1775) geleitete bekannte Schauspielertruppe; sie spielte in Leipzig seit 1770.

47 *rekreieren:* erholen.

Malum hydropisiacum: lat., Wassersucht.

Cornelio: eigentlich: Cornelius Nepos (um 99–um 24 v.u.Z.), römischer Historiker, dessen Lebensbeschreibungen berühmter Männer oft als Schullektüre benutzt wurden. Hier absichtlich falsch flektiert.

48 *Salarii:* eigentlich: Salarium, Gehalt; ebenfalls absichtlich falsch flektiert.

49 *fein säuberlich mit dem Knaben Absalom:* Bezug auf König Davids Befehl zur Schonung seines gegen ihn aufrührerischen Sohnes (Altes Testament, 2. Samuel 18,5).

50 *deine Juliette:* Anspielung auf Shakespeares ›Romeo und Julia‹ bzw. auf das im Oktoberheft des Jahrgangs 1772 der Zeitschrift ›Journal Encyclopédique‹ erschienene Drama ›Romeó et Juliette‹ von Ducis,

das Lenz in einer Besprechung würdigte. (Vgl. im folgenden auch die Anspielungen mit Graf Paris und dem Schlaftrunk.)

wie im Gellert steht: Zitiert wird die Schlußpointe aus Christian Fürchtegott Gellerts (1715–1769) Gedicht ›Der Selbstmord‹.

57 *wie Laban:* Vgl. Altes Testament, 1. Mose 29. Jakob diente sieben Jahre um Rahel, die Tochter seines Onkels Laban. Nach sieben Jahren wurde er aber mit Lea, Rahels ältester Schwester, verheiratet und mußte noch einmal sieben Jahre dienen, um Rahel zu erhalten.

Grotius: Hugo Grotius (1583–1645), Rechtsphilosoph aus den Niederlanden, Begründer des Natur- und Völkerrechts.

59 *subsistieren:* seinen Lebensunterhalt haben.

quittieren: hier: die Stelle aufgeben.

62 *invitieren:* einladen.

64 *Döbblinsche Gesellschaft:* Theatertruppe unter der Leitung Karl Theophilus Döbbelins (1727–1795), sie gastierte an vielen Orten. Lenz kann sie in Königsberg (die Truppe gastierte dort 1768/69 und 1769/70) oder bei der Durchreise in Leipzig gesehen haben; in beiden Städten spielte sie Lessings ›Minna von Barnhelm‹.

68 *Lehre:* hier: Katechismusunterricht vor der Erstkommunion.

69 *Abälard:* Der Philosoph Pierre Abélard (1079–1142) hatte seine Schülerin Héloïse verführt und nach der Geburt ihres Kindes heimlich geheiratet. Héloïses Angehörige ließen Abélard überfallen und entmannen.

Neue Heloïse: Jean-Jacques Rousseaus 1761 in deutscher Übersetzung erschienener Roman ›Julie ou La Nouvelle Héloïse‹. Außer dem Lehrer-Schüler-Verhältnis hat der Roman nichts mit der historischen Liebesgeschichte gemein.

Piquet: Kartenspiel für zwei Personen.

Fontenelle: künstliche Öffnung zur Entgiftung des Körpers.

70 *Quacker:* Quäker.

Heautontimorumenos: ›Der Selbstquäler‹, Komödie des römischen Dichters Publius Terentius Afer (190–159 v. u. Z.). Der Held des Stückes flüchtet vor Kummer über das von ihm verschuldete Schicksal seines Sohnes in die Feldarbeit.

Madame Dacier: Anne Dacier (1654–1720), Übersetzerin des Terentius ins Französische; die erwähnte Ausgabe ist illustriert.

71 *schalu:* von frz. jaloux, eifersüchtig.

73 *Kaventen:* Bürgen.

75 *ausschweifend:* hier: maßlos, übertrieben.

77 *Vorschrift:* Schreibvorlage für den Schulunterricht.

78 *Cholera:* hier: aufbrausendes, cholerisches Temperament.
unus ex his: lat., einer von ihnen.
80 *jungen Siegfrieds:* Anspielung auf das Volksbuch vom ›Gehörnten Siegfried‹.
81 *Hohepriester Eli:* Der Hohepriester Eli wurde für die Bosheit seiner Söhne bestraft (Altes Testament, 1. Samuel 2,12 ff. und 4,18).
Komödie von Damon und Pythias: die in Schillers ›Bürgschaft‹ behandelte Freundschaftsgeschichte, die auf eine griechische Erzählung zurückgeht.
83 ἄριστον μὲν τὸ ὕδωρ: grch., Das Beste ist das Wasser; Anfang der ersten Olympischen Ode des griechischen Dichters Pindar (518–438 v. u. Z.).
85 *Corderii Colloquia:* ›Gespräche der Scholastiker‹ (1640) von Maturinus Corderius.
Gürtleri Lexicon: ›Novum Lexicon universale‹ (Neues Universallexikon), 5. Auflage 1731, von Nikolaus Gürtler; es war viersprachig: lateinisch, deutsch, griechisch, französisch.
mutwillige Zerstörung Jerusalems: Die Zerstörung Jerusalems im Jahre 70 besiegelte das Scheitern des 66 ausgebrochenen Aufstandes der Juden gegen die römische Herrschaft.
86 *Krieg mit den Türken:* russisch-türkischer Krieg (1768–1774); Lenz läßt sein Stück also in der unmittelbaren Gegenwart spielen.
87 *ich will Griechisch werden:* hier: die griechisch-orthodoxe Religion annehmen.
88 *Türkenpallasch:* Türkensäbel.
drei Lilien auf dem Rücken: Brandmarkung der Dirne.
91 *in iure naturae ...:* lat., im Naturrecht ... bürgerlichen Recht ... Kirchenrecht ... Völkerrecht.
92 *in fine videbitur ...:* lat., am Ende wird man sehen, von welcher Farbart.
in amore omnia ...: lat., in der Liebe liegen alle Fehler.
95 *dreust:* dreist.
96 *Otschakof:* der östlich von Odessa gelegene Hafenort Otschakow; 1737 von Münnich erobert, ging er 1738 wieder an die Türken. Die Textstelle bezieht sich auf die russischen Niederlagen 1771.
Prinz Czartorinsky: Adam Kasimir Fürst Czartoryski, 1763 Gegenkandidat Poniatowskis für den polnischen Thron.
97 *das dritte Chor:* Gemeint ist das dritte Saitenpaar.
Toujours content ...: frz., Immer zufrieden, niemals Geld.
100 *wie Hagar:* Anspielung auf das Alte Testament, 1. Mose 16.
102 *frigidus per ossa:* lat., kalt durch die Gebeine.
103 *zweiter Origenes:* Der griechische Philosoph und Kirchenvater Ori-

genes (185–254) entmannte sich in seiner Jugend aus religiöser Überzeugung, um Versuchungen und Verleumdungen zu entgehen.
Jubilate: lat., Freut euch.
Evoë: griechischer Jubelruf.
Lots Weib: Entgegen dem Verbot schaute sich Lots Weib auf der Flucht aus den untergehenden Städten Sodom und Gomorrha nach Zoar um; daraufhin erstarrte sie zur Salzsäule (Altes Testament, 1. Mose 19,23 und 26).

104 *Essäer:* Von der jüdischen Ordensgemeinschaft der Essäer oder Essener berichtet der jüdische Historiker Flavius Josephus (um 37–100) in seiner ›Geschichte des jüdischen Krieges‹.
lauro tempora cingam …: lat., mit Lorbeer will ich seine Schläfen umwinden, und hoch wird er mit dem Scheitel die Sterne berühren.

110 *kalmäuserst:* den Kopf hängen lassen, in der Einsamkeit ›Grillen fangen‹.

111 σκάνδαλον ἐδίδουζ, ἕταιρε!: grch., du hast Ärgernis erregt, Freund!
kasuistisch: hier: auf den speziellen Fall Läuffers bezogen. (In der Handschrift heißt es: ›sie war ganz kasuistisch ganz auf seinen gegenwärtigen Stand, da er sich dem Herrn zum Priester verschnitten hat‹.)

112 *posito:* lat., gesetzt den Fall.

113 *Phryne:* Hetäre in Athen. Ihre Verteidiger gewannen durch Enthüllung ihrer Reize den Richtern ein günstiges Urteil ab.
Fleischtöpfen Ägyptens: Vgl. Altes Testament, 2. Mose 16,3.
Kanaan: das Gelobte Land, im Altertum Gesamtname für Palästina.

115 *pro deum atque hominum fidem:* lat., bei der Wahrhaftigkeit der Götter und Menschen.
falscher Prophet! Reißender Wolf …: Vgl. Neues Testament, Matthäus 7,15.
Es muß ja Ärgernis kommen …: Vgl. Neues Testament, Matthäus 18,7.

116 *O tempora …:* lat., O Zeiten, o Sitten!
Valerius Maximus: römischer Schriftsteller (14–37). Lenz bezieht sich auf den Abschnitt ›Über die Keuschheit‹ in der Anekdotensammlung ›Denkwürdige Taten und Aussprüche‹.
ut etiam oscula …: lat., daß sie auch die Küsse rein ihrem Gatten darbringen solle. Im folgenden: Auch die Küsse, nicht nur die Jungfräulichkeit, auch die Küsse.

116 *Mietling:* Vgl. Neues Testament, Johannes 10,12 f.
117 *Connubium sine prole ...:* lat., Eine Ehe ohne Kind ist wie ein Tag ohne Sonne.
Seid fruchtbar ...: Vgl. Altes Testament, 1. Mose 1,28.
weil doch Heiraten besser ist ...: Vgl. Neues Testament, 1. Korinther 7,9.
homuncio: lat., kleiner, elender Mensch.
118 *Ich bin nicht wert, daß ich Ihr Sohn heiße:* Vgl. Neues Testament, Lukas 15,21.
122 *die Gerechten nicht allein hineinkommen ...:* frei nach Neues Testament, Lukas 15,7 u. 10.

DER NEUE MENOZA ODER GESCHICHTE DES CUMBANISCHEN PRINZEN TANDI

Nach dem Erstdruck: Der neue Menoza. Oder Geschichte des cumbanischen Prinzen Tandi. Eine Komödie. Leipzig, in der Weygandschen Buchhandlung. 1774.

Das Stück wurde nach dem ›Hofmeister‹ im Jahre 1773 geschrieben. Direkte Zeugnisse aus der Entstehungszeit gibt es nicht. Johann Gottfried Röderer erwähnte in einem Brief an Lavater vom Februar 1774 ein von Lenz ›beigefügtes Päcklein‹. Am 10.5.1774 spielte Lavater in einem Brief an Lenz auf die Rücksendung an: ›Haben Sie die Sachen erhalten? Ihre Comödie u: den März?‹ In einem am 18.7.1775 in den ›Frankfurter Gelehrten Anzeigen‹ erschienenen Artikel schrieb Lenz zum ›Menoza‹, ›daß meine Komödie im Manuskript lange in den Händen meines engsten Freundes gelegen, eh ich noch wußte, daß Herder jemals an eine Philosophie der Geschichte gedacht‹. Die Abhandlung Herders ›Auch eine Philosophie der Geschichte zur Bildung der Menschheit‹ erschien 1774.

Goethe vermittelte den Druck der Komödie. In einem Schreiben von Ende 1774 bedankte sich Lenz über Goethe bei dem Verleger Weygand, daß dieser den ›Neuen Menoza‹ ›wenigstens sauber ausgemustert und staffiert im Federhut und Escarpins nach der neusten Mode unter die Leute zu bringen gewußt‹.

Die Aufnahme des Stückes war schlecht. Niedergeschlagen schrieb Lenz am 28.8.1775 an Herder: ›Ich war sehr mutlos, daß ich ihn geschrieben und er nicht erkannt worden war.‹ Christian Heinrich Schmid warf Lenz in dem 1774 im ›Teutschen Merkur‹ publizierten Aufsatz ›Kritische Nachrichten vom Zustand des teutschen Parnasses‹ vor, ›mit Herder des kultivierten Europa zu spotten‹. Wieland griff das Stück 1774 im 4. Heft des ›Teutschen Merkur‹ an, nannte es ein ›Mischspiel‹, wandte sich vor allem gegen die Genrebezeichnung ›Komödie‹ und erhob den Vorwurf des ›Romantischen‹. Nach einem zeitgenössischen Privatbrief (vgl. Erich Schmidt: Lenz und Klinger, zwei Dichter der Geniezeit, Berlin 1878, S. 29) wurde das Stück in Straßburg ›von männiglich in die unterste Hölle verdammt‹, ein anderer Briefschreiber meinte, die Träume eines betrunkenen Wilden könnten nicht verrückter sein. Obwohl Herder, Matthias Claudius und Johann Heinrich Merck sich zustimmend äußerten – letzterer wünschte, das ›Märchen‹, so ›ausschweifend‹ es ist, selbst gemacht zu haben (Brief an Heinrich Christian Boie von 1775) –, stand Lenz doch unter dem Eindruck eines völligen Mißerfolges. Er trug sich mit dem Plan einer Umarbeitung des Stückes. Am 8.4.1775 schrieb er an Lavater: ›[...] ich arbeite gegenwärtig an einer neuen Auflage meines Menoza mit sehr wesentlichen Verbesserungen [...]‹ In einem Brief an Friedrich Wilhelm Gotter vom 10.5.1775 schrieb er, daß er den ›Menoza‹ ›selber eine übereilte Comödie zu nennen pflege‹; ›ein übereiltes Stück, an dem nichts als die Idee schätzbar ist‹, hieß es im Juli 1775 an Sophie Laroche. Die Gründe des Anstoßes glaubte Lenz vor allem in der Darstellung der Bruder-Schwester-Beziehung zu sehen. ›Sie haben recht‹, teilte er im Juli 1775 Sophie Laroche mit, ›Ihre Anmerkung über meine Stücke habe ich mir zuweilen selbst gemacht, und in meinen künftigen sollen auch keine solche Schandtaten mehr vorkommen.‹ Am 28.8.1775 schrieb er dann an Herder: ›Ich verabscheue die Szene nach der Hochzeitsnacht. Wie konnt' ich Schwein sie auch malen!‹ Den Plan einer Umarbeitung gab Lenz dann aber auf. Er verfaßte statt dessen eine ›Rezension des neuen Menoza von dem Verfasser selbst aufgesetzt‹, die am 11.7.1775 in den ›Frankfurter Gelehrten Anzeigen‹ gedruckt wurde. Lenz bedrückte ›die gänzliche Vernachlässigung, und, darf! ich sagen, stillschweigende Gleichgültigkeit oder vielmehr Mißbilligung derer, die ich als den edlern Teil desselben vorzüglich verehre, auf der einen; der Mißverstand, das falsche schielende Lob, der unbegründete Tadel gewöhnlicher Kunstrichter auf der anderen Seite‹. ›Ein Prinz‹, schrieb Lenz mit Bezug auf ›Menoza‹, ›der ohne den geringsten Anteil, mit dem kalten Auge eines Beobachters, aber eines Beobachters, dem darum zu tun war, Wahrheit, Größe und Güte zu finden, [...] auf die höchsten Erwartungen gespannt, quer durch mein Vaterland reist und darinnen nun nicht viel findet, wenigstens das nicht findet, was er suchte, konnt in demselbigen sein Glück nicht machen.‹

Johann Georg Schlosser schrieb für Lenzens ›Menoza‹ die Verteidigungsschrift ›Prinz Tandi an den Verfasser des neuen Menoza‹; unter dem fingierten Druckort Naumburg, dem Schauplatz des Dramas, erschien sie im August 1775. Schlosser griff die Kritik scharf an und verlangte von Lenz, daß er sich nicht an ›Lob und Tadel der deutschen Journale‹ halten solle. ›Weiße schrieb elende Stücke und wurde zum Himmel erhoben; Engel, Gebler, die Stephans, und wer weiß mehr schreiben, was du und ich nicht lesen mögen, und werden gelobt. Willst du gelobt sein, so schreib nach ihrem Muster! – Aber dafür bewahre dich der Himmel! Nein Lenz! Verflucht sei der Federzug, den du tust, um von den Männern gelobt zu werden, die die Werke des Geists in Klafter legen, und was drüber und drunter ist verwerfen! Begnüge dich, denen zu gefallen, die Herzen haben!‹

Im folgenden geben wir die ausgeschiedene Schlußszene des ›Neuen Menoza‹, die offenbar eine frühere Schlußvariante darstellt, nach der von Titel und Haug besorgten Ausgabe, Bd. 2, S. 730–732, wieder, wobei die gegenwärtig in Kraków befindliche handschriftliche Überlieferung der Szene zum Vergleich herangezogen wurde:

Graf liegt im Bette mit einem Verband auf seiner Wunde, ... ihre Hand zwischen seinen beiden und küßt sie inbrünstig.

GRAF: Ach! wenn du wüßtest, meine teuerste, englische Donna, wie es mir ums Herz [ist], wie es an meinem Leben frißt, dich, dich beleidigt zu haben, Engel, Heilige, Muster aller Frauen, Wunder der Großmut!

DONNA DIANA: Sprich nicht so viel und heftig – die Wunde entzündet sich –

GRAF: Mag sie – bevor die Wunde meiner Seele nicht geheilt ist – o deine Sorgfalt für mich, für mich Unwürdigen – sieh meine Wunde geht tiefer als durch meine Brust, sie geht bis ins Innerste meiner Seele und kann nicht geheilt werden –

D. D. *küßt ihm auf den Verband*: So will ich das Gift heraussaugen – ja an deiner Wunde will ich liegen, Lieber, wie ein Kind an der Mutter Brust.

GRAF: O! o! neue Schwerter der Großmut! neue Werkzeuge der Marter! Wenn du wüßtest – *(rafft sich auf und will aus dem Bett)* laß mich – laß mich – zu deinen Füßen.

D. D.: Was hast du? du hast etwas auf dem Herzen. Gesteh mir's rein ab, geschwind! ich bin ungeduldig, ich zitter es zu wissen. Was es auch sei, Lieber, irgend ein verzweifelter Anschlag – du kennst mich – geschwind. *Küßt ihn.*

GRAF: O Henkerin von Großmut! Grausame Unmenschliche – Göttin!

D. D.: Was es auch sei, und wenn's einen zweiten Vater gälte – ich ermord ihn um deinetwillen.

GRAF: Ich liebe dich – und wenn du davon nicht überzeugt bist, so reiß mir diese fatale Binde ab und laß mich darauf sterben. Aber eins – eins – teurer Engel! eine Probe von Großmut, auf dem Erdboden noch nie erhört – aber dir ist nichts unmöglich.

D. D.: Nichts unmöglich – geschwind.

GRAF: Ich bin krank, ich bin verwundet – ich kann nicht gesund werden, oder die Ursache muß aus dem Wege geräumt sein, warum ich krank bin. Ich kann es dir nicht länger leugnen, göttliche Donna – sieh mich nicht so starr an, dein Blick wird mich töten – ja ich liebe Wilhelminen, und das ist meine Hölle, daß ich sie liebe – Schaffe mir Linderung, und ich will dich anbeten. Ein Genuß von ihr – blav! wird diese höllische Flamme ausgelöscht sein. Du verstehst mich, Donna! du bist über die Vorurteile des Pöbels weg. Mein Herz ist dein, immer dein gewesen, wird ewig dein bleiben – aber meine Phantasei ist irre, ist verruckt, muß zurecht gebracht werden; einmal das mir bewilligt, wornach ich strebe, rase, heule – und dann ist sie mir abscheulich, und du bist deiner Nebenbuhlerin auf ewig los.

D. D.: Aber sie ist deine Verwandtin.

GRAF: Glaubst du auch an Blutschande? O große erhabene Donna, wodurch sollen wir uns über den Pöbel erheben? wodurch? durch unser Geld? durch unsere Geburt? Alles das ist Vorurteil, hängt nicht von uns ab, kann uns genommen werden, ist ein Werk des Zufalls. Aber unsere Gesinnungen, unsre Sentiments, unsere Grundsätze – du verstehst mich, Donna! *(rafft sich auf und fällt ihr zu Füßen)* habe Mitleiden mit einem Kranken – der nur für dich gesund zu werden wünscht – mit einem Rasenden – nur für dich!

D. D. *hilft ihm wieder ins Bette*: Lege dich! Lege dich – Aber wie wär es möglich zu machen. Laß hören.

GRAF *küßt ihr beide Hände*: Welt voll Großmut – Höre nur! Du weißt, ich habe den Prinzen treuherzig gemacht, ich habe seine Farbe angenommen, er hält mich für pöbelhafter gewissenhaft als er selbst ist. Er wird es dir nicht abschlagen, wenn du ihm sagst – ich will mich ganz matt und krank stellen – ich will unseren Medikus auch bestechen – du mußt ihm sagen, es habe sich mit mir seit einem Tage merklich verschlimmert, das Fieber habe zugenommen, ich könne nicht mehr sprechen, du fürchtest alles für mein Leben, das ärgste aber wäre, daß ich niemand als dich bei meinem Bette leiden könnte, wie es denn auch wahr ist – du weißt, wenn du nicht drei Nächte en suite bei mir gewacht hättest, ich wäre nicht soweit als ich bin – nun aber mußt du sagen, könntest du es nicht mehr aushalten, auch diese Nacht bei mir auf zu bleiben, er möchte dir die einzige Freundschaft tun und [seine Ge]mahlin deine Stelle vertreten lassen, ich hätte sie doch in meinen gesunden T[agen] tausendmal mehr verehrt [...] als irgend eine andere, vielleicht könnt es zu meiner Besserung was beitragen – Du weißt schon bei welcher Seite er am leichtesten zu fassen ist, mach sein ganzes Mitleiden rege, und ums Himmelswillen! mach ihm meine Krankheit und Schwachheit nur recht lebhaft, recht fürchterlich, und wie gefährlich es sei, einem im Wundfieber phantasierenden Kranken eine Wärterin zu geben, die er nicht leiden könne –

D. D. *die ihn während des unruhig und verwildert angesehen*: Sind das Anschläge eines Rasenden? Nein mein Freund! zu sehr durchgedacht, zu sehr überlegt, dein Kopf ist in unvergleichlicher Ordnung, aber meiner – beim Himmel! meiner – *(faßt ihn an die Gurgel)* stirb, verräterischer Hund! *(reißt ihm den Verband von der Wunde)* Blutschänder! ha meine Nägel sind noch lang genug, wenn sie schon zugeheilt sein sollte. *Sie kratzt mit den Nägeln an seiner Wunde.*

GRAF: Um aller Götter willen – ich verblute mich.

D. D. *schlägt ihn mit Fäusten*: Sodomiter!

GRAF: Zu Hülfe! zu Hülfe! Mord –

D. D. *stopft ihm ein Schnupftuch in den Mund*: Schrei nun! schrei nun, sodomitischer Hund! Zehn Jahre hab ich zu deinen Lastertaten die Zähne zusammengebissen und still geschwiegen – aber es wird zu viel, Teufel! es wird zu viel. So hast du meinem Vater das Maul verstopft, als das Gift in seinen Gedärmen tobte.

GRAF *halb tot und unvernehmlich, indem ihm das Schnupftuch aus dem Munde auf die Wunde fällt*: Noch ist es Zeit – Gnade – noch kannst du sie verbinden – Gnade!

D. D.: Keine Gnade! stirb! dein Maß ist voll. *Geht ab.*

GRAF *röchelt*: Weh mir! Wilhelmine! Wilhelmine! *Stirbt.*

Ende des Stücks

Der Vollständigkeit halber teilen wir noch ein Fragment mit, das Lenz wohl gegen Ende der ersten Szene einzufügen gedachte. Der Text folgt der Ausgabe von Titel und Haug, Bd. 2, S. 730:

›Tandi schmeichelte anfangs der Königin – freute sich daß sie ihm wohlwollte – der Wechsel – an dem er doch selber schuld war – Reflexion: Es war mir gut. So wurde ich auf mich selbst zurückgebracht, ein Glück das kein Prinz erfährt und alle doch erfahren sollten um regieren zu können – itzt Sprung.‹

125 *Menoza:* Der Titel verweist auf den 1742 in deutscher Übersetzung

erschienenen Roman des Dänen Erik Pontoppidan (1698–1764) ›Menoza, ein asiatischer Prinz, welcher die Welt umher gezogen, Christen zu suchen, aber des Gesuchten wenig gefunden‹. Pontoppidan war ein Gelehrter, schrieb historische, geographische, natur- und sprachwissenschaftliche Werke und war ein Mann der Kirche (1747 Bischof in Bergen). Sein Roman, dem Lenz die Figur des die Mißstände des gesitteten Europas entlarvenden Wilden entnahm, stand in einer langen Tradition; Montesquieus ›Lettres persanes‹ und Delisles Komödie ›Arlequin sauvage‹ (beide 1721) waren die Anreger, im weiteren Sinne auch Swifts ›Gulliver‹ und Voltaires ›L'Ingénu‹ (1767).

Cumba: Das Königreich Cumba wird von Lenz in Hinterindien angesiedelt (vgl. *indiansch*: indisch).

Magister Beza: offenbar Anspielung auf den reformierten Theologen und Nachfolger Calvins Theodor Beze (1519–1605), der sich vom eleganten neulateinischen Dichter zum eifernden Kirchenpolitiker entwickelte.

an der Pforte: Gemeint ist Schulpforta, die berühmte, bei Naumburg gelegene altsächsische Lehranstalt.

129 *Sukzessionspulver:* abgeleitet von Sukzession, Thronfolge, und Pulvis successionis: Arzneien, die aus Blei bereitet und äußerlich angewendet wurden; bei innerer Anwendung wirkten sie als schleichende Gifte und wurden gebraucht, wenn ein Thronfolger beseitigt werden sollte.

133 *Baccalaureus:* niederster akademischer Grad. Wittenberg gilt gegenüber Leipzig als Provinzuniversität.

den Musen und Grazien geopfert: indem er die modisch gewordenen sogenannten ›schönen Wissenschaften‹ studiert.

134 *Besser:* Johann von Besser (1652–1729), Hofmann und Dichter; zuletzt Kriegsrat und Zeremonienmeister in Dresden unter August dem Starken.

Gellert: Christian Fürchtegott Gellert (1715–1769), Dichter; seit 1751 Professor der Philosophie.

Rabner: Gottlieb Wilhelm Rabener (1714–1771), Satiriker, sächsischer Steuerbeamter.

Dusch: Johann Jakob Dusch (1725–1787), Dichter, Professor in Altona.

Schlegel: Johann Elias Schlegel (1719–1749), Dramatiker und Theoretiker.

Uz: Johann Peter Uz (1720–1796), Dichter, Justizbeamter in Ansbach.

134 *Weiße:* Christian Felix Weiße (1726–1804), Dichter, Kreissteuereinnehmer in Leipzig.
Jacobi: Johann Georg Jacobi (1740–1814), Dichter.
ut inter ignes luna minores: lat., wie der Mond unter den kleinen Sternen (nach Horaz).
Goldenen Spiegel: Wielands utopischer Staatsroman ›Der Goldene Spiegel oder die Könige von Scheschian‹, 1772 erschienen. Er ist als Fürstenspiegel angelegt, im zweiten Teil des Romans werden ein idealer Herrscher und dessen weise Machtausübung vorgeführt. Der Roman wollte eine Empfehlung für den seit 1765 als deutscher Kaiser regierenden Joseph II. sein. Der erhoffte Einfluß auf die Regierungsweise blieb allerdings aus.
Grazie: Anspielung auf Wielands Lieblingswort; vgl. auch Wielands Gedicht in sechs Büchern ›Die Grazien‹ (1770).

135 *Kaiser von Scheschinschina:* Der Fiktion nach handelt es sich um eine indische Geschichte, die ins Chinesische und von dort ins Lateinische übersetzt ist. Bei der erwähnten Widmung handelt es sich um die ›Zueignungsschrift des Chinesischen Übersetzers an den Kaiser Tain Tsü‹.
Papst ... Goldmacherbuch: Anspielung auf das Goldmacherbuch ›Chrysopoeia‹ des italienischen Dichters Aurelio Augurelli, das er Papst Leo X. widmete. Der Papst schenkte ihm dafür einen leeren Geldbeutel mit der Bemerkung, Augurelli könne ihn ja leicht durch seine Kunst füllen.
Euren Mitteln: Eurer Mitte.
aux petites maisons: frz., ins Tollhaus; ›petites-maisons‹, ein Pariser Irrenhaus.

136 *Blödigkeit:* Furchtsamkeit.

145 *Thomas a Kempis:* das in viele Sprachen übersetzte Erbauungsbuch ›De imitatione Christi‹ des deutschen Mystikers Thomas a Kempis (1380–1471).

146 *Witz:* Verstand.
dura necessitas ...: lat., harte Notwendigkeit, härteste Notwendigkeit.
Handeln macht glücklicher ...: Hauptgedanke von Lenzens Philosophie, durchzieht sein gesamtes Werk.
Es ist alles eitel: Vgl. Altes Testament, Prediger Salomo 1,2: ›Es ist Alles ganz eitel, sprach der Prediger, es ist Alles ganz eitel.‹

147 *Herren Kleinmeister:* Die Gestalt des Baccalaureus Zierau ist traditionell in der aufklärerischen Typenkomödie verwurzelt, sie ist mit dem italienischen Capitano, dem Stutzer, dem Petitmaître verwandt (das französische ›petit-maître‹ klingt auch in dem sprechen-

den Rollennamen ›Zierau‹ an). Mit der Figur zog das Lustspiel der Aufklärung die Nachahmung französischer Sitten ins Lächerliche; Lenz dagegen richtet seine Satire gegen die Aufklärung und speziell gegen Wieland.

vernünftige Tiere: Anspielung auf die aristotelische Definition des Menschen als ›animal rationale‹.

148 *Midas:* nach der griechischen Sage König von Phrygien. Dionysos erfüllte ihm den Wunsch, daß alles von ihm Berührte Gold werden möge. Als auch die Nahrung zu Gold wurde, geriet die Gabe zum Fluch, und Midas befreite sich durch ein Bad im Fluß Paktolos in Lydien davon.

Unräsonnables: Unvernünftiges.

einen Glauben, Berge zu versetzen: Vgl. Neues Testament, 1. Korinther 13,2: ›Und wenn ich weissagen könnte, und wüßte alle Geheimnisse und alle Erkenntnis, und hätte allen Glauben, also, daß ich Berge versetzte, und hätte der Liebe nicht, so wäre ich nichts.‹

Pater General: Ordensgeneral der Jesuiten.

149 *Mißverständnis:* Streit, Zerwürfnis.

151 *schönerös:* generös, freigebig.

unerzogenes: hier: noch nicht erwachsenes.

152 *Schlagwasser:* Einreibe- und Riechmittel bei Ohnmachts- und Schlaganfällen.

153 *Kronstaxe:* in Kronenwährung; die Kronentaler waren im 18. Jahrhundert deutsche Reichsmünzen in Gold.

154 *Albertusgeld:* Albertustaler, ursprünglich niederländische, von 1752 bis 1780 auch in den russischen Ostseeprovinzen geprägte Münze.

155 *Alfanzereien:* Streiche, Possenreißereien.

156 *Fiskus:* hier: Staatskasse.

157 *il n'y a pas du mal:* frz., Es schadet nichts.

Polonaise: Polin.

158 *Io:* Geliebte des Zeus, die er in eine Kuh verwandelte. Die eifersüchtige Hera hielt sie unter Bewachung und trieb sie schließlich zur Raserei.

Dritte Szene: Auf Schlossers Forderung, diese Szene zu tilgen, antwortete Lenz: ›Die Szene auf dem Kanapee nach der Brautnacht hat der Verf. (sc. Schlosser) aus seinem Exemplar ausgeschnitten, weil sie nicht in seinen moralischen Katechismus paßt. Indessen hat sie andern Leuten sehr wohl gefallen, die sie als ein braves und herzhaftes Croquis bewundert haben.‹ (Frankfurter Gelehrte Anzeigen, 8. 9. 1775, S. 597)

161 *Delinquentin aufheben:* Verbrecherin einfangen.
162 *Velas:* Name eines Adelsgeschlechts.
163 *Othem:* Atem.
167 *Magister Beza:* Der Frömmler gibt sich hier plötzlich als Vertreter der aufgeklärten theologischen Wissenschaft. In seiner Selbstrezension des ›Menoza‹ schreibt Lenz: ›Beza ist der waisenhäuslerische Freudenhässer, bloß weil es Freude ist, und er keinen schon in diesem Jammertal glücklichen Menschen leiden kann.‹
170 *Espèce:* frz., Sorte.
bei Keinerts: wohl ein bekanntes Leipziger Gasthaus.
171 *Eccehomo:* Schmerzensmann, der dornengekrönte Christus, nach der Äußerung des römischen Statthalters Pilatus über Christus: ›Siehe, welch ein Mensch.‹
Marqueur: Kellner; ursprünglich: der die Punkte beim Billard zählt.
173 *Leidige Tröster …:* So bezeichnet Hiob die Freunde, die ihn in seinem Unglück aufsuchen; (Altes Testament, Hiob 16,2).
174 *Michaelis lesen:* Johann David Michaelis: Abhandlung von den Ehegesetzen Mosis, welche die Heyrathen in die nahe Freundschaft untersagen. Göttingen 1755, 2. Auflage 1768, Paragraph 57: ›Die nahen Ehen sind verboten, weil sonst der Hurerei und frühen Verführungen in den Familien nicht hätte vorgebeugt werden können‹ (›sonst‹, d. h., ›wenn so nahe verwandten Personen die geringste Hoffnung übrigbleibt, eine vorgegangene Schande durch eine nachfolgende Heirat zu bedecken‹). Michaelis betrachtet das Verbot zwar nicht als ein *Naturgesetz,* aber als ein allgemein verbindliches Sittengesetz (Paragraph 59): ›Ein Volk, das irgend Tugend achtet, ist daher schuldig, die Ehen zwischen Eltern, Kindern und Geschwistern zu verbieten.‹
großen Buchstaben da: Bezug auf das Alte Testament, 3. Mose 18: ›Gesetze über Unzucht mit Verwandten und andere Greuel dieser Art‹.
Giganten: Sie empörten sich der griechischen Sage nach vergeblich gegen Zeus, türmten sogar Gebirge übereinander, um sich dem Olymp zu nähern.
176 *Provisionen:* hier: Vorräte.
178 *Divertissement:* eigentlich: unterhaltendes mehrstimmiges Instrumentalstück in loser Satzfolge; hier übertragen: ablenkende Unterhaltung.
Penelope: nach der griechischen Sage Frau des Odysseus, die zwanzig Jahre auf dessen Heimkehr wartete und die sie bedrängenden Freier durch Listen fernhielt.

Hymen: griechischer Gott der Eheschließung.

Hallers Ode auf seine Mariane: Albrecht Haller (1708–1777), Arzt und Dichter; schrieb 1736 die ›Trauer-Ode, bey Absterben seiner geliebten Mariane‹.

180 *Dame d'honneur:* Ehrendame.

Phaëthon: Sohn des griechischen Sonnengottes Helios; er überredete seinen Vater, den Sonnenwagen ihm zu überlassen, und stürzte damit ins Meer, da er die Rosse nicht bändigen konnte.

182 *Seraphims:* falscher Plural von Seraph; in Altisrael ursprünglich ein Wüstendämon, eine fliegende Schlange, im Alten Testament ein übermenschliches, engelhaftes Wesen mit Flügeln, das Jahwe begleitete.

184 *Chapeau:* frz., Kavalier.

186 *Chagrin:* frz., Ärger, Kummer.

187 *mit seinem Weibe Rebekka zu scherzen:* Vgl. Altes Testament, 1. Mose 26,8: ›Als er nun eine Zeit lang da war, sah Abimelech, der Philister König, durch das Fenster und ward gewahr, daß Isaak scherzte mit seinem Weibe Rebecca.‹

Roquelaure: langer, bis unten zugeknöpfter Mantel, im 18. Jahrhundert preußischer Militärmantel.

Rekreation: Erholung, Erfrischung.

Püppelspiel: Puppen- bzw. Marionettentheater. Die von Lenz gebrauchte Dialektform deutet auf Straßburg, wo das Marionettentheater eine feste Einrichtung war, die Lenz offenbar öfter besuchte.

189 *wie der Engelländer:* Vgl. dazu Lenzens Brief vom April 1776 an Lindau: ›Euch ermorden aus langer Weile wie der Engländer der sich vor den Kopf schoß weil er nichts neues in der Zeitung fand.‹ Die Engländer standen damals in dem Ruf, eine Neigung zum Selbstmord zu haben.

190 *ennuyieren:* langweilen.

räsonnieren: widersprechen.

Pforte: die altsächsische Lehranstalt Schulpforta.

kommod: bequem.

Geschmackshöker: Geschmackskrämer.

kuranzen: plagen, drangsalieren.

DIE SOLDATEN

Nach dem die Handschrift zugrunde legenden Druck in: Titel und Haug, Bd. 2, S. 181–247.
Der Erstdruck: Die Soldaten. Eine Komödie. Leipzig, bei Weydmanns Erben und Reich. 1776 wurde zum Vergleich herangezogen.
Handschrift in Berlin.
Am 23. 7. 1775 schickte Lenz die Handschrift des Dramas an Herder. Goethe, mit dem er zu der Zeit in Emmendingen und Straßburg länger zusammen war, sagte er nicht, woran er arbeitete. Lenz bat Herder um die Vermittlung eines Verlegers, dieser entsprach der Bitte, und das Stück erschien zur Ostermesse 1776.
Herder begrüßte das Drama. Lenz schrieb am 20. II. 1775 an Herder: ›Ich freue mich himmlische Freude, daß Du mein Stück gerade von der Seite empfindest auf der ichs empfunden wünschen, von der Politischen.‹ Herder regte eine Neufassung der Schlußszene an. Lenz schrieb daraufhin an ihn: ›Wenn Du anstehst Teurer, so schick mir die letzte Szene abgeschrieben zu, daß ich sie ändere.‹ Die Änderung ging in die spätere Druckfassung ein. Lenzens jahrelanger Umgang mit Soldaten und Offizieren (›Ich hab einige Jahre mit den Leuten gewirtschaftet in Garnisonen gelegen gelebt handtiert‹, schrieb er am 20. II. 1775 an Herder) ließ ihn die soziale Misere und die dringliche Notwendigkeit einer gesellschaftlichen Veränderung dieses Standes begreifen. Seine Reformpläne, das Leben der Soldaten betreffend, befanden sich allerdings zum Zeitpunkt der Niederschrift des Dramas noch im Anfangsstadium. Lenzens schnelle Reaktion auf Herders Kritik läßt darauf schließen, daß er selbst das Unkünstlerische, Aufklärerisch-Didaktische des Schlusses empfand und merkte, daß der Gegenstand eine andere Behandlung, eine soziale und gesellschaftspolitische Analyse erforderte. Er arbeitete dann mit der Schrift ›Über die Soldatenehen‹ einen umfassenden Reformvorschlag aus, den er am Weimarer bzw. am französischen Hof vortragen wollte. Damit relativierte sich für Lenz auch der Stückschluß: ›Die letzte Szene in den Soldaten muß nicht gedruckt werden, wenn ich mein Ding selbst bei Hofe durchtreiben kann‹, schrieb er am 20. II. 1775 an Herder.
›Die Soldaten‹ sind ein scharfes sozialkritisches Gegenwartsdrama. Lenz will die Stände darstellen, ›wie sie sind; nicht, wie sie Personen aus einer höheren Sphäre sich vorstellen‹ (Brief an Sophie Laroche im Juli 1775). Nicht durch Zufall entwickelte Lenz zeitgleich seine Konzeption vom Volkstheater. Er bezeichnete sich selbst als den ›stinkende[n] Atem des Volks‹ (28. 8. 1775 an Herder) und wünschte, daß sein ›Publikum das ganze Volk‹ sei, er sein ›Theater unter freiem Himmel vor der ganzen deutschen Nation‹ aufschlagen könne, ›in der mir die untern Stände mit

den obern gleich gelten die pedites wie die equites ehrenwürdig sind‹ (Juli 1775 an Sophie Laroche). Zugleich sind die ›Soldaten‹ ein existentielles Drama. Dies reflektierte Lenz, als er im Begleitbrief zum Manuskript am 23.7.1775 an Herder schrieb: ›Hier, Hierophant! in Deinen heiligen Händen das Stück, das mein halbes Dasein mitnimmt. Es ist wahr und wird bleiben, mögen auch Jahrhunderte über meinen armen Schädel verachtungsvoll fortschreiten. Amen.‹

Den Stoff zu dem Drama durchlebte Lenz, er war in vielfachem Sinne emotional in ihn verwickelt. Das Urbild der Marie ist Cleophe Fibich, Tochter eines reichen Straßburger Goldschmiedes. Als Gesellschafter der Barone Kleist verkehrte Lenz in dessen Haus. Der ältere Kleist ging ein Verhältnis mit Cleophe ein. Fibich zwang ihn zu einem notariellen Heiratsversprechen, einer *Promesse de Mariage*. Kleist reiste 1774 nach Kurland zurück, angeblich um die Eheerlaubnis der Eltern einzuholen. In der Wartezeit nahm Lenz Anteil an Cleophes Schicksal und verliebte sich in sie. Lenzens Drama ist die Vorwegnahme der kommenden Katastrophe. Kleist kehrte nicht zurück, heiratete im Baltikum wenig später standesgemäß und zahlte auch Fibich nicht die notariell vereinbarte Geldsumme. Lenz erlebte, wie das gegebene Eheversprechen für den Adligen ein Stück Papier war. Cleophe, deren Ruf vernichtet war, blieb bis an ihr Lebensende ledig. Lenz sah sein Drama, das noch in der Wartezeit, also vor Ablauf der *Promesse de Mariage* entstand, als einen möglichen direkten Eingriff in die Geschichte der beiden Versprochenen und verweigerte aus diesem Grund den frühen Druck. ›Doch darf und kann vor einem Jahr von diesem 20sten Novbr. an das Stück nicht gedruckt werden. [...] Verzeih Großer! meine närrische Ordre‹, schrieb er an Herder am 20.11.1775. Als dieser dafür kein Verständnis zeigte, teilte ihm Lenz Ende März 1776 die Gründe mit: ›Ich will Dir alles sagen, Herder! Das Mädchen, das die Hauptfigur meiner ‚Soldaten' ausmacht, lebt gegenwärtig in der süßen Erwartung, ihren Bräutigam, das ein Officier ist, getreu wiederkehren zu sehen. Ob der's tut oder sie betrügt, steht bei Gott. Betrügt er sie, so könnten die ‚Soldaten' nicht bald genug bekannt gemacht werden, um den Menschen zu zerscheitern oder zu seiner Pflicht vielleicht noch zurückzupeitschen. Betrügt er sie nicht, so könnte vielleicht das Stück ihr ganzes Glück und ihre Ehre verderben, obschon nichts als einige Farben des Details von ihr entlehnt sind und ich das Ganze zusammengelogen habe. – Das ist die Bewandtnis: nun entscheide! Wenigstens müßte in ein Zeitungsblatt gesetzt werden, das Stück wäre von einem gewissen Theobald Steenkerk aus Amsterdam geschrieben worden, damit wenigstens bei den Stadtwäschern, die nichts weiter als Detail drin sehen, vor zu großen Unverschämtheiten eine

Sperrkegel gelegt würde.‹ Das Schicksal des Mädchens legte Lenz ganz eindeutig seine Zurückhaltung auf; später war es die Furcht vor der Rache der Offiziere, die ihn seinen Dichterfreund Maximilian Klinger, der im militärischen Rang eines Offiziers stand, bitten ließ, die Verfasserschaft des Dramas zu übernehmen. Da Lenz zu dem Zeitpunkt krank war, tat das Klinger. Am 6.3.1777 schrieb Klinger an den Verleger Philipp Erasmus Reich: ›Ich bin gegenwärtig genötigt, Ew. Hoch-Edl. zu melden, daß nicht Lenz, sondern Ich Verfasser der Soldaten bin.‹

Das Drama fand bei Erscheinen keine Beachtung. Eine einzige Rezension gab es im ›Almanach der deutschen Musen auf das Jahr 1777‹, wo in einer kurzen Notiz die Talente des Verfassers gewürdigt wurden. Herder äußerte sich nicht öffentlich. Gottfried August Bürger schrieb an Heinrich Christian Boie am 15.9.1776: ›Lenz [...] hat viele Situationen ordentlich aus meiner Seele abgeschrieben.‹ Boie stimmte zögernd zu, meinte aber, ›die Farben seien hie und da zu stark aufgetragen, und man könne nun keinem Mädchen das Stück vorlesen, oder sie's lesen lassen‹ (am 22.3.1776 an Lenz). Sophie Laroche warf Lenz vor, ›Schandtaten‹ zum Gegenstand seiner Dramen zu machen. (Vgl. dazu Lenz an Laroche im Juli 1775.)

Die folgenden überlieferten Notizen von Lenz zeigen, daß er mit dem Gedanken einer zugespitzteren Ausführung der Haupthandlung spielte. (Heinemann bzw. Heidemann = Mary; L. = Lenz; K. = Kleist, d. h. der jüngste der drei Brüder, bei dem Lenz damals in Stellung war, es ist der ›Schwager‹ des ›Tagebuchs‹; Michaelis ist der Name eines Straßburger Studiengenossen und Mitglied in Lenzens Deutscher Gesellschaft, es ist der Halbbruder von Caroline Michaelis, der späteren Caroline Schlegel-Schelling; C. = Cleophe; Pl. = Plautus.) Wir geben die Paralipomena zu den ›Soldaten‹ auf der Grundlage der von Titel und Haug besorgten Ausgabe, Bd. 2, S. 738–739, wieder:

›Stolzius muß als Ordonnanz und Soldat die ganze Wirtschaft des Heinemanns, seine Präsente, alles zusehen, sie – bisweilen verdammen, am Ende doch rechtfertigen – bis sie wegläuft aus ihres Vaters Hause, der ihr den Umgang mit Heinemann verbietet. – Da desertiert er gleichfalls.

Der Vater trifft sie als Hure an; eben da das geschieht, kommt Stolzius in besoffenem Mut – will sie hernehmen – da er sie gleichfalls erkennt, stirbt er in ihren Armen.

Neque id haud immerito tuo nam ecastor solus Benefactis tuis me florentem facis Pl.
Die Hure kann uns Moral lehren und rechtfertigt L. Betragen gegen K. welches alle in den Soldaten auch vorkommen soll. Präsente, Schönheit, Hoffnung, Erkenntlichkeit mit ihren oftmaligen Rückfällen auf ihn.

Szene. Stolzius als Soldat kriegt Heidemann und Michaelis in die Fäuste als sie von C. weggehen da sie schon *prostibulum* ist und zerreißt dem Michaelis die Eingeweide, nachdem er ihm den Degen durchs Herz gestoßen. So kommt er aufs Theater mit dem blutigen Degen.‹

Als Bühnenstück hatten ›Die Soldaten‹ bei den Zeitgenossen keinen Erfolg. Nach dem Druck verging fast ein Jahrhundert, ehe das Stück erstmals, dazu in einer entstellenden und verharmlosenden Bearbeitung von Eduard von Bauernfeld unter dem Titel ›Das Soldatenliebchen‹ am Wiener Burgtheater uraufgeführt wurde. Die zweite Aufführung besorgte – unter dem Einfluß Frank Wedekinds – Artur Kutscher 1911 im Künstlertheater München, 1916 führte Max Reinhardt das Stück am Deutschen Theater Berlin auf. 1960 vertonte Bernd Alois Zimmermann das Drama in seiner Oper ›Die Soldaten‹. Seit den sechziger Jahren wurde es in einigen Bearbeitungen aufgeführt, z. B. 1962 von Harry Buckwitz und 1968 von Heinar Kipphardt. Den größten Einfluß hatten ›Die Soldaten‹ auf Georg Büchner, sein ›Woyzeck‹ ist ohne die neuartige Struktur und den großen Realismus von Lenzens Drama nicht denkbar.
Im folgenden geben wir die zweite, zu Lenzens Lebzeiten gedruckte Fassung der Schlußszene auf der Grundlage der von Titel und Haug besorgten Ausgabe, Bd. 2, S. 245–247, wieder:

Des Obristen Wohnung
Der Obriste Graf von Spannheim. Die Gräfin La Roche.

GRÄFIN: Haben Sie die beiden Unglücklichen gesehen? Ich habe das Herz noch nicht. Der Anblick tötete mich.

OBRISTER: Er hat mich zehn Jahre älter gemacht. Und daß das bei meinem Corps – ich will dem Mann alle seine Schulden bezahlen, und noch tausend Taler zu seiner Schadloshaltung obenein. Hernach will ich sehen, was ich bei dem Vater des Bösewichts für diese durch ihn verwüstete Familie auswirken kann.

GRÄFIN: Würdiger Mann! nehmen Sie meinen heißesten Dank in dieser Träne – das beste liebenswürdigste Geschöpf! was für Hoffnungen fing ich nicht schon an von ihr zu schöpfen. *Sie weint.*

OBRISTER: Diese Tränen machen Ihnen Ehre. Sie erweichen auch mich. Und warum sollte ich nicht weinen, ich, der fürs Vaterland streiten und sterben soll, einen Bürger desselben durch einen meiner Untergebenen mit seinem ganzen Hause in den unwiederbringlichsten Untergang gestürzt zu sehen.

GRÄFIN: Das sind die Folgen des ehlosen Standes der Herren Soldaten.

OBRISTER *zuckt die Schultern*: Wie ist dem abzuhelfen? Schon Homer hat, deucht mich, gesagt, ein guter Ehmann sei ein schlechter Soldat. Und die Erfahrung bestätigt's. – Ich habe allezeit eine besondere Idee gehabt, wenn ich die Geschichte der Andromeda gelesen. Ich sehe die Soldaten an wie das Ungeheuer, dem schon von Zeit zu Zeit ein unglückliches Frauenzimmer freiwillig aufgeopfert werden muß, damit die übrigen Gattinnen und Töchter verschont bleiben.
GRÄFIN: Wie verstehen Sie das?
OBRISTER: Wenn der König eine Pflanzschule von Soldatenweibern anlegte; die müßten sich aber freilich denn schon dazu verstehen, den hohen Begriffen, die sich ein junges Frauenzimmer von ewigen Verbindungen macht, zu entsagen.
GRÄFIN: Ich zweifle, daß sich ein Frauenzimmer von Ehre dazu entschließen könnte.
OBRISTER: Amazonen müßten es sein. Eine edle Empfindung, deucht mich, hält hier der andern die Waage. Die Delikatesse der weiblichen Ehre dem Gedanken, eine Märtyrerin für den Staat zu sein.
GRÄFIN: Wie wenig kennt ihr Männer doch das Herz und die Wünsche eines Frauenzimmers.
OBRISTER: Freilich müßte der König das Beste tun, diesen Stand glänzend und rühmlich zu machen. Dafür ersparte er die Werbegelder und die Kinder gehörten ihm. O ich wünschte, daß sich nur einer fände, diese Gedanken bei Hofe durchzutreiben, ich wollte ihm schon Quellen entdecken. Die Beschützer des Staats würden sodann auch sein Glück sein, die äußere Sicherheit desselben nicht die innere aufheben, und in der bisher durch uns zerrütteten Gesellschaft Fried und Wohlfahrt aller und Freude sich untereinander küssen.

Im folgenden geben wir das wohl von Lenz entworfene notarielle Heiratsversprechen des Barons Friedrich Georg von Kleist wieder; Textgrundlage ist: Johannes Froitzheim: Lenz, Goethe und Cleophe Fibich von Straßburg. Ein urkundlicher Kommentar zu Goethes Dichtung und Wahrheit, (Beiträge zur Landes- und Volkskunde von Elsaß-Lothringen, 4) Straßburg 1888, S. 37–40:

                    Strasburg den 27ten Oktober 1773
Heute dato sind wir Unterschriebene mit einander auf folgende Bedingungen übereinkommen.
Erstlich bekennet Herr Baron von Kleist älterer, gebürtig aus Curland, Offizier, beim Regiment Schönberg, gegen Herrn Fibich Juwelier und großen Ratherrn, wie derselbe schon in die zwei Jahr eine tugendhafte Neigung für dessen jüngste Jungfer Tochter Susanna Cleophea Fibichin

gefaßt und da er befunden, daß sie persönliche liebenswürdige Eigenschaften genug besitzt ihn glücklich zu machen, sich fest und unwiderruflich entschlossen, mit derselben in eine eheliche Verbindung zu treten, ohne auf irgend einen Fond Rücksicht zu nehmen, den Herr Fibich seiner Tochter ausmachen könnte sondern, da er soviel von Hause hat, seinem Stande gemäß zu leben, so deklariert er, gar keinen Fond vom Herrn Fibich jemals zu fodern oder zu bestimmen, sondern stellt es völlig seiner Willkür anheim, wenn er seiner Tochter etwas geben will.
Zweitens hat Herr Fibich dem Herrn Baron die Vorstellung getan nachdem der Herr Baron förmlich bei Herrn Fibich um dessen Jungfer Tochter angehalten und er in Erwägung gezogen, daß die Ungleichheit des Standes einige Schwürigkeiten in den Weg legen dürfte, daß, obschon der Herr Fibich sich seiner Familie nicht schämen darf, auch in Absicht seines Gewerbes und Ehrenstellen im bürgerlichen Stande nicht höher begehren kann, wo würde es doch von Seiten des Herrn Baron vielleicht schwer halten, die Einwilligung seiner Eltern zu erhalten, wie er denn auch eben sowohl genötigt ist, als Offizier die Erlaubnis seiner Oberen dazu zu suchen: als deklariert der Herr Baron:
Drittens, daß er nach den Curischen Gesetzen als welche zur Majorennität einundzwanzig Jahr erfodern, der Herr Baron aber sich fünfundzwanzig Jahr deklarieret, also auch nach den Strasburger Rechten majorenn ist, daß also Herr Fibich sich desto weniger einen Verweis zu gewarten hat, weil er nach beider Landesart majorenn ist: daß er, Herr Baron, ferner, nach eben diesen Gesetzen zwar um die Erlaubnis seiner Eltern anzusuchen gehalten sei, sie ihm diese aber nicht refusieren, noch das was ihm von seinem Vermögen nach den Gesetzen zukommt entziehen können, es sei denn, daß es eine Person von solchem Geschlecht oder Stande sei, die express in den Curländischen Gesetzen zu heiraten verboten wäre: ferner, daß er über Jahr oder Tag schon diese Sache mit reifer Überlegung und Hinzuziehung seines Herrn Bruders Offizier beim Regiment Anhalt, der gleichfalls seine Einwilligung dazu gegeben und alle mögliche Beihülfe versprochen, überdacht und beschlossen habe, daß er also zu dem Ende
Viertens sich vorgesetzt, längstens bis nächstkommenden St. Johannis eine Reise nach Curland zu machen, bei seinen geliebten Eltern um dero Consens anzuhalten und wegen seines Vermögens alle Einrichtungen zu machen, um in keinem Stück einigen Mangel zu besorgen zu haben. Da aber Herr von Kleist mehrerer Sicherheit und Lebens und Sterbens halber vom Herrn Fibich begehrt, mit einander schriftlich zu traktieren und einer den andern wechselsweise zu binden: als sind beide Parteien mit einander übereinkommen, daß derjenige, so von seiner Pa-

role abstehen wollte, er möchte Namen oder Ursachen vorbringen welche er auch wollte, gehalten und verbunden sei, dem andern Teil eine Entschädigung von vierzehntausend Livres zu bezahlen. So es der Herr von Kleist nicht halten, wär er verbunden neben dieser Summe noch a part dreihundert Livres an die Armen in seinem Lande zu bezahlen, wo es dessen Obrigkeit am besten findet, sie zu plazieren: und so der Herr Fibich davon abstünde, wäre derselbe gleichfalls angehalten, noch dreihundert Livres a part, die eine Hälfte dem Waisenhause und die andere Hälfte dem Armenhause in Strasburg auszuzahlen. Und damit der Herr Fibich keine Hauptursache vorbringen könne, es wolle sich seine Frau Liebste oder Jungfer Tochter nicht dazu entschließen, so hat derselbe zu mehrerer Sicherheit beide benamte Personen mit unterschreiben lassen, daß es mit beider Consens geschicht. Ferner deklariert sich Herr von Kleist verbunden, seinen Richter nach seinen angegebenen Rechten in Curland zu erkennen, sich von demselben recht sprechen und condemnieren zu lassen, wie auch den Richter im Elsaß für solchen zu erkennen, und jede Partei, so diesen ihren Verspruch nicht hält, sich von demselben condemnieren und exekutieren zu lassen.

Fünftens, da dieser Vergleich von beiden Teilen untersiegelt und in Gegenwart von Zeugen beim Herrn la Combe königlichen Notarius soll deponieret werden: so ist von beiden Seiten eine gewisse Zeit bestimmt und festgesetzt worden, um diesen Vergleich zu eröffnen und die darin enthaltenen Bedingungen zu deklarieren, welches nicht eher als in funfzehn Monaten geschehen soll, es sei denn daß beide Parteien darin willigten. So aber diese funfzehn Monate verflossen, soll jede Partei a part berechtigt sein mit gehörigen Zeugen zu eröffnen und einen Extrakt davon zu begehren: auch soll bis dahin der Ehekontrakt förmlich gemacht werden und längstens von dato in zwei Jahren die Trauung geschehen. Und sollte nach Verfließung funfzehn Monaten der Ehekontrakt nicht zu Stande kommen, so soll diejenige Partei, welche nicht darin consentierte, benannte Summe von vierzehntausenddreihundert Livres verbunden sein, nach dem Artikel vier auszuzahlen, nach dessen Richtigkeit eine Partei von der andern losgeschlagen sein soll und weiter keine Prätensionen zu machen haben, sollte aber mit beider Consens die Zeit verlängert werden, so steht dieses alsdenn in beider Parteien Belieben.

Sechstens sind beide Parteien schon vorläufig in Ansehung des nach funfzehn Monaten zu errichtenden Ehekontrakts übereingekommen, daß Herr von Kleist sich in demselben express obligieren will, seiner Jungfer Braut eine Summe von vierzehntausend Livres zum Voraus zu vermachen, worüber sie nach Gefallen disponieren kann: auch, so es die Umstände erfoderten oder sie sich nicht entschließen könnte, als seine

Gemahlin ihn nach Curland zu begleiten, so gibt er derselben drei Jahr Bedenkzeit und könnte sie sich alsdenn noch nicht dazu entschließen, so obligiert sich Herrn von Kleist, bestimmte vierzehntausend Livres so ihr im voraus vermacht, in Strasburg anzulegen und ihr standesgemäßen Unterhalt zu geben, über die Kinder aber, so beide erzeugen sollten, hat der Herr von Kleist zù disponieren, sie hier, oder in Curland erziehen zu lassen.

Geschrieben und unterschrieben nebst eines jeden Insigel

    Strasburg den 27 Oktober 1773.

                              Friedrich George Baron de Kleist
                              J. P. Fibich
                              Susanna, Catharina, Fibichin
                              Susanna Cleophea Fibichin

Paraphé ne varietur au desir au acte
procès verbal dressé par le soussigné
notaire Royal à Strasbourg le 12 May 1777
                J.P.Fibich
    Maire   Lacombe
f. Maire   n.r.

192 *Verstand:* hier: Sinn.
    schalu: von frz. jaloux, eifersüchtig.
194 *Buch weiß Papier:* Schreibpapier wurde nach Büchern berechnet, 1 Buch = 24 Bogen.
    Prison: Gefängnis.
195 *ennuyieren:* langweilen.
196 *Tant pis:* frz., um so schlimmer.
    Zitternadeln: Ziernadeln aus vibrierendem Draht; wurden gewöhnlich nur von Damen höheren Standes getragen.
    La chercheuse d'esprit: frz., ›Die Sucherin des Geistes‹, komische Oper nach einem Text von Charles-Simon Favart (1710–1792).
    Deserteur: Drama von Louis-Sébastien Mercier (1740–1814), erschienen 1770.
197 *Keuchel:* Küchlein, Küken.
    Aubergen: Herbergen.
198 *c'est à dire:* frz., das heißt.
200 *Oglei Oglu:* Oglu bedeutet türkisch ›Sohn‹ und wird dem Vatersnamen angehängt. Gemeint ist vermutlich der Mongolen-Khan Oktai, der die Eroberungspolitik seines Vorgängers Dschingis-Khan (1155–1227) fortsetzte.
    honnêtehommes: frz., Ehrenmänner.

200 *entretenierte:* ausgehaltene.
202 *Blame:* engl., Schuld.
  schalusieren: von frz. jaloux, eifersüchtig, eifersüchteln.
209 *Lysluft:* Armentières liegt an der Lys, einem Nebenfluß der Schelde. Wenig später verschreibt sich Lenz und spricht von ›Rheinluft‹, entsprechend dem tatsächlichen Ort der Handlung.
210 *Mit euch verfluchten Arschgesichtern:* Die hier und auch an anderen Stellen vorkommende gewalttätig-grobe Sprache der Offiziere wertet Lenz als Symptom der Leere des Soldatenlebens.
211 *thrasonisch:* prahlerisch; Thraso ist ein großsprecherischer Offizier in der Komödie ›Eunuchus‹ von Terenz.
212 *avertieren:* benachrichtigen, warnen.
214 *verschameriert:* von frz. charmer, verliebt, vergafft.
  Liebeskeklaration: ein beabsichtigter Fremdwortfehler; Lenz hat ganz deutlich geschrieben (vgl. Titel und Haug, Bd. 2, S. 739).
215 *Rocklor:* langer Männermantel mit Steh- und Überfallkragen.
216 *Adonai:* hebräische Anrede Gottes.
220 *Canaille vous même:* frz., Kanaille Sie selbst.
221 *fidimieren:* beglaubigen.
  Promesse de Mariage: frz., Heiratsversprechen. Mit diesen notariellen Heiratskontrakten versuchte sich das Bürgertum gegen den Adel zur Wehr zu setzen.
  Louis quatorze: Ludwig XIV., der ›Sonnenkönig‹ (1638–1715).
224 *Connoisseuse:* Kennerin.
225 *Cicisbeo:* ital., Hausfreund, Liebhaber.
  Gräfin la Roche: Vgl. Lenzens Brief an Sophie Laroche vom September 1775: ›Es kömmt eine Gräfin La Roche drin vor, der ich etwas von Ihrem Charakter zu geben versucht habe, wie ich ihn aus Ihren Schriften und Briefen kenne.‹ Als er erfuhr, daß Sophie Laroche einen Sohn habe, wollte er den Namen ändern, aber es war schon zu spät.
229 *Pamela:* In dem Roman ›Pamela or Virtue Rewarded‹ (1740) von Samuel Richardson (1689–1761) widersteht die Heldin, ein Dienstmädchen, den Verführungskünsten eines Adligen, bis er sie heiratet.
233 *Anciennität:* das (höhere) Dienstalter.
235 *flattieren:* schmeicheln.
237 *Kappen:* Kapuzenmäntel.
238 *rekummandiert:* empfohlen.
239 *Antolagenhemd:* Spitzenhemd.
240 *Mundierungsstücke:* Montierungsstücke, ältere Form für Uniformen.

241 *Kontorsionen:* Zuckungen, Sichwinden.
242 *malhonett:* ehrlos.
243 *schagrinieren:* ärgern.
246 *Andromeda:* Nach der griechischen Sage sollte die Königstochter Andromeda von ihren Eltern einem Seeungeheuer geopfert werden; Perseus tötete das Ungeheuer und nahm sie zur Frau.

PANDÄMONIUM GERMANICUM

Nach dem die ältere, in Berlin befindliche Handschrift zugrunde legenden Druck in: Titel und Haug, Bd. 2, S. 249–277.
Handschriften in Berlin und Kraków.
Die Literatursatire entstand in der Straßburger Zeit, wahrscheinlich Anfang 1775. Den terminus a quo für die Entstehung gibt die Erwähnung des böhmischen Bauernaufstandes vom Frühjahr 1775; den terminus ad quem die Absendung des Stückes an Herder einige Zeit vor der Sendung mit den ›Soldaten‹ am 23.7.1775. Als Goethe von Mai bis Juli des Jahres Straßburg besuchte, war das Stück im wesentlichen fertig. Über die Frage einer Publizierung kam es offenbar zum Streit zwischen den Freunden. Ein Indiz dafür ist, daß Lenz in jener Zeit auf die Rückseite eines Zettels, auf dem Goethe das Personenverzeichnis von ›Hanswursts Hochzeit‹ notiert hatte, schrieb: ›Sie können sich auf mein Ehrenwort verlassen, daß besagtes Blatt mit meinem guten Willen niemals veröffentlicht wird. Auch wurde es nur mit Rücksicht auf einen großen Teil Ihrer Leser geschrieben, deren Geschwätz im Hinblick auf Sie und Ihre Schriften niemals bis zu Ihnen gelangt. Ich hätte nie geglaubt, daß Dir das irgendwelchen Kummer bereiten könne, ich habe es nur mitgeteilt, um zu sondieren, wie Du diese Dinge aufnehmen würdest, um in Zukunft etwas Vernünftiges darüber sagen zu können. Das sind meine Absichten. Ich habe alles aufgeboten, das zu unterdrücken, und kann Dir im voraus versichern, daß es niemals das Licht der Welt erblicken wird.‹ Die Handschriften des ›Pandämonium Germanicum‹ tragen Lenzens eigenhändigen Vermerk: ›wird nicht gedruckt‹. Als der Livländer Georg Friedrich Dumpf 1818 die Literatursatire aus Lenzens Nachlaß herausgeben wollte, bat er Christoph Wilhelm Hufeland, daß er Goethes Zustimmung erwirken und eine Verbindung zu dem Verleger Friedrich Justin Bertuch herstellen möge. Hufeland schrieb daraufhin an Bertuch, er wage kein Gespräch mit Goethe über einen diesem ›so verhaßten Gegenstand‹. Bertuch lehnte den Druck ab. Dumpf brachte das Manuskript dann 1819 bei Campe in Nürnberg heraus.
Die sachlich wesentlichen Varianten der jüngeren Handschrift (H 2)

sind innerhalb der nachfolgenden Erläuterungen verzeichnet; Grundlage ist der Kommentar in der Ausgabe von Titel und Haug, Bd. 2, S. 741–751.

247 *Pandämonium:* hier: Aufenthaltsort aller Dichter Deutschlands; in der griechischen Mythologie Tempel der Halbgötter und Dämonen.

Difficile est ...: lat., Es ist schwer, keine Satire zu schreiben (Juvenal, Satiren I, 30).

ein Dunsiadisch Spottgedicht: Anspielung auf Alexander Popes Literatursatire ›The Dunciad‹ (1728); abgeleitet von engl. dunce, Dummkopf.

248 *steil' Berg:* Lenz greift die Vorstellung der griechischen Mythologie auf, wonach die Musen in einem Gebirge (Helikon und Parnaß, beide in Mittelgriechenland) wohnen. Das Bild vom Musenberg erinnert ferner an Herders Aufsatz ›Shakespeare‹ (1773), in dem der Dichter ›hoch auf einem Felsengipfel sitzend‹ erscheint.

Hätt ihn gern kennen lernen: Lenz bezieht sich auf das erste Zusammentreffen mit Goethe in Straßburg. Lenz kam im Frühsommer 1771 nach Straßburg, Goethe verließ die Stadt im August des Jahres nach fast anderthalbjährigem Aufenthalt. Fortan standen sie bis zu ihrem längeren Zusammentreffen im Sommer 1775 in brieflichem Kontakt und tauschten Manuskripte aus. Die Briefe sind verlorengegangen.

249 *Bis:* Sei.

250 *Hanns Pickelhäring:* Anspielung darauf, daß Goethe im ›Jahrmarktsfest von Plundersweilern‹ und in ›Hanswursts Hochzeit‹ den Hanswurst auftreten läßt.

251 *einen zweiten Ätna:* Anspielung auf den Kampf der Giganten, die gegen die Olympier aufstanden und mit Felsen und ganzen Gebirgen warfen. Einer von ihnen, Encelados, wurde von Athene unter einem Felsbrocken begraben, woraus die Insel Sizilien entstand.

testudines: lat., Schildkröten; hier: Schutzschilde, Schutzdächer.

252 *Schadt nichts:* In H2 heißt es danach bis Szenenschluß: *Einer:* Sie werdens schon werden. Und denn sind die Wege verflucht verworren durcheinander. Wir wollen ihnen lieber winken, sie werden schon herunterkommen. *(Winken mit Schnupftüchern, jene gehen fort.) Einer:* Sie werden gleich da sein. *Zweiter:* Ja, wart du bis morgen früh, da sind sie schon anderswo, eine halbe Stunde höher. *Einer:* Das ist doch impertinent. Der Lenz ist doch einer von meinen vertrautesten Freunden, er schreibt kein Blatt das er mir nicht weist.

Ein junges aufkeimendes Genie aus Kurland, der nun bald nach Hause reisen wird. *Fremder:* So?
junges aufkeimendes Genie aus Kurland: Auf Lenz bezogene Worte Christian Friedrich Daniel Schubarts in der ›Deutschen Chronik‹, 47. Stück (8. September) des Jahrgangs 1774, nachdem er zuvor wie viele Zeitgenossen Goethe enthusiastisch als den Verfasser des ›Hofmeisters‹ gefeiert hatte.
Auteur: frz., Schriftsteller.

253 *unter einem andern Namen:* Die anonym erschienenen Werke von Lenz wurden meist Goethe zugeschrieben.
Schnettern: alte Form von Schmettern.
will gar nicht rezensiert sein: Anspielung auf eine Bemerkung Heinrich Leopold Wagners über Goethe. Jener hatte in der 1775 anonym veröffentlichten Farce ›Prometheus, Deukalion und seine Rezensenten‹ den Kritikern von Goethes ›Werther‹ eine witzig gekonnte Abfuhr erteilt. Goethe distanzierte sich öffentlich von der Farce, was den Bruch mit Wagner nach sich zog. Goethe selbst wandte sich zwar scharf gegen die Kritiker – aus jener Zeit stammt sein Ausspruch: ›Schlagt ihn tot, den Hund! er ist ein Rezensent‹ (Göttinger Poetische Blumenlese auf das Jahr 1775) –, lehnte aber gleichzeitig eine Verteidigung seiner Werke durch Freunde ab.

254 *Freunde:* In H2 heißt es danach: Ich bin nur ein Philister, aber weil mich der Himmel mit dem Gelehrteneide verschont hat, der der schlimmste unter allen ist, so kann ich gesunder davon urteilen als ihr. *Eine Menge Kunstrichterlein:* Wir wollen uns unter seinen Schutz begeben.
wie die bösen Geister im Noah: Anspielung auf das Epos ›Noah‹ (1750) des Schweizer Ästhetikers und Dichters Johann Jakob Bodmer (1698–1783); in ihm bauen die von Gott abgefallenen Engel ein auf den Wolken fliegendes Kriegsschiff, um den Giganten die Erstürmung des Paradieses zu ermöglichen.
was ich angreifen soll: In H2 heißt es danach: *Vierter:* Und ich will meine Akten in Ofen werfen. Was nützen einem die Brotstudia? *Fünfter:* Und so können wir mit leichter Mühe berühmt werden. *Vierter:* Und Geld machen obenein. Ich will eine Theaterzeitung schreiben. *Fünfter:* Ich eine Theaterchronik. *Sechster:* Ich einen Theateralmanach. *Siebenter:* Ich einen Geist des Theaters. *Achter:* Ich einen Geist des Geists. Das geneigte Publikum wird doch gescheut sein und pränumerieren. *Alle:* Fort, laßt uns keine Zeit –. Die Variante bezieht sich auf die zahlreichen Theaterzeitungen und Zeitschriften der Zeit.

254 *Geist der Journale:* Titel einer Anthologie von Zeitschriften.
pränumerieren: vorbestellen; Klopstocks Schrift ›Die deutsche Gelehrtenrepublik‹ (1774) war von 36000 Subskribenten vorbestellt worden.
Geist des Geists: Anspielung auf ein Werk mit dem Titel ›L'esprit des Journalistes‹, das in den ›Frankfurter Gelehrten Anzeigen‹ von 1772 verspottet wurde.

255 *Schmeißfliegen:* Vgl. dazu Lenzens Epigramm, das er am 3.4.1775 an Lavater sandte: *Gotter:* Es wimmelt heut zu Tag von Sekten/Auf dem Parnaß./*Lenz:* Und von Insekten. (Gedichte von J.M.R. Lenz. Mit Benutzung des Nachlasses Wendelins von Maltzahn, hg. von Karl Weinhold, Berlin 1891, S. 105)
König von Preußen: Nach einer von Friedrich Nicolai überlieferten Anekdote soll ein zur Audienz vorgeladener Pfarrer namens Dietrich Friedrich II. von Preußen (1712–1786) mit ›Halbgott, großer Friedrich!‹ angesprochen haben, der König erwiderte darauf ›Ganznarr, kleiner Dietrich!‹ und entließ ihn.

256 *Verfall der Künste:* Vgl. dazu Herders Preisschrift von 1775 ›Ursachen des gesunknen Geschmacks bei den verschiednen Völkern, da er geblühet‹.
mit Rousseau: Jean-Jacques Rousseau (1712–1778) hatte 1750 in einer Abhandlung die von der Pariser Akademie gestellte Frage, ob der Fortschritt der Künste und Wissenschaften zu einer Verbesserung der Sitten beigetragen habe, verneint.
auf allen Vieren: Alexis Piron (1689–1773) ließ in einer Philosophenkomödie eine Karikatur Jean-Jacques Rousseaus auf allen vieren die Bühne betreten.
Tempel des Ruhms: Anlehnung an eine in der Renaissance aufgekommene Vorstellung; vgl. dazu auch Alexander Pope: ›The Temple of Fame‹ (›Der Tempel des Ruhms‹) und Immanuel Jakob Pyra: ›Der Tempel der wahren Dichtkunst‹.
Hagedorn: Friedrich von Hagedorn (1708–1754), Verfasser geselliger Lieder, von Fabeln und Verserzählungen; stark unter französischem Einfluß, schuf er Tierfabeln nach dem Vorbild Lafontaines.
Bon! bon! …: frz., Gut! gut! das geht!
Philosoph: Christian Fürchtegott Gellert (1715–1769) wird hier zunächst als Professor der Moral, als Fabeldichter in der Nachfolge Lafontaines (›Fabeln und Erzählungen‹, 1746/48), dann als Autor des Lustspiels ›Die Betschwester‹ (1745), das scharf angegriffen worden war, und schließlich als Dichter der ›Geistlichen Lieder‹ (1757) vorgestellt.

257 *zutätig:* altertümliche Form für: zutraulich.
Oh l'original: frz., Oh, das Original; ironische Anspielung auf Gellerts Beteuerung seiner Eigenständigkeit Lafontaine gegenüber.
Je ne puis ...: frz., Ich kann diese Deutschen nicht verstehen. Er macht sich ein Verbrechen daraus, Erfolg gehabt zu haben. Er brauchte nur nach Paris zu kommen, und er würde bald diese verfluchte Schüchternheit korrigieren.
Herr Weiße: Christian Felix Weiße (1726–1804), Dramatiker und Verfasser von Singspielen; besuchte 1759 und in den folgenden Jahren Paris; ahmte in seinen Dramen die französische Klassik nach.
258 *Il est fou:* frz., Er ist närrisch.
C'est un ange: frz., Das ist ein Engel.
Rabener: Christian Ludwig Rabener (1701–1760); Verfasser zahlreicher Satiren auf Charaktertypen; Lenz versteht ihn als Gegensatz zu dem moralisierenden Gellert.
Rabelais und Scarron: François Rabelais (um 1494–1553), Verfasser der satirisch-pädagogischen Romane ›Pantagruel‹ (1533) und ›Gargantua‹ (1535); Paul Scarron (1610–1660) schrieb eine aufsehenerregende Satire gegen den Politiker Jules Mazarin (1602–1661), die ›Mazarinade‹ (1651) genannt.
Au lieu ...: frz., Anstelle des Spiegels hätte er besser die Hosen herabgelassen. – Anspielung auf den kraftvollen, derb-sinnlichen Realismus vor allem bei Rabelais.
Liscow: Christian Ludwig Liscow (1701–1760) ging in seinen Satiren gegen mittelmäßige Schreiber vor, z. B. in ›Vortrefflichkeit und Notwendigkeit der elenden Skribenten‹ (1734) gegen einen Hallenser Professor.
Waisenhäuserstudenten: Anspielung auf Liscows Kampf gegen die Hallenser Orthodoxie.
Klotz: Christian Adolf Klotz (1738–1771), Professor für Philosophie und Rhetorik in Halle seit 1765; Gegner Lessings und Herders. Als Herausgeber der ›Acta litteraria‹ (1764–1773) und der ›Deutschen Bibliothek der schönen Wissenschaften‹ (1764–1772) verfügte Klotz über zahlreiche von ihm abhängige Publizisten, worauf Lenz mit der Formulierung ›ganzer Wisch junger Rezensenten‹ anspielt.
Anakreons Leier: Anakreon (geb. um 570 v. u. Z.), griechischer Lyriker, bekannt durch seine Lieder von Liebe und Wein. Die sogenannte Anakreontik des 17. und 18. Jahrhunderts berief sich auf ihn; Anakreontiker waren in Deutschland Friedrich von Hagedorn, Johann Joachim Rost (1717–1765), Johann Peter Uz (1720–1796) und Johann Ludwig Gleim (1719–1803).

259 *Saeculum Augusti:* lat., Augusteisches Zeitalter. Gemeint ist die Zeit der Herrschaft des römischen Kaisers Augustus (63 v. u. Z. bis 14 u. Z.), in der Künste und Wissenschaft großzügig gefördert wurden.

Voilà ce qui …: frz., Das gefällt mir. Allmählich bekommen sie Witz, dieses Bettelvolk der Deutschen.

Chaulieu und Chapelle: Guillaume Amfrye, Abbé de Chaulieu (1639–1720) und Claude Emmanuel Lhuillier, genannt Chapelle (1628–1686), französische Anakreontiker.

En voilà …: frz., Und hier ist einer, der nicht diese Sprache spricht, aber er scheint ein braves Kind zu sein, seht nur, wie er sich an alledem erfreut, wie er lächelt, indem er den Kopf schüttelt.

Gleim: Lenz kehrt die tatsächliche Reihenfolge in Gleims Schaffen um; er schrieb erst nach seiner anakreontischen Phase die volkstümlich-balladesken ›Preußischen Kriegslieder in den Feldzügen von 1756 und 1757, von einem Grenadier‹ (1758).

Ein junger Mensch: Christoph Martin Wieland (1733–1813), der als junger Mann unter Johann Jakob Bodmers Einfluß fanatisch gegen die Anakreontiker, die ›Prediger der Wollust und Ruchlosigkeit‹, zu Felde gezogen und dabei besonders mit Uz in Streit geraten war. Später wandte sich Wieland unter dem Einfluß der europäischen Aufklärung und Antike der erotischen Verserzählung zu.

Ω ποποι: grch., Wehe!

zahmlose: hier: zügellose.

Entsehen: hier: Scheu, Respekt.

Ein paar Priester …: Wieland hatte in der Vorrede der ›Empfindungen eines Christen‹ (1756) die geistlichen Behörden nahezu zum Eingreifen aufgefordert.

Womit kann ich den Damen …: Die Werke Wielands, auf die Lenz anspielt, sind: ›Sympathien‹ (1756), ›Briefe von Verstorbenen an hinterlassene Freunde‹ (1753); das Heldengedicht ist das Epenfragment ›Cyrus‹ (1759); die Tragödien können ›Lady Johanna Gray‹ (1758) und ›Clementina von Poretta‹ (1761) sein.

260 *zerbrochne Leier:* Lenz spielt damit auf Wielands Wendung zur anakreontisch-erotischen Dichtung in den ›Komischen Erzählungen‹ (1765) an. Die Damen halten sich *die Fächer vor den Gesichtern* wegen der darin vorkommenden Zweideutigkeiten; sie folgen damit der eigenen Aufforderung des Dichters: ›Die Fächer vors Gesicht!‹

Ah le gaillard! …: frz., Ah, der Prachtkerl! Die anderen amüsieren sich mit den Grisetten, dieser verführt die ehrenwerten Damen. Aber er hat die richtige Entscheidung getroffen.

Je ne crois pas ...: frz., Ich glaube nicht, daß das ein Deutscher ist, das ist ein Italiener.

Ah ça ... la machine: frz., Nun, lassen wir zum Spaß unseren Kleinen herunter, das wird die Szenerie verändern.

Jacobi: Johann Georg Jacobi (1740–1814), Dichter der anakreontischen Schule; im folgenden wird angespielt auf sein ›Lied der Grazien‹ sowie Wielands Verserzählung ›Die Grazien‹ (1770) und ›Musarion oder Die Philosophie der Grazien‹ (1768).

Papillons: Schmetterlinge, ein beliebtes poetisches Requisit der Anakreontik wie die geflügelten Amorputten.

minaudieren: sich zieren, schöntun.

261 *Eine Dame:* Wieland hatte 1771 den Roman seiner Freundin Sophie Laroche (1731–1807) ›Geschichte des Fräuleins von Sternheim‹ mit einer fast entschuldigenden Vorrede herausgegeben, ohne den Namen der Verfasserin zu nennen. Lenz empörte sich in seinen Briefen an Sophie Laroche darüber.

lächelt ...: In H2 heißt es hier: Lächelt bis an die Ohren hinauf, reicht aber doch das Bild großmütig herum.

Palatinen: Halspelze, Halstücher.

Goethe: im folgenden Anspielung auf Goethes ›Götz von Berlichingen‹ (1773) und Wielands abwartende Haltung zu dem Werk.

Zieht ihn an den Haaren herum: Entsprechend verfuhr Goethe mit Wieland in seiner Farce ›Götter, Helden und Wieland‹, die Lenz 1774 zum Druck befördert hatte.

Ich will euch spielen: Gemeint sind Goethes Werke, vor allem ›Die Leiden des jungen Werthers‹ (1774). Von ›brennender Wonneglut‹, die Werthers Seele durchglüht habe, sprach Wilhelm Heinse in einer Rezension in Johann Georg Jacobis Zeitschrift ›Iris‹.

Chapeaux: Kavaliere.

262 *Pfarrer:* Lenz spielt auf den Protest der Orthodoxen gegen den ›Werther‹ an; möglicherweise denkt er an den von Lessing bekämpften Hamburger Hauptpastor Johann Melchior Goeze (1717–1786), der in seiner Schrift ›Kurze aber notwendige Erinnerungen über die Leiden des jungen Werthers‹ (1775) den Staat zum Eingreifen aufrief.

Antichrist: Anspielung auf Goethes ›Werther‹.

das ganze Ministerium: hier: alle geistlichen Kollegen.

Prometheus: Anspielung auf Goethes Torso eines ›Prometheus‹, von dem Lenz ein Autograph besaß, und Anspielung auf Heinrich Leopold Wagners (1747–1779) Satire ›Prometheus, Deukalion und seine

Rezensenten‹ (1775), in der den Gegnern des ›Werther‹ eine Abfuhr erteilt wurde und Goethe als Prometheus auftrat.
262 *Proteus:* bewußter Versprecher, um Unkenntnis zu zeigen.
263 *In Böhmen:* In Böhmen kam es angesichts steigender Feudallasten 1774/75 zu Bauernaufständen. Christian Friedrich Daniel Schubart berichtete in seiner ›Deutschen Chronik‹ vom 6. und 20.4.1775 darüber.
Te Deum laudamus: lat., Dich, Gott, loben wir.
Goethe: Er hatte in den ›Frankfurter Gelehrten Anzeigen‹ eine lobende Kritik des Romans von Sophie Laroche veröffentlicht.
264 *zusammenhäuft:* In H2 heißt es danach: *Wieland:* Ich mußt ihr meinen Namen leihen, sonst hätte sie keine Gnade bei den Kunstrichtern gefunden. *Goethe:* Du warst Kunstrichter. Du glaubtest, sie würden deinen Danaen Schaden tun.
erworben: In H2 folgt der Passus ›(Stellt das Bild auf eine Höhe, alle Männer fallen auf ihr Antlitz:) Seht Platons Tugend in menschlicher Gestalt. Sternheim! wenn‹.
denn sehen Sie: In H2 heißt es danach: denn sehen Sie, meine Nachtruhe ist mir lieb und ich wollte nicht gern, daß meine Frau eines armen Menschen Leben auf ihr Gewissen lüde, der hernach käme und mir vorspükte, sehen Sie wohl. *Einer:* Kerl, ihr habt nichts zu besorgen. *Küster:* Ja und ich habe meine Frau für mich geheuratet und also mit Ihrer gütigen Erlaubnis, meine Herren, dächt ich meines Bedünkens nach wir gingen nach Hause.
Ein Buchbinder: Anspielung auf den Schriftsteller und Verleger Friedrich Nicolai (1733–1811), der Goethes Roman in seinen ›Freuden des jungen Werthers – Leiden und Freuden Werthers des Mannes‹ (1775) parodiert hatte.
265 *Schwager:* im zweideutigen Sinne: Hausfreund.
Weiße ... englischen Perücke: Weiße bearbeitete Shakespeares Dramen nach französischem Vorbild. Anspielung auf Weißes Stücke ›Eduard III.‹ (1757) und ›Richard III.‹ (1758). Weiße tritt in einem englisch-französischen Kostüm auf.
herein: In H2 heißt es danach: Geht herein in die Kirche. Da sitzen auf einer langen Bank französische Dramenschreiber im Grunde des Theaters und zeichnen nach griechischen Originalen. Hinter ihnen auf einem kleinen Bänkchen deutsche Übersetzer und Nachahmer, die ihnen oft über die Schulter gucken und Zug für Zug nachkritzeln.
266 *Hell! ...:* engl., Hölle! Vernichtung! Verdammnis!
Kontorsionen: hier wohl: Grimassen.

Herr Schmidt: Christian Heinrich Schmid (1746–1800), Professor der Rhetorik in Gießen, ein völlig unselbständiger Vielschreiber. In seiner ›Theorie der Poesie‹ verherrlichte er Weiße.
Michaelis: Johann Benjamin Michaelis (1746–1772), anakreontischer Dichter, verherrlichte Weiße; in einem Prolog zu dessen ›Crispus‹ nennt er ihn tatsächlich ›Deutschlands Shakespeare‹.
Garricken: David Garrick (1716–1779), englischer Schauspieler, berühmt als Darsteller Shakespearischer Gestalten.
Aristarch: Aristarch von Samothrake (2. Jh. v. u. Z.), Philologe; verdient um Textkritik und Interpretation der Homerischen Epen.
Scaliger: Julius Cäsar Scaliger (1484–1558), italienisch-französischer Philologe und Dichter; seine klassizistische ›Poetik‹ (1561) beeinflußte die deutsche Literatur von Opitz bis Klopstock.
ich richte mich mit meinem Urteil: 1767 erschien Schmids ›Theorie der Poesie nach den neuesten Grundsätzen und Nachricht von den besten Dichtern nach den angenommenen Urteilen‹; er sagt darin, daß er sich zur ›Mehrheit der Stimmen‹ und zu den herrschenden poetischen ›Sekten‹ halten wolle.
Ich bin ein Original: In H2 heißt es statt dessen: Ich bin der Mund der Nation. – Die Wendung der älteren Handschrift parodiert Gellerts Wort gegenüber Friedrich dem Großen, der ihn auf sein Vorbild Lafontaine hingewiesen hatte: ›Ihro Majestät, ich bin ein Original.‹
ein Pröbchen ...: Mit den folgenden französischen Wendungen verspottet Lenz Weißes Operetten, die dieser dem französischen Théâtre Italien nachgebildet hat.
Mais mon Dieu! ...: frz., Aber, mein Gott! ... Ihr seid ein dummer Tölpel ... Mein Herr, sehen Sie meine Tränen. *Monseigneur voyez mes larmes* beginnt eine Ariette in der Singspieloper der Mme. Favart ›Annette et Lubin‹ (1763), die Weiße in ›Die Liebe auf dem Lande‹ (1768) nachgebildet hat.

267 *Kopfschmerzen ... vor meinem Tode:* Anspielung auf Michaelis' Epistel an Schmid, die mit einer Todesahnung endet. Schmid hat dann dem 1772 Gestorbenen die kleine Schrift ›Johann Benjamin Michaelis Leben‹ (1775) gewidmet.
eine Operette: Michaelis war Verfasser von vier Singspielen.
Seit der selige Klotz: Anspielung auf eine harte Kritik, die Schmids ›Theorie der Poesie‹ in der ›Deutschen Bibliothek‹ erfuhr.
Herr Lessing: Schmid hatte 1770 in seiner ›Anthologie der Deutschen‹ Lessings Stücke ›Damon oder Die wahre Freundschaft‹ (1747) und ›Die alte Jungfer‹ (1749) ohne Erlaubnis des Autors neu

gedruckt und damit Lessings Gegner bestärkt. Lessing wandte sich im Vorbericht zu den ›Vermischten Schriften‹ (1771) gegen das ›hämische Vorhaben‹. Im folgenden wird auf Schmids Werk ›Die Gunst der Fürsten. Ein Trauerspiel in fünf Aufzügen, nach Banks, Brolke, Jones und Ralph‹ (1773) angespielt. Schmid erklärte in einer Vorrede, Lessing habe ihn durch seine Analyse des Dramas ›Der unglückliche Günstling oder Graf Essex‹ (1682) von John Banks (um 1650–um 1705) im 2. Band der ›Hamburgischen Dramaturgie‹ (1767–1769) angeregt, nach seinen Ideen aus vier Stücken ein fünftes zusammenzusetzen.

267 *Bon voyage …:* frz., Gute Reise, mein lieber Herr! Ich bin Ihnen sehr verbunden für alle Ihre Höflichkeiten.

aus den deutschen Literaturbriefen: Anspielung auf Bemerkungen Lessings über Weiße im 81. Stück der ›Briefe, die neueste Literatur betreffend‹ (1759–1765).

268 *Und das sind eure Muster?:* In H2 folgt hier: Nehmt doch lieber die Alten vor, da findt ihr was. *Crayonniert flüchtig etwas nach Plautus und wirft's unter sie hin, sie fangen's begierig auf, setzen sich auf den Boden hin, und anstatt nach den Alten zu zeichnen, zeichnen sie seine Copei nach und vervielfältigen, verändern und verstellen sie auf hundert Arten. Er ruft:* So gebt doch auf die menschliche Gesellschaft Acht, mischt euch unter sie, lernt ab was ihr schildern wollt und denn lernt den Alten ihre M a n i e r ab. *Wirft Minna von Barnhelm unter sie: da geht das Gekritzel noch ärger an. Er geht unmutig zu Klopstock zurück.*

Wo sind meine Griechen?: Über Klopstocks zwiespältiges Verhältnis zu Shakespeare vgl. sein Epigramm ›Darstellung ohne Schönheit‹: Warum man Shakespear mit der Bewundrung liest,/Ihn, dessen Gegenstand so selten Schönheit ist?/Weil er, was er auch wählt,/mit Leben beseelt./Was würd' er sein, hätt er dies Leben/Der Schönheit gegeben!

es gilt den Franzosen: Anspielung auf Lenzens ›Anmerkungen übers Theater‹ (1774), wo er sich mit der französischen Dichtung auseinandersetzt.

Primaner: Vgl. Lenzens ›Anmerkungen übers Theater‹: ›Was haben uns die Primaner aus den Jesuitenkollegien geliefert? Meister? Wir wollen doch sehen. Die Italiener hatten einen Dante, die Engelländer Shakespeare, die Deutschen Klopstock […]‹

Primus: wahrscheinlich François-Marie Arouet Voltaire (1694–1778) gemeint.

269 *Kothurn:* Stiefel mit erhöhter Sohle, wurde in der griechischen Tragödie getragen.

Soccus: der in der Komödie getragene einfache, flache Schuh.
biblische, wie dieser tat: Verweis auf Klopstocks biblische Dramen
›Der Tod Adams‹ (1757), ›Salomo‹ (1764) und ›David‹ (1772).
271 *aus dem Traum erwachend:* Diese Wendung erklärt das Geschehen
nachträglich zu einem Traum; in H2 heißt es deshalb deutlicher:
›noch ganz erhitzt‹. Anspielung außerdem auf Wielands Erwachen
in Goethes ›Götter, Helden und Wieland‹ (1774).

DIE FREUNDE MACHEN DEN PHILOSOPHEN

Nach dem Erstdruck: Die Freunde machen den Philosophen. Eine Komödie. Lemgo, im Verlage der Meyerschen Buchhandlung, 1776.
Handschrift nicht nachweisbar.
Das Drama entstand Ende 1775, Anfang 1776; Pläne datieren aus früherer Zeit. Schon am 7.11.1774 schrieb Lenz an seinen Bruder Johann Christian: ›Ostern kommt mein letztes Stück heraus: der Poet, Weg zum Ehemann, das meinem Herzen am nächsten ist.‹ Offenbar ist es der Entwurf zu dem Stück, dem er nun den Titel ›Die Freunde machen den Philosophen‹ gab. Er schickte es am 19.2.1776 dem Verleger als Ersatz für die zurückgezogene Wieland-Satire ›Die Wolken‹. In einem Begleitschreiben an den Vermittler Heinrich Christian Boie heißt es: ›Ich wünsch ts sobald als möglich gedruckt, weil es schon in manchen Händen gewesen die sehr begierig auf die Bekanntmachung sind.‹ In einem nichtveröffentlichten Nachwort von 1776 bezeichnete Lenz das Drama als ›Notarbeit des Verfassers, zu deren Bekanntmachung ihn nur eine ungewöhnliche Verworrenheit der Umstände bringen konnte‹. In dieser scheinbar widersprüchlichen Haltung spiegelt sich Lenzens finanzielle Bedrängnis, in der er sich seit dem Herbst 1774, seit seiner freiberuflichen Existenz befand. Das heißt, die Äußerung Boie gegenüber ist – wie zeitgleiche Äußerungen zu anderen Arbeiten belegen – mehr taktischer Natur. Weiterhin trat bei Lenz zu dieser Zeit durch die Reaktionen auf seine ersten Stücke und die Gleichgültigkeit der Theaterleute eine Art Verunsicherung ein; er begann bestimmte Positionen zu revidieren, z.B. die absolute Ablehnung der drei ›Einheiten‹, die Technik der ›unverbundenen Szenen‹. In seinem Aufsatz ›Über die Veränderung des Theaters im Shakespear‹ befragte er den englischen Dramatiker nun unter dem Aspekt der Aufführbarkeit auf dem Theater. Schreiben wolle er jetzt so, ›daß alle die Handlungen ein aneinanderhängendes Bild machen‹, heißt es. Das Drama ›Die Freunde machen den Philosophen‹ ist viel traditioneller gebaut als Lenzens vorherige Stücke. Die Reaktion war dementsprechend: Boie schrieb am 8.3.1776 an Lenz: ›Empfangen

Sie, liebster Lenz, meinen besten, warmen Dank für Ihr Schauspiel. Ich hab es mit Entzücken gelesen, und es hat mich gerührt und getroffen, wie irgend eines.‹ Am gleichen Tag sandte es Boie an den Lemgoer Verleger Christian Friedrich Helwing (1725–1800), der Lenz sechs Dukaten Honorar zahlte. Auch dem Schauspieler Friedrich Ludwig Schröder war es nach Ludwig Tiecks Aussagen das liebste Lenzsche Drama, lange trug er sich mit dem Gedanken, es auf die Bühne zu bringen.

Im folgenden geben wir das nichtveröffentlichte Nachwort sowie Notizen zu den ›Freunden‹ auf der Grundlage der Ausgabe von Titel und Haug, Bd. 2, S. 752–753, wieder:

Die Freunde machen den Philosophen,

Soviel uns bekannt ist, eine von den Notarbeiten des Verfassers, zu deren Bekanntmachung ihn nur eine ungewöhnliche Verworrenheit der Umstände bringen konnte, in denen er sich befand. Er hatte nämlich in einem Anfall von Spleen, der ihn bei Lesung des Aristophanes überfiel, verschiedene Szenen in dieser Manier zu Papier gebracht, die in fremde Hände geraten waren, und deren Druck zu verhindern er ein anders seiner Stücke preis geben mußte. Nun hatte er aber nichts fertig als einige unverbundene Szenen, die so wie sie in seiner Einbildungskraft stehen, dermaleins ein besseres Ganze geben werden, die er aber jetzt unter einer andern Kombination, mehr um den Geschmack des Publikums über ein und andere Stelle des Details zu sondieren, als um ein Ganzes ihm darlegen zu wollen, losgeschlagen hat. Er hofft wenigstens, daß dadurch der Druck der Aristophanischen Nachahmungen, mit dem er selbst höchst unzufrieden ist, weil sie weder in unsere Zeiten noch Sitten passen und sowohl Zweck als Mittel darin verfehlt sind, verhindert worden, und sollte dieses nicht geschehen sein, so bittet er das Publikum, sie so wie er selber durchaus nicht für seine Arbeit zu erkennen, da wohl kein Mensch auf der bewohnten Erde ist, der für alles womit er jemals das Papier befleckt, Rede und Antwort geben könnte; besonders sobald er es öffentlich sein unwert und folglich nicht mehr für das Seinige erkennt. Von diesem Stück aber hofft er mit der Zeit, wenn er von wichtigern Geschäfte[n] Ruhe und Muße hat, seinen Lesern ein harmonischeres Ganze zu liefern, da er's jetzt nur als übelzusammenverbundene Materialien zu einem künftigen Gebäude unter einem Notdach anzusehen bittet.

Wenn ich in Ruh komme, dramatisiere ich sie alle.
Alle meine Stücke sind große Erzgruben die ausgepocht ausgeschmol-

zen und in Schauspiele erst verwandelt werden müssen, so daß alle die Handlungen an einander hängendes Bild machen.
Erster Versuch an den Freunden.
Seraphine Pradon alle halten ihn für einen Philosophen der alles um ihretwillen tut – er entdeckt sich als Menschen, zuletzt bricht er aus.
[Am Rande:] Es ist wunderbar daß dieser Mensch immer handelt, ohne daß man seine Absichten begreifen kann. Mit der scheinbarsten Uneigennützigkeit, glaubend man werd ihm seine Aufopferung vergelten.
Mit weit mehr Weltkenntnis muß der Philosoph seine wahren Absichten zu verhehlen wissen wegen der Ungleichheit des Standes.
Sie muß auch das mit weit mehr Delikatesse und verstohlner treiben, bloß ihm gut zu sein scheinen, weil der Mann alles für sie tut, hernach ihn in ihr Haus nehmen, wo er fortgeht.

Der eigentliche Plan des Stücks ist, daß Seraphine Strephon ins Haus nimmt, daß Strephon eine Weile unter beständigen Kämpfen da bleibt, wo auch die Szene in der Laube vorkommt, daß er auf einmal ausbricht, seiner Philosophie den Abschied gibt, verwünscht: er sagt er könne es nicht aushalten, und im höchsten Glück davon geht. Dies ist nur ein Notdach, übereilt.

274 *allen alles geworden:* Vgl. Neues Testament, 1. Korinther 9,22: ›Den Schwachen bin ich geworden als ein Schwacher, auf daß ich die Schwachen gewinne. Ich bin Jedermann allerlei geworden, auf daß ich allenthalben ja Etliche selig mache.‹
wie ein Kurierpferd: Ähnliche Äußerungen Lenzens über seinen mühseligen Broterwerb durch Stundengeben gibt es in zeitgleichen Briefen: ›da ich den ganzen Tag wie ein Postpferd herumlaufe und Lektionen gebe‹ (Lenz an Lavater im September 1775).

275 *genommen ist, was sie hatten:* Vgl. Neues Testament, Matthäus 25,29: ›Denn wer hat, dem wird gegeben werden, und wird die Fülle haben; wer aber nicht hat, dem wird auch, das er hat, genommen werden.‹

276 *Verse zurückgegeben:* Ähnlich wie die Figur des Strephon verfaßte Lenz Gedichte, die die Barone von Kleist ihren Freundinnen gegenüber als die ihren ausgaben.

277 *Corregidor:* königlicher Beamter, dem Verwaltung und Gerichtsbarkeit einer Stadt unterstanden.

286 *Es sind acht Jahr ...:* Detail, das die autobiographische Nähe des Stückes zeigt; acht Jahre sind seit Lenzens Abreise aus Dorpat vergangen. Im September 1775 schrieb die Mutter aus Dorpat mah-

286 nend an Lenz: ›Wie lange willtu so herum irren, und Dich in solche nichtswürdige Dinge vertiefen […]‹
Grazie agl' inganni tuoi: ital., Dank für deine Täuschungen; wahrscheinlich eine Anzüglichkeit.

287 *Schaffot:* Die Schreibweise erinnert an frz. échafaud, Gerüst, Schaubühne, Blutgerüst.

290 *Orensee:* Bäderstadt Orense am Minho.

293 *Fidalgo:* die portugiesische Form für Hidalgo, ein Mitglied des niederen spanischen Adels.

297 *Ninon Lenclos:* Anne de Lenclos, genannt Ninon (1620–1705), französische Kurtisane, berühmt durch ihre Schönheit bis ins Alter.

298 *Stoa:* Säulenhalle, in ihr lehrten die nach der Halle benannten stoischen Philosophen.

300 *Herr von Elbene:* Del Bene bzw. d'Elbene, bekannte franz. Familie.

301 *Der dritte Vorhang:* Während der zweite Vorhang Vorder- und Hinterbühne trennt, ist hier die Bühne nochmals durch einen Zwischenvorhang geteilt.

307 *Buenretiro:* Lustschloß nahe Madrid; hier als Residenz des Hofes gedacht.

DER ENGLÄNDER

Nach dem Erstdruck: Der Engländer, eine dramatische Phantasey. Leipzig, bey Weidmanns Erben und Reich, 1777.
Handschrift nicht nachweisbar.
Das Stück entstand im letzten Straßburger Jahr, im Winter 1775/76 vor der Abreise nach Weimar. Lenz schickte es Johann Georg Schlosser und bat ihn, es Heinrich Christian Boie für das ›Deutsche Museum‹ zu senden, was jener am 6. 8. 1776 tat. Im August 1776 schrieb Lenz an Boie: ›Schlosser wird Ihnen vielleicht den Engländer schicken; aber unter angehängter Bedingung nicht meinen Namen zu nennen, denn auch ich will und darf nicht überall genannt werden. Wenn das Ding ohne Namen nichts nutz ist, so werfen Sies ins Sekret.‹ Boie lehnte den Druck ab, da der Held am Ende des Stückes Selbstmord begeht, und übergab das Manuskript Herder. Dieser nahm es mit nach Weimar. Kurz nach seiner Ankunft, vermutlich am 8. 10. 1776, schrieb Herder von dort an Lenz nach Kochberg: ›Den Engländer gab mir Boie: ›er könne es wegen des Endes nicht einrücken‹. Vorigen Sommer hatte sich in Bückeburg die Kehle jemand abgeschnitten, daß nur noch einige Fasern hingen: sie wurde zugenäht: er riß sie sich 2 mal auf: es wurde eine Maschine gemacht, daß er den Kopf nicht regen konnte, und in 4 Tagen war der

Mensch besser. Er lebt noch u. befindet sich wohl u. freut sich, daß ihm das Kehlabschneiden nicht geglückt sei: so hätts Tot auch werden sollen. Aber er ist tot wie sein Name anzeigt.‹ [Herder irrt sich, Hot, nicht Tot heißt der Held im ›Engländer‹. – S. D.] Lenz entgegnete Herder darauf aus Kochberg in einem Brief, den er entweder am 9. oder am 10.10.1776 schrieb: ›Der Engländer ward in ganz andrer Stimmung und aus ganz anderer Rücksicht geschrieben. Und ist das lustige Nachspiel das ich zu diesen willkürlichen Ausschweifungen der Phantasey hätte erfinden können Herrn Bojens marktschreierisches Benehmen, der Deine Ankunft abwartet um sich über das zu entschuldigen, worum ich ihn in zwei Briefen mit vielem Ungestüm und vieler Höflichkeit gebeten. Ich wußte daß es ihm Schlosser schicken würde und bat ihn demzufolge sehr dringend, es nicht einzurücken, versprach ihm auch sogar etwas anders in die Stelle – und das alles nicht wegen des Schlusses sondern wegen der Prinzessin von Carignan, welche Unschicklichkeit noch lebende fürstliche Personen aufs Theater zu bringen, Herr Boje einzusehen nicht im Stande war.‹

Lenz sandte das Stück dann im November 1776 an den Leipziger Verleger Philipp Erasmus Reich, schrieb aber einige Tage später, am 23.11.1776: ›Ich habe mich vergriffen wertester Herr als ich unter andern Geschäften und Zerstreuungen unter meinen Papieren etwas für Sie suchte. Es war nicht der Engländer, eine unvollendete Skizze, sondern gegenwärtiges Manuskript das ich für Sie bestimmt hatte. Sollte es Ihnen zu dem Preise nicht gefallen, so lege hier noch ein anderes bei: sollten aber beide Ihnen kein Äquivalent scheinen, so bitte es mir zu melden und der Zurücksendung Ihrer Remesse versichert zu sein. Vor der Hand bitte also noch mit dem Druck inne zu halten.‹ Nach Lenzens Ausweisung aus Weimar lehnte Goethe jegliche Vermittlung ab. Goethe schrieb am 29.11.1776 an Reich: ›Herr Lenz ließ mir Gegenwärtiges bei seiner Abreise zurück und glaubte ich würde die Ihnen benannten Manuskripte beilegen können. Ich finde sie aber nicht unter meinen Papieren. Seien Sie aber nur so gütig, mit dem Drucke des Stückes bis auf weiteren Nachrichten von ihm nicht vorzuschreiten.‹ Goethe teilte Reich dann weiterhin am 13.1.1777 mit: ›Wegen Lenz bitte ich Sie zu verfahren, als wenn ich gar nicht existierte, wie ich auch an der ganzen Sache keinen Anteil habe, auch keinen daran nehme.‹ Reich druckte daraufhin den ›Engländer‹.

Zu dem Stück ist der Entwurf einer Szene überliefert, der eine sozial wesentlich schärfere Variante zeigt: Hot ist ein einfacher Soldat und wird als Deserteur auf eine Insel verbannt. Der Text des Szenenentwurfs folgt der Ausgabe von Titel und Haug, Bd. 2, S. 755:

754 ANMERKUNGEN

Der Soldat
eine Szene

Der sich weil er wirklich vortrefflich einbildet jedermann gebe Achtung auf ihn und er habe das Herz einer liebenswürdigen Prinzessin gewonnen die ihm gegenüber wohnt und unter deren Hause er Schildwacht steht. Er ist die Nacht grad auf der Hauptwache nimmt Leiter und Strick (weil er sie am Fenster gesehen und es ihm geschienen sie habe ihm zugewinkt) und ersteigt ihr Schlafzimmer. Außerordentliche Szene die er mit ihr hat. Sie macht ihn wieder heruntersteigen ganz beschämt (sie saß noch auf weil sie die Nacht nicht schlafen konnte und spielte die Harfe). Man findt Leiter und Strick bei ihm, er wird als ein Deserteur auf die Galeeren verwiesen. [Sie versucht ihn loszubitten aber vergeblich Er hört dies und stürzt sich für Verzweiflung] Sie erfährt das und bittet ihn los. Die Szene. Er wird auf die Inseln verwiesen. Sein Abschied.

›Der Engländer‹ wurde wie die meisten seiner Stücke zu Lenzens Lebzeiten nicht aufgeführt. 1974 schrieb der Komponist Friedrich Goldmann die Opernphantasie ›Hot bzw. Die Hitze‹.

318 *armer Proteus:* in der griechischen Sage ein weissagender Meergreis, der jede Gestalt annehmen konnte.

326 *Antonius von Padua:* Nach der Legende hielt der heilige Antonius großen Versuchungen stand, die er in seiner Vorstellung vor sich sah.

327 *Savoyard:* hier übertragen: Grobian.

328 *Marmotte:* eigentlich Murmeltier, mit dem die Savoyarden herumzuziehen pflegten; hier: Leierkasten.

336 *Libertinage:* hier: Haltung eines Freigeistes.

DIE BEIDEN ALTEN

Nach dem Erstdruck, in: Flüchtige Aufsätze von Lenz, hg. von Kayser, Zürich, Verlegts Joh. Caspar Füeßly, und in Commißion bey Heinrich Steiner und Comp. in Winterthur, 1776, S. 4–41.
Handschrift nicht nachweisbar.
Das Drama entstand in den Straßburger Jahren (1771–1776), eine genaue Datierung ist nicht möglich. Wie Lenz in der Vorrede sagt, ist er von einer Zeitungsanekdote und einem Gespräch darüber in der Straßburger Deutschen Gesellschaft angeregt worden. Von den Themen und Motiven her sind starke Anklänge an das Dramenfragment ›Der tugendhafte Taugenichts‹ vorhanden, das 1775/76 in Straßburg und Weimar niedergeschrieben wurde. Anfang Februar 1776 schrieb Lenz an Hein-

rich Christian Boie: ›In der Schweiz kommen auch noch flüchtige Aufsätze von mir heraus, in denen ein Familiengemälde: die beiden Alten, ein Drama Ihre Augen füllen wird.‹ Am 14. 4. 1776 bat Lenz Lavater: ›Wolltest Du doch die einzige Gütigkeit haben und Kaisern bitten, daß er 2 Exemplare von den beiden Alten einpacke und nach Lausanne schicke unter der Adresse: à Monsieur Werthes [...] Allenfalls kann er noch ein Exemplar für den Minister beischließen, das ich den jungen Herrn v. Hompesch ersuchte in meinem Namen seinem Herrn Vater zuzuschicken.‹ (Lenz hatte Friedrich August Clemens Werthes und die Barone von Hompesch im Herbst 1774 in Straßburg kennengelernt.)
Der Druck der ›Flüchtigen Aufsätze‹ war aber noch nicht beendet, im Juni 1776 teilte Philipp Christoph Kayser Johann Gottfried Röderer mit, daß ›zwei Bogen gedruckt fertig‹ seien. Nach dem 24. Mai 1776 schrieb dann Lenz an Lavater: ›Frage doch Kaysern ob er mich ganz vergessen hat? Hier warten soviele auf das Familiengemälde.‹ Am 18. Juli sandte Kayser durch Lavater an Röderer elf Exemplare für Lenz und schrieb: ›Das zwölfte [Exemplar] hat er schon nach Weimar bekommen. Ich werde ihm melden, daß du die Exemplare hast, und du wirst wissen, wie sie ihm zu übermachen sind, auf daß des Handels und Getreibs ein Ende werde. Ich habe das meine jetzt getan.‹

340 *Languedok:* frz. Languedoc, Landschaft in Südfrankreich.
einer Gesellschaft: die Straßburger ›Sozietät‹, die Lenz im Herbst 1775 als Deutsche Gesellschaft zu neuem Leben erweckte und deren Sekretär er war.
gezogen: zu den Soldaten geschickt.
341 *Schöps:* mundartlich: Hammel.
erschröcklich: mächtig.
stößt: hier: zuschiebt, gibt.
342 *Fortun:* frz. fortune, Schicksal, Glück.
Belcourt: das weiter vorn erwähnte Landgut.
348 *hinheftet:* stehen läßt.
350 *Redingurt:* frz. Redingote, Überrock, Gehrock.
353 *Enveloppe:* Umhüllung, Frauenmantel.

DIE SIZILIANISCHE VESPER

Nach dem Erstdruck: Die Sizilianische Vesper. Ein historisches Gemählde von Lenz, in: Liefländisches Magazin der Lektüre, Mitau, Jahrgang 1782, Erstes Quartal, S. 19–72.
Handschrift nicht nachweisbar.

Das Stück wurde wahrscheinlich schon 1773 in Straßburg konzipiert. Die Ausführung geschah aber in einer wesentlich späteren Zeit, vermutlich wurde es nach der Rückkehr aus Deutschland in Livland (1779/80) oder im ersten Moskauer Jahr (1781) niedergeschrieben.

Das sizilianische Blutbad von 1282 war der Auftakt zu jahrelangen Kämpfen zwischen den Häusern Anjou und Aragon. Lenz verfuhr sehr frei mit dem historischen Stoff, den er aus Muratoris ›Annali d'Italia‹ bzw. aus Voltaires Tragödie ›Dom Pedro Roi de Castille‹ (›Herr Pedro, der König von Kastilien‹) kannte.

361 *Karl von Anjou:* Er war selbst ein Betroffener des Blutbades von 1282.

vorgegebene: angebliche.

was sie von Roger herleiten: Der Normannenfürst Roger II. vererbte das Königreich Sizilien durch seine Tochter, Gemahlin Heinrichs VI., auf die Staufer, von denen es an Peter von Aragon überging.

374 *Othem:* Atem.

Qualen ... Geryons: Ixions Qualen beschreibt Vergil in der ›Aeneis‹. Sisyphus, nach der griechischen Sage König von Korinth, fesselte freventlich den Tod und kehrte, noch einmal zur Erde entlassen, nicht in die Totenwelt zurück. Dafür mußte er in der Unterwelt büßen, einen Felsblock bergauf wälzen, der immer wieder zurückrollte. Wieso Geryon, der Besitzer der von Herakles erkämpften Rinder, im Zusammenhang mit den Gequälten auftritt, wird nicht deutlich. Möglicherweise liegt eine Verwechslung mit dem Riesen Tityos vor, dessen Qualen Vergil neben denen Ixions beschreibt.

378 *seltne Hand:* hier: ungewöhnliche Hand.

385 *es war am Freitage:* dem Wochentag, an dem Jesus starb.

MYRSA POLAGI

Nach dem Erstdruck: Myrsa Polagi oder die Irrgärten, Ein Lustspiel a la Chinoise, in: Liefländisches Magazin der Lektüre, Mitau, Jahrgang 1782, Zweites Quartal, S. 229–281.

Handschrift nicht nachweisbar.

Ein direktes Zeugnis für Lenzens Verfasserschaft gibt es nicht. Nach seiner Rückkehr aus Deutschland erschien das Stück 1782 anonym in Livland. Wahrscheinlich wurde es in Weimar konzipiert. Von den Motiven her gibt es Anklänge an die 1776 dort entstandenen Werke ›Tantalus‹ und ›Der Waldbruder‹; zudem weisen Stileigentümlichkeiten auf Lenzens Verfasserschaft hin. Niedergeschrieben wurde das Stück wahrscheinlich in den Jahren 1779/80 in Livland, vielleicht auch erst 1781 in Moskau.

389 *Myrsa:* Mirza, persischer Titel für Prinzen und Gelehrte.
Polagi: Die Gestalt des Myrsa Polagi entnahm Lenz dem vielgelesenen, seit 1647 immer wieder aufgelegten Werk von Adam Olearius ›Moskowitische und Persianische Reisebeschreibung‹. Prinz Polagi, rechtmäßiger Thronerbe, sollte von seinem Onkel, der die Regentschaft innehatte, aus dem Wege geräumt werden. Polagi begibt sich daraufhin unter den Schutz König Abas und weicht später nach Caßwin aus. Lenzens Stück rückt Pegu und Siam sowie Indien mit der Residenz des Moguls in Agra und Persien mit der Hauptstadt Ispahan nah aneinander.
Irrgärten: im 18. Jahrhundert beliebte Form von Gartenanlagen; möglicherweise Anspielung auf das Weimarer Labyrinth, in dem u. a. zwei Bauernmädchenfiguren aus Holz aufgestellt waren.
à la chinoise: frz., chinesisch; hier: fremdländisch, exotisch; Anspielung auf die in Weimar beliebten Schattenspiele *à la chinoise*.
Kurtzibaschi: Hofmarschall.
kontrakt: verkrümmt.
Falkirs: Weissager, Sterndeuter; in Olearius' Reisebeschreibung Propheten, die mit Hilfe von Schrifttäfelchen und Geheimbüchern voraussagen.

393 *Seeuhr:* Instrument zur Orientierung auf See.
Leangs: Geldmünzen.

398 *Lockmann:* Fabelbuch, das dem arabischen Weisen Lokmân zugeschrieben wird.

407 *Oromatzes:* Ahuramazda (Ormazd), der Lichtgott der zoroastrischen Religion, die in Persien neben dem Islam eine untergeordnete Bedeutung einnahm.
Azimut: der für die Berechnung der Polhöhe neben Zenitdistanz und Poldistanz des Sterns erforderliche Winkel zwischen Pol, Zenit und Stern.

408 *Chiragra:* Handgicht.
Beagra: Verballhornung von Chiragra.

410 *Raschi:* Fürsten des Großmoguls; hier allgemein der höhere Adel.

411 *Minotaurus:* der griechischen Sage nach ein Ungeheuer in menschlicher Gestalt mit einem Stierkopf, das von König Minos in einem dafür errichteten Labyrinth gefangengehalten wurde und dem als Tribut Mädchen und Jungen zum Fraß vorgeworfen wurden.

415 *Fraktion:* hier: Bruchrechnung, Division.

416 *Ausschweifungen:* Absonderlichkeiten, Torheiten.

417 *die Verräterei Karib Schachs:* Lenz stützt sich hier auf Olearius' Bericht vom Aufstand eines Karib Schach gegen den Perserkönig, bei dessen Niederwerfung Saruchan, Chan zu Astara, sich besonders ausgezeichnet hatte.

CATHARINA VON SIENA

Nach dem Druck in: Titel und Haug, Bd. 2, S. 427–485.
Zum Vergleich herangezogen wurde der Erstdruck, in: Weinhold, Nachlaß, S. 144–190.
Handschrift in Kraków.
Das Stück blieb Fragment, es kam über verschiedene Phasen des Experimentierens nicht hinaus. Überliefert sind drei vollständige Akte, eine Menge Szenen sowie einzelne Notizen und Vermerke. Einige Fragmentteile sind eingerahmt von französischen Exzerpten, die mit Lenzens Schrift ›Über die Soldatenehen‹ in Zusammenhang stehen; weiteres ist auf die Ränder eines zerrissenen Briefes von Lenz an Friedrich Wilhelm Gotter geschrieben. Eine logische, den Lenzschen Intentionen gerecht werdende Zuordnung des überlieferten handschriftlichen Materials ist überaus schwierig; die von Titel und Haug unternommene Rekonstruktion von vier Bearbeitungen kommt wohl den einzelnen Arbeitsphasen und deren möglichen Ergebnissen am nächsten.
Die ersten Entwürfe zu dem Drama fallen in die späte Straßburger Zeit. Als Zeugnis ist Johann Georg Schlossers Stammbucheintragung für Lenz vom Juni 1775 zu werten: ›Catharina von Siena‹. Ebenso die Lenzsche Randbemerkung auf einem Entwurf: ›so bleibt das Stück immer für Goethen und seine Schwester‹ (Weinhold, Nachlaß, S. 134), die auf Goethes und Lenzens Aufenthalt im Sommer 1775 bei Goethes Schwester in Emmendingen hindeutet. Am 14. 3. 1776 dann klagte Lenz in einem Brief an Johann Heinrich Merck über seine Existenzsorgen als freiberuflicher Schriftsteller: ›Meine Gemälde sind alle noch ohne Stil, sehr wild und nachlässig aufeinander gekleckt [...] Mir fehlt zum Dichter Muße und warme Luft und Glückseligkeit des Herzens, das bei mir tief auf den kalten Nesseln meines Schicksals halb im Schlamm versunken liegt und sich nur mit Verzweiflung emporarbeiten kann. [...] Vielleicht schreibe ich in dem ersten Augenblick wahrer Erholung eine Catharina von Siena mit ganzem Herzen – die schon in meiner *pia mater* [Vorstellung – S.D.] fertig, aber noch nicht geschrieben ist.‹ Mitte April sandte Johann Gottfried Röderer die Dramenentwürfe nach Weimar und sprach am 23. 5. 1776 in einem Brief an Lenz von einem ›Pack‹,

in ›dem unter andern auch die Siena eingepackt ist‹: ›[…] vor ohngefähr 4 Wochen tat ich ihn auf den Wagen.‹ Als Lenz von Weimar nach Berka ging, hinterließ er am 27. 6. 1776 an Goethe und Philipp Seidel einen Zettel: ›Sachen die ich mir ausbitte‹, wo unter anderem steht: ›das Päckgen Catharina v. Siena vor allen Dingen u. unaufgemacht‹. Lenz zählte das Stück neben dem geplanten Drama ›Die Laube‹ zu seinen ›lieben Sachen‹. Auf einem Zettel aus der Weimarer Zeit steht: ›All meine lieben Sachen abschreiben eh ich wegreise. Das ist die Laube und Catharina‹ (dieses und das folgende Zitat a. a. O., S. 135). Auf demselben Merkzettel notierte Lenz noch: ›Arnswald etwas schicken und sehr höflich schreiben. Etwa meine Catharina.‹

421 *Catharina von Siena:* legendäre Heilige, die von 1347 bis 1380 lebte; Tochter eines Tünchers und stigmatische Dominikanerin, die von Papst Pius II. kanonisiert wurde. Die historische Überlieferung hat Lenz nicht weiter interessiert, er übernimmt lediglich Name und Schauplatz.

425 *Abschauer:* Verschlag.

428 *Du hast's gesagt …:* Vgl. Neues Testament, Matthäus 19,21: ›Jesus sprach zu ihm: Willst du vollkommen sein, so gehe hin, verkaufe, was du hast, und gib es den Armen, so wirst du einen Schatz im Himmel haben; und komm, und folge mir nach.‹

429 *Pflanzenleben:* Der autobiographische Bezug zu Lenzens Vaterkonflikt ist hier sehr stark. Vgl. dazu auch Strephons Äußerung in der ersten Szene des Dramas ›Der Engländer‹: ›Hab ich nicht zwanzig Jahre mir alles versagt, was die Menschen sich wünschen und erstreben? Pflanzenleben gelebt, Steinleben? bloß um die törichten Wünsche meines Vaters auszuführen […]‹

431 *dumpfe Gefühl des Schmerzens:* Vgl. Lenzens Brief an Lavater Ende Mai 1776: ›O Schmerzen Schmerzen, Mann Gottes, nicht Trost ist mein Bedürfnis. Diese Taubheit allein kann ich nicht ertragen.‹

432 *Augustin:* Aurelius Augustinus (354–430), lateinischer Kirchenlehrer. In den ›Confessiones‹ schildert er seine Wandlung von einem leichtlebigen Menschen zu einem frommen Kirchenlehrer.
Pelagius: iroschottischer Mönch (gest. um 418), dessen christliche Lehre, der Pelagianismus, 431 von der Kirche verurteilt wurde. Pelagius gestand dem Menschen die Freiheit der sittlichen Entscheidung zu, er stehe nicht unter dem Fluch der Erbsünde und sei zur Vollkommenheit fähig.

441 *Grabe des heiligen Antonius:* in Padua.

444 *Reconnaissance:* frz., Wiedererkennung.

das Gefühl der Verhältnisse: das Gefühl für das Schickliche als Motiv für ihre Rückkehr.
449 *eingemachte Blumen:* Kunstblumen.
453 *Partei der Bianchi:* wurde von ihren Gegnern, der Partei der Neris, aus Florenz, dem Vaterland, vertrieben.
455 *Begegnung:* Betragen, Verhalten gegen ihn.
457 *in Sequester:* in Beschlag.
460 *Äbtissin von Ursula:* des Ordens der heiligen Ursula, der Ursulinerinnen.
463 *Möge dein Glaube dir nicht fehlen:* fehlgehen, dich betrügen, enttäuschen.
469 *betriegen:* betrügen.

DIE KLEINEN

Nach dem Druck in: Titel und Haug, Bd. 2, S. 487–515.
Zum Vergleich herangezogen wurde der Erstdruck, in: Weinhold, Nachlaß, S. 244–265.
Handschrift in Kraków.
Stückentwurf und Ausführung einzelner Szenen fallen mit größter Wahrscheinlichkeit in das Jahr 1775, das letzte Straßburger Jahr. ›Wenn wir in die Häuser unserer sogenannten gemeinen Leute gingen, auf ihr Interesse, ihre Leidenschaften acht gäben […]‹, sagte Lenz im November 1775 vor der Deutschen Gesellschaft in Straßburg. Die Hinwendung zum einfachen Menschen, zum bäuerlichen Leben spielte, nicht zuletzt durch den Einfluß Rousseaus, bei vielen Freunden von Lenz eine Rolle, so bei Johann Georg Schlosser, Lavater, Goethe, Heinrich Leopold Wagner. Auch Sophie Laroche, mit der Lenz zu dieser Zeit in regem Briefwechsel stand, veröffentlichte im Maiheft 1775 der Zeitschrift ›Iris‹ ›zwo moralische Szenen aus der Bauernwelt‹; das dort gebrauchte Motiv des Reisenden mit der Schreibtafel kehrt bei Lenz wieder.
Ausarbeitung und Weiterführung des Fragments fallen dann in die Weimarer Zeit, mit Sicherheit in die Zeit der Berkaer Einsamkeit von Juli bis August 1776. Die bitteren Erfahrungen am Weimarer Hof gaben dem Rückzugs- und Einsiedlermotiv soziale Konturen, und die Frage nach den Werten der einfachen Menschen erhielt ein existentielles Gewicht. Auch hat wohl Lenzens ländliches Leben in Berka eine Rolle gespielt, wie überhaupt seine intensive Beziehung zu den *Erniedrigten und Beleidigten* durch seine ländliche Herkunft, seine Kindheitserlebnisse auf dem Dorf mitgeprägt sind. Für die Weiterführung des Dramas in

Berka spricht auch die unmittelbare stoffliche Nähe zu dem Prosafragment ›Der Waldbruder‹.

Zur Eingangsszene des Stückes ist eine Variante überliefert, die wir im folgenden auf der Grundlage der Ausgabe von Titel und Haug, Bd. 2, S. 774-775, wiedergeben:

›Ach ihr großen aufgeklärten Menschen, wenn ihr wüßtet wie es in dem kleinen engen Zirkel der Gedanken jener Unterdrückten aussieht, denen ihr ihn immer weiter einschränkt, wie schwach und ohnmächtig jeder Entschluß, wie dunkel und traurig jede Vorstellung.

Was Wunder daß sie sich am Sinnlichen halten und bei dem Brett das sie im Schiffbruch ergriffen und mit dem sie ans Land schiffen eurer hohen und übertriebenen Ideen, eurer Schiffe in vollen Segeln auf der hohen See lachen und spotten.

Dies Gelächter über edlere und feinere Vergnügen ist der höchste moralische Verderb und wenn ich so sagen darf die höchste Verzweiflung. Laßt euch da durch nicht irre machen, glaubt nicht daß die Leute vergnügt sind, wenn sie ihr Zwerchfell zum Lachen erschüttern, sie fühlen den Abstand eures Glücks vor dem ihrigen zu gut und wollen sich dafür wie der Fuchs der die Trauben nicht langen kann durch Lachen schadlos halten. O setzt euch in ihren Gesichtspunkt und lernt die bemitleiden deren eingebildetes Glück ihr beneidet. Haltet euch herunter zu ihnen [vgl. Römer 12,16] um sie zu euch emporzuheben. **Auch von ihnen könnt ihr dennoch vieles lernen.** Das Richtige Wahre Ebenmaß bei dem Versteigen eurer Imagination.

Es geht denen großen Genies und aufgeklärten Köpfen wie den Hauptstädten in denen sich alles was edel und vortrefflich in der Provinz ist versammlet und sie dadurch erst schimmernd und vorzüglich macht. So lernen wir von den Kleinen mit unsrer Gedächtnis was jene in ihrer ganzen Empfindung haben und tun –‹

474 *Apoll, als er aus dem Himmel geworfen ward:* nach dem Streit mit Zeus wegen seines Sohnes Asklepios. Anschließend diente Apollo ein Jahr in den Schafställen Admets und predigte fortan Bescheidenheit.

475 *Kartäuser:* Mönchsorden, 1084 durch Bruno von Köln gestiftet; führte ursprünglich in der Einöde Chartreuse bei Grenoble ein Einsiedlerleben.

477 *vexieren:* spotten.

478 *Eine Stadt:* Straßburg; die übrigen Ortsbezeichnungen sind fiktiv.

478 *Purganz:* Abführmittel.
479 *Keller:* alte Form für Kellner.
480 *aus dem Hause mißt:* im Sinne von vermißt, entbehrt.
481 *Degf.:* Die Auflösung des Namens versucht Weinhold: Degenfeld; Beziehung nicht geklärt.
Invitation: Einladung.
484 *Deserteursschreibern:* Als ›Deserteure‹ sieht Lenz die Dramatiker, die, ihrer Herkunft und Berufung nach zu den einfachen Menschen gehörend, durch die Darstellung ›verfeinerter‹ Sitten auf der Bühne ›unnatürliche‹ Gefühle ins Volk tragen.
485 *schamfiert:* echauffiert, aufgeregt, erhitzt.
491 *sagt Cronegk:* dem Sinne nach in Johann Friedrich Cronegks (1731–1758) Lehrgedicht ›An den Herrn K**‹, in dem das ›wahre Glück‹ des in der Einsamkeit lebenden Weisen gegen das ›schimmernd Glück‹ der Ruhmbegierigen an den ›prächtgen Höfen‹ gestellt wird.
495 *es wiegt ihm ein wenig:* hat ein gewisses Gewicht, eine gewisse Bedeutung für ihn.
496 *vierzig Tage für mich gehungert:* Ausspruch Jesu im Neuen Testament, Matthäus 4,2.
497 *wie Ahas:* unklarer Bezug auf das Alte Testament, Jesaja 7,11 f.

DER TUGENDHAFTE TAUGENICHTS

Nach dem Erstdruck, in: Weinhold, Nachlaß, S. 214–237.
Handschriften beider Bearbeitungen in Kraków.
Christian Friedrich Daniel Schubart veröffentlichte anonym im ›Schwäbischen Magazin von Gelehrten Sachen auf das Jahr 1775‹ ein ›Geschichtgen, das sich mitten unter uns zugetragen hat‹ und das Thema der ungleichen, feindlichen Brüder behandelt. Schubart schreibt, er ›gebe es einem Genie preis, eine Komödie oder einen Roman daraus zu machen, wann er nur nicht aus Zaghaftigkeit die Szene in Spanien und Griechenland, sondern auf teutschen Grund und Boden eröffnet‹. ›Von uns armen Teutschen‹, schreibt er weiter, ›liest man nie ein Anekdötchen, und aus dem Stillschweigen unserer Schriftsteller müssen die Ausländer schließen, daß wir uns nur maschinemäßig bewegen und daß Essen, Trinken, Dummarbeiten und Schlafen den ganzen Kreis eines Teutschen ausmache, in welchem er so lange unsinnig herumläuft, bis er schwindlicht niederstürzt und stirbt. Allein, wann man die Charaktere von seiner Nation abziehen will, so wird ein wenig mehr Freiheit erfordert, als wir arme Teutsche haben, wo jeder treffende Zug, der der Feder

eines offenen Kopfes entwischt, uns den Weg unter die Gesellschaft der Züchtlinge eröffnen kann. An Beispielen fehlt es uns gewiß nicht, und obgleich wegen der Regierungsform der Zustand eines Teutschen bloß passiv ist, so sind wir doch Menschen, die ihre Leidenschaften haben und handeln, so gut als ein Franzos oder ein Brite.‹ Zwei Schriftsteller griffen die Anregung Schubarts auf: Lenz und Schiller. Lenz mit dem ›Tugendhaften Taugenichts‹ in den Jahren 1775/76, der junge Schiller sechs Jahre später mit den ›Räubern‹. Während Schiller ein aufsehenerregender Erfolg beschieden war, blieb Lenzens Drama durch die Ereignisse in Weimar, die schließlich 1776 zur Ausweisung führten, und die Einbrüche in seinem Leben Fragment. Die erste Bearbeitung des Stückes entstand im Winter 1775/76 in Straßburg. Auf dem oberen Rand der ersten Seite steht von Lenzens Hand: ›in Weimar auszumachen‹. Die zweite Bearbeitung erfolgte im Sommer und Herbst 1776 in Berka oder Kochberg. Bevor Lenz Ende Juni 1776 von Weimar wegging und in den Thüringer Wald nach Berka floh, notierte er auf einem Merkzettel: ›Goethe fodern den tugendhaften Taugenichts‹ (Weinhold, Nachlaß, S. 213).

[Erste Bearbeitung]

500 *Magister Matheseos:* der pythagoreische Lehrsatz, der ›Meister (d.h. Meistersatz) der Mathematik‹. Die Schüler des Pythagoras sollen als Dank für die Entdeckung ihres Lehrers eine Hekatombe (das sind 100) Ochsen geopfert haben.

501 *3 4 5:* Die Zahlen 3, 4, 5 entsprechen den drei Gliedern der Formel $a^2 + b^2 = c^2$.

502 *verzuckt:* verzückt, entzückt.
Landdrostin: Landdrost, Oberamtmann, der Verwalter eines Landbezirks.

503 *Ah non lasciarmi no ...:* ital., O nein, verlasse mich nicht, schönes Bild.

504 *Tudieu!:* frz., Gerechter Gott!
se tu m' inganni: ital., wenn du mich betrügst.
Fuchsschwanz: hier: Schmeichler.

510 *schalusieren:* von frz. jalous, eifersüchtig, eifersüchteln.

511 *cospettone baccone:* ital., komische Steigerung von cospetto di bacco, verwünscht.
Stabhalter: einer, der als Zeichen der Rechtsgewalt den Stab trägt; hier übertragen: Stab als Prügelstock.

512 *Cospetto!:* ital., Verwünschter.
schnackisch: mundartlich: merkwürdig, eigenartig.

513 *Risse von Festungen …:* Zeichnungen und Entwürfe zum Festungsbau; Hinweis auf die Beschäftigung des Helden mit der Fortifikationslehre, mit der sich Lenz selbst als Jugendlicher in Dorpat beschäftigt hatte. In Straßburg unterrichtete er zum Zwecke des Geldverdienens Offiziere in Fortifikationslehre.

514 *böse Zeitung:* böse Nachricht.
Teuker: wohl mundartliche Mischung aus Teufel und Henker.

515 *Affäre von Kolin:* Schlacht bei Kolin (1757), in der die Preußen eine Niederlage erlitten.

516 *Lissa:* 40 km nordwestlich von Kolin gelegen.
Camisol: Wams.

517 *bestrupfen:* wegnehmen, rupfen.
befumfeien: mundartlich: verfumfeistern, verderben, schlecht machen.

518 *Voyage de l'Isle de France:* Bernardin de Saint-Pierres 1773 erschienenes Werk ›Voyage à l'Isle-de-France‹ (›Wanderungen über die Insel Frankreichs‹, das ist die Insel Mauritius).

[Zweite Bearbeitung]

521 *Rosenwalde:* Anspielung auf Roßwald, den Geburtsort des Grafen Hoditz, der nun an die Stelle des Vaters Leybold aus der ersten Bearbeitung tritt.

522 *Lever du Roi:* frz., das morgendliche Aufstehen des Königs.
Hoditz: Graf Albert Hoditzky von Hoditz und Wolframitz (1706–1778); als Kunstliebhaber und Sonderling bekannt. Friedrich II. besuchte Hoditz 1765 und 1773 in Roßwald und lud ihn, der das Vermögen seiner zweiundzwanzig Jahre älteren Frau vertan hatte und bankrott war, an den Potsdamer Hof ein, wo Hoditz eine tägliche Pension von zwei Talern aus den königlichen Kassen bezog. Nach Hoditz' Tod ließ der König die balsamierte Leiche unter militärischem Geleit bis an die Grenze von Österreichisch-Schlesien bringen. In Roßwald wurde sie beigesetzt.

523 *Risse:* Fortifikationsskizzen.

526 *König von Preußen:* Friedrich II. (1712–1786).
unserm Schlesien: Lenz verlegt die Handlung in die Zeit des Schlesischen Krieges. 1740 annektierte Friedrich II. Schlesien, was eine Reihe von Kriegen, u. a. den Siebenjährigen Krieg (1756–1763), zur Folge hatte.
distingwieren: distinguieren, hervorheben, auszeichnen.

HENRIETTE VON WALDECK [ODER] DIE LAUBE
Nach dem Erstdruck, in: Weinhold, Nachlaß, S. 113-132.
Handschriften beider Bearbeitungen in Kraków.
Den Plan zu diesem Drama faßte Lenz Anfang 1776, also in den letzten Straßburger Monaten; die fragmentarische Niederschrift geschah erst in Weimar, die ersten zwei Szenen wurden im Frühsommer 1776, die folgenden in Berka im Sommer 1776 zu Papier gebracht. Der biographische Hintergrund ist Lenzens Verehrung für die Straßburger Adlige Henriette von Waldner. Lenz schenkte das Stück Goethe. Auf ein abgerissenes Blatt mit allerlei Notizen aus diesen Monaten schrieb Lenz: ›Durch Herder und Hartknoch oder durch Spener [Buchhändler, der um diese Zeit in Weimar erwartet wurde – S. D.] etwas an meine Schwester Liesgen schicken, etwa das Familiengemälde oder die Laube oder sonst was Gutes. Schönes‹ (dieses und das folgende Zitat in Weinhold, Nachlaß, S. 108). Am Rande desselben Blattes steht: ›Alle meine lieben Sachen abschreiben eh ich wegreise. Das ist die Laube und Catharine.‹
Lenz begann zweimal mit der Umarbeitung der ›Laube‹, verlor dann aber durch die Hinwendung zu der Prosaerzählung ›Der Waldbruder‹, die ähnliche Themen und Motive variiert, offenbar das Interesse an dem Stück. Aus Berka schrieb Lenz im Juli 1776 an Goethes Diener Philipp Seidel: ›Bitten Sie doch lieber Philipp daß H. Doktor in seinem Manuskript anstatt Henriette von Waldek schreibt H. von Warbek, Baron v. Warbek, und schreiben Sie es auch so ab. Es hat seine großen Ursachen.‹ Lenz wollte offenbar die biographischen Anklänge an Henriette von Waldner tilgen, zumal ihre Cousine Hofdame in Weimar war. Der Name Warbek stammt aus Lenzens engerer Heimat, eine Gutsherrschaft in der Nähe von Dorpat hieß so. Die zweite Bearbeitung nahm Lenz unter dem Eindruck von Goethes Singspiel ›Erwin und Elmire‹ vor, das am 4. und 10.6.1776 in Weimar am fürstlichen Liebhabertheater Anna Amalias aufgeführt wurde und großen Anklang fand. Die Herzogin-Mutter selbst hatte die Kompositionen dazu geschrieben. Lenz bezieht in der zweiten Bearbeitung Singspielelemente ein.
Im November 1776 wollte Lenz dem Leipziger Verleger Philipp Erasmus Reich ›Henriette von Waldeck [oder] Die Laube‹ als Ersatz für das Drama ›Der Engländer‹ schicken. Lenz bat Goethe offenbar um die Zusendung des ihm geschenkten Manuskriptes oder einer Abschrift. Goethe fand sie nicht unter seinen Papieren. Am 29. oder 30.11.1776 schrieb Goethe an Reich: ›Herr Lenz ließ mir Gegenwärtiges bei seiner Abreise zurück und glaubte ich würde die Ihnen benannten Manuskripte beilegen können. Ich finde sie aber nicht unter meinen Papieren. Seien Sie

aber nur so gütig, mit dem Drucke des Stückes bis auf weitere Nachrichten von ihm nicht vorzuschreiten.‹ Am 30. II. 1776 schrieb Goethes Diener Philipp Seidel an Lenz: ›Und dann hat letzhin der Hr. Geh. Leg. Rat nach der Laube gefragt ich weiß nicht warum, wollts Ihnen aber doch sagen.‹ Der Druck der ›Laube‹ unterblieb, der Leipziger Verleger brachte dafür den ›Engländer‹ heraus.

Zur ersten Bearbeitung gibt es, wie Weinhold (a. a. O., S. 109) mitteilt, eine Notiz von Lenz, die auf einem Blatt mit Rechenexempeln steht: ›Ein gutes Wort noch hinzutun für Prinz Constantin.

    Sie sagt – Alle diese Vorteile kann ich mit einem Worte zu nichte machen.

    Er. Was ist das für ein Wort?

    Sie sagt Constantin.‹

Außerdem ist zur ersten Bearbeitung des Stückes noch ein erster Entwurf des Ausgangs der zweiten Szene erhalten geblieben, den wir im folgenden auf der Grundlage der Ausgabe Weinhold, Nachlaß, S. 122–124, wiedergeben:

CONSTANTIN: O mein verlornes Glück! *Stellt sich mit bloßem Degen vor den Eingang.* Verräter! Von diesem Augenblick hört sie auf deine Frau zu sein! sie ist mein – und keine göttliche noch menschliche Macht kann sie mehr aus meinen Händen reißen! Du, mein Freund? – Geh, und fühl es mit seinem ganzen niederdrückenden Gewicht, was für ein Stolz, was für ein Wahnsinn es von einem so verworfnen Geschöpf als du bist war, sich meinen Freund zu nennen! Du bist zu tief unter meiner Rache, aber wage es nicht mehr, Elender, deine Wünsche bis zu diesem Heiligtum zu erheben, das ich itzt eifersüchtiger als ein Drache bewachen werde, oder ich will den Affen, der diesen Wunsch aussprechen darf, zur Hölle schicken! Du hast es entweiht, ich nehme es zurück! es ist ein Gut, das mir gehört! und wer mehr als das Leben zu verlieren hat, wage es, mir es streitig zu machen!

HENRIETTE: Ich bin ewig die deine, Constantin!

CONSTANTIN: Seht diese Züge, seht diese zur Tugend wiederkehrende Unschuld, die List und Macht und feindliche Anschläge vom rechten Wege abbrachten! Ach Henriette! und hättest du zwanzig Männer gehabt, und ich hätte dich aus den Händen des zwanzigsten zu mir zurückbringen sollen, zu mir, dem deine ersten Wünsche geweiht sind, zu mir, dem du im Rat des unbegreiflichen Schicksals bestimmt warst – immer noch diesem Busen willkommen! Welche menschliche Macht kann zwei Seelen trennen, die bei ihrer ersten Erblickung in einander flogen? Du bist mein, trotz Vater und Ehmann und Freunden und Verwandten! trotz Himmel und Erde! Ich will dir Vater und Ehmann sein! Ich will dich mit meinen Tränen erhalten, mit meinen Seüfzern ernähren; ich habe nur ein Leben für dich hinzugeben, aber es läßt sich viel mit einem Leben gewinnen! Du begleitest mich, ich will dir deinen Stand und dein Vermögen nicht gereuen machen; du begleitest mich, und der erste reuige Gedanke, den ich in deinen Mienen lese, soll das Urteil meines Todes sein! *Er kommt aus der Laube hervor, mit bloßem Degen auf Gangolf eindringend.* Jetzt bist du allein!

GANGOLF: Ich habe dir deine Frau gebracht – *Antoinette bei der Hand fassend* und hier ist die Meinige!

CONSTANTIN: Verräter! – jetzt ist der schöne Mitgenoß deiner Schuld nicht da, der dich allein vor meiner Rache schützen konnte. Ich will deine Verteidigung erst hören, eh ich dich strafe. Sieh auf, wenn du das Herz hast, zu einem Menschen aufzusehen, von dem du verworfenstes aller Geschöpfe dich ehemals Freund zu nennen wagtest; rede, verantworte dich! was kannst du sagen, wenn du noch unverschämt genug bist jetzt nicht zu verstummen!

B. WALDECK: Unsinniger!

GANGOLF: Lassen Sie ihn! Er hört und sieht mich nicht. Wie denn das der Fall bei allen Freunden ist. – Seine Wut ist mir ein Zeichen, wie viel er sich von mir versprach und in welchem Wert ich bei ihm stand und stehen werde. Es ist die Gewitterwolke, die die höchste Hitze zusammenzog.

CONSTANTIN: Verantworte dich!

GANGOLF: Hier ist meine Verantwortung, meine Verteidigung, mein Verbrechen! *Antoinette umarmend.* Hier ist das Weib, das ich über alles liebe, und ich habe dich nur darum in dem Irrtum gelassen, um dich desto geschwinder hierher zu ziehen, damit deine Gegenwart das verhindere, was du bisher mit Unrecht schon geschehen glaubtest.

CONSTANTIN: Wie wird mir? – Gangolf! *Fällt ihm zu Füßen.*

GANGOLF: Hier knie, und versuche was du über das Herz eines sonst immer zärtlichen Onkels vermagst!

B. WALDECK: Und wenn Henriette einem andern verheuratet wäre, Constantin?

Bei der zweiten Bearbeitung des Stückes entstand noch eine Variante zur zweiten Szene des zweiten Aktes, die eine Vorstufe dieser Bearbeitung bildete. Der Freund heißt hier noch wie in der ersten Bearbeitung Gangolf, in der zweiten wählt Lenz den Namen ›Rothe‹, den er auch in dem zeitgleich entstandenen Prosafragment ›Der Waldbruder‹ verwendet hat. Der Text der Variante folgt der Ausgabe von Titel und Haug, Bd. 2, S. 555–559:

Die Laube, durch deren Blätter der Mond hereinscheint. Henriette sitzt in der Dämmerung und scheint einem Wasserfall, der in einiger Entfernung einschläfernd rauscht, zuzuhören und singt von Zeit zu Zeit folgende Strophen aus einem Liede:

    Tötendes Leben,
    Gaukele hin!
    Träume nur heben,
    Lähmen den Sinn.
    Freuden und Schmerzen,
    Glücke das quält –
    Und unserm Herzen
    Immer was fehlt.

Auch ihn aufgeben – ihn, für den ich alles tat – von dem ich allein wußte, daß keine meiner schönsten Handlungen vergebens getan wäre – ihn, den Gegenstand aller meiner Anschläge, meiner Geschäfte, meiner Wünsche, meiner Freuden, meiner geheimen Tränen der Entzückung! Wenn ich mir die Eindrücke dachte, die dies und das auf ihn machen würde – *Steht auf.* Für wen suchte ich mir alles eigen zu machen, was Mannspersonen bewundern? – ihr Engel! für wen lernte ich mit unermüdetem Fleiß Sprachen und Zeichnen und Musik und Tanzen, alles alles was Seele und Körper reizend und bezaubernd machen kann!

    Ihr Triebe junger Jahre,
    Ihr seid zu gut zu gut für die Welt.
    Sie fällt die Blüte, sie fällt
    Lang vor uns auf die Bahre.

Ich muß ihn aufgeben – er geht in den Krieg – er geht, mich unter Getümmel und Rauch und Blut und Dampf zu vergessen, er geht, all die schönen Eindrücke, die ich ihm gemacht, die jetzt seine grausamste Marter machen müssen, durch Wildheit und Wut auszulöschen. Ja, es wird ihm gelingen, er wird seine Gefühle betäuben, er wird den Charakter der übrigen seines Standes annehmen und in zügellosen Ausschweifungen Erholung von der innern Pein suchen, die ihn sonst zu Boden drücken würde. Er wird mich vergessen –

    Vergessen Constantin von dir!
    Ja ja, die Sonne schien heut hier,
    Ließ keine Spur zurücke.
    Ach deiner Liebe Schwärmerein
    Gehn unter wie der Sonnenschein,
    Mit ihnen all mein Glücke.

ANTOINETTE und GANGOLF *kommen gelaufen*: Henriette! Henriette, um Gotteswillen! Constantin ist da.

HENRIETTE *fährt auf*: Ist da?
GANGOLF: Mit Leib und Seele, sein treuer Philipp ist noch bei ihm.
HENRIETTE *die Hände ringend*: Was werd ich anfangen.
GANGOLF: Überlassen Sie mir die Sorge von allem. Kommen Sie nur herein und folgen Sie mir ja, ich bitte Sie. Er wird vielleicht gleich gerade in den Garten zu seiner geliebten Laube hinabsteigen, eh er noch unsern Onkel einmal gegrüßt hat.
HENRIETTE: Er glaubt, ich sei Ihre Frau?
GANGOLF: Die beste Probe für seine Freundschaft gegen mich und seine Liebe gegen Sie.
HENRIETTE: Ha, so weit hätten Sie es doch nicht treiben sollen.
GANGOLF: Lassen Sie mich nur! ich hab es dem Alten zu Gefallen tun müssen, der sehen wollte ob es nicht möglich wäre, ihm mit guter Manier Ihr Andenken aus dem Kopf zu bringen. Wenn er sieht, daß das Äußerste, was wir versuchen konnten, umsonst ist, so kenn ich sein Herz zu gut, als daß er so grausam sein und den redlichen Constantin, dessen Liebe zu Ihnen er selbst mit Hoffnung genährt, der Verzweiflung könne unterliegen sehen.
ANTOINETTE: Mut gefaßt, liebe Henriette – sehen Sie, der Abendstern lacht, winkt Ihnen Hoffnung und Glück entgegen.
HENRIETTE: O daß der Strauß vorüber wäre.

528 *Schöckern:* mundartlich, niederdeutsch Scheker, Schächer.
530 *Qui pro quo:* lat., Wer für wen; Verwechslung.
531 *Kirchhayn:* offenbar Anklang an Baron Oberkirch, einen der reichsten elsässischen Adligen, den Henriette von Waldner geheiratet hatte. Im Stück wird er weiter vorn Rosenberg genannt.
Mediateur: frz., Vermittler.
532 *nährt:* Dahinter hatte Lenz geschrieben und dann durchgestrichen: ›sie auf ewig zu besitzen‹.
534 *Nebukadnezar:* bedeutendster neubabylonischer König (gest. 562 v. u. Z.), unternahm viele erfolgreiche Eroberungsfeldzüge, verdrängte z. B. die Ägypter aus Vorderasien, zerstörte Jerusalem und eroberte Tyros nach dreizehnjähriger Belagerung.
Terzerole: Terzerol, zweiläufige Taschenpistole.
540 *Ideen:* hier: Erinnerungen.

CATO

Nach dem Erstdruck, in: Weinhold, Nachlaß, S. 293–296.
Handschrift in Kraków.
Zum Plan des ›Cato‹-Dramas sind keinerlei Äußerungen Lenzens über-

liefert. Wahrscheinlich fallen die Entwürfe in die Straßburger Zeit (1771–1775). In den ›Anmerkungen übers Theater‹ (1774) heißt es: ›Die Mumie des alten Helden, die der Biograph einsalbt und spezereit, in die der Poet seinen Geist haucht. Da steht er wieder auf, der edle Tote, in verklärter Schöne geht er aus den Geschichtsbüchern hervor und lebt mit uns zum andernmale.‹ Der ›Biograph‹ ist der griechische Schriftsteller Plutarch, der das Leben bedeutender Griechen und Römer beschrieben hat. Lenz benutzte Plutarchs Catobiographie, indem er sich stark an dessen Schilderung der letzten Lebenstage Catos anlehnt.

549 *Cato:* Marcus Porcius Cato Uticensis (95–46 v. u. Z.), auch Cato der Jüngere genannt; Republikaner, Stoiker; Gegner Cäsars. Nach dessen Sieg bei Thapsus (46 v. u. Z.) beging Cato in Utica Selbstmord.
Plato: Platon (427–347 v. u. Z.), griechischer Philosoph, Schöpfer der Ideenlehre.
Demetrius und Apollonides: ein stoischer und ein peripathetischer Philosoph, Freunde Catos.

550 *Cleanthes, Butas:* Arzt und Sekretär Catos; ehemalige Sklaven, die Cato freigelassen hatte.

551 *Nach seinem Tode ...:* Der Monolog Statyllius' ist durch Plutarchs Darstellung angeregt, in der Statyllius bei Cato bleiben und dessen Schicksal teilen will.

552 *Allerlei Kopien ...:* Plutarch berichtet von Hortensius' Bitte an Cato, ihm seine Frau überlassen zu dürfen; Hortensius möchte auf diese Weise enger mit dem von ihm verehrten Cato verbunden sein.

DIE ALTE JUNGFER

Nach dem Erstdruck, in: Weinhold, Nachlaß, S. 195–208.
Handschrift in Kraków.
Die Entwürfe zu dem Stück fallen eindeutig in die Straßburger Zeit, in die Jahre von 1773 bis 1775. Sowohl Motivanklänge an die zeitgleiche Niederschrift des ›Tagebuchs‹ und des Dramas ›Die Soldaten‹ sprechen dafür als auch direkte autobiographische Zusammenhänge, die thematisiert werden. Lenz nahm Personen und Vorgänge seiner Umgebung hinein und beließ – wie in anderen Erstfassungen von Dramen – vorerst die authentischen Namen. In den drei überlieferten Entwürfen zu dem Stück ›Die alte Jungfer‹ tauchen z. B. die aus dem Straßburger Bekanntenkreis stammenden Namen Clephgen (Cleophe Fibich), Waldner (Henriette von Waldner), Fibich (Cleophes Vater, ein Goldschmied in

Straßburg), König, Königin (Luise König, Lenzens Straßburger Wirtin) und Ott (Lenzens Freund) auf.
Der erste Entwurf ist in zwei zusammenhängenden Szenen und zwei Notizen zum Stück über den Fortgang der Handlung überliefert. Er nimmt Motive aus Sophie Laroches Roman ›Freundschaftliche Frauenzimmerbriefe‹ auf, der 1775 im Februarstück der Zeitschrift ›Iris‹ erschienen war. Lenz interessierte besonders die Episode des Fräuleins Henriette von Effen, die die Heldin Rosalie ihrer Freundin Mariane v. B. erzählt (12.–18. Brief). Der zweite Entwurf ist in sechs Szenen überliefert, motivisch lehnt er sich eng an das 1774/75 niedergeschriebene ›Tagebuch‹ an. Der dritte Entwurf hat am stärksten Fragmentcharakter. Von den Motiven her gibt es Anklänge an das 1774/75 entstandene Drama ›Die Soldaten‹, vor allem in der Gestalt Fibichs und der Vorgänge um die *Promesse de Mariage*, das notarielle Heiratsversprechen des Barons von Kleist für Cleophe Fibich, wobei Lenz eine Vermittlerrolle spielte.

553 *mein Gesicht:* Anspielung auf die Blatternnarben und Feuermale, die Luise König, Lenzens Straßburger Wirtin, hatte.
561 *Hemd der Dejanira:* Deïanira, Tochter des Königs Oineus von Kalydonien, Gemahlin des Herakles. Sterbend riet der Kentaur Nessos Deïanira, aus seinem vergifteten geronnenen Blut einen Liebeszauber für Herakles zu mischen. Als Herakles Deïanira um ein weißes Hemd bat, bestrich sie es aus Furcht, Herakles' Liebe zu verlieren, mit Nessos' Liebeszauber. Das giftgetränkte Gewand führte solche Schmerzen herbei, daß sich Herakles mit dem Hemd das Fleisch vom Leibe riß. Als Deïanira davon erfuhr, erhängte sie sich. Sophokles gestaltete den Stoff in der Tragödie ›Die Trachinierinnen‹.
564 *Repräsentation:* hier: Vergegenwärtigung früherer Erlebnisse.
promesse de mariage: frz., Heiratsversprechen.
566 *Requete:* frz., Bittschrift, Gesuch.
valsifiiert: falsifiziert, gefälscht, verfälscht.

ZUM WEINEN ODER WEIL IHRS SO HABEN WOLLT

Nach dem Erstdruck, in: Weinhold, Nachlaß, S. 268–275.
Handschrift in Kraków.
Die Entwürfe zu diesem Stück fallen vermutlich in die Straßburger Jahre (1772–1775). Überliefert sind zwei Entwürfe, der zweite ist offenbar der ältere, und zwei voneinander getrennte Szenen. Bei der zweiten Szene fehlt der Anfang. In der ersten hat Lenz vor dem Passus ›die Farbe verändert‹ folgende Worte ausgestrichen: ›rot wie eine Rose und

bleich‹. In der zweiten Szene hat Lenz ›Herrnhuterlieder‹ durchgestrichen und dafür ›Erweckungsreden‹ geschrieben. Auf einem Quartblatt findet sich folgende Variante bzw. erste Anlage zur ersten Szene, die wir nach Weinhold, Nachlaß, S. 272, wiedergeben:

EHEFRAU *zu ihrem Mann:* Was bedeutet das, da U an unserm Fenster vorbei ging? ich sah es wohl, du sahst mich nicht weil ich im Nebenzimmer lauschte, da hieltst du einmal über das andere die flache Hand vor die Augen, glühtest wie eine Rose, versuchtest auf dem Clavier zu spielen und gabst lauter falsche Töne an –
MANN: Ich hatte Kopfschmerzen –
FRAU: So? und da ich hervorsprang und dich fragte was fehlt dir? nahmst du auf einmal ein so gewaltsames munteres, gezwungen munteres Lächeln, ein so ausschweifend lachendes Lächeln – als ob du keine Kopfschmerzen hättest –
MANN: Du schwärmst kleine Schwärmerin.

568 *Canevas:* frz., erster Entwurf.
  jaloux: frz., neidisch, eifersüchtig.
  tragicissime: lat., auf das Tragischste.
569 *alter est:* lat., der andere ist es.
573 *Lockens Buch vom Verstande:* das Werk des englischen Philosophen John Locke ›Versuch über den menschlichen Verstand‹ (1689).
  Sinzendorfs Erweckungsreden: die zahlreichen Schriften Nikolaus Ludwig von Zinzendorfs (1700–1760), des Stifters der Herrnhuter Brüdergemeine und Kirchenliederdichters.
575 *Makeraut:* frz. maquereau, Makrele, hier übertragen: Kuppler, Bordellwirt.

GRAF HEINRICH

Nach dem Erstdruck, in: Weinhold, Nachlaß, S. 278–282.
Handschrift in Kraków.
Auf der Rückseite einer Niederschrift des Gedichtes ›Der verlorene Augenblick die verlorene Seligkeit‹ hat Lenz mit Bleistift ein Personenverzeichnis notiert und dann den Namen Ruggieri ausgestrichen (vgl. Weinhold, Nachlaß, S. 277):
Graf Heinrich Ruggieri
Eine Haupt und Staatsaktion
Alfonso König in Sp.
Isabella, Infantin, Prinzessin

Graf Ruggieri, Oberhofmeister
Graf Cossini
Etwas weiter unten steht ein kürzeres Personenverzeichnis:
Alfonso König
Graf Heinrich
Graf Octavio
In der letzten Szene sind Textverluste zu verzeichnen, da das Blatt am Rande durch Moder angefressen ist.

578 *Griechische P:* Das griechische P, Π, steht für Galgen.
nunc pede candido …: lat., tritt reinen Fußes auf die sich bewegende Erde.
in me tota …: lat., die ganze auf mich einstürmende Liebe hat Cyprus hintangesetzt.

DIE FAMILIE DER PROJEKTENMACHER

Nach dem Erstdruck, in: Weinhold, Nachlaß, S. 284–291, unter Hinzuziehung der Handschrift in Kraków.
Der Dramenentwurf fällt in die Jahre von 1775 bis 1777, in die Zeit, da Lenz auch landwirtschaftliche und politische Projekte, u. a. zu ackerbautreibenden Militärkolonien, beschäftigten. Der Dramenentwurf steht offenbar in Zusammenhang mit der Schrift ›Über die Soldatenehen‹, die Lenz in Weimar oder am Königshof in Frankreich unterzubringen gedachte. Überliefert sind die Fabel des Stückes und der ausgeführte erste Akt. Lenz kritisiert ironisch den Widerspruch zwischen den in seinen politischen Schriften für notwendig erachteten Veränderungen und der Realität. Er thematisiert die Schwäche nur intellektueller Reflexion auf die Verhältnisse und zeigt die Schwierigkeit, diese durch eingreifendes Handeln tatsächlich zu verändern.
Der Entwurf ist in flüchtiger Handschrift niedergeschrieben. Da es keine Korrekturen gibt, wird es sich nicht um die erste Niederschrift, sondern bereits um eine Abschrift handeln. Der im Personenverzeichnis Alfonso genannte älteste Sohn des Grafen wird im Text auch Astolfo genannt.

581 *Cadet de Famille:* frz., der jüngste Sohn der Familie oder des Geschlechtes.
583 *en Amazones:* frz., hier: in Reitkleidern.
585 *St. Preux, Julie:* Anspielung auf die Helden in Jean-Jacques Rousseaus Roman ›Julie ou La Nouvelle Héloïse‹ (dt. 1761), St. Preux und Julie l' Etange.

587 *Romanenhaftigkeit:* hier: Empfindsamkeit; Anspielung auf die damals weitverbreiteten empfindsamen Romane.

588 *Philemon seine Baucis:* glücklich und ewig sich liebendes Ehepaar der griechischen Sage.

Geschichte der Ninon: Ninon de Lenclos (1620–1705), geistreiche Pariser Kurtisane; versammelte in ihrem Salon alle großen Persönlichkeiten ihrer Zeit.

Rousseaus Heloise: s. Anm. *St. Preux, Julie* zu S. 585.

589 *raffinieren:* hier: sinnen, ausdenken.

MAGISTERS LIESCHEN

Nach dem Erstdruck, in: Weinhold, Nachlaß, S. 298–300, unter Hinzuziehung der Handschrift der ersten beiden Szenen in Kraków (unvollständig).

Das Fragment ist auf Folioblättern überliefert, die stark von Moder zersetzt sind. Das gegenwärtig in Kraków verwahrte handschriftliche Material weist Verluste auf, nach der vorletzten Zeile der zweiten Szene ist das Blatt abgerissen. Weinhold hingegen haben noch drei Szenen vorgelegen. Die Entstehungszeit der Magisterentwürfe ist mit Sicherheit 1775. Gleiche und ähnliche Motive und Themen enthält die im selben Jahr entstandene Erzählung ›Zerbin oder Die neuere Philosophie‹. Möglicherweise wollte Lenz das Thema zunächst dramatisch bearbeiten, entschloß sich dann aber zu einer Prosafassung.

592 *Ovidius:* Publius Ovidius Nase (43 v. u. Z.–18 u. Z.), röm. Dichter.

[CAROLINE]

Nach dem Erstdruck, in: Weinhold, Nachlaß, S. 301–302.
Handschrift nicht nachweisbar.
Wie Weinhold mitteilt, war nur eine kleine Skizze überliefert, in der ein Mädchen von der Ermordung ihres Bräutigams erfährt und gesteht, daß sie den, der ihn tötete, liebt.

[DIE BACCALAUREI]

Nach dem Erstdruck, in: Weinhold, Nachlaß, S. 303.
Handschrift nicht nachweisbar.
Nach Weinholds Beschreibung der handschriftlichen Überlieferung hat Lenz den Szenenentwurf auf einem Hochquartblatt inmitten von Notizen zu seiner Schrift ›Über die Soldatenehen‹ festgehalten. Worte wie

›Prinz Constantin‹ und ›Kochberg‹, die ebenfalls auf dem Blatt zu lesen sind, verweisen auf den Sommer 1776, also die Weimarer Zeit. Weitere Notizen, die in Zusammenhang mit dem dramatischen Entwurf stehen, sind folgende: ›Kanzler der Kirche unsrer lieben Frauen und zu St./Genevieve erteilen die Erlaubnis zu Paris zu lehren./Die Sorbonne und das Collegium zu Navarra/die vornehmsten der theol. Facultät/*Baccalaurei batalarii*‹ (diese und die folgende Notiz in Weinhold, Nachlaß, S. 302). Rechts neben der letzten Zeile des Szenenentwurfes steht mit scharfen Bleistiftzügen: ›Er glaubt kein *vacuum*/ist ein Atheist.‹

FRAGMENT AUS EINER FARCE
DIE HÖLLENRICHTER GENANNT

Nach dem Erstdruck, in: Deutsches Museum, hg. von Heinrich Christian Boie, Jahrgang 1777, Drittes Stück (März), S. 254–256.
Handschrift nicht nachweisbar.
Über die Entstehung des Fragmentes, das das Faust-Thema behandelt, ist nichts überliefert. Anklänge an das ›Tantalus‹-Dramolet lassen das Weimarer Jahr 1776 als Entstehungszeit vermuten. Der Faust-Stoff war unter den Dichtern des Sturm und Drang im Gespräch; Goethe formte ihn u. a. in seinem ›Urfaust‹, Maler Müller behandelte ihn.
Die Publizierung dieses kleinen Fragmentes durch Lenz selbst im Jahr 1777 spricht dafür, daß die Farce bis dahin nicht weiter ausgearbeitet war, Stoff und Thema ihm aber wichtig schienen. Spätere Ausführungen sind nicht bekannt.

595 βατραχοι: grch., Die Frösche; 405 v. u. Z. entstandenes und gegen Euripides gerichtetes Drama von Aristophanes (445–386 v.u.Z.).
Erebus Wogen: grch., Erebos, bei Homer unterirdischer finsterer Aufenthaltsort der Schatten der Toten.
Merkurs Stabe: Merkur als Bote der Götter.

[EIN LUSTSPIEL IN ALEXANDRINERN]

Nach dem Erstdruck, in: J.M.R.Lenz und seine Schriften. Nachträge zu der Ausgabe von L.Tieck und ihren Ergänzungen. Von Edward Dorer-Egloff, Baden 1857, S. 210–215.
Handschrift im Sarasinschen Familienarchiv Basel.
Das Lustspiel entstand im Sommer 1777, im Jahr von Lenzens Schweizaufenthalt. Es war für eine Aufführung auf dem Liebhabertheater des Baseler Fabrikanten und Kunstmäzens Jakob Sarasin und seiner Frau

Gertrud gedacht. In einem Brief Lenzens an Frau Sarasin vom 11. Mai 1777 ist von einer ›verabredeten Komödie‹ die Rede. Am 2. 6. 1777 schickte Lenz die Szenen als Briefbeilage an Gertrud Sarasin: ›Hier teureste Freundin die ersten zwei Szenen des ersten Akts. [...] Glauben Sie aber nicht, daß das Stück so ernsthaft und traurig endigen wird, als es anfängt, denn sonst hätte ich alle Ursach zu glauben, daß es Ihnen Langeweile machen würde. Wenn Sie den Schluß recht lustig haben wollen so schreiben Sie mir wieder ein Brieflein kurz oder lang wies Ihnen gelegen ist, doch so, daß ich ihn in die wilden Alpengebirge bekommen kann in die ich mich jetzt zu vertiefen gedenke.‹ Als Lenz von dieser Reise zurückkam, erfuhr er vom Tode Cornelia Schlossers, und die Arbeit an dem Lustspiel blieb liegen. ›Jetzt bin ich da‹, schrieb Lenz Ende Juni 1777 aus Emmendingen an Jakob Sarasin, ›und nichts weniger als gestimmet, an unserm Lustspiel/: denn der Ausgang sollte sehr drolligt werden/fortzuarbeiten. Bitten Sie also Mr. Sarasin und die andern Herren und Damen, sich deswegen nicht zu zerstreuen; denn was ich einmal anfange führ ich gern aus – nur jetzt noch einige Wochen Aufschub, eh ich wieder an so etwas denken darf.‹ Aus Zürich hieß es dann in einem Brief, den Lenz im August 1777 schrieb: ›Mein Lustspiel wird eine Weile ruhen müssen bis ich wieder lustiger bin [...]‹ Lenzens Lebens- und Schaffensumstände waren so deprimierend, am Ende des Jahres wurde er krank. Das Stück wurde nicht weitergeführt.

599 *Sophistereien:* hier: Trugschlüsse.
Firnis: hier: Glanz.

[BORIS]

Nach dem Erstdruck, in: Weinhold, Nachlaß, S. 304–306.
Handschrift nicht nachweisbar.
Die überlieferte Szene ist in Moskau entstanden und steht in Zusammenhang mit Lenzens intensiver Beschäftigung mit russischer Geschichte und Poesie vor allem in den Jahren 1782 bis 1786/87. Die Hinwendung zum Boris-Godunow-Thema, das in der russischen Literatur immer ein politisches Thema ist, zeigt Lenzens Gespür für die nationalen Probleme Rußlands. Äußerungen Lenzens zu dem Dramenentwurf sind nicht überliefert. Auch August Kotzebue wandte sich etwa zeitgleich in Petersburg dem Godunow-Stoff zu, Lenz damit folgend, wie die neuere Forschung vermutet. (Vgl. dazu Gerhard Giesemann: Kotzebue in Rußland, Materialien zur Wirkungsgeschichte, Frankfurt am Main 1971.) Es ist ungewiß, ob die überlieferte Szene die einzige war und ob nicht vielleicht mehrere existierten. Lenz selbst und auch seine

Freunde haben in der Moskauer Zeit mehrmals Briefe und andere Dokumente verbrannt, da auf Grund ihrer Zugehörigkeit zu den Freimaurern ständig Haussuchungen drohten. Lenzens Szene enthält eine Episode aus der Vorgeschichte des später durch Schillers Drama bekannten falschen Demetrius. Schauplatz ist offenbar Uglitsch, wohin der kleine Stiefbruder des Zaren, Dmitri, mit seiner Mutter verwiesen worden war.

602 *Boris:* Boris Fjodorowitsch Godunow (1552–1605); führte von 1588 bis 1597 unter dem geistesschwachen Zaren Fjodor I., dem Sohn Iwans des Schrecklichen, die Regierung und wurde nach dessen Tod 1598 zum Zaren gewählt.

tartarische Mursen: tatarische Fürsten; Godunow stammte selbst aus einem Tatarengeschlecht, das im Dienste der Moskauer Großfürsten stand.

Romanow: russisches Großfürstengeschlecht; Godunow war ein Feind der Romanows, die dann 1613 mit der Thronbesteigung Michail Fjodorowitschs zur herrschenden Dynastie wurden.

David mit einem Stecken: Anspielung auf Davids Sieg über Goliath und die Philister; vgl. Altes Testament, 1. Samuel 17.

zu Dmitris Zeit ...: Demetrius IV. besiegte 1380 die Tataren unter ihrem Führer Mamai.

das Kind ist ein Tartar: Sohn Iwans des Schrecklichen, den der Zar mit seiner siebenten Frau, einer Tatarin, zeugte.

AMOR VINCIT OMNIA

Nach dem Erstdruck, in: Anmerkungen übers Theater nebst angehängten übersetzten Stück Shakespears, Leipzig, in der Weygandschen Buchhandlung 1774.
Handschrift nicht nachweisbar.
Lenzens Übersetzung von Shakespeares Komödie ›Love's Labour's Lost‹ (1594; spätere deutsche Übersetzungen: ›Verlorene Liebesmüh‹ oder auch ›Liebesleid und Lust‹) unter dem Titel ›Amor vincit omnia‹, zu deutsch ›Die Liebe überwindet alles‹, fällt dem Plan nach möglicherweise noch in seine Königsberger Studienzeit (1769–1771) und war angeregt durch Hamanns und Herders Begeisterung für Shakespeare. Ausgeführt wurde die Übersetzung in den ersten Straßburger Jahren (nach 1771). Die Begeisterung der jungen Dichter für Shakespeare war allgemein; Goethe sagte z. B. in seiner Frankfurter Rede ›Zum Shäkespears Tag‹ (1771): ›Die erste Seite, die ich in ihm las, machte mich auf zeitlebens ihm eigen, und wie ich mit dem ersten Stück fertig war, stund ich

wie ein Blindgeborner, dem eine Wunderhand das Gesicht in einem Augenblicke schenkt.‹

Daß sich Lenz bei Shakespeare dem komödischen Genre zuwandte, ist aufschlußreich. Shakespeares Stück ist eng mit der Stegreifkomödie, der italienischen Commedia dell'arte, verbunden. Shakespeare schildert eine Akademie von Männern, die jeden Gedanken an Liebe aufgeben und sich ganz dem Studium hingeben wollen. Dieses akademische Scheinideal bricht bei der Ankunft der Prinzessin von Frankreich und ihrer Hofdamen völlig zusammen, was mit großen parodistischen Zügen als Verspottung aller Unnatürlichkeiten, Geistreicheleien und Gefühlsroheiten gestaltet wird; die elegante Fassade wird als verkehrter und verlogener Lebensstil entlarvt.

607 *Amor vincit omnia:* lat., Die Liebe überwindet alles.

608 *bankerut:* zusammenbrechen, bankrott.

610 *Gesselchen:* Gössel, kleine Gans.

gacksen: schreien.

611 *Aquitanien:* alter Name für das Gebiet zwischen der Garonne und den Pyrenäen. (Der geschilderte Besitzstreit ist nicht historisch, sondern erfunden.)

613 *obsköne:* obszöne.

614 *empfahen:* empfangen.

616 *Herkules:* Herakles, Held der griechischen Mythologie, Sohn des Zeus und der Alkmene, Sinnbild der Furchtlosigkeit und des Mutes; oft mit Keule und Löwenfell dargestellt.

Simson: Nach der Bibel verfügte Simson, der zwanzig Jahre Richter in Israel war, über große Kräfte. Als ihm seine Feinde, die Philister, vor dem Stadttor von Gaza auflauerten, hob er die Torflügel samt Pfosten aus ihrer Verankerung und trug sie auf einen Berg.

617 *grün ... ist die Farbe der Liebe:* Anspielung auf die Weide, das Symbol der unglücklichen Liebe.

Ballade ... Bettlerin: In der alten englischen Ballade ›König Kophetua und die Bettlerin‹ verliebt sich der afrikanische König Kophetua, ein Frauenfeind, in die Bettlerin Penelophon und heiratet sie.

619 *und Salomon ward verführt:* Der weise und gerechte König Salomon hatte nach der biblischen Überlieferung siebenhundert Frauen und dreihundert Kebsweiber, die ihn seinem Gott abtrünnig werden ließen.

Passado: span., Ausfallbewegung beim Fechten.

Buch in Folio: Buch in Großformat.

- 621 *Momus:* Momos, nach Hesiod ein Sohn der Nacht, die Personifikation des Spottes und der Tadelsucht.
- 626 *Rekompens:* Entschädigung.
- 628 *wo wir die Mörder spielen:* Zu Shakespeares Zeit trieben die Damen einen Sport, bei dem sie von einer Plattform aus mit Pfeil und Bogen auf Wild schossen, das an dieser Stelle von den Jägern vorbeigetrieben wurde.
- 629 *Cophetua ... Bettlerin Zenelophon:* s. Anm. *Ballade ... Bettlerin* zu S. 617.

  veni, vidi, vici: lat., er kam, er sah, er siegte; Lenz übersetzt es im folgenden differenzierter. Historisch soll es ein Ausspruch Cäsars nach dem Sieg bei Zela (47 v. u. Z.) sein.

  Nemeischen Löwen: Der Löwe von Nemea hatte die Stadt Nemea verwüstet und entvölkert; Herkules erwürgte ihn.
- 630 *sanguis:* lat., das Blut.

  coeli: lat., des Himmels.

  terrae: lat., der Erde.

  haud credo: lat., das glaube ich keineswegs.

  facere: lat., machen.

  ostentare: lat., zur Schau stellen.
- 631 *bis coctus:* lat., zweimal gesotten.

  omne bene: lat., alles hat sein Gutes.

  Dictinna: Dictyma, eine kretische Gottheit, die im griechischen Volksglauben als Mondgöttin verehrt wurde.

  Allusion: Anspielung; Holofernes meint wohl, daß das Rätsel genausogut bleibt, obwohl Kain mit seinem Vater Adam verwechselt wurde.

  Kollusion: bewußte Wortverdrehung; Kollusion, geheimes Einvernehmen.

  Pollution: satirische Wortverdrehung; Pollution, unwillkürlicher Samenerguß.

  epitaphium ex tempore: lat., Grabrede aus dem Stegreif.

  Perge: lat., Schicke dich an, beginne.
- 632 *Apprehensionen:* Ergreifungen, Besorgnis.

  Me hercule: lat., beim Herkules; im übertragenen Sinne wahrlich, sicherlich.

  vir sapit ...: lat., Der Mann ist weise, der wenig spricht.

  Fauste precor gelida ...: lat., Während die ganze Herde im kühlen Schatten wiederkäut, laßt uns, mein Faustus, bitte ... Das Zitat stammt aus dem Anfang von Johann Baptist Mantuanus Spagnolas (1448–1516) ›Hirtengesprächen‹.

Venedig venechi ...: ital., Venedig, wer dich nicht sieht, schätzt dich nicht!

633 *Ut re mi ...:* Tonbezeichnungen in der italienischen Tonleiter.

lege domine: lat., lest, o Herr.

caret: lat., fehlt.

Ovidius Naso: der römische Dichter Publius Ovidius Naso (43 v. u. Z. – 18 u. Z.).

634 *pauca verba:* lat., wenig Worte, keine Umstände.

auf Pech: offenkundig Anspielung auf den brünetten Teint Rosalindes.

Ajax: neben Achill der tapferste Krieger im Trojanischen Krieg; wurde rasend, als er nach Achills Tod nicht dessen Waffen erhielt. Im Wahnsinn erschlug er eine Herde Schafe, die er für seine Widersacher hielt, und nahm sich das Leben.

636 *vier Schnepfen ...:* im übertragenen Sinne: vier Dummköpfe; die Schnepfe galt als Symbol der Dummheit, weil man dachte, sie habe kein Gehirn.

640 *Indianer:* Bezug auf den Glauben der Indianer, die Sonne und Feuer anbeteten.

641 *Wadman:* ungeklärt; die betreffende Stelle bei Shakespeare lautet: ›I never knew man hold vile stuffe so deere.‹ (Deutsch: Kein Mensch war so vergafft in Dorn und Reisig.)

642 *quinend:* kränklich.

das echte prometheische Feuer: Prometheus, der Titan, schuf Menschen aus Lehm, stahl für sie das himmlische Feuer und lehrte sie dessen Gebrauch.

643 *bis an die Hesperiden ...:* Herkules, Held der griechischen Sage, verrichtete im Dienste des Eurystheus zwölf schwere, gefährliche Arbeiten. Seine elfte Aufgabe war, die goldenen Äpfel aus dem Garten der Naturgeister, der Hesperiden, zu holen, die die Früchte streng bewachten.

644 *Chapeaux:* Mannspersonen.

Satis quod sufficit: lat., Was ausreicht, ist genug.

Vanität: Eitelkeit.

quondam: lat., unlängst, kürzlich.

Novi hominem tanquam te: lat., Ich kenne den Menschen so gut wie dich.

thrasonisch: prahlerisch; nach Thraso, einem in Terentius' Komödie ›Der Eunuch‹ (161 v. u. Z.) vorkommenden prahlerischen Soldaten.

645 *abominable:* engl., abscheuliche.

Felonie me intelligis: lat., ein Verrat am Verstehen.
Laus Deo, bene intelligo: lat., Gelobt sei Gott, ich verstehe gut.
Videsne quis venit: lat., Seht ihr, wer kommt.
Video et gaudeo: lat., Ich sehe es und freue mich.
Quare: lat., weshalb.
honorificabilitudinitatibus: ein lateinisch verulkendes Wort, das von den Schülern als Möglichkeit der lateinischen Wortbildung zum Spaß gebraucht wurde.
pueritia: lat., Halbwüchsiger.
Quis quis: lat., Wer, wer?
Mediterraneum: Mittelmeer.

646 *ad dunquil ... unguem:* Gemeint ist lat. ad unquem, bis auf den Fingernagel, bis aufs Haar.
posterioribus: lat., letzter Teil; Anklang an ›Hinterteil‹.
importunen und importanten: unpassend und wichtig.

647 *Ostentation:* absichtliche Zurschaustellung.
die neun Helden: Als die neun Helden der Weltgeschichte gelten: Hektor von Troja; Alexander der Große, König von Makedonien; Julius Cäsar, der römische Diktator; die jüdischen Könige und Heerführer Joshua, David und Judas Makkabäus; König Artus von Britannien; Karl der Große, der Frankenkönig; Herzog Godfrey von Bouillon, der erste König von Jerusalem. Shakespeare führt noch Herkules und den römischen Staatsmann Gnäus Pompeius Magnus ein.
Cerberus: Hund, der das Totenreich bewachte.

649 *Dionys:* hier wohl: Sankt Dionysius, der Schutzpatron Frankreichs.

660 *Canus:* lat., Hund.
Quoniam: lat., weil.
minorenn: lat., minderjährig.
Ischariot: Dumain spielt so, als ob der Schulmeister nicht Judas Makkabäus, der volkstümliche Führer im jüdischen Befreiungskrieg gegen syrische Könige (166–130 v. u. Z.), sei, sondern Judas Ischariot, der nach der biblischen Überlieferung Jesus an seine Häscher durch einen Kuß verriet.
Baum: Der Legende nach erhängte sich Judas Ischariot an einem Holunderbaum.
Kopf einer Zither: Das Instrument war am Ende des Halses oft mit einem grotesk geschnitzten Kopf verziert.

661 *Tabatiere:* Schnupftabakdose.
sans recreations: frz., ohne Belustigung.

663 *zur Pönitenz:* zur Bußübung.

666 *agonisierende Seele:* sterbende, sich im Todeskampf befindliche Seele.

CORIOLAN

Nach dem Erstdruck, in: Blei, Bd. 3, S. 411–448.
Handschrift im Staatsarchiv Weimar.
Die Übersetzung des Shakespearesehen Stückes erfolgte in den Straßburger Jahren 1774/75, als Lenzens Schaffen den Höhepunkt erreichte. Die Wahl gerade jener literarischen Vorlage hängt mit Lenzens Konzeption des Volkstheaters zusammen. Gnäus Marcius Coriolan war ein römischer Patrizier. Von den Plebejern verbannt, ging er zu den Volskern über und bedrohte 491 v. u. Z. als ihr Anführer Rom; nur die Bitten seiner Mutter und seiner Frau hielten ihn von der Eroberung der Stadt ab. In einem Brief vom 28. 8. 1775 an Herder schrieb Lenz: ›Ich, der stinkende Atem des Volks, der sich nie in eine Sphäre der Herrlichkeit zu erheben wagen darf. Doch soll mirs ein Wink sein. – O ja, auch ich werde mein Haupt aufheben. Daß Du im ‚Coriolan‘ eben die Szene aufnimmst, die ich gestern der Königin übersetzt, über die ich seit drei Tagen brüte! Es ist, als ob Coriolan bei jedem Wort, das er widers Volk sagte, auf mich schimpfte – und doch kann ich ihn ganz fühlen, und all seinen Grundsätzen entgegen handeln. Worthy voices – das Wort des Herrn, das höchste Ziel alles meines Strebens – ach worthy voices, und es waren doch Philister, aber der Gott hatte sie gezwungen. Sieh das, das – mein Herder!‹ Als Lenz von Herder, der noch in Bückeburg weilte, erfuhr, daß dieser um eine kirchliche Anstellung in Weimar rang und zu dem Zweck probeweise predigen sollte, schrieb Lenz Ende März an den Freund: ›Ich bin auf dem Wege nach Weimar, wo ich auch Dich zu sehen hoffe. Armer Herder mit den verdrüßlichen Schritten, die Du durch Kot machen mußt, da Du zum Fliegen Fittige und Bestimmung fühltest. [...] Probepredigen? Lustig genug, aber sieh das als eine Farce an, und denk' an Coriolan im Candidatenrock [...]‹
Nach Lenzens Weggang aus Straßburg wurde seine ›Coriolan‹-Übersetzung in der Straßburger Deutschen Gesellschaft vorgetragen. Im Sitzungsprotokoll steht: ›Den 21ten März [1776] las Herr Röderer Hr. Lenzens Coriolan aus dem Englischen des Shakespeare‹ (Johannes Froitzheim: Zu Straßburgs Sturm- und Drangperiode 1770–1776. Urkundliche Forschungen, nebst einem ungedruckten Briefwechsel der Straßburgerin Luise König mit Karoline Herder aus dem Herder- und Röderer-Nachlaß [Beiträge zur Landes- und Volkskunde von Elsaß-Lothringen, 7], Straßburg 1888, S. 51).

Die Originalhandschrift, eine Reinschrift, nahm Lenz mit nach Weimar und schenkte sie dem Herzog Karl August, das erste Blatt trägt die Widmung: ›Seiner Durchlaucht dem Herzog unterthänigst gewidmet von Lenzen‹.

668 *Knitteln:* Knüppel, Stöcke.
671 *Pluto und Hölle:* hier als Fluch verwandt; Pluto, griechischer Gott der Reichtum spendenden Erdentiefe, wird mit Hades, dem Gott der Unterwelt, gleichgesetzt.
678 *Festin:* Fest.
681 *Amazonenlippe:* Ausdruck für einen noch bartlosen Jüngling.

Zu dieser Ausgabe

insel taschenbuch 3159: Jakob Michael Reinhold Lenz, Werke und Briefe in drei Bänden. Herausgegeben von Sigrid Damm. Der Text folgt den insel taschenbüchern 1441-1443: Jakob Michael Reinhold Lenz, Werke und Briefe in drei Bänden. Herausgegeben von Sigrid Damm. Insel Verlag Frankfurt am Main und Leipzig 1992. © 1987 Insel-Verlag Anton Kippenberg, Leipzig. Umschlagabbildung: G. F. Schmoll. Jakob Michael Reinhold Lenz, um 1775. Stiftung Weimarer Klassik und Kunstsammlungen

INHALT

DRAMEN 5
Der verwundete Bräutigam 7
Der Hofmeister oder Vorteile der Privaterziehung . . . 41
Der neue Menoza oder Geschichte des cumbanischen
Prinzen Tandi 125
Die Soldaten 191
Pandämonium Germanicum 247
Die Freunde machen den Philosophen 273
Der Engländer 317
Die beiden Alten 339
Die Sizilianische Vesper 359
Myrsa Polagi oder Die Irrgärten 389
DRAMATISCHE FRAGMENTE 419
Catharina von Siena 421
   [Erste Bearbeitung] 422
   [Zweite Bearbeitung] 433
   [Dritte Bearbeitung] 438
   [Vierte Bearbeitung] 449
Die Kleinen 473
Der tugendhafte Taugenichts 499
   [Erste Bearbeitung] 500
   [Zweite Bearbeitung] 521
Henriette von Waldeck [oder] Die Laube 527
   [Erste Bearbeitung] 527
   [Zweite Bearbeitung] 539
Cato 549

Die alte Jungfer	553
[Erster Entwurf]	553
[Zweiter Entwurf]	558
[Dritter Entwurf]	565
Zum Weinen oder Weil ihrs so haben wollt	568
Graf Heinrich eine Haupt- und Staatsaktion	576
Die Familie der Projektenmacher	581
Magisters Lieschen	590
[Caroline]	593
[Die Baccalaurei]	594
Fragment aus einer Farce die Höllenrichter genannt	595
[Ein Lustspiel in Alexandrinern]	597
[Boris]	602
ÜBERSETZUNGEN SHAKESPEARES	605
Amor vincit omnia	607
Coriolan	667
ANHANG	699
Zu dieser Ausgabe und zur Textgestaltung dieses Bandes	701
Abkürzungen	704
Anmerkungen	705

Klassische deutsche Literatur
im insel taschenbuch
Eine Auswahl

Der Kanon. Die deutsche Literatur. Herausgegeben von Marcel Reich-Ranicki.
- Erzählungen. 10 Bände und ein Begleitband im Schuber. 5700 Seiten
- Romane. 20 Bände im Schuber. 8112 Seiten
- Dramen. 8 Bände und ein Begleitband im Schuber. 4500 Seiten

Georg Büchner. Sämtliche Werke. Die kommentierte Ausgabe des Deutschen Klassiker Verlages. Zwei Bände in Kassette im insel taschenbuch. Herausgegeben von Henri Poschmann unter Mitarbeit von Rosemarie Poschmann. 2320 Seiten

Wilhelm Busch. Gedichte. Ausgewählt von Theo Schlee. Mit Illustrationen von Wilhelm Busch. it 2531. 195 Seiten

Annette von Droste-Hülshoff
- Der Distel mystische Rose. Gedichte und Prosa. Ausgewählt von Werner Fritsch. it 2193. 170 Seiten
- Die Judenbuche. Ein Sittengemälde aus dem gebirgichten Westfalen. Mit Illustrationen von Max Unold. it 399. 128 Seiten
- Sämtliche Erzählungen. Herausgegeben von Manfred Häckel. it 1521. 234 Seiten
- Sämtliche Gedichte. Nachwort von Ricarda Huch. it 1092. 750 Seiten

Marie von Ebner-Eschenbach. Dorf- und Schloßgeschichten. Ausgewählt und mit einem Nachwort versehen von Joseph Peter Strelka. it 1272. 390 Seiten

Joseph Freiherr von Eichendorff
- Aus dem Leben eines Taugenichts. Mit Illustrationen von Adolf Schrödter und einem Nachwort von Ansgar Hillach. it 202. 154 Seiten
- Gedichte. Mit Zeichnungen von Otto Ubbelohde. Herausgegeben von Traude Dienel. it 255. 163 Seiten
- Gedichte. In chronologischer Folge herausgegeben von Hartwig Schultz. it 1060. 268 Seiten
- Liebesgedichte. Herausgegeben von Wilfried Lutz. it 2591. 219 Seiten
- Novellen und Gedichte. Ausgewählt und eingeleitet von Hermann Hesse. it 360. 325 Seiten

Theodor Fontane
- Briefe an Georg Friedlaender. Herausgegeben und mit einem Nachwort von Walter Hettche. Mit einem Essay von Thomas Mann. it 1565. 486 Seiten
- Effi Briest. Mit 21 Lithographien von Max Liebermann. it 138 und it 2811. 354 Seiten
- Ein Leben in Briefen. Ausgewählt und herausgegeben von Otto Drude. it 540. 518 Seiten
- Ein Sommer in London. Mit einem Nachwort von Harald Raykowski. it 1723. 252 Seiten
- Frau Jenny Treibel oder »Wo sich Herz zum Herzen findt«. Roman. Mit einem Nachwort von Richard Brinkmann. it 746 und it 2952. 269 Seiten
- Gedichte. Ausgewählt und mit einem Nachwort von Rüdiger Görner. it 2221. 200 Seiten
- Die Gedichte. Herausgegeben von Otto Drude. it 2684. 751 Seiten
- Grete Minde. Nach einer altmärkischen Chronik. Mit einem Nachwort von Peter Demetz. it 1157. 154 Seiten
- Meine Kinderjahre. Autobiographischer Roman. Mit einem Nachwort von Otto Drude. Mit Illustrationen und Abbildungen. it 705. 276 Seiten

- Der Stechlin. Mit einem Nachwort von Walter Müller-Seidel. it 152. 504 Seiten
- Unterm Birnbaum. Erzählung. Mit einem Nachwort von Otto Drude. Großdruck. it 2428. 192 Seiten

Georg Forster. Reise um die Welt. Herausgegeben und mit einem Nachwort von Gerhard Steiner. it 757. 1039 Seiten

Johann Wolfgang Goethe
- Elegie von Marienbad. it 1250. 128 Seiten
- Erotische Gedichte. Gedichte, Skizzen und Fragmente. Herausgegeben von Andreas Ammer. it 1225. 246 Seiten
- Faust. Text und Kommentar. Herausgegeben von Albrecht Schöne. Zwei Bände in Kassette. it 3000. 1976 Seiten
- Gedichte. Sämtliche Gedichte in zeitlicher Folge. Herausgegeben von Heinz Nicolai. it 2281. 1264 Seiten
- Gedichte in zeitlicher Folge. Herausgegeben von Heinz Nicolai. it 1400. 1249 Seiten
- Gedichte in Handschriften. Fünfzig Gedichte Goethes. Ausgewählt und erläutert von Karl Eibl. it 2175. 288 Seiten
- Goethe, unser Zeitgenosse. Über Fremdes und Eigenes. Herausgegeben von Siegfried Unseld. it 1425. 154 Seiten
- Italienische Reise. Mit Zeichnungen des Autors. Herausgegeben und mit einem Nachwort von Christoph Michel. it 175. 808 Seiten
- Das Leben, es ist gut. Hundert Gedichte. Ausgewählt von Siegfried Unseld. it 2000. 204 Seiten
- Die Leiden des jungen Werther. it 2775. 170 Seiten
- Märchen. Der neue Paris. Die neue Melusine. Das Märchen. Herausgegeben von Katharina Mommsen. it 2287. 232 Seiten
- Maximen und Reflexionen. Text der Ausgabe von 1907 mit der Einleitung Max Heckers. Nachwort Isabella Kuhn. it 200. 370 Seiten

- Novelle. Herausgegeben von Peter Höfle. it 2625. 80 Seiten
- Novellen. Herausgegeben und mit einem Nachwort von Katharina Mommsen. Mit Zeichnungen von Max Liebermann. it 425. 293 Seiten
- Ob ich dich liebe weiß ich nicht. Liebesgedichte. Herausgegeben von Karl Eibl. Großdruck. it 2396. 175 Seiten
- Tagebuch der Italienischen Reise 1786. Notizen und Briefe aus Italien. Mit Skizzen und Zeichnungen des Autors. Herausgegeben und erläutert von Christoph Michel. it 176. 402 Seiten
- Verweile doch. 111 Gedichte mit Interpretation. Herausgegeben von Marcel Reich-Ranicki. it 1775. 512 Seiten
- Die Wahlverwandtschaften. Ein Roman. it 1. 333 Seiten. it 2950. 314 Seiten
- West-östlicher Divan. Mit Essays zum »Divan« von Hugo von Hofmannsthal, Oskar Loerke und Karl Krolow. Herausgegeben von Hans-J. Weitz. it 75. 400 Seiten

Wilhelm Hauff

- Die Geschichte von dem kleinen Muck. Mit Illustrationen von Fritz Fischer und einem Nachwort von Ludwig Harig. it 2867. 94 Seiten
- Märchen. Herausgegeben von Bernhard Zeller. Mit Illustrationen von Theodor Weber, Theodor Hosemann und Ludwig Burger. it 216. 480 Seiten
- Das Wirtshaus im Spessart. Eine Erzählung. it 2584. 202 Seiten

Heinrich Heine

- Buch der Lieder. Mit zeitgenössischen Illustrationen und einem Nachwort von E. Galley. it 33. 322 Seiten
- Liebesgedichte. Ausgewählt von Thomas Brasch. it 2822. 96 Seiten
- Der Rabbi von Bacherach. Ein Fragment. Mit einem Nachwort von Joseph A. Kruse. Großdruck. it 2426. 120 Seiten

- Sämtliche Gedichte in zeitlicher Folge. Herausgegeben von Klaus Briegleb. it 1963. 917 Seiten
- Späte Gedichte und Lyrik aus dem Nachlaß. Herausgegeben von Joseph A. Kruse und Marianne Tilch. it 3036. 320 Seiten

Johann Gottfried Herder. Lieder der Liebe. it 2643. 120 Seiten

E. T. A. Hoffmann
- Die Abenteuer der Silvester-Nacht. Mit farbigen Illustrationen von Monika Wurmdobler. it 798. 81 Seiten
- Die Elixiere des Teufels. Mit Illustrationen von Hugo Steiner-Prag. it 304. 349 Seiten
- Das Fräulein von Scuderi. Erzählung aus dem Zeitalter Ludwigs des Vierzehnten. Mit Illustraionen von Lutz Siebert. it 410. 127 Seiten
- Lebensansichten des Katers Murr, nebst fragmentarischer Biographie des Kapellmeisters Johannes Kreisler in zufälligen Makulaturblättern. Mit Illustrationen von Maximilian Liebenwein. it 168. 506 Seiten
- Der Sandmann. Mit Illustrationen von Hugo Steiner-Prag und einem Nachwort von Jochen Schmidt. it 934. 84 Seiten

Alexander von Humboldt. Über das Universum. Die Kosmos-Vorträge 1827/28 in der Berliner Singakademie. Herausgegeben von Jürgen Hamel und Klaus-Harro Tiemann. it 1540. 235 Seiten

Gottfried Keller
- Der grüne Heinrich. Erste Fassung. Mit Zeichnungen Gottfried Kellers und seiner Freunde. Zwei Bände. it 335. 874 Seiten. it 2944. 960 Seiten
- Die Leute von Seldwyla. Vollständige Ausgabe der Novellensammlung. Mit einem Nachwort von Gerhard Kaiser. it 958. 732 Seiten

- Romeo und Julia auf dem Dorfe. Mit einem Nachwort von Klaus Jeziorkowski. it 756. 139 Seiten
- Das Sinngedicht. Novellen. Mit einem Essay von Gerhard Kaiser und ausgewählten Abbildungen. it 2708. 335 Seiten
- Spiegel, das Kätzchen. Ein Märchen. it 2768. 92 Seiten

Heinrich von Kleist
- Michael Kohlhaas. Aus einer alten Chronik. Nachwort von Jochen Schmidt. it 1352. 172 Seiten
- Sämtliche Erzählungen. it 2862. 336 Seiten

Eduard Mörike
- Brautbriefe. Die Briefe an Luise Rau. Herausgegeben von Dietmar Till. it 3039. 304 Seiten
- Eduard Mörikes schönste Erzählungen. Ausgewählt und mit einem Nachwort versehen von Hermann Hesse. Redaktion: Volker Michels. it 1290. 288 Seiten
- Die Historie von der schönen Lau. Mit Illustrationen von Moritz von Schwind und einem Nachwort von Traude Dienel. it 72. 112 Seiten
- Idylle vom Bodensee. Mit zeitgenössischen Illustrationen von Ferdinand Schlotterbeck. Herausgegeben und mit einem Nachwort versehen von Egon Gramer. Mit einem Vorwort von Arnold Stadler. it 3098. 128 Seiten
- Liebesgedichte. Ausgewählt von Wilfried Lutz. it 3040. 160 Seiten
- Maler Nolten. Novelle in zwei Teilen. Erste Fassung. Mit zeitgenössischen Illustrationen und einem Nachwort von Wolfgang Vogelmann. it 404. 482 Seiten
- Mozart auf der Reise nach Prag. Eine Novelle. Mit Illustrationen von Hugo Steiner-Prag und mit einem Nachwort von Traude Dienel. it 376. 122 Seiten
- Die schönsten Gedichte. Herausgegeben von Hermann Hesse. Mit Zeichnungen des Autors. it 2540. 178 Seiten

Karl Philipp Moritz
- Anton Reiser. Ein psychologischer Roman. Mit einem Nachwort von Max von Brück. it 2229. 533 Seiten
- Götterlehre. Herausgegeben von Horst Günther. Mit Fotografien. it 2507. 340 Seiten
- Reisen eines Deutschen in England im Jahr 1782. Mit einem Nachwort von Heide Hollmer. it 2641. 200 Seiten

Novalis
- Gedichte. Die Lehrlinge zu Sais – Dialogen und Monolog. Mit einem Nachwort von Jochen Hörisch.
  it 1010. 179 Seiten
- Heinrich von Ofterdingen. Herausgegeben von Jochen Hörisch. Mit zeitgenössischen Abbildungen.
  it 596. 244 Seiten
- Liebesgedichte. Ausgewählt von Gerhard Schulz.
  it 2874. 112 Seiten

Friedrich Nietzsche
- Also sprach Zarathustra. Ein Buch für Alle und Keinen. Thomas Mann: Die Philosophie Nietzsches im Lichte unserer Erfahrung. it 145. 368 Seiten
- Ecce homo. Wie man wird, was man ist. Mit einem Vorwort von Raoul Richter und einem Nachwort von Ralph-Rainer Wuthenow. it 2677. 164 Seiten
- Gedichte. Nach den Erstdrucken 1878 bis 1908. Herausgegeben von Ralph Kray und Karl Riha unter Mitarbeit von Mario Leis. Mit zahlreichen Abbildungen. it 1622. 162 Seiten
- Götzen-Dämmerung oder Wie man mit dem Hammer philosophiert. Herausgegeben von Karl Schlechta.
  it 822. 123 Seiten

Friedrich Schiller
- Sämtliche Gedichte. Herausgegeben von Jochen Golz. it 2547. 606 Seiten
- Wallenstein. Ein dramatisches Gedicht. Wallensteins Lager – Die Piccolimini – Wallensteins Tod. Herausgegeben von Herbert Kraft. Mit einem Nachwort von Oskar Seidlin. it 752. 336 Seiten

Theodor Storm
- Am Kamin. Und andere unheimliche Geschichten. Mit Illustrationen von Roswitha Quadflieg. Ausgewählt und mit einem Nachwort versehen von Gottfried Honnefelder. it 2420. 236 Seiten
- Gedichte. it 731. 240 Seiten
- Immensee. it 732. 192 Seiten
- Pole Poppenspäler. Und andere Novellen. it 733. 189 Seiten
- Der Schimmelreiter. Mit Zeichnungen von Hans Mau und einem Nachwort von Gottfried Honnefelder. it 736. 180 Seiten

Ludwig Tieck
- Die schönsten Märchen. Ausgewählt und mit einem Nachwort versehen von Hermann Hesse. it 2880. 285 Seiten
- Weihnacht-Abend. Novelle. Mit einem Nachwort von Uwe Schweikert. Großdruck. it 2431. 100 Seiten

»Frauen um Goethe«
im insel taschenbuch

Behalte mich ja lieb! Christianes und Goethes Ehebriefe.
Auswahl und Nachwort von Sigrid Damm. it 2450. 170 Seiten

Sigrid Damm. Christiane und Goethe. Eine Recherche.
it 2800 und it 3009. 540 Seiten

Sigrid Damm. Cornelia Goethe. it 1452. 272 Seiten

Christiane Goethe. Tagebuch 1816 und Briefe. Aus der
Handschrift herausgegeben von Sigrid Damm.
it 2561. 478 Seiten

Dagmar von Gersdorff. Goethes Mutter. Eine Biographie.
it 2925. 464 Seiten

Dagmar von Gersdorff. Marianne von Willemer und
Goethe. Geschichte einer Liebe. it 3150. 302 Seiten

Doris Maurer. Charlotte von Stein. Eine Biographie.
it 2120. 303 Seiten

Ruth Rahmeyer. Ottilie von Goethe. Eine Biographie.
it 2875. 416 Seiten

Ruth Rahmeyer. Werthers Lotte. Goethes Liebe für einen
Sommer. Die Biographie der Charlotte Kestner.
it 2272. 271 Seiten

Goethes Ehe in Briefen. Der Briefwechsel zwischen Goethe
und Christiane Vulpius. Herausgegeben von Hans Gerhard
Gräf. it 1625. 1048 Seiten

Goethes Gretchen. Das Leben und Sterben der Kindsmörderin Margaretha Brandt. Nach den Prozeßakten dargestellt von Siegfried Birkner. it 2563. 149 Seiten

Lieber Engel, ich bin ganz dein! Goethes schönste Briefe an Frauen. Herausgegeben von Angelika Maass. it 2150. 486 Seiten

Liebesgedichte. Ausgewählt von Karl Eibl. it 2825. 108 Seiten

Erotische Gedichte. Gedichte, Skizzen und Fragmente. Herausgegeben von Andreas Ammer. it 1225. 246 Seiten